工业系统概论

（第3版）

汤彬　叶桐　徐伟国　王晓强　卢达溶　编著

清华大学出版社
北京

内 容 简 介

本书针对当代强劲的科技综合化趋势和全球经济一体化大潮,以及各类人员在当前形势下提高素质、拓宽视野、加强沟通的新要求,将工程技术与经济管理相综合,正面展开对工业系统的介绍,通过对能源、冶金、化工、机械、汽车、电子、轻工以及建筑等8个主要工业部门的介绍,深入浅出地展现了这些领域的生产过程,并从中提炼出系统观、结构性、社会化、产业政策、管理沟通、市场开拓、文化传统和可持续发展等基本概念,使读者对整个工业体系从技术过程到产业发展形成一个比较全面的认识,以建立实践性的认识方法和思维方式。本书作为清华大学文化素质教育核心课程教材,已有多年教学实践,在加强学生通识教育方面取得了很好的教学效果。本书也可作为干部培训教材、各类人员的继续教育教材以及了解工业知识的科普读物。

版权所有,侵权必究。举报: 010-62782989, beiqinquan@tup.tsinghua.edu.cn。

图书在版编目(CIP)数据

工业系统概论/汤彬等编著. —3版. —北京:清华大学出版社,2016(2024.8重印)
ISBN 978-7-302-43286-9

Ⅰ. ①工… Ⅱ. ①汤… Ⅲ. ①工业工程 Ⅳ. ①F402

中国版本图书馆 CIP 数据核字(2016)第 046032 号

责任编辑:赵　斌
封面设计:常雪影
责任校对:赵丽敏
责任印制:宋　林

出版发行:清华大学出版社
　　　　网　　址: https://www.tup.com.cn, https://www.wqxuetang.com
　　　　地　　址:北京清华大学学研大厦 A 座　　　邮　编:100084
　　　　社 总 机:010-83470000　　　　　　　　　邮　购:010-62786544
　　　　投稿与读者服务:010-62776969, c-service@tup.tsinghua.edu.cn
　　　　质量反馈:010-62772015, zhiliang@tup.tsinghua.edu.cn
印 装 者:三河市龙大印装有限公司
经　　销:全国新华书店
开　　本:185mm×260mm　　印　张:22.25　　字　数:539 千字
版　　次:1999 年 11 月第 1 版　2016 年 4 月第 3 版　　印　次:2024 年 8 月第 8 次印刷
定　　价:62.50 元

产品编号:068672-03

第3版前言
FOREWORD

用产业来给社会时代命名,似乎是现代工业在全球兴起以后的事情,有了"工业时代"的名称之后,相应地推导出了"农业社会"之类的名词。一方面,这是交通-贸易-金融"全球化"的观念,不再使用政治朝代来分期和看待历史;另一方面,这也是工业本身大生产特征带来的更大范围生产要素互动的结果。

技术的变迁在各个社会的历史中都不断涌现和消失,手工业也一直支撑着各个社会的建筑和日常消费品制造业。而大工业的制造业,是一次管理的变革,其社会生产方式以及相应的消费形态、就业结构、生活习惯都发生了系统的变化与适应。

三十多年来社会对中国经济的关注一直围绕着"改革"这一关键词,而"改革"是一种以高速增长为内在目标的发展观。大工业制造在社会经济的各个部门的运行规律,需要经济工作者去发现和掌握,也需要基于技术环境的变化、需求的变化和政策的导向等多个方面的要素去调整。这里的调整绝非易事,不能偏废一方,必须依照产业既有的规律,完全从主观需求出发去办事。同时,对新要素、变动要素的适应更需要基于既有的产业规律,否则制令难行、制策难成。

清华大学的"工业生产概论"课程肇始于20世纪80年代初,由邢家鲤先生创立,旨在有助于培养认识产业规律的工程人员和经济工作者。此后,该课程又由卢达溶教授主讲并演变为"工业系统概论"。至今,该课程已在清华大学成为面向经济管理、工业工程等专业,乃至全校学生的通识课程,并在该课程基础上衍生出了《实验室科研探究》(国家级精品课)、《工业文明与工程文化》、《实体经济导论》等渐成体系的教学课程系统和教材。同时,课程组教师们坚持工业系统的基本理念,以产业规律为基础的"工程-管理-经济"的综合思维培养学生的实践精神,三十余年来这一直是本教材及课程群组所重视的核心理念。

21世纪以来,全球互联网经济的一波起落,次贷衍生品金融危机的跌宕,黄金、石油等大宗商品价格动荡,如此种种,虽然并未影响移动互联时代的迈进,但是德国、美国、中国、法国等世界主要国家都开始反思制造业的重要地位。恰逢此时,本书对于工业系统的归纳也是给众多有兴趣的读者提供参考、入门的途径。

在这一系列背景下,本书主要进行了以下几个方面的修订工作:

一是更新了大量的数据和案例内容,保持与时俱进。相距第2版的出版,已经十年,大量产业数据、甚至产业的国内国际格局已经有了变化,因此,基础内容的全面更新是本次修订的一大要务。

二是将全部内容分为两册，一册重实、一册重理；既是在整体篇幅上的扩展，也是将此前历代版本中的理念、概念探讨做一个专门的梳理和阐释。本册的主题为"从工业的视角看产业与社会"，偏重产业分析，相对截面化的看待当今产业情况；另一册的主题为"工业文明与工程文化"，将偏重工业历史、工程文化、工程教育等方面，相对纵深化的思考"工业"概念的历史发展。

三是对本书的叙述格局也做了较大的重组，按照工业系统的基本逻辑而不是相对独立的平行产业分类来谋篇，加强了章节的系统性。

四是对原有的建筑业章节进行了从结构到内容的完全重写，并增加了导论、尾声等方面内容。

在本轮修订的过程中，融入了"工业生产概论"系列课程的历代教员、学生的共同努力，这一次修订既是图书内容的更新，也显示了本教材所代表的产业精神的代代相传与更新。全书参编人员的职责分工如下：

汤彬（清华大学 副教授）	负责第2、3、4章编写，负责全书统筹、审校
叶桐（清华大学 客座研究员）	负责第6、7、8章和尾声的编写，参与第1、2章编写，负责全书统稿、审校
徐伟国（清华大学 副教授）	负责第5章编写
王晓强（中国标准化研究院 副研究员）	负责第1章编写
卢达溶（清华大学 教授）	负责全书统筹、审校

在此，本书全体参编人员衷心希望对工业系统和产业分析的实践精神不断传行，也欢迎广大读者、同行、专家给出批评、建议。

编　者

2016年3月于清华园

第2版前言
FOREWORD

当今世界在向综合化发展,相应地工程教育和管理教育也在综合化。高校在转变教育观念和培养模式后,开始拓宽专业口径、加强通识教育、提倡学生自主学习、增加选修课比重。此时,如何帮助学生克服知识结构尚不完整且实践不足的困难,把握总体,自觉地将各门课程内容有效地整合入自己的知识结构,并逐渐升华为统一的认识基础和思想方法,就成为教改中亟须解决的课题。通过"工业系统概论"课程的长期实践,我们探索在基础课中细分出一类新型的综合基础课。课程定位于工程本位,整体思维,并拓及经济人文视角;体系上由综合的产业知识阐释完整的工程文化,演绎认识论和方法论,再以认识论和方法论引导学生为学、为事、为人,从而实现完整的教育功能;内容上正面展开工业系统,使学生通过工程认识"文化是一个复杂的总体,包括知识、信仰、艺术、道德、法律、风俗以及人类在社会里所得一切的能力和习惯"(英国人类学之父泰勒语);方法上以课堂案例讨论、参观考察实践、学生围绕主题任务合作探究式学习三条线并行推进。综合基础课用系统的教学环节对低年级学生作出综合思维的示范和引导,旨在起到脚手架和催化剂的作用,以活化学生思维,促进日后积累,引导通专结合,提高整体效率,逐渐培养起广阔的思维空间和处理复杂问题的能力。实践证明,这对学生后续学习和总体发展起着很好的促进作用。

本书是"工业系统概论"课程的基本支撑。借用北京大学哲学系教授汤一介先生所集的三条古句,可以说明本书写作的指导思想:①知常曰明——通识是当代理想的大学生必须具备的重要素质。工程文化是文化在近代的重要发展。学生把握总体并了解前后左右,可以更好地学习专业,因此本书正面接触工业系统,对能源、冶金、化工、机械、汽车、电子、轻工、建筑等8个产业分章作了较系统的介绍;②下学上达——采用技术内容与产业发展交叉、工程与经济综合、国内外情况兼容的方式论述,由部门联系成系统,从过程概括出规律,将知识上升为认识,以期演绎出一种由微观到宏观的大逻辑;③转识为智——本书以知识、方法论、为学为人为主线,意在培养学生一种"大气"的思维。这样做,体系完整又留有足够的思维空间,较好地解决了深刻性与通俗化的统一。本书除弥补国内外此类教材的空缺,还是一本介绍工业系统的科普书。

本书第2版对所涉及的工程技术发展、政策环境沿革、产业生态变化,在数据和表述上进行了尽可能的更新,以期做到与时俱进。教材编排上还体现了我们在组织教学时的一些做法,供读者参考。如在每章前面都指明了应在该章中重点建立的概念,这些概念在这一章内容中比较容易说清,但同时也是观察思考整个工业系统的一些基本原则,在其他章节学习中要运用其分析问题,学会知识的迁移,各章的基本概念合成起来就构成整体的思维框架;各章前面的导学用脑图的形式给出了展开中心概念的思路,意在培养多通路的立体思维;各章后面的问题与思考,在提出问题的同时给出了思维的框架,增加了一些交互的成分。建议读者以讨论的心态对待这些内容。读书本是仁者见仁、智者见智的事情,教学更是个性化的过程。衷心地希望大家能公开自己的思维,加强交流和整合,以便共建共享,把这门综合基础课建设好。

第2版修订由卢达溶、蒋耘中、李双寿共同完成,仍由傅水根教授审校。博士生助教何梦杰、汪进、马兆瑞,现代教育技术研究所的研究生宋述强同学,清华大学经管学院叶桐同学,还有SRT小组的同学们协助进行了大量数据收集核对工作,在此一并表示感谢。

最后,在此教材付印之际,再次向给予我们极大支持和帮助的清华大学经济管理学院和基础工业训练中心的同事们、同学们致谢;向本书调研过的企业和参考过的文献资料的中外作者、译者致意。编著中借鉴引用之处,恕未一一标出,一并列于书后参考文献。书中不足之处,恳请读者批评指正。

卢达溶

2005年3月于清华园

第1版前言
FOREWORD

为适应现代科技与经济发展综合化的时代特征,培养学生具有解决复杂问题的能力,高等教育课程改革的综合化趋势已成为世界性潮流。所谓课程的综合化,就是打破原有的课程界限和框架,实行跨学科的综合研究,创设综合的新兴课程,使基础教育与专业教育,自然科学与人文科学相互交叉渗透。如在工程教育方面,强调工程对社会的服务,利用工程理论解决生产管理和都市建设问题,维护环境,发展经济,从而使工程教育与社会科学、自然科学建立起前所未有的密切联系。为迎接知识经济的挑战,中国高校的宽口径专业目录已经确定,课程的重组正在进行。重新提炼基础课程的内容,是时代发展的迫切要求。

在众多的基础教学中,使学生了解推进社会发展与进步,并作为现今社会生产力主体的工业系统是至关重要的。本书取名为《工业系统概论》,正因为工业本身就是一个系统,它植根于国民经济的广袤大地上,自身又可分为上游产业、中游产业和下游产业,各部门之间存在着千丝万缕的联系,各自和整体又有着特定的发展规律性。本书主要面向经管类专业低年级学生,亦可逐步扩展到工程类专业。希望通过对本书的学习,使学生在入学早期就能在工业生产和工程实践的基础上对工业系统有一个虽然初步但却是较为全面的认识,以便将他们由对社会缺乏了解的状态正确导入对工程技术、管理和社会经济规律的学习和研究,为其自觉地积累起合理的知识结构搭上脚手架。

为了比较全面地介绍中国的工业系统,本书分别列章介绍了作为基础部门的能源工业、材料工业和化学工业,作为核心部门的机械工业、电子工业和高新技术产业,以及作为应用部门的轻工业和建筑业。各章由具体的生产过程入手,着眼于从生产中找出经济问题,最终落实到管理上去,以期使学生在了解各个工业部门的同时,对社会工业系统的整体面貌和规律有一定认识。

本书在介绍社会生产与工业系统的同时,也着眼于学生正确思维方式的培养,引导学生在本专业之外再涉猎其他学科,学工程的也要关心农业、商业和服务业,在学习理论的同时亦注重产业的运作,在学习具体业务知识中加入宏观思考,这样就有可能对事物形成新的认识视角,从而提高系统综合能力和辩证思维能力。本书力求技术与经济融合,国内外情况兼顾,为介绍工业系统的综合基础课提供基本思路和依托。与此同时,建议通过多种教学实践环节,使学生观察到不同种类实际典型的工业系统,以便加深学生对书本内容的理解,同时也有助于综合素质的提高。

中国工程院副院长朱高峰院士特为本书作序,支持和推动工程教育综合化改革,在此特别致以敬意。

　　本书由清华大学傅水根教授担任主审,北京大学兰琼副研究馆员和北京机械工业学院滕启副教授为本书做了很多文字工作,在此一并致谢。

　　最后,在此教材付印之际,谨向给予我极大支持和帮助的清华大学经济管理学院和工业基础训练中心的同事们、同学们致谢。谨向本书调研过的企业和参考过的文献资料的中外作者、译者致意。书中不足之处,恳请读者批评指正。

作　者
1999年9月9日于清华园

目录

CONTENTS

第1章 导论	1
1.1 工业系统的基本概念与分类	1
1.1.1 工业与工业系统	1
1.1.2 产业分类与工业结构	2
1.2 工业系统发展历程	5
1.2.1 工业革命的历史发展脉络	5
1.2.2 从生产模式的变化看工业系统	6
1.2.3 现代工业系统的特征	7
1.3 中国的新型工业化道路	8
1.3.1 我国工业化的发展阶段	8
1.3.2 中国特色新型工业化道路	9
1.4 本书框架	11
第2章 资源：从自然到原料	14
2.1 矿产与采矿	15
2.1.1 地质勘探和开发	15
2.1.2 地质开发的区域布局	17
2.1.3 有色金属的开采	20
2.1.4 有色金属生产的布局	24
2.2 煤炭工业	25
2.2.1 煤炭生产	25
2.2.2 煤炭的开采	26
2.2.3 煤炭生产新观念——洁净煤技术	32
2.2.4 煤炭生产的系统观	33
2.3 电力工业	36
2.3.1 火力发电	37
2.3.2 水力发电	46

2.3.3 核能发电 … 48
2.3.4 电力系统 … 50
2.4 水资源 … 55
2.4.1 水资源的涵义 … 55
2.4.2 水资源储量 … 59
2.4.3 水资源的评价与保护 … 63
2.5 科技创新驱动,创建多元化的可持续能源系统 … 66
2.5.1 我国能源革命的思路和目标 … 66
2.5.2 创新驱动能源革命的关键路径 … 67
2.5.3 依靠科技进步,加速能源革命 … 68
2.5.4 能源的开发与节约 … 69
2.5.5 能源的开发与可持续发展 … 70

第3章 资源:从原料到材料(上) … 71

3.1 石油工业 … 71
3.1.1 石油资源 … 71
3.1.2 石油的开采 … 72
3.1.3 石油的运输 … 74
3.1.4 石油的加工 … 75
3.1.5 非常规石油的生产 … 79
3.1.6 天然气的生产 … 79
3.1.7 石油工业生产的经济观 … 80
3.2 化学工业 … 83
3.2.1 概述 … 83
3.2.2 化工生产的基本原理和特点 … 86
3.2.3 基本无机化工原料生产 … 93
3.2.4 化肥工业 … 97

第4章 资源:从原料到材料(下) … 108

4.1 概述 … 108
4.1.1 原材料工业 … 108
4.1.2 冶金工业在国民经济发展中的地位和作用 … 109
4.1.3 我国冶金工业的发展 … 110
4.1.4 冶金工业的一般生产过程及典型生产部门 … 111
4.1.5 钢铁企业生产流程变迁 … 112
4.2 炼铁生产 … 114
4.2.1 原料准备 … 114
4.2.2 高炉炼铁 … 116
4.3 炼钢生产 … 120

4.3.1　炼钢目的 …………………………………………………………… 120
　　　4.3.2　炼钢工艺流程 ………………………………………………………… 121
　　　4.3.3　氧气顶吹转炉炼钢 …………………………………………………… 121
　　　4.3.4　铸锭与连续铸坯 ……………………………………………………… 124
　　　4.3.5　炼钢生产技术的发展 ………………………………………………… 125
　4.4　钢材的生产 ……………………………………………………………………… 127
　　　4.4.1　钢材的品种 …………………………………………………………… 128
　　　4.4.2　轧钢设备 ……………………………………………………………… 128
　　　4.4.3　轧钢的两种类型 ……………………………………………………… 129
　　　4.4.4　钢材轧制工艺过程 …………………………………………………… 129
　　　4.4.5　轧钢生产技术的发展 ………………………………………………… 130
　4.5　钢铁工业与其他部门的联系 …………………………………………………… 131
　　　4.5.1　上游产业 ……………………………………………………………… 132
　　　4.5.2　下游产业 ……………………………………………………………… 133
　　　4.5.3　思考 …………………………………………………………………… 134
　4.6　钢铁生产中的结构问题 ………………………………………………………… 135
　　　4.6.1　钢厂内部结构 ………………………………………………………… 135
　　　4.6.2　钢厂空间布局结构 …………………………………………………… 135
　　　4.6.3　钢铁市场结构 ………………………………………………………… 136
　　　4.6.4　钢铁产品结构 ………………………………………………………… 137
　　　4.6.5　中国承接钢铁工业转移 ……………………………………………… 137
　4.7　钢铁工业的发展前景及制约 …………………………………………………… 138
　　　4.7.1　钢铁工业的前景 ……………………………………………………… 138
　　　4.7.2　发展我国钢铁工业的主要支撑条件和制约环节 …………………… 139
　　　4.7.3　我国冶金行业弊端 …………………………………………………… 140
　4.8　钢铁生产的能源利用与环境保护 ……………………………………………… 141
　　　4.8.1　钢铁生产的能源利用 ………………………………………………… 141
　　　4.8.2　钢铁生产的环境保护 ………………………………………………… 142

第5章　制造：从材料到机器 ……………………………………………………………… 144
　5.1　概述 ……………………………………………………………………………… 144
　　　5.1.1　机械制造业 …………………………………………………………… 144
　　　5.1.2　机械制造业起源和发展 ……………………………………………… 145
　　　5.1.3　机械制造业在国民经济中的地位和作用 …………………………… 146
　5.2　机械产品的生产过程 …………………………………………………………… 147
　　　5.2.1　机械制造行业的工作范围 …………………………………………… 147
　　　5.2.2　机械产品的设计 ……………………………………………………… 149
　　　5.2.3　机械产品的制造 ……………………………………………………… 150
　　　5.2.4　机械制造工业生产的组织 …………………………………………… 152

5.2.5　机械制造企业的成本构成 …………………………………………… 154
　5.3　机械制造的加工工艺 ……………………………………………………… 155
　　　5.3.1　加工的基本方法 …………………………………………………… 155
　　　5.3.2　加工设备和工艺装备 ……………………………………………… 156
　　　5.3.3　机械零件的公差、配合与技术测量 ……………………………… 158
　　　5.3.4　产品的质量控制 …………………………………………………… 160
　　　5.3.5　不同生产类型的工艺特点和要求 ………………………………… 162
　　　5.3.6　设计、工艺安排和制造成本之间的相互关系 …………………… 164
　　　5.3.7　工艺水平 …………………………………………………………… 164
　5.4　机械工业生产方式的变革和生产的社会化 ……………………………… 167
　　　5.4.1　从作坊式的单件生产到大量生产 ………………………………… 167
　　　5.4.2　机械制造工业的专业化方向 ……………………………………… 169
　　　5.4.3　从大批量生产到大规模定制生产 ………………………………… 174
　　　5.4.4　制造工业的信息化 ………………………………………………… 176
　　　5.4.5　制造工业发展中技术与管理的融合 ……………………………… 179
　　　5.4.6　加强机械制造工业基础 …………………………………………… 180
　5.5　中国制造业面临新环境新使命 …………………………………………… 185
　　　5.5.1　正确认识我国制造业所处的发展阶段 …………………………… 185
　　　5.5.2　我国机械制造业的新使命 ………………………………………… 187
　　　5.5.3　我国走向制造强国的战略举措 …………………………………… 188

第6章　制造：从机器到机器 …………………………………………………… 197
　6.1　概述 ………………………………………………………………………… 197
　6.2　汽车的基本生产过程 ……………………………………………………… 199
　　　6.2.1　汽车的结构和设计 ………………………………………………… 199
　　　6.2.2　汽车制造的基本生产过程 ………………………………………… 203
　　　6.2.3　汽车生产的特点 …………………………………………………… 204
　6.3　汽车工业的规模生产 ……………………………………………………… 205
　6.4　汽车产业的生产管理 ……………………………………………………… 207
　　　6.4.1　大规模生产与科学管理 …………………………………………… 208
　　　6.4.2　科层制的有效控制 ………………………………………………… 209
　　　6.4.3　现代管理体制的诞生 ……………………………………………… 209
　　　6.4.4　精益生产方式与日本的崛起 ……………………………………… 210
　　　6.4.5　美国汽车工业的反思和赶超措施 ………………………………… 212
　　　6.4.6　汽车大规模定制生产 ……………………………………………… 215
　　　6.4.7　中国汽车工业发展的历程 ………………………………………… 216
　6.5　汽车工业与交通运输业 …………………………………………………… 217
　　　6.5.1　汽车工业与运输结构的关系 ……………………………………… 218
　　　6.5.2　公路运输系统的组成和优化 ……………………………………… 218

		6.5.3 城市交通系统的改善和优化	219
		6.5.4 人-汽车-环境的协调发展	220
		6.5.5 汽车文化	221
		6.5.6 汽车工业中蕴涵的哲学思想	222
		6.5.7 汽车工业的未来	222

第 7 章 制造：从机器到人 …… 226

- 7.1 传统轻工业 …… 226
  - 7.1.1 概述 …… 226
  - 7.1.2 纺织和缝纫生产 …… 228
  - 7.1.3 食品加工 …… 235
  - 7.1.4 家用机械、电子及轻化工生产 …… 238
  - 7.1.5 综合平衡建立轻工业的原材料基础 …… 244
  - 7.1.6 以市场促进轻工业发展 …… 248
- 7.2 电子产业 …… 252
  - 7.2.1 当代产业升级的物质基础——电子工业的发展和成熟 …… 253
  - 7.2.2 我国电子信息产业概况 …… 257
- 7.3 工业化和信息化的融合 …… 262
  - 7.3.1 两化融合的基本概念 …… 262
  - 7.3.2 两化融合技术层面：涉及的新技术新领域 …… 265
  - 7.3.3 两化融合的应用层面 …… 270
  - 7.3.4 国外信息化与工业化发展状况 …… 272
  - 7.3.5 工业的未来 …… 277

第 8 章 建造：从人到社会 …… 285

- 8.1 建筑业与房地产业 …… 286
  - 8.1.1 行业标准的分类 …… 286
  - 8.1.2 知识分类 …… 288
  - 8.1.3 学科分类 …… 290
  - 8.1.4 小结 …… 292
- 8.2 基本建设与固定资产投资 …… 292
  - 8.2.1 中国基本建设的流程 …… 292
  - 8.2.2 项目管理 …… 295
- 8.3 工程行业与产业分工 …… 297
  - 8.3.1 大工程行业概述 …… 297
  - 8.3.2 大工程的国际分工 …… 299
  - 8.3.3 路桥工程的产业成就 …… 306
- 8.4 建筑工业化 …… 316
  - 8.4.1 建筑与工业化的进程 …… 316

		8.4.2 建筑工业化的概念拓展	318
		8.4.3 建筑工业化的逐步推广	318
	8.5	建筑与城市	325
		8.5.1 建筑与文化	325
		8.5.2 城市生活与城市化	329

尾声：工业文明的逻辑 333

参考文献 338

推荐参考书 340

第 1 章

导 论

工业是国民经济的重要组成部分,工业化发展水平是衡量一个国家现代化程度和综合国力的重要标志。新中国成立以来特别是改革开放以后,我国工业持续快速发展,建成了门类齐全、独立完整的产业体系。2010年以来,我国制造业规模稳居世界第一,钢铁、水泥、汽车等220多种工业品产量居世界第一位。然而,与世界先进水平相比,我国工业仍然大而不强,在自主创新能力、资源利用效率、产业结构水平、信息化程度、质量效益等方面存在明显的差距。近年来,发达国家纷纷实施"再工业化""工业4.0"等战略,重塑制造业竞争新优势。一些发展中国家也加快谋划和布局,积极参与全球产业再分工。我国2015年发布《中国制造2025》,全面实施制造强国战略。伴随着新一轮科技革命,国际产业格局正在发生重大变革。

目前,我国经济正处于转型升级和跨越发展的关键时期,工业作为实体经济的重要组成部分,其基础性地位日益凸显。从工业系统的角度认识工业,了解工业的内部逻辑结构,并掌握一定的工业通识,不仅对于理工科学生和工程技术人员是必要的,对经济管理、人文社科类专业学生及从业人员也有重要意义。

1.1 工业系统的基本概念与分类

1.1.1 工业与工业系统

工业是社会分工发展的产物。18世纪的工业革命,使原来以手工技术为基础的工场手工业逐步转变为机器大工业,工业从农业中分离出来成为一个独立的物质生产部门。工业迅速崛起,并随着技术的发展和应用,经历多次深刻变革,改变了人们的生活方式和生存环境。工业与日常生活息息相关,我们的周围充斥着各种各样的工业产品,但要比较深刻地认识工业,还需要从工业系统的角度进行观察。

工业系统是指在一定的时间和空间内,从事工业生产的产业部门及其资源、产品组成的集合,产业和资源、产品之间以及不同产业之间通过各种工业过程构成统一整体,具有一定的产业结构和系统功能。图1-1是从物质循环角度对工业系统的简单描述,也是本书介绍工业系统各部门的基本线索。

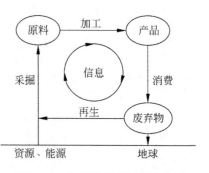

图1-1 工业系统物质循环示意图

实际上,现代工业系统是一个非常复杂的系统。在市场经济体制下,工业生产是以企业为基本组织单位的,一个完整的工业生产系统包括许多具有复杂交互作用的子系统,比如产品开发、生产控制、市场销售、财务等,这些子系统依靠信息流、物料流和资金流联系在一起。工业系统的复杂性还表现在:随着科学技术的快速发展和消费者需求的变化,工业生产系统处于不断变化之中,即使生产同样的工业产品,比如人们熟悉的手机,其生产模式也在不断变化。本书主要介绍相对成熟的基础工业部门,并选择有代表性的部门展开讨论。

1.1.2 产业分类与工业结构

1. 产业分类方法

分析工业系统的结构首先需要了解产业的分类方法。人们按不同的标准对产业进行分类,比较常见的有以下两种分类方法。

1) 三次产业分类法

三次产业分类法由新西兰经济学家费歇尔首先创立,英国经济学家和统计学家克拉克通过大量实证分析对该方法进一步总结和完善。该方法根据社会生产活动的历史发展顺序将产业结构划分为三次产业:第一产业是农业,包括种植业、畜牧业、渔业、林业等。第二产业是工业(包含能源工业、冶金工业、化学工业、机械工业、汽车工业、电子工业、轻工业等)和建筑业。第三产业是流通业(包含交通运输业、邮电通信业、商业、金融业、饮食业等)和服务业。

2) 标准产业分类法

为了统一国民经济的统计口径,联合国颁布了《全部经济活动国际标准行业分类》。我国参考该分类方法制定了 GB/T 4754—2011《国民经济行业分类》国家标准,将国民经济划分为 20 个门类(如表1-1所示),对每个门类再划分大类、中类、小类。

表1-1 国民经济门类

门类	类别名称	门类	类别名称
A	农、林、牧、渔业	K	房地产业
B	采矿业	L	租赁和商务服务业
C	制造业	M	科学研究和技术服务业
D	电力、热力、燃气及水生产和供应业	N	水利、环境和公共设施管理业
E	建筑业	O	居民服务、修理和其他服务业
F	批发和零售业	P	教育
G	交通运输、仓储和邮政业	Q	卫生和社会工作
H	住宿和餐饮业	R	文化、体育和娱乐业
I	信息传输、软件和信息技术服务业	S	公共管理、社会保障和社会组织
J	金融业	T	国际组织

其中的制造业门类，又分为31个大类，如表1-2所示。

表1-2 制造业分类

大类代码	名 称	大类代码	名 称
13	农副食品加工业	29	橡胶和塑料制品业
14	食品制造业	30	非金属矿物制品业
15	酒、饮料和精制茶制造业	31	黑色金属冶炼和压延加工业
16	烟草制品业	32	有色金属冶炼和压延加工业
17	纺织业	33	金属制品业
18	纺织服装、服饰业	34	通用设备制造业
19	皮革、毛皮、羽毛及其制品和制鞋业	35	专用设备制造业
20	木材加工和木、竹、藤、棕、草制品业	36	汽车制造业
21	家具制造业	37	铁路、船舶、航空航天和其他运输设备制造业
22	造纸和纸制品业	38	电气机械和器材制造业
23	印刷和记录媒介复制业	39	计算机、通信和其他电子设备制造业
24	文教、工美、体育和娱乐用品制造业	40	仪器仪表制造业
25	石油加工、炼焦和核燃料加工业	41	其他制造业
26	化学原料和化学制品制造业	42	废弃资源综合利用业
27	医药制造业	43	金属制品、机械和设备修理业
28	化学纤维制造业		

本书借鉴上述两种分类方法，并考虑我国工业部门的管理体制，将采矿业和建筑业也纳入讨论范围，按照逻辑顺序重点介绍采矿业、煤炭工业、电力工业、石油化工工业、钢铁工业、机械工业、汽车工业、轻工业、电子工业及建筑业等。

现代工业是由许多工业部门组成的有机体系。由于生产专业化的发展和生产社会化程度的提高，工业部门之间的联系日益复杂。现在每一种工业产品，可以说都是多个部门共同生产出来的。例如汽车生产，需要的基本原材料由冶金工业和化工工业部门提供，需要的设备由机械工业部门提供，消耗的动力则是由煤炭、电力、石油等能源工业部门提供。这是我们研究工业系统时必须注意的。

2. 工业结构问题

任何一个国家或地区经济的工业发展不仅体现为规模的扩张，更体现在结构的变迁上。从宏观上分析工业系统，需要关注工业发展中技术及产品、投资与消费、产业组织、资源利用效率等结构性问题。

1）技术和产品结构问题

我国是制造大国，但还不是制造强国，我国工业技术水平与发达国家相比还有较大差距。我国工业企业具有自主知识产权的产品较少，核心技术对外依存度仍然较高，产业发展需要的高端设备、元器件、关键零部件和关键材料等大部分仍依赖进口，我国在国际分工中仍然处于技术含量和附加值较低的"制造—加工—组装"环节。要在激烈的国际竞争中抢占技术和市场的制高点，必须加大工业技术创新，从源头改变技术薄弱的现状。

2) 投资和消费结构问题

近年来，投资持续高涨和消费低迷是影响中国工业结构调整的主要因素。20世纪90年代中后期以来，由于加大了投资力度，我国工业生产总量进入供求基本平衡、一般工业生产能力过剩的新阶段。从区域结构看，过去东部是工业投资的重点，而近年来向西部倾斜的态势明显。从资金来源看，私人控股类投资增速较快，外商投资增速趋缓。从居民消费结构看，城乡居民消费需求由满足吃穿用为主转向住房和汽车消费，从而带动了钢铁、建材、电子、机械、化工等工业产品的发展。最近，虽然基础设施建设投资持续保持高速增长，但房地产开发投资放缓，过剩产能收缩需要较长周期，导致工业产出增长持续放缓。

3) 产业组织结构问题

在企业兼并重组的推动下，我国重点行业集中度不断提高，产业组织结构逐步优化。大多数行业都依托市场机制，形成数家大企业或大企业集团，多数行业初步形成一批大、中、小企业各就其位的企业群体。2014年，我国汽车行业前10家企业的产业集中度达89.7%，造船行业前20家企业的产业集中度达71.6%，电解铝行业前10家企业的产业集中度达77%。企业所有制结构朝着多元化方向发展，股份制成为现代工业企业发展的重要组织方式。当前产业组织结构方面的主要障碍为跨区域、跨所有制兼并重组时的体制机制问题。

4) 资源利用效率结构问题

工业是资源和能源的消耗大户，资源利用效率的高低直接决定工业经济效益和环境保护工作的成效，决定工业的可持续发展。近年来，我国工业资源利用呈现如下特点：一是国际资源依存度不断提高，二是能源利用率处于世界偏低水平，三是高能耗产业能耗水平逐步改善，四是工业节能减排管理基础依然薄弱。

3．工业关联产业

我们学习工业系统，不能仅仅考察工业系统的内部结构，还要了解工业系统的外部环境，了解工业关联产业。系统论特别强调整体与局部、局部与局部、整体与外部环境之间的有机联系，本书不准备在系统论基本原理上花费过多笔墨，但希望读者从具体的工业实例介绍中体会系统论的基本思想。

1) 工业基础设施与城市基础设施

工业活动与城市有着密不可分的关系，并在很大程度上形成了对城市的依赖。工业基础设施与城市基础设施关系十分密切，实际上，后者已经完全涵盖了前者。城市基础设施通常指包括交通运输、供水与排水、能源、通信、环境卫生、防灾等六大系统在内的城市技术性基础设施，而工业基础设施是直接为工业生产进行配套服务的相关设施。与其他工业部门相比，工业基础设施具有自然垄断性、规模经济性、网络性、公共性等特征。完善的工业基础设施是吸引社会民间资本、外资企业进行投资的重要指标。我们研究和考察工业系统时，决不能忽视相关基础设施的具体情况。

2) 工业与农业

作为国民经济的两大物质生产产业，工业与农业具有不同的经济特征和功能。在人类社会经济发展的历程中，农业曾经长期扮演着主角，但在技术革命的推动下，世界范围内产业结构不断演进，工业的支配性地位早已稳固，现代农业在某种程度上也带有工业化的部分特征。发展经济学家将农业对工业发展的作用概括为产品贡献、市场贡献、要素贡献和外汇贡献等四个方面。工业与农业的关系，具有相对独立性、关联性和竞争性等特征。今天我们特别关注工业和农业的关系,是因为我国现阶段面临比较突出的农业发展、农民增收和农村稳定的问题。解决"三农"问题,需要我国在迈向新型工业化的道路中,通过制度创新,实现工业和农业的协调发展。

3) 工业与服务业

按照传统思维,工业属于第二产业,生产实物并创造价值,而服务业属于第三产业,不生产实物,仅参与价值转移和交换。然而,这种认识正在改变。互联网思维助推传统工业企业进行流程改造和营销创新,工业与服务业的融合日趋明显。许多著名制造业公司调整战略,将竞争重点从产品制造转向客户服务,以提高制造业的获利能力。比如通用电气实行由制造型企业转变为服务型企业的战略调整后,以制造业为基石,将业务范围扩大到金融、医疗、企业和家庭解决方案等众多生产性服务业领域。工业向服务业的转移并不意味着工业的削弱,而是表明价值创造过程发生了根本性变化,即与工业相关的服务在价值创造中的比重越来越大。

1.2 工业系统发展历程

人们生活在一个繁忙运转的星球中。巨型邮轮在浩瀚的海洋上穿梭,按照指令把铁矿石、大豆等大宗商品以及汽车、手机等消费品分发到各种人的手中。印度的棉花运到日本,制成布料,再运到中国制成成品,然后由沃尔玛出售给美国人,变成他们从头到脚的行头。由 400 多万零件组成的波音飞机上,波音公司只负责生产大约 10% 的零部件,其余则由全球 40 多家合作伙伴完成。人们能找到美国生产的发动机,日本生产的机翼,意大利生产的机身,法国生产的起落架,中国生产的方向舵。

这样一幅全球化的工业生产体系是怎么形成的呢?主要从工业革命说起。

1.2.1 工业革命的历史发展脉络

1. 历史上的工业革命

过去提起工业革命,人们首先想到的是 18 世纪的欧洲,想到蒸汽机。今天提起工业革命,人们想到的是互联网、物联网、大数据,还有 3D 打印等。对于正在发生的工业革命浪潮,美国人称之为"第三次工业革命",德国人则称其为"工业 4.0"。相应地,描述历史上的工业革命,也有多种分类方法。本书综合各家观点,将历史上的工业革命分为三个阶段,将今天正在进行的工业革命称为新工业革命。

1) 第一次工业革命(1760—1840 年)

第一次工业革命始于英国,开创了"蒸汽时代"。这次工业革命的结果是机械生产代替了手工劳动,经济社会从以农业、手工业为基础转型到了以工业以及机械制造带动经济发展的模式,世界经济重点从东方转向了西方(欧洲)。这场革命是以工作机的诞生开始的,以蒸汽机作为动力机被广泛使用为标志的。

2) 第二次工业革命(1840—1950 年)

第二次工业革命使人类社会进入了"电气时代"。在这次工业革命中,电力、钢铁、铁路、化工、汽车等工业兴起,石油成为新能源,美国替代英国成为世界经济的领导者。这次革命促使交通迅速发展,世界各国交流更趋频繁,国际经济逐渐走向全球化。这个阶段科学技术的突出发展主要表现在四个方面,即电力的广泛应用、内燃机和新交通工具的创制、新通信手段的发明和化学工业的建立。

3) 第三次工业革命(1950年至今)

第三次工业革命以电子工业为基础,开创了"信息时代"。自20世纪中叶以来,以原子能、电子计算机和空间技术为标志,使工业从机器大生产时代跃进自动化大生产时代,形成为现代工业。电子科学技术的建立和发展,使原来由工作机、发动机、传动装置组成的机器体系,增加了控制结构,形成了一种崭新的自动化机器体系,使工业进入自动化阶段,现代工业得以确定。

2. 正在发生的新工业革命

如果说前三次工业革命从机械化、规模化、标准化和自动化等方面大幅度提高了生产力,那么,新工业革命的主要特征是"智能化"。新工业革命将互联网技术应用到制造业,将各种资源、信息、物品和人融合在一起,实现数字化、可视化的智能制造。与前三次工业革命最大的区别在于,新工业革命不再以制造端的生产力需求为起点,而是将用户端的价值需求作为整个产业链的出发点,不再从生产端向消费端推动价值链,而是从用户端的价值需求出发提供定制化的产品和服务。

坦率地说,本书的很多概念还建立在前三次工业革命的基础上,对于正在发生的新工业革命,认识还有待深化。但我们相信,从系统的角度解读和认识工业的历史和现状,对找寻和开创工业未来的道路一定会有帮助。

1.2.2 从生产模式的变化看工业系统

新工业革命将带来生产模式的变化,单一产品大规模生产将转变为多样化产品的差异化生产,既满足个性化需要,又获得大规模生产的成本优势。时至今日,人类工业生产模式经历了一系列演变过程。了解这一发展逻辑,有助于人们加深对工业系统的认识。

1) 少量定制

少量定制出现在人类社会早期,延续到1500年左右,涉及用木材、黏土及金属等材料制造产品的第一批基本工艺,主要依靠手工劳动,使用简单工具的小规模工业生产,对技能要求很高,生产效率很低。生产的产品包括装饰品、烹饪用品、箭头及剑等武器,这些产品的需求量很小,即使生产完全相同的产品,人们也只能逐个生产。在少量定制阶段,每件产品都是定制产品或孤品。

2) 少量标准化

少量标准化在人类手工劳动阶段便产生萌芽,从1500年左右开始在欧洲成为主流,延续了约400年。在这一阶段,与少量标准化相关的可互换零件生产至关重要。砖块是最常见的可互换零件,砖块生产者可以从标准化中受益,建筑工人们也能够很方便地建造起房屋。欧洲造船业从1500年开始保持了近一个世纪的领先地位,可互换零件生产是关键因素。第一次工业革命促进了金属切削等生产技术的改进,标准设计和标准模型在服装等新兴消费行业也迅速发展,少量标准化生产达到更加成熟的阶段。

3) 大批量标准化

大批量标准化生产首先出现在1900年的汽车领域,后来传播到家具、电器等行业,这个阶段持续到1980年,大批量标准化是整个20世纪最重要的制造技术。福特公司建造了世界上第一个大规模汽车生产工厂,恪守大批量标准化的概念依靠流动生产线生产汽车,大大提高了生产效率,降低了产品价格。然而,大批量标准化生产以牺牲产品的多样性为代价,生产线的初始投入大,建设周期长,难以适应变化越来越快的市场需求。日益突出的资源和环境问题也对大批量标准化生产提出挑战。

4) 大规模定制

1980年开始的大规模定制,结合了定制生产和大批量生产这两种生产方式的优势,在满足顾客个性化需求的同时,能够实现较低的生产成本和较短的交货期。大规模定制流程首先应用于汽车制造,丰田公司是其典型代表。据估算,丰田公司每年生产的860万辆汽车中包含170万种细分车型,每一个基础车型通过变换关键部件(如发动机和驱动系统)、音响设备功能特性甚至最基本的外观颜色,能衍生出无数种细分车型。丰田的产品多样化战略也被众多其他制造企业采用。计算机制造企业戴尔公司,通过按订单装配的大规模定制生产模式,利用现代化网络技术将批量生产的低成本优势与个性化定制生产的高附加值优势结合起来,生产出物美价廉的产品,大大提高了顾客的满意度。

今天,人们正处在生产模式大变革的前夜。一种新型的智能生产方式正在改造传统意义上的工业生产模式。虽然包括大批量标准化生产在内的传统生产模式还有发展的空间,但随着互联网和智能系统的发展,工业生产中的传统机器、设备、数据和网络正在被重新整合,当机器与机器的对话日益普遍,当消费者的创新在商业模式中占据核心地位时,人们可能需要重新定义产品,重新定义企业,重新定义工业。

1.2.3 现代工业系统的特征

当今世界日新月异,工业领域的新词汇也层出不穷。智慧工厂、虚拟设计、物联网、大数据、云计算、3D打印、创客等,显示出工业生产的形式正在处于急剧变化之中。现代工业系统具有鲜明的创新性、开放性和集群性等特征。

1. 创新性

创新性是现代工业系统的动力特征,创新是工业发展的第一推动力。作为教科书,本书主要介绍较为成熟的工业系统知识,前沿的创新动态只是点到为止,但我们希望读者能够举一反三,充分发挥想象力。

现代工业系统的创新性,体现在技术创新、产品创新和商业模式创新的密切联系上。传统工业时代实际上是以产品为中心,产品从创意出现到市场化需要经历非常长的时间,工业互联网时代,企业需要敏感地捕捉技术发展的趋势,快速地满足客户的个性化需求,客户参与创新成为企业制胜的关键要素。小米公司就是利用其MIUI社区,与米粉们产生高度互动,客户免费提供了大量建议,小米公司得以快速改进设计,并跟上市场的最新潮流。近年来兴起的创客方式,使传统的工作和协同方式发生革命性变化,互联网上分布有开源硬件等庞大的供应链系统,有强大的设计、开发和加工资源,消费者可以利用网络与工厂直接相连,设计并生产出拥有自己个性化色彩的产品。

2. 开放性

开放性是现代工业系统的效能特征。今天,任何一国的生产都离不开国际产业环境,全球范围内的产业调整与转移成为越来越普遍的事情,只有依据要素禀赋和经济发展水平参与国际产业大循环,才能在国际竞争中处于有利地位。

以美国、德国为代表的发达国家处于国际工业分工的顶端,它们高度重视抢占新兴产业的制高点,希望通过垄断标准和合格评定规则制定权,把发展中国家锁定在产业价值"微笑曲线"底部,成为"外包车间和仓库"。我国现阶段还处于国际分工的低端,必须提高对外开放的水平,统筹考虑和综合运用国际国内两个市场、国际国内两种资源、国际国内两类规则,一方面积极做好产业转移对接来推动工业发展,另一方面依靠自主创新发展新兴产业争取使工业迈上中高端水平,同时积极参与国际规则的制定,争取话语权。

3. 集群性

集群性是现代工业系统的空间特征。哈佛大学迈克·波特教授通过对 10 个工业化国家的考察发现,产业集群是工业化过程中的普遍现象,在所有发达的经济体中,都可以明显看到各种产业集群。产业集群的核心是在一定空间范围内产业的高集中度,这有利于降低企业的成本,提高规模经济效益和范围经济效益,提高产业和企业的市场竞争力。

集群性与工业全球化是相互兼容的,全球化使工业分工更细更专业,集群使细分的专业在一定范围内实现跨学科的交融。专业化的集群有时涵盖了价值链中的所有主要活动,包括研发、营销和生产,有时某个集群只负责整个制造运营活动中的一小部分。世界上大多数主要行业集群已有数十年的历史,许多重大变革都源自具有全球业务联系的区域性专业技术集群所开发的产品和流程。硅谷是世界产业集群的典型代表,依托斯坦福、伯克利、加州理工等一流大学,融科学、技术、生产为一体,拥有大大小小电子工业公司 10000 家以上,包括世界知名的思科、英特尔、惠普、苹果等,电子产品销售额每年超过 4000 亿美元,占全美总消费额的 40% 左右,是美国信息产业的创新中心。

1.3 中国的新型工业化道路

一个国家实现工业化的过程,首先表现为经济发展的过程,因此,在工业化进程中,必然涉及一系列的经济问题。随着我国经济进入新常态,经济增长、结构变化和资源能源消耗问题更加引起人们的关注。我国工业化进程处于什么阶段?中国特色新兴工业化道路该怎么走?这是我们学习工业系统知识时应该认真思考的问题。本节主要从经济发展视角展开论述。

1.3.1 我国工业化的发展阶段

不同学者对工业化发展阶段的划分不尽相同,其中具有代表性的是钱纳里和赛尔奎的方法,他们将经济发展阶段划分为前工业化、工业化实现和后工业化三个阶段,其中工业化实现阶段又分为初期、中期、后期三个时期。判断依据主要有人均 GDP、三次产业结构、就业结构、城市化水平等标准(见表 1-3)。

工业化与矿产资源消费的关系也很密切。钢铁、煤炭、石油等是工业化发展不可缺少的基础原材料,因此,这些材料的产量消费量与经济发展存在一定的内在联系。世界主要发达国家的发展史表明,工业化建立在对土地、能源和矿产资源大量消费的基础之上,其金属矿产消费量与 GDP 产出之间成 S 型曲线变化,如图 1-2 所示。尤其是采取追赶战略的国家,在其快速工业化阶段,这种人均资源消费量随人均 GDP 增长的关系更加显著。

表 1-3 工业化不同阶段的标志值[1]

基本指标	前工业化阶段(1)	工业化实现阶段			后工业化阶段(5)
		工业化初期(2)	工业化中期(3)	工业化后期(4)	
人均GDP 2005年美元(PPP)	745~1490	1490~2980	2980~5960	5960~11170	11170以上
三次产业产值结构（产业结构）	A>I	A>20%,且A<I	A<20%,I>S	A<10%,I>S	A<10%,I<S
第一产业就业人员占比（就业结构）	60%以上	45%~60%	30%~45%	10%~30%	10%以下
人口城市化率（空间结构）	30%以下	30%~50%	50%~60%	60%~75%	75%以上

注：A代表第一产业，I代表第二产业，S代表第三产业。PPP表示购买力平价。

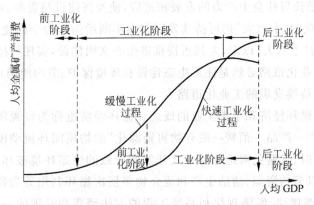

图 1-2 人均金属矿产消费与人均GDP的关系[2]

从人均GDP看，我国已处于工业化后期阶段，但采用购买力平价的人均GDP高估了工业化发展水平；从三次产业结构看，处于工业化后期的起步阶段；从就业结构看，处于工业化中期阶段；从城市化水平看，刚迈入工业化中期门槛，但因城市化滞后于工业化和城市化率统计数据偏差而低估了工业化发展阶段。综合来看，我国的工业化总体上处于中期阶段，但已出现向后期阶段过渡的明显特征。

工业化发展阶段的变化，意味着经济发展的驱动因素将发生改变，工业化中期阶段的经济增长主要依靠资本投入，而后期阶段则需要转变到主要依靠技术进步上来。

1.3.2 中国特色新型工业化道路

中国走新型工业化道路，既是历史发展使然，也是我们主动迎接挑战的现实选择。经过两三百年的工业化过程，目前世界上有60多个国家，大约12亿人口进入了工业社会。这些国家在实现工业化时平均的人口规模是几千万。比如英国刚开始工业化时人口是1550万，工业化完成时人口是2750万；法国工业化初期是3500万人，到工业化完成时是3900万

---

[1] 资料来源：陈佳贵,黄群慧,钟宏武,王延中,等.中国工业化进程报告[M].北京：中国社会科学出版社,2007。
[2] 资料来源：许国栋,余元冠,敖宏.关于我国工业化完成时间的预测与探讨[J].经济问题探索.2012(6)：25-31。

人；美国在工业化开始时是3200万人,基本实现工业化时是7700万人。中国是13亿人口的巨大经济体,若在几十年内实现工业化,就意味着全世界工业化的人口要增长1倍多。因此,在中国工业化过程中必然会遇到很多人类工业化历史上从未遇到过的问题,其尖锐程度也是其他国家没有的,比如资源消耗问题、环境污染问题等。

在我国工业化过程中,经历了20世纪60年代欧美国家"去工业化"和2009年以来"再工业化"背景,新工业革命正开启工业的新时代,全球工业发展格局正发生日益深刻的变化,我国不能沿袭发达国家走过的老路,也不能固守自己过去的经验,而必须创新发展,闯出一条新路来。

我们归纳整理了近几年国家层面提出的、相对重要的战略供大家参考。

1. 工业可持续发展战略

我国1995年将可持续发展纳入国家战略,强调要把控制人口、节约资源、保护环境放到重要位置,使人口增长与社会生产力的发展相适应,使经济建设与资源、环境相协调,实现良性循环。2002年,党的"十六大"把可持续发展能力不断增强作为全面建设小康社会的目标之一。2012年党的"十八大"以来,尤其重视推进生态文明建设,实现可持续发展。

中国的新型工业化道路必然是注重生态建设和环境保护、节约使用自然资源、实现人与自然和谐共存的可持续发展的工业化道路。

这里主要介绍循环经济和生态工业的概念。循环经济也称为资源闭环利用型经济,通过建立"资源—生产—产品—消费—废弃物再资源化"的物质闭环流动模式,在经济增长和国民收入提高的同时,又避免对地球掠夺式开发所导致的生态环境破坏。生态工业是依据生态经济学原理,以节约资源、清洁生产和废弃物多层次循环利用等为特征,以现代科学技术为依托,运用生态规律、经济规律和系统工程的方法经营和管理的一种综合工业发展模式。发展循环经济与生态工业是走新型工业化道路的有效途径。

近年来,我国把单位工业增加值能耗等绿色发展指标纳入国民经济和社会发展规划,作为硬约束,起到了积极效果。

2. 两化深度融合

2002年,党的"十六大"提出走"以信息化带动工业化,以工业化促进信息化"的新型工业化道路,2007年"十七大"进一步提出"发展现代产业体系,大力推进信息化与工业化融合",两化融合的概念就此形成。两化深度融合是指信息化与工业化在更大的范围、更细的行业、更广的领域、更高的层次、更深的应用、更多的智能方面实现彼此交融。

近年来,国家和有关部委出台一系列文件积极推动两化深度融合,如《2006—2020年国家信息化发展战略》《关于加快推进信息化与工业化深度融合的若干意见》《信息化和工业化深度融合专项行动计划(2013—2018年)》等。这里根据上述文件,介绍我国推动两化融合的四个原则。

(1) 创新发展,塑造转型升级新动力。把增强创新发展能力作为信息化与工业化深度融合的战略基点和改造提升传统制造业的优先目标,以信息化促进研发设计创新、业务流程优化和商业模式创新,构建产业竞争新优势。

(2) 绿色发展,构建两型产业体系。把节能减排作为信息化与工业化融合的重要切入点,加快信息技术与环境友好技术、资源综合利用技术和能源资源节约技术的融合发展,促进形成低消耗、可循环、低排放、可持续的产业结构和生产方式。

(3) 智能发展,建立现代生产体系。把智能发展作为信息化与工业化融合长期努力的方向,推动云计算、物联网等新一代信息技术应用,促进工业产品、基础设施、关键装备、流程管理的智能化和制造资源与能力协同共享,推动产业链向高端跃升。

(4) 协调发展,统筹推进深度融合。发挥企业主体作用,引导企业将信息化作为企业战略的重要组成部分,调动和发挥各方面积极性,形成推进合力。切实推动信息技术研发、产业发展和应用需求的良性互动,提升产业支撑和服务水平。注重以信息技术应用推动制造业与服务业的协调发展,促进向服务型制造转型。

3. 培育战略性新兴产业

战略性新兴产业是2009年我国政府提出的一项科技发展战略,也是我国工业系统的发展方向。发展战略性新兴产业已成为世界主要国家抢占新一轮经济和科技发展制高点的重大战略。我国要在未来的国际竞争中占据有利地位,必须加快培育战略性新兴产业,掌握关键核心技术与主导设计话语权,增强战略性新兴产业核心竞争力。大力发展战略性新兴产业,是调整经济结构的迫切需要,是转变发展方式的重要抓手,是推进新型工业化的战略举措。

根据《国务院关于加快培育和发展战略性新兴产业的决定》,战略性新兴产业是以重大技术突破和重大发展需求为基础,对经济社会全局和长远发展具有重大引领带动作用,知识技术密集、物质资源消耗少、成长潜力大、综合效益好的产业。根据战略性新兴产业的特征,立足我国国情和科技、产业基础,现阶段重点培育和发展节能环保、新一代信息技术、生物、高端装备制造、新能源、新材料、新能源汽车等产业。

我国培育战略性新兴产业的发展目标是:到2020年,战略性新兴产业的增加值占国内生产总值的比重力争达到15%左右,吸纳、带动就业能力显著提高。节能环保、新一代信息技术、生物、高端装备制造产业成为国民经济的支柱产业,新能源、新材料、新能源汽车产业成为国民经济的先导产业;创新能力大幅提升,掌握一批关键核心技术,在局部领域达到世界领先水平;形成一批具有国际影响力的大企业和一批创新活力旺盛的中小企业;建成一批产业链完善、创新能力强、特色鲜明的战略性新兴产业集聚区。再经过十年左右的努力,战略性新兴产业的整体创新能力和产业发展水平达到世界先进水平,为经济社会可持续发展提供强有力的支撑。

不难看出,战略性新兴产业的崛起,将对我国工业结构和工业发展水平产生重大影响。

1.4 本书框架

本书中工业系统的框架主要基于三次产业分类法,这一方式内涵了人类社会从农业为主的经济系统到工业为主乃至服务业为主的经济系统的变迁过程。本书的观点更多地集中于"工业"阶段,从经济系统逻辑逐步延伸到整体产业文明。图1-3为本书内容框架的思维导图。

本书第 1 章作为导论，是对工业系统全景图的鸟瞰。在介绍工业系统基本概念的基础上，从系统结构、历史演进和政策指引等角度对工业系统进行了较为具体的分析，最后介绍全书的内容框架和逻辑。

第 2~4 章以"资源"为主题，第 5~7 章以"制造"为主题，第 8 章以"建造"为主题。

资源篇主要介绍工业系统面向自然资源的发现与转化。第 2 章介绍矿产与采矿、煤炭工业、电力工业（火电、水电、电力系统）和水资源，从这四个方面介绍可获取的基本自然资源类型以及相应的工业系统。第 3 章以石油工业和化学工业为例，介绍从石油开采到加工成各种有机物和无机物的生产过程，以及以"流"为核心概念的过程工程原理。第 4 章以钢铁工业为例，从炼铁、炼钢、制成钢材等环节介绍了典型的冶金生产过程。这 3 章将基础的自然资源到现代工业系统的化工、钢铁两大基础材料体系的架构搭建起来。

制造篇主要介绍工业系统利用基础工业部门提供的钢铁、塑料、橡胶、有色金属等材料以及各类能源进行产品的生产。如果说资源篇中生产的大多是中间产品，制造篇中生产的则更多属消费品或设备等最终产品。本篇选取机械、汽车、轻工电子等典型工业介绍制造过程。第 5 章机械工业，偏重突出"标准化"的工业系统特征，重点在"材料到机器"；第 6 章汽车工业，偏重突出"规模化"的工业系统特征，重点在"机器到机器"；第 7 章轻工业和电子产生，偏重突出工业系统重视市场需求而设计制造的特征，重点在"从机器到人"。这 3 章的侧重点各有不同，但副标题并非把这几类工业做了绝对的区分，每一个制造业的工业部类都包含从材料到产品、从设计到实施的完整制造过程，上述三方面要素都不可或缺。本书的写法一方面是找侧重点更突出的工业部门来介绍，另一方面也是通过不同的举例来介绍尽可能多的产业部类以展现制造业的面貌和更多的产业情况。

建造篇仅有一章，主要介绍建筑、水利等基本建设领域。其实，从本书逻辑来看，作为对材料的利用来满足社会需求而言，也可以把第 8 章看作是制造篇的一部分，只是生产的空间和方式是现场制造，而不是（至少目前还不普遍）工厂化制造，在这一点上与一般制造有所区别。同时，标准化程度相对不易控制的巨型建造产品也给艺术化的创作留下了空间。

第 9 章作为一个短暂的尾声，把一些文化概念的抽象问题提出来进行初步辨析思考。

需要强调的是：

（1）本书提出的"资源""制造/建造"等概念均系辅助理解工业系统的概念，并不是截然的理论概念，因此每个章节对应的内容和概念的联系性并不是高度强相关的。

（2）不同产业部类在逻辑上有着本身的技术经济逻辑，每个章节所涉及的产业不同、编排上也随着各自内容组合，因此，在总体的阅读上还是建议参考图 1-3 来进行总体把握。

（3）本书的出发点不是构建当前社会的完整产业体系，也不是直接探讨历史上产业系统的演化，因此，本书所涉的产业体系不是完全的，只是将最具工业系统特点产业作为重点介绍和举例列出，以便读者理解。

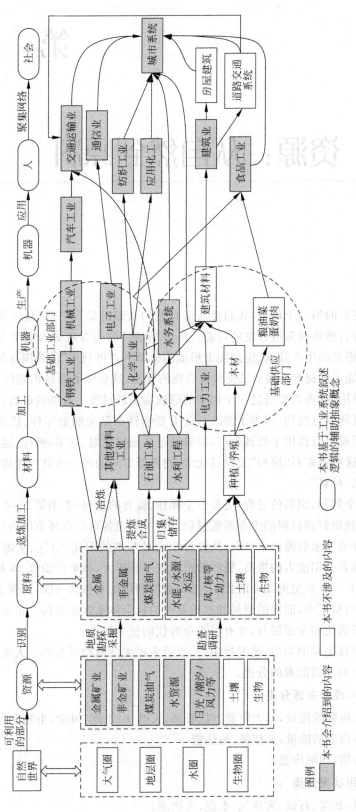

图 1-3　本书主要工业系统思维导图

第 2 章

资源：从自然到原料

在展开工业逻辑的第一个环节，我们要从对自然的认识开始。当然，从经济的角度，工业会把可资利用的自然物视为可开发的资源。这个"资源"的概念就分为两个方向来理解：一是如何利用，在更新的生产技术、生产能力形成的推动下，"可利用"的范围在加大，这既是需求的导向，也是能力的提升所至；二是对自然物的开发，这意味着通过识别的自然物通常并不是能够直接应用的，而需要通过一个初步的筛选加工的过程。譬如铁矿石，是人们对铁元素需求带来的可利用自然物，因为下游的行业需要钢铁产品来制造零件、机器，但铁矿石并非在勘探完成后就可直接用于机械生产，需要经过采掘的规划、挖采、破碎、运输、初加工，才成为"原料"，而这些铁矿石"原料"要经过化学、物理等方式的进一步处理才能成为达到一定工业标准的钢铁"材料"。

资源，既是一个判别、识别的过程，更是一个操作、整合的过程，本书第 2~4 章将就此展开，介绍从自然物到原料到材料的工业系统过程。同时展现各自产业环节的内容。

人类向自然环境需求资源由来已久，从维持生命最基本的阳光、空气、水源，到动物、植物以及木石等。随着利用能力的提高，资源的范围进一步扩大，如矿产冶炼、木材煤炭燃烧、水能运输等。到 18—20 世纪的工业时代，人类资源的利用能力再次飞跃，出现电的应用、大型化学工业、大型机械工业，能源的格局和物质制造的社会体系逐步重构。正是工业文明的经济产业逻辑不断演化和全面展开，才有了工业时代的整个局面。

能源是人类赖以生存的物质，是发展生产、改善人民生活的物质基础。人类文明的一切都离不开能源。下面介绍能源的分类。

1. 按能源的形成和来源分类

（1）来自太阳辐射的能量，如太阳能、煤、石油、天然气、水能、风能、生物能等。

（2）来自地球内部的能量，如核能、地热能。

（3）天体引力能，如潮汐能。

2. 按开发利用状况分类

（1）常规能源，如煤、石油、天然气、水能、生物能。

（2）新能源，如核能、地热、海洋能、太阳能、沼气、风能。

3. 按属性分类

（1）可再生能源，如太阳能、地热、水能、风能、生物能、海洋能。

（2）非可再生能源，如煤、石油、天然气、核能、油页岩、沥青砂。

4. 按转换传递过程分类

（1）一次能源，即直接来自自然界的能源，如煤、石油、天然气、水能、风能、核能、海洋能、生物能等。

（2）二次能源，如沼气、汽油、柴油、焦炭、煤气、蒸汽、火电、水电、核电、太阳能发电、潮汐发电、波浪发电等。

2.1 矿产与采矿

对地层中特定元素及矿物的需求，使得人类对矿产的开发利用能力不断演进，工业技术和这一时代的其他物理化学成果被大量引入采矿产业。矿产的种类多样，最主要的包括了金银铜铁铝等金属、煤炭油气等能源、石英石膏石灰等非金属三大类型。有了矿产作为最上游资源，钢铁为基础的机械工业体系、石油为基础的化学工业体系才能建立，有了这两大支柱才能建立整个工业文明的产业大厦。

2.1.1 地质勘探和开发

1. 地质勘探的作用和意义

地质勘探是根据经济建设、国防建设和科学技术发展的需要，对一定地区内的岩石、地层构造、矿产、地下水、地貌等地质情况进行不同目的的调查研究工作。根据不同的目的，有不同的地质勘探工作。例如，以寻找和评价矿产为主要目的的矿产地质勘探，以寻找和开发地下水为主要目的的水文地质勘探，以查明铁路、桥梁、水库、坝址等工程地区地质条件为目的的工程地质勘探等。地质勘探还包括各种比例尺的区域地质调查、海洋地质调查、地热调查与地热田勘探、地震地质调查和环境地质调查等。地质勘探以地质观察研究为基础，根据任务要求，选用必要的技术手段或方法，如测绘、地球物理勘探、地球化学探矿、钻探、坑探、采样测试、地质遥感等。这些方法或手段的使用或施工过程，也属于地质勘探的范围。

地质勘探为矿产普查中发现有工业意义的矿床，查明矿产的质和量以及开采利用的技术条件，提供矿山建设设计所需要的矿产储量和地质资料，是矿产采集生产的前提和基础。新中国成立60多年来，我国地质勘查工作取得了巨大成就，在经济建设和社会发展中发挥了先行和重要的基础支撑作用。特别是改革开放以来，地质勘查工作得到了较快发展。

（1）基础地质调查与研究程度全面提高，为经济社会发展提供了重要的基础数据。目前我国全面完成了中比例尺陆域区域的地质调查，获取了海量的区域地球物理和地球化学数据，为矿产开发、农业、交通、水利、电力和城镇化建设等提供了有力的基础支撑。

（2）矿产勘探探明了丰富的资源储量，为国家经济建设提供了矿产资源保证。迄今，我国共发现矿产171种，探明储量的矿产159种，矿产地20多万处，已查明的矿产资源总量和

20多种矿产储量居世界前列;相继发现和勘探了一批大型油气田、煤田、金属和非金属矿产基地,为经济建设提供了矿产资源保障;地下水勘探为生产生活用水提供了丰富的水资源;大洋海底多金属结核和我国管辖海域天然气水合物勘探取得重要进展。

(3) 地质灾害调查、监测与预警工作,为预防和减轻地质灾害提供了重要基础。我国相继开展了国家级和省级地质灾害预报预警工作,初步建立重点地区地质灾害专业监测和群测群防的监测预警体系。三峡库区地质灾害专业监测网已建成并运行。

2. 地质勘探工作面临的挑战

在工业化、城镇化、全球化的背景下,我国正处于并将长期处于资源持续高消耗阶段。经济的快速发展,对能源和矿产资源的需求高速增长。根据预测,2020年前后,我国主要有色金属消费峰值将陆续出现,化石能源消费峰值可能出现在2030—2035年。我国是一个有13亿人口的大国,在实现工业化过程中对能源和其他重要矿产资源的巨大需求是刚性的。随着资源对外依赖种类增多、对外依赖程度增高,我国利用境外资源的风险急剧加大。目前,我国对能源和矿产资源的需求将持续保持高位,地质勘探工作的主要任务是寻找矿产,同时也要充分重视和解决日益严重的环境生态问题。

我国能源及非能源重要矿产资源供需形势严峻。矿产勘探工作滞后,相当一批资源的可供性下降,可供开发的后备基地严重不足。石油对外依存度较高,石油、天然气供不应求的矛盾将长期存在。在我国41种主要非能源固体矿产中,近一半矿种查明资源储量不能保证到2020年的需求。特别是铁、锰、铜、钾盐等大宗矿产供需缺口近年持续扩大,后备储量严重不足,对外依存度高;曾经为经济建设做出重大贡献的一大批老矿山资源形势严峻,可采储量和矿石品位急剧下降。矿产资源供需矛盾突出,但我国石油、天然气、煤炭、煤层气、铀、铁、铜、铝、锰、铅、锌、镍、钨、锡、金等重要矿产,都有较大的资源潜力,特别是西部新区和中、东部隐伏矿床的勘探潜力巨大,迫切需要加强资源勘探。

我国拥有约300万平方千米管辖海域,至今尚未开展系统的海洋区域地质调查,海洋油气勘探尚处于初期阶段。我国海域具有较大的油气资源潜力和较为丰富的天然气水合物等资源前景,需要全面系统地开展海洋地质调查、重点海区的油气资源调查。这既是开发和利用我国海洋资源的必然要求,也是维护我国海洋权益的需要。

3. 地质勘探信息系统

地质资料是地质勘探工作服务社会的主要载体,是国家投入巨额勘探资金获得的特有信息资源。地质资料是指在地质工作中形成的文字、图表、影像、电磁介质等形式的原始地质资料、地质成果资料和岩矿芯、各类标本、光薄片、样品等实物材料。地质资料可以提供与国民经济发展密切相关的、经过分析和预测的矿产资源供求信息;也可以根据国民经济发展趋势,依据现有地质资料,加强矿产资源形势分析和战略研究,成为国家经济发展及宏观决策的重要参考信息。当前,在WTO体系下,利用国际、国内"两种资源、两个市场",地质资料社会化服务为保障我国矿业经济发展,促进探矿权、采矿权市场对外开放,引进国外先进技术和资金方面起到了重大作用。同时,以地质资料为基础的地质信息系统可以广泛服务于基础设施建设、地球科学研究、国家重点工程建设、农业经济、国防建设、生态环境保护等国民经济的方方面面。

地质资料是公共信息的组成部分,主要来源于公益性地质工作,其中国土资源大调查是最重要、形成地质资料最多的一项地质工作。1999年,我国设立专项资金实施了新一轮国土资源大调查,历时 12 年,由国土资源部具体组织实施,取得了一批重要成果。国土资源调查初步建立了土地利用动态监测体系和地价动态监测体系,进行了 1:200000 图幅的绘制,完成了主要城市的地质调查项目。

2006 年国务院发布的《国务院关于加强地质工作的决定》明确提出了健全地质资料信息共享和社会化服务体系,加快利用现代信息技术,建设国家地质资料数据中心和全球矿产资源勘查开采投资环境信息服务系统的要求,推动了地质资料相关工作的开展。

目前,我国致力于建立实用、高效的地质资料采集、加工、处理和存储机制,完善国家地质资料数据资源的建设管理,实现全国地质资料数据的统一、协调和规范,搭建现代化的存储、管理软件和硬件支撑环境。我国正在加快图文地质资料的数字化,加强 1:50000 区域地质调查成果的数字化和数字地质图空间数据库建设,建立国家 1:250000 地质图数据库。同时,开展重要钻孔资料数据库建设,建立矿产资源勘查开采投资环境信息数据库,为企业提供地质信息服务。

通过对地质资料进行深度开发,盘活各类地质资料,能够大幅度提高地质资料的社会化利用水平和利用效益,为社会经济发展提供广泛的服务。我国着重开展了重点成矿区带及油气盆地和含煤盆地、重点经济区、生态环境脆弱区、重大工程建设区和重大地质问题区等的基础地质、矿产地质、环境地质等各类地质资料的深度开发利用,总结地质规律,为区域经济发展、资源勘查开发、工程建设选址和生态环境保护建设等提供科学依据。

2.1.2 地质开发的区域布局

根据国家区域发展战略和社会经济发展水平,在我国地质特点与资源现状基础上进行地质开发的区域布局统筹工作。矿产资源作为国土资源的重要组成部分,通过合理区域布局,促进矿产资源深度开发和集约利用,实现矿产资源在国内和区域内的有效配置,从而可以有效地减弱矿产资源短缺对经济社会发展的制约作用。

能源矿产中煤炭在地域分布上呈现西多东少,北多南少的格局,以大兴安岭—太行山—雪峰山为界,以西地区查明资源储量约占全国的 87%,以昆仑山—秦岭—大别山为界,以北地区的查明资源储量全国的 91%。石油天然气的富集受沉积岩和沉积盆地的控制。根据我国大地构造位置的特征,主要的含油气区分为北部、中部、南方、西南和海域五个部分。金属矿产中铁矿和铜矿主要分布在华北地台北缘铁矿带、长江中下游铁矿带、川西滇东铁矿带、华南沉积型铁矿区、东疆甘西北铁矿带、金川—白银铜矿区、西藏昌都铜矿区等。铝土矿主要分布在晋中—晋北区、豫西—晋南区、黔北—黔中区和桂西—滇东区。铅锌矿主要集中分布在南岭地区。非金属矿产资源中钾盐 97% 以上的资源储量分布在青海柴达木盆地和新疆罗布泊地区。磷矿主要分布在昆仑—秦岭—大别山以南地区,其查明的可利用资源储量占全国的 82%。

1. 西部地区

对西部地区进行地质勘探开发是在贯彻国家西部大开发战略的基础上,加强西部基础设施建设、推进生态环境保护、发展特色优势产业的需求。

1) 晋陕蒙鄂尔多斯盆地能源开发区

本区包括山西、陕西、内蒙古相邻鄂尔多斯盆地区。本区是我国煤炭、油气等能源资源最富集地区,煤炭基础储量约占全国的 45%,石油累计剩余可采储量约占全国的 10%,天然气剩余可采储量约占全国的33.3%,居全国各盆地的第一位,此外山西的煤层气资源具有广阔前景,本区还是我国稀土资源最富集的地区。本区是我国未来能源重点开发区,对支持京津都市经济区及全国的发展都具有重要意义。开发时应重视煤炭资源的深加工,及油气资源的开发与输送,注重优化产业结构与布局及环境污染治理。

2) 川滇黔及"三江"能源资源开发区

本区包括四川、云南、贵州、重庆相邻地区、青海南部、西藏东部。本区是我国西南地区重要的煤炭、油气、金属矿产资源及重要化工矿产的富集区,煤炭基础储量约占全国的10%,四川盆地石油储量丰富,天然气剩余可采储量约占全国的17%。铁矿以四川最丰富,基础储量约占全国的15%。云南和西藏的铜矿基础储量占全国的17%。云南的铅锌矿、贵州的铝土矿均居全国首位,硫铁矿基础储量占全国的30%,磷矿基础储量占全国的48%。区内强大的资源优势是推动川渝人口—产业聚集区经济社会发展的重要动力。西南"三江"地区是我国有色金属原材料的重要后备基地,应重点加强对"三江"区的矿产资源勘查,通过加快交通建设促进优势矿产资源的转化,注重加强治理矿业活动对环境的污染与地质灾害的预防。

3) 青甘蒙相邻资源开发区

本区包括甘肃西北部、内蒙古西部、青海大部等。本区目前主要矿产以金、铜、铅、锌、镍等为主,其中金矿基础储量丰富,铜矿基础储量约占全国的20%,铅矿约占20%,锌矿约占15%,而镍矿占全国基础储量的近90%。区内柴达木盆地的油气资源也相当丰富,钾盐基础储量更是占全国的90%。区内矿产资源的开发对地方经济发展具有重要作用,特别是钾盐资源的开发对缓解当前国内需求具有重要作用。为逐步将本区建成我国钾盐等盐化工原料和有色金属的基地,需要加强勘查与规划工作,解决交通运输等问题。

4) 新疆能源资源开发区

本区包括新疆区域内的准噶尔盆地、塔里木盆地、吐哈盆地、阿尔泰山山脉、天山山脉、阿尔金山脉和昆仑山脉等。新疆是我国重要的成矿远景地区和资源战略接替重要基地之一。三大盆地石油累计探明地质储量占全国的12%,剩余可采储量占全国的16%,天然气累计探明地质储量约占全国的19%。阿勒泰是我国重要的有色金属、稀有金属、贵金属资源区,主要矿产有金、铜、镍、铅、锌等。东西天山和西昆仑山也是我国重要的黑色金属、有色金属和贵金属远景区。新疆资源区为我国西气东输工程提供重要的资源保障,对国家资源安全具有重要的战略意义,同时也是促进西北经济区乃至全国经济社会发展的重要矿产资源开发区。区内今后工作重点是加强地质勘查与开发工作,注重引进人才和加强交通运输。

2. 东北地区

对东北地区进行地质勘探开发要根据国家振兴东北老工业基地的战略方针,服务于加快产业结构调整,支持资源枯竭型城市经济转型。

1) 蒙黑东部兴安岭资源开发区

本区包括内蒙古呼伦贝尔市、兴安盟、黑龙江东北部大兴安岭与小兴安岭地区。大兴安岭西坡为富铅锌-银成矿带,主峰为富锡-铅锌-铜铁成矿带,东坡及小兴安岭是以铜为主的多金属成矿带,两侧盆地中有可地浸砂岩型铀矿,因此本区成矿地质条件优越,找矿潜力巨大,可以作为我国有色金属矿产资源的战略接替及开发基地。从区域上来看本区连接华北、东北两大经济圈,对我国东部经济带具有最直接的辐射作用,区位优势和地域优势十分显著,同时濒临俄罗斯、蒙古,战略位置极为重要,通过重点矿产资源的开发可以带动区域经济的发展,进而以此为基地,加强与周边国家的矿业合作,形成统一的矿业大市场。

2) 松辽盆地能源开发区

本区包括松嫩平原、辽河平原及三江平原等区。区内松辽盆地及伊通地堑石油累计探明地质储量占全国的27%,剩余可采储量占全国的29%。天然气储量丰富。煤炭基础储量占全国的5%左右。在非常规能源中,吉林油页岩探明资源储量占全国的55%,辽宁煤层气资源的开发利用已走在全国前列。此外,在辽中南地区的铁矿资源丰富,其基础储量占全国的近30%,且钢铁工业发达。本区对于辽中南经济区和东北三省的人口-产业集聚区的发展具有重要的支撑作用,重点工作是加强老油田与老矿山的外围与深部找矿,优化产业结构,加强能源资源的国际合作与环境污染治理工程。

3. 中部地区

对中部地区进行地质勘探开发应依据国家促进中部地区崛起战略要求,围绕推动工业化和城镇化建设、巩固和发展高效农业,开展基础地质和地质环境调查及重要矿产资源勘查。

1) 鄂豫陕秦岭资源开发区

本区包括湖北、河南、陕西相邻秦岭山区等。区内河南的煤炭资源基础储量丰富,位于其境内的南襄盆地也是我国重要的油气资源富集区,西南部是重要的金属、非金属矿产集中分布区,探明储量在全国前列的矿种有钼、钨、金、化工灰岩等。鄂西北除重要金属矿产外,还有我国大型的变质磷矿。陕东南有色及贵金属资源丰富,特别是钼、汞、金在全国占有重要地位,铅锌为优质矿产。铝土基础储量约占全国的30%。该区地处中原与关中人口-产业聚集区,交通相对便利,辐射地区广,重点矿产资源勘查与开发对促进产业结构调整,加强中西联系具有重要意义。

2) 鄂赣皖长江中下游资源开发区

本区包括湖北、江西、安徽境内长江流域区。本区是我国铁、铜、金等重要的成矿带,有湖北大冶铁矿、铜碌山铜矿、安徽铜陵、铜官山铜矿、江西德兴铜矿等。区内铜矿基础储量占全国的45%,铁矿基础储量约占全国的10%,且大多为富矿,金矿基础储量占全国的27%,此外江汉盆地是重要的油气资源区。作为我国最重要的铜业基地,对促进长江中下游经济带的发展具有重要的支撑作用。今后应加强有色金属的勘查与开发,提高矿产资源的利用率,减少矿业活动对环境的污染。

3) 湘南赣南南岭资源开发区

本区包括湖南南部、江西南部及南岭地区。本区是我国南方有色金属、稀有金属、贵金属的重要资源地和产区,同时是国内有色金属生产和加工的重要产业基地。据粗略统计,主要矿种占全国保有储量比例中钨15%、锡35%、铅33%、锌28%、硫48%,大型矿床50余处,世界级特大型矿床2~3处。由于特有的矿产资源优势,矿业成为区内的产业支柱,已形成以湘南、赣南、桂西、粤北为代表的矿业集中区。本区应注重提高资源利用水平和产业结构的调整,使区内钨、锡等矿产在国际市场上保持优势,加强矿业秩序的整顿。

4. 东部地区

东部地区的地质勘探开发应按照国家鼓励东部地区率先发展战略,围绕加强生态环境保护与增强可持续发展能力,满足服务于城市群和重要经济区建设的要求。

1) 环渤海能源资源开发区

本区包括北京、天津、河北及山东等环渤海区。环渤海湾盆地石油、天然气资源丰富,在已有油气勘探开发的12个盆地中位居第一,煤炭和铁矿资源主要分布在冀东、冀中、鲁西和鲁中南,煤炭基础储量占全国的5.6%,铁矿基础储量占全国的24.7%。胶东是我国金矿最为富集的地区,区内金矿基础储量占全国的20%。区内能源和重要资源的开发利用对京津都市经济区的发展具有重要的支撑作用。未来的发展方向应侧重于海上油气资源的勘探,煤炭和铁矿资源的高效清洁利用,并注重钢铁产业的结构调整。

2) 东海陆架盆地能源开发区

本区包括东海陆架盆地。东海盆地是我国海上重要的油气资源区,目前储量探明率很低。现已发现了平湖、春晓、天外天、残雪、断桥、宝云亭、武云亭和孔雀亭等8个油气田,此外还发现了玉泉、龙井等若干个含油气构造。东海天然气的大规模开发利用将促进我国华东沿海各省市的能源结构调整,净化城市空气,创造良好的生态环境,促进经济的可持续发展。重点工作是坚持油气勘查和开发,维护我国的领海主权和海洋权益。

3) 珠江三角洲及毗邻海域能源开发区

本区包括珠江口盆地、琼东南盆地、莺歌海盆地和北部湾盆地等。本区是我国海上最有远景的石油天然气开发区。陆续勘探和开发的有惠州、陆丰、西江、流花、崖城、东方、乐东等油气田。区内油气资源的开发对保障华南经济区和珠江三角洲都市经济区的能源需求具有重要作用。重点加强油气精细勘探工作,维护我国的领海主权和海洋权益。

4) 闽西粤东武夷山资源开发区

本区包括福建西部广东东部武夷山区。本区是我国东南沿海重要的矿产资源富集区,已发现110种矿产,探明储量矿产60多种,探明储量居全国前5位的矿种有21种,金属矿产主要有铁、锰、铜、铅锌、钨、金等,同时也是我国铀矿的重要勘查与开发地区。通过矿产资源的开发可以加快该地区及其邻区的工业化进程,促进电力、交通、冶金及第三产业的发展,有利于推进矿业城镇的形成和规模集聚,提高城镇化水平,对缩小与沿海地区的经济差距具有特殊意义。重点加强地质勘查投资,改变矿产资源利用方式,减少矿业开发造成的环境污染和地质灾害。

2.1.3 有色金属的开采

1. 有色金属的分类及用途

一般来说,材料可以分为非金属材料和金属材料两大类。非金属材料分为有机非金属材料、复合材料和无机非金属材料三大类。其中有机非金属材料包括合成塑料、合成橡胶、合成纤维;复合材料包括树脂基复合材料、金属基复合材料、非金属基复合材料;无机非金属材料包括陶瓷材料、玻璃材料、石墨及碳、木材、水泥、混凝土等。而金属可以分为黑色金属和有色金属两类。黑色金属指的是铁、锰、铬及它们的合金,锰和铬主要应用于制合金钢,而钢铁表面常覆盖着一层黑色的四氧化三铁,所以把铁、锰、铬及它们的合金叫做黑色金属。这样分类,主要是从钢铁在国民经济中占有极重要的地位出发的。有色金属指的是除了黑色金属以外的其他金属。

有色金属也称非铁金属,按其物理和化学性质以及在地壳中分布情况可分四大类:轻有色金属(相对密度小于4.5),如铝、镁、钛、钠、钾;重有色金属(相对密度大于4.5),如铜、镍、铅、锌、钴、锡、锑、汞、镉等；贵金属，如金、银及铂族金属（铂、钯、钌、铑、铱、锇）；稀有金属，按其物理和化学性质不同又可分为轻稀有金属，如锂、铍等；高熔点稀有金属，如钨、钼、钽、铌、锆、钒、铪、铼等；稀散金属（在地壳中很分散，大多数没有形成单独的矿物和矿床），如镓、铟、铊等；稀土金属，如钪、钇、镧及镧系元素；放射性金属，如镭及锕系元素（钍、镤、铀等）。

　　有色金属具有各种各样的性能，其中有些还具有独特的优良性能。有色金属与人类社会的进步和发展有着不解之缘，更是当今国防建设和国民经济各部门中不可缺少的材料。人类使用铜已有 8000 年的历史，到近代更显示出其重要性。纯净的铜是电力工业的支柱；铜合金在造船业和机床业应用十分广泛。虽然，铝成为工业金属还不到 100 年，但其产量和消耗量已仅次于铁而居第 2 位，除在许多场合替代其他金属外，作为轻金属，铝还有很多独特优点。镁的相对密度仅为 1.75，是最轻的重要工业金属。钛则集中了强度高、质量轻、抗蚀性好等优点。这些金属已成为航空航天及汽车工业理想的材料。稀有金属性能各异，用途不一，或为纯金属，或作炼钢合金，或作化工反应的催化剂，在钢铁、化工、石油、电子、原子能等工业中广泛应用。工业生产和科学研究设备现正向着大型化、高参数的方向发展，更需要各种有色金属和稀有金属，以生产各种具有耐高温、耐高压、耐磨蚀、耐冷冻、轻质、高强度、高导电、高导热性等特殊性能的新合金材料。因此有色金属工业同样是具有战略意义的部门。

　　有色金属种类多，发现及应用早晚不一，发展速度各不相同。如古老的金属铜、铅、锌产量逐年稳步上升；铝、镁、钛等由于航空和宇航空间技术的需要而获得突飞猛进的发展，铝在 20 世纪 50 年代中期已超过铜的产量，跃居有色金属之首。稀有金属一般发现都较晚，现处于发展扩大应用阶段。

　　目前，全世界有色金属总产量相当于钢产量的 5％ 左右。各国有色金属消耗量与钢铁生产量之比为：美国 6％～7％，日本 4％，德国 6％，俄罗斯 4％，中国 4％。这个比值反映了复杂的工业各部门结构比例，也是安排生产和市场供应的重要参考数值。各国具体情况是不同的，同一国家在经济发展不同阶段也是不同的。要根据本身资源情况安排适合本国国情的产品结构和消费结构，例如根据本国各种有色金属矿藏资源的多寡，确定自己的合金钢系列。我国的铬、镍稀缺，就要注意发展以我国资源比较丰富的锰、钼为主要合金元素的合金钢，进口一定量的铬、镍用于必需，消费方面就要限制炊具、餐具等非必需品大量使用不锈钢。又如铝，在美国大量用于建筑业和航空工业，在我国目前则大量用于生活日用品的制造。随着我国生产的发展，这一情况是会发生改变的。

　　我国有色金属产量在"九五"期间（1996—2000 年）快速增长，十种有色金属（包括精炼铜、电解铝、铅、锌、镍、锡、锑、汞、镁、钛）总产量 3.199×10^7 t，年均增长率达 9.3％，改变了长期短缺的状况；"十五"期间（2001—2005 年）十种有色金属总产量达到 6.186×10^7 t，且连续四年位列世界第一，成为有色金属的采掘生产最大国家。2010 年十种有色金属产量 3.121×10^7 t，表观消费量约 3.43×10^7 t，"十一五"期间年均分别增长 13.7％ 和 15.5％。在产量持续高增长的同时，电解铝为代表的有色金属行业出现项目上马草率、整体产能过剩、高耗能、高污染等一系列问题。2014 年，我国十种有色金属产量为 4.417×10^7 t，同比增长 7.2％。目前，除铜受资源条件限制仍需进口外，铝供需基本平衡，铅、锌、镁自给有余，钨、锡、锑、钼、稀土等传统出口产品仍保持一定的出口规模，有色金属冶炼产品已由净进口转变为净出口。

2. 有色金属矿山开采及其特点

有色金属矿山有如下几个特点。

1) 有色金属矿床矿石的品位大多较低

品位指的是矿石（矿体）所含有用成分的百分率，也有用 g/t（贵金属）或 g/m^3（矿砂）表示的。按品位高低，矿石分为富矿、中品位矿和贫矿。矿石品位低于某一限度，在工业上已没有利用价值时，即称最低工业品位，亦称临界品位。临界品位由矿床地质条件，国民经济需要，采矿、选矿、冶炼的生产技术和管理水平等因素决定，故其数值会发生变化。我国几种有色金属矿目前的临界品位和一般工业品位见表2-1。

表2-1 我国开采有色金属矿的品位

矿种	临界品位	工业品位
铜	0.3%	0.5%
锡	0.1%	0.2%
汞	0.04%	0.08%~0.1%
镍	0.2%	0.3%
钨	0.08%~0.1%	0.15%~0.2%
锌	0.5%~0.8%	1%~2%
钼	0.02%~0.03%	0.04%~0.06%
金	3g/t	5g/t

由表2-1可见，有色金属在矿石中的含量比铁低得多。因此，虽然钢的产量20倍于有色金属，但从总的采掘矿量来看，有色金属矿超过铁矿。有色金属生产中选矿富集的工作量比钢铁生产大得多，对能源和运输的压力也很大。

应注意，这个表是近一二十年的情况。以前的值都比这个数字要高，例如美国开采铜矿的品位，1909年为1.6%~1.99%，1965年为0.7%，20世纪70年代后低于0.5%。究其原因，主要有两条：富矿枯竭了，而选矿冶炼技术却发展了。人类的生产不得不适应环境条件，同时又在积极能动地创造条件，发展生产。这是人类社会发展一个很基本的逻辑。

2) 有色金属矿床通常是多金属共生矿

有色金属矿多为共生矿。尤其是稀有金属，其矿石种类繁多，很少有单独的矿床。还有的要从各种废渣、废气、废水中回收，而这些金属冶炼产品的使用价值又往往与其纯净度密切相关。因此，这些金属的生产方法就比钢铁复杂得多，通常要将好几种冶炼方法配合使用。稀土金属的提取和分离还要采用溶剂萃取或离子交换法。

除了上述两个主要特点，有色金属矿山还有如下几个特点：有色金属矿床蕴藏的形态比其他矿床都不规则，不易勘探；有色金属矿山生产中常会遇到有害和放射性物质；有色金属矿山大多地处偏僻山区，交通不便，所需投资多，建设周期长。

3. 有色金属的冶炼及其特点

矿石经选矿得到精矿，送往冶炼厂提取金属。冶炼分粗炼和精炼两道工序，分别得到纯度较低和纯度较高的金属。现在所用冶炼方法主要有以下几种。

(1) 火法冶金：一般有色重金属可用火法冶炼。基本原理是利用燃料或电力发生的热量,使矿石熔化,并使矿石中各种成分与碳、氧或其他熔剂在熔融状态下进行化学反应,由于粗金属和炉渣的相对密度不同而使其分开。有色金属的精炼,也可采用火法冶金。

(2) 水法冶金:利用化学溶剂(一般用硫酸溶液)溶解矿石中的金属而不溶解脉石的原理,将金属从矿石中溶解出来,再利用电解法或沉淀法提出金属。这是一种较新的冶金方法,近年来得到迅速发展。此法还较多地用于精炼。

(3) 熔融盐电解法:将金属化合物加热熔化,再进行电解,使金属与其他元素分离而得到纯金属。对于那些化学性质活泼,不能使用火法或水法冶炼的金属,如铝、镁、钙等轻金属,则用此法冶炼。

(4) 粉末冶金法(金属陶瓷法):有些金属的熔点很高,不能用火法冶金使其熔化,对其可采用粉末冶金法。此法的基本原理是将精矿处理成纯净的金属氧化物粉末,并还原得到金属粉末,再经压型、烧结而制成金属块。钨、钼就是用这种方法提炼的。

此外,还有热还原法、混汞法、旋涡熔炼、区域熔炼等方法来进行某些金属的提炼或精炼。

4. 有色金属生产中水电的消耗

低品位的矿石直接进行冶炼,技术上有困难,经济上不合算。为了满足冶炼要求,有色金属矿石都要进行富集,获得精矿。这是水、电耗费很大的工序。选矿前要先经过破碎、磨细,然后再用不同方法进行分离富集。例如,使用较多的浮选法,是利用矿物表面的物理化学特性,加入选矿药剂,进行机械搅拌,石头下沉,矿物附着在选矿药剂产生的气泡上,再将气泡刮下,达到富集矿物的目的。这样处理一 t 矿石要消耗五 t 左右的水。当然水可以循环重复使用,否则生产一吨铜,仅选矿就要消耗上千吨水。选得的精矿再经过熔炼、精炼、提纯、直到加工成材,每一工序都要消耗大量的煤、焦炭、燃油和电力。我国几种主要有色金属生产吨材综合能耗(标准煤)分别约为铅 1.6t、铜 5t、铝 10t。2005 年我国有色金属的总产量将约为 8×10^6t,消耗能源总计折合标准煤 3.64×10^7t。相当于全国煤产量的 2%,位居全国耗能大户的前 10 名。有色金属的精炼多采用电解法,这是名符其实的"电老虎"。几种主要有色金属生产的耗电量见表 2-2。这个耗电量远远超过其他工业。因此在有色金属的生产布局上,一定要注意水、电的供应。建成 1t 铝的生产能力,必须有 2kW 的发电能力与之相配套,即要建一个年产 1×10^5t 的铝厂,就要有一个 2×10^5kW 的电站与之相适应。因此,有色金属冶炼厂多建于电力供应比较充足的地区。

表 2-2 有色金属生产的耗电量

产品	每吨产品耗电量/(kW·h)
铜	14000
锌	4500
铝	18000~20000
镁	20000~30000
钛	60000~70000
锡	13000
锰	15000

5. 有色金属生产中的环境污染问题

有色金属生产对环境的影响极大,如处理不当,会造成很大危害。仅以矿山开采为例,不论是露天还是地下开采,都要剥离或挖掘大量废石。露天开采,每采 1t 矿石要同时剥离 5~10t 废石,加上选矿后的尾矿,生产 1t 铜,要同时排出 400t 左右的废石和尾矿。这不仅大规模地破坏地表,而且还要占用大量土地来堆放,废石堆不仅会发生自燃爆炸和严重的滑坡事故,而且这些矿业固体废物长期受风雨侵蚀,其中分解出的有害物质渗入地下,会引起地下水和附近河流的污染。矿业及相关行业排放的废渣累计已达 5.8×10^9 t。全国采矿业破坏的土地面积 $1.4 \times 10^4 \sim 2 \times 10^4$ km^2,并以每年 $200 km^2$ 的速度增加。其他酸性矿坑水和冶炼尾气都会使环境污染问题更加严重,有的甚至到了不能继续维持生产的地步。今后必须通过科技投入,开发推广矿产资源综合利用技术,降低矿产资源开发对环境的污染和破坏程度。

2.1.4 有色金属生产的布局

以上提及的特点,都是有色金属生产本身特有的问题,要发展生产,就必须予以解决。这涉及从决策、布局到科研、生产、使用各个环节,同样有比例结构问题。下面以铜的生产为例,对布局结构略加介绍。要理解布局的原则,仍必须具体了解其生产过程,这是布局的基础。

1. 铜矿的开采

铜矿石大致可分为三大类:天然铜、硫化铜及氧化铜矿。硫化铜矿中的主要矿物是黄铜矿。黄铜矿类型的硫化铜矿约占世界铜矿的 2/3,是炼铜最重要的天然原料。铜矿石按品位可分为富矿(含铜大于 2%)、中等矿(含铜 1%~2%)、贫矿(含铜小于 1%)。目前含铜低至 0.3%~0.5% 的铜矿床也有开采。铜矿主要开采方法有露天和地下两种。铜矿石多数是矿物成分复杂、金属品位低、杂质含量高的贫矿,又往往是铜、铅、锌等金属的共生矿。经过选矿、去掉矿石中大量无用的脉石,使铜、铅、锌等金属矿物富集起来,成为铜精矿、铅精矿和锌精矿后,才能作为冶炼的原料。

2. 铜的冶炼

铜的冶炼方法主要有火法和水法两种。目前,以火法冶炼为主。此法有鼓风炉熔炼、反射炉熔炼及电炉熔炼几种,又以反射炉熔炼为主。电炉熔炼耗电较大,在电力资源丰富的地区或处理难熔矿石时采用。反射炉熔炼生产流程,是先对铜精矿进行氧化焙烧,除去一部分硫,以利于熔炼时铜的富集,然后采用火法炼铜,得到含有铜和贵金属的冰铜。冰铜是中间产品,在转炉内吹炼,除去其中的铁和硫等,即可获得粗铜。粗铜经过火法精炼,进一步除去有害杂质,并富集金银等贵金属。经过电解精炼得到更高纯度的铜。铜冶炼厂有以粗铜为主的粗铜厂,有采用电解法的精炼厂,也有包括粗炼和精炼的炼铜厂。

3. 铜生产的合理布局

表 2-3 给出了决定铜生产布局的一些基本情况。

表 2-3 铜生产布局的影响因素

工序流程	采矿→选矿→熔炼冰铜→粗铜→精铜→电解铜→铜材→用户				
工作场所	采矿场	选矿厂	熔炼厂	精炼厂	轧厂储运
含铜/%	0.5	25	35~50	98~99	99.3~99.6	99.95
原料指数		50	2	2	1	1	1
指向	强原料指向		原料指向		能源指向	强消费指向

由表 2-3 可看出,选矿厂的原料指数(一个工厂生产 1t 产品所需原料吨数)为 50,原料地指向性极强,故选矿厂和采矿场不能离得太远,否则运输不经济。熔炼厂的原料指数接近于 2,原料地指向已不十分强烈。而精炼厂与选矿厂情况截然不同,此时原料指数为 1,由原料到成品损耗已极小,但能耗却上升为主要矛盾,故应向能源基地靠拢。由于消费地十分分散,成材后又不便运输,故而表现出很强的消费地指向。此时,应将铜材轧厂设在消费地附近。为了综合利用炼铜过程中产生的 SO_2,往往在炼铜厂中附设硫酸车间。硫酸不便运输,还应开发以硫酸为基本原料的综合利用。

这个例子说明,各个工业部门的生产过程有其内在的客观规律性,进而制约布局;另一方面,产、供、销条件,资本利润条件,同时也制约着布局。布局是否合理,要综合自然条件、经济社会条件统一考虑。

2.2 煤炭工业

2.2.1 煤炭生产

1. 煤炭资源

中国一次能源消费以煤为主,以 2014 年为例,煤炭消费占了一次能源总消费量的 66%。煤炭在我国能源生产和消费中的比例一直在 70% 左右,而且这种格局短期内不会根本改变。据有关专家预测,到 2050 年,煤炭在能源中的比例仍占 50% 左右。可见在相当长的时期内,煤炭在中国一次能源结构中将占据不可替代的重要地位。

1) 煤的品种、质量和工业分类

在远古成煤年代,植物遗体由于水、沙的覆盖与空气隔绝,不会全部腐蚀,大部分被保留下来而形成泥炭。由于水、沙、压力和温度的作用,含碳物质相对富集,形成褐煤层。长期高温高压作用又使褐煤变成烟煤。烟煤含碳量进一步富集、变化,就形成无烟煤。不同种类的煤,在灰分、挥发分、发热量、胶质层厚度以及硫分和磷分等主要技术指标上均差别很大。为了充分合理地使用煤炭资源,必须对煤进行工业分类。如按大类可分为无烟煤、烟煤和褐煤。其中烟煤又可分为贫煤、瘦煤、肥煤、焦煤、气煤、弱粘煤、不粘煤、长焰煤等。根据煤炭的不同质量和品种,可以论证不同地区煤炭资源的利用方向,以便在国民经济各个时期,根据不同的需要确定其开发次序,经济合理地利用煤炭资源。

2) 我国煤炭的储量、产量和用量

我国国土资源部编制发布的《中国矿产资源报告(2014)》显示,截至 2013 年底,我国查

明煤炭资源储量 $1.48×10^{12}$ t。

根据 BP 世界能源统计和我国地质部门统计，截至 2014 年，我国探明可直接利用的煤炭储量 $1.145×10^{11}$ t，约为世界地质储量的 12.8%。

2014 年我国原煤产量为 38.7 亿吨，约占世界煤炭产量的一半，其中约有 60% 是来自于内蒙古、山西和陕西。

煤炭的用途十分广泛，可以分为两大主要用途：动力煤和炼焦煤。动力煤主要用于发电、建材、供暖和日常生活，炼焦煤的主要用途是炼焦炭。

总的来说，在煤炭消费市场中，下游企业主要分布在四大行业，其分别是电力、冶金、建材及煤化工行业。以 2011 年为例，这四大行业的煤炭消费量比例分别是：火电占 55%，钢铁占 16%，水泥占 14%，煤化工占 4%，其他行业仅占 11%。

世界发电、冶金及其他工业对一次能源的需求增长很快，而节约措施和其他能源的开发还远跟不上来，因此要求煤的增长量要占到能源增长总量的 1/2～2/3，我国更是如此。2014 年我国煤炭消耗量为 $3.51×10^9$ t，占到世界煤炭消耗量的 50% 以上。近些年随着我国经济的发展，每年煤炭消耗量约在 $4×10^9$ t 左右，如图 2-1 所示。

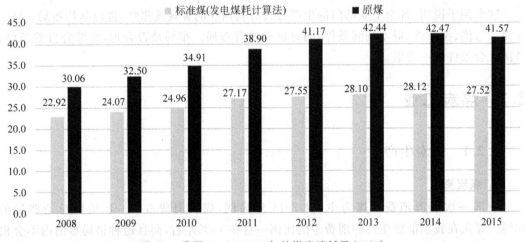

图 2-1　我国 2008—2015 年的煤炭消耗量 $/×10^8$ t

我国的煤近八成直接燃用，其中 3/4 是在分散、低效的设备中燃用的，故综合利用程度低。全国所产煤的总量中 35%～50% 可以炼焦，但实际用于炼焦的只有 10%，其余可炼焦的煤均作为其他用途烧掉了。粘结性强的炼焦煤是优质煤，是冶金工业的必需品，而且没有代用品，出口价格高，作为普通煤烧掉很可惜。

今后我们对煤的需求量将大幅度增加，还需要妥善解决开采、运输、转化、环境保护以及有关这些项目的布局、投资等一系列问题。

2.2.2　煤炭的开采

1. 煤田和井田

1）煤田

煤田是指处于地壳沉积岩层中的大面积含煤地带。一般含煤面积在几十平方千米到上千平方千米，煤的储量在亿吨以上。评价煤田的指标主要有煤层厚度、层数、埋藏深度、煤层倾角等地质条件。煤层厚、层次多、储量集中的煤田,有利于煤炭开采和提高矿井利用率。煤的埋藏深度直接关系到开采方法。煤层倾角对于煤炭开采也有很大的影响,倾角过大,容易滑动,建井困难,不易开采。此外,还有围岩(顶板、底板)、涌水量和瓦斯量等开采技术条件。

煤田所在地的地理环境对煤炭工业的发展也有很重要的影响。某些煤田地质条件、自然条件、煤炭质量虽不太好,但其所处地理位置优越,接近大城市或工业中心,交通方便,往往也会优先开发,并可达到相当大的规模,如北京的京西煤田、山东的新汶煤田。

2) 井田(矿田)

为了合理、经济地开发煤田,通常将一个煤田划分为若干部分,由若干个矿井开采。划给一个矿井开采的部分叫做井田(或矿田)。矿井是煤田开发的基层单位。井田开发时应预先确定的主要指标有井田的储量和矿井的生产能力。

综上所述,煤炭资源和自然条件为煤炭工业发展与矿区规模、矿井布置提供了物质基础。而煤炭工业的规模、速度和开采次序,还要由国民经济各部门的发展规模及其结构具体地确定。

2. 煤田的采掘方式

1) 露天开采法

对于埋藏不深、厚度比较大的煤层,先把覆盖在煤层上面的土石全部挖去,再进行采煤的方法叫做露天开采法。露天煤矿一般都低于地面呈凹陷状,从上到下分成许多台阶,一层一层地往下开采,每个台阶有 10 多米高。如我国抚顺露天煤矿,整个矿场像一个巨大的体育场,东西长 6500m,南北宽 1500m,深度现已超过 200m。图 2-2 为内蒙古胜利煤田第二号矿现场。

露天矿一边挖掘土石方,一边开采煤炭。煤层上面的岩石往往比较坚硬,需要打孔爆破,将岩石炸松碎,然后进行采装、运输等工序。图 2-3 为某露天采煤现场。目前运送土石和煤炭广泛采用汽车和电气火车。汽车灵活,爬坡能力强,有利深凹露天矿的运输;火车常用于大、中型露天矿。

图 2-2 内蒙古胜利煤田第二号矿

图 2-3 露天采煤现场

露天矿采收率高,可达 80%~90%,开采成本低,生产安全,建设周期短。为了充分发挥投资效益,迅速增加煤产量,可采取优先发展、集中开发露天优质煤矿的策略。

2) 地下采煤法

埋藏较深的煤层不宜露天开采。为了打开通路达到煤层,首先要从地面向下打井,再在井下开凿许多巷道,然后由井下将煤采出。这些井叫做井筒,它们是联系井下和地面的咽喉。人员、材料、设备和新鲜空气都要经过井筒送往地下,开采出来的煤也要经过井筒送往地面。一般矿井至少要有两个井筒:一个用来输送从地下采出来的煤,叫做主井,它也用来进风,又叫进风井;另一个用来向地下运送材料、设备和上下人员,叫做副井,它也用来出风,又叫出风井。

当井筒开凿到一定深度后,在井筒底部还要开凿一个巨大的平场——井底车场,是井下调度车辆集中运输煤炭、矸石、材料、设备及输送人员的场所,如同一个火车站。井底车场里有许多峒室,在里面分别设置变电所、水泵房、水仓、煤仓、炸药库、调度室、等候室、医疗室等。井筒和井底车场开凿好以后,就沿着通达煤层的方向开凿巷道。纵横交错的巷道分割围起一块块的煤层,这就是采煤"车间"。开采时,对每块被分割的煤层分别开采,一般是从靠近井底的地方开始,向煤层的走向开采。进行采煤作业的那一面叫采煤工作面。图2-4为采煤机地下采煤场景。

图2-4 采煤机地下采煤现场

下面重点讨论地下采煤的一些问题。

3. 井田开拓

1) 井田的划分

为了有计划地进行开采,要对井田进行划分,再依次进行开采。在开采倾斜煤层时,通常根据煤层倾斜方向,按一定的标高将井田划分为若干长条形的部分,称为阶段;阶段与阶段之间是以水平面为界的,称为水平。当阶段斜长和井田走向都较大时,全阶段部署工作面会给开采造成困难。在这种情况下,阶段内应采用分区部署方式,即沿走向再将阶段划分为若干采区。采区有独立的通风和运输系统。

2) 开拓系统

由巷道组成的生产系统叫开拓系统。这些巷道按其倾角不同分别称为垂直巷道、水平巷道和倾斜巷道。按其功能和服务范围分为以下三个层次。

① 开拓巷道是为全矿井或采区服务的巷道,如井筒、井底车场、运输及回风大巷等。开拓巷道在矿井内的布置方式叫开拓方式。由于煤田范围、储量、煤层数目、倾角、厚度和地质

构造等不同,开拓方式亦不同,常用的有斜井、立井和平硐三种类型。

② 准备巷道：是为一个采区服务的巷道。

③ 回采巷道：仅为某个回采工作面服务的运输平巷和回风平巷。

3) 井田开拓原则

矿井开拓方式是煤矿建设和生产中的重要问题。开拓方式决定了全矿生产系统的总体布局,对资源利用、设备配置、基建投资、开采成本等有很大影响。开拓方式一经确定,并按设计进行施工后,就很难改变。开拓方式既影响矿井建设时期的技术经济指标,又将长期影响矿井的生产技术面貌和经济效益,因此必须从技术、经济方面认真研究比较,力求做到以下几点。

(1) 具有合理集中的开拓布局和完整良好的生产系统,以确保矿井正常、均衡生产;

(2) 井巷工程、地面建筑工程和机电安装工程量小,基建投资少,提升、运输、通风、排水和巷道维护费用小,生产经营管理费用低,以降低吨煤生产成本;

(3) 工程建设周期短,出煤快;

(4) 切实保证施工和生产安全;

(5) 合理利用煤炭资源,减少煤炭损失;

(6) 少占耕地,不占良田。

4. 采煤方法

采煤是煤矿井下生产活动的中心。先进合理的采煤方法,对整个矿井各项经济技术指标具有极为重要的影响。随着技术进步,采煤方法经历了不同的技术阶段,总的趋势是向综合机械化采煤方向发展,但受地质条件以及经济、规模等条件限制。

1) 煤矿非机采型

在回采工作面的回采工艺过程中,落煤、装煤、运煤三个主要工序没有或没有完全实现机械作业。落煤多用炮采,生产率较低,安全性也较差。

2) 煤矿机采型

机械化采煤用于煤层比较稳定、地质构造不太复杂的回采工作面。采用滚筒采煤机或刨煤机落煤,用可弯曲刮板运输机输送,用金属支架、液压支架和金属铰接顶梁进行采空区顶板支护,安全性和生产效率都得到很大提高。这些方法进一步综合,就出现了综合机械化采煤技术。它是将采煤、装煤、运煤及顶板管理的机械和电气设备结合起来,由采煤机、液压支架、工作面刮板输送机、转载机、电气设备和照明等共同组成一个庞大的综合机械化采煤机组。采煤机在前面采煤,后面由液压支架跟进支护顶板,工作面输送机将采下的煤运至转载机,由皮带输送机运抵井下车场,再从竖井提升到地面,至此完成采煤的全部机械化过程。

综合机械化采煤的优势在厚煤层开采中尤为明显。我国在21世纪初研制成功的大功率、电牵引、多电机横向布置和大截深为特征的新一代采煤机,使综采成套设备的生产能力日产达到1500~2000t的先进水平。这些新型综采设备正在全国各重点矿区推广运用。在发展工作面核心设备的同时,还开发完善了工作面后配套的长距离带式输送机运输系统、运人运料的高效辅助运输系统、地质保障系统、煤巷快速掘进与锚杆支护系统和安全生产监测系统,有效保证了综采的高产高效。我国从1993年起开始向美国出口液压支架,向印度、土耳其、俄罗斯等国出口成套综采设备,并取得了良好使用效果。

2013年,全国安全高效矿井已达到442处,其中特级198处,一级167处,二级77处。

这些矿井 2013 年煤炭产量合计 $1.39×10^9$ t，占全国总产量的 37.77%，百万吨死亡率比全国煤矿指标低 98.61%。随着我国综合机械化技术及装备的快速发展，国内出现了一大批年产千万吨的安全高效矿井，极大地改善了我国煤矿综合机械化开采面貌。我国千万吨级矿井数量由 2001 年的 1 处增加至 2013 年的 53 处，产量由 $1.1×10^7$ t 增长到 $7.3×10^8$ t。千万吨矿井总体经济技术指标达到国际领先水平，并在综采工作面单产、工效、综掘进尺指标等方面突破多项世界记录。

"十五""十一五"期间，我国煤矿综合机械化开采技术与装备水平显著提高，自主研发并成功采用了 3.5~7.0m 厚煤层大采高综采技术、20m 特厚煤层大采高综放开采技术，使工作面开采技术参数指标大幅度提高。同时，我国煤机装备制造业取得了长足发展，开采装备能力及设备可靠性均大幅度提高，在电牵引采煤机、系列化液压支架、大型刮板输送机及大运量、大运距胶带输送机等关键设备的开发上均取得了突破。

无论采用哪种采煤方法，都要实行回采工作面作业循环，做好落煤、装煤、运煤、支护、采空区处理等工序的配合。对作业循环要实行科学管理，即运用科学方法确定工种、人员、时间、工艺、产量、效益、消耗及安全等具体定额，组织作业循环，周而复始。正规循环作业的组织系统，可借助计算机，通过循环作业图、劳动组织表、工作面状况图表和所完成的各项指标数据等加以调整和控制。

由于先进综合采煤设备的广泛应用，许多大型煤矿的生产效率和安全水平有了很大的提高。到 21 世纪初，全国已建成不同类型的高产高效矿井 92 处，综采工作面平均年产 9786t，是国有重点煤矿平均水平的 3.34 倍，生产人员效率 9.835t/工，是平均水平的 4.36 倍。一台综合采煤设备由 100 多名矿工操作，年生产原煤可高达 $1×10^6$~$2×10^6$ t。兖州集团东滩煤矿综采放顶煤工作面年产突破 $5×10^6$ t，使我国综合开采技术达到国际领先水平。现在我国已具备制造全套综合采煤设备的能力，今后可以更多地装备煤矿，更有力地推进煤炭工业的技术改造。

"十一五"期间，国家科技支撑项目"煤炭资源高效采选关键技术与装备研发"研制成功国内首台 EML340 连续采煤机及后配套连续运输系统，填补了国内连续采煤机制造的空白。此外，我国针对短长壁工作面开采需求，自主研发了单滚筒电牵引短壁采煤机。在整机功率相同情况下，单滚筒采煤机比双滚筒采煤机更适合工作面长度小于 90m 的短长壁工作面开采需求。由于只有单个滚筒，滚筒的截割功率更高，生产效率更高。

例如，我国针对急倾斜薄煤层复杂的开采条件，自主研发成功了急倾斜薄煤层走向长壁综合机械化采煤法及配套全部开采装备。研制成功的 JBB-Ⅰ型急倾斜薄煤层刨运综采机组可实现对最大倾角 70°，0.7~1.5m 的急倾斜薄煤层自动化开采。目前，该套机组已完成工业性试验，课题研发由"十二五"国家科技支撑计划项目基金支持。

5. 矿井安全生产及环境保护

1）防瓦斯

矿井瓦斯是井下煤层和围岩中的各种有害气体的总称，其主要成分是沼气（甲烷）。瓦斯具有燃烧与爆炸性，对生产威胁很大。在矿井内引起瓦斯爆炸的主要原因，一是瓦斯达到一定的浓度，二是有高温火源，三是空气中含有足够的氧气。由此可知，预防瓦斯爆炸的主要措施是防止瓦斯积聚（控制瓦斯含量小于 5%）和防止井下有明火出现。因此矿井必须相应采取有效的通风，严禁吸烟，电机和电气设备应符合防爆规程，并加强放炮、瓦斯检查等安全生产制度,建设健全的防火、防爆设施等。同时还要采取措施,提高煤炭生产过程中释放出的甲烷的利用率。

我国已明确要大力发展煤层气产业,实行地面开发和地下抽放并举的煤层气开发方针。"十一五"期间,我国煤层气开发从零起步,施工煤层气井5400余口,形成产能31亿立方米。2014年煤层气产量36亿立方米,同比增长23.3%。积极把持煤层气产业发展,使其成为煤炭工业新的增长点。《煤层气(煤矿瓦斯)开发利用"十二五"规划》中提出：2015年煤层气产量达到210亿立方米,其中地面开发90亿立方米,基本全部利用;煤矿瓦斯抽采120亿立方米,利用率60%以上;瓦斯发电装机容量超过285万千瓦,民用超过320万户。

2) 防尘

矿尘是指生产过程中所产生的煤尘和岩尘。矿尘不仅危害身体,易引起矽肺等职业病,而且煤尘浓度增加到一定程度,遇火能引起燃烧爆炸。因此矿井必须遵守国家规定的安全标准,使矿尘控制在安全范围内。同时应采取加强通风、放炮喷雾、装岩洒水、冲洗岩带、佩戴口罩等措施,预防职业病发生。

3) 防火

当井下有外源火种,如吸烟、电火花、爆炸等,会引起火灾。另外煤炭还会发生自燃。防火措施主要有：正确选择开拓开采方法;用密闭墙将易发生火灾的采区隔绝;主要巷道与硐室采用不燃性材料,并设灭火用具、消防水管系统;严格贯彻井下防爆、防火安全等规定。

4) 防水

矿井水灾发生原因较多,例如地面洪水灌入井下;断层或裂缝把河流或含水层与井下接通;采掘过程中遇到积水等。防水措施主要有：井口高于当地历年最高洪水水位;地面修筑防洪堤坝或排水沟;在水体下采煤时应有专门的技术措施。当掘进巷道接近水区时,要先探后掘,先将水放出来;应设防水煤柱,使水与采区隔离等。

矿井开采时,排出的矿井水的矿化度、酸性、悬浮度均较高,有的还含有放射性元素。这些废水污染了水源及江河湖海,对环境造成了污染。另一方面,我国大量矿区严重缺水,因此最大限度地处理和净化矿井水,使之资源化,提高复用率,实现达标排放,对保护矿区环境,缓解矿区及周边缺水地区用水紧张都有积极作用。因此应对矿井水、生活用水进行处理,实现外排水达标率100%。2010年,全国煤矿矿井水排放量达到6.1×10^9 m³,利用量达到3.6×10^9 m³,利用率达到59%。按照《矿井水利用发展规划》,2015年,全国煤矿矿井水排放量将达到7.1×10^9 m³,利用量将达到5.4×10^9 m³,利用率为76%。

5) 通风

矿井通风一方面把地面新鲜空气不断地送入井下,另一方面把井下的瓦斯和污浊空气不断地排出地面。矿井通风系统是矿井的生命线,出现问题往往导致灾难性后果,所以一定要安全可靠,通常要设立备用系统。

6) 矸石管理和采空区防塌陷

煤矿区开采过程中,要挖出相当多的废碎石,还要遗弃大量矸石(约占采煤量的1/10)。我国煤炭开采产生的煤矸石已达3×10^9 t(包括各类煤矿),而且每年还在以$1.5\times10^8\sim2\times10^8$ t的排出量不断增加,不仅占用土地,而且堵塞河道、污染环境。矸石中的硫化物缓慢氧化发热,如散热不良或未隔绝空气就会自燃,甚至爆炸。目前有9%的矸石堆正在自燃,释放出CO_2、SO_2及其他有害物质。矸石淋水、溶水对周围地表水和地下水会造成污染。因此

"十一五"期间如何治理和利用煤矸石等被列入中国煤炭工业发展的重点方向。2013年我国煤矸石产生量约 $7.5×10^8$ t,综合利用量 $4.8×10^8$ t,其中,煤矸石等低热值燃料发电机组总装机容量达 $3×10^7$ kW,年利用煤矸石 $1.5×10^8$ t,综合利用发电企业达400多家,年发电量1600亿千瓦时,占利用总量的32%;生产建材利用煤矸石量 $5.6×10^7$ t,占利用总量的12%;土地复垦、筑路等利用煤矸石 $2.6×10^8$ t,占利用总量的56%。

此外,采空区会引起地表塌陷(平原区每吨煤约 $0.2m^2$),我国煤矿累计采空塌陷面积约百万公顷,相关损失近千亿元。采动影响还会不同程度地牵涉岩坡、水系、地上地下建筑物的稳定和安全。产煤区土建施工时,经常遇到先期采煤挖开的小坑道需要填埋补救。这些影响长远的问题均需及早加强管理。

2.2.3 煤炭生产新观念——洁净煤技术

煤炭作为能源在国民经济发展中作出重大贡献的同时,在其开发与利用过程中也带来了一系列环境污染问题,被称为"肮脏的能源"。人类已不能再无视这些负面影响。因此煤炭生产完整的概念就绝不能仅是将煤采出满足一时之需。在技术政策上,针对使用煤炭对环境造成的污染,提出了洁净煤技术的新概念,即在使煤作为一种能源达到最大限度利用的同时,实现释放污染物最少的目的。洁净煤技术是指从煤炭开发到利用的全过程中旨在减少污染排放与提高利用效率的加工、燃烧、转化及污染控制等新技术。

洁净煤技术包括两个方面,一是直接烧煤洁净技术,二是煤转化为洁净燃料技术。

1. 直接烧煤洁净技术

直接烧煤洁净技术是在直接烧煤的情况下,需要采用的技术措施:

① 燃烧前的净化加工技术主要是洗选、型煤加工和水煤浆技术。原煤洗选采用筛分、物理选煤、化学选煤和细菌脱硫方法,可以除去或减少灰分、矸石、硫等杂质;型煤加工是把散煤加工成形,成形时须加入石灰固硫剂以减少二氧化硫排放,减少烟尘,还可节煤;水煤浆是先用优质低灰原煤制成,可以代替石油。

② 燃烧中的净化燃烧技术,主要是流化床燃烧技术和先进燃烧器技术。流化床又叫沸腾床,有泡床和循环床两种,由于燃烧温度低可减少氮氧化物排放量,煤中添加石灰可减少二氧化硫排放量,炉渣可以综合利用,能烧劣质煤,这些都是它的优点;先进燃烧器技术是指改进锅炉、窑炉结构与燃烧技术,减少二氧化硫和氮氧化物的排放技术。

③ 燃烧后的净化处理技术,主要是消烟除尘和脱硫脱氮技术。消烟除尘技术很多,静电除尘器效率最高,可达99%以上,电厂一般都采用。脱硫有干法和湿法两种。干法是用浆状石灰喷雾与烟气中二氧化硫反应,生成干燥颗粒硫酸钙,用集尘器收集;湿法是用石灰水淋洗烟尘,生成浆状亚硫酸排放。它们脱硫效率可达90%。

2. 煤转化为洁净燃料技术

煤转化为洁净燃料技术主要有以下四种:

① 煤的气化技术,有常压气化和加压气化两种,它是在常压或加压条件下,保持一定温度,通过气化剂(空气、氧气和蒸汽)与煤炭反应生成煤气,煤气中主要成分是一氧化碳、氢气、甲烷等可燃气体。用空气和蒸汽做气化剂,煤气热值低;用氧气做气化剂,煤气热值高。煤在气化中可脱硫除氮,排去灰渣,因此,煤气就是洁净燃料了。

② 煤的液化技术,有间接液化和直接液化两种。间接液化是先将煤气化,然后再把煤

气液化,如煤制甲醇,可替代汽油,该技术我国已有应用。直接液化是把煤直接转化成液体燃料,比如直接加氢将煤转化成液体燃料,或煤炭与渣油混合成油煤浆反应生成液体燃料,该技术我国已开展研究。

③ 煤气化联合循环发电技术先把煤制成煤气,再用燃气轮机发电,排出高温废气烧锅炉,再用蒸汽轮机发电,整个发电效率可达45%。我国正在开发研究中。

④ 燃煤磁流体发电技术的原理是当燃煤得到的高温等离子气体高速切割强磁场,就直接产生直流电,然后把直流电转换成交流电。其发电效率可过50%~60%。

2.2.4 煤炭生产的系统观

煤炭生产是关系国计民生的大事,资源保护和合理利用不仅关系到四化建设,而且关系到子孙后代。从前期工程、矿山建设、采掘计划,到铁路运输、设备配套等诸多方面的因素制约着煤炭的稳定生产,必须用整体的观点去认识它。

1. 科学地确定矿井储量和设计规模

每一个矿井的井田范围大小、矿井年产量及服务年限的确定,是建设矿井必须解决的首要问题。

井田内埋藏的煤炭总量称为井田地质储量。井田地质储量中,技术经济指标和质量指标方面都符合工业要求,并在目前技术条件下可以开采的储量,叫平衡表内储量。平衡表内储量中,可采厚度和质量指标及勘探可靠程度完全符合开采技术和工业要求的部分,叫工业储量。其中可实际采出地面的部分,叫可采储量。不能采出的,称煤炭损失。煤炭损失包括两部分:一是煤柱损失,如井田边界煤柱、井筒及地下地上建筑物的保护煤柱,以及大断层、湖泊等的安全煤柱等;二是开采损失,如巷道保护煤柱、工作面丢失及运输撒失等。可采储量与工业储量的百分比,即煤炭回收率,是煤炭生产建设中的重要指标。

规划矿井的生产能力,必须考虑到井田的可采储量和井田的寿命。年产量大的矿井所需要的地面建筑物和机械设备都比较大,基本建设投资较多,井巷工程量大,建井时间也较长。如果矿藏储量不够,则矿井服务年限太短,使这些设施过早地失去使用价值,造成巨大浪费。与此同时,为了均衡地保证国家煤炭需求,又必须建新井来接替它的产量,使得建井工作频繁。反之,当矿井可采储量丰富而设计能力偏小时,又不能充分利用煤炭资源,无法及时满足国家对煤炭的迫切需要,也是不合理的。为了充分发挥工程设施和投资的作用,保证煤炭生产的均衡和持续,在设计时应考虑井田的可采储量、年产量和矿井寿命这三个量的最优配合。

除煤矿的地质构造外,矿井规模大小对经济效果影响也很大。按常规建设,大型($>6 \times 10^5$ t/年)、中型($3 \times 10^5 \sim 6 \times 10^5$ t/年)、小型($9 \times 10^4 \sim 3 \times 10^5$ t/年)矿井的吨煤总投资比约为 78 : 88 : 100。小井因管理分散,资源采收率和矿井寿命低,产量衰减较快。所以,一般而言,开大井比较合算。大型矿井从勘探至投产需十几年,建矿工程需5~6年,且综合机械化对煤层要求较严格,不是任何煤层都可采用的;而中、小矿井建矿只需四年或更短,对煤层要求也低,能够较早出煤,还易发挥地方上人、财、物的优势。以中小煤矿为主的地方煤炭工业已成为我国煤炭供应的"一条腿",正发挥着积极的作用。在建设矿井时应当注意协调国家总体布局和相关政策,因地制宜,合理规划。

年产量的确定是以可靠的前期工程为基础的。地质勘探的精确性是取得较好经济效果的前提。此外,还应根据具体矿井的开拓方式、通风方式、机械化水平,以及提升、运输各环节的能力综合计算,全面平衡。

煤炭生产还一定要认真贯彻《资源法》。要从整个国民经济和全社会的综合效益出发考虑问题。小煤窑的生产范围一定要限制在不宜建立大煤矿的地区,或利用大煤矿开采后的剩余资源,要以不破坏大煤矿的科学开采为原则。近年,屡屡发生国营大矿被民营小窑包围,资源遭严重破坏,矿井寿命急剧缩短的现象,这是必须依法整治的。

2. 矿井三量平衡是保证稳产的基本条件

衡量矿井采掘关系的重要指标是矿井三量及与其相对应的三个可采期。矿井三量是指矿井的开拓煤量、准备煤量和回采煤量,它们分别由开拓巷道、准备巷道和回采巷道所控制,由圈定的可采煤量构成。三个煤量的数值反映了开拓掘进的成果,而其可采期还反映了矿井采掘平衡的情况。对于各类矿井,三量可采期一般要求是:开拓煤量不少于3~5年,准备煤量不少于12个月,回采煤量不少于4~6个月。

在矿井整个开采期间,随着回采工作的进行,必须持续不断地进行巷道掘进,以便获得新的工作面、采区或阶段,接替将要结束的工作面、采区或阶段,否则就不能保证矿井的持续生产。因此,在采掘关系上,必须有计划、按比例地进行,切实贯彻"采掘并举、掘进先行、以掘保采"的方针。充分重视开拓掘进工作,保持采掘平衡是矿井正常生产和稳产高产的一个关键问题。

一个矿井的储量不是无限的,随着后期表面及就近资源的耗尽,勘探和开采难度也会越来越大。煤层深、斜、薄以及流沙、地下水、煤成气多的矿生产过程更加复杂,钻井时甚至需采用冻结法制服流沙和水。投产后井下运输量、采空区支护量也会大大增加。这些因素在计划时都要考虑。

3. 煤炭生产与运输能力要配套

煤炭产量与运输能力的平衡是生产中必须考虑的又一个问题。煤采出后必须及时运给用户,才能充分发挥效益,大矿尤其如此。大矿井的采、储、运输设施是配套建设的。如果运力不足,煤挖出来,煤仓装不下,就只能扔在一边,成为"落地煤"。结果往往会放在那里自然风化,不仅浪费资源,还可能引起自燃甚至爆炸,造成环境污染和危害。落地煤由于无法再使用配套的运载机械,即使以后运力缓解,运出去的难度也大为增加。

铁路运输是我国煤炭的主要运输方式,而煤炭历来也是我国铁路运输的主要货物。2013年煤炭运输量占铁路货运总量的58.6%。"十一五"期间,受煤炭需求增长的拉动,煤炭的铁路运量保持了较快的增长。2015年,我国煤炭产量3.75×10^9t,通过铁路运输煤炭2.0×10^9t,占全国煤炭运输量的53.3%。

煤的运输成本是很高的,长途运输费用往往超过煤在产地的售价。我国铁路的运价为0.08~0.6元/(t·km),另外,铁路运输还有0.1%的沿途损失。

公路运输的运价根据山西省和内蒙鄂尔多斯地区的统计数据,在0.45~0.6元/(t·km)。虽然汽车运价略高,但短距离运输总体成本可控,起运地煤炭价格低,中间环节少,仍有运销优势。从成本核算角度,公路运煤经济运距应该在400公里以内。

另外,我国煤炭运输还包括海运和内河运输。近年来,由于各地港口和运输船队建设已经实施市场化运作,我国煤炭海运能力和港口建设增长迅猛,港口力较为平衡。由于运输量大,运煤的车站港口须有专用设施,例如储煤场、快装设备等。专用煤码头吨位和水深较大,宜以专线连接矿区,用专用重载列车运输。储煤场地也要防止煤炭自燃和煤尘污染。

20世纪后期开始发展的较新的运煤方式是长距离煤浆管道运输。直径960mm的输煤管道的年运量约2.5×10^7t。管道输煤是一种很有前途的方法,但目前还有一些技术、经济障碍,我国目前使用得还较少。

在煤产地建坑口电站,用劣质煤发电,然后以高压输电的方式把能量输出,是一种非常好的办法。尤其是热值较低的煤更宜就地消化,煤矸石也有可能在沸腾炉中利用。坑口电站需要耗费大量的水,水煤比为8左右(1×10^6 kW电站需$1.5 \sim 2.0$ m^3/s的水),但煤矿地区往往缺水,难以供应,决策时要加以注意。

我国煤炭资源天然分布的不均衡性,决定了北煤南运、西煤东运的局面,煤炭平均运距接近500km。每年几亿吨煤炭及时运出,绝非易事。我国运煤占铁路运输量的1/3,公路运输的1/4,直属水运的1/5,占京广、京沈、京沪、沈大、陇海五大铁路干线的50%～70%。我国铁路交通发展本来就不够平衡,山西、内蒙、陕西等地煤炭工业兴起,更加剧了运输能力的紧张。

因此,煤炭开发,必须同时考虑交通运输问题。交通运输的紧张状况不改变,势必影响能源工业发展的速度和规模。由此,也可看出煤炭洗选、加工、转换的重要性。

4. 煤炭工业技术进步的特殊性

煤炭生产有悠久的历史,但是煤炭科学技术一直发展缓慢,生产面貌落后,体力劳动繁重,安全状况不好,生产效率和单位产量提高很慢。世界煤炭产量的60%是地下矿井开采的,矿井工作环境、开采条件比地面恶劣得多。机械设备安装、搬运困难,采煤、运输都受到空间的限制,在地下搞机械化、自动化则有其特殊要求。井下环境的各种类型设备、仪表比地面环境的技术指标要高得多,难得多,复杂得多。常规的监测仪表在地面使用时效果好,而在井下就必须防爆、防震、防潮、防尘。一个普通的电源开关,在通常情况下很简单,但矿井中有水、煤尘、瓦斯,就得密封起来,有几十千克重,结构也复杂得多。矿井中工作空间有限,有的地方煤层很薄,这样小的空间,要搞大功率采煤机,其机电配件都很特殊。因此,煤炭生产技术进步有很大的滞后性,有赖于冶金、材料、机械和电子等工业技术的发展和配合。

5. 煤炭工业基地的综合发展

煤炭基地不应仅是一个单纯采煤的地方,随着现代工业的发展,应该根据各自的资源条件,在采煤的基础上逐步形成综合性工业基地,以利煤炭就地加工和综合利用。

煤炭加工利用方面,主要着重于电力和化工。化学工业是煤综合利用与工业综合发展的重要内容;大型煤电基地也是现代煤炭工业发展的趋势,如德国莱茵褐煤矿区,是世界上最大的电力中心。

如果某些地区煤炭资源丰富,煤种适宜,矿区周围拥有石灰石和耐火材料等资源,附近又有铁矿或者能较方便地得到外来铁矿石,在煤矿基地发展钢铁工业也是合理的。在煤矿基地配置煤矿机械厂,产品能就近供应用户,对改进产品质量和进行试验研究都很便利。煤炭工业排出的煤矸石数量很大,我国多数矿区矸石堆积如山,占用土地,污染环境,应充分研究开发,化废为宝,如用于制砖、砌块、水泥配料,或作沸腾锅炉燃料等。

综上所述,我们可以建立有关煤炭生产的完整概念。煤炭是我国的主要能源,煤炭工业是支持经济发展和保障人们生活的基础产业。煤炭生产、消费量均占全国能源总产量、总消费量的70%以上。煤炭是工业的粮食,生产量大、运输距离长、占用运力多。在相当长的时期内,这种能源构成状况不会发生大的变化。但煤炭将更多地转化为电力和煤气,甚至转化为水煤浆和液化油等液体燃料,为社会提供更清洁的能源。煤炭的开发和生产是一个带有全局性、长远性的战略问题。要从煤炭工业的特点出发,把煤炭勘察、基建、生产、利用等各环节科学地组织起来,搞好察、建、产、运、销、用的综合平衡。从资源状况、工业布局、市场、内部条件与外部条件,基本环节与中间环节等诸多方面出发,综合考虑煤炭生产、建设和运输的效益,发挥多能互补作用,使整个社会生产协调发展,使国民经济能够获得最好的经济效益。

【典型煤矿公司案例】

在中国迅速崛起的资源型城市中,鄂尔多斯是一个典型的代表。鄂尔多斯市地处内蒙古中部偏西,黄河"几"字弯内,坐落于鄂尔多斯高原,境内地下有储量丰厚的能源矿产资源。目前,已经发现的具有工业开采价值的重要矿产资源有 12 类 35 种,已探明天然气储量占中国总储量的 1/3,已探明稀土高岭土储量占中国总储量的 1/2。除此之外,全市已探明煤炭储量 1.496×10^{11} t,约占全国总储量的 1/6。如果计算到地下 1500 m 处,总储量约 1×10^{12} t。在全市 87000 多平方千米土地上,70%的地表下埋藏着煤。

近年来,鄂尔多斯凭借丰富的资源储量,经济突飞猛进,人均 GDP 于 2009 年超越香港成为全国第一。而在鄂尔多斯市,神华集团神东煤炭公司是规模最大的资源型企业。神东煤炭公司是中国神华能源股份有限公司的核心煤炭生产企业,2009 年 5 月 20 日在神东矿区四公司的基础上整合成立,地跨陕、蒙、晋三省区。神东矿区是我国建成的第一个 2×10^8 t 煤炭生产基地,共有 17 个煤矿,密集分布在 1000 km^2 内,世界罕见。基地目前产能 2×10^8 t,约占全国总产能的 6.4%,全国重点煤矿产能的 12%。神华集团资产 1300 多亿,年利润 500 多亿,而神东公司的年利润就高达 300 多亿,产能效益约占 2/3,处于整个神华集团的核心地位。

神东公司紧紧抓住国家西部大开发、能源战略西移的历史机遇,认真贯彻产业政策,在地方各级党委、政府和社会各界的大力支持下,依托神华"矿电路港"一体化、"产运销"一条龙的运营模式,坚持"高起点、高技术、高质量、高效率、高效益"的建设方针,依靠技术和管理创新,形成了"生产规模化、技术现代化、服务专业化、管理信息化"为基本特征的新型集约化生产模式。神东煤炭公司认真履行中央企业"政治、社会、经济"三大责任;注重资源回收,推动可持续发展;加强环境保护,建成绿色生态矿区;坚持互利共赢,促进了区域经济和社会发展。

2.3 电力工业

电力与石油、煤等一次能源性质有所不同,它是由一次能源转换而得的二次能源。电力是一种现代化的能源,在合理开发、运输、分配和使用能源方面起着特殊的作用。有的一次能源只有转换为电力才能大规模开发利用,例如原子能和水力资源;有些能源以其原有形式输送分配是不合理的,例如劣质的燃料,只有就地发电再输送分配,经济上才合算。电能极其灵活,在供应时,既便于集中又便于分散,而且由电能转变、转换为其他形式的能源也十分便利。电还可提供脉冲信号,便于进行控制。因此,电能被称为能的"万能形式"。电力的广泛应用对于促进社会生产力的提高起着重要的作用,它不仅引起了传统工业部门(如钢铁、采煤等)生产工艺的重大变革,而且是自动化、无线电电子学等新技术的基础。电气化是各个生产部门提高劳动生产率的主要途径,也是提高人民生活水平的一个重要方式。各国的发展都已证明,在能源消费中,用电比重越大,能源使用的效率就越高。因此,电力工业是国民经济的先行,现代社会的支撑。在制定发展战略时,应将电力工业作为领衔产业优先发展,使电力发展速度高于国民经济发展速度,电力总消费的增长速度高于一次能源总消费的增长速度。

近年来,我国电力生产与消费快速增长,各项主要指标在高位运行,电力供需形势依然紧张。图 2-5 为我国近四年的社会用电量情况,可以看出近年来电力消费随着经济的发展呈上升趋势。2014 年,全国电源新增生产能力(正式投产)$1.035×10^8$ kW,其中,水电 $2.185×10^7$ kW,火电 $4.729×10^7$ kW。2014 年底全国发电装机容量 $1.36019×10^9$ kW,比上年末增长 8.7%。其中,火电装机容量 $9.1569×10^8$ kW,增长 5.9%;水电装机容量 $3.0183×10^8$ kW,增长 7.9%;核电装机容量 $1.988×10^7$ kW,增长 36.1%;并网风电装机容量 $9.581×10^7$ kW,增长 25.6%;并网太阳能发电装机容量 $2.652×10^7$ kW,增长 67.0%。

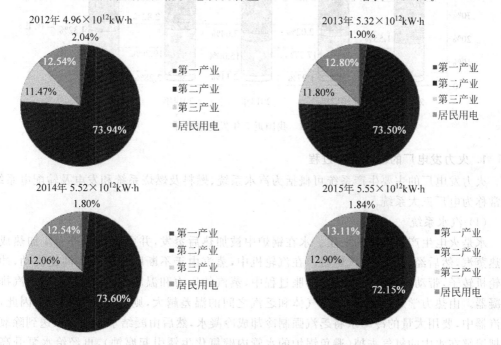

图 2-5 我国近四年的社会用电量情况

2.3.1 火力发电

火力发电是电力发展史上最早实际应用的发电技术,并在发展中不断创新。火力发电厂是利用煤、石油、天然气作为燃料生产电能的工厂,基本生产过程是:燃料在锅炉中燃烧加热水使成蒸汽,将燃料的化学能转变成热能;蒸汽压力推动汽轮机旋转,热能转换成机械能;然后汽轮机带动发电机旋转,将机械能转变成电能。火力发电的类型很多,按照不同的热力原动机类型分为蒸汽动力、内燃机、燃气轮机和联合循环等四种发电方式;按燃料不同分为燃煤、燃油和燃气等三种发电方式。此外还有垃圾发电、利用工业企业余热余压发电以及既供电又供热的热电联产等。

图 2-6 是 2011—2015 年我国的各种发电类型的发电量比重,可以看出火电是现阶段我国电力的最重要来源,约占我国发电总量的 70%。2015 年全国火电装机较 2014 年提高

7.8%。截至 2014 年底,全国火电装机达到 $9.9021×10^8$ kW,占全部装机容量的 65.7%。全国供电煤耗率 2015 年为 315g/(kW·h),同比降低 3g/(kW·h)。

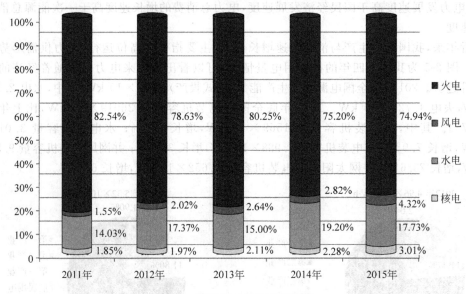

图 2-6　我国近 5 年发电量比重

1. 火力发电厂的基本生产过程

火力发电厂的主要生产系统可概括为汽水系统、燃料及燃烧系统和发电及输配电系统,通常称为电厂三大系统。

(1) 汽水系统

水是火电生产过程中的工质。水在锅炉中被加热后蒸发,并由过热器进一步加热成为过热蒸汽,然后经管道送入汽轮机。在汽轮机中,蒸汽由于不断膨胀而产生高速流动,冲击汽轮机转子,带动发电机发电。在膨胀过程中,蒸汽的压力和温度不断降低,最后乏汽排入冷凝器。由热力学定律可知,工作气体和乏汽之间的温差越大,则对外做功越多。因此,在凝汽器中,要用大量的冷却水将乏汽强制冷却成冷凝水,然后由凝结水泵抽出来送到除氧器中把溶解在水中的氧气去掉(避免锅炉的水管内壁氧化生锈引起腐蚀),再经给水泵升高压力,达到锅炉蒸汽系统规定的压力标准后回到锅炉中重新加热蒸发。这样,工质经过锅炉—汽轮机—冷凝器—除氧器—水泵这条线路不断流动,构成火力发电厂的汽水循环系统。这个系统中用的水必须经过澄清、过滤、软化(除盐)等水处理设备去除有害杂质。运行中损耗的水要及时补充。

(2) 燃料及燃烧系统

燃煤电厂需设立煤场和灰场。煤从煤场由皮带机输送到锅炉房后进入磨煤机磨成很细的煤粉,再和通过烟道预热的空气混合,由喷嘴进入炉膛燃烧。高温火焰及烟气在锅炉中把热量传给水和蒸汽后,经过除尘器、引风机,最后经烟囱排入大气。炉渣和除尘器下部的细灰通常由灰渣泵排至灰场。

(3) 发电及输配电系统

发电机由汽轮机驱动发电,所发出的电能电厂自用约 10%,其余均由输配电系统输出。小型发电厂往往采用发电机电压(3.15kV、6.3kV 或 10.5kV)输电。输电距离为 1.5～

5km,故厂址一般都靠近用户。大型骨干电厂的供电范围一般都较大,这就要由主变压器升高电压后,经高压输配电装置和输电线路并入电网。电厂自用部分通常由厂内变压器降低电压后,经配电装置和电缆供厂内各种辅机及照明等用电。

火力发电厂是一个巨大的机电系统。除锅炉、汽轮机、发电机三大主机外,还须有供水、输煤、除灰、水处理、厂用电、仪表和控制等辅助生产系统。

火力发电厂的生产组织往往按设备分成若干分场各负其责:燃料分场设有燃料运输、装卸、转运等机械设备及燃料储存场地;锅炉分场装有锅炉、煤斗、燃料加工、通风和除灰等设备;汽机分场装有汽轮发电机组、冷凝器、循环水泵和冷却塔;电气分场装有变压器配电设备、继电保护装置、自动化和远距离控制装置以及电气仪表等;化学分场管理水处理设备及化学分析工作;热工分场管理全厂热工测量仪表及自动控制装置;修配分场负责全厂设备部件的修配保养。

2. 火电厂的运行

1) 机组的启动和停止运行

发电厂机组的启动包括从锅炉点火、升压、并入汽轮机供汽母管(当锅炉气压接近母管气压时,开启锅炉出口阀门,即并入母管)、汽轮机暖管、暖机(汽轮机在启动前必须在锅炉蒸汽温度下运行20～40min,使汽轮机温度逐渐升高)、升速、发电机与电力系统并网、带负荷等一系列过程。由于锅炉与汽轮机体积大、部件重,且结构复杂、精密,因此启动和停机不能太快,以保证各个部件的温度均匀变化,防止因膨胀或收缩不均而发生变形、弯曲、联接部位松动、动静部分之间发生摩擦等不良后果。

2) 火电厂的安全运行

火电厂生产过程复杂,主辅设备较多,任何一台设备发生事故都会不同程度地影响安全运行。为了保证电厂安全运行,特别要注意防止各种恶性事故的发生,如由于结垢、腐蚀、磨损和超温,造成炉管爆炸事故;锅炉灭火后处理不当,造成炉膛爆炸事故;由于自动调节失灵和判断、操作错误,造成锅炉缺水、满水事故;由于调速系统和危急保安器同时失灵,致使汽轮机因严重超速而造成损坏;由于长期低频率、过负荷运行或严重腐蚀等,造成汽轮机叶片断裂事故;由于润滑油系统等原因,造成轴瓦烧坏或火灾事故;由于长期过负荷、超温运行,加速绝缘材料老化,造成发电机或主变压器烧坏事故;由于用电中断,造成局部或全厂停电事故;由于带负荷拉隔离开关等误操作,造成人身事故、设备损坏或停电事故等。

3. 提高火力发电厂效率的途径

发电的过程实质上是能量转化和传递的过程。产业特性决定了电力工业的技术进步是一种生产过程的技术进步,其结果主要体现在生产效率的改进方面。具体到火电,则是以燃料取热,以热换电,其过程必然受到热力学基本定律的支配。热力学第一定律即能量守恒定律指明:能量具有多种形式,它们可以互相转化,但不能无中生有、也不会消失。这个定律规定了能量转化的数量关系,但没有指明转化的方向性。其实,各种形式的能量彼此转化是有可、否、难、易之分。能量转化的方向性由热力学第二定律阐明:在热机系统中,热能只能有一部分转变为机械能(或电能),余下的热能要传给系统中温度低于热源的其他物体,热源与该物体之间的温度差异越大,热机的出力(即输出的机械能或电能)就越大。热效率 $\eta = W/Q_1 = (Q_1 - Q_2)/Q_1 = 1 - Q_2/Q_1 = 1 - T_2/T_1$。当然,这是假设为理想热机的理想热效率。实际热机中,传热往往不是在等温条件下进行的,再加上摩擦、漏气、散热等各式各样的热损失,实际热效率比理想热效率还要低得多。尽管如此,热力学基本定律仍为提高火电厂效率指明了方向。

1) 主力电厂宜发展大功率、高参数发电装置

主力电厂一般都是冷凝式电厂，以单纯发电为目的。燃煤取得的热主要用于工质（水）气化所需增加的气化热（单位质量的液体在温度保持不变的情况下转化为气体时所吸收的热量）。蒸汽推动汽轮机做功后压力降低，体积膨胀，已经不能再做功，但却须经凝汽器将乏汽中仍潜在的气化热（每千克乏汽含气化热 $2×10^6$ J 以上）用冷却水带走，才能使其再变成水实现工作循环。这是发电过程热损失的最大一部分，约占总损失的一半（表 2-4）。加大热机热端与冷端的温差，可以提高热机的出力（即输出能量）。提高蒸汽压力，还可大大降低水的汽化热，同时提高蒸汽温度。例如水在 $1×10^5$ Pa 下于 100℃ 沸腾，转化为蒸汽需汽化热 $2.27×10^6$ J/kg；而在 $1×10^7$ Pa 下，沸点提高到 310℃，汽化热仅需 $1.33×10^6$ J/kg；若能达到 $2.25×10^7$ Pa，沸点则达到 374℃，汽化热降至 0，此压力称为临界压力（表 2-5）。提高进入汽轮机的蒸汽参数（温度、压力），意味着所需付出的汽化热减少而蒸汽所含能量提高，但此时末端排气潜热损失并不增加很多。因此，转变成机械能的热量就相对增加，从而提高了发电效率。提高蒸汽参数的另一个措施是采用蒸汽中间再热。中间再热就是把在汽轮机内已经部分膨胀后降低了气压、气温的蒸汽，引入锅炉内的中间再热器中重新加热，使汽温提高到初蒸汽温度，然后再引回到汽轮机的中、低压部分继续做功，中间再热约可提高效率 5%~6%，同时可以降低汽轮机低压部分蒸汽的水分，有利于安全生产和经济运行。

表 2-4 火电厂的发电效率 %

项 目	中温中压电厂	高温高压电厂	超高压电厂	亚临界压力电厂	说 明
锅炉热损失	11	10	9	8	这四项损失主要与机组容量有关，较大的机组损失的百分数比较小，表中所列数据为粗略的平均值
汽轮机的机械损失	1	0.5	0.5	0.5	
发电机损失	1	0.5	0.5	0.5	
管道系统损失	1	1.0	0.5	0.5	
汽轮机排汽热损失	61.5	57.5	52.5	50.5	主要决定于蒸汽参数
总损失	75.5	69.5	63	60	
发电效率	24.5	30.5	37	40	

表 2-5 不同压力下水的汽化热

压力/Pa	沸点/℃	汽化热/(J/kg)	备 注
$1×10^5$	100	$2.27×10^6$	
$100×10^5$	310	$1.33×10^6$	
$227×10^5$	374	0	此点称为临界压力

实际上，汽轮机输出的功还需扣除风机、水泵、除尘、消除污染等装置的自身耗功，才能得到净输出功。单机容量增大、蒸汽初温增高，输出功大，自耗功相对减少，装置效率亦可提高。这可由耗费的蒸汽量间接地得到说明（表 2-6）。

表 2-6 不同容量机组耗用蒸汽量比较

机组容量/kW	蒸汽温度/℃	蒸汽压力/10^5 Pa	耗汽量/(t/h)
10 万	540	100	400
20 万	540	140	670

初步估算,仅提高我国现有汽轮机效率的1%,每年就可多发电2×10^{11}kW·h以上。"大机组、大电网、高电压"构成了现代电力系统的特征。6×10^5kW、1.2×10^6kW机组成为主力机组。但是,近一二十年世界各国的经验都表明,这个趋势不会再向前发展。因为种种研究均表明,机组的单机容量已出现饱和趋势,最终将由电网可靠性决定极限。

2) 发展热电厂,采用热电联供

为了提高蒸汽轮机电厂的燃料利用率,人们采取了许多措施。如将燃烧后烟道气多次热利用、改进蒸汽热力循环(蒸汽重热、抽汽回热给水)等,系统也越来越复杂。但即使如此,以发电为单一目的的冷凝式电厂效率最多也只达到40%(表2-4)。于是人们将思路转向提高燃料利用率,即改变电厂单一发电的经营方向,实现电热并供。火电厂既供电,又供附近工厂生产和居民生活所需的蒸汽、热水和取暖用热。这些蒸汽的温度低于300℃,完全可以由电厂蒸汽轮机抽汽或排汽供应,取代原先零星分散的中、小型供热锅炉。不供热的火电厂冷凝器需用大量冷却水,约带走燃料产生热量的一半。排水热量虽可用于农业、渔业,但需另外投资;若不加利用直接排入江河,还会造成热污染。热电联供同时解决了上述两个问题。热电联供的思路同样依据热力学基本定律。由于现在技术上无法将蒸汽轮机的冷端降到绝对零度(-273℃),因此热效率就不可能很高。但是,汽轮机末端汽中仍蕴藏着巨大的潜能。常压下1g水加热到沸腾需热420J,但驱动汽轮机后的乏汽,其内部蕴藏的汽化热就仍有2500多焦。实现联合供电供热后,由于热电厂供热的热量是由凝汽电厂排汽部分获得,所以将原本提供这部分热量的用煤扣除后,"纯"发电所需能耗就会大幅度下降,燃料总利用率可以提高到60%以上。例如芬兰在发展火电站时作了联合供电供热的安排,电热并供电厂的发电量接近全部发电量的1/3,节约的能源可达全国能耗的7%。

3) 发展全能利用系统

热电联供有很好的经济和环境效益,但是实施起来却受到城建的限制(主要是供热管网的铺设)。我们通常将能够得到较高温度热源的能源称为高品位能源,低的称为低品位能源。人们已经注意到,应该安排好不同品位能源的合理利用,使之各得其所。例如地热,温度大多在2℃以下,是低品位能源,用来发电不可能有高的热效率,但用于取暖就比较合适。反过来,若用高品位能源来取暖,那就是大材小用了。我国目前取暖供热的主力能源是煤。煤的品位是比较高的,这样利用不尽合理。但是,这又是我国资源情况和目前能源结构所决定的,短时间内无法用太阳能、地热能等新能源代替。对于这样的两难问题,如果将思路改变一下,就会发现还大有潜力可挖。在能源利用中,不仅应考虑"能量",而且应考虑"能质"。目前通用的水暖锅炉,通过燃烧可超过1000℃的高热值燃料获取温度为几十度的热水,其实是将高品位能源作低品位能源用了,能差未被利用。"有效能"损失是一种极大的浪费。如果把高热值部分首先抽出来生产高级能源电力,再把排出的"废物"(汽或水)用于采暖,按照能量梯级利用的原则,就可在满足采暖需求的同时得到大量廉价电力,即挖掘出能质的潜力。全能利用就是综合考虑能质和能量两个方面的利用,即根据实际需要和能源潜力,实行优化组合,高值高用,低值低用,让燃料尽可能产生更高的效益。

如前所述,热电联产是提高能源利用率的重要措施。过去我国搞的大多是大型电厂,但热电联产并不是只有大的能效率才高。结合我国的具体特点,采用热电综合利用、小区集中供热也是实现能源梯级开发,提高能源利用率的有效途径。具体而言,在我国北方地区冬季需要暖气供暖,按目前供热成本,国家均要补贴。而采用热电联产,使单纯供暖的锅炉房变成既能发电又能供热的综合系统,即锅炉的过热蒸汽带动汽轮发电机组发电,把冷凝汽轮发电机组尾汽的冷却水通往楼内的热交换器用来取暖(以供暖要求确定冷却水温度)。采暖后的废热还可用于温室大棚种植蔬菜和发展温室养殖业,如养鱼育苗等。这样就可以充分合理地利用能源。燃煤既发电又供暖,比单纯发电或供暖效率可提高一倍以上,通常能源利用率能达到70%,发电和供暖成本都会大大下降。这个方案已取得了很好的实际效果。例如,清华大学开发的区域锅炉房小区热电联产集中供热系统,利用大修机会改造了一个供热锅炉房,供热面积$1.6×10^5 m^2$,发电装机容量1500 kW。一个冬季发电超过$5×10^6 kW·h$。由于发电要求稳定,所以供热质量也高于以往,用供暖余热开发的温室经济效益也很好。

这种全能利用系统同样适用于需要用热、用汽的工矿企业,如造纸、橡胶、纺织、印染、化工等工厂,均可一厂或数厂联合,搞热电联产,不仅能满足工艺过程对热的需要,而且能补充生产所需电力。例如辽宁丹东化纤厂建立两台$1.2×10^4 kW$供热机组,不但保证了厂内用汽、用电的需要,还有盈利。鸭绿江边的一家大造纸厂搞热电联产后,往外送电送热,一年就可增效上千万元。在南方炎热地区,还可搞冷电联产系统,首先利用汽轮机发电,其尾汽用于制冷,制冷过程中由于热介质交换得到的热水又可以用来洗澡等。这个系统对乡镇也很有现实意义。现在全国有3万多个乡镇,城市化步伐加快。如果乡镇合理组织,发展集中供热和热电联产,不仅能改善总体能耗结构,保证居民和乡镇企业的用热、用电,废热还可促进种植业、养殖业的发展,同时可使生态环境大为改观。

4) 结合城市建设和改造综合考虑,发挥规模效益

全能利用系统是一种高效的系统优化思想,并不仅限于燃煤的供热系统。但另一方面,上述做法又是在城市未作集中供热安排情况下的补救措施,几十吨的小锅炉效率是不可能很高的。所以应结合老城改造考虑城市能源战略的转换,增设输热管网,尽量建立大容量、高参数的热电联供热电厂,在原动机和燃料梯级利用上作文章,发挥规模效益。对新建城市,则应作好规划,不失时机加以采用。

4. 火电生产的综合观

火力发电厂的生产,不仅内部需要严格配合协调,而且外部与自然条件、自然资源以及地区建设计划、动力系统规划等也都有密切的关系,要综合燃料供应、水源、交通运输、电力和热力负荷、除灰、出线、地质、地震、地形、水文、气象和综合利用等条件,予以通盘考虑。

1) 火电生产与水

发电厂的用水主要是供给汽轮机凝汽器的循环水和发电机润滑油的冷却用水,消耗量视汽轮机的容量及形式而定。例如,$4×10^5 kW$冷凝式电厂每小时需冷却水$6×10^4 \sim 8×10^4 t$。这么多水若直接排放,不仅带来极大的浪费,而且会造成热污染,必须循环使用。对于非热电厂,冷却水热了以后必须冷却才能再用,因此就需设立大型冷却塔。在这里,冷却水的蒸发量也是惊人的,每秒以吨计。

保证发电厂的用水是很重要的。大、中容量电厂的供水水源必须切实可靠。水源不充分的地方,不能建电厂。很多地方的发展也因此受到制约。在确定水源的供水能力时,应充分掌握当地农业、工业和生活用水情况,在规划部门统一安排下合理分配用水,并应考虑水利规划对水源变化的影响和水利资源的综合利用。在地表水最小流量(天然或调节)的保证率为97%时,地下水在枯水年时,都应采取特别措施保证发电厂满负荷运行所需的水量。依托河湖直流供水的发电厂应尽量靠近水源。

2) 火力发电与燃料供应

火力发电厂所用的燃料主要是煤、油和天然气三种。世界上目前的情况是燃煤和燃油、汽的电厂约各占一半,我国已明确今后以燃煤为主。使用不同燃料的锅炉结构、辅助设施和工艺过程均不相同,因此在规划时就要确定好燃料类型。否则建成再改,几乎近于重建,浪费极大,甚至还可能因场地布局的限制使改造无法实施。

燃煤电厂的耗煤量是巨大的。以每千瓦·时发电煤耗 380g 标准煤计,燃用发热量为 2.1×10^7J/kg 的煤,10^5kW 机组日耗煤量近 1400t,相当于一列普通火车的载量;10^6kW 装机的年耗煤量为 10^6t,相当于一个特大型矿井的产量。如用劣质煤(发热量 $9\times10^6\sim1.7\times10^7$J/kg),则用煤量更多。这样巨量的煤耗,不仅宏观上要考虑煤炭的生产和运输,电厂自身也必须建立相应的配套工程。

(1) 装卸

10^5kW 电厂用煤若采用人工装卸,须设 200 人的专业装卸队。用翻车机可实现不解列卸煤,但只限于安装有旋转挂钩的专用煤车。使用底开门的列车,减速至 0.8～5km/h 自卸,煤场及卸煤线都需与之配套。

(2) 煤场

大型火电厂的煤场占地面积很大。煤场中的铁路线,包括卸煤线、空车停放线和调车线,总长超过 20km,还需配置各种机车、各种装卸机械。

(3) 除灰

火力发电厂的灰量是极大的。10^5kW 电厂日灰量 200～250t,年灰量 $7\times10^4\sim8\times10^4$t,灰场占地按堆高 5m 计,年占地 1.3～2 公顷;10^6kW 电厂日灰量 1000～1200t,年灰量 $4\times10^5\sim5\times10^5$t,灰场年占地达 6～10 公顷。贮灰场可分期建设,应能存放 10～20 年按规划容量计算的灰渣量。电厂灰渣可用来制砖和水泥,应开展综合利用。如采用水法运灰,在运距小于 2km 时,每吨灰需用水 15～16t,用电 15～20kW·h。

所以,大型燃煤的凝汽式发电厂应尽量靠近煤矿。电厂燃用高含热量燃料时,厂址靠近电力负荷地区是合理的。一般燃用低含热量燃料(褐煤、泥煤、劣煤、页岩等)的电厂,厂址以靠近燃料产地为宜,通常称为坑口电站,力求作到煤通过皮带运输机直接输送。

3) 火力发电与环境保护

生态破坏和环境污染是现代工业社会一个极严重而又极普遍的问题,并且与人类能量消耗的增加有直接关系。人们很长一段时间内只看到能源生产给社会发展带来的好处,但对其给社会、经济、生态带来的长期影响却未多加注意。近几十年来,世界能耗量剧增,而且集中在人口较密集的工业区,经年累月就出现了比较严重的长远性影响。能源中的污染源进入空气、水体和食物链,造成了人类和生物急、慢性的病变和异变;柴草林木的过量采伐,引起了生态破坏,等等,对几代人都将产生影响。并且这是一个全球性的问题,一个国家排放的污染、破坏的生态会影响到其他国家。现阶段,世界上电厂仍以燃煤为主。我国电力构成中约 70% 是煤电。这个构成在短期内不可能改变,因此治理燃煤产生的污染已成为电力工业所面临的极重要的任务。我国政府已将发展洁净煤技术列为 21 世纪电力科技发展的战略目标之一。造成环境污染和生态平衡破坏的原因和形式很多,这里就火电生产过程中原料的开采、加工、运输和利用等环节与环境的关系来讨论(图 2-7),其他部门的生产过程也应考虑这些问题,书中不再赘述。

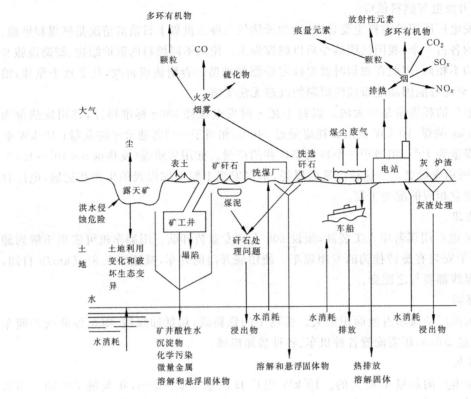

图 2-7 火电生产中煤对生态环境的污染

(1) 燃料开采过程的环境影响

采煤过程的社会环境影响包括两个方面的内容,即开采过程的事故与职业性伤亡,以及地面或地面生态系统的破坏。前者以井下采煤最严重,后者以露天采煤最明显。煤矿的事故率和职业病比较严重,主要有火灾、爆炸、崩塌、下沉、涌水、噪声、黑肺病、矽损害等。煤矿井中空气含尘量如能小于 $2mg/m^3$,不会引发黑肺病,但这个标准一般很难达到。构成噪声污染的标准为白天高于 70dB,夜间高于 50dB,而煤矿中的噪声可达 90~100dB。长期经历噪声非但对人耳有伤害,而且会引发高血压、心血管病、神经衰弱和内分泌紊乱等。

此外,煤矿废水的影响也不容低估。煤层渗水必须排出。井下为了除尘、防尘,洗矿需水 100~150kg/t 煤。矿水不应排放入江河以免污染,宜沉淀回用形成闭路循环,或用石灰、烧碱等处理后再排放。美国阿巴拉契亚地区 $1.7×10^4$ km 河流的水质,有 $1×10^4$ km 已被井下和露天矿的矿坑水所污染,使水生物减少甚至灭绝。原油开采过程中的井喷和溢油对环境的影响亦不能忽视,不仅造成原油损失、引起工人伤亡,如发生在海上油田,还会破坏大片海洋的生态平衡。

(2) 燃料运输过程的环境影响

煤炭运输不仅会占用大量运力,消耗大量能源,而且在堆存和装卸中还会扬尘和浸水而造成煤的损失和大气与水体的污染。但相比之下目前石油的运输对环境的影响更为严重。随着石油海运量的增加,因油船事故和油船外排压仓水、洗仓水而进入海洋的石油量已显著增加,每年竟达数十万吨。油浮于水面随风及海流扩散同时挥发出部分烃类,一部分低分子烃类溶解在水体中给鱼、鸟、植物带来危害，还会污染海岸和港口。清除海油的费用很高，约需 1000 美元/桶。

(3) 燃料利用过程中的环境影响

① 污物排放。火力发电厂废气、废渣、废水的排放量是惊人的。一座 2.4×10^6 kW 的火电厂，如不加控制，每小时排放 SO_2 达 7～12t，灰尘 70～80t，废渣 150t，各类废水 100t。

② 温室效应。目前大多数火力发电厂直接燃煤燃油转化为电能、热能供人们使用。燃料燃烧还引起了一些影响面更大的问题。在燃烧中碳转变为 CO_2 进入大气。CO_2 寿命至少在 200 年以上，一旦产生就会持续影响数代人。近百年来，由于燃料用量的激增和森林的大量破坏，已使地球每日产生的 CO_2 与海洋及绿色植物这两大 CO_2 转化站的调节功能失衡，大气中的 CO_2 浓度日渐增加。这使得大气层更多地吸收红外辐射，并将其反射回地面，从而干扰地球的热平衡，使平均气温升高。换言之，这种现象具有和玻璃暖房相似的作用，所以称为温室效应。

③ 热污染。火电厂运行中耗用能源的潜能仅有 1/3 被有效利用，其余均成为"废热"。目前许多火电厂，都是通过冷却水把"废热"排入河流、湖泊或海洋。这种废热进入水域时，其温度比水域的温度平均高出 7～8℃，水中鱼类会因升温或电厂事故时水温突然降低而死亡。此外，由于水源周围小气候的温度升高，栖息在该地区的昆虫将提前苏醒，而远离该地区的本应先行苏醒的昆虫却仍处于休眠状态。昆虫苏醒次序的混乱会造成相关生态系统中食物链的中断，使提前苏醒的昆虫大批死亡，甚至灭绝。

④ 酸雨。化石燃料燃烧时排出的气体废物中，以硫氧化物数量最大，其次是氮氧化物和氯氧化物，它们随风扩散。这些物质在一定条件下通过化学反应而生成硫酸、硝酸和盐酸，并附在水滴、雪花、微粒物上随降水落下，形成酸雨（pH 值＜5.6），有的地区酸雨 pH 值已达 3 以下。酸雨对环境和人类的危害是多方面的，已带来十分严重的问题，例如：改变土壤的酸碱性，危害作物或森林生态系统；改变湖泊、水库的酸碱性，并使某些湖泊底泥中铝的溶解量增加，不利于鱼类及其他水生生物的生存；对钢铁构件和建筑物有极大的腐蚀作用；空气中酸度提高会造成雾量的增加，以至改变地区的气候；此外，酸雨渗过土壤时还能将重金属带入蓄水层，导致地下水污染，从而危及人类健康。以化石燃料为主的能源结构在最近几十年不会有根本改变，而大气污染的范围又不受国界的约束。因此，为了扭转酸雨公害的局面，一方面要求有关国家各自行动起来采取必要措施，另一方面则必须进行国际间的协作。

(4) 煤炭高效、洁净燃烧及污染排放控制

煤炭高效、洁净燃烧与发电是洁净煤技术的核心，采用先进的燃烧器改进电站锅炉的设计和燃烧技术，减少污染物排放并提高效率，是改造传统设备的重要方法。这方面已有一些进展，如我国开发的先进的层燃锅炉，热效率可提高 10%，排尘浓度可降低 60%，SO_2 可减排 40%。流化床燃烧技术是将煤与吸附剂（石灰石）加入燃烧室的床层中，从炉底鼓风使煤悬浮进行流化燃烧，提高燃烧效率并以石灰石固硫减少 SO_2 排放。最令人瞩目的发展当属燃煤的燃气-蒸汽联合循环技术，这是一种高效的联合循环和洁净燃烧技术相结合的先进发电系统。将煤气化后依次经过燃料电池发电、燃气轮机发电、汽轮机发电，实现能量梯级利用，大幅度地提高燃煤电厂的热效率，并解决了污染问题。此法十分有可能是 21 世纪的主要发电方式。"十一五""十二五"工业规划与发展战略中更加强调了这一点。工业污染防治

要提高水平,逐步从生产末端治理转到源头和生产全过程的控制,把分散治理与集中控制结合起来,把浓度控制和总量控制结合起来,并把燃煤所造成的污染放在突出位置。洁净煤技术是一项多层次、多学科的技术,包括常规技术、高新技术和某些尖端技术。其开发也是一项跨部门的系统工程,技术难度大,投入多,开发周期长,只有全面规划、通力合作才能取得进展。

2.3.2 水力发电

水力发电的基本原理是利用水位落差,配合水轮发电机产生电力,也就是将水的位能转为水轮的机械能,再以机械能推动发电机得到电力。科学家们以此水位落差的天然条件,有效地利用流力工程及机械物理等,精心搭配以供人们使用廉价又无污染的电力。而低位水通过吸收阳光进行水循环分布在地球各处,从而回复高位水源。水电厂分类庞杂,按集中落差的方式分为堤坝式水电厂、引水式水电厂和混合式水电厂;按照水源的性质,一般称为常规水电站(即利用天然河流、湖泊等水源发电)、潮汐水电厂和抽水蓄能电厂;按径流调节的程度分为无调节水电厂和有调节水电厂;按水电站利用水头的大小,可分为高水头(70m以上)、中水头(15~70m)和低水头(低于15m)水电站;按装机容量的大小,可分为大型、中型和小型水电站,一般将装机容量在5000kW以下的称为小水电站,5000kW至10^5kW的称为中型水电站,10^5kW或以上的称为大型水电站或巨型水电站。

中国水能资源的开发比重还不到30%,而欧美发达国家的水电比例远高于中国。美国的水电开发率大概在60%~70%,欧洲在70%以上,发展水电最好的是挪威,开发率超过90%。2015年我国新增水电装机容量$1.754×10^7$kW,水电总装机容量为$3.1937×10^8$kW,占全部装机容量的21.2%。根据《中国可再生能源中长期发展规划》,到2020年,全国水电装机容量将达到$3×10^8$kW。

1. 水力发电的基本生产过程

水力发电是利用江河水流在高处与低处之间存在的位能差进行发电,将一次能源开发和二次能源转换同时进行,也可以说它是一种"特殊的采掘工业"。构成水能的基本条件是河水的流量和落差。流量是河流中指定地点单位时间内流过的水量。落差是河段中水流降落的高度,也叫水位差或水头。流量和落差大小决定可利用水能的大小,水电站的发电力(kW)约为利用流量($s·m^3$)与利用水头(m)乘积的8倍。水力发电的基本生产过程大体可划分为以下四个阶段。

第一阶段,集中能量,即取得河川的径流(指陆地接受降水后,从地表或地下排泄的水流)。河川径流是由集水面积、降水量及其他因素综合决定的。集水面积不是地理面积,而是能源,相当于火电站的采煤和运煤。所以集水面积内一切变化,例如各取水用水部门的情况、径流量及变化等,都很重要。水电站除了不可改变的流量损失外(如水库的蒸发、水库及坝的渗漏等),应尽量设法减少其他流量损失,以提高流量利用效率。

第二阶段,输入能量,即集中水头和流量并输送水能至水电站。由于水流通过一系列的水工建筑物——壅水坝、进水口、水工闸门、输水建筑物等,把水能送至水电站机组,沿途有各种水压和流量的损失,使水电站机组净得的输入能量减少,因此水工建筑物对水电站运行的经济性有极大的影响,是电站运行生产过程中的主要水能问题之一。

第三阶段,变换能量,即将水能转变为电能。厂房和动力设备是组成第三阶段的主要部分。水能通过水轮机转换为机械能,而后驱动发电机产生电能。

第四阶段,输出能量,即变换电能的参数并将其送到用户。这阶段包括从发电机发出的电能经过输、变、配电站后送出的整个过程。

水电站的建筑必须因地制宜。水工建筑物形式必须与河流的自然条件相适应,常见的有堤坝式、引水式、混合式等多种形式。水电站坝址地形、地质条件对水电站建设的形式、工期和造价有决定性的影响,因此前期工程十分重要。有些工程的勘测论证需要 5～10 年的时间,耗费占工程总投资的 2%～3%。

水电站造价现在有所上升,但比火电站、核电站投资上涨相对较少。而且火、核电对环保要求高,燃料涨价多,还要考虑煤矿、油田、核燃料等一次能源开发和运输的投资。所以水电站的经济性要从整个生产过程来看。

水电站既有水利和水产方面的综合效益,也有淹地、阻航和生态方面的影响。船舶航运和鱼类回游产卵需有专门渠道、闸门。水库还有水质缺氧、渗漏、淤沙等问题,对下游水量有影响,生态也会随之变化。大型水库还对地震、滑坡有诱发作用。在大型工程建设项目中,如三峡水力枢纽工程的巨型边坡开挖、大型地下厂房的修建等,都需要考虑那个地区现在作用着的地应力。在移走现存的岩石以后,这些地应力将发生什么变化？这些地球动力学问题也是工程技术人员十分关注的。

所以,水电站一定要考虑洪水管理、航运、水库综合利用、生态环境等一系列问题。它的开发周期长,投资大,必须慎重规划,积极运作。过去我国电力界在水、火投资比例上长期存在争论,由于资金短缺,水电建设速度不尽理想。其实,我国目前水电建设投资按容量比大约是火电投资的 1 倍,但加上煤矿、运输等因素,无论是投资还是建设周期,二者都相差无几;而发电成本、环境保护、综合利用等方面,水电明显优于火电。所以,优先开发水电,特别是建设离负荷中心较近的大、中型"富矿"河段的水电站,是电力工业发展应优先选择的。

2. 发展小水电

我国有 8 亿农民,农业电气化水平在逐年提高。尤其近十几年农村城镇化进程加快,非农产业崛起,对能源的需求更为迫切。如不能自行满足这些用电需求,而靠与大电网争电,不仅会使国民经济的骨干企业受到影响,也导致乡镇企业的发展受到限制。偏远山区用电分散,若由大电网供电,架设输电线路费用会成为主要矛盾。因此,农村小水电就具有格外重要的地位。

我国的小水电资源分布很广,在全国 2000 多个县(市)中,有 1500 多个县有可开发的小水电资源,其中可开发量在 10^4 kW 以上的县有 1100 多个。发展小水电可以充分利用我国许多分散的水利资源,这对改变大电网难以到达的偏远山区的落后面貌,对发展农村和地方经济,全面改善我国农村能源紧缺的状况,都有显著效果。

按规划,到 2020 年我国将新增小水电年发电量 7.81×10^{10} kW·h,可解决 1.04 亿农村居民的生活燃料问题,每年减少砍柴量 1.49×10^8 m³,减少二氧化碳排放 4.1×10^7 t,获得生态效益 360 亿元。

目前我国农村小水电资源的利用还是很不够的。小水电的建设方面还存在不少亟待解决的问题,主要有:

(1) 产业定位不准——其公益性和社会性地位没有得到确认;

(2) 管理体制不顺——部门职能交叉、职责不明,分工不清;

(3) 自身条件限制——需要建设/生产成本、存在丰枯矛盾、技术和管理不足;
(4) 大小网的协调不足——受到大电网的挤压、限制电量、压低电价等;
(5) 激励机制缺乏——未被列入可再生能源范畴、不能享受优惠电价等;
(6) 国家投入不足——未被列入各级财政预算和计划、获得的资金支持有限。

2014年1月22日发改委宣布:今后新投产水电站,跨省跨区域交易价格由供需双方参照受电地区省级电网企业平均购电价格扣减输电价格协商确定;省内消纳电量上网电价实行标杆电价制度,标杆电价以省级电网企业平均购电价格为基础,统筹考虑电力市场情况和水电开发成本制定。由于目前水电价格普遍低于火电,该政策势必使水电价格向受电地区的火电上网电价看齐,有望大幅提高水电投资收益,对促进水电建设将起到积极推动作用。

2.3.3 核能发电

核能分为聚变能和裂变能。目前商业运行中的核能发电厂都是利用核裂变反应发电。它是实现低碳发电的一种重要方式。2014年全球核电发电量占总发电量的11.5%。截至2016年1月,全球共有439个在役反应堆,总装机量为3.8255×10^8 kW。2015年中国核电发电量为1.68993×10^{11} kW·h,占总发电量的3.01%,在所有拥有核电国家中比例较低,远不到世界平均水平,更远远低于法国77%、美国17%的水平。

截至2015年底,我国核电装机累计达到2.865×10^7 kW,占总装机容量的1.75%。根据《核电中长期发展规划(2011—2020)》,2020年核电运行装机容量将达到5.8×10^7 kW,约占全国总发电量的6%。

1. 核能发电的基本生产过程

核能发电主要是利用原子核裂变反应产生的热能,将一回路工质(轻水、重水、氦气、钠等)加热,一回路和二回路换热后加热二回路工质,然后同一般火力发电厂一样,推动汽轮机,带动发电机发电。核能发电厂与火电厂在构成上最主要的区别是前者用核蒸汽发生系统(反应堆压力容器、蒸汽发生器、泵及管道等)代替了后者的锅炉。反应堆的核心部分是堆芯,由燃料组件和控制棒组件构成。燃料组件中的核裂变燃料根据设计要求可以是不同丰度的低浓铀或其化合物,外表用耐热耐蚀的锆壳密封。控制棒由驱动机构进行升降,调整能够吸收中子的特定慢化剂材料的插入深度,以控制核燃料链式裂变反应的速率,达到启动、停堆和调整反应堆功率的目的。反应堆中常以水、重水或石墨作为中子慢化剂,以水、重水或氦气为载热剂,分别组成沸水堆、压水堆、重水堆、高温气冷堆等各种类型的反应堆。核电站厂区布置上一般分为核岛和常规岛。核岛又称一回路系统,核心是一个封装在钢壁厚200mm压力壳中的反应堆。主泵将高压主冷却剂(一回路水)送入反应堆,带出核燃料释放的热能;被加热了的冷却剂由反应堆进入蒸发器,将热量传给管外的二回路水,使之沸腾为蒸汽,同时使冷却剂得到冷却,再由主泵送回反应堆循环使用。上述部件全部安装在内衬钢板的预应力钢筋混凝土厚墙厂房(安全壳)中。二回路系统即为常规岛,包括汽轮机、发电机、凝汽器、给水泵及冷却水系统。还有些电站,如钠冷快堆,是采用三级回路系统的。

2. 核电站的安全性

核电站在正常运行时,会有少量放射性元素随废气、废水排入环境,但这是受到严格控制的。国际辐射防护委员会把天然本底和医疗照射以外的辐射剂量限制在每人每年5mSv以下,这是国际公认的安全标准。但一般在设计核电站时,把排放废气、废水中的放射性物质容许浓度规定为使任何居民接受的年剂量不超过 $5\mu Sv$，即国际标准的 1/100。现在运行的核电站的周围居民实际接受的年剂量为 $1\sim 2\mu Sv$，相当于天然本底的 1/100，大大低于火电厂。

由于反应堆的元件用的是低丰度的铀，又是分散布置且不可能像原子弹的装料那样能聚拢压紧达到临界质量，堆芯还有吸引中子能力很强的控制棒，所以反应堆不可能发生核爆炸。此外，反应堆在设计时就要求具有"负温度反应系数"，即当核能释放过快或冷却剂未能起到足够的冷却作用致使堆芯温度上升太高时，链式裂变反应将自行减弱。核电站开始运行后，反应堆内就积累起大量的放射性物质。在 10^6 kW 的核电站反应堆内，约有 1.5×10^{10} Ci（$1Ci=3.7\times 10^{10}$ Bq），相当于 15000t 镭的放射性。这是惊人的潜在危险。在正常运行时，它是泄漏不出来的。为防止意外事故时放射性物质大量泄漏，现代核电站设计中采取了纵深防御、多重防护的原则。燃料芯块被做成致密的陶瓷体，其外又设有燃料元件包壳、压力壳与一回路安全壳等三道密封的屏障，可靠地隔断放射性外逸的通道，它们同时破坏的可能性是极小的，此外还有其他安全措施。世界上大中型核电站已积累了将近两千堆年的运行经验，事故率极低，仅有的几次事故也是发生在最初建立的不完善的堆型上。人们已经从中吸取教训，可把核电站建造得更加安全。目前我国自行设计建造的第三代压水堆华龙一号，甚至具备承受大型飞机撞击的能力。可以说，在严格管理下，核能是安全的能源。

最近发生的核电站安全事故是日本福岛的核泄漏事故。2011 年 3 月 11 日下午，日本东部海域发生里氏 9.0 级大地震，并引发海啸。位于日本本州岛东部沿海的福岛第一核电站共 6 个反应堆停堆，且若干机组发生失去冷却事故，3 月 12 日下午，一号机组发生爆炸。3 月 14 日，三号机组发生两次爆炸，先后共有 21 万人紧急疏散到安全地带。2013 年 11 月 20 日，日本宣布将对福岛第一核电站第五和第六座核反应堆实施封堆作业。福岛第一核电站将完全退出历史舞台。有关专家认为：技术缺陷、设备老化、选址不科学等因素是发生此次日本核泄漏事故的主要原因。福岛第一核电厂 1 号反应堆于 1971 年开始运转，属于早期二代核电站，运行时间将近 40 年，严重老化。同时抗震标准老化也为事故埋下了隐患。日本早期核电站设计抗震标准为里氏 6.5 级，远未达到抵御 9.0 级地震的标准。同时日本是地震发生频率最高的国家之一，但却拥有多达 55 座核电站，其中多达 70% 以上的核电站位于地震高危区域。大灾一来，核电站的脆弱性可想而知。日本福岛核泄漏事件也促使全世界重新审视核电站的安全问题。

3. 核电经济分析

核电发展如此迅速的原因，在于其突出的优点：第一，有力地弥补了碳氢燃料及水利资源的不足；第二，环境代价远小于燃煤的火电厂；第三，电价普遍低于火电 15%～40%。

核电站有着极强的运营盈利能力。一个核反应堆，通常造价约 200 亿元人民币，正常运行一天的收益约为 1000 万元，如每年运行 200 天，仅需 10 年就能收回成本，而一个反应堆的正常寿命为 40 年。2007 年中广核系统的核电站净利润率达到 26%，而相比之下，火电的净利润率不到 10%。与火电站相比，核电站的优势还体现在每年运行可达 7000h，远高于火电站的 5000h。由于燃料费在核电站发电成本中所占比例较低，因此当市场燃料价格上涨时，核电站在经济上的优越性就更加突出。法国因为运营成本低，核电电价仅是传统煤电电价的 60%，不但实现能源独立，每年还有约 20% 的电力输送到意大利、荷兰、德国和比利时。

在我国，政策对核电行业也颇为保护。目前核电上网电价（平均 0.43 元）属于较高水平,除此之外,国家鼓励核电站享受第一个5年返还75%、第二个5年返还70%、第三个5年返还55%的税收优惠政策。

核废料的处理迄今仍是棘手问题,处置不当会造成严重后果。通常所说的核废料包括中低放射性核废料和高放射性核废料两类。前者主要指核电站在发电过程中产生的具有放射性的废液、废物,占到了所有核废料的99%;后者则是指从核电站反应堆芯中换出来的燃烧后的核燃料,因为其具有高度放射性,俗称为高放废料。高放废料具有极强烈的放射性,而且其半衰期长达数千年、数万年甚至几十万年。换言之,在几十万年后,这些核废料还能伤害人类和环境。所以如何安全、永久地处理高放废料是科学家们一个重大的课题。中低放射性核废料危害较低,国际上通行的做法是在地面开挖深10~20m的壕沟,然后建好各种防辐射工程屏障,将密封好的核废料罐放入其中并掩埋,一段时间后,这些废料中的放射性物质就会衰变成对人体无害的物质。这种方法经过几十年的发展,技术已经十分成熟,安全性也有保障。目前我国已经建成两个中低放射性核废料处置场,一个位于广东省大亚湾附近,另一个建在甘肃省某地。高放废料则含有多种对人体危害极大的高放射性元素,其中一种被称为钚的元素,只需10mg就能致人毙命。这些高放射性元素的半衰期长达数万年到十万年不等,如果不能妥善处置将会给当地环境带来毁灭性影响。20世纪的冷战期间,苏联出于成本等因素考虑,将核武器工厂产生的高放废料直接排入了附近的河流湖泊当中,造成了严重的生态灾难。位于著名的原子能城车里雅宾斯克旁边的加腊苏湖曾经是野生动物的乐园,如今却因受到核废料污染变成了一潭死水。据俄罗斯环保专家称,该湖的生态环境在未来十几万年内都无法得到恢复。目前世界上公认的最安全可行的方法就是深地质处置方法,即将高放废料放在地下深处的特殊仓库中永久保存。

除了核发电外,世界上也在研究低温核供热堆。这种堆压力低,温度低,因此十分安全,经济上也比较便宜,可望作为城市供热的一种选择。我国东北地区由于能源供应日趋紧张,供暖期又长,现正在积极研究采用低温核供热的可行性。此外,低温供热堆在海水淡化、石油开采输送等方面的应用前景亦十分可观。

2.3.4 电力系统

目前电能还不能大规模储存,电力工业的产、供、销必须在同一瞬间内完成。所以,电源、电网(输、配电网络)和用户只有组成统一的电力系统,才能运转。电力生产与其他部门生产最大的不同点,就在于它是在极复杂的动平衡中运行,各处的变化都即时地反馈到其他环节。因此,保证供电安全可靠和一定的电能质量,并在此前提下力求最大的经济效益,就成为电力生产最重要,也是最复杂的问题。

1. 电力系统的组成及其作用

电力系统是由电源、电网和用户组成的整体。电网由线路和变电所组成,是电源和用户的中间环节。电网按其功能分为输电网和配电网两部分。输电网是由输送大型发电厂巨大电力的出线、输电线以及连接这些线路的变电所组成,是电力系统的主要网络(简称主网),也是电力系统中的最高级网络,起到电力系统骨架的作用,所以又可称为网架。配电网是由配电线和配电变电所组成,它的作用是分配电力到各配变电所后再向用户供电。配电网又可分为一次和二次配电网两部分。电力系统中的各级电网具有横向和纵向的联系。二次配电网担负分配某一地区的电力以及向该地区的用户供电的任务,它与邻近地区没有直接的横向联系,而是通过高一级电网即一次配电网发生横向联系。同样,各一次配电网之间不发生直接的横向联系,而是通过输电网发生横向联系。纵向联系通过输电网逐级降压而形成,输电网和接入输电网的大型发电厂组成输电系统。从纵向联系看,电力系统的主要骨架和逻辑关系一目了然。

随着国民经济的发展,发电厂、电网建设和供电范围的规模越来越大,电力系统之间通过联络网线并网,形成联合电力系统。大电网的建设主要有如下几点优越性。

(1) 可降低最高负荷。不同地理经度、不同负荷和用电构成的地区,形成联合系统以后,系统总的日最高负荷或季节最高负荷比原负荷之和要小。

(2) 可减少备用容量。各发电厂可错开检修时间,当机组发生故障时,各地区还可以通过联络线互相支援。因此,全系统总的检修或事故备用容量都比原需求之和要小。

(3) 便于安装大机组。采用大容量、高参数的机组具有单位输出功率投资省、发电效率高、建设周期短的优势。但对于较小容量的电力系统,大机组会造成系统运行和检修困难。一般认为,10^6 kW 以下的电力系统中,机组单台容量不宜超过系统容量的 10%。因此,系统容量增大,按照比例,可装设较大容量机组,是电力工业规模经济的体现,符合增长方式转变的要求。

(4) 便于利用大型电力资源。大型坑口电厂和水电站一般离负荷较远,送电容量又大,往往要求建设 330kV 以上的超高压输电线路,并要求受端有较大容量的电力系统。电力系统的发展和联网为利用大型动力资源创造了条件。

(5) 可提高供电可靠性。由于系统容量大,个别环节对系统的影响较小,各环节同时发生故障的概率也较小,因而能提高供电的可靠性。

(6) 可提高电能质量。电力系统供电范围及系统容量的扩大,使负荷波动及冲击负荷对频率和电压的影响相对减小,三相不平衡度等其他质量指标在大容量电力系统中也较好。

(7) 可提高运行经济性。在电力系统中各个发电厂并行运行,按最低供电成本或最少燃料消耗量的准则实施经济调度,可以获得额外的经济效益。

由于发展电力系统将获得显著的技术经济效益,若干年来各国均不断扩大电力系统的规模,相邻国家还通过联络线以交换电力。与此同时,在电网发展中出现了另一些重要趋势,如独立发电者(IPP)日益增多,在电力管理体制上进行重大改革,在发电环节引入竞争机制,实行所谓"放松规则",在电网管理方面实行所谓"第三方介入"和"电力托送",等等。这就要求电网要变得更加开放和灵活。我国也随着改革开放的深入,逐步确定"大家办电厂、国家办电网"的方针,调动各方积极性办电,竞价上网;同时加强电网集中管理,依法办电,依法管电,不断提高电网的安全可靠程度,保护电力投资者、经营者和用户的合法权益。但是,由于我国以往重发轻供不管使用,对电网的投资长期偏低,电网规模较小,结构相对薄弱,今后一段时间靠外延发展电网仍是重要的,发展电网的策略与西方发达国家也不尽相同。但是在确定网架结构、输电方式、电压等级以及制定电网技术发展战略时都必须考虑这一总的发展趋势。

2. 电力系统的负荷与电力生产调度

联接在电力系统上的一切用电设备所消耗的功率称为电力系统的负荷。其中把电能转换为其他能量(机械能、光能、热能等)并在用电设备中真实消耗掉的功率称为有功负荷。但电动机运转时,需要在其定子中产生磁场,通过电磁感应在电动机的转子中感应出电流,使转子转动,从而带动机械运转。这种为产生磁场所消耗的功率称为无功负荷。同样,变压器也需消耗无功,使一次线圈中产生磁场,在二次线圈中感应电压。因此,没有无功,电动机就转不动,变压器也不能变压。无功和有功同样重要,只是无功仅完成电磁能量的相互转换。为了满足有功负荷和无功负荷,发电机既发有功功率,又发无功功率。发电机的全功率等于它的额定电压与额定电流的乘积。有功功率与全功率的比值称为功率因数。

由于目前电能不能大规模储存,发电、送电和用电的过程实际上是同时进行的。发电机组发出的功率应与用电设备消耗的功率始终保持平衡。若两者产生不平衡,当有功功率小于有功负荷时,系统频率降低,反之,则系统频率升高;当无功功率小于无功负荷时,系统电压降低,反之,则系统电压升高,但系统负荷随时间而不断变动。一般情况下,一天中傍晚时刻有功负荷最大,因为照明用电与工业负荷叠加在一起;深夜有功负荷最小,因为仅有连续生产的工业企业用电。负荷的季节性变化也较大,一般冬季负荷大。由于经济的发展,系统总负荷呈逐年上升趋势。

电力系统必须根据这些变化调整自己的生产。在宏观上首先要保持系统能力与系统负荷的同步增长,电网的能力要留有余地,并通过大量的观测积累、统计分析,掌握负荷周期变化的规律。在此基础上,强调调度集中,根据负荷制定发电计划,并根据供电频率和电压的变化,投入随时待命启动的调频电厂。电力系统还要指导系统用户的用电,尽量使负荷分散,大用户启动要事先打招呼做安排,以避免对电网的冲击。对用户需按重要性和必保程度进行分级,做到事先有备,以便在系统调度不开、电网承受不了、为确保电网整体安全不得不拉路限电时,将损失降至最低。

3. 供电可靠性

电力系统对用户停电,会给工农业生产和人民生活造成不同程度的损失。一般将使产量下降,质量降低,严重时会使某些工业企业的设备损坏。如对电解铝厂停电超过15min,电解槽就要遭到破坏;对高炉停电超过30min,铁水就要凝固;停电也会威胁人身安全。

另一方面,随着社会现代化的进程,对电力供应的可靠性要求日益提高。因此,输电和配电系统的可靠性已成为规划、设计、运行应考虑的首要因素。提高发、供电设备的可靠性;提高送电线路的可靠性;选择合理的电力系统结构;保持适当的备用容量;制定合理的运行方式;采用以计算机为中心的自动安全控制系统,这些措施的综合运用可有效地提高供电可靠性。

4. 电能质量

大多数国家电力系统的额定频率是50Hz,频率的容许偏差规定在±0.1~±0.3Hz之间。电力系统低频率运行不仅对发电厂本身安全运行构成威胁(系统低频率运行时,汽轮机低压级叶片将由于振动而产生裂纹,甚至发生断落事故),对用户会造成更广泛的影响。从本质上看,低频率运行相当于对大部分负荷供电不足,所有用户的交流电动机的转速都按比例减小,许多工农业产品的产量和质量将不同程度地降低。

电压稳定也是十分重要的方面,电力系统低电压运行时会烧坏电动机、增大输电线损、降低发电机有功出力及送变电设备能力。当电力系统的供电电压降低到额定电压的70%左右时,甚至可能发生电压崩溃事故,形成恶性循环,最终造成大面积停电事故。

在现代企业中,由于变频调速驱动器、可编程控制器、机器人、自动生产线、精密加工工具以至计算机信息系统的日益广泛使用,对电能质量的控制提出了更严格的要求。这些设备对电源的波动和各种干扰十分敏感,任何供电质量的恶化都会造成产品质量的下降,从而带来重大损失。标准化管理部门已经制定了适用于不同用户的电能质量标准,例如对计算机用户而言,持续时间为 0.1s 的 40% 的电压降落是不允许的。近年,国外又提出了"用户电力技术"的概念,使用先进的电力电子技术提高供电可靠性和实现电能质量严格控制。例如,用于配电网的固态高压开关在一个工频半波以内完成由故障供电线路向健全供电线路的切换,其速度是一般机械开关无法比拟的。又如动态电压恢复器,根据检测到的线路电压波形产生补偿电压,使合成的电压保持恒定。这些技术我国应及时追踪、研究和应用。

5. 发电企业及电网

根据国务院《电力体制改革方案》,2002 年 12 月,我国成立了国家电网公司和南方电网公司。其中,国家电网公司负责我国中部、西部、北部、东部 26 个省市区的电网运行,南方电网公司负责广东、广西、云南、贵州和海南五个省区的电网运行,两者同属中央管理、国资委履行出资人职责的中央企业。《电力体制改革方案》是我国电力体制改革的开端,该方案实施厂网分开,竞价上网,重组了发电和电网企业。目前我国以火电为主业发电的集团有五家,包括中国华能集团公司、中国大唐集团公司、中国华电集团公司、中国国电集团公司、国家电力投资集团公司(由原中国电力投资集团公司和国家核电集团公司于 2015 年合并而成),以核电为主业的集团包括中国核工业集团公司和中国广核集团有限公司,另外中国长江三峡集团公司主要进行水电开发。此外,众多地方国有企业、民营企业和混合所有制企业进行的火力、水力、风能等多种形式的电力生产,满足了我国庞大的电力需求。

6. 我国电价政策

1) 发电电价

新中国成立以来,我国电力工业一直采用垂直一体化管理模式。2002 年,国家实施电力体制改革,提出"厂网分开,竞价上网"的发电侧改革目标,但我国上网电价改革过渡时期还存在合同电量历史遗留问题、"一厂一价"电价统一问题、新老电厂公平竞争问题、煤电矛盾有效解决问题等现实难题,使得改革推进缓慢,目前仍处于电力市场化进程的起步阶段。2004 年,为了进一步完善政府管理职能,提高行政审批效率,引导电力投资,国家发改委在经营期电价政策基础上,推出了标杆电价政策,明确按价区分别确定各地水火电统一的上网电价。虽然在当时下发的文件中没有明确称之为"标杆电价",但业内将此重大的上网电价改革政策称为"标杆电价"政策。

(1) 火电

目前燃煤发电机组上网电价实施按省区标杆定价,并对部分机组进行具体核定。影响因素有煤价、煤耗、环保工艺成本、电厂投资等。对采取脱硫、脱硝、采用新技术除尘并经环保部门验收的机组每千瓦时提高上网电价 1~2 分。目前燃煤机组上网电价为 0.29~0.45 元/(kW·h),大多数机组为 0.4 元/(kW·h)左右。

(2) 水电

目前水力发电机组上网电价在标杆电价基础上实施分时电价或分类标杆电价,价格同时考虑到企业经营情况、库区和移民安置区经济社会发展等因素。由于水文因素、开发条件不同,水电机组上网电价为 0.26~0.38 元/(kW·h),大多数机组为 0.3 元/(kW·h)左右。

(3) 核电

目前核电机组全国标杆上网电价为 0.43 元/(kW·h)。对于标杆电价高于当地燃煤机组上网电价的,执行当地燃煤机组上网电价;对于标杆电价低于当地燃煤机组上网电价的,承担核电技术引进、自主创新、重大专项设备国产化任务的首台或首批核电机组或示范工程,其上网电价可在全国核电标杆电价基础上适当提高。

(4) 光伏发电

光伏发电分三类地区实施标杆上网电价。

Ⅰ类资源区为0.90元/(kW·h)。包括宁夏,青海海西、甘肃嘉峪关、武威、张掖、酒泉、敦煌、金昌,新疆哈密、塔城、阿勒泰、克拉玛依,内蒙古除赤峰、通辽、兴安盟、呼伦贝尔以外地区。

Ⅱ类资源区为0.95元/(kW·h)。包括北京,天津,黑龙江,吉林,辽宁,四川,云南,内蒙古赤峰、通辽、兴安盟、呼伦贝尔,河北承德、张家口、唐山、秦皇岛,山西大同、朔州、忻州,陕西榆林、延安,青海、甘肃、新疆除Ⅰ类外其他地区。

Ⅲ类资源区为1.0元/(kW·h)。包括除Ⅰ类、Ⅱ类资源区以外的其他地区。

(5) 风电

陆地风电实施分资源区标杆电价。

Ⅰ类资源区为0.51元/(kW·h)。包括内蒙古自治区除赤峰市、通辽市、兴安盟、呼伦贝尔市以外其他地区;新疆维吾尔自治区乌鲁木齐市、伊犁哈萨克族自治州、昌吉回族自治州、克拉玛依市、石河子市。

Ⅱ类资源区为0.54元/(kW·h)。包括河北省张家口市、承德市;内蒙古自治区赤峰市、通辽市、兴安盟、呼伦贝尔市;甘肃省张掖市、嘉峪关市、酒泉市。

Ⅲ类资源区为0.58元/(kW·h)。包括吉林省白城市、松原市;黑龙江省鸡西市、双鸭山市、七台河市、绥化市、伊春市、大兴安岭地区;甘肃省除张掖市、嘉峪关市、酒泉市以外其他地区;新疆维吾尔自治区除乌鲁木齐市、伊犁哈萨克族自治州、昌吉回族自治州、克拉玛依市、石河子市以外其他地区;宁夏回族自治区。

Ⅳ类资源区为0.61元/(kW·h)。包括除Ⅰ类、Ⅱ类、Ⅲ类资源区以外的其他地区。

(6) 海上风电

对非招标的海上风电项目,区分潮间带风电和近海风电两种类型确定上网电价。2017年以前投运的近海风电项目上网电价为0.85元/(kW·h),潮间带风电项目上网电价为0.75元/(kW·h)。2017年后的海上风电上网电价由发改委根据技术进步和项目成本核定。

2) 销售电价

目前,我国电网销售电价实行的是分类电价和分时电价。定价的原则是统一政策,统一定价,分级管理。现行电价标准分为直供电价和趸售电价。电网直供电价又分为七类,即居民生活用电电价、非居民照明用电电价、商业电价、非工业电价、普通工业电价、大工业电价、农业生产电价。电网趸售电价分为五类,即居民生活用电电价、非居民照明用电电价、商业电价、非普工业电价、大工业电价、农业生产电价。

两大供电集团根据国家发改委的要求,在不同地区针对不同用户及不同用电量采取差别定价政策。现行电价在0.2~0.8元/(kW·h),地区、行业跨度巨大。其中居民生活用电为0.5~0.6元/(kW·h),用电量越高,价格越贵,同时供变电电压越低,价格越贵。工业用电价格一般为0.6~0.8元/(kW·h),一般工商业用电价格低于大工业用电价格,同样供变电电压越低,价格越贵。作为特例,大工业用电中的中小化肥生产用电价格低 0.2 元/(kW·h)左右,体现了对农业生产的补贴。相应地,农业生产用电和农业排灌用电的价格最低,一般略低于居民生活用电,在某些省区,如广西壮族自治区,农业排灌用电的价格低至 0.2 元/(kW·h)左右。

在电价管理上,应注重加强需求侧管理实施效果方面的问题。为了促进用户合理用电,我国很多地区实施了电力需求侧管理,实行了峰谷分时电价、丰枯季节差价等多种电价制度,并取得了一定效果。但一些影响其实施效果的矛盾需要解决,如需求侧管理目标与电力销售部门利益之间的矛盾。需求侧管理的目标是利用价格杠杆,促进用户合理科学用电,达到节约能源的目的。但由于电力公司的收益直接取决于售电量,售电量的减少会降低其利润甚至可能导致出现亏损,此外峰谷分时电价制度也可能对其收益产生不利影响,因此无法调动电力公司的积极性,必然会影响实施效果。

2.4 水资源

2.4.1 水资源的涵义

1. 水资源定义

水资源的概念于 19 世纪末在欧美文献中开始出现,比较经典的定义是《不列颠百科全书》和联合国教科文组织的定义。前者的定义是"自然界各种形态(气态、液态或固态)的天然水";后者的定义是"作为资源的水应当是可供利用或有可能被利用,具有足够数量和可用质量,并可适合某地对水的需求而能长期供应的水源"。

这里,水资源,首先是水这种物质,如同金属、煤炭;作为一种资源,水资源同样要兼具其社会属性,即可以满足人类社会的需求,可以加工或控制;相应的作为一种"源",还应该具有稳定的数量、质量,通过水文循环可以得到补充。因此,具备社会可用性、来源稳定性的水才构成水资源。

大江大河之水,可用于航运、渔业、水电,是水资源;若洪水暴发、超过防洪能力而失控的,则是"水灾"而不再是"水资源"。雨水是自然水循环的一个重要环节,数量通常也很可观。如果可以通过雨水归集系统收纳利用,则其可称为水资源;雨水对作物和绿化植被形成天然灌溉,则可视其为水资源。这都是在对可发开发利用潜能的基础上来判断的。而在实际的统计中,对基本具有可开发性的一类水的形式都会归入水资源,也不可能一一具体辨析开发方式。

从资源的一般分类来看,水资源属于可再生资源,也属于生态资源。水资源具有如下几个特征。

(1) 水对维持生命的不可替代性

水分子是细胞的主要构成组分,是生命体中各类物质循环系统的关键流体媒介物质,是生命体内细胞质、血液系统、食物吸收代谢等生命代谢机制的载体。没有水,无论植物、动物,无论结构复杂的人类、昆虫、鸟类还是单细胞的草履虫,地球上的任何生命都无法存活。同时,作为生命之源,水的作用是任何其他物质无法替代的,是唯一的。与其他资源相比,煤炭作为能源矿产,可以被天然气、石油,甚至水资源替代;金属作为材料资源,一定程度上可被塑料、人造橡胶等化工材料替代；但水作为生命体必须的饮用或环境（湿度）的作用是无法替代的。

这一特征，在水资源的政策设计中就要求必须注重公平分配和人均享有的权利，以使得每个人的生存权利得到保证。

(2) 水资源的可再生性。

水在太阳能作为原动力的情况下，通过蒸发、降水、大气环流、地表径流、地下渗透等作用在不断循环，不像矿产资源会随着开发而总量不断减少。但是，一方面，水体如果遭到严重的污染，那么可能会难以重复利用；另一方面，人类活动对环境局部的改变也会影响到水循环，使得水资源的地区间分布发生改变，在过度开发地区发生水资源的枯竭。因此，水资源的可再生性并不意味着水资源永恒存在，对水资源的合理规划利用和保护仍是至关重要的。

(3) 水资源的稀缺性。

地球表面大约三分之二的面积都覆盖着水，可是能够被人类直接利用的淡水资源量却十分有限。淡水只占全球总水量的2.53%，而其中便于人类利用开发的淡水只占全球水总量的0.007%。这样的总量与人类活动不断增加的用水要求相比，也是相对稀缺的。

(4) 水资源分布的区域性。

水是生命的根本需要之一，因此，人类的活动和聚居地在历史上也往往和水源的分布呈正相关。水资源，尤其是可饮用淡水资源丰富的地区聚集的人口更多。但随着工业化进程，人类开发和调度自然资源的能力加强，一些本身淡水资源有限的地区也可以聚集大量人口。同时，由于自然历史变迁而使得现在的缺水地区可能保有一定人口。此外，人口在一定时期内快速增长也会使得人均用水，或不同区域的用水出现紧张。

(5) 经济属性的二重性。

水体本身作为资源，需要一定的集中规模和数量，但集中的水体在自然条件下，其状态有一定的季节性和随机性，会发生洪涝灾害、旱灾，并随之引发传染病、泥石流等其他次生灾害。另一方面，人类的开发活动不当也可能引发水坝崩溃、水体污染等灾害。水资源的经济属性本身是从人的需求角度发生的，因此，对水资源的合理开发是需要站在整体角度来考虑的、需要从人自身需求的合理安排出发的。

2. 水资源学与相关学科

在一批学者的倡导下，通过学会组织的整合，20世纪逐步形成专门对水资源问题进行研究的水资源学。其中，比较重要的学会包括：1922年建立的国际水文科学协会(IAHS)，1972年由美籍学者周文德倡办的国际水资源协会(IWRA)等。

从地球圈层学说的角度，地球分成岩石圈（土圈）、大气圈、水圈、生物圈；用资源学的角度来看待和研究相应的圈层，就形成了矿产资源学、土地资源学、水资源学、生物资源学等学科的框架；再结合一定的利用或改造技术，进一步延伸为采矿工程学、冶炼工程学、土地利用和改良学、水利水电工程学、农业科学、生物工程学等工程技术学科。

水资源学以物理学、化学、生物学、地学等学科作为科学基础，在专业领域引入气象学、水文学、地理学、地质学等专业学科，在社会分析和规划及政策方面，还加入了环境学、管理学、经济学等方面的支持。

水资源学的概念在20世纪末叶才开始较多地受到学界和社会的认识，应用日益广泛，这里有必要把与之相近似的水利学、水文学做一区别。

(1) 水资源学和水利学的关系。

水利是有关治水业务的总称,包括江河整治、防洪治涝、供水兴利、改善人类生存环境等方面的基础工作、前期工作、工程技术、科学管理等方面的全部过程。而对水、水资源的开发利用,水利只是其中的一个部分,还应包括水电、水产、水运、水务(供水和污水处理)等方面。

从学科角度,水资源学在水利学的前期工作(如水资源调研与评价、水资源供需分析和规划)和后期工作(水资源的分配机制与管理)方面都有较大的作用和重合,但在水利工程的设计建设方面有所区分,水资源学不包括工程建设的技术内容。

(2) 水资源学和水文学的关系。

《中国大百科全书》对水文科学的定义:水文科学是地球上水的起源、存在、分布、循环、运动等变化规律和运用这些规律为人类服务的知识体系。水文学会研究一定水体(例如河流、湖泊、冰川、地下水、海洋等)的集水面积、水质物理化学特征、水量变化特征、周围地理环境、补给方式等。方法上,水文科学的资料获取通过水文测验学、水文调查和水文实验来实现。

水文学更多侧重水体的自然属性和规律的描述,而水资源学则在此基础上会延伸到涉及人类社会的方面,包括水的经济属性、开发方式、分配与利用制度等。

通过以上分析,我们对水资源和水资源学的概念框架、知识体系都有了大致的认识,通过图 2-8 的归纳示意,可以看到一个资源学科的总体逻辑。

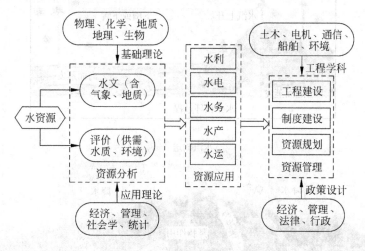

图 2-8 水资源学科关系示意图

3. 水资源的循环

水在地球上以不同物态在不同的自然环境之间转换循环,在不同的水量变化过程中,遵循一系列的平衡原理,包括:

(1) 总降水量＝总蒸发量

(2) 总降水量＝海洋降水量＋陆地降水量

(3) 总蒸发量＝海洋蒸发量＋陆地蒸发量

(4) 总径流量＝0＝海洋径流量＋陆地径流量

(5) 海洋降水量＝海洋蒸发量＋海洋径流量

(6) 陆地降水量＝陆地蒸发量＋陆地径流量

全球水量平衡的总体数量规模参见表 2-7，水循环的动态过程参见图 2-9。

表 2-7　全球年水量平衡

分区	面积/×10⁶ km²	水量/×10³ km³			水深/mm		
		降水	径流	蒸发	降水	径流	蒸发
海洋	361	458	−47	505	1270	−130	1400
陆地	149	119	47	72	800	315	485
外流区	119	110	47	63	925	395	530
内流区	30	9	0	9	300	0	300
全球	510	577	0	577	1130	0	1130

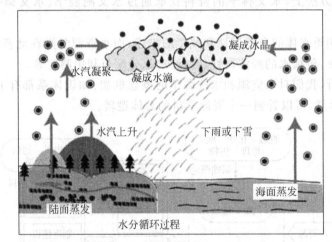

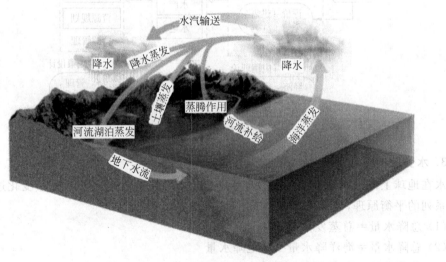

图 2-9　水循环示意图

而从全球各圈层的估算合计来看,地球水圈总储量 $1.386 \times 10^9 \text{km}^3$,参加水循环的平均总量 $5.7 \times 10^5 \text{km}^3$,即只有 0.04% 的水量参与了水文循环,而其中只有 21% 降落在地面上,可以成为被利用的淡水补给资源,而陆地上的降水又只有 39% 进入一般被利用的河川径流。

因此,从水循环的角度来认识水资源的总量和动态增量,可以进一步认识到水资源的区域性、稀缺性等特点。同时,多数国家也是以多年平均河川径流量作为水资源量的代表,中国在统计时除了年均河川径流量外,还考虑部分和河川径流联系很少、又处于和降水的积极交换带的浅层地下水。

2.4.2 水资源储量

1. 全球水资源分布

水圈和岩石圈、大气圈、生物圈相互作用,且水存在于其他圈层之中。水圈中的水在太阳能的作用中,不断交替转化三态,并通过全球水文循环在地球表层及大气中不断运动。因此,水圈是地球圈层中最活跃的圈层。现在海洋覆盖地球表面的 71%,水量占地球水总储量的 96.54%,而陆地面积只占地球表面积的 29%。

水的分布包括：陆地上的水有相当一部分以固态形式(即冰雪)存在于地球的南北两极地表以及陆地的高山,即冰川；还有以液态形式存储于地壳陆地部分上层,即地下水；在陆地表面水体如河流、湖泊等地,即陆面水；在围绕地球的大气层中仍有部分的气态水,即以水汽形式存在的大气水；以及在地球上一切动植物体内的组成部分存在的生物水。根据联合国 1977 年的资料,地球水储量情况如表 2-8 所示。

表 2-8 地球水储量情况

水体种类	水量		咸水		淡水	
	$\times 10^{12} \text{m}^3$	%	$\times 10^{12} \text{m}^3$	%	$\times 10^{12} \text{m}^3$	%
海洋水	1338000	96.538	1338000	99.040	0	0
地表水	24254.1	1.750	85.4	0.006	24168.7	69.0
冰川与冰盖	24064.1	1.736			24064.1	68.7
湖泊水	176.4	0.013	85.4	0.006	91	0.26
沼泽水	11.47	0.0008			11.47	0.033
河流水	2.12	0.0002			2.12	0.006
地下水	23700	1.710	12870	0.953	10830	30.92
重力水	23400	1.688	12870	0.953	10530	30.06
地下冰	300	0.022			300	0.856
土壤水	16.5	0.0012			16.5	0.047
大气水	12.9	0.0009			12.9	0.037
生物水	1.12	0.0001			1.12	0.003
全球总储量	1385984.62	100	1350955	100	35029.22	100.00

在全球水储量中,淡水储量只占全球水储量的 2.5%,而在淡水量中,绝大部分又是储存在高山冰川、两极冰盖和永久积雪及深层地下水中,这些部分占到淡水总量的 98.7%,而和人类生活最密切的河流水储量和淡水湖泊总共不过淡水总量的 0.266%。

2. 中国的水资源

1) 水资源总量

中国的水资源分布与中国的自然地理条件密切相关,中国的山丘、高原占国土面积的69%,是山地为主的国家。由于山地对水汽输送的阻拦,中国境内降水的水汽主要来自印度洋孟加拉湾和南海,并通过中国的西边界和南边界进入境内,自北冰洋也有少数水汽通过中国的北边界进入境内。中国的东边界除在夏季有来自东海的水汽输入外,每年的大部分时间则从中国内陆上空输出水汽。境内各地的降水量、蒸发量变化差异较大,各地的水能资源分布不均匀,总体呈现南部较多、北部较少,东部较多、西部较少的特征。

在一般的水资源总量估算中,按照水文循环规律,通过模型进行估测:

降水量＝河川径流量＋蒸发量

水资源总量＝河川径流量＋地下水渗入补给量－调整的重复项

20世纪80年代,中国进行水资源评价时提出和统计的基础数据如表2-9所示,但在实际工作中,地下水年资源的统计口径和统计方法不统一,因此数据的准确性有一定的缺憾,仅做大致参考。

表2-9 中国分区年水资源量统计

分 区	计算面积 km²	年降水量	年河川径流	年地下水	年水资源总量
		×10⁸ m³			
黑龙江流域片	903418	4476	1166	431	1352
辽河流域片	345027	1901	487	194	577
海、滦河流域片	318161	1781	288	265	421
黄河流域片	794712	3691	661	406	744
淮河流域片	329211	2830	741	393	961
长江流域片	1808500	19360	9513	2464	9613
珠江流域片	580641	8967	4685	1115	4708
浙闽台诸河片	239803	4216	2557	613	2592
西南诸河片	851406	9346	5853	1544	5853
内陆诸河片	3321713	5113	1064	820	1200
额尔齐斯河	52730	208	100	43	103
总计	9545322	61889	27115	8288	28124

2) 水质

河川径流天然水质,反映在水中溶解的各种各类化学物质成分,以及水流挟带的不溶性物质,主要是河流泥沙。

我国河流的泥沙问题十分突出,泥沙的来源大多是雨水冲蚀以及河流岸蚀地表风化岩石、土层,即水土流失造成。经过黄土高原的黄河是世界第一多沙河流,平均输沙量达1.6×10^9 t/年,平均含沙量37kg/m³,是中国其他河流的数倍甚至数十倍。

河流的水质本底值是指天然水流中含有各种化学离子的水平,包括矿化度、总硬度和酸碱度等。中国水质的矿化度东南方向较低、西北方向较高。水的硬度分布与矿化度分布大致相同,中国的软水区(硬度平均低于85mg/L)大致为淮河以南的东南地区和西南诸河流地区,占全国面积52%;天津以南至黄河口的平原、鄂尔多斯高原、黄土高原、塔里木盆地、柴达木盆地、准噶尔盆地等地区为极硬水（硬度平均高于250mg/L），占全国面积12%；其他区域为硬水区，占全国面积36%。酸碱度方面，东南沿海地区和东北地区较低，西北地区较高。流域的矿化程度还可以用河川径流量与河水矿化度的乘积来表示，称为河流的离子径流量。

  人类活动产生的废弃物质排入自然环境，也在越来越显著的影响着水体的水质，包括对地表水体、地下水和大气的污染。

  20世纪90年代以来，中国进行了全国水资源质量评价工作。2008年度根据全国水资源保护监测站网的监测资料，对全国10个水资源一级区170个水系的1300余条河流、44个重点湖泊、378座重要水库及298个省界断面的水体水质进行了评价，结果见表2-10。全年总评价河长147727.5km，其中Ⅰ至Ⅲ类水河长占总评价河长的61.2%，Ⅳ至Ⅴ类水河长占18.2%，劣Ⅴ类水河长占20.6%；汛期总评价河长146824.0km，其中Ⅰ至Ⅲ类水河长占总评价河长的60.1%，Ⅳ至Ⅴ类水河长占21.6%，劣Ⅴ类水河长占18.3%；非汛期总评价河长146650.4km，其中Ⅰ至Ⅲ类水河长占总评价河长的61.6%，Ⅳ至Ⅴ类水河长占16.3%，劣Ⅴ类水河长占22.1%。

  评价河长中Ⅳ级及以下的较差水质河长比例一直在40%左右，1997年占43.6%、1998年为37.2%，2001年为38.6%，2008年为38.8%，可见工农业生产活动对水资源的污染程度总体得到了控制。

表2-10　2008年度水资源一级区河流水资源质量评价结果

水资源一级区	评价河长/km	分类河长占评价河长比例/%						
		Ⅰ类	Ⅱ类	Ⅲ类	Ⅳ类	Ⅴ类	劣Ⅴ类	Ⅰ~Ⅲ类
全国	147727.5	3.5	31.8	25.9	11.4	6.8	20.6	61.2
松花江区	13562.4	0.8	17.0	29.2	25.2	6.3	21.5	47.0
其中：松花江	10945.7	1.0	17.9	33.3	19.6	5.6	22.6	52.2
辽河区	5496.7	1.5	27.1	17.4	10.8	13.1	30.1	46.0
其中：辽河	2552.6	0.0	4.6	27.8	9.2	24.8	33.6	32.4
海河区	12996.2	2.4	19.6	13.2	10.7	2.2	51.9	35.2
其中：海河	10309.5	2.4	16.1	6.8	11.9	2.0	60.8	25.3
黄河区	13847.7	5.2	12.7	21.3	13.5	10.5	36.8	39.2
淮河区	14130.5	0.5	15.6	23.3	18.1	11.3	31.2	39.4
其中：淮河	12025.6	0.5	15.6	22.3	20.2	12.8	28.6	38.4
长江区	41176.6	3.7	36.2	29.2	9.0	7.5	14.4	69.1
其中：太湖	3028.7	0.0	4.2	10.6	13.6	15.9	55.7	14.8
东南诸河区	5035.2	5.2	38.3	20.7	12.1	8.9	14.8	64.2
珠江区	18541.5	0.0	38.8	29.8	11.0	6.8	13.6	68.6
其中：珠江	13886.4	0.0	32.4	35.2	11.1	7.0	14.3	67.6
西南诸河区	13406.7	0.2	48.0	46.1	2.8	0.2	2.7	94.3
西北诸河区	9534.0	21.2	65.8	7.0	3.5	1.7	0.8	94.0

3）水能资源

  根据1980年普查（如表2-11所示），中国的水能资源理论蕴藏量总计出力为6.76×10^8kW，年电能为5.92×10^{12}kW·h，其中，可能开发的水电总装机容量为3.78亿千瓦。根据中国电力企业联合会发布的《2014年电力工业运行简况》,2014年中国水电装机容量和发电量分别历史性突破3×10^8kW和1×10^{12}kW·h,在国民经济中发挥着重要作用,也为提高非化石能源发电比例、调整能源结构作出重要贡献。

表2-11 中国水能资源蕴藏量及可开发的水能资源(分水系)

水　系	水能资源蕴藏量		可开发的水能资源		占全国的百分比/%
	$\times10^4$kW	$\times10^8$kW·h/a	装机容量/($\times10^4$kW)	年发电量/($\times10^8$kW·h/a)	
全国	67604.71	59221.8	37853.24	19233.04	100
长江	26801.77	23478.4	19724.33	10274.98	39.6
黄河	4054.80	3552.0	2800.39	1169.91	6.0
珠江	3348.37	2933.2	2485.02	1124.78	5.0
海、滦河	294.40	257.9	213.48	51.68	0.4
淮河	144.60	127.0	66.01	18.94	0.2
东北诸河	1530.60	1340.8	1370.75	439.42	2.3
东南沿海诸河	2066.78	1810.5	1389.68	547.41	3.1
西南国际诸河	9690.15	8488.6	3768.41	2098.68	14.3
雅鲁藏布江及西藏其他河流	15974.33	13993.5	5038.23	2968.58	23.6
北方内陆及新疆诸河	3698.55	3239.9	996.94	538.66	5.5

4) 水运资源

内河水运资源是水资源的主要组成部分,中国的通航流域面积超过100平方千米,可通航河流5600多条,还有大量的湖泊水面可以通航。由表2-12可以看出,2011年,中国水运货运量总量42.6亿吨,大约是1998年的4倍,且水运在货运总量中的占比也有所提高;内河航道里程124612千米,内河等级航道里程62648千米。

表2-12 中国水运资源统计

年　份	水运货运量/$\times10^8$t	水运货运占比/%	内河航道里程/$\times10^4$km
1998	10.96	10.09	11.03
1999	11.46	10.37	11.65
2000	12.24	10.54	11.93
2001	13.27	11.16	12.15
2002	14.18	11.27	12.16
2003	15.81	11.99	13.55
2004	18.74	13.08	12.33
2005	21.96	14.06	12.33
2006	24.87	14.50	12.34
2007	28.12	14.64	12.35
2008	29.45	13.32	12.28
2009	31.90	13.03	12.37
2010	37.89	13.40	12.42
2011	42.60	13.12	12.46

2.4.3 水资源的评价与保护

水资源作为资源的重要方面就在于人类社会的应用和利用,在掌握了自然属性的水文及相关资料后,对其可开发利用价值的评价、建设开发的方式、开发的测评监管、保持自然社会环境平衡等问题就是针对水作为资源的主体工作了。

1. 水资源评价

对水资源的评价是了解和系统认识水资源并综合规划和利用的基础,也是水资源学的重要组成部分。自20世纪下半叶以来,美国、苏联等主要国家都先后提出了自己的水资源评价标准,并据此进行了各自的水资源规划和管理。1988年联合国教科文组织和世界气象组织共同给出的定义为:"水资源评价是指对于水资源的源头、数量范围及其可依赖程度、水的质量等方面的确定,并在其基础上评估水资源利用和控制的可能性。"

水资源的评价包括水资源基础评价、水资源利用评价和水环境评价三大方面。

(1) 水资源基础评价

水资源基础评价是指水资源评价活动中的基础工作,包括对评价范围内的水文、水文气象、地形地貌、水文地质、土地利用情况等基本资料进行统计、分析、系统整理、分区、图表化等工作。水资源基础评价侧重于评价区域与水资源相关的自然地理条件。

(2) 水资源利用评价

水资源利用评价是合理利用水资源进行综合开发的前期基础工作,包括水资源各种功能的调查分析(其中最重要的是河道外用水,包括生活用水、工业用水、农业用水)、水资源开发利用程度调查(包括区域内已有的水资源设施和其供出能力的情况)、水资源可利用量(一般主要包括河川径流和地下水的可采量)、可供水量分析(综合考虑区域内各个水利工程、供水设施在不同年份和不同自然条件下的供水能力)及水资源供需分析(综合考虑区域内社会经济发展带来的用水需求,以及实际的供需关系)。

(3) 水环境评价

水环境评价包括水质评价和开发利用对环境影响的评价。水质评价主要是将水质调查、监测资料和水质标准进行比较,给出评估意见。中国已经建立了水质标准系统,对包括水温变化、酸碱度、化学需氧量、各种主要元素的含量、部分有毒物质含量、粪大肠杆菌等指标进行监测分级,并且对地面水、生活用水、工业用水、农田灌溉用水和渔业水的水质建立了不同的标准。

2. 水环境保护

1) 水资源开发利用对水环境的影响

人类活动对水资源的开发利用会给水体本身和水环境带来很多影响,主要包括如下几个方面。

(1) 水体的污染

人类活动对于水体的污染由来已久。水体污染并不是工业时代的特殊产物,人类社会的生活污水排放就会造成水体污染。但是水体在较长的时间内,可以通过其自净能力与自然环境的其他部分不断代谢更新,因此,近代之前的水体污染事件影响范围较小,一般不致引起社会的广泛关注。汉长安是当时世界最大的城市、人口众多,在长达数百年的时间内,大量的、连续的生活污水排放和渗透到地下,使得水体不堪饮用,这使得到了隋代,隋文帝下旨新建了大兴城,后来唐朝又建了唐长安城。

(2) 水文特性的改变

黄河本来是一条水量充沛且洪灾频繁的河流,但在20世纪的流域建设活动、取水活动、水利工程建设大大增加后,黄河频发断流。据黄河下游距离入海口最近的山东利津水文站记录,1972—1999年之间,断流年份22年。其中,最严重的为1997年,一年内断流时间高达226天,断流河段长达704km,直至接近河南省开封市的河段全部枯水。断流原因是多方面的,包括引黄用水加剧、20世纪70年代以来流域平均降水量减少、太阳蒸发变强等,但用水过度、管理不善是重要原因。20世纪50年代的全流域耗水量$1.2×10^{10}m^3$,90年代增至$3×10^{10}m^3$;灌溉面积从20世纪50年代的$1.4×10^6$公顷增至90年代的$4.9×10^6$公顷。上、中、下游抢水灌溉,对使用水的浪费又不加节制,使得用水的供需矛盾更加尖锐。

长江是中国最大的河流,三峡工程是中国最大的水利枢纽工程,自2003年库区蓄水以来,三峡的入库泥沙量仅为预测量的42%——这主要是因为三峡工程建成后其上游的金沙江、嘉陵江等又兴建了众多大型水利工程,起到了很大的拦沙作用。这虽然使三峡库区本身的使用寿命大大延长,但导致清水下泄问题突出,本来因为蓄水的高程差就使得出库的水速较快,再加上泥沙含量大大减少,清水高速流向下游,使得水流对河底的冲刷加强,改变了河底的结构以及长江与洞庭湖、鄱阳湖的水文关系——长江注入湖泊的水量减少,使得湖泊面积减小。

可见,大量的用水、取水和大规模的水利工程等人类活动都会改变河流等自然水体的水文条件。这些改变,可能会引发次生的问题,需要做适当的应对和调整。

(3) 海水和地下咸水入侵

海水和地下咸水入侵,主要是由于人为的采水过量,使得地下水位持续下降,并低于海水(咸水)水面,破坏了水体界面的相对稳定性所造成的。20世纪70年代至90年代,中国华北沿海地区多地发生海水入侵,涉及辽宁省大连市、锦州市、营口市,河北省秦皇岛市,山东省青岛市、烟台市、威海市等所属的29个县(区),海水入侵面积达$1433km^2$。海水入侵使得每年被迫减少$1.3×10^8m^3$的地下水开采,减少灌溉面积40000多公顷,100万人口饮水困难。

(4) 地面沉降

过量的地下水开采或油田开采会造成海岸带城镇的土地发生沉降,使得海平面高程相对提高,这将导致城市防洪能力降低、城市排污系统失效等问题。

(5) 水土流失

中国是世界上水土流失最严重的国家之一,全国水土流失面积$3.67×10^6km^2$,占国土面积38%。以黄土高原为代表的水土流失成为黄河流域水旱灾害加重的原因之一。

2) 水环境保护措施

水环境保护包括水量保护和水质保护两个方面,应通过行政、法律、技术、经济等手段合理开发、管理和利用水资源,保护水资源的质量和供应,防止水污染、水源枯竭、水流阻塞和水土流失,满足社会实现经济可持续发展对淡水资源的需求。水环境主要包括以下几项保护措施。

(1) 建立水质标准和模型,实施水质监测机制,并对水体环境质量进行评价,收集数据、及时发现和预测污染的趋势变化。

(2) 对水环境提出保护规划,设立和执行整体性的资源合理分配。

(3) 水资源工程的环境影响评价,在兴建水利工程和其他水资源工程之前、过程中以及完成后,就其工程本身的环境影响做出评价,不能仅仅从用水量和经济需求的角度决策和实施水资源工程。

3. 水资源规划管理

水资源规划是对流域或区域内水资源的开发、开发、利用、治理、配置、节约和保护等方面在更高系统层次上的定量分析和综合集成。水资源规划是对国土和江河水资源的综合利用安排,通过水量的时空分配来实现水环境保护、协调防洪防涝、城镇用水、水力发电等事业之间的关系。

水资源规划的系统需要对基础资料的分析归类、在一系列目标值和平衡关系的原则下,通过经济学原理和运筹学方法获得一组规划量。其中最重要的基本关系包括以下几类。

(1) 生产与消费关系

在社会需求范围内,工业、农业生产和城市生活的消费都有不断增长的用水需求,在水量协调上要平衡,对水质的要求也不同。

(2) 调入调出关系

地区间资源流动和贸易关系,与交通运输能力之间的关系。

(3) 投入产出关系

各个部门或主体会核算自身的经济效能,也需要对系统的经济效能进行评价。

(4) 水污染与治理的关系

工业生产和城市生活都会产生大量污水,必须经过不同形式的物理、化学、生物处理,否则直接排入河流体系将对水资源造成污染。因此,在整体水资源规划时,要根据经济社会的发展情况确定合理的治理方案。

(5) 农业生产结构的合理调整关系

农业生产和农村生活也是用水大户,结合农林牧副渔的结构、种植业的作物结构,来配合用水需求的水量和时间。

(6) 对区域水资源的承载能力做出分析

在上述的主要关系的协调中,应当遵循自然规律、尊重和谐发展的人与水关系,需要着重考虑以下几个平衡原则。

(1) 水量平衡

水量的平衡是供需矛盾最基本的解决方式,包括供应总量和需求总量的相当,还包括不同部门之间、不同子区域之间的平衡,流域用水要通过整体协调避免上游随意用水、侵犯下游水权等问题。

(2) 水土平衡。在农业开发方面,防止对土地或者水源的过度开发导致土地荒漠化。

(3) 水盐平衡。农业用水排灌结合,防止只灌不排,引起地下水位大幅上升、导致土地盐碱化,坚持地表水和地下水的系统利用,加强水盐联调。

(4) 水沙平衡。在水利设施的建设、河沙开发利用方面,注重合理规划,利用水库调节河流泥沙,重视冲淤平衡,上游水土保持、下游的河底冲刷、水域内采沙过量对水体基底层的影响等都需要综合考虑。

(5) 污染与治理平衡。对水资源的污染将会大大影响水资源总量和质量,但治理的费用也是经济支出的成本要素,二者不是择一的关系而是平衡的关系。

(6) 投资与收益平衡。水利、水运、取水等设施的经济投入都要求获得效益回报,再加上污染治理、控制资源消耗、地区间平衡、不同时段平衡等方面的考虑,经济的收益平衡也成为水资源规划的一组复杂的策划决策量。

兼顾各种基本平衡、考虑各类决策要素的关系,这是可持续发展的规划理念所要求的,也是对珍贵水资源合理规划利用的基本原则。

在水资源的规划管理实践中,流域内上、下游的水权分配制度的建立是最有代表性的,应利用社会法律制度来调节水资源安排的方式。在中国,1930年公布了《河川法》,1988年通过并公布了《中华人民共和国水法》。

2.5 科技创新驱动,创建多元化的可持续能源系统

世界能源曾经历了煤炭代替薪柴、油气代替煤炭两次重大变革,以清洁化、低碳化、智能化为核心的新一轮能源革命已经出现。近年来世界主要国家均加速调整能源结构和转变能源开发利用模式,加快向绿色、多元、高效的可持续能源系统转型。全球一次能源结构加速调整,呈现多元化格局,主要体现在石油和煤炭份额下降,天然气份额提高,非化石能源份额迅速上升。2013年,OECD国家的非化石能源份额已达到17.4%,欧盟更高达23.3%。

能源科技成为各国抢占新一轮能源革命制高点的主要手段,其主要体现在:可再生能源、非常规油气技术已大规模应用;电动汽车和储能等技术处在市场导入期;高温气冷堆等第四代核能技术有望取得重大突破;能源与信息、材料等领域深度融合催生智慧能源网络,将实现多种能源在同一平台下的高效优化运行。

科技是促进能源革命的推动力,不同技术领域的交叉融合是引发新一轮能源革命的关键因素,如:①能源与信息,能源科技与网络技术、传感技术和大数据方法等信息技术的融合,催生了智慧能源网络;②能源与材料,解决能源存储、能源转化、能源增效和环境检测及修复方面的独特作用;③能源与生物,模拟植物光合作用提高太阳能转化效率,利用生物技术治理大气污染等;④能源与社会科学,为能源科技重大成果的落实提供制度、机制、政策、金融和商业模式等方面的支持。

在能源需求增速放缓、环境约束强化、碳排放限制承诺的新形势下,我国能源发展进入结构多元化、科技创新驱动新阶段,为推进能源革命,建立安全、高效、清洁、低碳的能源体系提供了前所未有的机遇。当前我国正进入推进能源革命的战略机遇期,经济实力和科技能力已有相当积累,为推进能源革命奠定了一定的基础。但我们应清醒地认识到我国在能源发展进程中还面临诸多重大挑战,主要体现在:能源结构不合理,2014年煤炭消费比重仍高达66%;环境承载能力接近极限,雾霾严重;能源利用方式粗放,综合能源效率不足40%;技术创新能力不足,燃气轮机、电力电子等核心技术和关键装备与国外差距较大;管理粗放,体制机制改革亟待深化。

2.5.1 我国能源革命的思路和目标

近代西方发达国家走的是一条"先污染、后治理"或者说是"先发展、后治理"的路子。这条路的代价巨大,这实际上是建立在牺牲全球共同利益,特别是不发达国家利益基础上的。

而当今时代,我国重复这样的道路既不应该,亦无此条件。

现今我国推进能源革命战略的思路,简言之应从四个方面入手:①节能为本,转变能源发展观和转变消费观,并控制能源消费总量;②安全低碳,以保障能源安全为首要目标,并发展低碳能源和低碳技术;③创新驱动,实施国家能源技术创新驱动战略;④市场主导,发挥市场在配置资源中决定性作用。

推进我国能源革命的核心是加快建设安全、清洁、高效、低碳的现代能源体系,到2020年实现如下目标:①构建全新的"智慧"能源利用节控体系——化石能源消费总量控制在 $3.8×10^9$ t 标煤以下(2014年为 $3.44×10^9$ t 标煤);②建立煤炭清洁高效的开发利用模式——煤炭占比降到60%(2014年为66%);③建立油气开放灵活的安全保障体系——天然气占比达到10%(2014年为6%);④推进非化石能源大规模发展——非化石能源占比达到15%(2014年为10%);⑤提升能源科技创新能力建设——能源科技贡献率超过50%。

2.5.2 创新驱动能源革命的关键路径

"十三五"能源革命任务艰巨,是一项复杂的系统工程,能源科技应明确方向,突出重点,切实发挥基础支撑作用,重点致力于以下六个方向。

(1) 安全绿色开发与清洁高效利用并举,推动煤炭战略转型

力争煤炭科学产能由目前不足40%增加到2020年的70%;限制煤炭分散燃烧比例,提高煤炭集中高效发电比例;大力推广先进煤电技术和燃煤发电超低排放技术;有序推进现代煤化工技术和多联产系统;重点推广安全高效开采、煤电超低排放改造、大型煤化工等;重点示范高效智能化开采、高参数发电、煤基多联产技术等;重点研发新型煤气化、多种污染物脱除、CO_2 捕获与封存等。

(2) 集中与分布式协调发展,推进可再生能源大规模利用

实现可再生能源在我国未来5~10年的能源增量中占主导地位;实现风电、太阳能年装机容量和增速世界第一的领先地位;可再生能源集中与分布式协同发展;重点推广各类可再生能源与建筑集成系统规模化发展;重点示范可再生能源为主以及100%可再生能源的示范区;重点研发可再生能源高效发电技术、大规模并网消纳等。

(3) 推进智能电网建设,构建安全高效的智慧能源网络

着力解决大规模可再生能源电网消纳问题,满足高比例可再生能源接入的需求;满足电力大容量远距离跨区输送的需求;探索智慧能源网络基础问题,重构能源供给与消费体系;重点推广大规模可再生能源消纳的电网调度运行与控制技术;重点示范高比例分布式电源接入电网运行技术和智能微网技术;重点研发高效储能、能源互联、智能配用电、供需互动技术等。

(4) 安全优先,规模化发展新一代核能

实施"热堆—快堆—受控核聚变堆"三步走的技术发展战略;大力推广压水堆核电机组,推进内陆核电站建设;推进关键设备制造能力建设,实现"走出去"战略;重点推广自主产权的"华龙一号"三代压水堆等;重点建设大型先进压水堆和高温气冷堆核电站,推进快堆工程示范;重点研发核电关键装备与核心技术、核电安全和核燃料处理技术等。

(5) 稳油增气,推进深海、深层、非常规油气资源开发

东部地区大幅提高采收率,减缓产量递减;中西部地区实现石油产量稳定增长,天然气

产量快速增长;海域油气实现快速健康发展,形成战略接替;非常规油气突出重点,示范先行,形成规模产量;重点推广提高采收率技术等;重点示范非常规油气开采技术等;重点攻关 CO_2 封存与驱油、驱气注采工程等。

(6) 前瞻部署,关注能源颠覆性技术对未来能源影响

基于物联网的能源互联网技术实现突破;氢能与电一样作为二次能源普遍应用;天然气水合物实现经济开采;可控核聚变技术进入实用等。

2.5.3 依靠科技进步,加速能源革命

1. 明确重点、政策配套

国家需要制定一个向能源倾斜、能保证能源健康发展并可靠供应的总政策,还应有一系列的具体政策,包括:经济政策、节能政策、环保政策、科技政策,乃至更具体的技术政策和相应的法律、法规、条例。有关地方部门、行业、企业都应制定贯彻国家能源政策的具体措施,以形成系统的政策保证体系。这里仅就经济政策略谈一二。

经济政策包括融资、借还贷、税收、价格、利用外资等几方面。经验表明,要在模式上跨出一步,首先遇到的就是资金上的困难。这就需要融资。融资政策性很强,控制不好会引起金融混乱,对能源工业也不能例外。但是国家在一定时期应多给能源一些倾斜性的导向政策。如经国家批准,"七五"开始每千瓦时电费中加收二分钱(约占当时平均电价的7%),建立电力建设基金,这些年电力工业的发展证明其效果很好。加之其他措施,广开渠道,导引更多的资金投放能源行业,包括尽量多地利用外资。还要增强能源行业自身的活力,使其具有更强的自我积累、自我发展、自我优化、自我约束的能力。如将对具体项目实行由传统的拨款改为贷款形式,这样就可"逼"着企业精打细算,提高投资效益。又如价格体系至今仍非常混乱复杂,实在有必要予以改革和规范化,使利益流向合理。在税收上,应对能源工业实行宽松政策。能源是基础产业,和其他下游产业不同,开发能源的目的主要是为发展经济提供动力,促进经济腾飞。国家以优惠政策扶植它健康高速发展,可再从它所产生的经济腾飞效果上取得利益。凡此,都需要合理改革,使更多资金投入能源领域,为能源工业的发展创造相对宽松的环境。

2. 搞好协调、优化结构

尽力增加一次能源的生产和加快电力发展速度是解决能源问题的关键。在这方面除了保证重点,增加投入以外,还必须照顾到它们与资源、运输、基建等诸方面的关系,以及能源内部的比例关系,必须在发展速度、规模、布局和时序上相互协调。

有关数据显示:燃煤对雾霾的影响超过50%,2014年我国 CO_2 排放量 9.8×10^9 t,占全球28%,其中燃煤排放占80%。当前,世界主要国家均加速调整能源结构和转变能源开发利用模式。美国、欧盟和日本等发达国家纷纷根据各自国情制定了煤炭高效清洁利用技术研究计划和国家能效行动计划等。如:美国的Vision21计划和国家能效行动计划的升级版、欧盟的兆卡计划、日本的新阳光计划等。到2030年,我国能源消费结构中,煤炭将从目前的70%左右降至50%左右,到2050年将降至30%左右,但仍将是基础能源。因此,煤炭利用方式亟需革命性转变,主要表现在:①清洁高效,解决燃烧和转化效率低、水耗高及污染物排放等问题;②顶层设计,发挥基础能源作用,保障能源安全,降低终端消费比重;③集约利用,提高燃煤集中发电比例,降低散烧比例。力求控制煤炭消费总量,实施煤炭消

费减量替代,降低煤炭消费比重,全面实施节能战略。

核电方面我国已实现了一些突破,但发展速度和模式满足不了要求,目前仅占全国总发电量的3%。要使核电在我国真正形成气候,必须立足自主建设,走定型化、国产化、批量化的道路,不能再主要靠进口上项目。我们应围绕先进核能技术与核能安全两条主线,加强基础研究和原始创新,突破核心技术,形成一批具有国际领先水平的新技术、新工艺和新装备,实现重大系统及关键技术集成,推动核电安全升级和先进核能技术多目标应用的发展,促成核能对非发电化石能源的深度替代,推进能源技术革命。目前,我国在积极引进吸收国外第三代堆型AP1000的同时,也在进行着CAP1400、"华龙一号"等自主三代堆型及高温气冷堆等第四代反应堆的研究。据专家分析,21世纪初正是核电更新换代的关键时机。我国如何把握机遇,创造条件,与国际接轨,加速核能利用,是一个大问题。

发展石油工业要立足国内,走向世界,利用好两种资源,两个市场。在国内应积极勘察,扩大保有的可采储量,合理开发,争取在21世纪初叶仍能稳定增长。同时积极与国外在平等互利的基础上实行多种形式的合作,建立稳定的进出口原油市场,以保障国家油气的长期稳定供应。还要抓紧开发推广各种替代能源,凡是可以不用油的一概不用,把油用到最必需的部门。

除常规能源,还要致力于新能源和再生能源(风能、太阳能、潮汐能、地热能、燃料电池等)的基础研究和应用研究。以提高系统能效、促进可再生能源大规模利用、实现和常规能源竞争为目标,进一步解决制约我国可再生能源产业发展的共性及瓶颈技术问题,全面提升可再生能源系统、部件、装备、材料、平台的自主研发能力和产业化水平,开展以可再生能源为主的能源系统关键技术研发及示范,形成面向全国的可再生能源技术创新和示范基地,支撑可再生能源大规模、低成本、高效率开发利用。我国广大农村地区对生物质能源和小水电仍有很大依存度,要像抓商品能源那样,促使其得到健康的、最大限度的利用,培育生态农业的形成。

能源供应和运输的关系极为密切,在能源开发基建的同时,必须相应解决运输问题,即铁路、航道、港口、码头、车站、输油管线、储运集散设施等环节基本建设的规模和速度问题,使诸方面按比例配套。

持续稳定发展能源工业还必须调整好能源工业内部的比例关系。例如,煤矿的开拓、准备和回采的比例;油田的勘测、基建开发的比例;石油开采、炼油能力与石油化工生产能力的比例;能源生产与自身耗能的比例等。真正要把这些比例调整合理,还需要相当长的时间。但调整是必须的,比例协调才能保证持续稳定的发展,才能增强能源工业的后劲。我们还要攻克大规模可再生能源并网消纳技术,支撑我国大规模可再生能源的快速发展。通过艰苦努力,争取在我国建设起国家统一规划下的能源生产供应体系,包括若干现代化的能源基地和作为另一条腿的地方、乡镇和民营能源工业,通过国家电网和交通运输网有机地联成一体,切实保障我国必要的能源供应。

2.5.4　能源的开发与节约

我国已成全球第一大能源生产国和消费国,节能的重要意义越发突出。这是中国能源政策中一条重要的方针,甚至应该说是一条基本国策。能源短缺制约经济发展,但目前我国能源系统从开采到加工到利用的效率都很低,只及发达国家的一半。如认真采取节能措施,尽力赶上发达国家目前水平,将会大大减轻环境的压力。今后的能源需求中,只能一小半靠开发,一大半靠节约,舍此绝无他途可循,这也正是转变经济增长方式所要求的,因此迫切需要研制出相应的新型节能技术以突破制约经济发展的瓶颈。

国民经济的增长速度必须是合理的,有实效的。一些发展中国家经联合国有关机构核减环境代价后实际经济增长速度几乎折半,却背上了沉重的环境包袱。我国应引以为戒。各地区各行业制定发展规划时必须联系能源供应,坚决反对不切实际的盲目攀比,从而严重浪费能源。一些高能耗的出口产品应予以限制,一些高能耗又非我国必须自搞的产业应经核算鼓励进口。工业节能潜力很大,要决心改造旧企业、旧设备;关停各种不必要的、不合理的高耗能且不能改造的小旧企业;淘汰落伍设备,开发推广节能工艺、设备、产品,发挥规模效益。火电、钢铁、建材及有色金属冶炼等耗能大户,各行各业保有的风机、水泵、锅炉等"吃能老虎",应首当其冲加以改造。今后要逐步对高能耗的交通工具实行限制,也包括农用车辆机械。

除抓直接节能外,更要抓全社会的节约——间接节能。要强调合理适度消费,强调勤俭节约是永恒的美德,是真正文明的表现。如果花钱新建能源企业和搞节能可起到同样效果的话,就要想方设法搞节能。只有建立起全民的节能意识,节能国策才能得到落实。大学生是国民中受教育较多的人,更应该具有自觉性并为之作出贡献。

2.5.5 能源的开发与可持续发展

能源大量消耗带来环境污染和生态破坏,因此在开发和利用能源的同时,必须重视污染的治理,实行能源的开发、利用与环境治理同步发展的方针。加强管理和科技进步是两条主要的措施,近期前者可能作用更大,后者是长远希望所在。减少污染最根本的出路是尽量开发清洁、再生能源和提高效率、减少燃煤量。这也是世界潮流,我们不应认为"远水不解近渴"而放松努力。近期主要应该抓煤的清洁利用。这需要大量资金投入和进行科技开发,势必对发展速度产生影响。如何处理这一矛盾?我们不能走"先污染后治理"的错路,但又不可能一步到位解决矛盾。可行的途径是明确方向,制订规划,进行综合治理。减少燃煤污染的办法很多,首先应从煤源着手,提高入洗率,对口供应和采用型煤,这并不需要太多投资,关键是落实实施。其次是要尽量多地将煤转化为电能,鼓励热电联供和集中供热,将燃煤集中处理并提高效率。更深层次是要进行更高产和更清洁的燃烧和转化的研究。其他方面污染的防治也均应抓紧,并促进能源的环保技术装备的配套和产业的形成。

能源资源是宝贵的财富,必须十分珍惜。地球表面资源过度开发就会导致枯竭,必须未雨绸缪。我们不仅要考虑当代人对能源的利用,而且要把一个可持续利用资源的条件留给子孙后代。至少现在应省吃俭用,加紧研究开发,等待新的能源带来转机。在今后一段时间内,我国燃煤引起的污染问题恐怕还会有所增加,但只要我们按可持续发展的目标,坚定不移地走下去,在不太长的时间内将污染控制在容许的范围内,这是能够做到的。

《能源发展"十二五"规划》中阐述了我国坚持"节约优先、立足国内、多元发展、保护环境、科技创新、深化改革、国际合作、改善民生"的能源发展方针,明确了未来中国努力以能源的可持续发展支撑经济社会的可持续发展的指导方向,以及构建安全、稳定、经济、清洁的现代能源产业体系的决心。这也表明了我国在能源发展领域的决心和负责任的态度。

第3章

资源：从原料到材料(上)

对于资源的开发利用是工业联系自然世界和人类社会的第二个环节——第一个环节是前一章所述的"识别"。把自然状态下的"资源"当作"原料"，是概念上开始工业过程的起点。对原料进行各种物理、化学的加工转换，按照组分、形态等理化参数规格制成特定目标的产品，这些具备特定规格和功能的产品也就是"材料"。

化学工业，包括以石油工业、煤炭工业产生的各种有机原料的有机化工和来自其他金属、非金属矿物的无机化工。化学工业为工业系统提供了大量人工材料，是基础性的工业部门。本章重点介绍石油工业和基本化学工业。

其中，石油工业是勘查、开采、运输、加工、合成为一体的综合性产业部门，基本化学工业是指生产硫酸、纯碱、氨等基本工业品的各个具体生产部门。

3.1 石油工业

3.1.1 石油资源

石油是一种具有流动性的可燃矿物，是一种宝贵的矿产资源。19世纪末，以石油为燃料的各种内燃机、发动机的发明，使石油成为重要的动力原料。近代有机合成化工的发展，更使其成为重要的化工原料。由于石油在短期内容易大量开采，供应灵活，使用方便，用途广泛，因此过去40年中，世界石油的增长速度2倍于其他能源增长速度的总和。此间一些工业国家的发展，与廉价的中东石油有着直接的关系。另一方面，很多国际争端、冲突以至战争，也都与石油的占有、贸易和控制有着直接或间接的关系。

1. 石油的组成和种类

石油中含碳80%～90%，氢10%～14%，其他元素占1%左右。它是几千种碳氢化合物(简称为烃类)组成的混合物。将石油加热升温，某些组分就由液态变成气态而蒸馏出来(称为馏分)。随着温度的不同，分馏产物亦有所不同。各地采出的原油成分不同，性状各异。外观上,由无色到黑色,由水样液体到柏油状固体都有,相对密度也不一样。因此对加工、运输过程和使用范围影响很大。

2. 我国石油的储量和产量

新中国成立 60 多年来,我国石油工业取得了巨大进步,为国民经济发展作出了重大贡献。1959 年以后,东北、华北、华东相继发现大油田,并相继出油。到目前为止,全国 25 个省、市、自治区和近海海域发现了 688 个油气田,形成了六大油气区,建成了大庆、胜利、辽河、新疆、四川、长庆、渤海和南海等 24 个油气生产基地。我国原油产量从 1949 年的 1.21×10^5 t 增至 2014 年的 2.1×10^8 t,列世界第 4 位。从 2010 年开始,我国已经连续 5 年原油产量保持在 2×10^8 t 以上。

近年来,第一批老油田经多年的开采,已进入中、晚期,产量逐年递减。因此,虽每年都陆续有新井出油,但全国总产量只能大体持平,增长不多。但是,随着国民经济的迅速发展,社会需求不断增加,原油和天然气的增长已跟不上经济发展的需要,使我国成为石油进口大国。2015 年原油进口量 3.36×10^8 t,对外依存度约为 60%。中国工程院院士童晓光预测:2020 年我国石油对外依存度达到 65%。

解决油气供应不足的问题,首先要立足于开发利用自己的油气资源。根据我国已探明的石油、天然气资源状况和油田生产布局,石油工业应该坚持"稳定东部、发展西部"的方针。东部油田要依靠技术进步,提高资源采收率,并不断寻找新的储量,努力保持现有的产油能力,达到稳产的目标。这样,采油成本也会相应有所增加,为此,石油职工特别是工程技术人员需要付出极大的努力。在我国西部已经发现丰富的油气资源。新疆塔里木、准噶尔、吐鲁番和青海柴达木等盆地都有良好的开发前景,现在已形成了一定的油气生产能力,是未来石油增产的希望所在。兰新铁路复线的修通,为西部原油外运创造了良好条件。产量增加到一定程度,就可以修建输油输气管道,除满足当地需求外,可把油气输送到东部和南方地区。西部油田的开发,将给西部欠发达地区和少数民族地区带来新的发展机遇。

3.1.2 石油的开采

1. 石油的生成和蕴藏

石油是远古时期的有机质在适当的地质环境中,经过生物化学和物理化学作用而生成的。在各种外力作用下,通过运移聚集在一定的岩层内,称为油藏。一般情况下,油藏上部受不渗透岩层所遮盖,底部则为地层水所浮托,油、气、水在油藏内按相对密度不同而有规律地分布。通常所说的"工业油藏"是指在目前的技术条件下开采油藏的投资低于所采出的油、气价值的油藏。

受局部构造、地层因素或岩性因素所控制的同一面积范围内的油藏总和称为油田。一个油田内有的包括几个油藏,有的仅有一个油藏。寻找油田需要认识控制油田分布的地质因素,掌握油田分布的客观规律。由于石油是在水中沉积生成的,所以较厚沉积岩处是找油的理想地域。如地层都向着一个中心倾斜的盆地,圈闭油储的可能性就较大。现在世界上已在陆地、海底发现了 600 多个这类盆地,其中 2/3 经过钻探。160 个盆地油气产量有商业开采价值,其中 25 个储量超过 1.5×10^9 t,占总发现量的 80%。一个盆地中可能有数百个油气田,而且 90% 以上的石油集中在少数几个大油田中。油田中可采油量达 2×10^7 t 的为大油田，1×10^8 t 为巨大油田，1×10^9 t 的为特大油田。

2. 石油的勘探

石油和天然气都是流体，只有在特定的地质结构中才能形成有开采价值的油、气田。比起煤矿来，油田延展的面积要小得多。因此，石油、天然气的勘探比煤要复杂得多。对它的客观认识，要经过长期性的多次反复。钻井是最后确定石油资源的唯一方法。为了提高钻井的命中率，一般在钻井勘探前，要在很大的范围内通过对地下结构物理特性的测量来找到可能有油、气的地质结构。目前，人们已经掌握了用多种地球物理勘探方法来找石油，如磁力法、重力法、电测法、人工地震法、放射法等。根据对测量勘探所得数据的分析，找出可能有存油结构的地点，然后才能开始钻井。

现代化的井架钻台使用镶有金刚石的钻头，用钻管逐节接长钻探。钻管中压入泥浆水及化学溶剂，清洗并冷却钻头。泥浆水夹带岩屑从管外回流上来，泥浆的质量还能压住地下油、气、水的上冒。钻头磨钝后，需逐节提升拆卸钻管，更换钻头。提钻不仅降低钻井效率，而且很容易造成井喷等恶性事故，因此钻头寿命是个很关键的问题。钻探时最好不要中途停钻，以减少卡钻故障。当遇到流沙层或气层时，需用钢套管护住井壁，堵住流沙或气，再将水泥从套管中压入，从底端流出，在管外向上回流封住沙或气。钻井孔道不一定是直的，也可以钻成曲线的，弯曲方向可以控制，以便绕过障碍物（如城市、海边岩层构造等），或在陆上钻取海底石油。钻到油气后，用泥浆压力及别的方法压井，再退出钻管，用水泥固定套管末节。钻好的油井要先封住，待油田基建开发配套工程完成后，再用专用设备打穿套管形成进油井道，进行采油。

钻探时要随时记录有关参数并取得尽量完整的岩芯，结合其他方法探测到的原始资料，由石油地质和地球物理工作者分析判断，作出具体评价，以掌握地下油气蕴藏情况。每口井都要建立完整的技术档案。任何一个含油气盆地或油气田的形成和保存都不是孤立的，从油气生成、迁移到富集成藏，无不与周围地质背景和构造演化有关，包括周边构造条件、沉积条件等，其中有些影响是直接的，有些影响是间接的。因此，无论在油气田研究，还是实际勘探过程中，区域地质背景和构造演化都是应该首先考虑的。也只有这样，才能站在全局的高度去分析研究某些局部地带的油气形成条件，得出较为符合实际的正确结论。

海底石油的开采过程包括钻生产井、采油气、集中、处理、储存及输送等环节。海上石油生产与陆地上石油生产所不同的是要求海上油气生产设备体积小、质量轻、高效可靠、自动化程度高、布置集中紧凑。一个全海式的生产处理系统包括：油气计量、油气分离稳定、原油和天然气净化处理、轻质油回收、污水处理、注水和注气系统、机械采油、天然气压缩、火炬系统、储油及外输系统等。

3. 油田的开发

油田开发是在探明油藏工业价值之后，从油层的实际情况出发，根据油田的特性和油田能量来源，对油田进行开采的全过程。

1) 划分开发层系

一般油田面积有几十到几百平方千米，世界上最大的油田面积在 $4000 km^2$ 左右。在这样巨大的面积下面，埋藏着几十米甚至于上百米厚的不同性质的油层，呈几层到几十层分布。开发多油层的油田，可根据油层性质，把特性相近的油层划为同一开发层系，整体划分为若干层组，用几套井网开发，减少层与层之间的矛盾，便于作业和管理，使油田开发更为合理。

2) 选择采油方法

采油方法根据驱动原油进入采油井的主要能量形式和原油排出形式分为以下几个基本类型。

(1) 自喷开采　如果井底原油所具有的压力足以克服在上升过程中的压力损耗,则井底的原油就会自动上升到地面,这就是自喷采油。原油所以能够由井底喷到地面,主要是在两种力的作用下产生的,一种是油田本身原有的井底压力,另一种是在原油喷出过程中由井孔中所逸出的气体膨胀力和夹带力。自喷井采油设备简单,管理方便,也最经济。

(2) 激产开采　当井底油层的压力逐渐降低,达不到自喷条件时,则需要人工给井底的油流补充能量,以便将油采出地面。所采取的措施主要有:设法维持油层压力、改善原油的粘度和改善井底附近地层的渗透性等。

(3) 机械开采　机械开采又称井泵开采,所采用的有抽油机、抽油泵和沉潜式泵等,但目前应用最广泛的还是游梁式抽油机。

3) 合理安排井网布局

合理的井网布局包括全部井数和井与井之间的相对位置两个方面。前者指井网的密度,后者指井的排列形式。

(1) 井网密度的确定　井网密度大,则井网对油层控制程度高,为实现高产稳产和提高最终采收率创造了有利条件。但是井网密度增加到一定程度,再加密井网,就会使井间干扰增大,单井产量降低,经济效益变差。若井网过稀,往往会漏掉一些油层,且不能使油层有效地进行注水开发,使最终采收率降低。一般井距在500~1000m之间。

(2) 布井方式　布井方式可分为两大类,行列布井和面积布井。对于大片连通、分布稳定的好油层,通常采用行列注水布井方式;对分布不稳定、形态不规则的差油层,采用面积注水布井方式;对于靠自然能量开采的油田,在选用布井方式时,要综合考虑油田的形状、大小、能量来源和油层物理性质等。

4) 井场布置

井场布置包括井场装置、集输管线、输油泵站、矿场原油库等。自喷井的井场装置由采油树、油气分离器和原油加热保温的水套加热炉组成。原油喷出后通过集输管线输送到输油泵站,经油气分离器分离和原油脱水、脱硫、脱盐处理后,将原油经输油泵加压进入输油管线送往油田上的原油库集中,再用输油管长距离输送到炼油厂,或用专用的油罐车经铁路外运。一般井场即由这几部分组成为一个基本生产单元,由若干个井场组成油区或油田。

3.1.3　石油的运输

石油的运输通常有四种方式,船舶、管道、铁路油罐车和油罐卡车,分别应用于不同地区和条件。它们的运输成本相差很大,这里有一组国外数据可供参考:运油每吨千米的费用,卡车为铁路运输的3倍,管道运输为铁路运输的1/3,用船最便宜,只有铁路运输的1/25。尤其巨型海运油轮运油量大(每次可达几十万吨),每吨运费很少。返程的压舱淡水在严重缺水的原油产地还可作为商品卖出好价钱。但水运原油需建专用码头,并有切实措施以防止海难造成严重污染。陆上大型油田常用管道输送原油到炼厂或港口。铁路、公路运油需用专用油罐车,每车输量不大,适用于成品油零散运输,比较灵活。不同品种和质量的油品,应分储分运,不宜混输以免玷污优质油。应尽可能采用密闭式输集系统,以减少油气损失和火灾事故。

输油管一般为直径 50~300mm 的钢管焊接而成,近年也有采用塑料管道的。沿管线每隔一段需建增压泵站。对于油质较重、多蜡、粘度大的原油,需要加热后才能压送,因此还要用蒸汽管沿途加热。为了减少沿途散热损失,需采取保温措施。整个管线还要进行防腐包裹。油管埋在地下沟内,穿山越岭、跨越河道,因此工程投资很大。但它不占农田,管线长度比铁路短 10% 左右,建设周期可缩短一半。不论运价和能耗,陆上输油以管道输送最为合理,油品损耗又明显少于其他方式,对成品油尤为突出。自 20 世纪 60 年代以来,各国都相继发展成品油管道输运,我国也应予以重视。

近十年来随着我国国家综合实力的提升,随着中国石油技术研发体系和合作开发机制的日臻完善,中国管道建设也得到快速发展。我国境内油气管线长度从 2000 年的 4×10^4 km 增加到 2014 年的 1.17×10^5 km。

3.1.4 石油的加工

由油井采出来的石油称为原油。原油本是上千种组分的混合物,若直接作为燃料燃用,不仅大部分有效成分被浪费,而且用途十分有限。飞机、汽车、拖拉机等都不能直接燃用原油,必须将原油炼成柴油、汽油才能使用。此外,化工行业需要的很多原料,各种机械需要的名目繁多的润滑油,也都要从炼油过程中制取。

炼油事业经过了百余年的历史发展,简单回顾一下是很有意义的,因为它可以说明生产发展客观的辩证法则。最初,蒸馏原油得到汽油、煤油和重油。重油未被人们认识而作为废物抛掉,煤油作为明亮的灯用油得到发展。汽油由于容易着火却又找不到用途,被人称为"危险的液体"。到内燃机问世后,汽油才开始为人们所重视。当时每炼一吨原油,汽油只有 10%,煤油为 40%,重油却占 50%。同时电力工业发展,煤油灯被取代,煤油出现过剩。人们开始设法用加热、加压、催化的方法把初馏剩下的部分转化为汽油,这就是裂解法产生的过程。但是裂解法产生的气体,利用率仍不高,有时还被当作"废物"烧掉,这正是下一步要解决的问题。

1. 炼油基本工艺和方法

炼油工艺过程随着原油成分、需求油品的种类以及技术、投资规模的差异,可以各式各样,但原理都是各种分离法和转化法的组合。不过不同的工艺、装备和规模,其加工深度是不同的,经济效益相差很大。

石油加工的基本方法有以下几种。

(1) 蒸馏 蒸馏是指将原油加热,使之分离成气体和液体,气体再经冷凝液化而分别加以回收,以期将沸点不同的成分分为数种馏分。蒸馏是石油工业中极为重要和基本的炼油方法。从原油初馏到各种中间产品的再蒸馏,以及炼制过程中对所用各种溶剂的回收等,均需应用蒸馏操作。如将蒸馏操作增加回流程序,即为精馏,所得到的产品质量规格更高。

(2) 裂解 裂解是原油炼制中的第二个主要程序,其重要性在于通过对分子施行"手术",将一些由原油分馏出来但经济价值较低的馏分,变成价值较高的产品。例如,以廉价的渣油作原料,将其转化成轻质油品。原油馏分的裂解程序可根据操作条件的不同分为三大类:加热裂解、催化裂解及加氢裂解。加热裂解是指将重质原料(如减压馏分)加热到一定温度,使其发生分解反应,由大分子裂解成较小的分子。如果温度继续上升或受热时间延续,由已分解过的分子还会再度裂解为更小的分子。催化裂解可在触媒存在下,降低裂解温度。加氢裂解则在催化裂解过程中同时介入氢化反应,其目的在于处理不适合触媒裂解法的加工对象,同时兼有脱硫及脱氮作用,使裂解产物与精制过程同时进行,因而其产品甚佳。

(3) 重整与异构化 重整是利用加热、加压、加氢或在媒剂的作用下,将汽油馏分中分子的结构变成异烷烃、环烷烃和芳香烃,以提高其辛烷值。因此,重整的主要目的在于改进汽油的品质,但并不增加其产量。异构化是借温度和媒剂的作用,将 C_4 至 C_8 的烷烃变成对应异烷烃。这些异烷烃有两个用途,一是用作烷化法的进料,二是用作汽油的掺配油,其目的都在于生产高辛烷值的汽油。

(4) 烷化与聚合 烷化是指将低相对分子质量的烯烃与异烷烃作用,以形成高相对分子质量的异烷烃的反应。烷化在炼油中之所以受到重视,是因为在裂解过程中,能产生许多含3个碳到4个碳的烯烃异丁烷。烷化操作便是利用这些裂解的副产品,使其重新结合为汽油。聚合本质上与烷化类似,它是将丙烯或乙烯在高温高压下,使之产生聚合反应,而获得聚合汽油。

(5) 溶剂萃取 其原理是利用各种成分溶解度的不同,通过溶剂将有用成分提取出来或将有害、无效组分萃取出去,亦称溶剂抽提。它适用于当蒸馏和精馏操作均困难或效率低的场合。如若有两种液体的混合液,它们的挥发度很接近,如果用普通的蒸馏方法将它们分离,需要用很多的分馏板,而且还需用很大的回流比。前者增加投资成本,后者增加操作成本。为了经济而有效地达到分离目的,常采用溶剂萃取。

(6) 脱蜡 蜡直接影响油料凝固点。蜡又是合成洗涤剂的主要原料。故炼油时须将蜡与油分离。基本方法有三种:溶剂脱蜡——即溶剂萃取,用于制取润滑油;尿素脱蜡——将尿素与蜡形成络合物,以实现油、蜡分离,用以制取轻质油品,如煤油、轻柴油等;分子筛脱蜡——利用分子筛吸附不同烃的特性将油、蜡分离,用于获得轻质油品。

2. 炼油工艺过程

石油产品大多是从原油中提取某一个馏分或将此馏分进一步分解加工制得的。按加工深度和加工性质可将炼油工艺装置分为以下两种。

(1) 一次加工——首先把原油蒸馏分为几个不同的沸点范围(即馏分),称为一次加工,如常压蒸馏、减压蒸馏及常减压蒸馏等。所获得的产品如汽油、煤油、柴油、润滑油等,称为直馏产品。

(2) 二次加工——将一次加工得到的馏分再加工成商品,叫二次加工,如催化裂化、加氢裂化、延迟焦化、催化重整、烷基化、加氢精制、电化学精制等。这类加工目的在于提高轻质油回收率,提高油品质量,增加油品品种以及提高炼油厂的经济效益。

3. 炼油设备及装置

炼油装置是由一定的单元设备按工艺需要组合成的。各种工艺装置的任务不同,所采用的设备也不同。但按作用可将炼油设备大致分为以下六种类型。

(1) 流体输送设备:用以输送各种液体(如原油、汽油、水等)和气体(石油气、空气等),以及用液体或气体作载体输送固体颗粒,使这些物料从一个设备到另一个设备,或者为了使其压力升高或降低,以满足炼油工艺的要求。在炼油厂里输送液体的机械主要是泵,输送气体的机械主要是压缩机、鼓风机等,另外流体输送设备还包括管线、阀门等。

(2) 加热设备:目的在于把油品加热到一定的温度,使油品气化或为油品进行反应提供足够的热量和反应空间,通常采用的设备是管式加热炉。

(3) 换热设备:把热量从高温流体传给低温流体的设备,也称为热交换器。在炼油厂里使用换热器的目的是加热、冷凝、冷却油品,并从中回收热量,以节约燃料。换热器的种类较多,按照加热目的可分为:加热器、换热器、冷凝器、重沸器等。

(4) 传质设备:用以进行精馏、吸收、解吸、抽提等过程,因为在这些过程中,物料发生质量的交换,所以叫传质设备。常用的传质设备是各种塔器,如精馏塔、吸收塔、解吸塔、抽提塔等。

(5) 反应设备:指某种炼油工艺中进行化学反应的装置,如催化裂化、催化重整、加氢裂化、加氢精制等装置。

(6) 容器:用以储存各种油品、石油气或其他物料的器具,其中储油罐的用量最大。

4. 炼油工艺使用的催化剂与添加剂

(1) 催化剂:有的炼油工艺从原料到产品要经过化学变化,称化学加工。若这种化学变化仅仅是靠加热而引起的叫热加工。热加工工艺发展较早,包括热裂化、热重整、焦化等。由于热加工产品质量低,目前大部分热加工已被催化加工所代替。在催化加工中均采用催化剂。催化剂是一种能促进化学反应速率而本身在反应前后不发生变化的物质。例如,做酒、酱油时要用曲,曲就是一种催化剂。在炼油工艺中采用催化剂可以促进油品在加工过程中的变化,提高生产效率和改善产品质量,如催化裂化、催化重整等。炼油工艺所采用的催化剂绝大多数是某些金属或金属氧化物、金属盐类,如铂、镍、硅酸铝等。每一催化工艺都有各自的催化剂。采用高效催化剂,一般不需要增加基建投资,是提高经济效益的最佳手段。

(2) 添加剂:炼油工艺中还常采用添加剂来改善油品的使用性能,提高产品质量。所谓添加剂就是在成品油中加入极少量其他有效物质,借以提高油品的某些性能。开发和采用高效添加剂是提高润滑油质量的有效途径。而我国内燃机润滑油目前较国外仍落后较多,大大影响机械寿命,应该奋力追赶。

5. 炼油厂类型

根据炼油厂的主要产品,可分为以下三类。

(1) 燃料型炼油厂:主要生产汽油、喷气燃料、煤油、轻柴油、重柴油和锅炉燃料。还可以生产燃料气、芳烃和石油焦。这类炼油厂的特点是通过一次加工尽可能将石油中轻质的油品,如汽油、煤油和柴油分馏出来;同时,还利用有关的二次加工工艺以原油中的重质油和石油气为原料,使其转化为轻质燃料油(图3-1)。

(2) 燃料-润滑油型炼油厂:除生产各种燃料外还生产各种润滑油。这类炼油厂的特点是通过一次加工将原油中轻质油品分馏出来,将余下的重质油品经过各种润滑油生产工艺,如溶剂精制、溶剂脱蜡、丙烷脱沥青或加氢精制等,生产各种润滑油的基础油,再将基础油按不同比例加上添加剂调制成各种润滑油。

(3) 燃料-化工型炼油厂:以生产燃料油和化工产品为主,具有燃料型炼油厂的各种工艺。原油首先经过一次加工分出其中轻质成分,余下的重质组分进一步通过二次加工转化为轻质组分。这些轻质组分一部分用作燃料油,一部分通过催化重整工艺、裂解工艺以制取芳烃和乙烯等化工原料。这类炼油厂除具有燃料生产装置外,还包括一些化工装置,利用芳

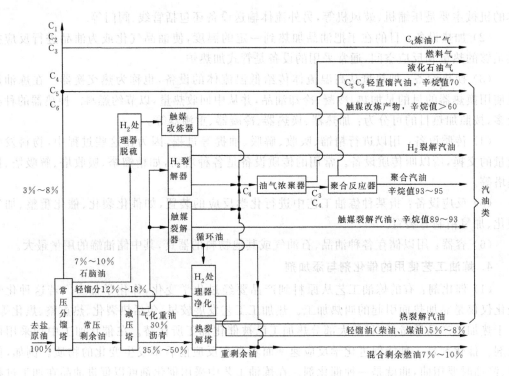

图 3-1 炼油厂简化流程

烃、烯烃等基础原料以制取醇、酮、酸等基本有机原料及合成材料等化工产品。

炼油厂的规模按加工能力分,年处理原油量为 $5 \times 10^5 t$ 以下的为小厂;$1 \times 10^7 t$ 以上的为大厂。大、中、小各档再细分为若干"模数",以便进行标准化设计和配套。

6. 炼油厂的安全生产

炼油厂的安全至关重要。防火和防煤气是炼油厂生死存亡的大事。如发生事故往往会使整个车间瞬间毁掉,直接造成重大人员伤亡和投资毁损。因此在设计、管理、工艺、操作和预防措施上严格防范是十分必要的。

炼厂的平面布置必须考虑安全问题。装置应尽量露天布置,相邻装置之间要保持适当距离,要统一规划各装置和车间管线的进出方位,避免管线迂回或环绕装置妨碍消防操作。全厂性管线凡与罐区无直接关系者,不应穿越罐区以防火灾的扩大。全厂性管线不应穿过装置,不同时开、停的装置也应避免共同使用燃料油管、燃料气管和蒸汽管等,否则一旦事故发生,不是引起检修中的装置发生火灾爆炸,就是迫使正在生产中的装置停产。厂区规划的总原则是远离火源,厂内铁路也不应靠近易燃装置。此外,还要有切实的防风暴、防雷击措施。

炼油厂的一切活动都要严格遵守规章,工厂要设立专门机构,教育、组织、监督安全生产。

7. 炼油厂的环境保护

炼油工业生产过程中对环境有较大的污染。炼油厂的装置在生产过程中经常排出含硫、含油和含碱污水,以及大量的酸类;化工型炼油厂在生产三烯、三苯、乙炔等有机化工原料及三大合成材料等石油化学产品时,不仅污水量大,而且有机成分复杂。此外,还要防止炼油废气污染空气,废渣污染土壤。

炼油厂排出的污水、废气和废渣既多而处理又极复杂。炼油中为了安全,不得不"放天灯"烧掉无法回收的气体,有的还有浓烟,至今缺乏十分有效的解决办法。欲彻底解决需要大量的投资和设备。但是污染问题必须解决(不是从理论上或在实验室里,而是在生产中),否则将阻碍炼油工业的健康发展。

炼油厂是用水大户。炼油厂用水量是炼油量的20~50倍,如某厂每年炼700万吨原油,用水在$1.5\times10^8 m^3$以上。水是极其重要的资源,我国是一个缺水的国家,就更应注意节约用水。炼油厂一定要实行水的循环使用。这样做的意义除节约外,还可解决污染问题。废水排出去,后果同样不堪设想。

3.1.5 非常规石油的生产

油页岩是一种含有机油的岩石,其灰分常常超过1/3,且其油质分子较重,在室温下不能用溶剂提出,只能破碎后加热蒸馏。页岩油用氢处理后可得到半精馏燃料油。用干馏法其收得率可达90%以上,还可副产硫铵化肥。

据不完全统计,全球油页岩蕴藏资源量巨大,估计有$1\times10^{13} t$,比煤资源量$7\times10^{12} t$还多40%。根据国土资源部2005年所做的新一轮油气资源评价结果,我国油页岩资源折合成页岩油约为$4.8\times10^{10} t$,仅次于美国,居世界第二位。

油砂、沥青砂是含有很粘重油的砂石,储量极大,比世界常规石油资源多得多。油砂油可能就是石油的前身。埋藏深的油砂不适于露天开采,同时地表干馏会带来环境污染和温室效应。现正在研究灌水或蒸汽加热或溶剂稀释等就地开采的方法,使油在地下与砂分离,用泵送出地面。但要防止水、汽或溶剂渗漏,以便回收再用。目前技术上还存在一些问题,生产上需待采出的油砂油的热值大大超过注入的热量或溶剂的热值才合算。另外,油页岩是热的不良导体,对于完整的大体积油页岩,无论是电加热还是流体加热,效率都很低。油页岩储层基质的渗透率极低,内部的油若要从致密的油页岩中排出,进入开采井,必须有裂缝体系连通油气和开采井。针对这些问题,目前工程界有采用水力压裂的方式在原位开采的初始阶段制造裂纹网络。对油页岩进行原位开采,所需时间较长,加热温度较高,需要稳定的热源长期供热。如果采用电加热等常规加热方式,高昂的成本将破坏开采的经济性。其发展前景要视常规石油的供需以及投资、环保等问题而定。

3.1.6 天然气的生产

天然气的生成过程同石油相似,其成分以甲烷为主。约有40%的天然气与石油一起伴生,称油田气;60%的天然气为非伴生气,即气田气,埋藏更深。源于煤系地层的天然气称为煤层气,量很大却利用甚少,大部分在采煤时排入大气,不仅浪费且造成严重生态后果,是亟待解决的问题。天然气是极为珍贵的能源,热值很高,约为$1.5\times10^8 J/m^3$,燃烧时可达2100℃高温,是优质能源,又是很好的化工原料。使用时比煤和石油处理方便,加工工艺简单,成本低,劳动生产率高。如以天然气代替煤、焦炭作合成氨原料,设备投资可降低一半左右,同时劳动生产率可提高一倍左右。

天然气的勘探、开采同石油相似,而采收率较高,可达60%~95%。地下天然气本身具有一定的压力,为3.5×10^6~$3.5\times10^7 Pa$,通常为6×10^6~$8\times10^6 Pa$,所以气层中的天然气可以靠本身的能量流入采气井升出地面。气井开采出来的高压天然气，自采油树流出，经高压集气管线输到集气站，先经一级分离，在高压状态下分离从气井带出的游离水等，然后用角式节流阀降压，再经分离、计量后输往天然气净化厂脱硫、脱水，达到管输气质要求时输往输气干线。当气井的压力降低时，须经压气站加压后输往净化厂处理，再输往输气干线。

大型稳定的气源常用 350～1200mm 直径、10～25mm 壁厚的焊接钢管引至消费地区。沿线每隔 80～160km 设一增压站，流速约 25km/h。天然气压力高，长距离输送管线投资很大，需 13 万～65 万美元/km。一条长 100km，直径为 720mm 的输气管线约需钢材 2×10^4t。由于在某些地区敷设管线受到地理位置和地形的限制，如隔着大海、高山等，近十几年来又发展了天然气液化运输方式。液化气是由液化气工厂将天然气在高压低温下压缩成液态，体积缩小 600 余倍，并可在 -162℃ 常压储存，用特制的冷藏油轮、油槽火车及汽车运到使用地区再予以气化。这种方法也很方便，但液化过程要损耗 25% 的天然气。

3.1.7 石油工业生产的经济观

石油工业是国民经济的重要支柱，由于它的特定地位，各国政府都积极鼓励和扶植其发展。我国石油工业正处在发展时期，更应有正确的发展战略和政策，以取得全局的、长远的宏观经济效果，促进整个社会的发展。下面就其中几个问题进行讨论。

1. 石油资源的合理利用

石油不仅是重要能源，还是宝贵的化工原料，在今后的发展中很可能还有更重要的用途。但是世界石油资源在未来一百多年有可能消费殆尽，对人类而言这实在是遗憾之事。所以近几十年应尽量少用石油，寻求其他能源代替。

我国的石油资源利用不尽合理。从 20 世纪 70 年代开始，原油大量出口，1985 年出口原油和成品油，占我国原油产量的 30%。1986 年以来世界油价暴跌，经济上备受损失。如 1991 年出口原油 2.5×10^7t，成品油 5.4×10^6t，换汇仅 42 亿美元。另一方面，作为燃料直接烧掉的烧油量（包括原油、重油和柴油），1972 年和 1973 年达到历史最高峰，均占当年原油产量的 40%。自 1980 年起，我国从政策上大力限制烧油，烧油量才逐年有所下降。至于油品方面，主要是质量不高。我国车用油占石油的一半多（世界平均为 40%），国内一度大量供应 70 号低标号汽油（汽油号数即含异辛烷的百分比）。汽油辛烷值如太低，汽车发动机易产生"爆震"（"喷"）现象，燃烧不稳定，故不能采用高压缩比，因此热效率较低，汽车平均油耗较高。由于我国汽油辛烷值过低，故不能适用国外大多数汽车，出口也较困难，为防爆震，通常在油中掺入少量剧毒的四乙基铅来提高抗喷能力，称为加铅汽油，引起汽车排气铅污染。国际市场上对汽油铅含量作了严格控制，致使加铅汽油在国际、国内市场上都失去了存在权。

2. 油田的产量和开发强度

油田可以采到手的石油只能是探明储量的一小部分，过去石油储量的可采率平均只有 25%，油田寿命是不长的。因此，设法提高石油储量的可采率，是延长油田寿命，提高石油产量的好办法。

油田产量的高低主要取决于地质条件和油层条件，如原油储量的多少，原油性质的优劣（如粘质原油不易流动，开采就较困难），油层的天然能量是否充足（油层压力大小以及属于何种驱动类型），油层物性（含油饱和率、孔隙率、渗透率等）是否良好，以及油层物性在油田范围内是否均匀等一系列相互作用的复杂因素。这些因素构成了油田的客观条件。但是,油田产量又和人的活动有直接的关系。在油田开发过程中,上述各种因素都会发生变化,如果处置不当,则情况更加复杂,油田产量和最终可采出的石油数量就会减少。

在石油工业发展的初期,一旦发现石油,淘金者就蜂拥而上,抢地打井,滥施开采,夺油夺利,致使油田压力过早下降,产量猛跌。后来才逐渐认识到合理开采的重要性。其关键就是要保持或补充油田的能量,选择合适的开采速度和布置合适的井网。从20世纪50年代起,先后出现了注水、注气保持油田压力的开采方法,称为二次回采技术。以后诸年,注水注气等方法又进一步发展,压力进一步提高(由 $4\times10^6 \sim 6\times10^6$ Pa 提高到 $1.5\times10^7 \sim 1.8\times10^7$ Pa,甚至 $3\times10^7 \sim 4\times10^7$ Pa),注入方式也更加多样化,并与压裂、酸化等方法相配合,使老油井继续增产,延长寿命。在此认识的基础上,现在新开发的油田,一般都采用大井距、稀井网的部署,并早期注水注气,保持油田压力,延长油田的稳产期。同时,逐步采用计算机模拟等新的技术手段,认识油田地下情况和掌握油田的动态变化规律。如在开发重要油田时,利用计算机进行数学模拟,预测油田开发效果,选定最佳的开发方案,在油田投入开发以后也利用计算机了解和分析油田的生产动态,实行自动管理。这些综合方法的运用,可使采收率提高到40%。现在,又在研究油田的三次开采技术,即向地下压注蒸汽或化学制剂,使石油的粘度降低,流动性改善,以期进一步提高采收率。

我国大庆油田是合理开采和技术创新的典范。经过近五十年的开发生产,大庆油田已经进入开发后期高含水阶段。面对这些世界级难题,大庆油田加快了科技自主创新步伐。通过夯实基础工作,加强油藏管理,强化水驱和聚驱调整,合理组织生产运行,全面完成油气生产任务。2014年,大庆油田生产原油 4.0000415×10^7 t、天然气 3.51×10^9 m³,继原油 5×10^7 t 稳产27年后,又在原油 4×10^7 t 以上稳产第12年。近12年间,大庆油田累积生产原油 5.05×10^8 t,再次续写了中国石油企业年产原油之最。

3. 石油的加工深度和价格体系

石油是十分宝贵的资源,原油中含多种成分,只有综合利用,才能充分发挥其效能。因此,石油加工的能力、加工深度和产品方向是非常重要的问题。

2002年我国原油加工能力 2.85×10^8 t/年,2015年达到 7.1×10^8 t/年,年均增长速度8.15%,十年间能力翻番,炼油总产能仅次于美国居世界第二位。虽然我国炼油能力大幅提升,但先进产能不足。2012年,全球炼油能力在 2×10^7 t/年 以上的炼厂有21家,其中我国国内只有中国石化镇海炼化上榜,且我国 2×10^7 t 级炼厂仅占国内炼油能力的10%,这与我国作为世界第二大炼油国的地位不相称。

世界炼油行业大型化趋势明显,向单系列大规模发展,最大的常减压装置规模已达到 1.8×10^7 t/年,催化裂化、催化重整、加氢裂化和焦化装置最大规模也分别达到了 1×10^7 t/年、4.25×10^6 t/年、4×10^6 t/年 和 6.7×10^6 t/年。除几家新建大型炼油项目外,我国多数炼油企业是逐渐发展起来的,存在装置系列多、单系列规模小、装置构成复杂、技术水平参差不齐、能耗较高等问题,先进产能严重不足。与此同时,国内仍有100多家低于 2×10^6 t 的小炼油企业,很多小企业成品油仍不能满足国Ⅲ标准,与国外先进水平差距更大。

造成这种局面的原因很多,其中一个重要原因可以追溯到计划经济时期的"大锅饭"体制,价格体系一度不合理,它对企业造成的影响是深远的。这正是现在推行现代企业制度所要解决的问题。为了说明"大锅饭"这一经济现象,下面剖析一下1980年左右的情况。

首先是原油同成品油比价不合理。1980年,我国的原油价格严重偏低,仅为国际价格的1/3。与此相反,汽油的价格却是国际市场价格的1.8倍。炼油厂利用这种价格差低价购进原油高价售出成品油,获得高额利润。这刺激了各地争用原油,盲目发展炼油厂,争上石油化工项目,造成了小炼厂盲目发展。小厂与大厂争原油,却又不能进行深度加工,明知浪费很大,但谁也不肯关停。

其次是我国汽油与柴油、重油价格比不合理。实际上我国柴油消费量大于汽油消费量,但由于柴油是"支农产品",国家实行补贴,所以很长一段时间,汽油与轻柴油比较,成本为1∶1.3,而价格却为7∶2.4。炼油厂生产柴油需深加工,并不比生产汽油容易,但价格差别极大。所以炼油厂从利润出发就不愿意深加工生产柴油,在技术上重视生产汽油的催化裂解老技术,忽视生产柴油的加氢裂解新技术的发展;在经营上拼命向国家争原油指标,多产汽油多得利。这样剩下的重油虽多,仍可按原油进厂价的1/3卖出去作燃料,企业毫不吃亏。长此下来,技术结构落伍了,产品结构偏斜了。由于柴油产量小,南方一些地区大量进口柴油,这又冲击了国内油品市场。不合理的高额利润容易使企业见"利"忘"义",不从国家长远利益出发去合理利用宝贵的石油资源,对于增加投资提高资源利用率、靠内涵扩大再生产已无积极性。从长远看,企业自身亦受到伤害。

4. 石油加工的横向联合

另外,还要注意规划油、化、纤、肥总体发展,推动横向联合。开展深度加工和综合利用可以推动企业的发展,取得较好的经济效益,但局限在一个企业的范围内,单纯依靠其本身的力量发展经济毕竟是缓慢的。横向联合冲破了企业间的界限,从全局出发,统筹安排加工总流程,使各类石油组分和副产品都能物尽其用。有的企业可以向中、下游延伸发展,从一次加工、二次加工、深度加工直到提供给消费者以制成品。这样既提高了效益,增强了企业活力,也大大密切了生产和消费的联系。横向联合的强大推动作用,在综合利用和油、化、纤、肥总体发展的基础上,从生产走向经营、技术开发、联合办学等各个领域,随之将会带来更大的经济效益和社会效益。

5. 油田、炼油厂、用户的合理布局

这几者的关系实际上是生产力布局中的一个方面,是当前面临的一个重要课题。我国国土辽阔,各地区自然条件、资源条件、社会文化条件及现有经济发展水平等各方面差异很大,研究石油工业生产力布局主要是为解决原料、加工、市场和运输几者间的关系。石油工业原料比较单一,但我国油气资源分布很不均衡。这是研究布局的基础。石油产品品种繁多,服务对象广,消费市场大,但各地区差异较大。这是研究布局的依据。原料、产品和市场消费渠道的沟通,目前还是一个薄弱环节。处理好它们的关系,就可以少投入,多受益,调动各方面的积极性,促进经济结构的合理化,使国民经济得以协调发展。

化工产品也有类似的情况,以乙烯为例,绝大部分集中在东部地带,中南和西南几近空白。这种布局上的不均衡性导致了全国性的"北油南运"、"东油西运"的大批量、长距离宏观调运流向,需设法予以扭转。

在布局与运输的关系中,布局起着主导作用,但运输也会对布局产生多方面的要求和影响。要研究两者的关系,把握关系变化的规律。要处理好原油和各种石化产品在布局中保持一定的流向协调性,使油品运网走向尽可能地符合油品的流向,力求就近供应油品,尽量减少大批量的调入量。要不断调整各种运输方式的比例,尤其要适当提高成品油的管道输

送能力,并充分发挥海运、水运的作用,使各种运输方式互相衔接,分工协作形成综合运输网络。

对具有石化综合利用发展方向的炼油工业,还应该考虑石油化工产品的消费区。接近消费区、用户,则一般必然接近大城市,所以更应注意环境保护问题。

6. 石油工业的节能

石油工业虽是能源工业,也应该提倡节能,且潜力非常大。以炼油为例,炼油工业是仅次于冶金工业、建材工业和化学工业的用能大户。在炼油厂成本中,燃料动力费用所占的比重,仅次于原油费用而居第二位。因此,各国都开始注意采取措施节约能量。最初是采用一氧化碳锅炉回收能量。到 20 世纪 60 年代后期,又采用废气透平机和水力透平机进行能量回收。随着工业燃气轮机的使用,一些炼油工业比较发达的国家开始采用所谓"能量总体利用系统"。利用燃气轮机驱动发电机或压缩机,燃气轮机排出的高温烟气再送入废热锅炉产生蒸汽。这样,全厂蒸汽、动力、热力的实际利用效率超过 40%,总的燃料消耗减少 14%~19%,而且还可以利用厂内的渣油、低热值可燃气体作为燃气轮机的燃料,并可省去长距离输电线路的投资,经济效果很好。另一方面,减少工业流程中的能量消耗,也大有潜力可挖。例如改革换热流程,采用高效塔盘(反应器)和新型保温材料,提高机泵效率等,都有助于节约能量。根据一些国家的实践,较老的炼油厂采用节能措施后,可减少能量消耗 30% 以上。一般炼厂节约能量 10% 是完全可能的。即使是新设计的比较完善的石油化工装置,采取节能措施后,也可使能量消耗减少 3%~5%。

从广义上讲,石油工业的节能还应包括节约并合理使用国家油气资源。除前面讲的合理开发以提高采出率及合理炼制以提高加工深度等方面外,还应力求减少采出原油的损耗量和减少油田的自用量。

7. 加强基础性和探索性研究

基础性研究是新技术的源泉和后盾,但因不起直接作用,易被忽视。因此,必须拓宽渠道,加大投入,尤其要强调企业的参与。探索性研究风险大、成功率低,但总的经济效益是大的。因此企业必须舍得冒这个风险,以取得创新的技术。一些世界性的课题,如定向反应、定向合成、高性能催化材料、新的分离过程和反应工程、以廉价材料如烷烃代替烯烃等高价材料,都是探索性的大课题。应当提倡鼓励科技工作者解放思想,跳出传统观念,提出各种新构想。从国家的角度,也要加强组织与协调,克服分散化,这样才能实现技术创新。近年提出的"清洁生产"的概念,要求把生产末端的环保治理转移到生产的全过程的每个环节,以实现"三废"的"零排放",得到社会很好的反响,引发了许多科技工作者从多个角度进行探索。

3.2 化学工业

3.2.1 概述

1. 化学工业

化学是一门研究物质的组成及其相互转化规律的科学。化学工业就是利用物质发生化学变化的规律,改变物质的结构、成分、形态,从而进行工业化生产的工业部门。它几乎可以利用一切自然物质,也可以用工业和农业的产品或副产品作为原料,生产出成千上万种原材料和产品,为国民经济各部门服务。因此,化学工业是一个基础工业。

化学工业是从19世纪初开始形成,并快速发展成一个工业部门。随着科学技术的发展,它由最初只生产纯碱、硫酸等少数几种无机产品和由植物中提取茜素制成的染料等有机产品,逐步发展成提供包括基本化学工业和塑料、合成纤维、石油、橡胶、药剂、染料工业等产品的,为国民经济各部门和人民生活各方面服务的生产部门。化学工业一般可分为无机化学工业、基本有机化学工业、高分子化学工业和精细化化学工业。

化学加工是一种渗透于多行业的基本生产方法。在国民经济中,采掘业、加工工业、动力部门和交通运输部门组成工业体系,它们中很多生产过程都与化学加工密不可分。例如加工制造业,就其基本工艺特点而言便可以概括为机械加工和化学加工两大类。凡是利用化学反应规律,通过以流体输送、传热、蒸发、结晶、蒸馏、吸收、萃取、干燥、过滤、反应等化工单元操作为主的技术,制作可作为生产资料和生活资料的产品的生产活动,不管它在行政上属于哪个系统或哪个部门,都可归入化学加工。严格地说,冶金部门的炼焦、炼铁、炼钢及有色金属的炼制,建材部门的玻璃制造、制砖、水泥生产,石油部门的炼油,轻工部门的酿造、造纸、制糖、制盐、化工医药、日用化学品生产等,都是随着经济的发展从化学工业中分离出来的化工类型生产。这种分离只是由于生产规模的扩大和便于分工管理。正因为如此,世界各国化学工业所包括的门类、产品范围和内容都不尽相同。

2. 化学工业在国民经济中的地位

1) 化学工业是国民经济中的一个基础部门

化学工业的产品与国民经济各部门的发展是息息相关的。人民的吃、穿、住、行、用,几乎样样都离不开化学工业,而且经济越发达,化工产品用得就越多,运用化学技术的新企业也越多。

当今世界,人口的不断增长、能源供应的日趋紧张、环境的严重污染,已构成对社会和今后发展的极大威胁。人类必须为不断增长的人口提供更多的粮食和服装,必须为日益增长的能源需求寻找新的供给途径,必须为人类自身的健康提供大量新的药物并解决环境污染问题,这一切都离不开化学工业的发展。因此,世界各国无不竞先发展化学工业。其投资之多、产值之高、发展速度之快,都是引人瞩目的。

2) 提供大量的原材料和生产资料

化学工业不仅产品丰富,而且为国民经济各部门提供大量的原材料和生产资料,使各行各业的生产得以发展。这对经济形成独立发展的机制,以及满足人民不断增长的需求是十分重要的。只有在化学工业获得充分发展并能提供出大量廉价和具有特殊性能的原材料的前提下,现代农业、冶金工业、交通运输业、轻纺工业、机械电子工业、建材工业、国防军事工业和航空航天工业等部门才有可能获得迅速发展。

3) 提供较高的积累

化学工业不仅提供给国民经济各部门以原料和产品,而且由于其提供利润和税收较多,可以为社会提供较高的积累。

4) 提供较多的就业机会

化学工业可以衍生出很多下游产业。大体上,石油化工基础原料部门每增加1人就业,在塑料、合成纤维、橡胶等加工部门就可增加4人就业，而在社会上相应的其他部门则增加9人就业。发展石油化工，对劳动力丰富、劳动生产率较低的发展中国家，创造的就业机会更多。

3. 化学工业发展史

化学工业是一门历史悠久、种类繁多的工业。早在数万年以前，人们就开始与化学工业结缘，如火的利用、炼铜、炼金、酿酒、火药、造纸、染料等。

1）古代化学工艺的出现

公元前4000年到前2000年间，人类开始进入奴隶制社会，从石器时代跨入金属时代，原始的狩猎经济也开始让位于农业和畜牧业，紧接着手工业出现了。

金属劳动工具的制造是建立在金属冶炼和锻铸的基础上，农业和畜牧业的兴起带来的是酿造、鞣革以及漂染等行业的发展，当时的制陶、金属冶炼、酿造等是最早的实用化学，是最早的化学工业，但因其规模小，故称之为化学工艺。

2）近代化学工业的兴起

18世纪中期的英国工业革命最先从轻工业开始。在轻工业中，纺织业的机械化促进了纺织品大幅度增加，使传统漂白、染色工艺的改进上升为纺织业发展的主要矛盾。最早英国纺织所用的酸是有机酸，碱用的是由海藻烧制成的草木灰，不能满足快速发展的漂白、染色等工业生产需要。于是出现了生产硫酸的铅室法，进而出现了利用食盐和硫酸为原料制取纯碱的方法。由于综合利用原料，不仅能生产纯碱，许多化工产品如盐酸、漂白粉、烧碱的生产均围绕着这个方法开展起来，从此以无机酸碱为主要内容的近代无机化学工业在技术不断改革中迅速发展。

工业革命推动了机器的批量制造，机器工业的发展又促进了交通运输业的革新。这些都增加了对金属材料的需求，特别是钢铁，进而推动了冶铁的发展，冶铁需要使用大量的焦炭，焦炭是由煤炼焦得到的。煤炼焦中得到的煤焦油曾被作为废物处理，不仅污染环境，而且造成公害。由于社会的需要，化学家们对煤焦油进行了研究，先后分离出许多种有机芳香族化合物，推动了分析化学、有机化学以及物质结构方面理论的发展，带来了新的染料、医药，开辟了近代有机化学工业。从17世纪末到20世纪初，化学工业处在以煤为主要原料的煤化工时代。

3）现代化学工业的发展

现代化学工业是生产合成产物的阶段。由于石油的大规模开采，石油的炼制、裂化和重整为化学工业提供了大量原料，促进了合成塑料、人造纤维、人造橡胶等现代化学工业的发展。

由于人口增长，社会需要提供更多粮食，因而现代化肥、农药的生产迅猛发展；化学工业生产日益大型化、复杂化，兴起了化学工程学，并构成了现代化学工业的主要内容。

化学工业的系统研究始于美国麻省工学院化工系主任利特尔于1915年提出的单元操作的概念。单元操作概念的提出，不仅可把通常认为各不相同的独立化工生产技术统一起来，同时使人们可以系统而深入地研究每一个单元操作的内在规律和基本原理，从而更有效地促进化工生产技术的发展。

因此，化学工业也就是在近八十年里得到飞速发展。特别是进入现代社会，化学工业在设备的改进与更新、绿色化学概念的提出以及计算机的应用等方面更是突飞猛进。

4. 中国化学工业的发展

旧中国的近代化学工业基础十分薄弱，企业规模小，产量低。以最高年产量为例，纯碱不超过 10^5 t，合成氨 $5×10^4$ t，烧碱 $7×10^4 \sim 8×10^4$ t，硫酸 $1×10^5$ t。企业的分布也很不平衡，主要集中在东南沿海一些城市，且多为外国人和官僚买办所有。除少数工厂生产基本化工原料外，大多数是生产油漆、染料、药品和橡胶制品的加工型企业，所用原料绝大部分依赖进口。

新中国成立以后，化学工业发展很快，已逐步形成化学矿、化学肥料、酸、碱、无机盐、合成橡胶、合成纤维、合成树脂和塑料、有机原料、农药、染料、涂料、感光材料、橡胶制品、溶剂、助剂和化学试剂、催化剂等门类齐全的行业分布。2014 年，化学工业规模以上工业企业累计实现主营业务收入 8.28 万亿元，居世界第一。目前我国化学工业已经成为基础完善、门类齐全、大中小企业配套、技术管理水平较先进、主要产品产量都位居世界前列的战略基础产业。

我国化工产品已经由整体数量短缺转变成结构性短缺。在不受石油资源制约的无机原料、化肥、农药等领域，多数产品不仅满足国内需求，还大量出口国外。据对 2012 年石化产业内最重要的 38 种石化产品产值统计中，除了工程塑料和钾肥产值在全球屈居第五、六位外，其他产品全部位列前三，更有烧碱、纯碱、硫酸、硝酸、盐酸、电石等二十余种产品在全球位居榜首。我国化学工业面临的问题是部分行业产能扩张过快，出现了严重的产能过剩。2013 年，我国尿素产能过剩约 $1.5×10^7$ t；磷肥产能超过国内需求 100%；氯碱装置利用率约 74%，聚氯乙烯装置利用率约 62%；甲醇装置开工负荷 59.5%；电石行业 2011—2013 年产能年均增长率 26%，装置利用率 60.7%。2014 年，石化行业部分过剩产品产能快速增长的势头基本得到遏制，产量也出现下降。其中尿素行业退出落后产能 $5×10^6$ t，烧碱产能退出 $3.3×10^5$ t，聚氯乙烯产能退出 $2.1×10^5$ t，电石行业淘汰落后产能 $1.92×10^6$ t。2015 年去产能化虽进一步取得了一定成效，但氯碱、化肥、轮胎、基础化学原料制造等行业产能过剩问题依然十分严重。由于市场供需失衡，一些大宗化工产品价格长期低迷，价格一跌再跌。与此同时，片面追求发展速度导致我国环境形势日趋严峻，全社会的节能减排和环境压力不断增大。"十一五"末，石化行业废水、废气和固体废弃物，分别占全国各行业排放量的第一、第四和第五。

3.2.2 化工生产的基本原理和特点

化工与其他部门相比，是一个综合利用资源制造出非天然存在的物质和物品的特殊生产部门。就其生产过程而言，实质上是化学实验技术在工程中的应用。但化工又不仅仅是化学问题，在化学实验室的理想条件下，实验的实施相对容易，可以得到比较理想的指标。在实验室规模下，很多过程可以在间歇条件下实现。但是在工业生产中，这些过程比实验室中进行的同一性质的过程大数万、数十万倍，并且大型过程多数是连续的，在小型设备中可不予考虑的不均匀性（如温度、浓度等），在大型设备中则显得十分突出并严重影响生产指标。因此，将实验室中所获得的结果在工业规模实施就成了一个完全不同的问题。必须经过小试、中试等过程，而不能直接投入大规模生产，这正是化工生产的复杂性。了解化工生产的基本原理和特点，对实现经济合理、安全可靠地组织生产是很重要的。

1. 化工原料

按性质,化工原料可划分为无机和有机两大类。在化工行业间,原料与产品是彼此密切联系的。一个化学反应的产品,可同时又是另一个化学反应的原料。因此,从来源或生产程序来看,化工原料又可分为起始原料、基本原料和中间原料。

1) 无机原料

(1) 起始无机原料是指来自自然界含硫化物、氯化物、氟化物、碳酸盐、硝酸盐、磷酸盐等的矿石,以及空气和水。

(2) 基本无机原料是指由起始无机原料获得的各种酸、碱、盐类。

(3) 中间无机原料是指含金属的氧化物。

2) 有机原料

(1) 起始有机原料是由自然界直接获取的有机物,如煤、石油、天然气;农、林、牧、副、渔产品及残渣,包括含淀粉的玉米、马铃薯、野生橡子等,含戊聚糖的玉米芯、甘蔗渣、麦壳等,含非食用油脂的亚麻籽、鱼肝、桐籽等,含分泌液的动物胆、胃、胰以及橡胶树分泌的胶乳等。

(2) 基本有机原料是由起始原料经过化学加工后,作为化工再加工的原料,主要有含碳氢原子的各种烃类,如碳原子呈直链或环状的烷烃、烯烃、炔烃以及苯、萘等。

(3) 中间有机原料是由基本有机原料转化成的各种化合物,如醇类、醋酸、苯胺、氯乙烯等,用以作为化工深加工的原料。

2. 化工生产的基本过程

如果将制造业按所采取的加工方式加以大略区分,可分为以加工过程为主的过程工业和以加工工序为主的加工工业。化学工业、冶金工业属于前者。它们与以机床工具的加工工序来实现生产的机械工业、电子工业相比,有着明显的特点。

化工生产通常是在流体状态下进行的。对于非流体状态的原料,需要经过物理处理使之适应于化学反应要求。化学反应后的产物还需要运用蒸发、蒸馏、溶解、吸收等操作技术来净化、分离,得到所需要的化学反应物,同时回收和利用余热、余物。尽管过程繁复,但根据化学动力学和热力学原理来分析化工生产的过程,从本质上看,不外乎是没有物质组成变化的传递过程(热量传递、质量传递、动量传递)和有物质组成变化的化学反应连贯组合而成,即所谓"三传一反"过程。

1) 传递过程

(1) 热量传递(简称传热) 任何化工生产都离不开热量的传递。第一,化学反应需要在一定的温度条件下进行。因此,需要采用加热、冷却、保温等操作技术来维持一定的反应温度。第二,化学反应物常含有大量的热量需要回收。第三,对化学反应物有时还需要通过加热,使之蒸发或蒸馏,或者采用冷却使之结晶,从而达到净化或分离产品的目的。由此可见,热量的传递是化工生产的重要内容。

(2) 质量传递(简称传质) 从化学反应前的原料到化学反应后的产品,包括化学反应的各种中间物,总是伴随着物质的一种状态到另一种状态的改变。这种物质状态改变的过程称为传质过程。例如,蒸发过程是使物质从液态转变为气态,或使溶质超过饱和度而结晶呈固体状态析出。显然,传质过程也必然伴随着热量的传递。

(3) 动量传递 由于化工生产所用的物料大都是流体,需要采用泵、压缩机或依靠重力对流体作功,才能实现使流体从一个设备流向另一个设备。

2) 化学反应过程

化学反应过程是化工生产的核心过程,以上三个传递不过是为这个过程进行的准备。

当然,现代工业很少是以单个过程来实现生产的,而是由多个过程组成的过程群或系统来实现。化工生产从原料到最终产品,可以概括为以下典型工艺过程(图3-2)。

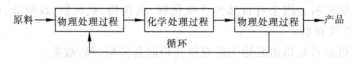

图 3-2　化工生产典型工艺过程

3. 化工生产单元操作方法

化工生产尽管在化学工艺上千差万别,所使用的装置与设备种类繁多,但从传递过程看,都可以分解归纳为在原理上相同或相似的一些基本单元。例如,制糖和化肥生产是两个迥然不同的化学工艺,却都有蒸发这个相同的操作单元。我们把具有共同的物理变化,遵循共同的物理定律和具有共同作用的基本操作单元,称为单元操作。单元操作的概念是美国麻省工学院化工系主任利特尔于1915年提出的。单元操作概念的提出,不仅可把通常认为各不相同的独立的化工生产技术统一起来,而且使人们可以系统而深入地研究每一个单元操作的内在规律和基本原理,从而更有效地促进化工生产技术的发展。它是化工生产过程不可缺少的重要内容。

单元操作主要的方法有以下几种。

(1) 气体吸收　这是一种典型的扩散传质过程。由于各种气体在不同溶剂中溶解度不同,因此分离多种气体混合物时,采用液体物质(溶剂)加以吸收。例如,在合成氨生产的气体净化中,用水吸收二氧化碳,用氨液吸收一氧化碳。通常温度越低、压力越大,则吸收剂吸收的气体也越多。当经过加热、减压处理或吸入惰性气体时,吸收剂又可将吸收的气体释放出来,从而达到分离多种气体混合物的目的。气体吸收一般只是气相溶于液相或由液相释放出来的可逆物理过程,并无显著的化学反应。对于有些伴有化学反应的气体的吸收,称为化学吸收,例如用硫酸吸收氨生成硫酸铵等。

(2) 蒸馏　这是最重要、最基本的传质操作过程,常用于分离液体混合物。由于液体混合物中各组分的沸点不同,加热后沸点低的首先变成蒸气逸出,然后再将其冷凝收集达到分离的目的。采用这种方法,可以得到单一组分或一定沸点范围内的馏分。例如,酒中酒精的沸点为78℃,水的沸点为100℃,加热后酒精先蒸馏出来,但也会有水蒸气混入酒精中,需要多次蒸馏才能得到纯酒精。

(3) 萃取(又称抽提)　根据固体或液体混合物的组分能被不同溶剂所溶解的原理,采用特定溶剂来分离固体或液体混合物的操作称萃取。萃取后的溶剂可经过蒸馏或蒸发来回收。对于有些液体混合物,各组分的沸点相近,不能直接蒸馏分离,只有通过萃取。例如轻汽油经过铂重整后,含有25%~60%的芳香烃(苯、甲苯、二甲苯、乙苯等),这些组分可用来制作炸药、涤纶、锦纶等,但由于芳香烃中各组分的沸点接近,有的还形成共沸物,所以用一般的蒸馏方法很难分离,只有采用"液-液"抽提。另外对于固体混合物则采用"固-液"抽提。

(4) 吸附　采用多孔的固体吸附剂来处理流体混合物称吸附。常用的吸附剂有活性炭、酸性白土、硅胶、活性氧化铝等。当吸附剂吸附饱和后,再加热可以脱吸,也可以用溶剂将被吸物洗出来。

(5) 干燥　含水的固体通过沉降、过滤、压榨、离心分离等方法去除大部分水分后,再进行加热干燥。

(6) 蒸发与结晶　加热使溶液中的溶剂气化称蒸发,蒸发可提高溶质的浓度。当溶液蒸发后溶质超过饱和度而析出称结晶。有些溶质由于溶液的温度下降而结晶,因此,采用冷冻剂可使溶质与溶剂分离。

(7) 流态化　固体物料在固定反应床上进行反应时,混匀、传热和输送均较困难,并且物料接触面积小,反应速率低。因此近代化工操作尽量向流态化发展,即设法使固体颗粒在流体的带动下能像流体那样流动,并在某些方面具有流体的性质。固体的流态化有助于化学反应和输送,有利于固体多组分均匀混合,并有较高的传热系数,同时可在流化床面安装面积较小的换热器。

4. 化工项目的开发

化工生产中的化学反应与实验室原理相同,可以说,化学原理问题在实验室里已经解决了。但实验室中的过程通常是在尽可能简单的条件下进行,并尽可能排除对过程产生不利影响的因素,在所寻求的优化条件下操作,以期得到最好的结果,筛选出最好的催化剂并获得反应物浓度、流速和反应温度等要素之间的相应关系。欲将实验室结果过渡到化工生产,在连续不断的过程中大规模、动态地完成指定的化学反应及其他物理过程,就必须综合其他学科和技术,搞清楚并控制住物料的流动、混合、反应、分离等一系列过程,即在化学家工作的基础上进行设备选型和过程放大。这一过程也可称作开发,是化工生产过程工程师的职责。

选型即选择最适宜的工业反应器形式。选型过程包括对多种因素的综合考虑,例如所能达到的指标、设备投资、能耗、操作费用、设备制造材料、环保安全性,操作方便程度以及对人员素质要求等。在权衡种种得失后作出的选择,反映了工程师本人的知识、经验和思维能力。为避免因个人片面性等原因可能造成的损失,工程应设立必要的会计和审核制度。

所谓放大,是根据所选定的反应器形式,通过实验或其他可以利用的一切手段,在最短的时间内,用最少的投资,进行设备的放大,供设备工程师选购或制造设备所用。

当然这两者是交叉的。最初的选型可以在放大过程中放弃而考虑另一种选型,如此反复直到获得最好的方案。

最传统的放大方法是通过从小型实验——稍大规模的试验——中间试验——扩大中间试验……,逐级地实现大型的工业生产。这种通过多个实验层次的放大过程必然是耗时费资的,且由于个人的经验有限,不可避免会带有不同程度的盲目性。这种早期的方法随着工程技术的发展越发显得落伍。但对一些过于复杂的、人们认识甚少的过程,有时还不得不采用这种方法。

近年呼声较高的放大方法是建立数学模型对过程进行描述,并通过不同规模的实验以确定模型中的数学方程组的参数,然后通过计算机模拟过程大型化后的各种行为,以确定放大的准则。这种方法理论上是合理的,但是实践的结果并不理想。单纯用数学模拟法放大的成功实例甚为罕见,究其原因,主要有以下几种。

(1) 由于实际过程通常极为复杂,而人们对它们的认识往往还不够系统和全面,由此产生的概念模型就不准确,数学模型的建立就很困难。

（2）即使对复杂的实际过程已完全了解,为了便于描述,数学模型的建立必须作出不少简化假定,从而可能导致模型失真。

（3）实验测定的模型参数的可靠性往往受实验手段的限制和实验过程中不可控因素的干扰,使边界条件出现或多或少的不确定性。

由于以上种种障碍,这种方法的实用性受到很大的影响。比较现实的方法是将模型法和经验法结合起来,使实验和经验结果更加理性化、效率化。充分利用已有的理论和经验,归纳出考虑问题的原则和基点,这就是实验方法论。

实验方法论包括了利用尽可能简单的实验方法进行预实验(包括认识实验、析因实验和鉴别实验),将复杂问题分解,以获得对过程的初步认识;在此基础上进行综合,作出采用哪一类放大过程的决策;是以寻找放大判据为主的实验方法,还是以敏感性分析和简化模型为主的简化模型法;再根据不同过程的特殊性以及放大中对过程的进一步了解,来决定是否需要经过中试以检验放大方法的可靠性,然后再做进一步的放大(图3-3)。实验方法论实际上是以现代手段促进理论和实际相结合,有条不紊地推进开发工作的程序,是认识论的具体化。但也需要说明,实际过程种类繁多,性质各异,难以归纳出可以适用于各种不同过程的通用步骤,对工程实际的了解,是方法论取得效果的基础。

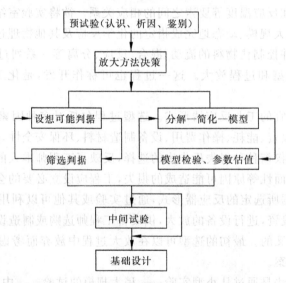

图3-3 以实验方法论为基础放大的工作程序

5. 化工生产过程的优化

化工生产可以通过上述过程制造出自然界不存在的物质,但它同样不能违背自然规律。它不仅创造财富,同时也要消耗物资。原料、燃料和动力都是化工生产中消耗的对象。如何以最小的社会消耗获得较大的收益,同样是化工生产的最高原则。因此以过程优化解决化工生产技术经济问题,就显得格外重要。

优化显然是指对一定的目标函数的优化。这些目标函数一般是指过程的某项经济指标,或经简化后得到的一些关键操作指标,如产品产量、纯度、产物收率及能耗等。常用的方法有离线优化和在线优化。

1) 离线优化

离线优化一般可理解为先验优化，绝大多数为定态优化，即在实现过程以前已预先设计好优化条件，然后在过程实施中予以实现。常用的设计方法有以下几种。

(1) **物料衡算**　物料衡算是依据质量守恒定律，在稳定的条件下计算化工物料的变化。进行物料衡算时，首先要规定出衡算系统，即计算对象所包括的范围。通常以一个生产过程、一组设备或一台设备作为一个系统。其次，要规定衡算基准，一般取过程中不起变化的一个量为计算基准。例如，若在进料组成中只知道它的主要成分，而主产物的回收率是确定的，则用产物的单位质量作基准，通过反算可得到进料量。

(2) **热量衡算**　热量衡算的理论基础是能量守恒定律，目的是搞清系统中能量的分配和流动。物料和热量衡算是所有工艺计算的基础，是拟订生产操作的最佳条件、确定设备最适宜结构的基础，同时有利于揭示物料和能量的浪费和操作反常现象，制订改善生产方案。例如合成氨时，由于反应前后是容积缩小的过程，加压则有利于氨的合成；合成氨是放热反应，适当的采用降温，有利于维持一定的反应速度；采用催化剂可加速反应等。

(3) **平衡关系**　自然界任何系统，总是向使它的力学或化学的能量趋向最稳定的状态方向变化，变化的极限就是过程的平衡状态。许多现象的转化能否进行，以及进行到什么程度，都可以由平衡关系推知。因此，可通过当时条件下物料或能量的利用极限，确定工艺方案或寻求改善条件。例如，制取硫酸时 SO_2 氧化成 SO_3 的过程，从容积变化来看，加压似乎应有利于反应，但事实上在压力为 1×10^5 帕、温度为 400℃ 的条件下，其转化率已经能够达到 99.2%。因此，在实际生产中再加压是没有必要的。

(4) **过程的速率**　平衡关系只表明任何一个过程变化的极限，但不能确定过程的变化快慢。实际上，在化工生产中任何一个变化过程以什么速率趋向平衡更为重要。当系统不处于平衡状态，则必然最终趋向平衡。过程的变化速率（如移动速率、反应速率）总是和它所处的状态与平衡状态的差距（一种推动力）成正比，而与阻力成反比。过程的推动力是该瞬时距平衡的差额，可以是压强差、温度差、浓度差等。过程的阻力则与操作条件和物性有关。实际生产中都力求较高的过程速率，这可以用增大过程的推动力得到，例如加大压强差、提高温度差、浓度差等；也可以用减少阻力得到，如流体输送时加大管径，流体传热时可附加搅拌，反应时用催化剂降低活化能等。

2) 在线优化

在线优化是在过程进行之中，经过对过程行为的观察和了解，逐步地进行优化。这是目前公认的一种先进的动态优化方法。在线优化即利用先进检测仪表和计算机在生产线运行中采集定态操作数据，进行系统状态和系统参数的辨识，作为优化的依据。由于现代化生产过程通常都不是单一的，而是由多个过程所组成的系统或大系统（大量的单元过程，性质异同的过程的组合），通常是难以通过人们的经验和知识判断进行优化组合的。用计算机进行组合过程的模拟（或称流程模拟），是一种很有效的定量方法。组成系统的各类单元过程有各自的优化问题，但是单个过程的优化往往以系统优化为前提，即每一个单元过程都处于优化状态并不意味着系统必定优化。因此单元过程的优化应受到系统优化的制约，在优化单元过程时不能脱离系统优化的前提。当然，大多数的系统优化问题并不与单元过程优化相矛盾，用联立方程法可以跨越单元化的局限。还应该注意的是，用模型法选型放大时所遇到的那些障碍，在这里也都不同程度地存在。此外还有时变因素，如生产负荷的变化、操作的变化、催化剂的失活、传热装置结垢、原料和产品价格变化等,因此优化应该考虑到过程的可调性。从某种意义上讲,优化是放大的延续。这些工作最重要的是分析和利用过程的特殊性,这种特殊性可以通过简单实验从不同侧面定性(或者定量)地加以认识。实验所揭示的操作变量范围对结果的敏感性影响常可获得放大的依据。但是不论某一过程的放大依据是多么可靠,均应充分考虑到放大以后进行优化的余地。

6. 化学灾害

化工生产过程常伴生各种具有燃烧、爆炸、毒性、腐蚀、放射性等危险特性的物质,它们总称为化学危险物质。这些危险物质受到摩擦、撞击、震动、火源、日光曝晒、遇水受潮、温度变化时,会引起燃烧、爆炸、窒息、中毒、灼烧等人身伤亡或财产损坏。这些物质按其危险性质可划分为十大类。

(1) 爆炸性物质 凡受到高温、摩擦、冲击等外力作用或其他物质激发,能在短时间内发生剧烈的化学反应,放出大量的气体和热量,同时伴有巨大声响而爆炸的物质,称爆炸性物质。如黑火药、胶质硝化甘油、液氧炸药等各种固体、胶质、流体炸药等。

(2) 氧化剂 凡能氧化其他物质而自身被还原,即在氧化还原反应中得到电子的物质称氧化剂。如有机过氧化物或硝酸化合物、无机硝酸盐和碱金属(钠、钾)过氧化物等,特别是活泼金属的过氧化物遇水或吸收空气中水蒸气,甚至二氧化碳都能分解放出助燃气体,遇到有机物、易燃物即可引起燃烧。

(3) 压缩气体和液态气体 经加压或降温,使其分子间距离大大缩小的气体称压缩气体。例如,有剧毒的氯、二氧化硫、氰、氟、硫化氢,易燃的甲烷、乙炔、一氧化碳,以及助燃的氧、一氧化二氮等常以压缩气体形式储运。当压缩气体继续压缩、降温则可变成流体状态,称液化气体。压缩气体和液化气体受到高温、日晒就会急剧膨胀产生很大压力,当压力超过容器的耐压强度就会爆炸。

(4) 自燃物质 凡不需外界火源作用,由于自身受空气氧化而放出热量,或受外界温度影响而积热不散,达到自燃点而引起自行燃烧的物质,称自燃物质,如黄磷、铝铁熔剂、含油脂的物品等。

(5) 遇水燃烧的物质 凡能与水发生剧烈反应放出可燃气体,同时产生热量进而引起燃烧的物质,称遇水燃烧的物质。如活泼金属、硫的金属氧化物、磷化物等。

(6) 易燃液体 凡在常温下以液态存在又极易挥发和燃烧,通常闪点在45℃以下的物质,称易燃液体。如甲乙醚(−37℃)、乙醛(−17℃)、丙烯腈(0℃)、甲苯(1℃)、乙苯(15℃)、松节油(32℃)、丁醇(35℃)等。闪点越低,越易燃烧。当易燃液体所挥发的易燃蒸气与空气混合,达到爆炸极限范围时,遇火会立即爆炸。

(7) 易燃固体 凡燃点较低,遇明火、热源、受摩擦、撞击或与氧化剂接触能引起剧烈燃烧的固体,称易燃固体。如赤磷及含磷化合物(还具有毒性)、硝基化合物等。易燃固体大都有毒性或腐蚀性。

(8) 毒害物质 凡少量进入生物体内或与机体接触,能破坏正常生理功能,引起机体暂时或永久病理变态,甚至死亡的物质,称毒害物质。如无机物汞、铅、三氧化二砷(砒霜)、氰化钠和有机物苯、四氯乙烯以及有机农药、杀虫剂(乐果、六六六、敌敌畏)等。毒害物质在水中的溶解度越大,毒性越大。有的虽不溶于水,但能溶于脂肪,称脂肪性毒物。

(9) 腐蚀性物质 凡对机体、金属或其他物质发生腐蚀作用的物质,称腐蚀性物质。如具有碱、酸性的各种无机物及苯酚、甲醛等。

（10）**放射性物质** 能不断从原子核内自行发出有穿透力且为人肉眼看不见的射线（高速粒子）的物质，称放射性物质。如同位素钴-60、碘-131、氯化铀、硝酸铀及铀矿等。

认识上述物质在化工生产中的危害可以有效地防止事故的发生，人们也已经意识到滥用某些化学品的危害，但问题的复杂程度远非如此。很多问题是渐进的、积累的。量变引起小质变，小质变积累到一定程度会产生大质变。自工业化时代开始，人类采矿、冶炼、各种大工业、农业、城市生活等活动都向自然界投放大量的化学污染物。尽管科学家不断警告，但直到近一二十年才被重视，并着手治理。当个别指标有所改善后，人们又陷入盲目乐观，以为这种做法继续下去就可以完全解决环境污染问题。其实不然！有很多地区，利用现在的技术和财力已无法使之清洁。当排放量超过环境所能承受的能力，或遇到诸如土地利用政策、方式改变以至气候条件变化等因素诱发时，自然界就会大量地把承受不了的有害物质"呕吐出来"。这就是近年提出的"化学定时炸弹"概念——它涉及一连串事件，导致土壤及沉积物中的化学物质由于环境的缓慢变化而活动化，从而发生延续而突发的有害效应。这一新概念处于环境科学与政策制订的界面上，它是人类当前努力使人与自然协调的可持续发展中最后才被认识到的，然而却是绝不容忽视的环节。美国纽约州大湖鱼类灭绝、北欧波德边界森林大面积死亡，瑞典森林土壤高汞含量威胁1万个湖泊，以及我国淮河流域大量乡镇企业用落后的生产工艺生产使地表水"热点"污染连成一片形成全程污染，都是向人类敲响的警钟。近年新兴学科"地球化学工程"，就是探讨模拟自然界的各种地球化学过程，特别是自然界的各种自洁净过程，研究如何就地取材以改善人类生存环境的工程。例如，将工厂排出的含硫酸废液注入地下灰岩层，生成体积增加一倍的石膏，可有效地抬高低地，防止水淹。有了这种地球化学工程的思路，在工厂选址时就要慎重考虑地下岩性。尽管这些方法还不成熟，还处于发展初期，但面对已被工业化严重污染的地球，要用人类能够承受的代价进行治理，不啻是最为可行的一条途径。

3.2.3 基本无机化工原料生产

基本无机化工原料主要包括酸类、碱类和盐类，用途极为广泛，地位非常重要。其中硫酸、烧碱、纯碱堪称工业之母，其发展程度是衡量一个国家工业水平的标志之一，本节重点介绍一下硫酸和纯碱的生产。

1. 硫酸生产

硫酸在国民经济中的作用很大，某种意义上被誉为工业之母。它大量用于化肥、冶金和石油等工业。在我国，硫酸的消费结构大体上是60%用于制取化肥，40%用于其他工业，如洗涤剂、化纤、农药、纺织印染、钢材处理、炸药、医药等行业。例如，每生产1t硫酸铵需要750kg硫酸，每生产1t稀有金属锆需要20t硫酸，每吨原油的脱硫要消耗24kg硫酸，精制每吨柴油要消耗硫酸31kg，其他许多工业生产过程也都少不了硫酸。所以，硫酸短缺，其影响是非常大的。

1）原料及来源

制硫酸原料，基本上分两大类：一类来自天然矿物，如硫铁矿、芒硝、石膏、天然硫等。其中硫铁矿是生产硫酸的主要原料，按它的来源可分为普通硫铁矿（含硫25%~52%）、浮选硫铁矿（即浮选铜或铅锌的硫化矿所得到的尾砂，含硫30%~40%）、含煤硫铁矿（即用筛选方法从煤中分离出来的硫铁矿及其他含硫物质的混合物,一般含硫 35%～40%,含碳 10%～20%)。目前德国、日本、俄罗斯和我国都用硫铁矿作为生产硫酸的主要原料。第二类是工业含硫废料,如冶金炉气中的 SO_2、炼焦炉气中的 H_2S,金属加工厂的酸洗液等。近年来,从石油、天然气生产中回收了大量的硫磺,因此,用硫磺作原料的工厂也越来越多。利用工业"三废"生产硫酸具有非常重大的意义。它不仅可减少公害,保护环境,而且可降低制酸成本,作到物尽其用。据统计,利用工业废物制造的硫酸已占世界硫酸总产量的 20%以上。我国政府也早就注意到此问题,在 1996 年公布的《资源综合利用目录》上就提出了要"利用工业酸洗废液生产的硫酸"。采用哪种原料进行生产,主要由该原料是否可以经济而大量地获得来决定,我国用硫铁矿制取硫酸约占硫酸产量的 74%。

由于原料不足,我国硫酸生产能力有 1/3 不能发挥作用,因此,在发展战略上首先要解决原料问题。这个问题在我国化学工业带有普遍性,很多其他重要产品也存在这个问题。化学矿是很多化工产品的起始原料,但化学矿的开发投资成本高、建设条件差、周期长、运输量大,因此开发难度较大,应给予更大的重视。不仅资金上要给以保证,还要建立强大的化学矿的勘探、科研、规划、设计和建设力量。要打破本位主义和行业界限,组织地质、冶金、石油、化工等各行业实行综合选矿、开采和利用,这对近期和长远都有好处。具体到硫酸生产,除大力加强硫铁矿和有色金属含硫尾矿的开发建设、认真解决选矿关键技术、加快天然硫磺和硫化氢矿的勘探、尽量回收冶炼尾气和含硫高的燃料尾气以外,还要注意开辟新的材料来源。例如加强科研,突破一些关键技术,充分利用储量丰富的石膏制造硫酸。石膏的主要成分是硫酸钙,将其和煤一起煅烧时会产生 SO_2 气体。这一方法不仅可以用来生产硫酸,同时还能联合制造水泥和硫酸铵,因此是一种很有前途的方法。

2) 硫酸的生产及工艺流程

工业上制取硫酸是先从含硫原料中制取 SO_2,再将 SO_2 氧化后成酸酐。工业上制取 SO_3 采用两种方法:一是借助氮的高价氧化物来传递氧将 SO_2 氧化,称为硝化法;另一种是借助固体催化剂的表面活性,把 SO_2 氧化,称接触法。这两种方法在生产原理上有共同点,而后者是前者从设备结构上演变而来的,其目的是为了提高硫酸浓度、增加产量并减少对设备的严重腐蚀。现在接触法在许多国家已占硫酸生产总量的 60%～80%,个别国家已达100%。其特点是在催化剂作用下,使反应在较低温度及较低压力下进行。它能利用较稀的二氧化硫经过触媒加速反应而获得 100%的高浓度硫酸及发烟硫酸。这一突破对合成纤维等工业的发展是十分重要的。图 3-4 是以硫铁矿为原料生产硫酸的典型工艺流程。

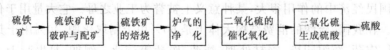

图 3-4 采用硫铁矿为原料制取硫酸的工艺流程

接触法再细分还可分为酸洗净化二洗二吸流程和水洗净化一转一吸流程。这两种工艺都在广泛应用,但前者是较先进的技术,在我国只有大厂使用,中小厂还在普遍采用后者。后一种流程因大量排放废水废气,污染严重,治理甚难。但其流程简单,设备少,投资省,便于利用零星资源。从综合技术经济评价角度看,前者是发展方向,后者则必须予以改造,做到密闭循环、严格控制污染。没有条件达到这个要求的,应逐步淘汰。

由于制酸生产的中间产物和成品多具腐蚀性,反应又经常是在高温、高压、流态下进行,所以对设备的要求很高。炉、窑、塔、釜、阀、泵、风机、管道等都应使用耐腐蚀材料或进行特殊的耐蚀防护。这也是硫酸等化工原料价格较贵的一个原因。我国的硫酸生产主要是以美国、德国20世纪30至40年代技术和前苏联50年代技术为基础发展起来的,制酸设备虽然不断改进,但装置能力小,效率低,能耗高。至于机、泵、阀多是从通用的型号改制而来,很少是专用的,其能力、效率、耐蚀性都比较差,因而技术经济指标和经济效益不够好。今后应向装置大型化、设备高效化、机泵专用化方向努力。

2. 纯碱生产

纯碱(碳酸钠)也是应用极广的基本化工原料,不仅如硫酸的制取、石油的炼制、氨的合成以及合成纤维、合成橡胶、合成树脂等生产过程均需要用大量纯碱,而且对其他工业部门,如纺织、造纸、印染、冶金、建材、食品的生产,纯碱也是不可缺少的。在炼铝工业中纯碱的用量很大,每炼1吨铝需要纯碱398千克。在建材行业中,每制1t玻璃需纯碱200kg。目前世界用于玻璃工业的纯碱占总产量的1/4左右。所以它是工业基础原料。

1) 原料和产品

制取纯碱的原料主要有盐、石灰石、焦炭(或白煤和制氨的副产品CO_2)。这些原料在我国较为丰富,安排得当可以满足生产发展的需要。制碱生产面临的问题是如何深化加工过程,发展纯碱的系列产品和副产品以适应市场需要,提高经济效益。以前一般只生产单一的轻质碱和少量副产品,今后应重视充分利用反应产物,深化加工过程,发展重质碱、高纯度碱、超重度碱、小苏打、苛化烧碱、氯化钙、轻质碳酸钙及轻质碳酸镁等。

2) 纯碱生产的技术路线

古代制碱以自然矿物或植物为原料,产量有限且品质不佳。1775年,法国人路布兰以食盐、硫酸、煤、石灰石为原料制得纯碱,称路布兰法。1861年比利时人苏尔维创立了氨碱法(苏尔维法)。由于苏尔维法的原料简单,成本低廉,产品较纯净,需要的劳动力较少,因此,当苏尔维法工业化后,许多国家就不再采用路布兰法了。我国著名科学家侯德榜博士于20世纪初研究完善了氨碱法。1933年,美国化学会出版了他的专著《纯碱的制造》,这是世界上第一部氨碱法权威巨著,得到国际学术界的公认,许多国家都有译本。为此,中国的制碱工业也受到了世界同行的重视。继氨碱法之后,侯德榜于1941年试验成功联合制碱法新工艺,被命名为"侯氏制碱法",1943年获得专利证书,1952—1958年进行了工业试验,1964年通过国家鉴定。至此,我国制碱技术又前进了一大步,联合制碱法技术水平居于世界领先地位。

联合制碱法的原料是氨(NH_3)、二氧化碳(CO_2)和食盐($NaCl$),产品是纯碱(Na_2CO_3)和氯化铵(NH_4Cl)。之所以称其为联合制碱法,是因为他把氨厂和碱厂实行联合生产。氨厂把它的产品氨(NH_3)和副产品二氧化碳(CO_2)提供给碱厂作为原料,碱厂则把NH_3转化为价值更大的产品NH_4Cl,并由于一些杂质(镁、硫酸根等)随同NH_4Cl一起离开了制碱生产循环系统而提高了碱的纯度。联合制碱法还由于碱厂本身采取了循环系统,从而使食盐也得到了充分利用。

此法在每生产1吨碱的同时,约得到1吨化肥,成本较采用硫酸铵生产降低40%,食盐利用率可提高到90%～95%。与此同时又利用合成氨生产中的大量废气——高浓度的CO_2以制造纯碱,生产成本较氨碱法降低50%。

联合制碱法又可以取消氨碱厂庞大的蒸馏塔、石灰窑、化灰桶、灰乳泵和精制盐水等一系列设备,也不需要从母液中回收氨,因而可以节约大量蒸汽,更重要的是不需要开采石灰石和破碎石灰石的一整套设备,投资可比氨碱法少 40% 左右。

联合制碱法还有一个好处是可以大量节约工业用水。氨碱法产生的废液每立方米要用 300 立方米清水稀释才能符合农业灌溉的最低标准,平均每吨碱要用水 100 立方米。联合制碱法则无此问题,合成氨时虽用水量很大,但可采取循环用水的方式解决。

联合制碱法虽然有较多的优点,但仍不能完全取代氨碱法,这两种技术各有特点,应因地制宜地使用。氨碱法原料盐的利用率低,虽然废渣废液尚无妥善处理办法,但比较容易操作,产品质量也好。联碱法可联产氯化铵化肥,盐的利用率高,"三废"问题不严重,但操作比较复杂,产品质量略差,且氯化铵作为化肥并不是任何地区的土壤条件都适用的。

3. 化工生产厂址的选择

工厂厂址的选择应根据原料特点、生产条件、产品的用途、产品运输的特殊情况,以及环境保护、综合利用等条件和要求而定。硫酸与纯碱虽同属于重化工原料,但其厂址选择上却有很大差异。下面以此为例介绍工厂选址时应考虑的问题。

1) 原料及产品的集散运输

硫酸生产主要原料(硫铁矿)和产品的比例接近 1:1,从运输量上看没有什么特殊要求,既可接近原料地,也可接近消费地。但是,由于硫酸产品为液体,并且具有强烈的腐蚀性,当浓度为 75% 时,对钢材腐蚀严重,需用特殊装置,如陶瓷容器等装运,属危险品运输,因此硫酸厂宜靠近消费地。对于大量耗酸的企业,如化学纸浆造纸联合工厂等,应单独设立硫酸厂或硫酸车间。

对于纯碱,情况和硫酸正相反,原料运输量大而成品运输较易。氨碱法每生产 1 吨纯碱需消耗原盐 1.5t、石灰石 1.3t、煤 0.34t。纯碱厂的规模,通常有年产 1.6×10^5t、8×10^4t、2×10^4t、1×10^4t 以及 5000t 的工厂。以年产 1.6×10^5t 的工厂为例,每年要消耗食盐 2.72×10^5t、石灰石 2.27×10^5t、煤 2.8×10^4t、焦炭 1.6×10^4t,总量超过 7×10^5t。按每节车皮载重 6×10^5t,40 节为一列计算,则几乎每天都要一列货车运入原料。根据这个情况,一般以食盐为原料的氨碱法制碱厂在厂址选择时,就应使其尽量接近原料产地,尤其要接近原盐产地。

而联合制碱法由于技术上的要求,碱厂必须自己生产氨或和氨厂连在一起。联合制碱法制取纯碱各原料氨、食盐和燃料的经济价值之比大致 2:1:1,三者合计占产品成本的 68%,其中氨和燃料共计占产品成本的 52% 以上。而制氨的原料,无论是煤、油还是天然气,也都是燃料。因此,联碱厂的厂址应接近燃料产地,接近食盐产地已降为第二优先级。

2) 综合利用和生产协作

用硫铁矿为原料,每产 1t 硫酸,排出 0.7~0.8t 矿渣。这种矿渣实际上是一种含铁量高达 50% 的宝贵资源,经磁选后可作为炼铁原料。另外,矿渣中还有许多稀有、贵重的金属。以国外某冶炼厂的生产情况为例,年处理硫酸工业矿渣 1.8×10^6~2×10^6t,可得铁 6×10^5t、铜 1.8×10^4t、锌 3×10^4t、钴 900t、银 50t、镉 50t、铊 10t。这不仅充分利用了资源,而且还可大大降低对环境的污染。

纯碱工业厂址选择时也应考虑接近协作厂。虽然纯碱较易运输,和消费厂在地域上的关系不像硫酸工厂那样明显,但根据纯碱产品消费的统计,其中用于化工的约占 42%、冶金

25%、玻璃16%,故消费地也很集中。这些行业的工厂,由于生产过程中原料及产品的供求关系,往往在厂址选择时应布置在一起,以形成成片的工业区。

作为化工生产,酸、碱的生产也有一些共同点。例如,由于生产过程中产生有害气体,故化工厂一般应布置在城市和居民区的下风侧;工厂中产生有害气体的工段和车间,也应布置在厂区的下风侧。又如,由于化工厂一般都是连续作业,整个生产都处在动态之中,所以一定要绝对保证不间断地供电、供水和供应原料。停电、停水不仅造成原料浪费,还会引起反应失控,甚至酿成重大事故。

3.2.4 化肥工业

中国有13.7亿人口,吃饭穿衣始终是个大问题。因而农业是国民经济的基础,搞好农业生产,过去和现在都是重要的。我国约有60%的人口、90%的国土在农村。农民、农业和农村问题是国家现代化的关键。只有实现农业现代化才会有国家现代化。要想扩大农业(尤其是粮食)的产出,最基本途径无外乎两条:一是扩大播种面积,二是设法提高单位面积产量。在我国,待开垦的荒地已经很少。因此,解决粮食和依赖农业的工业原料问题,主要要靠后者。要想提高单产,增施化肥是一个有效的途径。

1. 化肥的作用、种类和品种
1) 为什么要合成化学肥料

质量守恒作为自然界基本定律之一,早已为人们所熟知。但是,在实际生活中,尤其是在指导生产、发展经济中,却往往被人们所忽视。人们种植作物、饲养牲畜,意在得到生活和生产资料。这些农畜产品尽管物种千差万别,但本质上却都是由糖、盐、蛋白质等基本物质构成的。这些物质在生物体内有着复杂的合成过程,同时和自然界中整个生态平衡有着极密切的关系。以蛋白质为例,它的主要成分是氮元素。氮在空气中含量极多,但可以直接固定氮的生物却很少。绝大多数的生物并不能利用空气中游离状态的氮,它们生长所需的养分都必须直接或间接地从土壤中获取,并且其需要量是很大的。例如,1头600kg的牛,其成长过程中通过饲料从土壤中带走的营养物质为:氮16kg;磷5kg;钾1kg;钙9kg。又如,中等年景时1公顷小麦和从土壤中获取的营养物质为:氮70kg;磷30kg;钾50kg;钙30kg。作物从土壤中带走了养分(有机物或无机元素),如果土壤得不到补充,土壤肥力就会越来越差;反过来,作物得不到营养,就会减产。这是一个必然的规律。要想终止这个恶性循环,就必须注意对土地的投入,维持土壤中的氮及其他营养物质的平衡。况且投入1个氮原子的肥料并不意味着就能得到1个氮原子的蛋白质。因为按照生物转化的规律,高一级生物利用低一级生物,收得率永远小于1。据统计,大部分只有10%左右。这就更增加了维持生态平衡的难度。人们合成化肥,就是想将自然界中不能被作物吸收的营养元素变成可吸收的养分并投入土地,生产出粮、油、棉、猪、牛、羊等,当然,农家肥也是一个重要来源。

2) 化肥的种类和品种

化学肥料是人们在化工厂通过化学方法进行工业生产得到的肥料。化肥具有养分含量高、效能快、运输、储存、施用方便等优点。化肥种类繁多、生产方法各异,在此不能一一介绍,本节只重点介绍作为氮肥工业基础的合成氨的生产。但是,这并不是说除了氮肥以外其他化肥是次要的。经验表明,如果土壤中磷、钾等其他元素缺乏,过多施用氮肥就等于浪费,有时还会起副作用。这一点后面要专门加以说明。从发展趋势看,复合肥料更能适应农作物生长的需要;液体肥料的生产流程比固体肥料简单、成本低,且便于机械化施肥,所以产量上升很快。此方面我们才刚刚起步,且差距很大。

当然,氨的合成作为人类从自然界原料制取氮化合物的重要方法,其作用还远不止如此。除制取各种氮肥外,还可制取硝酸、硝酸盐、铵盐、氰化物等无机物和胺、磺胺、腈等有机物。这些氮化合物又是进一步生产染料、炸药、医药、合成纤维与塑料的重要原料。

2. 合成氨技术发展的历史

植物在土壤中如何生长?人和动物的食料是由什么构成的?这些当今童叟皆知的问题,人类却花了几个世纪才认识清楚。

欧洲文艺复兴激起的热情,使人们在农业方面进行了大胆的探索。在挣脱了人间万物均为上帝赐予的迷信之后,人们通过大量实验,首先认识到水的作用,而后又认识到腐殖质也是不可缺少的,但直到1840年德国化学家J. V. 李比希(1803—1873年)提出了"矿质营养说"和"营养元素归还说"以后,才对这个问题有了一个明确的认识。李比希认为:土壤中含有植物生长所必需的矿质元素,它们以植物能够吸收的形式存在于土壤之中。植物的根部能分泌酸性汁液溶解矿质元素,而植物的根则从溶液中吸收这些矿物元素。他还认为,植物从土壤中取走的矿质元素,有必要再归还到土壤中去。李比希劝说农民将人畜粪便归还到田地里。同时他还研究化学肥料的制作、分析和应用。他曾这样写道:"我们施用氨肥时,不管是用尿的形式,还是用煤焦油制成的铵盐的形式;我们施用磷酸钙时,不管它是用骨头制成的,还是用磷灰石或化石制成的,这对施肥的目的来说没有什么差别。"李比希还系统地阐述了施用化肥的指导原则,称"最小量定律"。其核心内容是:植物的产量由土壤中那个相对含量最小的有效植物生长因子决定。他曾预言,有朝一日,农民将根据土壤分析的结果和化肥的生产状况,来决定他们的土地需要肥料的精确数量。李比希的研究导致了农业化学的建立和德国化肥工业的诞生。

以上是人们为合成氨完成的认识上的准备。人们在合成氨工业化生产上所作的努力,并不比建立起认识所花的时间少。

在19世纪以前,农业上所需的氮肥主要来自有机废物和智利的硝石矿。到19世纪后期随着炼焦工业的兴起,其廉价的副产品硫铵和氨水才逐步成了氮肥的另一个主要来源,但其产量同样是极为有限的。

然而随着农业与军事工业的发展,人们越来越迫切要求建立巨大的生产氮化合物的工业。为此,许多科学家曾进行过探索与研究。他们设想,能否将空气中的大量游离氮固定下来,并利用氮和氢实现合成氮化合物的工业生产。这个设想无疑是天才的,但这又是一个非常复杂艰巨的课题,其实现经历了整整150年的历程。

早在18世纪末,就曾有不少人进行过这方面的探索,但长期没有取得重大突破。人们发现了氨(NH_3)的存在,但却无法制造它。到20世纪初,由于物理学等基础理论的研究成果,才为合成氨指明方向。但在此期间,也出现过一些波折。1900年,法国化学家勒夏特列通过理论计算,认为氮气和氢气在高压条件下可以直接化合生成氨,接着,他用实验来验证,但在实验过程中发生了爆炸,于是放弃了这项研究工作。后来才查明实验失败的原因,是他所用的混合气体中含有氧,在实验过程和氢发生了爆炸的反应。稍后,德国化学家能斯特通过理论计算,认为合成氨是不能进行的。后来才发现,他在计算时误用一个热力学数据,以致得到错误的结论。1902年,德国化学家哈伯(1868—1934年)在1000℃条件下合成了为原料气体积0.012%的氨。这样低的合成比虽然没有工业价值,但却是空前的成就,从无到有,人终于能合成氨了。哈伯的同时代人萘恩斯特(1853—1941年)虽不同意哈伯的研究结果,但他的实验证实了氨的确是可以合成的。而后哈伯致力于提高产率,奈恩斯特确立了合成机理。至1907年,在5×10^6Pa、685℃、以铂(Pt)为触媒条件下得到为原料气体积0.96%的氨的实验结果。但由于当时工业上不可能制造出配套的设备,只得停止工业实验,继续进行实验室研究,以求得到较低的反应条件。1908年,哈伯以氧化铁和铈(Ce)、铬(Cr)为触媒,在550℃,2×10^7Pa下得到了为原料气体积8.25%的合成氨,这已完全有工业价值了。1909年,哈伯又提出一种用锇(Os)作触媒的新设想,使流程进一步实用化。1909年7月,哈伯实验室制成模型装置,当大家亲眼看到氨水流下来时,欣喜若狂,感到工业前景就在眼前了。但是,技术上的突破并不等于工业生产的实现。问题的难点是,作为合成氨原料的氢和氮,在高压环境下向钢中扩散,使钢变脆,无法承受反应要求的压力,1910年中间试验工厂所用的碳钢合成反应器只用了80h就报废了。发展到这一步以后,仅靠化学家就不行了。这以后,由博施等人开始进行工业化试验。博施本人虽然后来成了杰出的化学家,但他在合成氨上的贡献却在于他同时也是工程师和金属学专家。他领导的小组在半年时间内做实验6000多次、用样品2000多种,找到了铁、氧化钾、氧化铝作触媒的配方,并于1911年2月用含金的铜制成可耐2×10^7Pa和500℃高温的反应筒,继而又采用工业纯铁在碳钢筒体作衬里,同时满足设备强度和寿命要求,解决了实际投产问题。这一发明立即为德国巴登苯胺纯碱公司接受和采用。1913年9月,世界第一个合成氨工厂建成投产了,产量很快达到日产30t的设计水平。

这是一个划时代的成就,它不仅开创了直接利用空气中游离氮的途径,并在此基础上发展成20世纪前半期最重要的化学工业。在这个过程中还发展了高温、高压、触媒、化学平衡等一系列理论,为以后的合成化工奠定了基础。

但是,这项本应造福人类的技术却被帝国主义引为它用。为了准备战争,打破协约国对德在智利硝石上的封锁,德国统治者动员科学家寻找替代物,哈伯领衔负责军用毒气和利用氨的氧化生产硝酸用于制造炸药的研究。1914年大战前夕,将氨氧化为硝酸的铁触媒找到了,1915年5月建成了硝酸工厂。但这并不能挽救非正义战争失败的命运。1918年德国战败,被迫向全世界公开合成氨技术。从此,它不再属于军国主义,而成为全人类的财富。

重要附记:凭借对合成氨工业的贡献,哈伯被提名1918年诺贝尔奖金获得者。但在1919年哈伯接受诺贝尔奖金时,全世界大批正直的科学家联名提出反对和抗议。论成就,哈伯当之无愧;如果说氨氧化为硝酸制造炸药的技术是被军国主义利用的话,哈伯本人也可不负主要责任;但毒气的研制和使用,却是哈伯一生难以洗刷的污点,由此亦可看出哈伯是一个阶级性极强的人。

1911年,哈伯被德皇亲自任命为柏林威廉·凯撒研究院(实为皇家科学院)物理化学及电化学研究所所长,1912年即开始受命领衔研制军用毒气。作为负责人,哈伯非常尽职。1915年4月22日,德军在西线比利时古镇伊普雷首次违反国际公约,大量施放氯气,造成1.5万人中毒,其中5000人死亡,景况十分悲惨。以后协约国也开始使用氯气,哈伯又继续研究芥子气、光气等新的毒气品种。不仅如此,哈伯于1915年7月12日亲赴前线视察效果,抓俘虏了解情况,并得出了最好是利用氯气的结论。哈伯夫人也是一位化学家,她认为化学战是不人道的,规劝哈伯不要再干,没有成功,因而自杀。即使这样,也未唤起哈伯的良知。直到1918年,德国即将战败,哈伯害怕被列为战犯而变得神经质。实际上,他确实被列在895名战犯名单之中,只是最后没有被处理。

战后,哈伯继续担任原职,为了支付德国向国联的战争赔款,哈伯致力于从海水中提取金的研究。哈伯如此效忠,但仍未能得到希特勒法西斯主义的宽恕。1933年,哈伯被纳粹排犹政策迫害离开德国去英国,由于思想受刺激和不适应当地恶劣气候,哈伯病重,1934年1月29日因心脏病客死瑞士巴塞尔,隔河相望而终未能回到故乡。当哈伯在异乡去世时,纳粹德国还下令不准谈及他的死,也不许有任何悼念活动。

与哈伯可悲的人格相反,我们要提到伟大的化学家门捷列夫(1834.2.8—1907.2.2)。门捷列夫于1869年发现元素周期率,1871年改善为今天所用元素周期表的形式。虽当时只有64个元素,但当今天已发展到一百种以上元素时,这个表仍没有根本的变化,可见其科学的预见性和成果历经百年而生命力依旧。不仅如此,门捷列夫始终将自己置身俄国资本主义发展的前沿,对新的生产力抱着极大的兴趣,而且对农奴的解放和民主抱着极大的热忱。他致力于巴库油田、顿涅茨煤矿、乌拉尔炼钢厂的工业开发。除科学指导以外,还以自己的影响反对封建地主对资本主义工业的限制(地主对油井占地仅仅给予很短的租借期限),更把这些与腐朽的沙皇制度联系起来批判。他还提出了石油管道输送、煤的地下气化等技术设想,这在世界上是最早的。沙皇政府冷落他,讥笑他是"教授之梦"。他对此也进行了批判和斗争。

门捷列夫同情学生运动,因而被那些与沙皇政府勾结的院士以10比9否决了他的科学院院士称号。基辅大学抗议沙皇的压迫,授予他名誉称号。1890年3月,那郭尔斯克大学学生罢课,他冒着失业的危险将学生请愿书转交沙皇政府,由此被迫辞职,全体学生为他送行。门捷列夫于1907年因肺炎去世,时年73岁,人民为他举行葬礼,长长的送葬队伍达几万人之多,行列前举着的不是花圈和挽联,而是他的化学元素周期表。

由这两人身上,我们可以看出:科学无国界,科学没有阶级性,确实应该属于全人类。但是科学一旦成了生产力、战斗力,就表现出极强的国界和阶级性。科学家的人格在此受到极大的考验。是真正与全人类的解放事业同呼吸共命运,还是只图自己或小集团的私利,历史会有公正的评判。这是值得每一个从事科学技术的人深思的。

3. 合成氨的生产方法和技术发展方向

1) 合成氨原料

合成氨的反应物是氮和氢。而氮来自空气,氢来自水或含有烃类的各种燃料。

在第二次世界大战以前,合成氨的主要原料是煤和焦炭。20世纪50年代开始逐渐转向石油和天然气。60年代末,许多国家已先后停止用煤、焦炭为制氨原料。到70年代初,在合成氨原料中,天然气已占63%,石瑙油占21%,焦炉气占9%,其他仅占7%。尽管各国资源不同,合成氨的技术构成亦有所差别,但总的趋势基本相同,即优先考虑使用天然气,其次是石油和炼厂气。但是,石油和天然气的储量毕竟有限,而且有机合成的迅速发展又进一步扩大了对石油的需求,使石油和天然气的供应日趋紧张,因此有的国家又转而考虑用煤的气化或用重油作为制氨的原料。

2) 合成氨的工艺过程

制取合成氨主要分两步:第一步是原料气的生产,即制取合成氨反应物氮和氢;第二步是将氮和氢合成氨。

(1) 原料气的制取

原料气的制取有以下三种方法。

第一种方法以天然气为原料,先与水蒸气进行一段转化制取氢,再与空气进行二段转化制取氮。各段转化反应式如下所述。

① 一段转化　天然气经脱硫后与水蒸气混合,在650～800℃借助催化剂进行化学反应生成 CO、CO_2 和 H_2。

$$CH_4+H_2O=3H_2+CO-Q$$

或

$$CH_4+2H_2O=4H_2+CO_2-Q$$

$$CO+H_2O=CO_2+H_2+Q$$

同时,天然气中其他烷烃亦同样参加上述反应。一段转化后残留的天然气(应控制 $CH_4<11\%$)转入二段转化。

② 二段转化　通入空气使一段转化后的混合燃烧气中的 H_2 与 O_2 首先燃烧,然后是 CO 及 CH_4 燃烧,此时放出大量的热,温度上升到1035～1375℃,使 CH_4 吸热转化为 H_2 和 CO,并且温度下降到1000℃左右。

$$H_2+0.5O_2+2N_2=H_2O+2N_2+Q$$

$$CO+0.5O_2+2N_2=CO_2+2N_2+Q$$

$$CH_4+0.5O_2+2N_2=CO+2H_2+2N_2+Q$$

此外,

$$CO_2+H_2=CO+H_2O-Q$$

$$CH_4+H_2O=CO+3H_2-Q$$

二段转化后的气体组分有 $H_2(57\%)$、$N_2(22.3\%)$、$CH_4(0.3\%)$、$CO(12.8\%)$、$CO_2(7.6\%)$。为了获得纯净的合成氨反应物 H_2 和 N_2,需要将二段转化后的气体净化。以天然气为原料合成氨,从能量消耗、基建投资以及生产成本来看,均有比其他方法明显的优越性,因此得到世界各国的重视。

第二种方法以焦炭或无烟煤为原料,在煤气发生炉内进行化学反应制取 H_2 和 N_2。该法制原料气的过程是:先向煤气发生炉通入空气,固体燃料燃烧生成 CO、CO_2 并将空气中的氮分离出来,这是放热反应过程。当炉温升到1000℃左右时,改通水蒸气生成 CO、CO_2 并将水中的氢分离出来,当温度下降到一定温度时,再改通空气,如此不断循环得到原料气。

此法在我国中小型合成氨厂中采用较多,世界各国也有采用。

第三种方法以重油为原料制取原料气。此法的特点是还需采用空气分离装置,使空气液化并分离出氮和氧。氧供重油气化使用,氮可用来洗涤杂质。

(2) 氨的合成

氨的合成是在合成塔内将氮、氢在一定的温度、压力和催化剂的作用下,直接合成为氨。其化学反应式:

$$0.5N_2+1.5H_2=NH_3+Q$$

上述反应具有放热、可逆和体积收缩的特点,而且它与硫酸生产时 SO_2 催化氧化反应转化率低得多,一些未反应的原料气还须返回合成塔循环使用,故需要昂贵的设备和大量的动力。所以合成氨中的主要技术经济问题不是原料的利用率,而是综合考虑动力消耗、设备费用等问题后设计出合成氨的最佳工艺条件。

(3) 合成氨的工艺条件

① 温度与压力

氨的合成有高压、中压、低压三种方法。低压法：温度 350~430℃，压力 7.5×10^6 ~ 1.5×10^7 Pa，此法需用冷冻机将氨冷却至 -20℃ 才能使其液化、分离；中压法：温度 450~550℃，压力 2×10^7 ~ 4.5×10^7 Pa，此法需二次分离氨，第一次用水冷使氨液化、分离，剩余的氨再用冷冻机冷却进行二次分离。中压法较经济，包括我国在内的世界各国新建厂多用此法；高压法：温度 500~600℃，压力 4.5×10^7 Pa ~ 1×10^8 Pa，此法用水便可使氨冷却液化，达到分离的目的。

② 氢氮比

在氨的合成反应中，理论上当氢：氮＝3：1 时最为理想。在不同的压力下，同一氢氮比获得的平衡氨浓度亦不相同。

③ 催化剂

只有在催化剂存在的条件下，氨的合成才有明显的反应速率。目前公认最恰当的催化剂是铁催化剂。它以组成近于 FeO 和 Fe_2O_3 的铁氧化物和助催化剂混合、熔融，再经冷却后破碎成颗粒，用原料气中的氢还原而成。催化剂对氨的合成有极其重要的影响。为防止催化剂老化(因温度过高而使晶体长大引起活性下降)、中毒(与杂质反应而失去活性)、机械杂质(如油污等)覆盖，应合理选择应用催化剂的品种与操作温度。

④ 空间速度(空速)

空速是指单位时间内，通过单位体积催化剂的气体量，用"h^{-1}"为单位表示。通常空速增大 1 倍，反应时间减少一半。但空速过大，不仅会增加阻力损失，还会降低催化剂寿命，减少氨的浓度。因此，需要经济合理地选择空速。对于日产氨 1000 吨以上的大厂，一般空速为 10000~16000 h^{-1}。

(4) 合成氨生产的能耗分析

在合成氨发明以来的半个多世纪中，技术的改进方向一直集中在增产节能上。增产，即提高合成率；节能，即降低合成氨生产过程中总的能耗。为了对这一问题有比较具体的了解，需要对合成氨生产的能耗进行如下几个方面的分析。

① 不同原料和生产规模能耗的比较

表 3-1 列出了以煤、重油和天然气为原料的大型和小型合成氨生产时的能耗情况。

表 3-1 不同原料和规模的合成氨生产吨氨能耗比较

以煤为起始原料制氨	加压连续气化 1000t/日			常压间歇气化 150t/日		
	用量	折电/(kW·h)	折热/10^9 J	用量	折电/(kW·h)	折热/10^9 J
煤/kg	1014		29.82	1328		39.06
电/(kW·h)	180		2.48	1410		19.53
蒸汽/kg	5000		15.75	2000		6.30
冷却水/t	406	122	1.68	290	87	1.22
氧气/m^3	480	264	3.6	—		
			53.38			66.11

续表

以重油为起始原料制氨	加压连续气化 1000t/日			常压间歇气化 150t/日		
	用量	折电 /(kW·h)	折热 /10^9 J	用量	折电 /(kW·h)	折热 /10^9 J
原料重油/kg	827		33.46	850		34.40
燃料重油/kg	376		15.14			
电/(kW·h)	70		0.97	1100		15.26
氧/m³	576	316	4.38	650	358	4.96
冷却水/t	不详			290	87	1.18
蒸汽/kg				2000		6.30
			54.15			62.20
原料气/m³	625		22.40	693		24.82
燃料气/m³	455		16.40	355		12.73
电/(kW·h)	6.2		0.08	920		12.75
冷却水/t	320	96	1.34	274	82	1.13
蒸汽/kg				420		1.30
			40.15			52.71

注：煤 29.4×10^6 J/kg；重油 40.5×10^6 J/kg；天然气 35.9×10^6 J/m³；
电 13.9×10^6 J/kW·h；水 4.17×10^6 J/t；蒸汽 3.15×10^6 J/kg；
氧 7.65×10^6 J/m³

由表 3-1 数据可以看出，用不同原料进行合成氨生产时的能耗是不同的，不同生产规模时能耗也是不同的。

原料不同能耗也不同，其原因是显而易见的。如前所述，不同原料制取合成氨的区别主要在原料气的制取。天然气的主要成分是丙烷，丙烷是较简单的碳氢化合物，只需用蒸汽转化一下即可成为原料气，杂质较少，可以省去很多工业处理流程。如用煤作原料情况就不同了，因为煤的气化、脱硫、除尘都很复杂，且工序长，耗能多。重油部分氧化法制取水煤气也比较复杂，首先要将空气液化分离，分别将氧气与重油进行部分氧化，将氮气送去合成。重油部分氧化后的主要成品气为 CO_2、H_2、CO、H_2O，同时也不可避免地产生 H_2S、COS，还有炭黑、CH_4，甚至可能有 HCN，所以还要想办法消除污染，这些都要消耗能量。

② 大型合成氨生产可节约能源

图 3-5 是用天然气为原料合成氨的流程，并给出了每生产 1 吨合成氨时，流程中第 Ⅰ、Ⅱ、Ⅲ、Ⅳ、Ⅴ 料位的各种气体消耗量。根据反应原理的要求，这些气体要压缩到一定的程度，尤其是合成反应，更要在高温高压下才能进行。压缩气体是一种非常耗能的操作，例如，每小时生产 1t 氨，就需要将 1.6×10^4 m³ 气体压缩到合成氨各工序所规定的压力，其压缩机的总动率为 4000kW。在合成氨整个过程中，反应是多级的，要多次循环进行压缩—膨胀—压缩—膨胀这一过程，其能耗之巨是可想而知的。

但是另一方面，合成氨反应本身是一个放热反应。按照化学平衡理论，这部分热必须散掉，反应才能向合成方向进行。换言之，合成氨过程在消耗大量能量的同时还会产生大量的反应热。这样便提供了一种可能性，即如果选择合理的工艺方法，并将合成工艺与动力装置进一步结合，利用反应热和各种物料余热的能量驱动压缩机或发电，则可能将总能耗降低到最低限度,甚至可以把某些化工厂同时搞成动力厂。合成氨技术的改进正是遵循着这一思路进行的。现在,大型合成氨厂一般都采用复杂的能量回收系统,合理利用一段炉烟道气、二段炉出口粗合成气及合成氨反应热,总能量效率可达到60%以上。此外,再加上改进净化工艺以提高合成率,减少循环压缩机的动力消耗等措施,能耗可进一步下降。

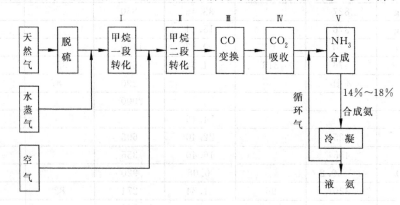

物料位号	I	II	III	IV	V
吨氨消耗/m³	2280	3240	3640	2970	2920
气体组成/%					
H_2	67.5	56.2	60.9	74.5	74.0
N_2	2.2	22.3	19.9	24.2	24.7
CO_2	10.9	8.8	18.3	0.1	—
CO	9.8	12.6	0.3	—	—
CH_4	9.6	0.3	0.3	0.4	0.9
A_r	0	0.3	0.3	0.4	0.4

图 3-5 用天然气为原料合成氨的流程及各料位气体消耗量

这一技术自20世纪60年代发明至今,几经改进,已进入高度成熟的阶段。但是,要想达到最低能耗的目标,需要很大的设备投资和一定的生产规模,这在小型厂是无力做到的。因此小型厂无法充分利用反应余热,只能用电能驱动压缩机来完成气体压缩,这是其能耗高的一个重要原因。

当然,科学家和工程技术人员也还在竭力进行新的探索。除了将一些成熟的新工艺联合起来,不断创出一些改进型的设备和流程以外,把降低操作压力作为节约能耗的有效措施,一直是大家努力的目标。但这需要在平衡理论、触媒(催化剂)、合成设备等方面有新的突破。1963年和1966年美国凯洛格公司先后建成世界上第一座日产540t和900t氨的单系列装置。从此,大型化成为合成氨工业的发展方向。近10年来,新建装置大多为日产接近2000t氨,由丹麦TOPSOE公司设计的,在2013年于澳大利亚投产的日产3500t合成氨的装置是目前已工业化的最大单体生产装置。

4. 目前我国化肥行业技术水平和差距

新中国成立前,我国化肥生产基础十分薄弱,除日本在东北经营的一些化工厂外,国人只有天津永利化学工业公司、上海天原化工厂等少数几家,年产不过万余吨合成氨。国民党政府筹办的"中央铔肥公司",筹划了几年,连厂址都未选定,建设计划也就付诸东流了。

新中国成立时,我国化肥工业仅有氮肥、磷肥、钾肥等还是空白,1949年化肥年产量累计只有6000t,接近于零。我国的化肥工业经过60多年的努力,已经打下了一定的基础,目前化肥产量已居世界第1位。无论是生产技术,还是能量消耗方面,均取得一定进展。以氮肥为例,国内引进的3×10^5t/年合成氨(以天然气为原料)装置,1980年生产每吨氨能耗为1476kg标准煤,1999年下降到1250kg标准煤,能源利用率由48.4%提高到57.1%。中型合成氨(以煤、油、气为原料)装置,1980年生产每吨氨能耗为2371kg标准煤,1999年下降至1959kg标准煤,能源利用效率由30.1%提高到36.5%。但是与国际水平相比,还存在一定的差距。除引进的及在此基础上仿制的大型合成氨装置具有国际上20世纪70年代水平外,其他占总产量一半以上的中、小型厂均属50年代至60年代水平。在工艺技术方面,我们虽然掌握了以煤、油、气为原料生产合成氨和加工各种氮肥的技术,发挥了中国无烟煤的优势,但在水平上差距还较大。以煤焦为原料的生产技术,我们还仅限于无烟煤和焦炭的固定层常压气化,而对新的加压碎煤气化、加压粉煤气化技术,目前还正处在研究开发或从引进技术吸取经验阶段;较高压力的重油气化,也正在吸收消化引进技术之中;对于新的气体净化技术,也只处于研究开发阶段;至于复合高效肥料的生产技术,尚未完全掌握;其他氨加工品种的生产技术也存在差距。"三废"污染虽然得到了部分解决,但造气废水、硝酸尾气、造粒塔粉尘排放等污染,尚未得到根本治理。

进入21世纪以来,中国氮肥和磷肥产能的迅速扩大彻底改变了依赖进口的局面,目前仅钾肥受资源的约束仍需要大量进口。2015年氯化钾净进口量为915万吨,对外依存度约为60%。不过发展中显现的一些问题也日益突出。首先,化肥行业面临的能源资源约束越来越突出。化肥工业消费的煤炭占煤炭总产量比例低,议价能力差;国家天然气价格改革方案已经出台,化肥用天然气计划价格维持困难;硫资源价格主要由国际市场决定,对外依存度高;国产钾、进口钾、境外钾肥基地三足鼎立局面尚未形成,已对农业生产和粮食安全构成威胁。此外,产业集中度仍有待提高,产能过剩问题依然存在。2013年,我国尿素产能过剩约1.5×10^7t;磷肥产能超过国内需求100%,如何合理淘汰落后产能保持产能平稳和有序竞争是行业面临的重要问题。

5. 根据国情发展化肥生产

1) 原料结构

前面阐述了用油、气制造合成氨效果好,但这并不意味着要一窝蜂地改用油、气。生产发展战略应该根据国情确定。关于氮肥的原料结构,应继续执行煤、油、气并举,以煤为主的方针。在资源丰富的地方,可以多用一些重油、油田气、炼厂气和裂解气。我国的煤炭资源最为丰富,其中的无烟煤是制造合成氨很好的材料,这个优势在国外是不多的。同时我国的煤炭生产相对而言基础较好。我国原油产量虽然已列世界前5名之内,但从探明的剩余可采储量看,我国仍属于少油的国家,天然气储量也比较少,故应珍惜使用。所以氮肥实行煤、油、气并举,以煤为主的原料结构是适合我国资源情况的。

2) 积极调整化肥产品结构

在化肥施用水平较高的地区,应尽快调整氮、磷、钾的施肥比例,推广平衡施肥技术。这可能是打破土地生产力上限的一项战略性措施。国际上的一项研究应该引起我们的警觉。

据世界观察研究所报告:"世界粮食产量在1950年至1984年期间每年增长近3%,而1984年以来,粮食增长率下降到1%。"这是因为即使增加化肥施用量,也不能再较大幅度地提高产量了。我国粮食生产情况也基本符合这一趋势。为探讨原因,我国也进行了分期分区每亩播种面积的化肥施用量与每亩粮食单产的增长情况的比较分析。结果是:在化肥大量投入的初期(以1978年为代表,全国化肥投入总量为$8.84×10^6$ t),东北、西北、华北、西南、东南五个地区粮食单产均随化肥施用量的增加而增加,完全呈正相关;在化肥大量投入的中期(以1984年为代表,总量达$1.7398×10^7$ t),东南地区出现了较大波动,粮食单产已不完全随化肥施用量而增加;近期(以1995年为代表,总投入量为$3.5937×10^4$ t),东南八省虽化肥施用量相差1倍以上,但各省的粮食单产却很相近,明显出现增施化肥而单产不增加的趋势,其他省区也出现了化肥增产效率下降的势头。根据调查与实验印证,出现上述现象的主要原因,是由于我国生产与施用的氮、磷、钾比例不符合作物的需要。作物对各种营养元素是按一定比例吸收利用的,而且受其中的最小因素所制约,即当某种元素比例过低时,就会影响其他元素的吸收利用。我国化肥的生产一直以氮肥为主,2014年我国氮、磷、钾的产量分别为$4.553×10^7$ t、$1.708×10^7$ t、$5.52×10^6$ t,氮磷钾比例为1:0.38:0.12,而1985年世界销售的比例就为1:0.49:0.37。我国磷、钾比例严重偏低,在一些施肥水平较高的省,这已成为制约单产提高的重要原因。

近年来我国已经不再单纯地强调高浓度肥料的比例,"十二五"提出了主要以提高肥效、提高肥料利用率、降低污染、降低农业成本的目标,明确指出进一步提升尿素、磷铵等基础肥料的质量,发展硝基肥料、液体肥料、缓控释肥、新型钾肥等多元肥料,鼓励复合肥料、中微量元素肥料等。

根据工业和信息化部关于推进化肥行业转型发展的指导意见,到2020年,氮肥产能$6.06×10^7$ t,产能利用率提升至80%;磷肥产能$2.4×10^7$ t,产能利用率提升至79%;钾肥产能$8.8×10^6$ t,自给率提升至70%。到2020年,采用非无烟煤的合成氨产品占比从目前的24%提升至40%左右,硫资源对外依存度下降10个百分点。提高中低品位磷矿资源开发利用水平,采用浮选技术使入选磷矿品位下降2至4个百分点。加大难溶性钾资源的开发和利用,生产规模尽快得到提高。以提高化肥利用率和产品质量为目标,大力发展新型肥料。力争到2020年,我国新型肥料的施用量占总体化肥使用量的比重从目前的不到10%提升到30%,氮肥、磷肥企业非肥料产品销售收入比重达到40%~50%。肥料产品质量进一步提升,复合肥产品水平不断提高,质量更加安全可靠。到2020年,所有合成氨企业能源消耗水平达到《合成氨单位产品能源消耗限额》要求,其中70%的企业达到新建企业准入值要求;所有磷铵企业能源消耗水平达到《磷酸一铵、磷酸二铵和工业硫酸单位产品能源消耗限额》要求。所有加工型硫酸钾企业能源消耗水平达到《硫酸钾单位产品能源消耗限额》要求。

科学施肥是一个特别重要的问题。鉴于目前我国农村科学种田的水平,在抓化肥生产的同时也应把指导、提高农民科学施肥作为一项重大措施。这是农业系统工程中一个重要环节,要有专门机构和专人负责。实际上等于多办许多化肥厂,既能节省国家大量投资,又能切实保证对农业的有效供给,为农业增产作出重大贡献。

3)重视农家肥和科学轮作,积极鼓励农民造肥养地

化肥虽可提高作物的单位面积产量,但长期单独使用会引起土壤板结和肥力下降,即使

合理使用,也会遇到化肥(主要是氮肥和磷肥从农田的流失)对环境的污染问题。所以在增加化肥生产、加强化肥施用的科学管理的同时,还要积极利用生态学原理提高粮食产量,鼓励广大农民积极增施农家肥,改善土壤结构,还可采取轮作(即每年或每茬种植不同的作物,2至3年为一轮)或套种的制度,例如将耗氮量大的作物与具有固氮功能的作物交错种在一起,可以使耕地恢复肥力,比长期施用化肥更有利于作物的生长。

根据生态学原理发展生态农业是未来的发展趋势。这是一种新型农业生产方式,有农牧结合、农果牧结合、农牧渔结合、农副结合等多种多样的模式。它因地制宜地利用不同的技术来提高太阳能的转化率、生物能的利用率和废弃物的再循环率。这不仅解决了肥料问题,而且促进了土地资源、水资源和生物资源的合理利用,使农、林、牧、副、渔以及加工工业、交通运输、商业等都获得全面的发展。发展生产与环境保护相结合,实现了社会效益、经济效益及生态效益协调发展的良性循环。例如北京市大兴县留民营村,自1982年起开展生态农业的试验,在不足1年的时间内,即使粮食总产增加5.5万千克,蔬菜产值增加1倍,仅8个月时间就节省化肥开支1万元,展示了美好的前景。这是我国农村发展的成功之路。我国政府已做出了"继续搞好环境示范工程和生态试点"的决定。

第4章 资源：从原料到材料(下)

4.1 概述

4.1.1 原材料工业

原材料工业是整个工业体系中的重要组成部分。它与能源工业、交通运输业一样，是构成国民经济的基础工业部门。材料是经济和社会发展的基础和先导，早期人类历史发展阶段即以制造工具的材料划分，这足以说明材料在人类文明发展过程中的重大作用。今天，新材料层出不穷，已被视为现代科技发展的三大支柱之一，既是发展高新技术的物质基础，也是改造传统产业的必要条件。材料产业历来被列入国民经济的基础性、关键性支柱产业，受到高度重视，并得到大力发展。

中国的原材料工业，包括冶金、化工、建材等主要行业，既提供生铁、钢、铁合金、有色金属、水泥、塑料、橡胶、化纤、平板玻璃等传统结构材料和原料，又开发出信息功能材料、能源材料、生物材料等各种新材料。传统材料的使用量大面广(占材料总量95%以上)，是我国经济高速发展的一个重要制约因素。当前,我国传统材料与国际上的差距比新材料还要大，如不改变会直接影响到我们的发展质量和在国际市场上的竞争能力。传统材料性能与生产工艺的改进往往需要使用新材料，因此，传统材料的发展也给新材料和其他新技术提供了用武之地。

冶金工业是指对金属矿物的勘探、开采、精选、冶炼以及轧制成材的工业部门。现代工业习惯上把金属分为黑色金属和有色金属两大类。黑色金属主要指铁、锰、铬及其合金，如钢、生铁、铁合金、铸铁等。黑色金属以外的金属称为有色金属，主要指铜、铝、锡、铅、锌、锑、镁、钛、汞、钨、钼、金、银等。有色金属又有重金属、轻金属、稀有金属和贵金属之分。因此，冶金工业通常分为黑色冶金工业和有色冶金工业。冶金工业的内部结构包括几十种金属和由此组合的成千上万个品种的合金的生产。社会对金属的需求是多方面的，因此必须开采和冶炼多种金属及其合金。各种金属与合金的需求量间存在着复杂的比例关系,决定了冶金工业必然是极其综合复杂的工业部门。冶金工业是重要的原材料工业部门,是构成国民经济的基础产业。

4.1.2 冶金工业在国民经济发展中的地位和作用

1. 金属是最重要的结构材料和功能材料

材料是人类社会发展的物质基础和先导。金属作为主要的结构材料和功能材料,用以制造工业装备的各种零部件,也是建筑的主要材料之一。工业的发展首先要求冶金工业的发展。世界上工业发达国家,一般都拥有较大规模的现代化冶金工业。许多发展中国家在保护国家资源、发展民族经济的斗争中,也都十分重视发展冶金工业。

强度、刚度、断裂韧性、热特性以及为满足某些需要的特殊性能是对材料性能的主要要求。性能好、价格低、容易回收、对环境影响相对小以及节能、节料等因素是评价材料的主要指标。在这些评价因素上,钢铁材料表现出相应的优势。从成本上看,钢铁材料的竞争性是显而易见的,若按材料的单位强度计,钢的成本仅为铝、陶瓷、碳素材料的1/5至1/4。材料的循环使用对节能以及对环境的影响,也是一个重要的考虑因素。钢铁材料的回收率现已达55%,明显高于其他材料。目前世界钢产量约为其他金属材料产量总和的14倍。另外,铁矿石储量高、易开采、好炼制,钢铁材料易加工。这些都使它在可以预见的未来仍将是全球性的基础原材料,继续对全球经济发展和社会文明进步起到至关重要的支撑作用。

2. 原材料自给是建成独立社会主义工业体系的基本保证

为了建立独立自主的、强大的社会主义工业体系,必须有强大的冶金工业,而且是建立在基本资源能自给基础上的冶金工业。否则,不仅发展受制于人,而且在遇到紧急情况或战争时,不能维持冶金工业的持续生产,以致危及国家的安全。我国完全具备资源自给的基本条件。有计划、按比例地发展冶金工业,是实现国民经济可持续发展的重要条件之一。

3. 冶金工业的发展同样受到社会基本经济规律的制约

发展冶金工业固然重要,但也应注意冶金工业和国民经济各部门的关系。必须明确:冶金工业之所以重要,是由于工业、农业、国防发展的需要,而工业、农业、国防之所以需要发展,则是为了满足人们不断增长的物质生活和精神生活的需求,因此冶金工业的发展必须从人民的需要出发,而不能颠倒过来。

冶金工业既促进机械、化工、基建、运输、能源等工业部门的发展,同时更依赖于上述部门,并受到这些部门发展的制约。我们必须认真研究各部门间这种相互制约、相互依赖、相互影响、相互促进的矛盾关系,同时用这种观点来观察冶金工业和其他工业的结构关系,并以此来制订冶金工业内部各部门间的比例关系。

过去我国曾提出过工业"以钢为纲"的口号,这个提法是不全面也不准确的。因为这个口号既没有科学地概括工业各部门协调发展的内在的、本质的联系,也没有概括冶金工业内部各部门间内在的、本质的联系,反而助长了为生产钢铁而生产钢铁的错误倾向,加剧了国民经济比例失调的程度,造成了严重的失误。

过去一段时间国外还曾有过钢铁工业是"夕阳工业",正在走向衰退的说法,这种说法同样是不正确的。它在强调一种倾向时,却忽视了另一种倾向。信息技术和新材料技术固然重要,但信息不能代替材料,信息的存储、传播、应用同样需要载体,这就离不开作为制造业基础的材料。尽管近年来开发出了许多性能优良的新材料,但到现在为止,还没有哪一种在用途、价格等方面能同钢全面竞争。另外受到地球资源的限制,选其他的材料非常困难,而铁是地球上蕴藏量最丰富、最容易得到的元素之一,且可回收再用。所以在21世纪,主要的材料仍将是钢铁。发展的观点是重要的,但以偏概全就会出问题。在这方面,美国人是吃了亏的。他们在20世纪70年代曾经误信钢铁工业是"夕阳工业",舍不得花钱去更新设备、开发新技术,结果钢铁工业技术落后,在同日本的竞争中就失败了,使几乎所有的钢铁厂、汽车厂亏损。他们醒悟之后,花了20年才在这方面翻身。

4.1.3 我国冶金工业的发展

我国近代钢铁工业起步于1890年成立的汉阳铁厂。1949年新中国成立时,全国钢产量只有15.8万吨。

新中国成立后,新政府进行的第一步工作是对已有的钢铁企业进行接管。1949年7月,石景山钢铁厂(首钢前身)、鞍山钢铁、本溪钢铁率先恢复生产。此后,钢铁工业恢复生产工作迅速由东北向全国展开。到1952年,全国粗钢、生铁和钢材产量分别达到 1.349×10^6 t、1.929×10^6 t 和 1.129×10^6 t,全面超过解放前的历史最高水平;钢铁工业总产值达到136959万元,比1949年增长6.1倍。

1953年至1957年是我国第一个五年计划时期。这一时期,在苏联的帮助下,钢铁工业开始了大规模投资建设。投资的重点是建设武钢及鞍钢和本钢的改扩建等8个重点钢铁项目。此外,还改扩建了河北龙烟铁矿、安徽马鞍山铁矿、湖北大冶特殊钢厂等8个限额以上的钢铁项目以及天津钢厂、唐山钢铁厂、北京石景山钢铁厂、上海第一钢厂等23个限额以下钢铁项目。经过大规模建设,形成了鞍钢、武钢、包钢鼎足而立的新局面。

在"一五"时期钢铁工业取得了巨大进展的背景下,1958年我国进入第二个五年计划时期。在"以钢为纲"的口号下,为了实现这一按常规不可能实现的高指标,国家提出要打破常规实行"大跃进",全国要地不分南北,人不分老幼,全民总动员,一起大炼钢铁。据资料统计,在1958年,建起土高炉24万座,约有6000万人参加了大炼钢铁。通过这样一场史无前例的全民大办钢铁运动,1958年的钢产量虽然达到了 1.107×10^7 t,实现了既定的翻番目标,但所生产的钢中有1/4以上是不能用的劣质钢。

1959年又提出在上年的基础上产量再翻一番的高指标,继续钢铁"大跃进",但当年实际产量只有 1.387×10^7 t。1960年钢产量虽然达到 1.866×10^7 t,但由于轧钢能力不足,生产的钢不能顺利转化成材,结果造成钢锭积压,企业效益不佳。更为严重的是,持续3年的大炼钢铁和"以钢为纲",还造成了国民经济中农轻工重工比例关系和积累与消费的比例关系严重失调,结果1961年被迫对国民经济进行调整。

十年"文革"期间,我国钢铁生产出现了十年起伏、十年徘徊,加上管理混乱,使得1976年钢铁工业主要技术经济指标与1966年相比出现了大幅度下降,钢铁工业的发展基本处于停滞状态。

粉碎"四人帮"后,钢铁工业与全国各行各业一样进行了拨乱反正,工作重点转移到生产建设上来,所有钢铁企业先后开展了恢复性和建设性整顿,建立健全了岗位责任制、考勤制度等规章制度,重新建立了产量、品种、质量、原材料消耗等考核指标。这样,钢铁工业迅速结束了"文革"十年的徘徊局面,1977 年产钢 2.374×10^7 t,1978 年一举突破 3×10^7 t 大关,登上 3.178×10^7 t 的新高峰。1978 年,中国钢铁工业迎来了里程碑式的重大事件。1978 年 12 月 23 日,宝钢在上海动工兴建。此后的 20 多年里,宝钢发展成中国最具竞争力的钢铁联合企业。1992 年,党的"十四大"提出建立社会主义市场经济体制的目标模式后,钢铁工业的改革发展进入一个新的阶段。进入"九五"时期第一年的 1996 年,我国钢产量历史性地突破 1×10^8 t,跃居世界第一位,占世界钢产量的 13.5%,成为世界钢铁大国。1998 年 11 月,宝钢与上钢、梅山联合重组,成为国家授权投资机构和国家控股公司试点企业。2000 年 2 月,宝山钢铁股份有限公司正式创立,同年 12 月在上海证券交易所上市。截至 2014 年末,宝钢资产总额 860 亿美元。2014 年宝钢产钢 4.43×10^7 t,位列全球钢铁企业第四位。宝钢已经成为新中国建设规模最大、现代化程度最高的特大型钢铁联合企业。

进入 21 世纪以来,随着我国经济的快速发展,钢铁工业又进入新一轮高速增长期,全国钢铁产量几乎每年都以 5×10^7 t 的递增速度在上升,已经成为世界钢铁生产和消费大国,粗钢产量连续 16 年居世界第一。2013 年中国的粗钢产量 7.79×10^8 t,占全球总产量 48.3%。2014 年中国粗钢产量 8.23×10^8 t,占全球总产量 49.7%。2015 年中国粗钢产量 8.04×10^8 t,占全球总产量的 49.5%。

如今我国已是钢铁大国,但仍不是钢铁强国,还是离不开别国的钢铁产品。分析不同时期钢材进口的品种结构是有意义的。1985 年进口钢材的总量达 1.963×10^7 t,占当年国内钢材产量的 53%,年用外汇 58 亿美元,约占全国进口总用汇的 17%。其中,钢板、钢管和带钢占总进口量的一半左右,一些稀缺的品种供需矛盾更为突出。这自然与当时经济过热尤其是基建过热有关,但钢材品种结构不能满足需要是导致钢材大量进口的重要因素之一。随后,由于我国进行经济调整和新建钢铁厂的投产,以及原有钢厂不断扩大产能,到 1991 年仅进口 3×10^6 t 左右,这个数字后来又有较大的回升。2004 年,我国钢材进口在保持多年高速增长后首次出现下降,为 2.93×10^7 t。2014 年,我国进口钢材 1.443×10^7 t,同比增长 2.5%。我国出口钢材以低附加值的螺纹钢、线材、型材出口居多,而高附加值的板材所占比例不大。可见,解决我国钢材的供需矛盾,一方面要把稳宏观经济政策,另一方面,也要注意改善钢材产品结构(品种质量)。因此今后在我国钢铁生产的发展中,须大力发展钢板、钢管、带钢以及合金钢、低合金钢的生产,增加品种,提高质量。

在黑色冶金工业发展的同时,我国有色金属冶炼及加工业也从无到有迅速成长壮大起来。目前,中国的有色金属产品种类已经比较齐全,不仅有铜、铝、铅、锌、镍、锡、锑、汞、镁、钛等 10 种重、轻有色金属,还有金、银等贵金属以及钨、钼等稀有金属。我国是世界上少数几个能够冶炼全部已发现金属元素的国家。但仍满足不了国民经济发展的需要,每年还需进口,今后也需大力发展。

4.1.4 冶金工业的一般生产过程及典型生产部门

1. 冶金工业的一般生产过程

每一种金属的生产一般都必须经过以下的过程才能形成产品(图 4-1)。因此冶金工业一般包括地质、基建、设计、冶炼、加工等部门。完整的冶金工业的各内部环节间的生产能力必须遵循一定的比例关系。

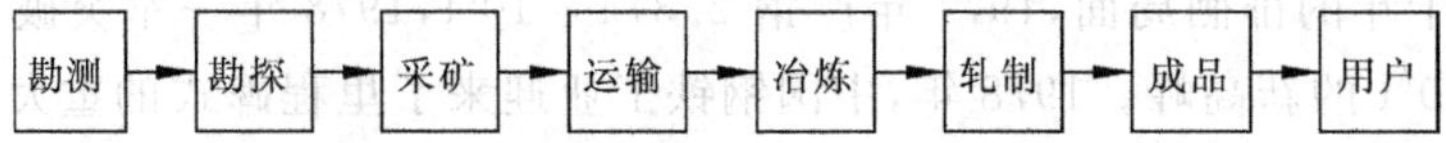

```
勘测 → 勘探 → 采矿 → 运输 → 冶炼 → 轧制 → 成品 → 用户
```

图 4-1　金属材料生产的一般过程

2. 冶金工业的典型：钢铁工业

冶金工业的生产部门极多。我们从中选择钢铁工业作为典型生产部门，主要是出于以下几点考虑。

（1）钢铁工业在我国冶金工业内部结构中是比重最大的部门。

（2）钢铁工业对其他工业部门影响最大，它消耗的能源、占用的运输能力和基建投资等在国民经济中所占比重均较大。

（3）钢铁工业从采掘、矿石加工到冶炼、轧制加工的过程均较复杂，因此具有典型意义。

（4）钢铁生产过程要求有较多的辅助生产部门，且各部门具有高度的综合性。

通过对钢铁生产的概括了解，将有助于我们对现代工业生产的综合性、复杂性及建设的艰巨性有所认识。

3. 钢铁生产的主要流程

钢铁生产的主要产品是生铁、钢锭和钢材。生产这些产品所必需的原料、燃料和辅助材料主要有铁矿石、焦炭、石灰石、耐火材料和铁合金等。

从铁矿石到生产出钢材，大体分三步进行，首先用高炉将铁矿石冶炼成生铁；然后在炼钢炉中将生铁冶炼成钢水，经铸锭车间浇注成钢锭或连铸成坯；最后把钢锭或连铸坯送到轧钢厂，用轧机加工成钢材。钢铁生产的主要流程见图 4-2。

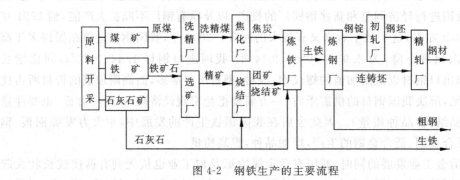

图 4-2　钢铁生产的主要流程

后面几节将分别叙述炼铁、炼钢和轧钢等主要环节的生产过程和生产组织形式。

钢铁制造流程的特点是：规模以年产百万吨计，关键环节的工艺控制和装置的技术水平却不亚于任何新材料的水平。

4.1.5　钢铁企业生产流程变迁

1. 20 世纪前半叶钢铁企业的生产流程

20 世纪前半叶，钢厂生产流程的运行追求系统的稳定性，运行作业的主导方向是稳定，因为当时面临的主要"瓶颈"环节是平炉、模铸、初轧（开坯）等工序在作业时间上的漫长与波动，装备技术性能可靠性差，生产过程中事故频繁发生；因而流程系统结构追求的是改良性的稳定。这时期钢铁企业采取的技术措施大多具有如下几个特征。

① 简单重复　不少主要工艺装备有时还设置备用装置,其结果是高炉座数越来越多,平炉座数越来越多,铸锭作业线越来越复杂,热轧作业线越来越多等。

② 加大中间缓冲装置,或加大产品的库存容量　例如高炉与平炉之间由于作业时间节奏不协调,特别是平炉炼钢冶炼周期长,必然产生液体金属流的流量不匹配,因而在炼铁与炼钢中间设置了大容量的混铁炉,这样,流量匹配看似较好地解决了,但造成了金属流的较长时间停顿并引起了能源与环境负荷的增加。同样,在铸锭间与初轧厂之间设置了钢锭库和为数众多的均热坑,在初轧厂(包括开坯厂)与成品轧材之间则是大量的中间坯库存等。无疑,这些措施保证了钢铁企业的稳定生产,但是在人均生产效率、产品交货期、输送物流、能耗、物耗、过程排放与环境负荷等方面存在一系列问题。

③ 追求产品"万能化"　由于模铸-初轧(开坯)系统可以获得各种不同规格(形状)的中间坯,因此这一历史时期的钢铁企业往往兼产板、管、型、棒、线等不同产品,热轧作业线可以多达 8 条以上,这就进一步导致了频繁、往复的运输负荷和杂乱、零散的车间分布,最终造成整个钢铁企业的平面布置混乱,引起不合理的和频繁往复的厂内运输量。

由于工艺技术、装备水平的局限,钢厂生产流程的结构存在着简单重复、叠加堆砌的特征,企业运行的特点是不断停顿;目的在于重锭厚坯、反复加热、重复加工的前提下的实现稳定性。这实际上是一种负反馈性的策略。

2. 20 世纪后半叶钢铁企业的生产流程

第二次世界大战结束,全球性的恢复重建引发了钢铁产品的市场需求不断增长;同时由于氧气转炉、大容积高炉、连轧机特别是连铸技术的发展和不断完善,钢铁企业的生产流程进化到以追求发展为主,这是流程系统在稳定运行基础上的发展。全连铸技术的成功实现,消除了原有生产流程中的模铸"瓶颈",快速高效率氧气转炉的发展和取代平炉炼钢,使得两者相得益彰,构成了炼钢区域连续有序的基础,到 20 世纪 70 年代中出现了全连铸体制的大型钢铁企业。全连铸钢铁企业不仅使得炼钢生产区段过程形成了准连续的运行结构,同时也促进了炼钢产能大幅度提高,这样又对其上、下游的生产工艺装备能力及其功能产生了推动作用。4000 m^3 以上大容积高炉,3.5×10^6 t/年以上的热轧板带轧机相继发展完善,在钢铁生产流程中形成了炼铁、炼钢、轧钢等准连续运行的态势。

钢铁企业的结构发生了重大变革,在产能大幅增长的同时,由于全连铸钢厂生产流程中工艺和装备的匹配、简化,产品趋于专业化,生产效率提高,能源使用效率提高,流程中过程排放量削减,产品质量稳定。第二次世界大战后,钢厂模式基本上经历了以下三个阶段的变化。

(1) 1952 年氧气转炉出现,推动了钢铁联合企业生产规模的扩大。20 世纪 60 年代,大型转炉的完善和成熟,促进了高炉大型化和以宽带热连轧机为代表的各类轧机的大型化、连续化、自动化和高速化。直至石油危机发生,各类钢厂均以模铸-初轧机为核心,往往构成板、管、型、棒、线产品均能生产的"万能"钢厂,甚至一度出现了追求 1×10^7 t 级单个工厂的超大规模发展思路,例如法国、荷兰等国家。

(2) 1973—1989 年,在石油危机、能源涨价的制约下,连铸技术得到快速发展,尤其是全连铸生产体制的实现,导致了模铸-初轧(开坯)体制彻底被淘汰,平炉炼钢的淘汰,超高功率电炉、铸坯热装、热送等技术的快速发展,流程结构产生重大变化。各国的钢厂朝着节能化,流程结构调整,规模合理化,长材、平材、管材产品各自专业化的方向发展。

(3) 1989年以来,由于薄板坯连铸-连轧工艺在美国Nucor公司成功投产,不少钢厂的生产流程趋于注意"紧凑-准连续化",新一代"紧凑型"钢厂模式开始在工业生产上应用。同时,洁净钢生产、半无头轧制(平材或长材的)、铁素体轧制、部分热轧薄板代替冷轧薄板等技术在工业上开始探索应用。总的来看,20世纪下半叶,钢铁企业生产流程的主导思想是在稳定基础上求发展,流程系统运行的目标是发展,在稳定基础上追求高效与发展是一种正反馈性的策略。

3. 21世纪初钢铁企业的生产流程

20世纪末期至今,由于钢铁产能存在供大于求的市场特点,以及逐渐认识到地球资源的极限和保护生态环境是跨越国境的全球性问题,同时由于市场空间、价格、成本、产品销售半径、环境等因素的制约,国外单个钢厂生产流程总的发展方向是不再追求超大规模,而是趋向于在合理经济规模上的可持续发展和提高市场竞争力。因此,钢铁生产流程的运行既要追求钢厂内部生产运行的合理性(连续、稳定、紧凑等),又要解决好人与自然的协调,追求好景常在,追求发展与环境的统一,追求工业生态效应和适应循环经济社会。发展的前提取决于如何定位好钢铁企业的社会和经济职能,要发展与周边城市、周边工业带及社会消费相适应、相协调的钢厂功能。

在技术发展上,钢铁企业的生产流程由简单到复杂,又趋向于再回归简化,追求匹配、协调、紧凑、连续,崇尚节能、有效利用资源、清洁生产,努力构筑工业生态链,构筑"零"排放、资源再循环并消纳都市大宗社会废弃物的钢厂。

4.2 炼铁生产

炼铁是从铁矿石到生铁的生产过程。现代炼铁主要是在高炉中进行。此外还有非高炉炼铁,但技术上尚不成熟。高炉生铁冶炼可以简单地概括为一句话,即把铁矿石(氧化铁)在高温下还原为铁。具体化学反应如下。

$$C+O_2 \longrightarrow CO_2$$
$$CO_2+C \longrightarrow 2CO \text{——焦炭的燃烧}$$
$$CaCO_3 \longrightarrow CaO+CO_2 \text{——熔剂的分解}$$
$$Fe_2O_3+3CO \longrightarrow 2Fe+3CO_2$$
$$Fe_2O_3+3C \longrightarrow 2Fe+3CO \text{——铁的还原}$$

但是,这些反应式只表示了炼铁的原理,或称为炼铁的理想过程。为了在工业上实现这一简单的还原过程,还必须创造极多的条件,并将这些条件组织为巨大的、复杂的、昂贵的并涉及多种综合技术的工业生产系统。

4.2.1 原料准备

1. 铁矿石的预处理

为了使炼铁高炉运行顺利,实现高产、优质、低耗,应尽可能为高炉提供优质原料。高炉冶炼要求矿石成分稳定、含铁高、有害杂质少、粒度均匀、还原性能好,因此矿石的质量直接影响到炼铁的各项指标。

(1) 选矿

在开采铁矿时,采出的矿石为铁的氧化物及脉石(SiO_2、Al_2O_3、MgO、CaO 等)的混合物。一般含铁量高的叫富矿,含铁量少的叫贫矿。优质富铁矿(含铁高于 45%)经破碎筛分成合适的粒度可直接入高炉冶炼,早期的高炉一般都使用天然富矿。

但是,随着钢铁工业的发展,富铁矿资源日益减少,贫矿和多金属共生的复合矿的开采量大大增加。我国的富铁矿资源相对较少,目前已探明的可采储量中,贫矿占大多数,这些矿石必须经过选矿处理。

选矿的目的是为了提高炉料中的含铁量(即品位)。选矿的过程主要包括破碎、筛分、磨矿和分级等选矿前的准备阶段和选矿(有磁选法、重选法、浮选法、焙烧磁选法以及上述方法的联合使用)工序,最后得到铁精矿粉。

(2) 造块

经选矿得到精矿粉和富矿破碎分级过程中产生的富矿粉粒度极小,如直接加入高炉,不仅容易被鼓风吹跑,而且会破坏炉内的透气性,引起压力上升,炉尘量增加,造成悬料、崩料等事故,使高炉的生产能力明显下降。因而,必须造成块状矿才能入炉冶炼,这个工序简称造块。造块的方法很多,目前应用最广泛的是烧结法和球团法,烧结法较易控制,生产出来的烧结矿呈块状,粒度并不均匀,而球团法生产出来的球团矿则呈球状,粒度非常均匀。经造块的矿料称人造富矿或熟料。具有优于天然富矿的冶金性能,如还原性好,有适合的强度和较高的软熔温度;造块生产中配加一定量的熔剂,可制成有足够碱度的人造富矿,高炉冶炼过程可不加或少加熔剂,避免了熔剂分解吸热而消耗焦炭;造块过程中还可以除去矿石中某些有害杂质,如硫、砷、锌、钾、钠等,减少其对高炉的危害。

由于炉料粒度对高炉操作影响很大,因此烧结后的熟料还要进行整料(破碎和筛分)、混匀,使炉料粒度尽可能适合于高炉最佳粒度范围。这一套工作进行得越严格,高炉运行就越持续稳定,铁水质量、生产率、成本等方面就越能取得良好效果。

综上所述,矿石的预处理除能有效地利用贫矿外,对增加出铁量、降低焦炭消耗、改善铁水质量、回收共生金属成分等,均起着良好的促进作用。矿石的预处理是冶金技术发展的趋势。

选矿、烧结是粉尘污染十分严重的过程,故除尘十分重要。这些工序能耗大,如球团矿的焙烧耗能量为每吨 $4 \times 10^8 \sim 8 \times 10^8$ J。因此,余热的回收利用潜力很大,应予重视。

2. 燃料的准备

燃料是高炉冶炼中不可缺少的基本原料之一。高炉冶炼早期以木炭为燃料,而后使用焦炭。煤为什么不能直接作为炼铁燃料,而必须炼为焦炭呢?这是因为煤燃烧时产生大量挥发物,燃烧不集中,使燃烧温度达不到高温;同时,这些挥发物又会生成大量污垢和灰粉,堵塞高炉管道,给高炉操作带来困难;此外,煤燃烧后会软化,会因此影响高炉的透气性。

现代焦炭生产过程分为:洗煤、配煤、炼焦、熄焦及煤气和化工产品回收处理等工序。

洗煤就是将原煤在炼焦之前先进行洗选的过程,其目的是降低煤中所含的灰分和洗除煤中的其他杂质。

配煤就是将各种结焦性能不同的煤经过洗选后,按一定比例配合进行炼焦,其目的是在保证焦炭质量的前提下,扩大炼焦煤的使用范围,合理利用资源,并尽可能多地得到一些化工产品。

炼焦是将配合好的煤粉装入炼焦炉的炭化室,在隔绝空气的条件下通过两侧的燃烧室加热干馏,在经过一定的时间最后获得质量合格的冶金焦。

焦炭产品处理是将由炉内推出的炽热的焦炭经喷水熄火或干熄火后,进行筛分分级,获得不同粒度的焦炭产品,分别送往高炉和烧结等用户。

3. 其他辅助材料的准备

炼铁生产还需要熔剂,高炉炼铁主要采用石灰石作熔剂。石灰石要求氧化钙含量高,二氧化硅和氧化铝含量低,硫、磷含量低,块度适宜。因此,除铁矿外,还需开发其他辅助原料矿山。

钢铁生产还要消耗大量的耐火材料,每生产 1×10^7 t 钢,消耗耐火材料就高达 4.2×10^6 t(全系统各种炉子用量),钢铁工业消耗的耐火材料占耐火材料总产量的 60%~70%,主要品种是各种形式的耐火砖和散状耐火材料。冶炼设备的大型化对耐火材料提出了更高的要求,耐火砖生产须采用"三高"工艺,即高纯原料、高压成形、高温烧成,产品由"普通"向高级发展,才能保证冶炼设备"炉龄",以实现稳定生产。

4.2.2 高炉炼铁

高炉是炼铁的主要设备,由高炉冶炼的生铁约占总产量的 98%。虽然直接还原等非高炉炼铁法近年来有了一些发展,但是,新建的高效炼铁设备仍然是高炉。这一点在今后相当长的一段时期内是不会改变的。

1. 高炉及其附属设备

高炉及其附属设备的结构和工作原理见图 4-3。

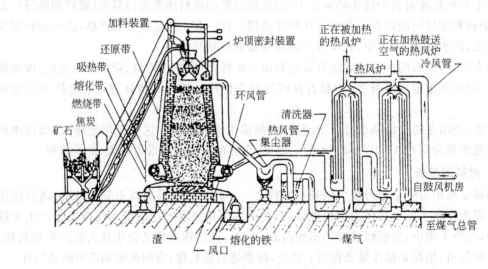

图 4-3 高炉系统及其工作原理

人们通常所说的高炉,是一个以高炉为中心的设备群,按其功能又可分为以下若干系统,各司其职,协调动作,共同完成炼铁作业。

(1) 高炉本体。高炉本体是炼铁生产的主要设备,它是一种竖炉,包括高炉的基础、炉壳、炉衬、炉型、冷却设备、立柱和炉体框架等。高炉的内部空间叫炉型,分为 5 段:炉喉、炉身、炉腰、炉腹、炉缸。整个冶炼过程是在高炉内完成的。

（2）上料设备系统。上料系统包括储矿仓、称量车、卷扬机、料罐、铁路和专用罐车等。其任务是将高炉所需原燃料，按比例通过上料设备送到炉顶的受料漏斗中。新型高炉多用皮带输送机连续上料。

（3）装料设备系统。装料设备系统一般分为钟式、钟阀式、无钟式三类，我国多采用钟式装料设备系统，技术先进的高炉多采用无钟式。钟式装料设备系统是将上料系统运来的炉料，均匀地装入炉内，并使其在炉内合理分布，同时起到密封炉顶、回收煤气的作用。

（4）送风系统。包括功率巨大的鼓风机、体积庞大的热风炉（通常1座高炉备有3至4座热风炉）及送风管道。用高炉煤气预热空气，为高炉送热风。

（5）除尘系统（包括除尘器、洗涤塔和文氏管）以及出铁出渣的渣铁系统（包括泥炮、电钻、输铁槽、撇渣器、渣罐、铁罐等）。

大型高炉是人类的重大创造之一，体现了大生产的气魄和伟大的机械力量。人创造了机械的巨人，从而使自己成为更加伟大的巨人。

2. 高炉炼铁的操作

高炉炼铁的任务是把铁矿石炼成生铁。铁矿石是氧化铁与脉石的混合物。所以，铁矿石在高炉中冶炼应完成三个基本作用：排除氧化铁中的氧——还原作用；把铁与脉石分开——造渣作用；铁吸收碳素、降低熔点——渗碳作用。

炼铁的生产过程，就是把原料、燃料和溶剂，按一定比例组成一批一批的炉料（叫作料批），由卷扬机或传送带提升到炉顶通过密封加料装置装入高炉。炉料在炉内构成的料柱，由于下部的焦炭不断燃烧及矿石、溶剂不断熔化而连续下降。炉料不断装入，使料柱保持规定的高度。另一方面，被热风炉预热到900～1200℃的热风，由风口吹入高炉下部，使焦炭燃烧生成煤气；炽热的煤气在上升过程中将热量传递给炉料，同时与炉料发生化学变化；炉料则在下降过程中逐步被煤气加热，随着温度的提高，先后受到还原、造渣和渗碳作用。还原后的铁，经过渗碳并溶解高炉下部还原出来的硅、锰、磷、硫等杂质而形成生铁。脉石、熔剂和焦炭灰分形成最后的炉渣。生成的铁水和炉渣积蓄在炉缸里，达到一定数量时，从出铁口及出渣口定时排出炉外。在一般情况下，一座中型高炉昼夜要出铁8至10次。图4-4是一座一般水平的高炉的生产实际情况。

高炉开炉以后，冶炼连续不断，一般要持续12至15年以上才停炉大修，目前世界上最先进的高炉役龄已近20年。生产期间主要保持炉子冶炼正常和纠正冶炼失常。炉子冶炼状态称为炉况。只要保持炉料及煤气分布均匀，料柱下降顺利，炉况适中，就是"高炉顺行"。炉况正常，就能使高炉产量、焦比、生铁合格率达到设计要求。但是，高炉冶炼，实际上是一个每时每刻都在变化着的复杂的物理化学过程，受到各种因素的影响。为了能正常地顺利地进行冶炼，减少波动，需要建立严格的操作制度，包括装料制度、送风制度、造渣制度和热制度等。

但是，即使严格按制度操作，炉况失常还时有发生，要不断认真观察炉内变化情况，及时采取各种有效措施加以调整。如果采取不负责任的态度，轻则造成生铁产量下降、原料消耗上升、生铁质量恶化，严重的还会酿成重大的事故。

高炉操作是一个集体性工作，要求各方面集中统一，认真负责，协同作战。大高炉的生产，炉前操作目前已实现了全部机械化，对原材料的综合管理、装料、分析、炉况调节等，都逐步实现了自动控制，为高炉的稳定生产打下了更好的基础。

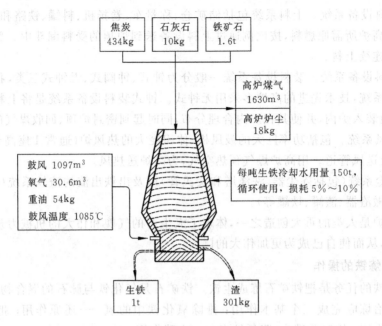

图 4-4 某高炉生产每吨生铁使用的原料和燃料量(某月平均值)

3. 高炉生产的综合利用

1) 热风的取得

空气也是高炉生产所必需的原料,为此须配置巨大的鼓风机房,用离心式鼓风机将空气加压,经热风炉和管道输送到高炉的热风围管,从围管各个风口处的进风吹管将热风送入炉内(风口多达 16 至 30 个)。对于中等冶炼强度的高炉,每分钟鼓入炉内的空气为炉子有效容积的 2 至 3 倍。生产实践证明:提高入炉空气的温度,可以降低焦炭消耗和提高高炉的生产能力。空气的预热是在热风炉中进行的,是一种典型的余热利用的热交换过程。

高炉的热风炉采用蓄热式热交换炉,其结构主要有燃烧室和蓄热室。由燃烧室下部的烧嘴燃烧气体燃料(高炉煤气或焦炉与高炉的混合煤气),燃烧后的气体流入蓄热室加热砌成格子状的耐火砖,格子砖温度升高后切换阀门,送入由鼓风机来的空气,其流向与燃烧后的气体流向相反,吸取格子砖的热量,然后再将加热了的空气送入高炉。当蓄热室温度下降后,再切换为燃烧,这样燃烧和空气加热交替进行。因此,对一座高炉应设置三至四座热风炉,以保证高炉连续送风。加热后的热风温度可达 1000~1200℃。近年来,为了节约焦炭,在技术操作方面都倾向于提高送风温度,并以 1300℃以上为目标。

2) 高炉的冷却

高炉炉墙的耐火砌体承受高温,为延长各部位耐火砌体的寿命,须采用种种办法使之冷却,因此高炉也是用水大户,生产每吨生铁的总用水量在 150t 以上。冷却水在管道中运行,为防止产生水垢,堵塞管路,全部用水须经软化处理,费用很高,所以水的循环使用是非常必要的。

3) 高炉煤气的综合利用

高炉炉顶排出的高炉煤气,仍是一个载能体,所载能量形式包括热值、温度和压力。每生产 1t 生铁,可产生 2500~3500m³ 煤气,综合利用其全部能量,是很有经济意义的。高炉煤气含 CO 约 20%,发热量约为 $3.4×10^6 J/m^3$。因此,可作热风炉、焦炉和各种加热炉的燃料。压力能以往都未被利用,煤气经除尘、减压一直到用户,压力能大多损失于回收过程中,如将此能量用来发电,其价值相当可观。以日产 10000t 生铁的大高炉计,利用余压发电日产可达 10000kW·h 以上,而这部分电的成本只为由电网供电的 60%,同时还有利于煤气热能的回收利用。

4) 高炉渣的利用

在金属熔炼过程中,造渣是与金属氧化物还原同样重要的反应。在高炉中作为熔剂装入的石灰石分解成 CaO,与不能起还原反应的脉石及焦炭灰分中的 SiO_2、Al_2O_3、MnO 等相互作用,生成互溶的硅酸盐渣,致使熔点下降,并由于相对密度小而与铁水分离,同时,渣还可使铁水进一步脱硫。一般情况下,铁与渣之比接近 1:1,虽经多年努力,仍未能降至 0.5 以下。这样大量的弃渣仅堆放占地一项,就已成为炼铁厂的一大包袱,因此必须进行综合利用。高炉炉渣常可用作制造砖和水泥等建筑材料的原料。

4. 炼铁生产技术的发展

炼铁生产技术的发展,主要围绕高炉生产进行,比较突出的发展趋势有如下几方面。

1) 大型化

高炉向大型化发展,是近几十年各国一致采取的作法。大型高炉有许多优点,例如,产量和生产效率高,劳动费用和吨铁基建投资低,只要满负荷连续生产,中小高炉是无法与之比拟的。因此,在我国技术改造规划中将高炉向大型化发展定为一条重要的行业技术政策。

但是,高炉向大型化发展是有条件的,大高炉虽有上述一些优点,但是它要求大量的优质原料、燃料的供应,并且受建厂规模的限制。例如上海宝山钢铁厂系统引进了国外 20 世纪 80 年代初的先进技术,其中高炉的容积为 $4000m^3$,这对焦炭质量尤其是强度要求较高,以保证炉内不致产生过多粉末。现在采取给宝钢"吃小灶"的办法,即把华东、华北地区的高质量炼焦煤首先供应宝钢。其他钢铁企业无法得到这样好的炼焦煤,就不能建 $4000m^3$ 高炉,以建较小的高炉为宜。因此选择新技术要强调符合"先进、适用、经济"的原则,各企业条件不同,采用的技术装备绝不能统一模式。

2) 精料

精料是强化高炉冶炼的物质基础,也是大型高炉采用先进技术的前提条件。实践证明,提高炉料品位对降低焦比(冶炼 1t 生铁消耗的焦炭量)、提高产量十分有利。在世界范围内,高炉精料将以入炉矿含铁 58%~61% 为目标。焦炭灰分则应控制在 7%~10% 以下。随着天然富矿的耗竭,使用人造富矿(熟料)已成为各国高炉炼铁的共同特点,几个主要产钢国的熟料比都已提高到 90% 以上。另外,现代化高炉,对炉料的粒度控制也很严格,大型烧结机一般采用 2 次破碎、2 次筛分,有的还要进行 3 次、4 次。这样大型高炉的有效容积利用系数(每立方米高炉有效容积一昼夜生产的合格生铁吨数)有可能达到 3 左右,而高炉渣量将可控制在 250~300kg/吨铁以内。高炉的高效率正是在每一环节的严格控制中实现的。

3) 综合鼓风

在技术操作方面的主要措施有高压操作、高风温、富氧鼓风、喷煤降焦等,称为"综合鼓风"。

增加炉顶压力(即增大炉内压力)可以使气体与炉料接触时间延长,加强还原反应,降低焦炭用量,减少炉气吹出量,因而提高了高炉生产能力。常压炉顶煤气压力为 $10^4 Pa$ 左右,而高压炉顶煤气压力多在 6×10^4 Pa 以上,高者可达 3×10^5 Pa。

　　从高炉风口向炉缸内喷吹固体、液体、气体等燃料,是近代高炉降低焦比的一项重要技术措施。20 世纪 60 年代我国(首钢)在国际上率先开发的喷煤降焦技术,成为高炉世界性技术进步的方向,至今仍保持领先地位。20 世纪 80 年代以来,喷吹煤粉由单一的无烟煤,发展到资源更为广泛的烟煤,以及重油、焦油、油沥青、焦炉煤气等。喷吹燃料使高炉部分地摆脱对优质焦煤的依赖程度,减少焦化系统对环境的污染。喷吹燃料还可富化高炉煤气,有利于能源的二次利用。目前我国向高炉内每喷吹 1t 煤粉,可节约 80～100 元,如考虑到焦炉的投资和折旧,降低成本的幅度更大。提高送入高炉的热风温度,可以有效地降低焦比。实践证明,当风温每提高 100℃,焦比可降低 6% 左右。提高风温的关键是改进热风炉结构和材质,世界先进高炉的风温最高可达 1370℃。

　　4) 自动化

　　高炉炼铁自动化的目的是使生产过程最优化,生产出质量稳定的产品和改善各工序操作人员的劳动条件。这就要求在技术经济方面采取富有成效的合理化措施。用矿石冶炼铁水的过程中,物理化学变化既难控制又难测量,特别是操作温度很高,部分料流不连续,工艺过程难以观察,给测量和控制带来很大困难。高炉炼铁的自动控制,也只能从局部自动化,逐步向整个过程自动化发展。目前,在配料装料设备方面,已采用了连续控制技术。热风炉的换炉操作,已能将远距离手动操纵改为根据热风出口温度和废气温度自动换炉,从适应高风温要求和提高热效率这一点出发,采用四座热风炉交叉送风方式,效果更好。

　　计算机在高炉上的应用日益普及,可以集中检测和记录所有可以影响生产过程的参数;快速地进行参数运算和对测量值进行相应的监视,为手动控制提供必要的实际操作依据;通过对高炉煤气成分和压力的检测,以及对铁水和炉渣的数量、成分和温度的测量来改进加料程序,从而提高高炉的生产能力;通过改善高炉控制状态来提高生铁质量,使炼钢车间生产经济合理;并通过对各个生产环节的综合分析,来不断改进工艺过程。

4.3　炼钢生产

4.3.1　炼钢目的

　　高炉冶炼出的生铁含有很多杂质和较多的碳。生铁制品虽然硬而耐磨,但是很脆,也不易焊接,不能进行压力加工和切削加工,因此不能满足工程的要求。钢具有很好的物理化学性能与力学性能,可以进行拉、压、轧、冲、拔等深加工。所以,除很少一部分生铁用来铸成生铁铸件直接应用,或浇铸成生铁锭供机械行业配制铸铁件毛坯外,绝大部分均需进一步冶炼,将生铁转化为钢。

　　炼钢的工艺目的主要有以下几个方法。

　　(1) 去除杂质　将有害元素硫、磷、氧、氢、氮和夹杂物等杂质降低到规定值以下。减少它们对使用时的机械性能和对后续加工时的工艺性能的不良影响。

　　(2) 调整化学成分　钢和生铁实际上都是铁碳合金。碳的质量分数不仅对钢铁的性能影响很大,也是区别钢和生铁的主要标志。因此,调整化学成分主要是减少生铁中碳的质量分数,并使其控制在某一钢号的范围。调整成分的另一重要内容是根据需要适当地加入一些合金元素如锰、铬、镍、钛等,以形成合金钢。此外,对钢有益的成分如硅、锰等的含量,也应控制在规定的范围才能发挥其有利作用。化学成分的不同引起材料内部组织结构的变化,因此反映出不同的性能。

(3) 浇铸钢锭或钢坯,为轧钢提供坯料　炼钢过程是在1700℃左右的高温下进行的,基本化学反应是氧化。根据炼钢所采用的设备不同,分为平炉炼钢、转炉炼钢和电炉炼钢三种。各种炼钢方式主要区别在于供热、供氧方法不同,而这又是由不同技术发展阶段所能提供的条件所决定的。

4.3.2　炼钢工艺流程

现代炼钢工艺主要的流程有两种:以氧气转炉炼钢工艺为中心的钢铁联合企业生产流程和以电炉炼钢工艺为中心的小钢厂生产流程。通常习惯上人们把前者称作长流程,把后者称作短流程,如图4-5所示。

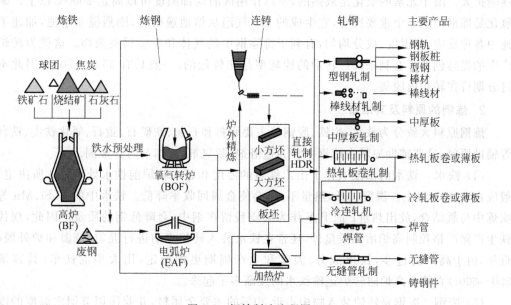

图 4-5　钢铁制造流程图

① 长流程工艺　从炼铁原燃料(如烧结矿、球团矿、焦炭等)准备开始,原料入高炉经还原冶炼得到酸态铁水,经铁水预处理(如脱硫、脱硅、脱磷)兑入转炉,经吹炼去除杂质,将钢水倒入钢包中,经二次熔炼使钢水纯净化,然后钢水经凝固成形(连铸)成为铸坯,再经轧制工序最后成为钢材,由于这种工艺生产单元多、生产周期长、规模庞大,因此称之为钢铁生产的长流程工艺。

② 短流程工艺　将回收再利用的废钢经破碎、分选加工后,经预热加入到电弧护中,电弧炉利用电能作能源熔化废钢,去除杂质(如磷、硫)后出钢,再经二次精炼获得。

4.3.3　氧气顶吹转炉炼钢

所谓炼钢,就是将铁水、废钢等炼成具有所要求化学成分的钢,并使其具有一定的物理化学性能和力学性能。为此,必须完成去除杂质(硫、磷、氧、氮、氢和夹杂物)、调整钢液成分和温度三大任务。

转炉炼钢以铁水和废钢为主原料,向转炉熔池吹入氧气,使杂质元素氧化,杂质元素氧化热提高钢水温度,一般在 25~35min 内完成一次精炼的快速炼钢法。目前转炉炼钢是世界上最主要的炼钢生产方法。

转炉炼钢法的发展经过了顶吹、底吹和复吹。这里主要介绍目前应用最广的氧气顶吹转炉炼钢法。

1. 氧气顶吹转炉内反应的基本特点

氧气顶吹转炉与其他炼钢法的主要不同点是:它是以高温铁水为主要原料,以高压氧气经内冷喷嘴从熔池上方供氧。由于高压氧气流与熔池间的直接作用,引起熔池内液体金属的运动,于是构成了这种炼钢方法炉内反应的一些基本特点。

元素的氧化反应,开始主要集中在氧气流与熔池的作用区,随着氧化强度增加,作用区逐渐扩大。由于元素的氧化是放热的,所以作用区的局部温度可以高达 2000℃ 以上。碳的氧化是炼钢中的一个重要反应,它生成的 CO 气泡从熔池逸出时,剧烈搅动熔池,加速了熔池中各种反应,使温度、成分均匀,有利于排除钢中的气体和非金属夹杂物。这就为转炉生产率的提高创造了有利条件。转炉的脱硫率是比较低的,一般只有 35%~50%,因此不能过分期待在转炉内脱硫。

2. 炼钢的原料及其准备

炼钢原料大致分为铁水、生铁、废钢等主要原料和石灰、铁矿石、萤石、氧化铁皮、铁合金等辅助原料,这些辅助原料在炼钢中作为造渣剂、脱氧剂、冷却剂与合金剂。

(1) 铁水　铁水的温度大体上由出铁时的温度和装入转炉前铁水处理方法所决定,一般应在 1300℃ 以上。温度过低,热量不足,会使金属回收率降低。铁水中的 C、Si、Mn 等在吹炼中与氧结合,放出热量;而 P、S 作为杂质残留在钢中,会降低钢的质量。因此,现代钢铁生产除严格控制高炉冶炼质量外,还常在铁水装入转炉之前进行混匀、调温和炉外脱硫。近年,由于高炉的进步,铁水成分、温度和生产周期更加稳定,用大型混铁车(其容量为 200~600t)直接由高炉向转炉运输铁水的逐渐多了起来。

(2) 废钢　废钢是转炉装入物中占近 30% 的主要金属料,并兼作调节钢水温度的冷却剂。废钢要尽量少混入不纯物和合金元素,其形状、体积、质量等也直接关系到炼钢能力。由于废钢比铁水便宜,多用废钢可降低炼钢成本。

(3) 造渣剂与冷却剂　在炼钢过程中,为除去 S、P 等杂质,造成反应性好、数量适当的渣是很重要的。为此向炉内添加的材料有石灰、石灰石及促进它们熔化的萤石等。好渣出好钢,并直接影响转炉操作和炉衬寿命。在钢液反应温度过高时,为了使温度下降至规定范围,须适时加入冷却剂。冷却剂大多使用氧化铁皮和矿石,近年还使用烧结矿、球团矿、铁矿砂等。此外,废钢和石灰石也可作冷却剂。

(4) 合金剂和脱氧剂　利用合金剂与脱氧剂将钢的最终成分调整到所要求的值。为了向钢中添加 Ni、Cr、W、V、Mo、Ti 等合金元素,要先将这些元素与铁炼制成中间合金。脱氧剂是为将钢水中含氧量降低到适当值而添加的材料,主要采用硅铁、锰铁、硅锰合金和铝锭等。无论是对合金剂还是脱氧剂,都要求有高的合金回收率、反应产物易于分离、较少的杂质以及便宜的价格。

3. 氧气顶吹转炉炼钢的设备

氧气顶吹转炉也是一个设备群。为了使炼钢过程成为高效、低耗、无公害的工业生产，这些设备的设置及其协调是十分必要的。下面描述一下各组成部分的工作。

(1) **炉体** 炉体呈大口瓶状，其外壳由 30～50mm 厚的钢板焊成，内部衬砌耐火材料。耐火材料按操作条件和冶炼钢种的差异，分别选用合适的材质，制成需要的形状。其质量与砌筑技术对炉龄（耐火材料炉衬的持续炉数）影响极大。现在，在合理操作下，炉龄可达 800～2000 炉，若再加上先进的溅渣护炉技术，炉龄甚至可突破万炉。炉体一般用电动机构倾动，以便加料、出钢和出渣。这便是转炉名称的来源。

(2) **氧枪** 转炉吹炼时所需的氧气由氧枪导入炉内，由氧枪喷头向钢液面喷吹 8×10^5～1.2×10^6 Pa 的高压氧气。氧枪内部要通冷却油冷却。比较先进的转炉，吹炼时伸进炉内的还有装有探头的副枪，能在炉内测量钢水温度、碳的质量分数、氧的质量分数，并将信息传给计算机以对冶炼过程进行动态监控。

(3) **铁水和废钢的装入设备** 从混铁车或混铁炉中倒出一炉装入量的铁水于铁水罐中，在测定温度和取样分析后，由吊车装入转炉。此吊车装有称量设备，因此在铁水倒入转炉时，可监视其装入的大致质量。废钢由带有电子秤的电磁吸盘装入废钢料槽，再由吊车吊起，从炉前装入转炉。

(4) **辅助原料装入设备** 在转炉中使用的造渣剂、冷却剂的种类多、数量大，使用方法多种多样，又必须在短时间内连续正确投入，而且还要保证转炉在压力下工作，因此，这种设备的先进性是其他炼钢方法所没有的。在炉顶的正上方，设置石灰、萤石、铁矿石等多种原料的料斗。冶炼时，根据冶炼要求将料斗开启，由电子秤称量，再通过皮带送至中间密封舱，然后关闭密封舱的进口，打开出口，料由烟道加入炉内。全部动作由炉前控制室操作自动进行。

(5) **供氧设备** 氧气顶吹转炉使用的氧气纯度在 99.6% 以上，大量的高纯度氧气在制氧厂由液化空气分离制取。制氧厂送出的氧气量，通常是连续、恒定的，但转炉吹炼对氧气的需求却是间断、集中的，在短时间内需要大量的氧气。为了取得供需平衡，炼钢车间须设置大型氧气储罐，容量 400～2000m³，压力提高到 2.5×10^6 Pa，以提高储存量。

(6) **起重设备** 钢厂的起重机（吊车）是极其重要的设备，因为从原料到成品的输送均为吊车作业，且一般炼钢厂都是几座转炉并排安置，同时作业（冶炼程序要错开），所以吊车工作的优劣，直接影响炼钢能力的发挥。因此吊车作业应按指示图表进行，要求组织工作十分准确和严密。

(7) **废气的处理** 废气处理装置主要是废气冷却和集尘设备，并常与余热利用和原料回收综合考虑。

4. 吹炼过程操作工序

上炉钢出完后，根据炉况加入调渣剂调整熔渣成分，并进行溅渣护炉（必要时进行补炉），倒完残余炉渣，然后堵出钢口。装入废钢和兑入铁水后，摇正炉体，下降氧枪进行吹炼，同时由炉口上方的加料溜槽加入第一批辅料，其加入量约为总渣料量的 2/3。

当氧流与熔池面接触时，硅、锰、碳开始氧化，称为点火。吹炼初期，炉口出现黄褐色的烟尘，随后燃烧成火焰，这是带出的铁尘和小铁珠在空气中燃烧而形成的，由于渣料未熔化，氧气射流直接冲击公金属液面上，产生的冲击噪声较刺耳。点火后约几分钟，初渣形成并覆盖于熔池面上。随着硅、锰、磷、碳、铁的氧化,熔池温度升高,从炉门冒出的浓烟急剧增多,火焰亮度增加,炉渣起泡,炉口有小渣块溅出,这标志着反应进入吹炼中期。

吹炼中期,脱碳反应激烈,渣中氧化铁含量降低,如控制不好会使炉渣熔点升高和粘度加大,并可能出现稠渣(即"返干")现象。此时应适当提高氧枪,并可分批加入铁矿石和第二批渣料(其余1/3),以提高档中氧化铁含量及调整炉渣性能。如果炉内化渣不好,则加入第三批渣料,其加入量视炉内化渣情况决定。

吹炼后期,金属中碳的质量分数大大降低,脱碳反应减弱,火焰变短而透明。最后根据火焰状况、供氧数量和吹炼时间等因素,按所炼钢种的成分和温度要求确定吹炼终点,并提枪停止供氧(称为拉碳)、倒炉、测温、取样。根据分析结果,决定出钢或补吹时间。

当钢水成分(主要是碳、硫、磷的含量)和温度合格时,打开出钢口,倒炉、挡渣出钢。当钢水流出总量的1/4时,向钢包内加入铁合金进行脱氧合金化。出完钢后,进行溅渣护炉(或补炉),倒渣之后组织装料,进行下一炉炼钢。

4.3.4 铸锭与连续铸坯

不管用什么方法生产钢,在它变成实用的产品之前,必须由液态变成固态,这种凝固过程可经过铸造使其成为最终需要的形状(称为铸钢件毛坯,将在机械制造部分讲述);也可通过铸锭或连续铸坯,使其先变成某种中间形态,然后再锻造或轧制成需要的形状,而后一种形式是更主要的。

1. 铸锭工艺

冶炼完毕后,钢水注入盛钢桶。在桶中对钢进行脱氧和调整成分,必要时进行真空脱氧处理,然后浇入钢锭模中,随之冷凝成块,即钢锭。在钢锭完全凝固或表面凝固层足够厚时,从锭模中抽出(脱模),送至初轧厂。上述一系列操作称之为钢锭浇注作业。

钢锭浇注需要使用大量铸铁制成的钢锭模,通常锭模质量是钢锭质量的1.1至1.2倍,在每日使用1至2次时,寿命为50~200次,因此钢锭模成为钢铁工业的大宗消耗品。我国现在每吨钢耗用锭模25kg左右,每年用于浇注钢锭模的生铁近1×10^6t。

锭模在每次使用前,都必须进行认真的清理与准备。但即使如此,由于钢水的性状、注入条件不同或钢锭模处理方法不当,仍会使钢锭产生种种缺陷。例如钢水凝固时,体积收缩,在钢锭头部产生缩孔;由于各种成分凝固时间的差异会造成偏析;以及各种各样原因造成的表面缺陷,如裂纹、夹渣等等。这些缺陷不仅使开坯轧制时成材率下降,而且往往与轧制后钢材中的缺陷相关联,为此在轧制前还必须增加精整工序。

2. 连续铸坯工艺

连续铸钢法是将液态钢用连铸机浇铸、冷凝、切割而直接得到铸坯的工艺。它是连接炼钢和轧钢的中间环节,是炼钢生产的重要组成部分。一台连铸机主要是由钢包回转台、中间包、中间包车、结晶器、结晶器振动装置、二次冷却装置、拉矫装置、切割装置和铸坯运出装置组成。如图4-6所示。

连铸机的工作过程简述如下:盛钢桶中的钢水先注入中间罐,再由中间罐流入结晶器。结晶器是用水冷却的无底铜模。为了使连铸坯引出容易,结晶器作轻微的上下往复运动。在结晶器中,使钢坯的外壳凝固并从结晶器底部由拉辊慢慢拉出,在夹持辊夹送下,在二次冷却区喷水冷却使之凝固。在完全凝固的位置,按规定的长度切断成连铸坯,以备轧制。改

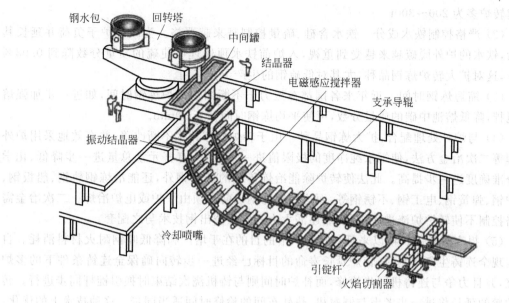

图 4-6 二流连铸示意图

变结晶器的断面形状,可得到不同断面的钢坯,如方坯、扁坯、板坯、圆坯和其他各种异形钢坯。

3. 连铸法和模铸法的比较

(1) 省去钢锭模这一大宗消耗品。

(2) 省去均热-初轧工序。

(3) 成材率提高。一炉钢水(多炉连浇时为几炉钢水)连铸成一块长的连铸坯,仅需将头尾二端切去。因此模铸法钢坯的成材率很难达到 90%,而连铸法可高达 94%~98%。

(4) 提高钢坯质量。因为连铸时钢液是沿铜制结晶器光滑内壁凝固的,所以很容易获得表面光滑的连铸坯,因此连铸坯只需要局部的精整(清除表面缺陷),甚至不需精整而直接进入后一道工序。在水冷结晶器内凝固,冷却速度快,金属内部组织结构致密,非金属杂质也较少,在轧制钢材时无需很大压缩比即可获得良好的机械性能。

(5) 钢锭浇注机械化。以往铸锭车间需反复地进行锭模准备、浇注、脱模作业,劳动条件差,机械化程度低,连铸使自动化浇注方法成为可能。待实现连铸连轧后,生产面貌还将进一步改观,这也是连续铸钢法的重要意义之一。

由于有上述优点,使连铸法推广很快,占世界粗钢产量的比重逐步提高。

4.3.5 炼钢生产技术的发展

当前炼钢生产技术发展的趋势,是氧气转炉钢大幅度增长,平炉钢显著下降,电炉钢稳步上升。

1. 氧气转炉

除前面介绍的氧气顶吹转炉外,还有氧气底吹转炉,最近又发展成顶底复吹转炉。它的发展动向,主要有以下几方面。

(1) 向大型化发展 1960 年以前,世界范围内一般转炉容量为 60t,最大为 100t,而今新建转炉多为200～300t。

(2) 严格控制铁水成分　铁水含硅、硫量控制越来越严格。为减轻炉子负荷并延长其寿命,铁水的炉外脱硫越来越受到重视,入炉前铁水预处理可使硫的质量分数降到0.03%以下,这对扩大转炉炼钢品种,尤其对低硫钢的生产十分有利。

(3) 缩短炼钢时间　近年来各国都在致力于不断缩短每炉炼钢时间,如进一步加强熔池搅拌,降低熔池中碳的质量分数,可使平均炼钢时间低于30min。

(4) 与炉外处理配合,扩大炼钢品种　由于转炉操作技术不断改善,并有效地采用炉外处理等二次冶金方法,使钢水纯净度的极限值进一步改善、有害元素总量进一步降低、化学成分准确度进一步提高。此法使转炉除能冶炼传统的低碳钢外,还能冶炼钢轨钢、船板钢、锅炉钢、弹簧钢、电工钢、不锈钢等,而这些特殊钢以前必须由平炉或电炉冶炼。二次冶金需严格控制不使转炉炉渣进入钢包,故还需大力开发分渣出钢技术与之配套。

(5) 提高炉龄　长期以来延长转炉炉龄的目的在于增产和降低吨钢耐火材料消耗。自从实现全连铸生产体制后,转炉延长寿命的目标已经进一步转向确保全连铸条件下的多炉连浇,并且力争与连铸机同步检修,而补炉时间则与铸机浇次结束时换引锭杆同步进行。转炉炉龄的延长将进一步考虑与制氧机、热轧车间的检修时间适当同步。这种技术上的优化,对企业管理和提高企业效益很有意义。从现在的技术水平看,一些企业的转炉炉龄达到两年以上。提高炉龄的主要措施有:改进炉衬耐火材料质量,实行溅渣护衬(出钢后通过氧枪通入高压氮气将剩余在炉底的熔渣吹起飞溅到炉壁上加厚炉衬)和热喷补维护炉衬,改进造渣剂和采用计算机自动控制等。

(6) 发展计算机自动控制　炉况、氧量、造渣等一系列转炉检测仪表的研制提高了转炉生产的自动化程度,新建厂已多数采用计算机控制,目前主要还是静态控制,一些较先进的厂实行动态控制后,终点碳及终点温度的命中率均提高到90%以上。

(7) 氧气底吹转炉和顶底复合吹炼　氧气底吹转炉出现在1967年,起初是用于托马斯转炉的改造,后来用于新建转炉并随之向大型发展。目前,各国对发展顶吹转炉和底吹转炉有不同意见。预计在一个时期内,二者将同时发展,并有可能发展成顶底复合吹炼,进一步完善转炉炼钢技术。

2. 平炉

目前,大部分普通钢由转炉冶炼。平炉已不再新建,旧有平炉也在逐步退役。这一变化也是说明技术进步一般规律的一个很好例子。在早期转炉吹空气时,空气中氮气多,不容易控制质量,这时平炉以其质量好、容积大,有着极大的优势。尽管平炉炼钢借助于外加燃料产生的热量供给冶炼过程,需要消耗大量燃料,但在一个相当长的时期中仍是生产上占统治地位的炼钢方法。随着工业水平发展,可以制得廉价氧气后,转炉改为吹氧,质量有所提高,转炉的容积也逐渐加大。电力事业可以提供廉价电力后,电炉也转向大容积,原来必须由平炉获得的大钢锭、大铸件和高质量的特殊钢种,完全可以由转炉和电炉更快、更好地完成。计算机技术和分析技术的进步,可以直接在快速反应的转炉内分析炉况,进行动态控制,于是质量进一步提高。此时,平炉必然作为一种陈旧技术被取代。

3. 电炉

电炉的发展没有氧气转炉那样引人注目,但产量持续稳步上升。这主要是由于以电能作热源,便于控制,可获得很高的炉温,又避免了燃料对钢液的污染,因此为冶炼多种高合金钢提供了条件,所炼钢种比平炉、转炉多得多。电炉的改进主要围绕进一步提高生产率,措施主要有四项:其一,依靠电力电子技术的新发展,如采用超高容量变压器,使电炉输入功率不断提高,电炉容积和每小时产量不断加大。现正致力于开发 180~220t 级的大型电炉用于生产扁平材。超高功率操作还促进了高强度、高导电率、高电流密度电极的改进,降低它的氧化损失。其二,改进炉型、延长炉龄。其中一种应用水冷箱炉壁使超高功率操作造成的高温区炉衬寿命从几十炉提高到几千炉以上。其三,辅以化学能,采用油氧烧嘴助燃法和废钢预热技术,使电耗进一步降低。其四,冶炼节奏"转炉化",从 90min 一炉,缩短到 40~45min 一炉。如果进一步缩短装料时间,有可能实现日产 36 炉钢的生产体制。

4. 连续铸坯

连续铸坯是战后钢铁工业的重大技术革新之一,这一技术使铸锭和初轧工序大大简化。进入 20 世纪 70 年代,连续铸坯出现了大发展的势头,至今不衰。现在仍是钢铁制造流程中发展最为活跃的环节。主要发展方向有四项:其一,全连铸体制的全面普及,并以生产无缺陷铸坯为基础,逐步实现铸坯热送,铸坯直接装炉,甚至铸坯直接轧制。其二,发展高拉速连铸,小方坯连铸向 3.4~4.2m/min,传统板坯连铸向 2.2~3m/min 的拉速发展。其三,发展近终型连铸,包括薄板坯连铸、异型坯连铸、线材连铸、空心圆坯连铸等。其四,提高铸坯表面和边角部质量,这是各类连铸机的关键技术。铸坯表面质量的提高,将有力地促进钢厂流程的"紧凑化"和生产规模的灵活性,在投资和成本方面具有相当重要的价值。

4.4 钢材的生产

钢材的生产过程如图 4-7 所示。

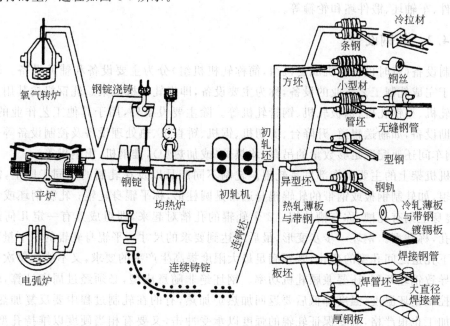

图 4-7 钢材生产过程简图

炼钢生产的钢锭或连铸坯(称为粗钢),要经过压力加工制成钢材才能使用,压力加工使钢坯成型并进一步提高性能。压力加工的方法很多,有轧制、锻造、冲压、挤压、拉拔等,但重要性并不相同,90%以上钢锭和连铸坯通过轧制成材。因此,轧钢是钢铁生产系统中的重要环节。

钢材是钢铁工业向其他部门提供的最终产品,工业、农业、交通运输、国防等国民经济各部门,都需要多种多样的钢材。因此,钢材品种、质量和产量对国民经济各部门有很大影响。为满足各行业发展的需要,除努力增加钢产量外,扩大钢材品种、提高钢材质量和成材率,也是钢铁生产的一项重要任务。

4.4.1 钢材的品种

钢水的绝大部分铸成连铸坯或钢锭,然后经压力加工,达到所要求的断面形状和规格尺寸。钢材品种繁多,目前已达2万种以上。归纳起来,可分为型钢、板、钢管、金属制品和其他钢材等5种类型。在钢材管理上,我国目前将钢材品种分为15大类。①重轨和轻轨:以每米质量24kg为界划分;②大、中、小型型钢:用普通钢轧制的圆钢、方钢、扁钢、六角钢、工字钢、槽钢、等边和不等边角钢、螺纹钢及钢窗料等;③线材:直径为5~9mm的圆钢和螺纹钢;④厚钢板:厚度大于4mm;⑤薄钢板:厚度等于或小于4mm;⑥钢带:厚度为2~6mm的热轧普通钢带,厚度为0.05~3.60mm的冷轧钢带;⑦硅钢板:厚度为0.5~1.0mm的热轧硅钢薄板,厚度为0.2~0.5mm的冷轧硅钢带;⑧优质型材:用优质钢轧制或拉制的圆钢、方钢、扁钢、六角钢及锻制的圆钢和六角钢等;⑨无缝钢管:外径为57~500mm、壁厚为4~20mm的热轧管,外径为6~210mm、壁厚为2~8mm的冷轧(拔)管;⑩焊接钢管:直缝焊管和螺旋缝焊管;⑪金属制品:钢丝、钢丝绳和钢绞线;⑫其他钢材:钢轨配件、车轴坯、锻件坯和轮箍等。

4.4.2 轧钢设备

轧制设备(有时也称轧机成套机组,简称轧机机组)分为主要设备和辅助设备。轧机机组中用于完成轧制工艺作业的设备,称为主要设备,即指轧钢机机架。轧钢机按其用途可以分为初轧机、型钢轧机、钢板轧机、钢管轧机等。除主要设备外,用于其他工艺作业的设备,称为辅助设备,如输送辊道、升降台、剪切机、锯机、矫直机、热处理设备及控制设备等等。此外,轧钢车间还要配置足够数量的吊车、均热炉(或加热炉)、推钢机、出钢机等。

轧机机架上的主要工作部件是轧辊。轧制不同产品以及在轧制的不同工序上,需要不同的轧辊,如轧制钢板或钢带的轧辊辊身通常是圆柱形,称平辊身轧辊;轧制钢坯或型钢的轧辊,辊身上刻有孔槽,称有槽轧辊。2个轧辊的孔槽对起来,即组成具有一定几何形状和尺寸的孔,称孔型。钢坯一步步变形,最后才达到要求的尺寸。平辊身轧辊的压下量和有槽轧辊上下孔道之间孔型的变化,既要满足最大限度提高生产率的要求,又不能使每次变形量过大而导致钢坯开裂,还要兼顾轧机功率。钢坯绝非随意成型,必须经过周密计算,轧制过程还要控制钢坯温度,温度降低后要返回加热炉加热,有的在轧制过程中要反复加热多次。轧辊的加工也很严格,既要保证轧辊的强度以承受冲击,又要有相当硬度以维持孔型稳定。只有这样,才能保证轧钢质量并延长轧辊使用寿命。现在轧辊大多已由轧辊厂专业生产。由此可见,生产必须有成套技术措施和严密的组织管理给予保障。

4.4.3 轧钢的两种类型

轧钢有两种加工类型：热轧——钢锭（或钢坯）先加热到一定温度再进行轧制；冷轧——将坯料在常温下进行轧制。由于金属在高温下变形抗力小，容易获得较大的变形量，所以当产品需要变形量较大的轧制加工时，多采用热轧；而冷轧变形量小，但所获得的制品表面较光洁，尺寸较精确。

4.4.4 钢材轧制工艺过程

钢材轧制也称轧钢。轧钢工艺过程一般包括原料（钢锭或钢坯）清理、加热、轧制、轧后冷却及精整等工序，如图4-8所示。

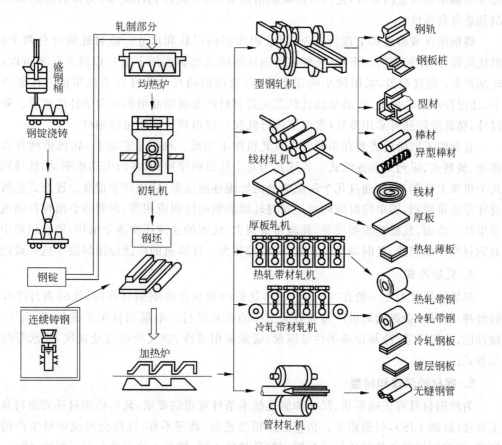

图4-8 轧制的基本工艺流程示意图

1. 原料清理

如上所述，轧钢原料是钢锭或钢坯。为防止原料表面某些缺陷在加热、轧制和冷却等过程中扩大，影响钢材质量，必须对原料表面缺陷进行清理。对于某些有重要用途的合金钢，还需预先经过酸洗或探伤，使缺陷明显暴露出来，以便进行清理。

2. 原料加热

在常温下，钢锭或钢坯很硬，不易轧制。因此，轧前需要加热（加热温度一般为1100～

1300℃），以大幅度提高其塑性，并降低变形抗力，然后进行轧制（称为热轧）。大部分钢材采用热轧。通常，钢锭或钢坯在均热炉或连续式加热炉中加热。加热质量的优劣，不但影响轧机生产率，而且影响钢材质量。加热温度不能过高或过低，加热速度要合适。所以，生产中应确定合理的加热温度和对加热进行较严格的控制。

3．轧制

轧制是轧钢生产的中心环节。由于钢锭一般都很大（质量为几吨到几十吨），所以钢锭先要经过初轧机或钢坯轧机轧成各种规格尺寸的半成品——钢坯（方坯、扁坯或板坯等）。这一过程叫初轧或开坯。这道工序不仅为成材轧制提供尺寸合适的坯料，而且可改善钢的铸态组织（钢锭浇注后直接凝固形成的内部组织，一般性能较差），还可切除钢坯上原钢锭头部及尾部质量较差的部分，进行表面缺陷清理等，从而提高钢坯质量，为以后加热和成材轧制创造有利条件。

将钢坯在成品轧机上进行轧制，以获得所需的形状和尺寸。成材轧制可分两个阶段：粗轧阶段，采用较大的压下量（轧辊前后钢坯厚度之比称为压下量），以减少轧制道次，提高轧制产量；精轧阶段，采用较小的压下量，以获得精确尺寸和良好表面质量。在某些情况下，还要控制终轧温度，以满足热轧状态交货钢材的金属结晶组织和力学性能要求。除热轧以外，精轧阶段还可采用冷轧（常温下进行轧制），以得到更高质量的钢材。

轧制的不同阶段需要在不同轧机或轧机组上完成。根据工艺需要，轧机排列方式有单机架、横列式、纵列式和连续式。连续式为几个轧机顺序排列，各由电动机驱动，轧件同时在几个机架上轧制，依次通过几个间隙递减的轧辊逐渐变形，故生产率很高。连续式轧机必须遵守等流量原则，即单位时间内通过每对轧辊的钢的体积应相等，否则将会出现拉断或折叠等事故。然而，轧机是重型设备，轧辊质量很大，轧钢的速度还在逐年加快，要在运动中实现对钢材尺寸的测量，及时调整压下量，其难度很大。计算机的广泛应用解决了这一难题。

4．轧后冷却

热轧的终轧温度一般在 800～900℃，轧后冷却直接影响钢材性能，轧后钢材冷却过程的处理，有时还会影响轧机产量和后面工序的正常进行。根据钢材化学成分、断面尺寸、机械性能、轧机产量、冷却设备条件等因素，通常采用缓冷、空气冷却以及通风、喷水等强制冷却方式。

5．钢材的清理和精整

为使钢材具有正确形状、尺寸和满足技术条件规定的要求，轧后的钢材还要进行各种加工处理（后部工序），叫做精整。精整工序相当繁杂，处理不好，往往会形成钢材生产的薄弱环节，影响钢材的产量和质量。根据钢材品种的不同，精整工序通常包括：剪切、矫直、表面加工、热处理、检查分级、成品质量检验、打印记和包装等。

4.4.5 轧钢生产技术的发展

轧钢生产近年来的发展主要有以下一些特点。

1．新型轧机向高速、大型、连续、自动化发展

为了提高轧钢生产率，许多新型轧机的轧制速度和各种作业线的操作速度不断提高，轧钢设备进一步大型化。热轧带钢、冷轧带钢及线材等大部分由连续式轧机轧制，镀锡板绝大部分由连续式镀锡作业线生产,近年还出现了连续式无缝钢管轧机、连续式大中型宽边工字钢轧机。在冷轧带钢方面,出现了全连续带钢冷轧机。在辅助工序方面,发展连续酸洗、连续退火及连续精整作业线。

在轧钢生产中采用计算机控制更加普遍。目前,计算机控制在带钢热连轧机、带钢冷连轧机、初轧机、中厚板轧机上都有较普遍应用,一些工厂还将计算机控制扩大到型钢轧机以及轧钢厂的其他作业,如钢材剪切、酸洗、镀锌及超声波检查厚度、工业电视检查钢坯等精整工序。

2. 调整产品比例、扩大品种规格、提高加工深度和钢材质量

钢材产品比例不是一成不变的,它随着生产技术的发展和市场需求的改变而变化。不同国家在不同时期有不同的钢材品种结构。这在一定程度上反映一个国家的经济和技术水平。现在世界钢材生产中,板带的产量较大。薄板和钢带除直接用于汽车、造船、桥梁、建筑、电机和化工等工业部门外,还用来制造焊管和各种断面形状的冷弯型钢和焊接型钢。钢材品种也在不断扩大,如各种方式、各种复层的复合钢板和钢管,用各种轧制方法生产的钢球、齿轮和断面按周期变化的钢材等,为用户提供少切削或无切削钢材。钢材的规格也在不断增加,继续向更宽、更厚、更薄、更粗、更细、更长的方向发展。质量向高精度、高平直度、高均质度及优质表面镀层和涂层方向发展。为节约能源,要采用连铸坯热装炉、直接轧制和钢锭液芯轧制技术。

特别值得一提的是,我国成品钢材的品种构成中最突出的特点是型材生产比例高(因其形成单位生产能力的投资相对较少),板、管、带材生产比例低,钢板和无缝钢管是突出的薄弱环节,专用的高档钢材品种短缺。我国钢材品种还有不少缺项,长期依赖大量进口,已影响到国民经济发展,必须有计划地尽快加以解决。

4.5 钢铁工业与其他部门的联系

钢铁工业是国民经济的重要支柱性产业,钢铁工业的发展影响着众多行业的发展,同时也受到很多其他行业发展的制约。钢铁工业的上游包括原材料、辅料、燃料及动力以及专用机械设备制造;下游影响行业则包括建筑、机械、轻工、家电、汽车、船舶、集装箱、石油、铁路等诸多行业。因此可以说钢铁工业对国民经济中的许多领域都有重要影响,是一个具有很高战略地位的制造业部门。图4-9是一张钢铁工业产业链简图,我们可以看到钢铁工业在至关重要的战略地位。

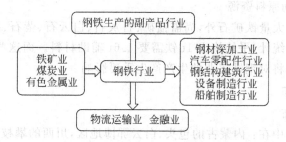

图 4-9 钢铁工业产业链简图

4.5.1 上游产业

钢铁行业的上游涉及的企业主要有:探矿企业(中国通常是探矿所),采矿企业,矿车设计制造企业(中国有北方重工,上市公司是北方股份),矿区建设企业,矿石运输企业,炼铁铸钢企业(宝钢、武钢之类)。

1. 原料

1) 铁矿石

铁矿石是钢铁工业的主要原料,铁矿石资源丰富是发展钢铁工业的重要条件。

对于全世界范围而言,平均的矿铁比总的趋势是下降的。例如,20世纪50年代末高于2.00,而60年代末降为1.80左右,70年代末又降至1.70左右。矿铁比越低,表明进入高炉的废石越少,渣量越少,燃料消耗量越低,炼铁生产的综合经济效益越大。在富铁矿所占比例逐渐减小的情况下,要降低矿铁比,需要在选矿、烧结和球团等方面做大量的工作,并不断提高炼铁生产技术水平,以获得更大的经济效益。

原材料的价格同样制约着钢铁工业的发展。例如,在2008年原材料价格大幅上涨之时,新日铁、浦项制铁与巴西Vale就铁矿石长期合同价格达成南部铁精粉价格上涨65%,卡拉加斯粉价格上涨71%的协议。这是自2003年以来连续第6年上涨,按65%的涨幅,2008年价格已经是2002年价格的4.76倍。此外,中澳铁矿石谈判也尘埃落定,宝钢与力拓公司就2008年度PB粉矿、杨迪粉矿和PB块矿基准价格达成了一致。作为结果,力拓的PB粉矿、杨迪粉矿、PB块矿将在2007年基础上分别上涨79.88%、79.88%、96.5%。新的2008矿石年度的力拓PB粉矿、杨迪粉矿、PB块矿的基准价格分别为1.4466美元/(10^3t·kW·h)、1.4466美元/干吨度和2.0169美元/(10^3t·kW·h)。2015年,受到铁矿石巨头力拓集团、必和必拓增产影响,铁矿石价格一路跌到每吨50美元以下。因铁矿石价格暴跌,澳大利亚财政部长霍基称,计划与中国进行谈判。全球铁矿石市场的供过于求,以及中国经济增长的减速,都是导致铁矿石价格持跌的主要原因。这样的价格波动,将会在很大程度上影响到钢铁企业的产量,从而也会对众多终端产业产生很大的影响。

2) 能源

能源同样也是钢铁工业正常运行不可或缺的重要因素。由于小煤矿关停导致煤炭产量锐减,焦煤价格不断上涨。在焦煤成本上升、产量下降的双重作用下,焦炭产量增速下降。焦煤供应不断趋紧,焦炭价格也因成本上升及供给增速放缓而继续上涨,给下游钢铁企业带来较为严重的压力。

3) 钢铁工业辅助原料资源

钢铁工业除需要大量铁矿石外,尚需锰矿、石灰石、白云石、莹石、硅石及耐火材料等辅助材料。据有关资料统计,平均炼出1t铁需要1.6t辅助材料。而这些辅助材料的开采,加工等的一系列过程都将对钢铁工业的生产产生重要影响。

2. 原料资源分布

1) 铁矿资源分布

中国铁矿主要集中在:内蒙古的包头、白云鄂博地区,川西的攀枝花地区。而新疆地区铁矿也以储量丰富、分布广泛、类型齐全、富矿多的主要特点为钢铁工业铁矿石的供应作出了重要的贡献。云南省境内也分布着资源丰富的铁矿石。此外,如贵州的水城观音山、赫章铁矿山、独山平黄山和遵义地区,宁夏的石嘴山,广西的灵川和环江、雅脉等地都有相当的铁矿资源。

2）焦炭资源分布

民族地区煤炭资源分布及主要供应企业如下。

（1）内蒙古西部乌达和海勃湾地带、中部准格尔大煤田,所生产的焦煤主要供应包头钢铁厂。

（2）贵州的六盘水煤矿,是全国重点焦炭基地之一,所生产焦炭主要供应攀枝花钢铁厂外,还供应西南和两广地区钢铁企业。

（3）宁夏石炭井所生产的焦炭主要供应包钢和首钢等。

（4）此外,在新疆、云南也有相当数量的焦煤生产。

4.5.2 下游产业

从下游应用来看,钢铁工业涉及的企业主要有：各种炼钢加工企业,钢材贸易公司、钢材交易市场、钢材电子交易所,以及用钢企业,如汽车、电器、造船、建筑等。

1. 建筑业领域

在现代建筑工程中,钢筋混凝土结构得到了非常广泛的应用,而钢筋作为一种特殊的建筑材料在建筑过程中起着极其重要的作用。据相关数据显示,2006年我国建筑用钢材总量超过1×10^8 t,接近我国钢产量的一半,建筑行业已变成我国冶金行业的最大用户。

钢筋是指钢筋混凝土用和预应力钢筋混凝土用钢材,其横截面为圆形,有时为带有圆角的方形。包括光圆钢筋、带肋钢筋、扭转钢筋。钢筋在混凝土中的作用主要是承受拉应力。钢筋广泛用于各种建筑结构、特别是大型、重型、轻型薄壁和高层建筑结构。据建设部钢筋自动化加工技术示范基地天津建科市场部统计,到2005年为止,全国已建不同规模的现代化钢筋加工配送中心共有6家,另外还有20多家正在筹建中,将最大程度上满足建筑行业的钢筋需求量。

而房地产市场的变化也影响着钢铁企业的产量。例如,部分城市住宅价格下降就将导致一些投资人和投机者被套,房地产开发商也会感到资金紧张,这就意味着后续房地产开发项目将会减少,建筑钢材消费也会因此受到影响,钢铁企业可能会面临钢材积压的现象。

2. 水利工程

在水利建设中,钢材是必不可少的材料。水利建设所用的钢材大量为螺纹钢、线材、圆钢等建筑钢材,如水利工程中的水池、水坝等基础建筑,都需要采用高强度的螺纹钢筋。此外,水利工程中的管道用水管,以及水电设备中的各类管道需要耗用大量的各类钢管。同时,水利工程需要大量的各类阀门,采用的大都是铸造钢、铁等材料,与闸阀配套的钢管和法兰盘,也都用钢材制造。

与此同时,随着水利工程的建设,水利施工机械装备需求量也不断增加,这不但促进了机械装备业的发展,也间接拉动了机械工业用钢需求,如水电站吊机、大型挖掘机和一般挖掘机、管道焊接机及卷管机,在水利工程建设中得到大量应用。水利施工机械所用的钢材除了一般的普钢外,还包括大量的优特钢,如轴承钢、弹簧钢、齿轮钢以及高强度钢等。

3. 汽车工业

汽车除内饰及一些辅助零件用到玻璃、橡胶、塑料、布料等非金属材料,少量特殊材料,铜、银、钼、铬、钨等贵重金属外，其他件都为铸铁或钢材，其中铸铁和钢用量较大。主要钢铁零件有：车架、底盘、保险杠、轮毂轴、螺钉螺栓、随车工具、方向轴、汽车覆盖件、底板、轴承、端盖、密封装置、调速装置、换向装置、马达配件。

汽车销售市场的变化将在很大程度上影响着钢材的消耗量。例如，全球油价上涨将会直接导致全球汽车销售的不景气，这一结果将导致汽车的产量下降，从而间接地影响着钢铁工业发展。

4. 国际贸易

随着钢铁工业和大型轮船的发展，钢铁国际贸易量迅速增加。1955年全世界钢铁出口量为2.612×10^7t，而1973年增至1.07×10^8t，到了20世纪70年代后期保持在1.2×10^8t左右。70年代全世界年平均钢铁出口量，若折算成钢，约为年平均钢产量的1/4。其中，日本25.4%～44.5%，联邦德国35.5%～59.5%，法国40.8%～59.2%，比利时、卢森堡最高，达90%以上。而钢铁出口额占总出口额的比重，最大的是日本，为12.1%～19.4%。过去，英国、美国和联邦德国的钢铁出口量曾先后居世界第1位，从60年代末期以来，日本一直是最大的钢铁出口国，其次是联邦德国、比利时、卢森堡和法国。70年代这五国钢铁出口量之和占世界总量的60%以上，其中日本占世界总量的20.0%～30.1%。2014年我国钢材出口9.378×10^7t，居世界第1位，相比2013年增加了50.5%，钢材出口已呈井喷之势，中国首次成钢材净出口国。

在钢铁国际贸易中，净流向（钢铁出口量减进口量）一般是由发达国家或次发达国家流向次发达国家或发展中国家的、由生产成本低的国家流向生产成本高的国家。但有些生产成本高的国家，政府为了获得外汇和发展本国钢铁工业，而制订补贴的政策鼓励出口钢铁。例如，曾是最大钢铁出口国的美国，20世纪70年代竟成了最大的钢铁进口国，每年平均净进口钢铁1270万吨，占全世界年平均总进口量的11.7%。

5. 钢材现货交易平台

钢材钢铁行业作为国民经济的基础产业，在经济建设、社会发展等多方面都发挥着重要的作用。正因如此，国家的宏观调控、相关法律政策的变动、国际局势的走向等都会影响到钢材钢铁价格波动。目前全国从事钢材贸易的企业不少于二十万家，一有市场波动就出现恐慌，无论市场价涨或价跌，都跟风跑。反观日本，从事钢材贸易的主要有68家商社，新日铁、JFE等生产大企业与松下谈家电板价格，与丰田谈汽车板价格，与三菱重工谈造船板价格，协商后价格就定下来了，给商社再加3%左右的代理费就可以顺利执行。敏感而多变的价格波动是钢材钢铁贸易商一直头疼的问题。因此，依赖传统的出货模式，已不能满足现今钢材钢铁贸易的行业的需求。随着互联网普及和市场需求的牵引，中国企业纷纷加快对互联网的利用，通过网络迅捷传播信息来达到快速交易避免库存积压的目的。现今，捷融钢材现货网、我的钢铁、兰格钢铁综合等网站都开始涉足钢铁钢材现货交易平台服务。

4.5.3 思考

同时，我们也不得不考虑如下一种情况。倘若下游终端消费行业不景气，而铁矿石和钢材的价格不停大幅上涨，这必然导致下游行业难以实现同步涨价甚至只能降价处理存货，即钢铁行业的终端消费者开始面临生存危机，甚至面临倒闭的风险，这只能导致钢铁产能过剩，市场铁矿石供过于求。毛之不存，皮将焉附？钢铁工业与众多的行业发展，如采掘、能源、机械、基建、运输、金融等部门都是息息相关的。只有按比例使生产能力配套,才能协调发展,充分发挥生产的潜力。而在另一方面,能源、基建、运输等与国民经济的各个部门都有着紧密联系,其他部门,如化工、轻工、纺织等同样也影响着全局的变化。因此,任何一个部门的发展规模、速度都必须放在全局中来综合平衡,生产力是在比例和平衡中体现出来的。平衡一旦破坏,综合生产力就必定要下降。不进行周密的、反复的调查、研究、平衡,片面突出任何部门,都可能给国民经济的发展带来损失,特别是像冶金工业这种影响深远的行业。

4.6 钢铁生产中的结构问题

4.6.1 钢厂内部结构

所谓结构,是指系统内各要素之间在一定环境和条件下所形成的有机联系和相互作用的方式及其组织形式。结构的内涵不只是系统内各要素之间简单的数量堆积和数量比例,更主要的是组成系统的各要素质量的先进性、组织的合理性、动态可调性及其内在的活力状况。

钢厂结构是指企业内部各要素之间合乎社会经济发展规律、技术进步规律、企业组织规律、市场竞争规律等规律的,相对稳定的内在联系和作用方式。形成企业结构的基本要素包括市场、资金、资源、能源、运输条件、劳动者素质以及环境状况等。

从20世纪80年代以来的国际钢铁工业的发展趋势看,在不同的条件下,有时某些企业在结构优化的过程中也会伴随着规模、数量的跃升,例如有些企业从生产长材为主转向生产扁平材。而有的企业则会在结构调整过程中由臃肿庞杂的超大规模转向精干的有竞争力的适当规模。例如有些大型联合企业的产品结构调整为专业化生产扁平材,放弃长材生产或是将长材工厂分离出去,独立经营等。有些企业则不仅重视低成本、高质量、高效率,而且重视发电等能源转换功能和消纳、处理废钢、废塑料等大宗废弃物。

4.6.2 钢厂空间布局结构

钢铁工业的布局以需求为导向,使生产能力向钢材需求旺盛的地区靠近,满足钢材下游产业和最终用户的需求。

铁矿石是钢铁工业进行生产不可或缺的原材料。目前中国钢铁工业的生产在有效利用自有铁矿资源的前提下,要合理、经济地利用进口铁矿石。目前,辽宁、河北、海南和广东省等可以依赖自有铁矿石来发展钢铁工业。其他省区市的钢铁工业都或多或少地需从省(自治区、直辖市)外或国外输入铁矿石来保证钢铁工业的发展。综上所述,从利用铁矿石的角度分析,中国钢铁工业的布局更多地倾向于沿海布局和交通便利地区布局。

钢铁工业是高消耗行业,因而钢铁工业空间结构的优化一定要严格贯彻可持续发展战略。钢铁工业的能源消耗主要有煤、电和水。

中国煤炭资源总体储量比较丰富,约有5×10^{12} t,仅次于美国、俄罗斯,占世界已探明储量的11.63%。从中国各地区钢铁工业煤炭消耗量占原煤总产量的比重来看,各地区的原煤产量都能保证本地区钢铁工业的生产。因而,煤炭资源不是影响中国钢铁工业布局的不利因素。

由于电力需求继续高速增长,同期电厂投产容量相对不足,电力资源存在供需矛盾。钢铁行业是高耗电行业,用电紧张会制约钢铁工业的进一步发展,同时提高现有钢铁企业的生产成本。

中国水资源总量为 2.8×10^{12} t,居世界第二位,但人均占有量仅为 2340 m^3,排在世界第 109 位,是世界人均占有量的 1/4。有些地区水资源短缺已经严重制约经济发展,也影响钢铁工业的发展。水资源丰富地区,主要是华南、华东地区。主要的钢铁企业有宝钢、上钢、梅钢、马钢、南京、杭钢、新余、合肥、武钢、涟钢、湘钢、鄂钢、攀钢、重钢等,钢产量占全国的 40%。水资源较丰富地区主要是东北地区,该地区主要钢铁企业有鞍钢、本钢、凌钢、北台、通钢,钢产量占全国的 15%。水资源严重缺乏地区主要是华北、西北地区,该地区主要钢铁企业有首钢、邯钢、唐钢、太钢、包钢、石钢、承钢、宣钢、邢钢等,产量占全国的 34%。

鉴于我国人均资源占有水平低的基本国情,决定了我们必须要有全球视野,通过平等互利、优势互补、互利双赢的合作,充分利用海外资源来解决国内资源短缺问题。鼓励钢铁企业走出去,不仅开矿,更重要的是建厂,将钢坯或钢材运进来,而不是只在国内发展。鼓励企业走出去建设钢铁厂是"十二五"期间钢铁工业发展的大战略。

4.6.3 钢铁市场结构

市场结构是指在特定产业的厂商之间,以及厂商与消费者之间关系的特征和形式。在划分市场结构的标准中,最重要的是市场集中程度,即某一行业的生产是集中在少数的企业还是分散于众多的企业,或者说是衡量少数企业对市场的控制程度,而衡量的标准就是集中度,进而度量出该行业的适度规模。

钢铁工业是规模经济效应十分显著的行业,关于钢铁工业规模经济的研究曾有这样一个结论:若以年产 1×10^6 t 钢的企业单位生产成本为 100,则年产 2×10^6 t 钢的企业其单位生产成本为 87.7,年产 3×10^6 t 钢的企业其单位生产成本为 81.3,年产 5×10^6 t 钢的企业为 73.5,达到 1×10^7 t 钢时,其单位成本就随之降为 64.5。

2015 年,中国粗钢产量前十名的钢铁企业集团产量占全国总量的比重为 34.2%,较 2011 年的 49.2% 有大幅下降。截至 2012 年底,排名前 20 的钢产量占比为 60.98%。重点钢铁企业产量占全行业比重从 2010 年的 89.5% 降至 2011 年的 86.3%。这一点相较于国外有很大差距。2014 年美国前 4 家钢铁企业占美国总产量的 60.54%,日本前 4 家钢铁企业占全日本钢产量的 83.4%,欧盟 6 家钢铁企业占欧盟整个钢产量的 85.5%。由于产业过度分散,使得中国钢铁企业的规模经济在产品、资金、技术、管理的优势都体现不出来。由于大量钢铁企业达不到合理的经济规模,导致工艺装备小型化、生产设备数量很多、平均单机生产能力小、技术水平不高,产品缺乏竞争力。

中国钢铁工业的销售服务目前存在的问题有:对外营销缺乏相应的联合,各自为政、各设网点、成本高、收益差;国内市场缺乏统一协调管理,企业产品相互竞争;在钢铁产品出口中时而断货,时而大批到岸,给进口商的生产安排带来很大的困难。企业应做到供货的计划性,提高供货的及时性。当前,国内钢材需求已经接近饱和,尤其是在国家经济增速放缓的大环境下。走向国际市场是企业发展的长久之路,而规模偏小的钢铁企业是无法适应对产品服务要求越来越高的现状的。

钢铁工业是产业关联度很高的产业,煤炭、铁矿石、电力等制约钢铁工业的上下游产业都在进行规模经济的发展,随之带来成本降低、质量要求提高、竞争力加强、进而产生谈判的优势。上下游产业集中度的提高,促使作为中间产业的钢铁工业也要顺势发展,提高自身的竞争力,培养企业的适应能力,发展规模经济,大力提高产业集中度。

4.6.4 钢铁产品结构

从1979年到2002年中国钢铁工业生产"板管比"从34.9%上升到43.58%,上升幅度仅为8.68%,虽然比同期中国钢铁工业9种主要产品产量的增幅6.44%略大一些,但是就发达国家钢铁工业的发展进程而言,成长阶段的"板管比"一般都为60%左右,并且增加幅度均在28.17%左右(日本在1960—1970年之间的数据)。因此,中国钢铁工业虽然产量的增长十分迅速,但与发达国家同期比较,产品结构优化步伐并不快。目前几个主要发达国家钢材生产的"板管比",都在60%~70%,这主要是因为这些国家的产业结构以汽车制造、机械、船舶制造为主,而这些产业所消费的钢材主要以板带为主。而中国产业结构以能源、交通、原材料、建筑业为主,中国钢材生产结构中以长材(型线材)为主的格局,带有明显的发展中国家的产业结构特征。同时应当警惕过度追求板管比带来的问题。2013年,钢铁产能过剩的特征是"结构性过剩",即高端板材过剩程度比长材严重,准确地说是高端产能过剩。而单纯提高"板管比",使大型国有钢铁企业90%新建产能"被板材化"。板材的产能严重殃及到了整个钢铁行业产能过剩,带领钢铁行业整体效益的下滑。

2014年全年,我国出口棒线材、角型材、板材、管材分别为$3.0862×10^7$ t、$4.598×10^6$ t、$4.3669×10^7$ t、$1.0058×10^7$ t,同比增长80.4%、12%、58%、5.1%,占到全国钢材出口总量32.9%、4.9%、46.5%、10.7%。同期,我国进口棒线材、角型材、板材、管材分别为$1.203×10^6$ t、$3.8×10^5$ t、$1.208×10^7$ t、$4.76×10^5$ t,同比增长17.2%、-1.6%、1.6%、12.2%,占到全国钢材进口总量8.3%、2.6%、83.3%、3.3%。

产业结构处于不同的发展阶段决定了不同的消费结构。根据世界上一些主要产钢国家的情况,钢材生产和消费"板管比"在其工业化过程中是逐步提高的。随着中国国民经济的发展和各产业部门的结构调整及产业升级,近几年板带材消费的增长率高于钢材总量消费的增长率。这表明中国钢材的消费结构开始逐步摆脱发展中国家以长材为主的模式。

4.6.5 中国承接钢铁工业转移

英国、美国、日本是不同时期的钢铁工业强国,它们之所以成为钢铁工业强国,并在较长时间保持强国地位,与它们都曾是世界制造业中心密切相关。

英国在18世纪70年代完成工业革命,这时英国的钢铁工业进入成长期,而伴随英国钢铁工业发展的不仅是英国工业化,更主要的是英国的世界制造业中心地位。美国的钢铁工业在18世纪六七十年代进入成长期,紧紧跟随美国的工业化进程。美国南北战争结束后,钢铁工业高速发展,而此时的美国已取代英国成为世界制造业中心。日本在第二次世界大战后奇迹般地发展,很快使日本取代美国成为世界制造业中心。日本成为钢铁工业第一大国与其成为世界制造业中心几乎是同时的。

英国、美国和日本成为钢铁工业第一大国与它们世界制造业中心的地位相辅相成,这为后起的中国昭示了钢铁工业发展的契机。中国钢铁工业第一强国的未来一定与世界制造业中心的打造同时到来。

中国钢铁工业与美国、日本等钢铁工业强国相比发展得较晚，水平落后，无论在技术、管理等方面都存在劣势。但就是这种后发性在一定的条件下会转化为一种动力，成为中国钢铁工业的后发优势。

后发优势的内涵可以具体阐述为如下几个方面。

（1）选择的优势。通过参照钢铁工业强国的发展模式，进行理性的分析和选择，结合自身实际作出最优决策。这样可以节约时间和资源，并少走弯路。

（2）途径的优势。通过有效利用钢铁工业强国已有的优良成果，来加快中国钢铁工业的发展，缩小与钢铁工业强国的差距。在条件成熟时，实现赶超。

（3）学习的优势。无论是引进、消化和吸收国外的先进技术，还是管理经验，实际上都是一个学习的过程。

4.7 钢铁工业的发展前景及制约

4.7.1 钢铁工业的前景

近年来国内出现一个热门话题"中国到底需要多少钢"。世界工业发达国家的经历说明，人均国民生产总值达到 3500～6000 美元，国家实现了工业化，科学技术达到相当高的水平，以及第三产业比重达到 50% 以上的时候，该国的钢材消费及钢产量将达到饱和点。美国和日本都在 1973 年至 1974 年达到饱和点，当年美国产钢 1.36×10^8 t，日本产钢 1.19×10^8 t 左右，以后它们的钢产量逐渐下降，并且保持在 $8 \times 10^7 \sim 1 \times 10^8$ t。

推测我国钢产量的饱和点除上述几个条件外，还可对比其他国家的人均钢需求量与人均钢铁蓄积量之间的关系。世界发达国家人均钢需求量的饱和点，日本、德国、美国为 650～700kg/(人·年)，意、英、法等国为 450kg/(人·年)，此时它们的人均钢铁蓄积量（累积钢产总量）约在 4～10t/人。2014 年我国人均 GDP 为 7485 美元，第三产业比重约 48%，尚处于工业化的中期阶段，科学技术还不够发达，人均钢需求量（消费量）约 160kg/(人·年)，人均钢铁蓄积量约 1600kg/(人·年)。这说明我国要在经济上成为世界强国，将人民生活提高到中等发达国家的水平，还有很长的路程，也说明了我国的钢铁工业还有相当大的发展空间。

进入 21 世纪之后，钢铁行业进入飞速发展期，特别是 2008 年 40000 亿元投资拉动计划，钢铁产业呈爆炸式发展，从钢铁产能突破 5×10^8 t 起，钢铁产能结构就迫切需要进行调整。2014 年粗钢产量突破 8×10^8 t，如此已造成钢铁行业产能的严重过剩，严重打破了市场供需平衡致使钢价频跌不止。

加上 2011 年欧美债务危机肆起，国内经济增速回落，钢铁下游各行业发展增速下滑，钢铁行业需求已显疲软。在目前高产量、高库存、低需求、低价格等"两高两低"的形势下，钢贸行业已然不堪重负。2011 年上半年钢铁行业进入全行业亏损时代，钢铁行业"黄金岁月"亦将一去不复返，而如今面临的是整个行业的经营困境，如果渡过难关，还看钢铁行业如何"削骨求生"。

因此，在这种情况下，我们应该对钢铁产业的支撑和制约等作一了解，有助于我们对当今甚至未来钢铁工业的分析。

4.7.2 发展我国钢铁工业的主要支撑条件和制约环节

1. 铁矿石供应

铁矿石是钢铁工业发展的基本要素之一，是钢铁工业发展的基本资源条件。我国铁矿石资源不能满足钢铁工业发展需要，严重依赖进口。我国铁矿资源储量多，但经济可采储量少，贫矿多，富矿少，品位平均为33%，比世界平均品位低11%，富矿仅占可采储量的1.9%；中小型矿山多，大型矿山少；伴生矿多，采选、冶炼难度大，生产成本高。因此，我国的铁矿资源很难满足我国钢铁工业的发展对铁矿石的需求，从而导致我国钢铁工业发展对进口矿石的依赖程度不断加大，进口依存度逐年上升。近几年伴随着中国钢铁产能的急速扩张和释放，中国对国外铁矿石采购量逐渐增大，2012年中国累计进口铁矿石$7.44×10^8$t，2013年中国累计进口铁矿石$8.19×10^8$t，2014年中国累计进口铁矿石$9.33×10^8$t，2015年中国累计进口铁矿石$9.53×10^8$t，中国钢铁生产仍然严重依赖进口铁矿石。2015年，国内的铁矿石进口依存度高达81%，中国铁矿石进口对外依存度将长期保持60%以上。

铁矿石国际需求旺盛，加上钢材价格上涨，铁矿石价格的快速上升，增加了我国钢铁工业的生产成本，严重影响我国钢铁工业的国际竞争力。2008年，为了铁矿石涨价，我们多支付了1500亿，而我们重点大中型钢铁企业，当年的利润也只有800多个亿。主要原因之一就是，能够进口铁矿石有经营权的生产流通企业500多家，自相竞争，抬高了铁矿石价格。2013年力拓净利润36.65亿美元，而中国重点大中型钢铁企业2013年利润却仅为37.41亿美元，换言之，我国重点大中型钢企收入仅相当于一个力拓！

2. 钢铁企业集中度

我国钢铁产业较低的集中度也极大影响着其发展。钢铁工业是规模经济效应明显的行业，企业规模足够大时，可以带来有技术、设备引起的生产规模经济型，有专业化引起的生产规模性。欧、美、日、韩等世界钢铁强国拥有较高的产业集中度、较完善的寡头垄断型产业结构。从近年来我国钢铁产业集中度变化情况来看，与世界发达国家和地区集中度逐年大幅提高相比，我国钢铁产业的集中度不但没有提高，而且还呈现下滑趋势。1999年我国最大的四家钢铁公司分别为宝钢、鞍钢、首钢、武钢，这4家企业产量占全国钢产量的比重为31.3%；2007年，我国最大的四家钢铁公司分别为宝钢、唐钢、鞍钢、沙钢，这四家企业产量合计为$9.441×10^7$t，只占全国总产量的19.3%，比1999年降低了12.77%；2015年，中国粗钢产量前10名的钢铁公司产量占全国总产量的34.2%。而欧、美、日、韩钢铁企业经过联合重组，2014年前4家企业与1999年相比均显著提高，而且2014年前4家企业所占比重均在50%以上。

我国钢铁工业集中度状况已经严重影响了我国钢铁工业的国际竞争力。在钢厂数量众多、产能过剩、产业集中度很低、重复建设严重和产品雷同的情况下，钢厂之间竞争激烈，大大降低了我国钢铁工业的利润率，造成了钢铁工业盈利能力下降。近几年的数据显示，2011年全国重点大中型钢铁企业的销售利润率只有2.4%，全国77家大中型钢铁企业实现利润875亿元。2012年80家重点大中型钢铁企业实现利润15.8亿元，同比下降98.2%，销售利润率近为零(0.04%)。2013年列入统计的会员企业销售收入利润率仅为0.62%（同期，规模以上工业企业以利润总额计算的利润率为6.11%），在全部工业行业中处于最低水平。中钢协数据显示，2014年我国大中型钢铁企业实现销售收入共计35882亿元，同比下降

2.98%,实现利税1091亿元,同比增长12.15%;实现利润达304.44亿元,同比增加增长40.35%;累计亏损面14.77%,同比下降4.55个百分点;亏损额117.47亿元,同比下降8%;销售利润率为0.85%,同比提高0.26%。从利润的结构情况看,我国大中型钢铁企业主营业务保持盈利态势,但盈利水平依然低下。盈利能力的下降,会导致钢铁工业在市场和研发方面投入不足,影响钢铁工业的创新和发展能力,进而影响盈利能力,形成恶性循环,阻碍我国钢铁工业国际竞争力的提升。同时,集中度也影响着我国钢铁工业宏观调控能力。钢铁工业是国民经济的重要行业,且是高能耗、高污染的行业,我国经济当下处在高速发展时期,需要钢铁工业发展的支持,在能源紧张、污染严重的环境下,我国需要加强对钢铁工业的宏观调控。然而,我国钢铁工业产业集中度低,钢厂数量众多,地域分布广泛,有大中型钢铁企业,也存在大量不符合环保和技术要求的小钢厂,不利于对钢铁工业的宏观调控,同时也给环境造成巨大威胁。据有关专家分析,沿海1×10^7 t大厂,它的烟粉尘排放量,只相当于1×10^6 t左右的小钢厂,因此建设大型钢铁企业是具有非常显著的综合效益、企业效益和社会效益。

另一方面,当今世界企业竞争在于综合实力的比拼,依靠的是技术创新能力、削减成本能力等,而不是依靠规模取胜。中国钢铁企业也要把更多的精力放在创新上,而不是单纯地追求规模扩张。世界钢动态公司自2002年起对钢铁企业的生产规模、盈利能力、技术创新、议价能力、成本优势、财务状况等23个项目进行评估世界级钢铁企业竞争力排名。2014年中国钢企排名最高的宝钢名次继续着大幅下滑的势头,由前一年的第11名降至第21名,而其他中国钢企排名也都表现不佳,名次均有所下滑,基本处于榜单的最后10名水平,当然这也与当前中国钢铁行业整体处于较为困难的局面较为呼应,但在一定程度上也反映出了中国钢铁企业的弊端所在。

4.7.3 我国冶金行业弊端

目前中国钢铁工业已形成具有相当规模,大、中、小型企业相结合,形成比较完整的工业体系。冶金行业作为钢铁企业的中国重要支柱产业,其发展也取得了长足的进步。虽然我国的冶金行业发展很快,但是由于很多原因导致我国的冶金行业还存在很多弊端。

首先,焦炭能源本来是我国的优势项目,但是由于钢铁行业产能增加,使得焦炭能源出现了严重紧缺,而焦炭生产的原料正是不可再生的煤炭资源。由于炼焦煤资源紧张,相当一部分焦化企业纷纷开发建设煤矿。少数企业炒卖探矿和采矿权,扰乱了正常的煤炭开发秩序,造成了炼焦煤资源的极大浪费和对环境的严重破坏。同时,在经济利益驱使下,有些地区金属矿产资源无证开采、违章冶炼时有发生,造成资源浪费较为严重,矿产资源利用率低。有些大型钢铁企业也不同程度地存在盲目扩大规模,严重影响和制约冶金企业向科学的角度发展。其次,有些企业技术装备差,技术水平低,产业技术升级缓慢,经济效益差。很多企业污染严重,工业发展与环境、资源及能源供应紧张的矛盾突出,加重了地方治理工作的任务。这种结构不利于提高钢铁经济效益和参与市场竞争,严重制约着我国冶金工业的发展。另外,由于历史原因,我国有些地区钢铁企业产业结构层次不合理,我国钢铁企业大多分布在靠近资源和大中型城市的内陆地区,不少钢铁企业处于人口密集地区、严重缺水地区和风景名胜地区,不仅污染环境。而且用水量、运输量大,与城市功能不符,对人居环境造成很大影响,环境容量、水资源、运输条件、能源供应等因素的制约日益显现,导致成本增加,企业生存发展能力下降,不符合建设资源节约型和环境友好型企业的可持续发展战略,迫切需要进行布局调整。有资料显示,目前我国钢铁用水的需求是整个国家用水需求的10%以上,北方严重缺水地区的钢产量占全国总量50%以上,因为钢铁发展的不平衡,在这些地区可持续使用的水资源量不到过去的30%,造成的危害不可估量。还有,在我国经济欠发达省份,因为财政收入低,因而拿不出更多的资金发展冶金,工业自筹资本金能力有限,难以组织上市融资,严重制约当地冶金工业的发展。

4.8 钢铁生产的能源利用与环境保护

4.8.1 钢铁生产的能源利用

能源是产生能量的各种资源,按照成因可分为两大类。一类是自然界中以现成形式存在的能量资源如原煤、原油、天然气、太阳能等,叫做一次能源。另一类是由一次能源加工转换为其他形式的能源,如焦炭、煤气、电、蒸汽等,叫做二次能源。钢铁企业为了便于统计计算,把购入的能源,如煤、油、电、天然气等都叫做企业的一次能源。按照生产过程的需要,把购入的能源转化为焦炭、各种煤气、蒸汽、压缩空气等多种形式的能源,叫做企业的二次能源。

钢铁工业是国民经济各部门中能源消耗最多的部门,占全国总能源消耗的12%~14%。而钢铁生产中所形成的二次能源是十分复杂繁多的,如由洗精煤加工而成的焦炭,动力煤生产的蒸汽,循环水等加工能源,焦炉煤气、高炉煤气、转炉煤气等副产能源,以及大量的各种余热。加强对钢铁生产企业能源的管理,实现能源的利用率,是节约能源、提高经济效益的重要途径,也是一项实现可持续发展的长期战略任务。

钢铁工业节约能源的途径主要由以下几点。

(1) 加强企业的能源管理

能源管理的主要工作是:建立能源管理的考核指标体系,制订能源消耗定额,实行定额管理。制定合理使用能源计划,按月、季、年搞好企业、分厂主要设备的能量平衡,分析能耗变化情况,及时采取相应措施。

(2) 提高热效率

所谓热效率是指有效热量与输入热量之比。在这方面,我国与技术先进国家相比,还存在一定差距。如高炉热风炉,我国为70%左右,技术先进国家可达85%以上;轧钢加热炉,我国为25%~30%,先进国家达60%左右;工业钢炉,我国为70%~80%,先进国家则达90%以上。

提高热效率的措施是多方面的,如加强各种物体的绝热,利用废气余热预热助燃空气,改进燃烧技术和热工控制,采用高效热交换材料等。

(3) 回收利用余热

钢铁生产多数供需均在高温下进行,因此,在产品、副产品以及排放的"三废"当中,存在着大量余热,设法回收这部分余热,是节能的重要方面。

首先,要充分利用和回收各种副产品。它量大质优,如高炉煤气、焦炉煤气、转炉煤气等,它们所含热量约占吨钢可比能耗的1/3,是一项可观的能量。

(4) 采用先进工业和设备

例如在选矿工序采用细磨强磁选工艺以提高精矿品位。在烧结工序采用低炭厚铺、加长点火器和增设保温装置以降低能耗。在炼铁工序采用高压、高风温、重负荷、富氧、扩大喷煤量、顶压发电等新技术。在平炉上采用吹氧关油减风操作,在转炉上采用副枪定碳,连续测温、未燃法回收煤气等。在浇注阶段采用连续浇,取代铸锭和初轧两道复杂工序,可以节约原来能耗的 70%～80%。在轧制阶段采用控制轧制和控制冷却以取代部分热处理工序等。在电能使用方面,采用可控硅整流,代替电动发电机组,可以节电 15%～20%。

此外,对各种能源还要合理使用,合理分配,减少跑、冒、滴、漏和各种能热损失。

4.8.2 钢铁生产的环境保护

从环境保护角度看,材料的提取、制备、生产、使用和废弃过程是一个资源消耗和环境污染过程。也就是说,一方面材料生产推动着人类社会的物质文明,另一方面又消耗大量资源和能源,并在生产、使用和废弃过程中污染环境,恶化人类赖以生存的空间。钢铁工业作为一个主要原材料基础工业,其特点是资源密集、能源消耗大,大钢厂对环境的影响越来越引起社会的关注。

主要产钢国在工业化过程中都因忽视环境污染而付出沉重代价,以至环境问题至今仍是这些国家的重大社会问题。在环境保护成为影响冶金工业自身发展的重要因素之一时,不得不花费几倍的投资去治理。近年,美国和日本钢铁工业用于防止环境污染的投资大约占全部设备投资的 1/5,即使如此,也还未解决已造成的危害。

我国是发展中国家,工农业生产尚处于比较落后的状态。我们不仅受到发展的挑战,而且受到资源和环境的制约。我国钢铁工业已达到年产钢 8 亿吨左右的规模,要支持这样庞大的钢铁工业,我国自然资源的蕴藏量相对来说是不足的。中国铁矿石资源相对贫乏,进口铁矿石是不可避免的。要达到外汇平衡,就必须有一部分钢铁产品出口。而我国钢铁产品要打入国际市场,不依靠技术进步是不行的。另一方面,我国能源及水资源不足也将是钢铁工业发展的制约因素,钢铁工业约占工业能耗的 11%,排行能耗大户之首;排放废气、废水占工业排放量的 13%～14%,为仅次于化工的第二污染大户。我国经济发展速度虽有所减慢,但仍保持在 7% 的增长速度,但如果是靠高投入、高消耗、高污染来换取经济发展的高速度,那这种发展是靠不住的。我们必须改变粗放型的发展方式,转变到集约化的发展方式上来。

现在环境问题已渗透到国际政治、经济、贸易和文化各个领域,是当今国际竞争的重要方面。发达国家打出环境牌,甚至提出将环境保护作为贸易条件。国际认同度很高的非官方标准化组织最新颁布的 ISO 14000 标准中的环境协调性评估准则,即已对产品的制备工艺(包括原材料的采集、提取、材料制备、制品生产、运输)提出材料性能、工艺网络、材料流向、能源消耗和废弃物的种类、数量、去向等环境要求,使产品加工制备和使用均最大限度地降低环境负担性。无疑这个标准比以质量为核心的 ISO 9000 标准要求更高。从长远利益出发,改善人类生存环境应在发展生产之上,要想发展生产,必须同时付出一定代价来保护环境,没有环保措施就不能投产。我国在这方面已经立法,明确提出"在发展中解决保护,在保护环境的基础上实现持续发展"的原则,但必须认真执法,在治理环境污染问题上必须有落实的技术措施。在发展生产时,同时拨出一定的投资治理环境,增添防治污染的装置,改革工艺并积极研究一些新工艺和新设备,用来取代污染严重而又难以治理或治理投资过高的工艺和设备,否则一旦造成污染,社会经济损失就更大。

冶金生产对环境造成的污染,有相当一部分是由于处置不当而造成的。如果在规划和生产中注意综合利用,很多物质不仅不会造成污染,而且可以使钢铁生产消耗降低、产出增加,这是更为积极的一种做法。以钢铁生产中能耗高和热污染、空气污染严重这对孪生兄弟为例:一方面冶金工业耗能量大,但另一方面,生产中可燃气体大量放散,动力管线跑、冒、滴、漏现象十分普遍,余热余压利用也很差。这些东西用起来是宝,放出去就是害。钢铁企业的废渣数量很大。炼100t生铁大约要300t铁矿石,选矿后要废弃120t尾矿砂,冶炼时还要排出约30t废渣。这些废渣中有时会有共生的有用金属,需要设法回收。一般炉渣也应设法利用作为建筑材料。选矿中要用大量水作中介,炼钢、炼铁过程中也需大量冷却水,因此必须大力推广水的循环使用。

钢铁是最基础的传统材料。钢铁生产只要经过改造,实现节能、降耗和污染治理,使其达到节约资源并与环境协调并存的要求,生产中的最终产物钢铁也应视为环境材料。

第5章

制造：从材料到机器

5.1 概述

5.1.1 机械制造业

机械制造业亦称机械工业，是制造机械产品的工业部门。机械工业在人类工业化的进程中起了极大的推动作用。

机器的大规模使用开始于18世纪英国的产业革命。抽水机、纺织机械等工作机的发明，使生产得到很大发展，随后由于蒸汽机的使用，工作机几乎被推广到一切生产部门。但是，那时的机器还是靠手工技术制造，这和当时的生产形势很不适应。正如马克思后来所总结的，只有机器开始用机器生产时，大工业才有它适当的技术基础，才有它自身的立足点。生产发展的需求，促进了工作母机的发展。到19世纪三四十年代英国的机械制造业已做到各类加工机床配套，具备了用机器制造机器的基础，一个独立的机械制造部门逐步形成了。

经过近三个世纪的发展，机械工业在装备其他工业的同时，已经形成了一个门类众多的工业部门，通常划分为一般机械、电工和电子机械、运输机械、精密机械和金属制品五大行业。一般机械——工业生产力的重要基础，包括动力机械、拖拉机和农业机械、工程机械、矿山机械、金属加工机械、工业设备、通用机械、办公机械和服务机械等；电工和电子机械——电是现代社会不可缺少的二次能源，以计算机为基础的自动化技术肩负着改造传统生产方法的任务，包括发电、输配电设备和工业用电设备、电器、电线电缆、照明设备、电信设备、电子元件、电子计算机、电视机、手机等；运输机械——流通领域最重要的物质基础，包括汽车、铁路机车和车辆、船舶、飞机与航天设备等；精密机械——仪器仪表是观察、测量客观对象，取得和处理信息的手段，现代科学和现代工业与之有着密不可分的关系，包括科学仪器、计量仪器、光学器械、医疗器械及钟表等；金属制品——也是机械工业不可缺少的基础部门之一，包括金属结构、容器、铸件、锻件、冲压件、紧固件等。

机械工业的综合经济技术水平应当表现在两个方面：一方面是机械工业在国民经济发展中的权重，特别表现在其生产规模以及为国民经济提供机械产品的数量和质量；另一方面是机械工业本身的技术、经济和组织管理水平，特别表现在生产中的劳动消耗和物质消耗，以及发展速度，也就是扩大再生产的能力。

5.1.2 机械制造业起源和发展

机械制造业从起源到支撑起整个社会对装备的需求经历了漫长的时间。最早的雏形，诞生于石器时代。制造使用工具，也是人类成为现代人的重要标志之一。在古埃及，人们开始普遍使用青铜器；修建金字塔，广泛使用了铁制的凿子；在古巴比伦，人们发明了带轮的车。

在公元前2800年中国中原地区出现原始木质机械，用于耕地。动力也由人力发展到畜力、水力和风力。机械工具也由天然的木、石、土发展到人造材料陶瓷和青铜材料。这时已经具有动力、传动和工作三个部分的完整机械。到春秋战国时期，中国历史上进入第一次地方战乱、分裂割据时期。连年的战争促进了技术的进步，从出土的铁制器物看有的表面已经脱碳成钢。在河北易县遗址出土的兵器中，已经有回火和淬火组织，这也是世界上最早的热处理技术，对现代技术材料处理技术有不可磨灭的影响，客观上也促进了近代机械的发展。1350年至1698年，意大利的丹蒂制成机械钟，荷兰的李普希创造千里镜，意大利的布兰卡设计出靠蒸汽冲击旋转的转轮（激动式汽轮机的雏形），惠更斯创制单摆机械钟，英国的萨弗里制成第一台实用的用于矿井抽水的蒸汽机，这些都反映出机械工业在缓慢而持续地发展着。

在公元16世纪，文艺复兴时期，欧洲机械工程领域中的发明创造逐渐增多，机械工程得到了空前发展，一场大规模的工业革命在欧洲爆发，大批的发明家涌现出来，各种专科学校、大学工厂纷纷建立，机械代替了大量的手工业，生产迅速发展。杰出的文艺复兴时期的代表人物，例如意大利的著名画家达·芬奇，除了人所共知的绘画成就，还有很多发明创造，设计过变速器、纺织机、泵、飞机、车床、锉刀制作机、自动锯、螺纹加工机等大量机械，并画了印刷机、钟表、压缩机、起重机、卷扬机、货币印刷机等大量机械草图。

1755年至18世纪中叶期间，西方国家的基础科学的发展促进了机械工业的发展，欧拉确立粘性流体的运动方程——欧拉方程。法国的库仑用机械啮合概念解释干摩擦，首次提出摩擦理论。1789年，法国首次提出"米制"概念。法国的拉瓦锡和俄国的罗蒙诺索夫提出燃烧是物质氧化的理论等。

从哈格里夫斯创造竖式、多锭、手工操作的珍妮纺纱机，至英国的威尔金森1774年创造较精密的炮筒镗床的发明，再至德国迪塞尔发明了著名的迪塞尔内燃机，解决了汽车、轮船等许多机器的动力源问题，抽水机、纺织机械等工作机的发明使生产得到很大发展，再加上随后蒸汽机的使用，工作机几乎被推广到一切生产部门。生产发展的需求反过来又促进了机械工业的发展。到19世纪40年代，机械工业已做到各类加工机床配套，具备了用机器制造机器的基础，形成了一个独立的工业部门。军工产业中很多先进技术转为民用后，也推动了机械制造业的发展。例如，互换式生产方法首先在枪械生产中发挥了有效作用，逐渐应用到民用机械的发展中，像自行车、缝纫机、打字机等生产都采用了互换式方式。其后，各种新式互换性机床也应运而生，基于此技术，测量技术也得到了很大发展，一大批测量器具和螺纹被设计制造出来。接着,这又促进了机床自动化发展。以后,伴随着电子科技的发展,1952年,美国帕森斯公司制成第一台数字控制机床,至1976年,日本发那科公司首次展出柔性制造单元。机械的自动化发展越来越快,自动化程度越来越高,呈现出井喷式发展的态势。以计算机和信息技术为基础的高新技术的迅猛发展,越来越广泛地用于信息处理和自动控制两个方面,尤其是以互联网为代表的新的物质技术基础的日益成熟,推动着工业化与信息化的两化融合,为制造活动提供日益增多的高效能生产手段和商业模式,使制造业面貌不断发生变化。

5.1.3 机械制造业在国民经济中的地位和作用

机械工业在国民经济中居于主导地位,是工业体系的核心部门,发展机械工业是实现国家现代化的重要环节之一。

机械工业在实现国家现代化中的重要性,首先就在于它能够迅速地生产出满足各种要求的技术装备并用以改进生产手段。国民经济各部门用这些先进的现代化生产手段和技术装备,能够迅速提高劳动生产率,使社会生产力大幅度地发展起来,从而促进其他各行各业的快速发展。

机械工业在工业总产值和工业利润中占有很大的比重,为国家积累了大量建设资金,这种情况在工业社会中是一个带有普遍性的特征,发达工业国家的机械工业占工业总产值比例几乎均在1/3以上。因此,国家的发展很大程度来看其机械工业的发展,中国在"十一五"期间,机械工业在全国工业中的比重达20.3%;2009年,中国机械工业销售额达到1.5万亿美元,跃居世界第一,成为全球机械制造第一大国,2014年的中国机械工业产值近5万亿美元,占世界近一半。中国首先成为了世界制造大国,然后以此为基础,可向制造强国的方向发展。

生产的目的是为了满足社会全体成员不断增长的物质文化需要,也就是满足人民消费的需要。近些年,机械工业调整服务方向,扩大服务领域,不仅为发展轻工业生产提供了大量的技术装备,而且直接生产出许多满足人民生活需要的耐用消费品,这些约占机械工业总产值的1/3。

发展机械工业对于改善我国的进出口结构也有重大的意义。外汇平衡对于国家经济的运转和发展是十分重要的,但是不同的出口创汇产品的经济效益差别极大。相当一个时期内,为了发展、提高人民的物质生活水平,我国机械产品的出口额比较小,创汇主要依靠农副产品、纺织品等劳动密集型产品。近年来,我国机械产品出口逐步扩大。自2002年,我国机电产品的进出口总额在全国外贸进出口额的占比首次过半,达到了50.4%,其中,机械产品的进出口总额达到1138.18亿美元。2012年,全国机电产品进出口达到1.96万亿美元,高于全国外贸增速高于0.5%。其中,出口增速高于全国外贸出口增速0.8%,在外贸总量和增量中的占比分别提高到57.6%和62.4%,机电产品已连续18年保持我国第一大类出口商品地位。进出口结构进一步优化,电力、通信设备、汽车、机车、飞机等技术含量和附加值较高的产品成为新的增长主体。

中国已连续多年保持全球第一大机电产品出口国地位。例如,在2013年,中国机电产品进出口总额突破2万亿美元,达到2.1万亿美元,连续4年成为全球第一大机电产品贸易国,与1980年(72.1亿美元)相比,增长了290倍。其中,出口从15.6亿美元增长到1.26万亿美元,占货物贸易出口比重由8.6%增长到57.0%。至2014年,中国机电产品出口仍继续保持领先地位。

在机械工业的基础上,不断产生新兴的工业部门。经验证明,科学技术转化为生产力,虽然在各个领域内具体方式不同,但有一点是共同的,就是必须与工业生产相结合。新兴技术成长为一个行业,必须有一个合适的土壤。机械工业是一个范围最广、门类最多、产品繁杂,同时又有着雄厚技术基础的行业,因此对新兴产业的成长是非常有益的。事实也正是这样,在科学技术进步和生产分工协作发展的基础上,机械工业生产的社会化水平日益提高,生产发展也越来越快,新兴制造部门不断地从原有部门中分离出来,发展壮大,逐渐形成一个个新的产业,核工业、航空航天工业、电子工业等部门都是这样发展起来的。在这个意义上,机械工业所起的作用是其他许多工业部门所不及的。

中国是世界上建立门类齐全的机械工业国家之一,这也奠定了我国未来发展制造大国和制造强国的基础。中国机械工业联合会(原机械部)将我国机械工业按照进行分类,并依据中华人民共和国国家标准《国民经济行业分类》(GB/T 4754—20022),将"国标"小类分别归属于13个大行业,126个小行业,即机械工业行业分类(GB/T 4754—2002)。例如大行业中的分类8——机床工具工业行业,其中包括3199其他非金属矿物制品制造;3421切削工具制造;3521金属切削机床制造;3522金属成形机床制造;3523铸造机械制造;3524金属切割及焊接设备制造;3525机床附件制造;3529其他金属加工机械制造;3624木材加工机械制造;3629其他非金属加工专用设备;3699其他专用设备制造;大行业分类10机械基础件工业行业包括:3544液压和气压动力机械及元件制造;3551轴承制造;3552齿轮、传动和驱动部件;3581金属密封件制造;3582紧固件、弹簧制造;3583机械零部件加工及设备修理;3589其他通用零部件制造;3592锻件及粉末冶金制品制造;3625模具制造;又如大行业分类12是汽车工业行业,包括3721汽车整车制造;3722改装汽车制造;3723电车制造;3724汽车车身、挂车的制造;3725汽车零部件及配件制造;3731摩托车整车制造;3732摩托车零部件及配件制造。目录中"代码"为"国标"小类,中国的机械工业其他分类详见《中国机械工业联合会大行业数据行业目录》(GB/T 4754—2002)。

各国正反经验都表明,国民经济的发展需要有一个发达的、现代化的机械工业。一个国家的国民经济发展速度、规模和技术水平在很大程度上取决于机械工业能力的大小和技术水平的高低。随着科学技术飞速发展和国际竞争日趋激烈,机械工业在国民经济中的地位越来越显得重要。因为生产手段的发展水平是一个国家生产力的重要标志,因此,各国都在竞相发展机械工业,并做到装备工业技术超前,使之能为国民经济其他部门的发展作必要的技术储备和开辟新的途径。我们要赶超世界先进水平,同样首先要在机械工业的生产水平和技术水平上下功夫,只有切实掌握和不断发展机械制造技术,才能有坚实的技术基础面对新的挑战。

5.2 机械产品的生产过程

5.2.1 机械制造行业的工作范围

纵览几百年工业发展史,机械工业从无到有,从低级到高级,经过了反复实践、认识、再实践、再认识的不断提高过程。例如,20世纪60年代,当时中国机械工业的领军人物沈鸿院士就曾在总结我国机械工业实践基础上,对机械行业的工作范围,归纳出包括品种、成套、质量、服务和用户实践等五个方面比较全面的认识。

品种问题——国民经济要按比例发展,机械工业也要按比例地为农轻重等部门提供装备,以适应不同生产层次的需要,并力求用不同种类的先进设备改造它们。

成套问题——成套的含意是多层次的。就机器本身组成看,从零件、部件装配成单机;单机还应配有附件、维修工具和必要的备品备件(包括易损件);从单机到机组成套要考虑主机与辅机的关系;进一步再从机组成套到车间成套;从车间成套到工厂成套。不配套的设备是不能形成生产能力的。

质量问题——质量就是产品在使用时能成功地适合用户所需达到目的的程度。质量要从可靠、耐用、高效、经济、好造、好用、好修、好看等多方面综合考虑,以求得到最佳效果。而可靠、耐用、好用、好修应放在首位。

服务问题——服务指的是要将用户的使用看作制造厂自己生产的一部分,要负责到底。这一点在我国机械工业生产中,是很薄弱的环节。其实,服务是对双方都有利的大好事。通过服务不仅让用户可以用好自己的产品,还可扩大影响、增加销量。

用户实践问题——用户实践是对机械行业工作的检验。这一环节的积极意义更在于能及时反馈产品设计、制造上的问题,以便对产品更新改造,提高产品质量,并结合社会需求设计制造出新一代的产品。

沈鸿并进一步指出,品种、成套、质量、服务和用户实践的关系是:品种是成套的基础;质量是品种的生命;成套是形成生产规模的手段;服务是使用和制造之间的桥梁;用户的实践是改进产品的依据。这五项不是互相孤立的,而是相辅相成、互相促进的。以质量为例,产品的质量是由产品生产的全过程所决定的。应该把一件产品的寿命周期看成一个"从开始到结束"的连续性整体。一台机器的产生并实现最终要求,从大过程来说有:研究、试验、设计、制造、安装、使用、维修等七个环节,这是一个彼此衔接、相互制约而又必须统一的过程,被称为"七事一贯制"。这些实践都是我们认识进一步发展的基础。

又经过半个多世纪的发展,现代机械工业更强调具有服务性思维、产品的全生命周期、融合多领域技术、开放的制造环境等方面的发展特点。

(1) 现代机械制造工业注重服务性思维

现代工业生产厂家的利润增加已不单单是产品本身的价值增加,而还包含着服务的成本,因此工业服务业也是现代机械工业竞争的因素,可以将机械工业的服务看成是机械工业的延伸性产品。这里的服务包括维修、维护等传统服务,还包含用户对新产品进行个性化定制,并形成生产。

例如,美国服务业占其国民经济70%以上;美国的服务业包括生活性服务业、生产性服务业以及服务型制造业中的服务部分,其中服务型制造业中的服务部分和生产性服务业占到美国服务业的2/3以上。而且,制造业对生产性服务业的发展具有根本性的支撑带动作用,例如先进的通信设备带动了年增加值约1.4万亿元的信息服务业,发达的汽车制造业将带动几倍于汽车销售总值的汽车后服务业。

所以,大力发展服务业,重点应放在大力发展服务型制造业与生产性服务业,亦即推进制造业服务化;同时,推进制造业服务化,将推动制造业产业模式和企业形态的根本性转变,推动制造业的转型升级。

必须深刻认识制造业与服务业发展的辩证关系:中国产业结构调整的一个重要任务就是增加服务业在国民经济中的比重,逐步减小制造业的比重,这个方向必须坚定不移地推进。同时,我们要明确而清晰地认识到,服务业发展的基础是制造业,制造业的发展将推动服务业特别是现代服务业发展壮大,只有制造业强大了,才能有发达的服务业。

(2)产品的全生命周期

现代机械工业的内容包括市场分析、经营决策、产品设计、工艺设计、加工装配、质量保证、生产管理、市场营销、维修服务,以及产品报废后的回收处理等整个产品周期。即人们按照市场需求,运用主管掌握的知识和技能,借助手工或者可以利用的客观物质工具,利用有效的方法,将原材料转化为最终产品并投放市场的全过程。现代社会的制造具备全过程、多学科、大工程观念的特点。

(3)融合多领域技术

现代机械工业越来越重视与电子行业、控制专业领域以及计算机的软件和硬件领域等等进行融合。

(4)开放的制造环境

机械制造行业伴随着信息技术革命,管理思想与方法的发生了变化。工业制造的大环境越来越注重交流、协作完成,甚至是跨国进行设计合作、生产协作和服务整合等等。

5.2.2 机械产品的设计

在机械产品的生产过程中,设计、材料和制造工艺是相互影响的最基本因素。为了能够经济地进行生产,这三者必须恰当地组合。

产品的设计是机械产品生产的第一步,是整个制造过程的依据,也是决定产品质量,以及产品在制造过程中和投入使用后的经济效果的一个重要环节。要生产质量好、成本低的产品,首先要有一个好的设计。

设计并不是凭空而来的,向前看其实它基于需求,向后看更要顾及制造的成本和可能。所以,完整的设计不仅仅是对产品本身的描述,还应包括对从市场把握到加工、配套、储运、销售的总体安排(关于这个道理,待我们有了相关知识的铺垫后,后面中举例阐明)。产品的功能以及制造厂和终端用户的效益很大一部分是在产品设计阶段决定的。设计一旦完成,由其他环节调节的余地就很小了,因此要十分重视设计工作。

设计的过程如图 5-1 所示。设计的原则需要通过概念设计、功能设计、技术设计、生产设计、工艺设计、营销服务设计以至盈利模式设计等各个环节,应用各种设计工具加以落实。除必要的计算之外,相当大程度是靠经验和依照用户体验的反馈进行的。因此,要十分重视经验积累、物化,重视市场调研,重视与制造及使用的第一线工人、技术人员、销售人员直至各层面顾客交流沟通。

我国的设计力量比较薄弱,是机械工业发展面临的一大难题。因此,要大力培养人才,加强产品的科研与设计,并将技术引进与创新结合起来,并以此作为提高自行设计能力的手段,以便研制出适合我国资源和自然条件特点的现代化产品。例如,根据我国各河流水位高低、流量大小、含沙情况研制出各种不同的水力发电机组;根据我国的地势、土壤、气候、动力资源等条件,设计制造出各种交通运输车辆。设计制造新产品,是发展机械工业、提高国

图 5-1 设计、制造及市场反馈之间的关系

际竞争力的关键。一定要有品牌意识,创造出具有自主知识产权的技术和产品,培育出自己的市场,企业才有活力和后劲。如果不大力培养人才,学会和掌握研究、设计的本领,要尽快赶上世界先进水平和加速实现四化是困难的。

设计这个经典的概念,在时代的推动下,近些年发展非常迅速。从以科技为基础的功能结构设计,吸纳艺术审美,扩展到工业设计;适应市场和社会转型,出现了服务设计;依托信息技术,提升到系统集成设计;为保护环境,必须进行可持续设计;在全生态的背景下,必然走向协同设计。设计早已走过关注细节的时代,它将通过宏观管理体现人文关怀。这样开放性的认识,才能把我们引向分布式、交互式、开放式的共同创新,使转型升级落到实处。我们尤其需要跨界融合。谁能在风马牛不相及的事物之间看到它们的相关性,谁就能有突破。

5.2.3 机械产品的制造

机械产品的制造,与冶金、炼油、化工等过程型生产不同,是属于一种加工装配类型的生产,离散性较强。机械产品包罗万象,差别极大。大的可以有重达几千吨上万吨的高炉、几百米长的轧机、载重几十万吨的油轮,小的可以是极精密的元件;产量可以是单件,也可以年产几十万上百万件;复杂产品可以由几百种材料制成和上万个零件组合而成。但是,尽管其形式、功能、产量千差万别,却都有一个共同的特征,就是作为机械工业最终产品的整机,都是由零件组装而成的。所以,机械产品的制造,首先就是零件、元器件的制造,也就是加工的过程。

1. 机械零件的加工

完成加工的最基本要素是材料、设备和人力资源。

1) 材料

材料是基础,它提供了加工对象,其质量优劣决定着产品的先天基础和加工的难易。材料一般由供应部门根据生产的情况采购供给。一般情况下,原材料包括以下三类:金属材料、非金属材料、外购零部件。

金属材料以铁制材料为主,包括一定材质的锭材、型材、板材、线材和管材等。金属材料构成了机械制造企业生产加工的主体,一般要经过毛坯制备、粗加工、精加工和热处理等工序制成零件,然后再送到装配车间组装成部件和产品。

非金属材料包括玻璃、塑料、橡胶、油漆、化学药品(多用于表面处理)等。这类材料有些需要做进一步加工,有些则不需要加工;有些是直接组装到产品上的,有些则只用于产品的加工过程;有些是用于特定的产品上的,有些则也可用于其他产品的生产。

外购零部件是由其他厂家生产的产品,在其他厂家为产品,而在本企业则为原材料。外购零部件一般不需要加工就直接用于成品的组装。由于它们不是本企业的产品,对其质量的判断就特别重要。

2) 设备

设备一般包括加工设备、夹具、模具和检测设备。厂房及其相应的基础设施在广义上也是设备的一部分。

加工设备一般分为热加工设备,冷加工设备和装配设备。

热加工设备主要用于毛坯的生产和零件的热处理。一般包括对金属材料进行加热的加热炉、用于压力成形的锻压设备、用于制作铸造砂型的设备,以及用于制作铸模的设备等。热加工设备一般能耗都比较高,而且通用性比较强,成本也比较高。为适应不同产品的生产,需要配备专用的模具和夹具。

冷加工设备主要用于对毛坯进行粗、精加工。冷加工设备从单体角度看,一般由床体、动力系统、装卡系统和刀具系统组成。冷加工设备按其功能分为车床、铣床、刨床、磨床、钻床等。能够满足多种加工要求的机床称为通用机床,只能进行某些特定加工的机床称为专用机床,将不同的工艺组合在一起的机床称为组合机床,使用计算机程序控制的机床称为数控机床。专用机床、组合机床的效率要高于普通机床,但成本比较高,适用性也要差一些。一般情况下,专业性比较强的企业,专用机床和组合机床多一些。数控机床自动化程度比较高,工人的劳动强度比较低,是现代机械生产设备的发展方向,但目前我国数控机床的生产能力还比较低,不能满足生产的需要。刀具是冷加工设备的重要组成部分。刀具在生产中会发生磨损,因而需要经常更换。卡具是将工件固定在机床上以便加工的部件。更换刀具和卡具都要消耗时间。因而,合理选择和改良刀具和卡具对提高生产效率具有重要的意义。

装配是机械产品生产的最后环节,也是形成机械产品质量的关键环节之一。在传统的机械制造中,装配一般都是由手工完成的,即使使用机械,也主要是起重机和传送带,起搬运零部件的作用。在现代机械工业中,"用于装配方面的机械"的使用越来越多,不仅减轻了工人的劳动强度,也使产品的质量更加稳定。但是,从目前的情况看,"用于装配方面的机械"还不能完全取代工人的手工劳动。

检测设备主要用于对产品质量的检测,在机械工业中使用得比较多的是物理检测,分为外观检测和性能检测。外观检测是通过对产品的物理外观(精度、粗糙度、有无加工缺陷等)的测量来对产品的质量进行评定,一般不需要特别的设备。性能检测是将产品置于某种设定的极端环境下工作,以检测产品的质量。这种检测需要专用的设备和场地,有些设备还比较昂贵。检测设备的水平,代表了该企业产品质量的保证程度。

辅助设备一般包括运输储藏系统、动力传输系统、供水通风系统、照明系统、通信系统等。厂房也是广义的辅助设备。这些系统是为了保证生产的正常进行而建立的,它们一经建立,就相对固定下来,其更新周期也比较长。

3) 人力资源

工人是生产中的主体。机械制造企业中工人的劳动与其他行业的工人有非常明显的不同。这种不同主要表现在机械制造企业中,工人是通过操作机器设备来完成对零部件和产品的加工。机械制造企业中的工人是根据设备的要求来组织的。一般情况下,从事热加工生产的工人是几个人共同使用一台(组)机器来进行生产,从事冷加工生产和装配的工人则是一人使用一台机器来进行生产。工人的劳动既受机器的制约,也受生产流程的制约。

因此，在机械制造企业中，工人的分工更细，对工人的技术要求也更高。不同的生产环节，工人操作的机器不同，他们的劳动强度也不同，对他们的技术要求也不同。在现代机械制造中，机器越来越多地替代工人的手工劳动，但在相当长的时期内，还无法完全取代工人的劳动。工人的技术能力对企业的生产水平有重要的影响。因此，在机械制造行业，技术工人仍然是企业的宝贵财富。

2. 机械产品的生产过程

机械产品的生产过程分为生产准备、毛坯装备、零件加工和装配试车四个阶段。工人分别在这四个阶段利用设备对材料进行加工，最后将加工出来的零件组装成完整的产品。这四个阶段依次进行，前一阶段的产品在后一阶段就成为材料（加工对象），前一阶段生产的完成是后一阶段生产进行的前提。而在每一个阶段内部，不同零件的生产往往是并行进行的。由于各个阶段中各个零件、各个工艺流程的生产效率不同，完成该零件生产所需的时间也不相同，因而，各工序之间要保持一定的比例关系。一般这种比例关系是通过设备的数量关系来实现的。在采用流水线生产的企业，这种比例关系尤为明显。如图 5-2 所示。

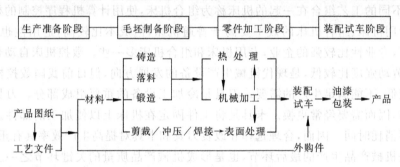

图 5-2　机械产品生产过程示意图

5.2.4　机械制造工业生产的组织

机械制造工业的生产一般是由企业组织的。为了组织好企业的生产，需要处理好原材料采购、生产流程的组织、生产工艺的设计、生产过程的监控和产品质量的保证等一系列的问题。同时企业的生产不是孤立进行的。由于生产社会化的发展，企业之间、企业和用户之间形成了广泛的联系，使企业的生产活动有了更加广阔的社会环境。

1. 机械制造工业生产过程的构成

（1）生产准备过程：产品投入生产前所进行的各种技术准备。例如，产品的调研、方案设计和试验、产品设计、工艺设计、工艺装备的设计和制造、材料定额与工时定额的制订与修改、劳动组织和设备布置的调整以及新产品的试制、试验和鉴定等。

（2）基本生产过程：企业加工制造本企业基本产品的生产过程，是工厂生产过程的最主要部分，例如：机床厂生产机床，电动机厂生产电动机，齿轮厂生产齿轮，铸锻件厂生产铸锻件等，基本产品代表企业的基本特征和主要专业方向。

（3）辅助生产过程：为保证基本生产过程进行所必需的各种辅助产品的生产过程。辅助产品是指基本生产过程所要消耗的自用产品。例如：蒸汽、煤气、压缩空气等工厂动力的制备输送；为制造产品所必需的刀具、夹具、模具及专用量具的制造，备品备件的生产；变电、配电及厂房、设备的维修等。划分基本产品和辅助产品的标志,是看这些产品在工厂中所占的地位和所起的作用。因此,同样是生产工具的过程,在工具厂是基本生产过程,而在其他厂则属于辅助生产过程。

(4) 生产服务过程:为基本生产和辅助生产所进行的各种生产服务活动。例如:原材料、半成品和工具的供应、运输、保管、配套、试验与化验,以及产品包装、发运、售后服务等。

(5) 附属生产过程:企业根据本身条件和市场需要生产某些非企业专业方向的产品的过程,如飞机制造厂用边角料生产日用铝制品,锅炉厂利用自己加工能力的盈余生产民用石油液化气罐等。

2. 机械制造企业生产过程的组织

上述这些生产过程在企业中是通过许多相互联系的生产单位来实现的。企业的生产单位按其完成生产过程的不同部分划分为:生产准备部门、基本生产部门、辅助生产部门和生产服务部门。每一部门又根据其所承担的任务成立相应的车间(如毛坯、加工、装配和工具等车间)、科室(如设计、工艺、质量管理和销售服务等科室以及中央试验室、中央计量室等)、站(如动力站等)、仓库(如材料、工具、成品及半成品等库),并配备相应人员、机器设备和其他必要装置。

组织生产过程就是对产品各工艺阶段和各工序的工作在时间和空间上进行合理的安排,使产品在生产过程中行程最短、时间最省、耗费最小、效益最高。

在生产组织上,一般由技术人员根据产品的功能设计,提出结构设计,并将结构设计绘制成零件图和装配图。在零件图上除了标明零件的外形、尺寸和公差外,还要注明零件的材质、加工批量和工艺要求。此外,技术人员还要为工人制定生产定额,即单位时间内(一般为一个班次)加工零件的数量,以作为考核工人劳动绩效的标准。在装配图中则要标明各零件的装配顺序和相关的工艺要求。通常在装配流水线上,每一个工位的装配图只标明该工位所要完成的零件装配和工艺要求。在生产中,图纸是指挥生产的指令,一线工人必须也只能按照图纸的要求和相应的加工工艺进行生产,图纸的错误会造成按照该图纸生产的零件全部报废,从而给企业带来严重的损失。

在生产中,原材料从进厂到组装成产品,除了发生形状的变化外,还要有位置的移动。各种零件既要在各车间、各工序之间搬运,也要在每一个加工工位上停留、储存。因此,在生产的组织上要合理安排企业的运输和仓库系统,尽可能减少运输和存储的成本。在传统的生产中,是将待加工的零件成批搬运并堆放到下一个工位,待这一批零件全部加工完成后,再转入下一个工序。在现代流水线生产中,零部件的搬运通过传送带实现,使零部件的堆放接近于零。但是,流水线生产要求各工位的加工时间绝对均衡,按"节拍"生产。为此,要准确测算各工位的加工时间,一些加工时间过长的工位往往采取分解加工工艺或增加并行工位的办法来调整。同时流水线对设备保证的要求非常高。一旦流水线上的一台设备停止工作,整条流水线也就瘫痪了。

为保证企业生产的正常进行,企业中还要配备相应的辅助生产系统。与生产系统相比,辅助生产系统的组织要松散一些。

3. 机械制造企业的运行系统

在市场经济条件下,企业的生产以市场经营为导向,以设计开发为龙头,以生产制造为基础,形成三角形的闭环系统。市场经营部门:负责市场预测、商品销售、售后服务、品牌广告、传授技术、接受订货等;设计开发部门:亦称技术部,负责新产品研究、试验、设计,新材料、新工艺和新装备的开发,接受特种订货设计等;生产制造部门:或简称制造部,负责工艺编制、原材料及半成品库存管理、加工、装配、质量保证、设备维修、工具管理、能源管理等。"三大部"须相互配合,协调运行:市场经营部根据市场信息和企业总体战略,向技术部提出用户的需求、新产品开发建议和经济效益分析报告;向制造部提出订货周期要求、用户满意程度信息、质量改进意见。技术部向市场经营部提供产品性能、特色、技术经济分析、科学技术发展趋势等;向制造部提供产品设计图纸、技术关键措施、建议等。制造部向市场经营部提供库存信息、制造计划周期等;向技术部提供标准件、外协零部件库存、产品工艺性改进建议等。"三大部"各自具有自我调节机制:市场经营部在企业经营效益目标指导下,对市场开拓、经营战略与革新、信息处理等拥有内部自我灵活调节的机制。技术部在保证产品满足市场需求和企业效益的前提下积极开发高附加值产品,为企业增加更多的经济效益。制造部拥有人员、设备、材料、技术等全部生产要素,具有自我调节的有利条件,担负起质量保证和控制制造成本的重任。总经理负责协调"三大部"的关系,并设财务主管以价值形态控制实物形态的运动,成立企划部门研究企业战略,设计盈利模式。

5.2.5 机械制造企业的成本构成

在各工业行业中,机械企业的成本构成是比较典型的。一般有投资成本、生产成本、管理成本几部分构成。

投资成本主要是修建厂房的费用和基础设施、购买机器设备的费用。一方面,投资需要收回,另一方面,厂房、基础设施和设备在使用中也会发生磨损,在经过一个时期以后就要更新。因此,在生产中,这一部分成本是以折旧的形式摊入到产品当中去的。其中厂房和基础设施使用的时间较长,一般折旧期为20年。机器设备的折旧期比较短,一般为5至10年。在我国的很多企业,存在着厂房和机器设备超期服役的问题,也就是折旧已经提完了,但厂房和机器设备还在继续使用。这固然可以节约一定的投资成本,但同时也会增加生产成本。

生产成本主要包括原材料的费用、辅助材料的费用、能源(煤、电、气等)和水的费用、工人的工资等。原材料一般只用于某一种产品的生产,在一种产品生产完成后,为生产这种产品而购买的原材料也就失去了使用的价值。比如,某一种产品是用铸铁来生产的,为此需要购买一定量的铁锭。而下一批产品是用铸钢来生产的。这样,为生产上一批产品而购买的剩余铸铁就没有用了。但购买这一批铸铁的费用要全部计入相应产品的生产成本中去。辅助材料、能源和水是生产所必需的,但又不具体体现在某一种产品上。如冷却液,只要机床开动,基本上都要使用它。这一部分费用一般以平摊的方式计入成本。生产离不开工人,工人劳动就要付工资。在企业中,虽然工人的工资可以表现为计时工资和计件工资两种形式,但它们都是以劳动时间为基础的。在产品的成本中,这一部分费用一般也是以工时费的形式计入成本。需要指出的是,加工中总会出现一些废品,但它们所消耗的生产成本和正品是一样的,这一部分成本也要摊入到产品当中去。比如,某车间生产了11个零件,其中一个是废品,这样,其余10个零件的成本就要上调1/10。当机器设备老化以后,其能耗要上升,生产效率和加工精度要下降,废品率也会提高,这些都会增加成本。

管理成本包括企业的办公经费、市场推销费用、贷款利息、职工福利费用等。随着企业规模的扩大,在企业中从事技术支持、日常管理和市场经营的人员也相应增加。在有些企业,管理人员甚至超过了生产工人。这部分人员的工资不能以工时费的形式计入成本,只能以管理费的形式摊入成本。其他费用也是以这样的形式摊入成本的。在企业的会计核算中,管理费是比较灵活的,因而也是比较容易钻空子的。

由上面的介绍我们可以看出,投资成本和管理成本是不直接进入产品的,它们一般都是以分摊的方式进入产品,因此,产品中这一部分成本的高低与该产品的产量有直接的关系。产量越高,产品中分摊的成本就越少。因此,要想减少这一部分成本,只要增加产量就可以了。而生产成本是直接进入产品的,它在生产中全部或部分地转移到产品当中去。这部分成本与产品的产量无关。要想减少这一部分成本,就必须通过技术创新来节约原材料、能源和劳动的消耗。

5.3 机械制造的加工工艺

加工工艺是机械制造最核心的一个要素。工艺的实质是加工,即生产中直接改变原材料形状、尺寸和性能使之变成成品的过程。它涉及原理、流程、条件、效益,也就是要解决能不能加工、怎样加工、用什么方法加工、花多大代价加工等一系列问题。

在工艺活动中,既创造财富又消耗财富。所谓创造财富是指生产出具有使用价值的产品的增值,消耗财富指同时也消耗了原材料、设备、工具、劳动工时、能源等。加工同一零件可以有多种不同的工艺方法。由于不同工艺消耗的社会劳动结构是不同的,所以工艺技术的主要任务就是要从中找出降低工艺成本的主攻方向。工艺又与生产批量发生直接关系,在单件、小批生产中采用昂贵、复杂的专用设备和工艺装备,会导致工艺成本的提高。因此就经济效益而言,不存在脱离具体生产条件的工艺先进与落后之分,工艺追求的是适用技术。工艺的最高原则是以最少的社会劳动创造出最大的物质财富,在保证产品质量与数量的前提下,在材料、设备、工具、能源、劳动力消耗总和中求最小值。

一个产品的工艺过程可以包含很多工序、工步。一个产品的工艺方案也可能有多种。假如把设计后的蓝图比作行路的目标,那么达到这个目标的走法是多种多样的。哪个方案走得最近、最快、最有效,哪个方案就最好。

不同的机械制造部门具有不同的加工工艺,下面以一般机械制造为例,谈一下机械产品加工工艺中具有共性的一些方面。

5.3.1 加工的基本方法

尽管产品千差万别,加工方法多种多样,但从工艺目的来讲,机器的生产过程就是成形、变性及装配调试。"成形"包括形状、尺寸、质量、大小、表面微观形状等各种要素按要求的变化,变化的结果使产品零件形成设计的形状并实现相关的配合;"变性"则是通过各种物理、化学处理,使材料的机械性能、工艺性能、电磁性能、热学性能以及物质构成等发生变化,以满足顺利进行加工和保证机器可靠工作所需要的各种性能;此外为了使产品防锈、耐用、美观、富有商品性,还需对表面进行各种处理。零件加工齐备后,将其装配成整机,并调试出所需的功能。

按照生产顺序,通常将这些加工方法组织为毛坯制备、机械加工和装配等阶段。由于市场供应的原材料品种、规格都比较单一,而各种机器零件所要求的材质、性能、形状、尺寸却是千差万别的,为了提高材料利用率和机械加工的生产率,通常要在机械加工之前先用铸造、锻造等以成形见长的手段使材料预成形,这便是毛坯制备。目前,虽然制造毛坯的技术在发展,但依然很难达到装配所需要的精度。为了满足装配的尺寸关系,零件一般还要经机械加工。改性的各种手段,如热处理等,则穿插于毛坯制备和机械加工各环节之间,或使材料具有较好的加工性能(如有利切削,为后续加工作准备);或在机械加工完成后,通过热处理取得零件在工作时要求的最终性能(如高的硬度和耐磨性)。由于产品的质量是以产品整机的工作性能、精度、寿命及外观等指标综合评定的,因此机器制造最后阶段的总装配也是十分重要的,是整机质量的最终保证。其内容包括部件装配、总装配、调整、检验、试运行和喷漆等。

从加工原理上看,成形方法大体可分为聚集、转移和分离三类。"聚集"是把分散的原材料通过相应的手段聚集而获得所需要的形状,例如铸造(将不同的原料加热熔化配成需要的合金浇入预制的型腔,冷却凝固成形)、焊接(将型材连接成结构)以及塑料零件的压塑成形和注塑成形等。这种成形方式对材料利用比较合理,并可按需要调整成分,同材质的废旧零件还可回炉再造,因此原材料利用率很高。缺点是工艺过程中影响材料性质的因素较多,且不易控制。"转移"是采用相应的工艺手段使固态材料本身质点产生相对位移,按需要重新分布,例如锻造、板料冲压、挤压加工等。这种成形方式的特点是原材料损失少,且有改性效果。这些古老的技艺和现代技术及材料相结合,已经创造出很多新的加工方法,加工精度和生产率日益提高,甚至可以做到少、无切削加工而直接达到装配要求。不过这些工艺方法的初投资一般都较大。"分离"则是更广泛采用的机制工艺成形方法,用切削、熔割、冲裁、电蚀、光刻、激光等方法从毛坯上去除多余的金属,达到装配尺寸的精度和表面粗糙度要求。这种成形方法容易控制加工精度,但材料利用率较低。

表面工艺分为化学和物理两种:前者如氧化、电镀、表面覆盖(搪瓷)、表面涂饰(油漆)、表面热浸渍(浸锡)、表面胶接(塑料覆层)、表面渗层(渗合金)、表面喷涂等;后者如表面冷压加工、喷丸强化、感应加热或火焰表面热处理等。

在加工组织方法上,根据生产批量和管理的科学程度,又有封闭加工、成组工艺、计算机数控加工、柔性加工和无人化加工之分。

以上这些方法,投资和消耗不同,效果也不同。对一个零件来说,实现某一加工目的的方法不是唯一的。但是具体到生产上,则要根据零件的结构、技术要求、材料性质、生产类型,以及本厂现有的设备条件、本系统本地区专业化协作的开展情况等方面进行整体优化选择。在工艺上,可选择的技术方案很多,但最优方案只能有一个,这需要工艺人员做细致的工作。

5.3.2 加工设备和工艺装备

1. 机器设备

如上所述,机械零件的加工都是借助于一定设备进行的。设备的选择应适合加工工艺的需要。通用设备比较常用。以切削加工为例,一般机械制造厂中都能见到的车床、铣床、刨床、钻床、磨床等,都是用于各种平面、外圆、内孔等规则表面加工的最基本的通用金属切削机床。对于一些比较常用的特殊表面,还有专门用于某种表面加工的机床,如加工齿轮、螺纹的机床。每类机床中,又有不同的结构和规格,如车床有普通车床、立式车床、自动车床、仪表车床等很多种,每一种还有由大到小的不同规格和由粗到精的不同精度等级,适应于加工不同大小、不同要求的零件。为了便于区分、管理和使用,有关部门制订有机床的分类和编号,如我国目前金属切削机床有12类、96组、410个型号。此外,在大批量生产中,还有专门为某一零件设计的专用机床,简称专机。其效率很高,但通用性很差。通用设备由机床厂定型生产,专用设备也可委托机床厂完成,但目前比较多的是由工厂自己设计制造。

在机械制造企业中,它所拥有的设备是相对固定的,一般不大可能为生产某一种产品而临时更换设备。同时,没有一家企业可能拥有全部型号的加工设备。因此,企业的生产能力受加工设备的制约,企业只能根据自己的生产定位来安排自己的设备组成,然后根据自己的设备情况寻找客户、接受订单。

机械企业的各种设备的生产定额是一定的,各种设备的生产效率不同,为了保持生产的连续性,最大限度地发挥各种设备的作用,在考虑设备组成时,应考虑各种设备的比例,避免出现有些设备负荷过高,而有些设备"吃不饱"的情况,必要的时候可以委托或接受"外协加工"。

2. 工艺装备

有了材料和设备,实际上还是不能有效地生产,还要使用模具、夹具、刀具、量具、辅具及工位器具,这些统称为工艺装备,简称工装。工艺装备对于生产,在某种意义上来说比机床还要重要。机床花钱可以买到,工艺装备的设计、制造和管理却有一整套技术。如果只买机床,工艺装备不能配套,有如有马无鞍,实际上是不能取得高效益的。

工艺装备也可分为通用和专用两类,通用工装是指国家或部门已经标准化了的,并由专门的企业进行生产,以商品形式供应各企业;专用工装通常由企业自行设计制造,它只能加工一定的工件。较大的工厂,一般都设有工具车间,工具车间虽不直接参加产品加工,但对保证产品质量,提高生产效率却是十分重要的。下面以夹具为例予以说明。

机械加工追求的最重要目标包括:获得合格的工件;在机床上安装工件的辅助时间最少,昂贵的机床获得最高的生产率;所需的劳动量最少;降低对工人技术等级的要求。夹具是有助于达到这些目标的重要手段。

例如,某零件需要在钻床上钻出中心距有一定尺寸要求的一组孔,在工厂的生产中可以采用不同的定位、装夹方法。一种是采用通用台钳装夹。这需要用人工在零件上划线的办法找正位置,用手旋动螺旋丝杠夹紧。这个做法灵活方便,对毛坯的要求不高,但必须由技术熟练的工人完成,而且花费的时间较长。这个矛盾在生产量大时就会更加突出。工件的装夹是非生产性时间,虽然在低生产率的机床上节省少量时间作用不大,但对高生产率机床,节省同样时间就十分重要。如果上述零件改用一套专门设计的钻模进行定位、夹紧,以上复杂的操作只需一个动作就能准确、迅速地完成。在复杂零件大批量加工时效果更为突出,劳动生产率会大大提高。大批量生产某种有一组孔的零件时,就值得设计专用夹具和多轴钻床了。

在机床上使用易于操作的夹具,不仅直接提高机床的生产率,而且间接地满足了对操作工人的技术要求。这实际上有一个技术转移的问题。通常夹具需要认真地布置和加工,这就需要技术熟练的工具制造工人并使用精密设备。在设计和制造夹具中,技术人员和高技术的工人(当然还应包括生产车间的机床调整工人)将他的某些技术转移到夹具中去。以后,就可以由技术等级较低的工人(工序工)通过使用夹具生产出较高精度的工件来。这个关系可以用下式表示。

加工工件所需总的技术要求＝机器设备技术＋转移入工艺装备（夹具、刀具、模具和量具等）的技术＋对操作工人的技术要求

在机器制造中，这是一个非常重要的关系式，转移到工艺装备中去的技术越多，例如制造的夹具调整得越精确，在机床上安装每个工件所需要的时间就越少，对工人的技术要求就越低，因此也就提高了生产率，降低了成本；对社会来说，也提高了商品的利用率。在使用很昂贵的机床时，减少非生产性时间是非常重要的。

5.3.3　机械零件的公差、配合与技术测量

从最简单的产品到最复杂的成套设备，其功能的实现依靠各个组成部分准确、协调的配合。要想经济地制造出令人满意的产品，更离不开准确的技术要求、检测和质量控制。这个工作与基本加工一样，是生产中不可缺少的环节。

1. 公差与配合

任何一台机器，都是由若干零件组合起来的。根据机器要完成的功能，各个零件除了具有一定的形状、保持一定的位置外，还要保证一定的相互运动联系。这就要求零件之间必须满足一定的尺寸关系和松紧程度，在机械制造中称为"配合"。当基本尺寸确定后，配合的主要区别在于彼此之间的间隙或过盈的大小及其变动量。

但是，任何加工方法，都不可能将零件加工得绝对准确，而且随着加工精度的提高，加工难度和费用会呈几何级数上升。所幸在实际应用上，并不要求尺寸绝对准确，而只要求达到一个合理的范围。对于互相结合的零件，这个范围既要保证互相结合的尺寸间形成一定的配合关系，满足不同的功能要求，又要在制造上经济合理。这个范围在机械制造中称为"公差"。

2. 机械生产中的测量与检验

在机械生产早期，人们以零件互相配作实现配合关系。这对装配、使用和维修都极不方便。在现代生产中，这种做法显然不可取。因此，必须精确地制造机床和工艺装备，以及采用合适的检测方法，建立起对尺寸的控制。这样，技术测量就逐渐发展成为一项专门的技术。它主要研究用量具对零件的几何参数进行测量和检验的方法。

测量是使用经校准过的测量器具来确定零件尺寸和几何形状的具体数值。半个多世纪来，现代测量仪器有了长足的进展，有些还配有机电、光电转换装置，可以把测量结果转换成电量，再化为脉冲与计算机连接。20世纪50年代出现的三坐标测量机，现已广泛使用。用它可以测量复杂的表面形貌。与计算机联用以后，测量速度大大加快，还可为复杂型面数控加工编制程序提供基础数据。但即使如此，生产中最大量使用的仍是常规测量器具，因此必须十分重视这些量具和量仪的生产、供应和使用。这些器具一般都是由专业量具厂生产。

在生产中，特别是大量生产中，更多时候并不需要知道零件的确切尺寸，只需要确定它是否在预先确定的两个尺寸范围之间，此时不必将零件一个个进行具体测量，而只需将零件与一个已经建立的标准器进行直接或间接的比较，以确定零件尺寸是比给定的标准大些还是小些就可以了。这可以使用量规。量规是一种比较型的量具，有些地方也称为样板。这正如要想知道一张桌子是否能通过一扇门，除用皮尺测量桌子和门的具体尺寸外，还可以用

一根没有任何刻度的木棍比一下而进行判断,而后者操作起来更容易。为区别于测量,常将这种方法称为检验。专业量具厂只生产一些常用尺寸的量规,生产中配套的检验量规和样板更多是由工厂的工具车间根据工艺需要自行制作的。

现在,技术测量的发展,无论从深度和广度来讲,都已进入一个新的阶段,而且超出了机械工业的范畴,扩大到了其他行业。其中最典型的例子就是近年来发展特别迅速的微电子工业。由于按互换性原则生产电子产品、元器件及插板等,会使制造成本大幅度降低,从而极大地扩大了产量和销售量。这些产品公差项目很多,对互换性和测量要求很高。例如,对超大规模集成电路,要求在 $1mm^2$ 面积上集成上千个基本单元,线条宽度只有 $0.1\mu m$ 甚至小于 $0.1\mu m$,形状和位置公差以及制造掩膜原版的图形发生器的定位精度还要再小一个数量级。要制造这类集成电路,必须具备高精度的稳频激光测长系统和定位系统。集成电路的构想已有几十年的历史,但只是在制造工艺和测量技术经过多年积累达到足够精度后才得以实现。由此例,也可看出理论和实践、设计和制造之间的紧密关系。

形状和位置的技术测量只是测试技术的一部分。除此之外,零部件的快速强化模拟试验技术、无损检测技术、失效分析技术、动态模拟技术和整机功能测试技术也是机械制造中发展新品种、保证产品性能质量不可缺少的测试手段。目前,我国一些重大关键产品还由于缺乏试验和检测设施,有些内在的缺陷无法在出厂前发现和消除,影响了产品质量的稳定,甚至造成重大事故。这个问题应尽快解决。只有把试验和检测手段搞上去,才能科学、有效地保证机械产品具有稳定的质量。

3. 计量基准的传递

测量准确性除受操作者的技术、经验、测量环境(如温度、振动等)的影响外,量具本身的制造公差和使用中的磨损,是造成系统误差的主要原因。例如,在线长度的测量中,1960 年国际米重新认定为:由电激发氪 86(一种从空气中得到的稀有气体)原子所放出的橙-红光波波长的 1650763.73 倍。这一标准虽足够准确,但却不便于直接应用于生产中的尺寸测量。为了保证计量基准的量值能够准确地传递到生产中去,在组织上和技术上都必须建立一整套系统,这就是计量基准的传递系统。

我国量值传递的最高管理机构是中国计量科学研究院,它是国务院主管计量工作的职能部门,负责提出计量工作的指导方针,制订工作规则,管理全国的计量工作。在它下面再由省标准计量管理局和市、县计量管理机构负责本地区的检定、测试、组织量值传递等工作,这些计量工作机构的建立,构成了我国的计量网。

在技术上,为了保证量值的统一,建立了从计量基准到生产中所用各种测量器具的严格的传递系统。一般做法是:车间工位上的量规和量仪每天由车间专职检验员用检验样板检定;工具车间的计量室定期调回检验员的检验样板,用一定工作等级的量块检定;工具车间的量块定期(一般是 3 个月)由厂中央实验室调回用精密等级的量块检定。厂中央实验室的量块要定期(一般是半年)送地方计量局用实验等级的量块检定。地方计量局的量块应每年送中国计量科学研究院用光波干涉测量法进行检定。

计量检验是一整套科学,要有严格的制度和组织,绝不是随随便便就可以做到的。一定要下功夫进行基础建设,形成制度,严格执行,积累经验。这是生产中非常宝贵的财富。离开了计量检验,就无法进行真正的社会化大生产。

5.3.4 产品的质量控制

企业生产的产品具有使用价值,才能成为社会财富。而产品质量正是构成产品使用价值的真正内容。如果质量不好,使用价值很低,它不仅不能增加社会财富,还可能大量浪费社会的资源。质量问题是每一个国家在工业发展中必然遇到的问题,我国现阶段,这个问题尤为突出。

产品质量管理的起源很早。把质量检验作为一项专门职能或工种从生产操作中分离出来,是社会生产发展中社会分工的必然结果。这一点可以追溯到 18 世纪末产业革命时期。但以后很长一段时间内,产品质量检验方法都未能超越如下两个特点,即全数检验和事后检验。例如加工一批零件,在完成某道工序加工甚至全部工艺过程以后,才逐件进行检验,并将零件分为合格品和不合格品(废品或次品)。在这种情况下,质量检验的作用和任务在于"把关",即防止不合格的产品出厂,或不让不合格的产品转入下一道工序。显然,这种只重视结果而不重视生产过程的办法是消极的,因为当检验时,不仅废品可能已经成批地产生,其损失已经转移到合格品上,而且下一批零件的加工还可能重复原来的情况,这也反映了人们当时对生产规律认识的局限性。

此后,人们开始研究将概率论和数理统计学应用于产品质量的检验,提出了抽样检验的原理和方法。经过不断试验改进,逐步完善,在生产中推广应用,并取得显著效果,随之发展成为统计质量控制。

统计检验的特点和任务,在于不是对整批产品做事后的全数检验,而是在生产过程中周期性地对产品做有计划的抽样检验,对检验所得数据进行处理和分析,据以观察和监视生产过程的状态。当工艺失调(出现异常),产品质量指标超出规定界限或有超限的趋势时,可以及时分析原因,采取措施,使工艺过程恢复正常状态,预防成批产生废品,从而达到可靠地保证产品质量的目的。

但是,单靠数理统计方法控制生产过程是不够的,因为产品质量是在市场调查、产品设计、加工制造、检验、销售、甚至售后培训、维修、服务这样一个全过程中形成的;同时,讨论质量不能脱离成本。这就要求把生产技术、经营管理和数理统计等科学方法结合起来,建立一整套有效的质量管理工作体系,以保证最经济地生产出满足用户要求的高质量产品,这就是现在大力强调和推行的"全面质量管理"(TQC)。这也体现了人类对生产认识的深化。

全面质量管理强调全面的质量概念,除了产品的技术性能(如精度、耐用度、操作安全等)外,还包括服务质量(如购物咨询、准时交货、使用指导和维修保养等)和成本质量(即价钱要低廉)。并且强调产品质量是企业一切工作质量和工序质量的结果,包括设计质量、制造质量和使用质量等全过程。必须在各个环节都把好质量关,重视各个环节的配合和信息反馈。而这一切又是由人来完成的,因此要由上到下,由基本生产过程到辅助生产过程及生活服务,做到全员参加、全员培训,将全部工作纳入质量管理的轨道,使之符合管理的规范。人人建立起强烈的质量意识,是企业员工素质一个极重要标志,也是改革的一项重要内容。

质量职能可以用螺旋形上升图的形式表示。为了实现企业的质量职能,必须把与质量有关的一系列活动分散给螺旋形上的各个部分去做。而且,为了把分散在企业内的各部门的质量职能有机地结合起来,进行有效的组织、协调、监督、检查,还必须由企业的一个专职质量管理部门负责协调工作。同时,还要做到:明确各个环节的工作内容,规定其职责;为每一个环节实现其职能提供管理(政策、目标、计划、组织、培训、控制和激励等人为因素)和技术(材料、设备、工艺、能源等自然因素)上的条件;要求各环节提供完成任务的保证措施;对各环节的活动要及时进行协调。在产品的创意、形成和实现的螺旋形上升过程中,各项工作或活动是按顺序进行的,对下一个环节的质量来说,上一环节的工作就是一种预防和保证。各环节一环扣一环,互相制约,互相促进,互相依存,不断循环,周而复始,每经过一次循环,就意味着产品质量的一次提高(图 5-3)。

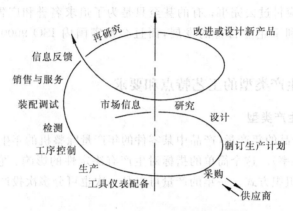

图 5-3 机械产品生产过程示意图

随着全球市场的形成,质量问题早已不再是企业的个别行为,ISO 9000 认证就充分说明了这个问题。ISO 是国际标准化组织的英文缩写,它是全球最大的非政府性质的国际标准化机构,也是当今世界上规模最大的国际科学技术组织之一,成立于 1947 年 2 月。该组织的主要活动之一是制订有关生产和产品的各种标准,协调世界范围的标准化工作,至今已发布的标准达数万个。ISO 9000 是该组织的第 9000 号标准文件,于 1987 年发布。要客观、公正和科学地评价企业的生产过程和产品质量,必须有一种国际性的、超越文化差异的准则,ISO 9000 就是这样一个标准。ISO 9000 质量体系认证统一了全球市场的质量评价标准。人们把它形象地称为质量评价的"联合国宪章"。尤其是当这一标准已经为全世界 90 多个国家和地区等同采用的时候,它的意义就更为重大了。在国际贸易方面,加入世界贸易组织的谈判使关税作为贸易壁垒的作用大为下降,取而代之的是非关税贸易壁垒,其中就有 ISO 9000 标准问题。产品质量、企业质量保证因而有了非常强烈的国际化趋势。

据国际认可论坛(IAF)于 1997 年 4 月提供的信息表明,当时全世界就已约有二十万个企业持有 ISO 9000 质量体系认证证书。关键问题是一些国家和行业还把符合 ISO 9000 标准作为市场准入的基本要求。争取使自己的产品打入国际市场,并在市场上占有更高的份额,是企业纷纷加入认证队伍的根本原因。有些人甚至将获得认证看作"企业领取进入国际市场的通行证"。ISO 9000 认证,也引起我国政府的高度重视。2000 年 12 月 15 日 2000 版 ISO 9000 族标准正式发布。我国也随即将此标准等同转化为国家标准 2000 版 GB/T 19000 族标准。目前,我国有四万多家企业拿到了 ISO 9000 质量管理体系认证证书。

这充分显示了我国企业追求高标准的决心。但认证是一种实实在在的科学评价,获得了认证的企业也并不是万事大吉。有的企业早已通过认证多年,但其产品仍因质量控制系统不完善而被拒购,有的甚至又被暂停认证资格。这告诫我们,质量认证工作必须扎扎实实地进行。国外企业通过 ISO 9000 认证并获取证书,一般需要 1.5 至 2 年的时间,以后还要经 3 至 5 年贯标和改进的努力,才能达到全面质量要求。可见,通过 ISO 9000 认证只能说是达到一定的水平,并不意味着管理的完善,所以获得认证的企业不能盲目地自我满足,应趁势"更上一层楼"。对于工厂而言,产品开发的质量系统与生产线的质量系统,是整个工厂质量体系基础之基础,而国内一些通过 ISO 9000 认证的企业,恰恰在这两个方面比较薄弱。更值得注意的是,有的企业贯彻标准是单纯地为了追求订单;有的企业把认证看成一种新的行政检查和验收,应付过去完事;有的甚至只是为了追求名誉和广告效应。这些都是有害的,其结果不仅不利于企业自身的发展,而且会损害国内 ISO 9000 认证的权威性和信誉度。

5.3.5 不同生产类型的工艺特点和要求

1. 生产纲领与生产类型

生产纲领就是产品的年产量(产品中某零件的年产量除整机的年生产计划外,还必须包括备品率和平均废品率)。这个简单的指标对生产有决定性的影响。它决定了所选用的材料、设备工艺和生产组织方式。一年的产量可以是一次也可分多次投产,每批投产的零件的台套数称为批量。

根据产品的大小、特征、生产纲领和批量,一般可分为三种不同的生产类型,即单件生产,成批生产和大量生产,具体划分方法为:单件生产(一般数量少于5~100),成批生产(小批 5~500、中批 100~5000 和大批 300~50000)和大量生产(数量一般指 1000~50000),当然,具体还要根据产品是否为重型零件、中型零件和轻型零件来划分数量,最终确定生产类型。

2. 各种生产类型的工艺特征

生产类型的内涵绝非仅是数量的多少,其影响贯穿整个生产过程的始末。无论在生产组织、生产管理、车间布置,还是在毛坯、设备、工具、加工方法以及工人的熟练程度等多方面,不同生产类型要求均有不同;对工厂、车间、生产线的机械化、自动化程度也有不同要求。生产工艺的先进性与机械化、自动化程度是不能等同的两个概念。制订工艺流程时,必须全面考虑生产类型的特点和要求,使技术做到适用、配套,这样才能取得最大的经济效益。

单件生产的产品种类多,同一种产品不重复或很少重复生产,最重要的是保证加工系统的灵活性。每年大量生产产品的数量相当多,一般情况下,每台设备或工作地点常年重复地进行某一工件的某一工序的加工。因此,多数设备是高生产率的专用设备。通常它们是按照工艺过程的顺序排列,并力求使每台设备加工工件的时间都大致相等。工件在每台设备上加工完后,不间断地送到下一台设备上加工,这就是所谓的连续流水生产。连续流水生产中各工序的时间都应符合节拍(节奏)。所谓节拍是指加工每一工件的工序时间,节拍大小对工艺过程的工序内容有很大影响。为了使各工序的时间相等,应使完成每一工序的时间等于节拍或节拍的倍数,这样往往需要把工序加工内容适当地分散或集中,以符合所需要的节拍。为了把加工内容集中,常使用专用机床、刀具和夹具。对加工时间长且不好分解的工序,在流水线上则需要并排几台完成同一工序的设备,以保证所需要的节拍。

在大量流水生产中,为了提高生产率、减轻劳动强度、保证产品质量和降低零件制造成本,广泛采用各种自动生产线。自动生产线是把一些自动化的设备用输送带或自动输送机构联接起来的连续流水生产线。随着技术的发展,自动生产线除了可以完成常见的工序外,有的还可以完成特殊加工以及热处理、清洗、动平衡、装配、调试、检验等工序。零件全部工艺过程都是在一条自动线上完成的,称为综合自动生产线。

工程上很多问题是由技术角度提出,而由经济效益决策的。应用自动化生产线的一个最重要的限制是经济因素。由于最初投资很大,因而利用率必须很高,而且必须与整个生产过程相适应。自动化之前必须合理化。它对毛坯精度尤其有严格的要求。在自动化生产线上,不可能对毛坯进行个别调整。因此,毛坯的一致性就成了自动线发挥效益的基础。

目前,在大量生产中普遍采用机器造型铸造和模型锻造等精密成形工艺生产毛坯。造型机有很高的生产效率,铸件的尺寸精度也较高。不过,造型机只能实现紧砂和起模的机械化和自动化,其他辅助工序如翻箱、下芯、合箱、压铁、浇注、落砂和砂箱运输等也必须实行机械化,才能完全发挥出造型机的效率。在大量生产时,均采用造型生产线来组织生产,即将造型机和其他辅机按照铸造工艺流程,用运输设备(铸型输送机、辊道等)联系起来,组成一套机械化、自动化的铸造生产系统。

大量生产的优越性已为实践所证实。但在中批生产时,因批量不够大,若采用大量生产的组织形式,势必造成浪费。为了尽可能采用大量生产创造出的完善的组织形式,成批生产中广泛采用适应多品种生产的工序高度集中的组合机床、可调整的流水线和成组加工技术。

组合机床采用带有自动工作循环的切削动力头和多刀、多轴、多面、多工位等集中工序的高效加工方法,并配以实现其他辅助动作(工件的输送、转位、上下料、定位和夹紧)的自动化装置。组合机床需要针对加工对象专门设计制造,常常以通用机床部件为基础,再配上少量按工件的特定形状及规定的加工工艺而设计的专用部件。与一般专用机床相比,组合机床加工效率和自动化程度较高,设计制造周期短,造价低,改装较方便。

所谓成组加工,是利用各类零件构成要素的相似性来经济地组织加工的一种"聪明的做法"。人们在制造实践中发现,尽管机械产品是多变的,但不同零件形状往往是相似的或相对稳定的,而组成零件的要素几乎是不变的。从而在加工工序、安装定位、机床设备和工艺实践上也必然呈现出一定的相似性。针对零件结构和工艺上的特征,对每种产品的各种零件按规定的法则标识其相似性,按一定的相似程度将零件分类编组,如轴杆组、盘套组等,再对成组的零件制定统一的加工方案。加工这一组零件的设备、工艺装备以及设备排列顺序也都按照这个典型工艺过程设计制造和安装。凡是同一组的零件都可以在这台设备或流水线上进行加工。当加工由某种零件转换为同一组的另一种零件时,机床不需要重新调整,工艺装备也都适用或仅需稍加调整。这样,就可使多品种的中小批生产采用接近大批大量的生产方式进行。采用这种新工艺,给中小批生产带来了较好的技术经济效果。例如减少了工艺装备的数量和种类,缩短了生产准备时间,有利于采用高效率设备和工艺装备,提高了生产率,适应产品更新等。在设计新品种时,也尽量按"成组技术要求"进行标准设计,然后纳入成组加工,会减少新增零件种类,效果更显著。

在中小批生产时,由于产品品种很多,为适应多品种零件加工,还发展了效率较高的数控机床和带有刀库,可实现自动换刀的自动控制机床(也称"机械加工中心")。这些机床的万能性和生产率均较高。把若干数控加工系统、物料搬运及装卸工件系统、立体仓库、优化调度管理(信息控制)系统集成起来,就形成了较完整的柔性制造系统。它具有监视、诊断、修复、自动转换加工产品的功能,以计算机为中心可自动完成加工、装卸、运输、储存、管理等综合功能。柔性制造系统是机械工业向现代自动化发展的基础设施。

5.3.6 设计、工艺安排和制造成本之间的相互关系

生产就是管理和利用设备、材料、人员及资金,最终制造出产品。要想保持生产产品的低成本,良好的工艺安排是这个过程中一个很重要的环节。为了使工艺安排合理,应从设计开始,进而确定材料、选择加工方法和设备、制定生产计划等,均兼顾制造工艺安排的要求,将生产中可能出现的问题解决在技术准备阶段,而不是等生产已受到损失再去弥补。现在,大多数的设计师和工程师都已认识到,采用系统方法来考虑设计、制造、包装、销售和使用等各阶段是十分重要的。如果设计师不关心将他的设计转变成用户手中"实物"的全过程,那么一个很有希望的产品可能因为不能经济地制造和顺畅地销售而变得没有价值。

良好的设计经常产生于三个阶段。第一阶段为初步设计。设计师在调查研究的基础上构思将要实现某种功能的装置,这个阶段确定装置必须满足的功能要求。第二阶段为功能设计,具体设计出一种能达到构思阶段确定的功能要求的装置。经常要进行一个以上的功能设计,提出可以满足功能的比较方案。这个阶段对该装置所需要的制造工艺很少注意。当然,设计师应当考虑到这种装置是否能够制造,但是,这时他对材料的性能比对加工过程更为关心。第三阶段为生产设计。虽然确定工艺安排是工艺工程师的职责,但是,采用什么加工方法和设备加工零件,设计师却常常起着间接的却又十分关键的作用。例如设计师的设计是采用压铸件,显然就必须使用压铸机并制备昂贵的压铸模。又如在机加工中,设计师将零件加工公差确定为 0.005mm,就相当于他已经将"磨削加工"写在图纸上,因为其他方法达不到这一加工精度;若事实上并不要求这么严格,则采用这种花费较大的加工就是一种浪费。这就是常说的要十分重视设计的结构工艺性。可以通过设计人员深入生产实际和工艺人员对设计的早期介入加以解决。有一个很典型的例子,某国一个飞机工厂的制造车间,花费了大量的精力和财力以完成一个宇航器薄板覆盖件的外协加工。此件局部带有一个较深的凹坑,为这个凹坑制备了高精度的模具,甚至专门为它购进一台昂贵的高精度冲压机床,因为图纸的技术要求中标有"全部尺寸公差为 0.05mm"。后来的调查表明,放在这个特殊凹坑中的唯一东西却是驾驶员的鞋尖。可见设计的结构、确定的精度要求等,将直接关系着要采用加工方法的难易及可能性。关系到加工成本乃至产品质量。此外,设计师还必须考虑零件的产量,使其结构、材料能适应经济规模的要求。在工厂,总工程师要负责协调这个工作,往往要在各职能部门和生产部门反复商讨多次才能最后确定。在工程界近年又提出了整体工程师的概念。整体工程师不是一个行政职务,而是工程师的理想素质。他可以通盘考虑问题,协调各方资源,多快好省地推进工作。企业应该注重培养和引进这种人才。

5.3.7 工艺水平

"工艺"是把原材料再加工为消费品或生产资料的最经济的方法和过程的科学。工艺决定着整个生产过程,它既包括工艺作业本身,也包括运输、搬运和技术监督。也就是说,今天工艺范畴应包括工艺装备,工艺技术和工艺管理。它是由工艺装备水平、工艺技术水平和工艺管理水平三个方面的众多因素综合构成的,如图 5-4 所示,这个关系可以用下面的式子表示。

$$工艺水平 = 工艺装备水平 + 工艺技术水平 + 工艺管理水平$$

因此，工艺水平是一个综合的概念，综合的指标。借用计算机科学的术语来比喻，这正如"硬件"与"软件"的关系。如果强调"硬件"而忽视"软件"，就好比是引进世界一流计算机而无软件配套，使计算机不能投入运行；反之，过分迷信"软件"而忽视"硬件"，则再好的方案也只能停留在设想阶段。

"水平"则是指事物在一定历史条件下达到某一方面的高度。不同历史阶段有不同的水平标准。正如马克思在研究生产力与生产关系的矛盾运动后精辟指出："各种经济时代的区别，不在于生产什么，而在于怎样生产，用什么劳动手段进行生产。"

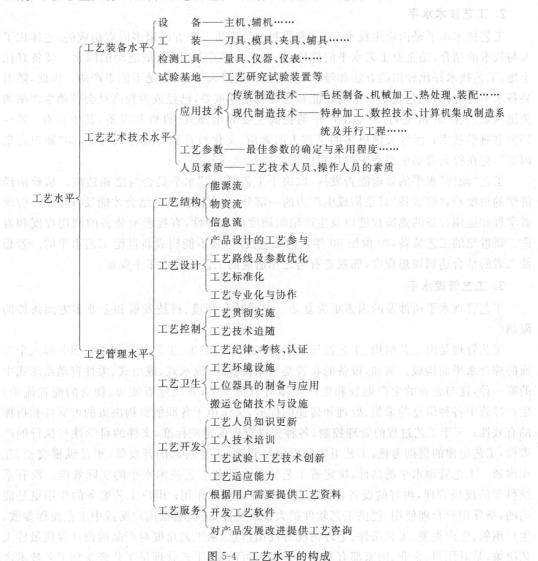

图 5-4 工艺水平的构成

1. 工艺装备水平

企业的工艺装备水平是由设备、工装、检测工具和试验基地等四个方面的综合水平构成的。单独的设备水平很高，而工装水平很低，不仅不能使先进设备发挥应有效能，反而会导致设备精度和寿命的降低。检测手段不足，不能鉴别零件是否合格，或因手工检测费时费力,使先进设备非机动时间占得很多,这些都会使经济效益降低。试验基地是优化工艺的场所,其工作是保证生产第一线工艺手段合理实施的前提条件,也是"新材料、新技术、新工艺"应用于实际生产的物质技术手段。这四个基础条件是相互制约,相辅相成的。它们必须协调、适应,否则就构不成综合的能力与水平,发挥不了应有的效能和作用。

工艺装备水平是构成工艺水平的物质条件。高功能、高精度、高可靠性、高效率的工艺装备是生产高质量、高水平、高效率、低成本产品的前提条件。重视基础条件的提高,无疑是正确的,但若没有与之相适应的工艺技术水平来保证,再好的装备也是没用的。

2. 工艺技术水平

工艺技术水平是由应用技术、工艺参数和人员素质三个方面诸多因素构成的,它体现了人与技术的结合,是企业工艺水平的软件,是工艺水平中最活跃、最能动的因素。装备好比土地,工艺技术好比种田的方法和经验,土地很肥沃但人不行,也是不能丰产的。因此,随着装备水平的提高,工艺技术水平的功能和地位越来越重要,已经成为提高社会劳动生产率的关键因素。在 20 世纪初,劳动生产率的提高主要靠增加人、投资和设备,其中只有 5%～15%靠科学技术;而今天则更多的是靠人的素质、文化教育和专业知识水平,即"知识密集因素",它在提高劳动生产率中的作用已提高到 60%～80%。

工艺"硬件"水平的效能能否发挥,取决于工艺"软件"水平是否与之相适应。从政治经济学的角度看,"硬装备"只是构成生产力的一部分,只有同活劳动结合才能发挥作用。劳动者掌握和运用设备的熟练程度以及生产组织调度的合理性,直接影响装备的利用程度和寿命。新世纪的工艺装备,20 世纪 60 年代的工艺技术,是不能构成新世纪工艺水平的。若想使二者的结合达到理想程度,那就要有与之相适应的工艺管理水平来保证。

3. 工艺管理水平

工艺管理水平所涉及的因素更为复杂。它受社会环境、科技发展和企业多方面条件的限制。

工艺管理是由工艺结构、工艺设计、工艺控制、工艺卫生、工艺开发和工艺服务等六个方面的综合水平而构成。例如,设备的布置是采用机群式、流水式、成组式、柔性自动系统式中的哪一种,这与企业的生产纲领和生产类型有直接关系,并决定着能源、物资的配置流动;生产经营中各种信息的采集、处理和传递的优劣,又作用于各职能机构决策的可靠性和指挥的有效性;至于工艺过程的管理控制,各种先进合理的定额标准,文件的科学性与执行的严肃性,工艺纪律的贯彻考核,工艺卫生的设施与管理,人才资源的开发等,更是纵横交错、互相渗透。工艺管理水平的高低,决定着工艺装备水平和工艺技术水平的实际效能。没有系统科学的现场管理,再好的设备再高的技术也难以发挥作用;用户工艺服务的作用更是能动的,指导用户合理使用、提供工艺软件扩大设备功能,进而根据用户实践中工艺流程参数、生产纲领、生产类型、工艺条件、毛坯情况等反馈信息,从工艺角度对产品的设计提供最佳工艺决策,是对用户、企业、国家都有利的大好事。可以说,工艺管理是工艺装备和工艺技术之间的纽带和桥梁,是一种无形的、潜在的资源。它着眼于工艺装备和工艺技术的综合,综合就可以出新质,就可以形成新的生产力。一般来说,一个企业更新装备不仅耗资巨大,而且不易实施。但在现有装备条件下更新工艺思想,加强组织管理,或在有效管理基础上进行革新、改造,往往能收到事半功倍的效果。如果我们的企业,装备和技术是引进最新的,而由于管理水平低,先进的工艺文件不能贯彻,生产秩序混乱;材料、工时消耗不限额,奖惩不明;

加工出的优等品零件到处是磕、碰、划、锈；企业粗放经营，没有产品质量保证体系等，这样的企业不会有优等产品，经济效益也是无从谈起的。

5.4 机械工业生产方式的变革和生产的社会化

了解了机械产品生产的一般过程和相关要素后，自然就会产生三个问题。一是，既然机械工业是社会生产的总装备部，那么，他是如何以一个产业去适应方方面面千差万别的需求，是如何去协同这些差异化呢？二是，既然一台机器是由很多零件组装而成的，而各种零件从原材料到加工工艺上的差异可能又很大（例如汽车上的发动机与轮胎）。那么，是不是一个机器上所有零件都要由制造这个机器的工厂自己生产呢？三是，宏观的需求，需要由微观的技术来实现，把微观的知识组织成宏观的价值的那个能力，该如何来构建呢？管理是如何在这个介观（即中观）的层次中发挥作用呢？商业模式与科学技术是如何协同创新推动发展呢？人类是靠发展来解决这些问题的，我们也从生产的发展来建立我们的认识。

5.4.1 从作坊式的单件生产到大量生产

人类以精于造物满足自己需求而脱颖于生物界。从古代的制陶、冶炼到中国的四大发明，再到18世纪西方工业革命，古往今来，在解决一个个造什么，如何造的问题过程中，制造技术逐渐演进成工程技术中最复杂、最重要的技术，不断创造出新的制造方法和制造体系，更新生产模式，体现出新的哲学内涵。

机械制造最早是由工匠们使用代代相传积累起高度的技巧来制作完成的。这一阶段的生产方式主要是单件小批量生产。直到一个多世纪以前，制造方式仍是传统的单件配作。当时连欧洲最大的汽车制造厂也从来没有制造过两辆完全相同的汽车。这并不是不想做，而是因为即使按同一蓝图，造出来的汽车也不会相同。其原因在于承接零件的所有的承包商都不采用标准的计量器具，因此当各种零件聚集到汽车制造厂总装时，这些零件只是近似于所要求的规格。熟练的装配工先取两个零件，用工具将它们修整，使之配合良好，然后再挑第三个零件，使之与前面两个配合良好……这样一直干下去，几百个零件逐一修整，使之配合良好，直至整台汽车装出来。这种逐个的配作，产生了累计误差，因此当装到最后一个零件时，这辆汽车与按同样蓝图制造的上一辆在尺寸上已有显著差别了。这是典型的单件生产。操作者在设计、加工和装配等方面都需要高超的技艺。生产组织相当分散，企业主得与顾客、雇员、协作者等所有各方直接联系。主要的生产手段是使用通用机床和工具。产量极低且成本很高。

美国人福特提出的新技术——大量生产方式，使机械制造业发生了革命性的变化，从而根本上改变了这一行业的生产方式。大量生产方式的关键不是移动的组装线，而是一个组织化的重要概念——零件的互换性，以及其有效的实施。互换性要求同一型号（或不同型号甚至不同种类）的机器中相同功能的零件，在制造时尽可能统一。例如，发动机的活塞、活塞环和曲轴等，按照现有的制造工艺水平，将其质量、尺寸、强度、导热性等控制在要求的范围内，这种零件在装配和维修中是完全可以互换的。因此，互换性指的是：一批同样零件中的任意一个都能不经任何钳工修磨或辅助加工就能装到整机中去，且能满足整机性能要求。这一概念的建立和实现在机械制造业发展中，有着划时代的意义。

其实，这种技术并非此时发现并实施的，它孕育了整整一个世纪。为了改变零件只能装在与其配做的一组零件组成的机器上（并且需要专门技工担任），美国的轧棉机发明人 E. 惠特尼在 1798 年就摸索出一种制造机器零件的新方法。他用锉削的样板和模具控制零件尺寸，使没有专门技艺的工人能加工出成百个非常一致的步枪零件。这些以往必须两两配做的零件不仅实现了分开成批生产，而且在装配时无需任何再加工就可实现所要求的配合。这一做法证实了互换性生产的可能性。但是，由于当时的生产还是用手工进行的，并且由于没有足够的经验，配合尺寸也要求偏严，所以成本很高，只限于军火等利润极大的工业使用。以致此后过了一个世纪，直到 1900 年，互换性对大多数人来说，还是一个相当新的概念。随着生产的不断发展，对机器的需求越来越大，提高机器制造的生产率、改善配件和维修的问题越来越突出。此时，生产的手段也已由手工发展为用机器来制造机器。在这个基础上，许多人进一步发展了互换性这个概念。由于在生产中积累了大量经验，对"配合"概念也有了新的认识，配合尺寸也适当地放宽了。这些，都使互换性迅速推广到各行各业，不仅成为机械设计、制造和使用的一个综合性概念，而且使生产的面貌大为改观，有关大量生产的观念也得以发展。

大量生产的基本概念很简单：如果所有零件都是按互换性原则生产的，那么在装配时就不需要停下来配合每一个零件，就可以把整个装配过程分成若干小段来进行，每个小段上配备专人。例如在发动机装配厂里，第一组工人专装活塞连杆；第二组装活塞环；第三组把活塞连杆组装进发动机气缸内等等。开始还是工人在装配大厅中来回走动，逐个到每辆汽车前装上自己负责的零件。后来，这种方法进一步发展，让装配工固定在每个工位上，让循环的传送带把零部件依次移到工人跟前，再配上专用的工具，每个工位上的动作就变得很简单了。再加上由福特创建的以专用机床组成的刚性流水生产线，以及在流水线生产中强制推行的定额管理思想，使生产效率大大提高，成本大大降低。这种大量生产方式减少了总装一辆汽车的工时，生产的汽车越多，每辆汽车成本降低越多。当福特的某种车型生产 200 万辆时，他已使顾客的实际开支降低了 2/3。为了吸引中等消费者这一市场目标，福特在设计汽车时，为使用和维护提供了前所未有的方便。普通人、一般的工具便可以排除一般的故障。这些优势把福特公司推到了世界汽车业的首位。于是这一思想逐渐在其他行业得以广泛应用，继之大量生产的流水线作业法就蓬勃地发展起来。

随后，大量生产又孕育出自动化技术。因为这种自动化生产线上有许多专用机床，还有自动传送装置，所以它比原先的流水生产线的自动化水平又前进了一步，如图 5-5 所示，到 20 世纪 50 年代，已达到很高的水平，现在的自动生产线（简称自动线）是由自动机床、工件传送装置和控制系统将加工、检测、装卸等设备，按照工艺顺序连接起来，自动完成产品全部或部分制造过程的生产系统。在自动线上，不需要人进行直接操作，只需少数人进行监视。采用自动线不仅大大提高了劳动生产率，而且提高了产品质量，降低了原材料的消耗和生产成本，缩短了供货时间，改善了劳动条件，提高了工人的生产积极性，使生产面貌大为改观。

可以这样说，20 世纪 50 年代以前的生产主要是追求大量生产的方式，效率是当时竞争的主线。随着物品的丰富，质量问题也被提到议事日程上来了，于是产品的竞争又表现为效率加质量的竞争。主要技术手段除自动化外，又加强了过程控制。这一阶段的另一个特点是技术日渐与管理相结合，用统计的方法发现工艺中的问题，进而维修设备，改进管理，最终将产品质量控制在某个允许的范围内。

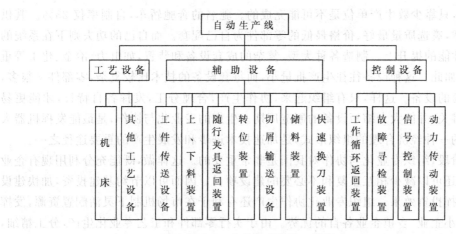

图 5-5 自动生产线的一般组成

上述所有的一切,其实都是以所生产的产品的数量为基础的,所以人们把它称为生产纲领。如何把分散的社会需求聚集为能够适应大量生产的规模要求呢?这就是我们下面几节讨论的问题。

5.4.2 机械制造工业的专业化方向

1. 专业化的概念

既然一台机器是由很多零件组装而成的,而各种零件从原材料到加工工艺上的差异可能又很大。那么,是不是一个机器上所有零件都要由制造这个机器的工厂自己生产呢?这在生产力较低的阶段也许是难免的。但今天,一方面社会生产和组织能力已有了很大的发展;另一方面,客观形势出现了更为迫切的需要。机械工业担负着为国民经济各部门提供先进技术装备的主要任务,必须尽快生产数量多、质量高的各种复杂、大型和精密的机器。如何运用集成的方式,快速、优质、低价地生产出满足需要的产品,对生产组织形式就提出了新的要求。那种"高而全"、"大而全"甚至"小而全"的生产方式已严重阻碍生产的发展。为完成繁重的任务,机械工业必须按照专业化与协作的原则,组织起来进行现代化的生产。

工业生产专业化是社会分工发展的必然结果。马克思认为,分工是劳动社会化的标志,也是社会进步的标志。从几百年来世界各国经济发展的情况来看,专业分工程度越高,这个国家的经济文化就越发达。大家知道,封闭的封建社会结束以后,生产发展的过程,有过简单协作、工场手工业、机器大工业三个阶段。相应地也就有简单协作、工场手工业内部的协作和近代机器大工业发展后企业之间的生产专业化分工和协作。在工业化初期,专业化协作不可能有很高的水平。随着机器大工业的产生,社会分工获得广阔的发展空间,许多新的生产部门和独立的生产领域空前迅速地增加,生产专业化才有可能随之迅速发展起来。

机械制造业是一个从制造手工工具开始发展起来的工业部门。随着现代化机器大工业的发展,机械工业逐渐分立成为包括各种工作机械、应用机械以至日用机械等许多机械工业部门。特别是近二三十年来,随着电子、原子能、计算机和宇宙空间等现代尖端技术的迅速发展,新的机械、电器和仪表产品层出不穷,生产机械的部门越来越多,分工也越来越细。许多复杂的产品,如汽车、轮船、飞机、卫星、电子计算机、精密仪器等,所需要的零配件多达几千个、几万个,只靠少数生产单位是不可能完成的。驰名的奔驰轿车,自制率仅23%。其供应链遍及全球,遴选质量最好、价格最低的零部件为自己配套。而自己的功夫则下在系统的整合与整体性能的提升上。制造各种大型、复杂的成套设备和装置,如电力、冶金、化工等重型设备,更是如此。这种设备往往生产批量小,而每套设备的技术比较复杂,零部件又很多,需要其他配套的设备。这样,只有组织起来,协作生产,合理分工,发挥各自特长,才能更易于攻克技术难关,并能大大缩短设备的制造周期。生产的专业化与协作,是最能发挥机器大工业优越性的一种经济合理的组织形式,是加速技术进步和发展生产的重要途径之一。

在目前阶段,组织专业化与协作对我国是非常重要的。这样做,既能充分利用现有企业的生产能力,还可以减少相互重复和不必要的建设项目。因而可以节约基建投资,加快建设速度,充分发挥投资效果。组织专业化协作生产还有利于在市场机制下灵活配置资源,发挥大型企业、中小企业、乡镇企业各自的优势。由于实行零部件和工艺专业化生产,分工精细,某一零件或某一工种的加工可相对集中,技术比较单一,生产批量很大,容易形成规模,经济效果显著。同时,也只有在生产专业化和协作的基础上,才可能把原来计划体制下分散在各部门、各行业、各种所有制下的大量企业有效地组织起来,打破条块分割,提高整个工业的综合生产能力和经济效益。这实际上是更深一层的物质技术基础的重大变革。

2. 机械工业专业化生产的形式

专业化与协作反映着生产力发展的规律,如果搞得好,可以产生新的生产力。但是,作为一定生产关系的体现,其做法同样不是简单划一的。必须根据一定部门和一定产品的特点,根据生产力发展的水平,采取合适的专业化形式,并积极地进行改革、完善。这对建立合理的工业管理体制和工业生产结构有重大意义。

机械工业生产专业化形式有如下几种。

(1) 部门和行业专业化:这是工业发展初期最原始的专业化形式。如早期的机械制造厂,只要是机械产品,一律都生产。部门专业化的发展产生了行业专业化,开始按行业专业进行分工。例如,早年的农业机械厂,农机具中所有的品种,只要有订货,它都生产。

(2) 对象专业化:这是行业专业化发展的结果。一个企业不再生产全行业的一切产品,而只生产某一类型的产品。所以,对象专业化又叫产品专业化或成品专业化。如拖拉机厂,只生产拖拉机而不生产其他农机具。这种专业化形式的工厂,随着同类型产品规格的扩大,又进一步按产品的系列、型号、技术、精密等级或按产品的不同用途、不同原材料、不同工艺技术进一步实行产品专业化分工,如大型铣床厂、精密磨床厂、数控机床厂等专业工厂。这是对象专业化的发展形式。产品专业化在机械工业部门大体分为两种:一种是仅完成一定范围的工艺和主要零、部件的非全能厂,如负责装配工作的组装厂;另一种是自己完成产品的加工工艺和大部分零、部件的全能厂。产品专业化仍是初级的专业化形式,效果是十分局限的。

(3) 零部件专业化:它是使主机的个别部分或零件的生产形成独立企业,进行成批、大量单一品种的生产。这样作易于实现合理的经济批量,采用最新工艺和技术,因此其工艺和生产组织水平比产品专业化企业高得多。现在,它已经发展成为机械工业部门专业化生产的主要组织形式。零、部件专业化是在产品系列化、零部件标准化、通用化的基础上,把同类型零部件集中起来组织大批量生产的专业化组织形式。例如,标准件厂、液压件厂、轴承厂、齿轮厂等。零部件专业化厂又可分为零件厂、部件厂或组件厂。

(4) 工艺专业化：它是把同类工艺集中起来组织专业化生产的形式，其特点是一个工厂只完成产品的某一工艺或工序。所以又称为阶段专业化。例如，铸造厂、锻造厂、热处理厂、电镀厂等。工艺专业化可以保证零件和毛坯的大量生产和更低的劳动消耗，克服企业结构的全能性。在机械工业中，工艺专业化往往与零件专业化结合起来，以取得更大的效果。

(5) 辅助服务生产专业化：又称技术后方专业化。它指一个工厂专门为其他工厂进行辅助性作业。例如，机修厂、工具厂、量具厂、刃具厂。这种专业化可以使产品生产厂集中精力搞好生产，大量节约服务人员。还可以使辅助服务工作采用新技术、新工艺等，故有很大的经济意义。

上述各种专业化形式的发展，不是孤立进行的，而是互相配合，互相补充的。例如，以装配为主的产品专业化就与零部件专业化密不可分，而零部件专业化又往往与铸造、锻造、冲压、电镀和热处理等工艺专业化结合在一起。关键是在组织生产时应该从实际出发，在提高经济效果的前提下把各种形式很好地结合起来。

专业化把社会生产分解为各个独立的生产部门，协作和横向联合又将分解的各个部门联结成有机整体。专业化水平越高，分工就越细，生产率也就越高。但这只是问题的一方面；问题的另一方面是，专业化与协作也需要条件。协作范围的大小，固定性如何都要根据具体情况而定，还要受到工业布局、交通运输以及市场发育程度的制约。

3. 专业化与"三化"

专业化是一项重要的技术经济政策，也是一项极其细微的社会化生产组织工作，提高专业化与协作水平是需要条件与基础的。除了必须合理调整工业布局、建立有效的流通运输网络、积极采用新技术、加强组织和管理，还必须与"三化"结合起来。

"三化"即标准化、通用化和系列化。与专业化一样，其意义不仅适用于机械工业而且适于整个社会生产。它的主要任务是研究用最少的劳动和物资消耗取得最好的经济效益。它对节省设计力量，加速品种发展，提高产品质量和劳动生产率，以及便利使用维修等方面都起着重要作用。

1. 标准与标准化

俗语说"不依规矩，不成方圆"。做任何事情都要有个标准。但是，这里说的标准，是一个有更明确意义的科学概念，是要通过调查、统计、研究、试验，要总结生产实践经验，要有科学根据，才能确定的标准。目前，人们除了对产品制定了各种标准外，还对概念（如技术术语、图形符号等）、方法（如分析方法、测定方法和检验方法等）、环境保护（如"三废"标准、噪声标准等）等制定了标准。精确地说，所谓标准，就是由一定的权威组织对经济、技术和科学中重复出现的共同技术语言和技术事项，以及产品的品种、质量、度量、方法等规定出的统一技术准则。它是各方面均需共同遵守的技术依据。而标准化则是对其制定，使之达到标准的过程和状态。在"三化"中，标准化是基础。

标准化是组织现代化生产的重要手段，是科学管理的重要组成部分。搞好标准化，对于加快发展国民经济，提高产品和工程质量，提高劳动生产率，充分利用资源，保护环境和人民健康，都有重要意义。

现代化大生产无处不显示出科学技术和现代管理方法的巨大作用。英国在工业革命发端后的百年时间中，工人的劳动生产率提高了几十倍。世界在20世纪中，科技对工业生产效率提高的作用，由 $5\% \sim 22\%$ 提高到 $60\% \sim 80\%$。而科学技术成果要转化为生产力，必须将它用于生产,而标准化是使科技成果推广应用到生产中去的一座桥梁。它把科技成果的一些主要技术要求通过制订技术标准,贯穿到生产和建设中去,从而促进生产力的发展。据一些工业国家估计,它们在现代化生产中推行标准化,获得的效益往往是投资的几倍、十几倍,甚至更多。

标准化促进生产力的发展,还表现在许多其他方面:如应用于科学研究,可以避免重复劳动;应用于产品设计,可以缩短设计周期;应用于生产,可以使生产在科学有序的基础上进行;应用于流通,可以增进互相信任,简化手续;应用于管理,可以促进统一、协调、高效率等。这一切都意味着劳动生产率的提高。

标准是衡量产品和工程质量的技术依据,是进行全面质量管理的基础。实践证明,在生产建设中认真贯彻执行标准,严格按标准检查、考核,就能保证产品和工程质量,获得高速度和高效益。

现代化大生产,涉及面广,生产分工细,技术要求高。通过制订和贯彻执行各类技术标准,就能从技术上、组织管理上把各方面有机地联系起来,以保证生产有条不紊地进行。因此,标准化是现代化的一个重要标志。

标准化又是专业化与协作生产的前提。现代化大生产由于规模大、技术复杂,要求在技术上统一协调。标准化可以使产品按系列发展,做到零部件通用互换,为扩大生产数量,加强生产协作,最终为实现专业化生产创造有利条件。从这种意义上说,没有标准化,就没有专业化。

标准化对保护环境和改善人类生活、保证安全、造福社会也具有重大意义。制订和贯彻有关的环境标准和安全卫生标准,并严格加强管理,就可以控制有害物质的超标排放,控制不符合卫生和安全要求的伪次产品流入市场,以达到改善人们生活环境,保障人们健康和安全的目的。

标准化还促进了国际技术经济交流。现代标准化的特点之一就是它的国际性。国际标准已成为各国间进行技术经济交流中共同遵守的准则。实践证明,搞好标准化工作,有利于消除国际贸易中的技术壁垒,促进技术交流和进出口贸易的发展。也必须看到,标准化既促进了国际技术交流,同时,它也可以成为知识产权垄断和非关税壁垒的手段。由于产品标准具有很强的排他性,标准一旦制定,不符合标准的产品很难与标准化的产品兼容,其维修和更新的成本要大大高于标准化的产品,因而在市场上的竞争力会受到严重的影响。一些国家还把标准作为市场准入的条件,不符合标准的产品不允许进入市场。因此,对标准权的争夺就构成了市场竞争的重要组成部分。

2. 机械产品的"三化"

具体到机械工业,"三化"指的是机械产品品种系列化、零部件通用化和标准化。机械产品品种繁多,服务对象范围广泛,要求各异,企业之间又互为市场。一套或一台新设备自开始提出要求到使用,中间必须经过研究、试验、设计、制造、安装、使用、维修等主要阶段,内有单机成套、机组成套、车间成套、工厂成套,外有原材料如钢铁、有色金属、轻工、化工、油料、矿物类的物资供应,涉及面极广。只有建立完整的工业标准,才能保证产品对路、质量合乎要求,作到互相协调。其中若有一个环节失调,就有可能影响整体。在机械行业实行"三化",对用户、制造厂、国家都有利。按专业化与协作方式组织生产时,这尤其是一项基础工作。

1) 产品系列化

众所周知,必须用规格不同的机床去加工不同大小的零件,用不同大小的电动机驱动不同规格的机床。合理地确定这些机床的规格、尺寸等主要参数,并组成系列,便是这些产品的系列化。例如对摇臂钻床,可把最大钻孔直径作为主要参数,并确定孔径为 25、40、63、80、100、125mm 等几档,这些参数经国家或行业的权威职能机构确定后作为标准。今后发展新的摇臂钻床,都必须符合系列中的参数。又如电动机作为一种典型的量大面广的配套产品,其生产必须符合各行各业发展的要求。前几年国家有关部门组织制造厂和研究所,完成了我国电动机的换代产品——Y 系列小型三相异步电动机的设计和试制,与同功率老系列产品相比,平均体积缩小 15%、质量减轻 12%,延长了使用寿命、提高了可靠性。Y 系列共有 2 个基本系列、16 个派生系列、900 多个规格,能满足国民经济各部门的需要。基本系列适用范围广、生产量大,是一种通用电机。派生系列则是按照不同的使用要求,在基本系列的基础上做部分改动,以适应多方面的需要。此外还有专用系列,即具有特殊使用要求或特殊防护条件的系列。

组成产品系列的主要参数(例如电动机的功率等级、外壳防护等级、冷却方法、安装结构和安装方式等),并不是随意确定的,而是根据大量的统计分析和一定的数学关系计算而得的。确定产品系列的原则,必须以最少的规格型号去满足最多种变化的需要,并要注意尽量与国外主要公司的同类产品保持一致,以利于进口设备制造和出口配套的需要。

2) 零部件的通用化和标准化

企业在组织生产时,一般都是将机器的全部零件分为专用件、通用件、标准件等几大类。专用件是某一机器特有的零部件。通用件是指某型号以至其他型号的机器都可用的零部件,例如,铣床上用来夹持工件的平口虎钳,不但能在万能铣床上使用,而且在立铣、卧铣、牛头刨床上也能使用;类似的还有各种机床附件、液压件、电气元件、仪器仪表等;电机的通用性就更广。对这一类产品,无论哪个厂家生产,都应做到型号、性能、基本参数乃至安装尺寸和连接尺寸的统一,而且要力求做到与国际标准统一。标准件是由国家或行业标准化的零件,在各种产品中都可以使用,如螺钉、滚动轴承等,其使用范围广、数量多。对于这类零件(也包括一部分通用件),由于产品生产规模大,有利于采用先进技术及专用设备,并可合理使用原材料,达到保证产品质量、降低生产成本的经济效果。例如,生产紧固件的标准件厂,采用自动冷镦机生产螺钉、螺帽,每小时生产率达 3500 件,若在一般工厂用通用机床生产,1 小时是做不出几个的。

在企业内部,也应争取逐步做到各种型号产品中的零部件尽量通用。例如,我国北京第一机床厂生产的 3 种型号铣床之间通用件种数达 44%~50%;日本三菱汽车公司的两种大小不同的发动机,零部件的通用化程度达 85%。这一做法给企业和用户都带来极大的好处。

某一个系列的机器中,通用件、标准件使用越多,则设计和生产的效率也就越高。故在产品设计中,凡能使用通用件及标准件者,则应尽量使用,以便将设计和生产的主要精力集中在关键零部件上。生产环节减少了,周期即可缩短,重复差错就可避免,有利于增加产品的品种、扩大产品批量,达到优质、高产、低耗的经济效果。举一个容易理解的例子。如某锁厂生产铁锁,产品中有 2 个系列、6 种型号的锁体外形尺寸基本一致,但锁芯、锁舌、弹簧、弹子等主要零件有 99 件不能通用,需单独制造。这样就增加了辅助工时、刀具种类和在制品库存量,于是占用了更多的生产资金。同时,由于外形相似,尺寸差不多,又经常发生混杂不清以至造成混乱。用"三化"原则整顿设计后,把这些零件尽可能改成通用件,在不同型号的锁中都能通用,进而又搞了工艺、工装的标准化。这样,就大大方便了生产,使产量、质量大幅度提高,增产达36%,一级品率提高了17%,并减少了胎具235套、刀具40种。

零部件的标准化为专业化生产和协作提供了有利条件。以紧固件为例,1958年我国首次发布国家标准120个。20世纪60年代以后,又逐步把各部门使用的600多个品种归并为224个,并制订了国家标准,既适应了各方面的需要,又扩大了专业化生产的品种规格,在技术水平和经济效益上都有极为明显的提高。从上海市标准件行业生产情况的变化可以看到,20多年中,三次制订、修订紧固件标准,每次都促进了工艺水平和经济效益的提高。第一次用冲床代替老式的手工锻造,第二次采用部分冷挤压等少切削无切削工艺,第三次采用多工位自动冷镦机等自动化设备。结果产量增加十余倍,材料利用率提高一倍多。

3. 专业化与产品的多样化

在进行专业化改组中,不能把生产专业化同多品种对立起来。专业化正是为了多品种,多品种才要组织专业化。组织专业化生产和协作绝不是要限制多品种,更不是一个厂只能搞一种产品或零部件。而是要将工艺相同或相近的产品、零部件集中起来组织专业化生产,实现产品、设备、仪器、零部件的标准化、系列化和通用化,以便扩大生产批量,使生产能采用先进的工艺和高效设备,提高生产率和产品质量,降低成本。换句话说,是要在相同的工艺设备上,用较少的劳动量、能源和材料消耗,生产出更多更好的产品来。下游终端厂商则可腾出手来考虑花色、外观、功能集成,用花费较少的通用化零件装配出多种多样的产品,以满足各方面的需要。深圳钟表行业,电子表产量已占世界四分之一,得益于抓了表芯标准化集中生产,各厂家才得以从以表芯为龙头转变到以花色品种款式设计为龙头。当代世界上专业化生产与协作已十分普遍,包括很有名的产品在内。很少有哪一家公司的产品,其设备、仪器、零部件全部是自己工厂生产的,都是靠专业化协作,选百家之长为我产品所用,有的还采取国际协作来保证自己产品的优良性能。今后,在合作开发和专业化协作的支撑下,世界范围内的机械生产都将向着对零部件厂提供的标准零部件在柔性装配线上进行组装的方向发展。主机厂只生产关键部件系统,精力更多地花在系统整合上,以创造出更加贴近用户需要的产品。进入21世纪,在新技术革命的作用下,生产力的国际化与专业化协作的程度越来越高,也就促进了跨国公司的发展。

5.4.3 从大批量生产到大规模定制生产

大量生产创造出巨大的物质财富,迎来了一个时代的辉煌。但这场变革的影响和脚步还远不止于此。大量生产促进了劳动的分工,面对产品日趋复杂的局面就有了办法。通过对生产过程的分析研究和科学管理,可以将整个过程划分为许多较简单的专门化功能。在以上所述互换性的基础上,通过这种做法,工人容易调换,工人接受短期培训即可上生产线。技术专业分工,使工人分成了机床调整工、工序工、清洁工;使技术人员分成了工艺工程师、装备工程师、管理工程师等。渐渐这种新的"智力工作者"分别掌握了各个环节的思路和信息,形成了所谓"白领阶层"。他们设计零件和工具,安排任务,使缺少技能和经验的工人很快就能掌握。于是大大简化了劳动主体。但是,这也逐渐造成一种封闭状态。随时间流逝,人们发现在同专业工程师之间可谈的越来越多,与不同专业的人可谈的越来越少,这些功能障碍的发展,到后来就影响到整个生产。这一生产方式的影响还体现在生产组织上,大量生产助长了对纵向一体化生产组织模式的追求。20世纪二三十年代的福特汽车公司几乎包罗了从原材料到与汽车相关的所有一切。组织结构上用周密计划下的严格管理这只看得见的手代替市场经济看不见的手,总部高级管理人员对公司内部的各个业务分部予以协调,实现对每个零件尺寸偏差和交货期的严格控制,并降低制造成本。这在社会生产尚不足以提供对汽车这样复杂产品的大量生产有效配套的情况下是合理的,甚至是必不可少的。但这种纵向一体化的组织机构往往容易形成自我封闭和官僚体制,并且一经形成,几乎无法改变。

大量生产的概念是以稳定而单一的市场,长的产品生命周期,稳定的工程设计,生产工序最大限度的分散,操作人员完成尽可能重复性任务为基础的,即依靠大量生产同一产品来降低成本。当市场只需要大量中等质量产品并对品种不很在意时,按照这种要求建立的企业能够合理地运行,因为缺乏柔性和其他固有的弱点都被低成本掩盖了。但是,这一暂时的平衡是不会长久的,大量生产的生产方式在创造大量财富的同时也在孕育着新的市场需求。由于社会财富的积累,单一色调的产品不再能使消费者满足了。但是,随着大量生产发展起来的技术基础也不会使生产再回到原来单件配作的老路上去,电子技术、计算机和互联网的发展使问题的解决出现了新的契机。这些都说明,大量生产积累起的技术基础和物质财富使人们对生产产生了新的需求,预示着这种生产模式已经容纳不了发展起来的生产力。但是,新的生产模式的形成,需要一个相当长的酝酿、积累和准备阶段。

市场对产品多样化的要求,向刚性生产线不断提出挑战。从20世纪50年代开始,计算机作为生产工具进入制造领域,标志着一个新的时代——信息时代的到来。以计算机和信息技术为基础的高新技术的迅猛发展,越来越广泛地用于信息处理和自动控制两个方面,为制造活动提供日益增多的高效能的手段,使制造业的面貌不断发生变化。

这一变化首先开始于数控技术(NC)出现并逐渐被广泛使用。采用预先编制好的计算机程序,用一台机床可以自动加工不同类型的零件,而精度(特别是对复杂曲面)和尺寸的稳定性可以大大提高。带有刀具库的加工中心可以更方便地在一次安装中完成零件多种表面(甚至是全部工序)的加工。

随着计算机性能价格比的迅速提高(平均每3至4年提高10倍),信息技术渗透到制造业的方方面面:在产品设计过程中,采用计算机辅助设计、辅助绘图、进行三维造型和特征造型;利用计算机辅助工程分析软件,可以对零部件上以至整个产品的受力、受热、振动等各种情况进行数值模拟和工程分析计算,使设计得到进一步优化;在解决零件如何加工出来的工艺设计中也采用计算机技术,辅助编制工艺规划、选择刀具、选择或设计夹具;利用软件技术产生刀具轨迹的数控代码,经过前、后置处理,解决诸如刀具磨损补偿以至避免碰撞等仿真,便可获得在数控机床上对零件进行加工的程序,大大简化了生产准备的工作量;产品设计中的各种零部件参数、图样及加工工艺都可按成组技术存储于数据库中,便于下一个变型换代产品的设计和制造,进一步提高新品上市的速度;在生产管理上,引进了许多先进的管理思想及相应的信息系统软件。为了保证均衡生产,加速资金周转的各种优化生产技术应运而生。如考虑物料需求规划的物料需求-Ⅰ(material requirement planning-Ⅰ,MRP-Ⅰ)、考虑资源(如设备、工时)平衡的制造资源规划(MRP-Ⅱ)、考虑按设备瓶颈组织和优化生产的最佳生产技术(optimized production technology,OPT)、考虑最优库存并适时生产的准时制造(just in time,JIT)等；各种专用的信息系统用于产品指标报价、跟踪重要零部件的生产状况,辅助高层领导决策等。

此外,在加工现场,除数控机床和加工中心外,在线的三坐标测量机、柔性制造单元(flexible manufactuiring cell,FMC)和柔性制造系统(flexible manufacture system,FMS),各种自动化物流系统(如立体仓库、自动引导搬运小车等),控制生产线的可编程逻辑控制器(programmable logic controller,PLC)等也开始广泛采用,物联网和务联网也蓄势待发。

信息技术的加盟使制造业呈现出加速发展的勃勃生机。这一期间,由于生产手段的改进,中小批量的生产模式开始居于主导地位。但是要进入完全满足用户多样化要求,且性能价格比优良的单件生产,还有许多障碍,特别是各种旧的生产模式。

从大批量生产到中小批量多样化生产再到大规模定制生产是一个否定之否定的过程。现代多样化生产是建立在大批量生产的基础上的。产品批量的减少并不意味着这企业规模的减小。实际上,多样化只是企业生产品种的增加。由于现代机械制造企业很少自己生产产品所需的全部零部件,一般只生产关键部件和进行组装,这就为产品的多样化提供了空间。由于大批量生产所带来的低成本和高质量,在与中小企业的竞争中,大企业一般都是处于优势地位的。

在制造业,全球经济一体化大潮和以互联网为代表的新的物质技术基础的成熟,正拉动大批量生产向大批量定制迅跑。以大批量生产的价格大规模满足人们对产品的个性化需求,个中商机无限。但隐藏在定制能力和实现定制方法的背后又是什么？企业拥有的且唯一独特的资源是知识及与其密切相关的认知和创新能力。在采用大批量定制生产方式的企业里,因专业化进一步细分市场,其业务范围比一般的企业要窄得多。但是管理者需要了解的东西,却比一般的企业要多得多。在大批量定制推动着经济发展的同时,管理者面临的最大挑战是对产品和过程背后的知识有系统深入的理解。对他们来说,技术不能是黑匣子,因为只有掌握这些知识,才能明确公司的定位,具备制定市场战略和指导内部创新的能力。管理者不能只通过雇用有知识的员工并给他们适当的资源来遥控知识。产品和过程中的细节,看起来可能只是技术操作问题,但在激烈的竞争中,面对快速发展的技术和瞬息万变的市场,整个战略成功与否也许就取决于对这些技术细节的把握。

5.4.4 制造工业的信息化

生产模式的重大变革,必须以相应的技术进步作为支撑。生产管理模式的创新和技术创新是推动社会进步相辅相成的两个方面。从单件配作到大量生产,主要是机械技术的支持。近二三十年以来,信息技术对制造业起的作用越来越大,产品又由大量生产方式向中小批量生产方式转变。可以推断,当最终过渡到完全满足用户需要且性能价格比优良的个性化产品单件生产时,会有一种新的生产模式以及全方位信息技术的支持。

制造高技术与传统制造技术的不同主要在于前者既能进行物流处理,又能进行信息处理,并能在计算机化的装置之间直接通信,以适应生产任务的变化。制造高技术是以体系和系统的综合形式促进制造企业沿着柔性自动化、集成化和灵活化的方面发展。这一技术发展更深一层的原因,是为了适应"全球性市场形成"这个20世纪末世界最重大的变化。

市场机制是以消费者为向导的,产品必须是满足消费者不断变化的需求,通常包含6个方面的内容:产品内涵、产品质量、产品价格、售后服务、环境保护以及个性化特色,所以企业在市场竞争中必须以更优质的产品性能和服务(products/service)、更短的新产品上市时间(time)、更优的产品质量(quality)、更低的产品成本(cost)、更好的服务(service)和满足环保要求(environment)的"PTQCSE"六要素去赢得用户和更大的市场份额。在制造业信息化方面,PTQCSE模型中这些字母有了新的内涵:T表示采用制造业信息化技术,能缩短产品制造周期,产品上市快,也包括提高生产率;Q表示采用制造业信息化,能提高和保证产品质量;C表示采用制造业信息化能有效地降低成本,提高经济效益;S表示利用制造业信息化,更好地做好市场服务工作,替代或减轻制造人员的体力和脑力劳动,也直接为制造人员服务;E表示制造业信息化应该有利于充分利用资源,减少废弃物和环境污染,有利于实现绿色制造。另外,PTQCSE模型还表明,P、T、Q、C、S、E是相互关联的,它们构成了一个制造业信息化功能目标的有机体系。

全球性市场带来的后果是竞争空前加剧。其表现是产品更新换代快,技术含量高,性能价格比优,并且产品的售后服务成为竞争的重要内容。采用"需求牵引、创新驱动",即"优势设计",从关注产品的市场效果,认识到市场的偏好性、多变性以及市场对产品的认同性出发,采用TQCSE模式所蕴涵的先进思想,即总的来说是在约束条件下提高竞争力。市场总是在不断变化的,必须善于进行产品替代趋势的前瞻性分析和预测,能率先探寻出未来市场占主导地位的产品和技术方向,创造新的消费。

为实现这一目标,制造业相关企业引入或创新先进的产品开发、生产、管理技术,例如准时生产(just in time,JIT)、计算机集成制造(computer integrated manufacturing,CIM)、并行工程(concurrent engineering,CE)、敏捷制造(agile manufacturing,AM)等先进制造模式。这些先进制造模式反映了制造企业信息化发展的方向:(1)集成,主要是指信息集成、过程集成、企业集成;(2)协同,包括企业内部协同和企业外部协同;(3)知识管理,包括知识沉淀和知识管理两个方面。目前,各种制造理念中真正能将各方面有机融合一起的应当首推产品生命周期管理(product lifecycle management,PLM)。产品的生命周期包括:培育期、成长期、成熟期、衰退期、结束期五个阶段。PLM通过培育期的研发成本最小化和成长期至结束期的企业利润最大化来达到降低成本和增加利润的目标,将先进的管理思想和一流的信息技术有机地融入到现代企业的生产和商业运作中,使企业在数字经济时代能够有效地调整经营手段和管理方式。其主要内涵是:在产品的整个生命周期内通过一组应用系统实现企业的信息集成和企业内外全方位协同,并能有效地捕捉产品知识资产。

信息技术用于制造业开始时并不是在统一的规划下实施的。因此不同的研究单位和公司采用不同的标准,形成各种不同的封闭系统。不同的通信协议,使设备之间无法实现信息交换;不同的软件之间无法实施信息的传输;不同的数据库之间无法实现数据的共享。其结果严重阻碍了进一步完善TQCSE。因此,信息集成和系统集成是相当一个时期以来人们努力的目标之一。计算机集成制造系统(computer integrated manufacturing system,CIMS)认为,整个生产过程(从市场、设计、制造到管理、服务)是一个整体、需要统一考虑。这一整体又可由信息的采集、传送和加工处理的过程加以实现。这一认识为生产过程大量采用信息技术,实现系统集成奠定了认识上的基础。在这个基础上,企业大量采用信息技术(包括计算机、通信、自动化等)用于改善设计过程、管理决策过程和加工制造过程,并在网络和数据库的支持下,实现信息集成,进而优化生产。这一优化不是着眼于孤立的局部优化,而是企图将制造的各种功能集成为一个有机结合的、完全可控的自动化统一体,并充分注意与环境及相关系统的协调，发挥结构的优势，改善其 TQCS，以提高企业对市场应变能力。

这一新概念引起了技术上新的要求和进展，如：异构环境下的信息集成，复杂大系统数学模型的建立，分析设计及其软件工具，实时分布环境下的生产调度和优化技术，人工智能，专家系统等等。这些方面对数学工具的要求又引起了对离散事件动态系统、模糊论等应用数学新分支的研究。CIMS 的概念，还使人们认识问题的眼界大为开阔。例如，过去看计算机辅助设计（computer aided design，CAD），往往局限于计算机图形学范围；若从 CIMS 高度去看 CAD，则还要考虑与计算机辅助工艺设计（computer aided process，planning，CAPP）和计算机辅助制造（computer aided manufacturing，CAM）的集成，同时还要考虑集成后的系统与管理信息系统的接口，以及与底层工厂调度实施的衔接，这就加大了 CAD 的广度。这个概念再扩大，覆盖产品的全生命周期并实现全球范围内的合作，于是就引出了对信息高速公路的实际需求。在全球计算机网络环境平台上，将以往创造过程串行的环节改变为并行作业，彼此呼应，在设计时就考虑制造装配和调试，就可有效地克服由于离散加工和最终合成的特点所造成返工的弊病。进而再针对项目以最优搭配结成不受地域和体制限制的合作伙伴。这对 TQCS 的改善是不言而喻的。十数年前，波音 777 巨型运输机的研发和生产便是按照并行工程的思想进行的，它组织了 238 个不同工作小组（team），包括承包商和用户也参加了进来。他们在全球通信网络上密切合作，采用数字化定义和数字化预装配，实现了无图纸生产，不需要做样机便一次制造成功。所需时间至少比研制波音 767 提前一年半。尔后，约翰·迪尔公司用这种办法研制新型建筑机械，成本降低 30%，时间缩短 60%。尔后，在波音 787 飞机设计和制造上，波音与其全球伙伴进一步达成了史无前例的协同，是波音史上完工最快、造价最低的一次。据估计，在波音 787 的开发过程中，波音公司缩短了 33% 的进入市场的时间，且节省了 50% 的研发费用。按价值计算，在 787 的 400 万个零件中，波音公司本身只负责生产大约 10%——尾翼和最后组装，其余的生产是由全球 40 多家合作伙伴完成的，机翼是在日本生产的，碳复合材料机身是在意大利和美国其他地方生产的，起落架是在法国生产的，方向舵等则由中国生产。

在我国，北京第一机床厂、沈阳鼓风机厂、成都飞机制造公司等以此思路进行技术改造，都取得了很好效果。世界上许多公司都认为，它们的继续生存和发展离不开并行工程。这便准备出了互联网（物联网、务联网）全局观点下组织生产的模式及其相应技术支持，标志着制造工业正在脱离以单机生产为特征的技术时代，向着系统生产的时代迈进。

从另一的角度看，以小而全、大而全的方式（例如福特模式）实施制造往往并不有利。大的公司容易滋生官僚主义，对市场响应慢、应变能力差，设备与资源也不可能充分利用。因此不少人认为必须进一步改变生产模式。例如美国提出了以敏捷制造（Agile Manufacturing）为代表的 21 世纪制造战略，通过组成针对不同产品的企业动态联盟，以最快的速度，最优的资源利用响应市场。新的生产模式下的企业可以形象地描述为"两头大、中间小"，即强大的产品设计开发能力和强大的市场开拓能力，而中间的加工制造能力不一定大而全，而要组成各种协作式的企业动态联盟，这便是所谓的虚拟企业（virtual enterprise）。实现这种企业集成生产模式的技术支持是互联网（物联网、务联网）。网络化工厂（建筑在信息高速公路上的企业），采用标准数据交换和质量功能配套（quality function deployment，QFD），可以使企业成为插入兼容式企业。实现制造业的最终目标——为用户迅速提供性能价格比优良的多样化产品和服务，这是 CIMS、并行工程、敏捷制造以及由此发端发展至今逐渐完善的互联网(物联网、务联网)等先进技术和生产模式演进的原动力，这是一个永无止境的过程，是人类物质文明发展和社会进步的过程。

5.4.5 制造工业发展中技术与管理的融合

综观制造业生产方式的变化，技术与管理的结合是一个很大的特点，它构成了生产发展的两个轮子。这里值得介绍的是 IE(industrial engineering)。IE 在我国现在直译为工业工程，更确切的译意应该是"产业运营、筹划和调节的理论和方法"。这一学科在技术和管理两个轮子之间，起着重要的桥梁作用。

IE 是近代工业在百年发展实践中将科学转化为现实生产力的经典技术，发端于美国，传到日本经过磨合又融合了东方文化，成为精益生产的基础理念。它采用系统化、专业化和科学化的思想方法管理工业技术并予以实施，将生产中的人、物、材料、设备、能源、信息等要素进行最优化的规划、设计、评价和创新，使其更综合更合理，从而达到保证质量、提高效率、降低成本的目的。近几十年，世界经济之所以日趋发达，除科学技术有大的发展外，在很大程度上受益于 IE 的推行。IE 技术在实践中亦兼收并蓄现代自然科学和社会科学的最新成果，发展成为包括多种现代科学知识的综合性和交叉性科学。

IE 解决问题的思路是杜绝一切无序、浪费与超载，以其系统、整体、综合三个特点，改善工业企业宏观管理，优化企业生产过程，在企业内建立起以生产系统为基础，以物流系统和信息系统为主要内容的高效生产系统，为企业管理整体优化提供一整套切实可行的理论和技术方法。例如，IE 中工作研究的流程分析方法，分析过程中的"取消、合并、重排、简化"四大原则；"五个为什么，一个怎么办"的逻辑提问技术；平面布置、照明与色彩环境的合理设计；随机服务理论；存储策略；可行性研究；提高价值的途径；系统整体优化的思想方法；成本和效率意识；问题与改革意识等等一系列技术与方法，都是保证灵活、高效、优质、低耗地生产行之有效的措施。IE 在国外已经从传统的制造业扩展到第三产业，如交通运输、公用事业、商店、宾馆、旅游、医院、银行等。

IE 自身也在发展。早期的 IE 宣言中并不包含信息，主要是在人、财、物、时间上下功夫，追求的是降低成本和提高生产率。而近 10 至 20 年以来，企业在发展中逐渐认识到信息的重要性，不仅引入信息概念，而且特别在经管战略、信息系统的经营程序上下功夫，以求在竞争中取得优势，扩大市场占有率，从而取得更大的经济效益。IE 在这一变革中充当着主角，同时也使自身嬗变为现代 IE。其核心表现为可通过网络和数据库实现信息、知识、经验、方法的共享；组织层次的减少；企业战略的及时调整等。管理学可以分为三个层次，即管理基础、职能管理和战略管理。其中战略管理是管理学的最高层次，战略管理的首要目标是提高竞争力，其理念和手段更显示出明显的时代特征。

例如近些年提出的 SIS(战略信息系统)，是继 20 世纪 60 年代发展起来的管理信息系统(management information system，MIS——主要是建立企业内部的信息系统，提高企业内部事务处理的效率)，70 年代发展起来的办公自动化(office automation，OA——主要是提高办公效率和自动化水平)之后，超越企业本身，将企业与外部的信息资源有机地联系起来，争取确保企业的竞争优势。战略信息系统是计算机与通信技术相结合的产物，它强调信息系统与组织目标、竞争战略的配合与联系。SIS 的产生标志着信息系统从生产和管理的辅助工具向体现企业基本能力整体经营的方向发展。这正适应了市场由生产者主导向消费者主导的转变。市场环境日趋复杂，企业作为社会经济活动最基本的单元，不仅与外部环境不断交换着能量和物质，其信息（包括交易单位、批发商、零售商、顾客以及竞争对手的有关信息）对企业的竞争战略具有更重要的意义。谁掌握信息并使之转化为经济优势，谁就能取胜。因此，对信息系统的认识超越了主要是建立企业内部管理信息系统的"传统的观点"，树立了将企业与外部信息资源有机联系起来进行决策和经营的"战略的观点"，应用信息技术支持和形成企业的竞争战略。

进入 20 世纪 90 年代以后，IE 又提出了企业重建（business process reengineering，BPR）的概念。面对世界商业环境的变革和市场竞争的日趋激烈，特别是世界经济一体化和信息技术革命，引发了世界产业组织模式的大变革。按照英国经典经济学家亚当·斯密在《国富论》一书中提出的专业分工原则，所设置的现有企业的组织结构和经营机制，由于分工过细、职能阶层僵化，导致机构臃肿、人浮于事、信息滞后、服务低劣，已严重制约企业的发展；加之在市场多样化的要求面前，制造业多数产品品种大量生产的模式和经验已不再适用。此时经营战略对企业的兴衰变得更为重要。企业的管理方式必须做出适应性的调整和变革。为了迎接外部环境的变革与挑战，用以改良或精简组织机构的各种重组/重构理论应运而生，其中 BPR 最为引人注目。企业重建就是适应这种变化而发生的一场管理革命。它以业务流程为主要目标，以综合集成为主要手段，对企业进行系统集成以达到整体优化。BPR 的基本内涵是以作业过程为中心，"过程"和"再造"是理论的核心。"过程"是指把一组输入（人力、材料、方法、设备等）转换成对顾客有价值输出的一系列工作。过程是由活动组成的，而活动又可分为增值活动和增费活动。在传统的企业组织模式下，其比例一般为 3∶7。这是由于众多的职能部门，又各自有一套独立的工作流程、规程以及处理业务的周期与标准，这必然导致过程冗余及费用增加。企业作为一个复杂的开放系统，其生存和发展在很大程度上取决于内部结构与外部环境的适应。后者始终处于动态变化之中，因此企业的组织结构、管理制度、控制机制、经营过程和经营方向同样应作相应的变革、再造，从所需的结果入手，抛弃旧的结构和过程，形成企业新的运行系统。这些新方法的显著特点都是面向过程，面向增值，面向顾客的。从而不仅为企业提供了挖潜增值的可能性，而且培育了"可持续发展"的文化理念——转变不可持续的高投入、高消耗、高污染的生产方式，转变浪费型的消费模式。

5.4.6 加强机械制造工业基础

1. 加强工业强基的紧迫性

在中国工程院重大咨询研究项目"工业强基战略研究"项目启动会上，该研究项目组组长、第十届、第十一届全国人大常委会副委员长路甬祥院士针对我国工业强基发展战略提出了重要建议和若干思路。"我国推动工业强基工作，其宗旨主要还是在于提升制造业的品质和竞争力，为制造业从大国走向强国提供基础性的支撑"，"在中国从制造大国走向制造强国的关键历史时期，'四基'发展的重要性必须进一步引起中央决策层、地方政府以及社会各界的高度重视"。工业基础能力薄弱是制约我国制造业创新发展和质量提升的症结所在。要坚持问题导向、产需结合、协同创新、重点突破的原则，着力破解制约重点产业发展的瓶颈。从制造业发展的战略角度考虑，加强机械制造工业基础不仅是工业产品性能提高，也是产业升级换代的基础,最终还可以促进生产关系变革。加快我国工业基础能力建设,既是促进工业转型升级的重要支撑,也是建设工业强国的重要途径。

2. 国外工业基础发展经验借鉴

工业基础能力是一个国家整个工业赖以生存和发展的基础,其发展水平直接决定着工业产品的性能、质量和可靠性。日本、德国等工业强国在其工业化进程中,始终高度重视工业基础能力建设,并通过各项措施强力支撑工业基础产业发展。总体而言,是四个方面的基础:产业政策和法规的有力保障;注重创新和研发;人才培养体系结构完善;产业链分工科学合理;重视顶层设计引导产业发展。

日本在发展先进制造业方面最为成功之处就在于它的生产模式创新。政府干预、产业政策引导及高新技术产业的迅速发展是日本制造业取得巨大成功的关键,运用精益化管理理念使得其生产的高新技术产品更加具有竞争力也是日本成为国际公认的制造强国的重要原因。日本专门颁布了《振兴制造业基础技术基本法》,又使其制造业得到了进一步的发展。

德国的制造业综合实力稳居世界前列,尤其是德国生产的汽车和医疗仪器设备享誉盛名。20世纪80年代,无论是从模具制造、数控机床,还是到动力装置和机械传动,德国制造业都始终保持着世界领先的水平。20世纪90年代,随着全球化进程的不断推进,导致世界制造业的竞争加剧,德国制造业也受到了不同程度的冲击并出现了一定程度的衰退。此后,为了振兴制造业,德国政府出台了一系列有利于制造业发展的计划,其中德国政府出台的"生产2000"的制造业战略计划发挥了重要作用,促使德国制造业加快了由传统制造业向先进制造业转变的步伐,技术密集型产品竞争力明显大幅度提升,出口持续增长,占世界总额的比值仅次于美国,稳居第二位。进入21世纪,为在新一轮工业革命中占领先机,在德国工程院、弗劳恩霍夫协会以及西门子公司等德国学术界和产业界的建议下,2013年4月德国政府在汉诺威工业博览会上又正式推出"工业4.0"项目。这一研究项目是2010年7月德国政府《高技术战略2020》确定的十大未来项目之一,旨在支持工业领域新一代革命性技术的研发与创新。随着工业4.0战略计划的实施,相信德国制造业又将会实现新的跨越。

3. 我国的机械制造工业基础发展的步伐

国家工信部在工信部规[2011]509号文《机械基础件、基础制造工艺和基础材料产业"十二五"发展规划》中将"机械基础件、基础制造工艺和基础材料"简称为"三基",因此该规划简称为"三基"规划。而后,国家工信部在工信部规[2013]70号文《关于开展工业强基专项行动的通知》中,进一步将"三基"扩展为"四基"——关键基础材料、核心基础零部件/元器件(包括机械基础零部件、电子元器件、仪器仪表元器件)先进基础工艺和产业技术基础。[①]

"四基"内涵丰富、涉及范围广,如图5-6,为了聚焦突破的重点,工业基础要集中在在以下几个方面进行:首先,产品和技术需要大量进口,容易受制于人方面的需要首先解决攻关突破相关技术;其次,在可能会影响经济安全和国防安全方面的关键技术和产品方面,必须加强自主研发和产业化的力度;另外,还有某些产品和技术,是不能单靠市场调节来得到突破性的进展,这就需要政府从国家层面上安排和解决。工业基础的强化,是制造业创新发展和质量提升的关键。为此,工业强基工程提出,到2020年,工业强基专项项目将达到40%

---

① 工业和信息化部印发的《机械基础件、基础制造工艺和基础材料产业"十二五"发展规划》及工业强基工程分类及重点产品目录。

的核心基础零部件、关键基础材料实现自主保障,家电产业等急需的核心基础零部件和关键基础材料的先进制造工艺得到推广和应用;到2025年,70%的核心基础零部件、关键基础材料实现自主保障,80种标志性先进工艺得到推广应用。

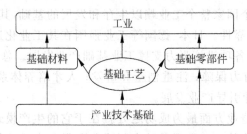

图 5-6 工业"四基"规划

2014年2月24日,工业和信息化部印发《关于开展2014年工业强基专项行动的通知》(工信部规[2014]95号),实施"工业强基专项行动",要求各地按照《2014年工业强基专项行动实施方案》(以下简称《实施方案》)要求,根据本地区产业发展实际组织开展相关工作。2015年年初,工信部对外发布《2015年工业强基专项行动实施方案》,方案中指出,通过10年左右的努力,力争实现核心基础零部件(元器件)、关键基础材料自主保障,部分达到国际领先水平。将加快推进高端芯片、新型传感器、智能仪表和控制系统、工业软件、机器人等智能装置的集成应用,提升工业软硬件产品的自主可控能力。

4. 中国工业强基工程的内容

1) 关键基础材料

基础材料是指工业制成品自身及其生产过程中所使用的支撑和关键材料。基础材料包括电子信息材料、新能源材料、石化化工材料、绿色建材、高端装备用钢铁、高性能有色及稀有金属、无机非金属材料、高新技术纤维材料和制药材料等。

关键基础材料主要包括以下六大领域。

(1) 特种金属功能材料。具有独特的声、光、电、热、磁等性能的金属材料。包括:稀土功能材料、稀有金属材料、半导体材料,其他功能合金(高磁感取向硅钢和铁基非晶合金带材、电磁屏蔽材料、高磁导率软磁材料、高导电率金属材料、电磁兼容材料、铁铬铝金属纤维多孔材料)。

(2) 高端金属结构材料。较传统金属结构材料具有更高的强度、韧性和耐高温、抗腐蚀等性能的金属材料。包括:高品质特殊钢、新型轻合金材料。

(3) 先进高分子材料。具有相对独特物理化学性能、适宜在特殊领域或特定环境下应用的人工合成高分子新材料。包括:特种橡胶、工程塑料,其他功能性高分子材料(硅橡胶、硅树脂等有机硅聚合物、聚全氟乙丙烯(FEP)、聚偏氟乙烯(PVDF)及高性能聚四氟乙烯等高端含氟聚合物、环保型高性能涂料、长效防污涂料、防水材料、高性能润滑油脂和防火隔音泡沫材料)。

(4) 新型无机非金属材料。在传统无机非金属材料基础上新出现的具有耐磨、耐腐蚀、光电等特殊性能的材料。包括:先进陶瓷、特种玻璃,其他特种无机非金属材料(功能性超硬材料和大尺寸高功率光电晶体材料及制品。积极发展高纯石墨,提高锂电池用石墨负极材料质量,加快研发核级石墨材料。大力发展非金属矿及其深加工材料。开发高性能玻璃纤维、连续玄武岩纤维、高性能摩擦材料和绿色新型耐火材料等产品。加快推广新型墙体材料、无机防火保温材料,壮大新型建筑材料产业规模。)

(5) 高性能复合材料。由两种或两种以上异质、异型、异性材料(一种作为基体,其他作为增强体)复合而成的具有特殊功能和结构的新型材料。包括:树脂基复合材料、碳/碳复合材料、陶瓷基复合材料、金属基复合材料。

(6) 前沿新材料。当前以基础研究为主,未来市场前景广阔,代表新材料科技发展方向,具有重要引领作用的材料。包括:纳米材料、生物材料、智能材料、超导材料。

2) 核心基础零部件(元器件)

基础零部件/元器件是指组成工业制成品、具有一定功能、不可分拆的基础性基本单元。包括在各类工业产品中得到广泛应用的通用基础零部件/元器件:例如机械基础零部件、电子元器件、智能仪器仪表元器件;也包括仅在某类工业产品中使用专用基础零部件/元器件:例如数控机床功能部件、汽车关键零部件、航空装备关键零部件、轨道交通高铁、船舶关键零部件及元器件、发电与输变电设备关键零部件等等。

其中,电子元器件包括电阻、电容、二极管、晶体三极管、晶闸管(可控硅)、电感线圈、变压器、石英晶振、电子管等。

机械基础零部件包括轴承、齿轮、液压件、液力元件、气动元件、密封件、链与链轮、传动联结件、紧固件、弹簧、粉末冶金零件、模具等。特别是:①高精度、精密、重载轴承;②超大型、高参数齿轮及传动装置;③高压液压元件和大功率液压元件;④智能、高频响气动元件;⑤高可靠性密封件;⑥高速链传动系统;⑦高可靠性联轴器、制动器、离合器;⑧高强度紧固件;⑨高应力、高可靠性弹簧;⑩高密度、高强度粉末冶金零件;⑪大型、精密、高效、多动能模具。

3) 先进基础工艺

工艺是指生产者利用生产工具对各种原材料、半成品进行增值加工或处理,最终使之成为制成品的方法与过程,基础工艺是指工业产品过程中量大面广、通用性强的生产工艺。重点发展先进、绿色制造工艺,降低能源、材料消耗,改善环境,提高产品质量和效率。包含机械制造工艺(减材制造工艺、等材制造工艺、增材制造工艺);钢铁制造工艺;有色金属制造工艺;化工制造工艺;纺织制造工艺等等。

其中,机械制造基础工艺具体是:铸造工艺、锻压工艺、焊接工艺、热处理工艺、表面处理工艺、切削加工及特种加工工艺。

(1) 铸造工艺

定向凝固铸造工艺,热风长炉龄冲天炉及其熔炼工艺技术,数字化模拟技术,高紧实度粘土砂自动造型生产线技术,快速无模砂型铸造工艺,铝、镁、铁等特种合金铸造工艺,复合材料铸造工艺,半固态铸造工艺,高温、低温、高强韧度材料(球墨铸铁、等温漳火球铁、蠕墨铸铁、轻质合金)高精度铸造工艺。

(2) 锻压工艺

大型薄壁结构件整体成形工艺,多工位冷、温锻工艺,高速精密镦锻工艺,大型复杂结构件精密体积成形工艺,大型环件冷辗扩工艺,板材管材精密成形工艺,高强钢板热成形工艺,曲轴、风电主轴及闸门全纤维近净成形技术,汽车铝合金精密锻造工艺,螺旋伞齿轮锻-磨联合制造工艺,精冲工艺。

(3) 焊接工艺

激光及激光电弧复合热源焊接工艺,搅拌摩擦焊工艺,高精度及大厚度切割工艺,高效电弧焊工艺,等离子喷焊工艺,近净成形焊接新技术。

(4) 热处理工艺

化学热处理催渗工艺,精密控制加热和淬火工艺,齿轮和轴承精密可控热处理工艺,超大型零件真空热处理工艺,大型轴类和管类零件感应淬火热处理工艺,大型全纤维炉衬无料盘可控气氛连续加热炉热处理工艺,连续真空热处理工艺,大型薄板件压淬热处理工艺,深冷热处理工艺。

(5) 表面处理工艺

铝、铁合金、镁合金件表面处理与强化工艺,纳米颗粒复合电刷镀工艺,纳米陶瓷涂层工艺,等离子、激光、电子束表面强化工艺,低铬酸镀硬铬、镀锌后低铬钝化等绿色电镀工艺。

(6) 切削加工及特种加工工艺

高速/超高速切削加工工艺,复合加工工艺(车铣复合、铣磨复合等),复合材料切削工艺,超精密加工工艺(轴系精度 $0.02\sim0.05\mu m$),超大零件切削加工工艺,微量润滑切削工艺,干式切削工艺,"三束"(电子束、离子束、激光束)加工工艺,电火花加工工艺,超声加工工艺,增量制造工艺,粉末冶金零件的精密成形工艺。

4) 产业技术基础

产业技术基础是指工业与技术协同发展所需的技术基础设施与创新环境。是指针对行业和企业研发、生产、经营管理等方面的共性需求,按照开放性、资源共享性原则建设的为区域内和行业内的用户提供公共服务的共性基础平台。重点是质量技术基础和共性技术创新体系,其中质量技术基础是标准、计量、检验检测、认证认可等,共性技术创新体系指共性技术创新平台、共性技术服务平台等。产业技术基础具体包括围绕研发设计、检验检测、试验验证、标准制修订、技术成果转化、信息与知识产权运用服务等方面。

(1) 公共研发中心

发挥已有平台为行业的服务功能,充实健全"四基"行业公共研究机构。充分利用现有优势资源,组建公共研发平台,为行业提供关键技术、共性技术研发支持,并实现成果共享。

(2) 检测实验公共服务平台

依托现有检测实验资源,以公正开放、独立运作为保障,形成一批布局合理的第三方公共检测实验平台,开展产品强化实验、可靠性和寿命测试试验、产品质量检测检验、基础材料检验,形成专业化的检测/试验和服务能力。优先发展在产业集聚区建立公共检测实验平台。

(3) 产需对接平台

深化配套企业与主机企业的战略合作关系,依托行业协会,建设若干跨行业、跨地区的产需对接平台,促使"四基"企业与主机企业形成有效的供应链,提升"四基"产业发展的效率与效益。

(4) 金融服务平台

鼓励金融要素市场、金融机构在商业可持续和风险可控的情况下,围绕"四基"企业的发展,充分利用现有政策,拓宽企业融资渠道,健全信用担保体系,开发贸易融资、应收账款融资等金融产品,创新服务模式。鼓励优势企业上市融资。

我国工业强基工程的具体举措将在下面的章节中叙述。

5.5 中国制造业面临新环境新使命

5.5.1 正确认识我国制造业所处的发展阶段

1. 我国已成为全球制造大国

中国制造业经历了三个发展阶段之后,现在已经得到了很大发展。自新中国成立,到1978年,这段时间形成比较独立完整体系,在1978年至1990年,这十几年的改革开放,使得中国的经济得到了很大地发展,基本告别工业产品短缺时代,中国在1990年至2012年,经过建设和发展,产业规模持续扩大,特别是工业的持续高速增长,使得我国现在已经成为工业生产大国,大多数工业产品产量已位居世界前列。据世界银行数据库和联合国统计数据库的数据,2011年,我国制造业增加值为1.9009万亿美元,而同年美国为1.8805万亿美元,而至2012年,我国制造业增加值为2.0793万亿美元,美国为1.9121万亿美元。

例如:机电产品对外贸易方面,据海关信息网(www.haiguan.info)数据显示,自2010年开始,我国在全球机电产品进出口格局中地位明显提高,机电商品当年以1.59万亿美元的贸易额和9286.55亿美元的出口额,跃居世界第一大机电产品贸易国、第一大机电产品出口国。以6600.74亿美元的进口额,居全球第二大机电产品进口国;2011年,机电商品进出口额为1.83万亿美元出口额,出口额首次突破1万亿美元,双双继续稳居全球第一;至2012年,我国机电产品进出口额合计为1.96万亿美元,继续保持世界第一大机电商品贸易国地位,比17年前的1996年我国机电商品进出口额(1092.19亿美元)增长17.96倍。在工业的基础装备制造方面,2013年我国产值规模突破20万亿元,占全球比重超过1/3,稳居世界首位,多数装备产品产量位居世界第一。其他方面,2013年发电设备产量$1.2×10^8$ kW·h,约占全球总量的60%;造船完工量4534万载重吨,占全球比重41%;汽车产量2211.7万辆,占全球比重25%;机床产量95.9万台,占全球比重38%。[①]

从以上这些发展情况及数据来看,现今的中国从实质上,已经成为全球范围内的制造业大国。

2. 我国仍不是制造强国[②]

我国虽然从生产量和贸易量上来看,已经成为制造业大国,但是却还不是制造强国,存在着如下几个方面的问题。

首先,技术创新薄弱已成为制约我国由制造大国转变为世界制造强国的关键因素。现今国内制造业所从事的生产,其部分产品处于附加值较低的"制造—加工—组装"环节,产品附加值较低,整体上处于价值链低端,而在设计和研发方面无论投入和产出都很薄弱;部分技术依靠从国外引进,原创性产品和技术少,而企业又不能处理好引进、消化、吸收和自主创新的关系,缺乏消化吸收及创新的资金和优秀人才,自主开发的良性循环没有得到充分开展,这就是制造业的结构问题,也是技术创新程度的差距。

其次,制造业技术水平的提高很大程度上取决于装备的现代化,而我国的装备制造业发

---

① 摘自:中国商情网:http://www.askci.com。
② 摘自:2015年5月《中国电子报》记者采访工业和信息化部副部长毛伟明。

展占制造业发展整体比重偏低,发展滞后。装备制造业是一个国家最基础的行业,也决定了一个国家制造业的整体水平,它的发展水平最终会影响到国民经济各部门技术水平、经济效益和国防安全方面。例如我国装备制造业体现竞争力方面,重大技术装备不能满足要求,机械产品长期以来缺乏具有工程设计、系统成套和工程总承包能力的工程公司,致使大量附加值较高的成套装备市场不得不让给外商。

第三,制造业方面的生产经营效率不高。我国制造业产品技术、生产技术和管理技术的研究、应用与工业发达国家相比有较大差距,特别是在劳动生产率、工业增加值率、能源消耗等方面的差距更大。例如自 2000 年开始,当时我国制造业的劳动生产率为 3.82 万元/人年,约为美国的 4.38%、日本的 4.07%、德国的 5.56%;我国制造业的增加值率为 26.23%,到 2011 年,我国劳动生产率约为发达国家的 36%~40%,我国制造业增加值率为 21.5%,而发达国家都在 35% 以上,从这个角度来看,差距仍然是明显的。

第四,产业结构不合理。一般加工工业和资源密集型产业比重过大,技术密集型产业所占比重偏低,为用户提供服务的现代制造服务业占比偏低,随着国家工业的整体发展,产业升级和技术的缺乏矛盾越来越突出。

第五,产品质量问题突出。我国很早就提出,企业产品的"质量"就是企业的"生命",但是,由于产品质量直接损失每年 1700 亿元以上,间接损失超万亿,包括食品等的安全事故时有发生,危及人民生命健康和损害国家形象。西方消费者对中国产品的质量形象不是瞬间形成的,也不可能是因为一个质量事件形成的,而是长期以来在许许多多直接或间接经验基础上形成的。因此要改变这种长期以来形成的"刻板印象",也不是一时半会儿可以做到的,需要我们长期的努力。

第六,存在科技成果转化迟滞问题。由于我们还没有真正形成以企业为主体、市场为导向、产学研用相结合的技术创新体系,要引导企业增加研发投入、瞄准国际的制造业高端来进行创造、创新、开拓,还有很多工作有待加强。

总之,从以上几个方面来看,还需要认清我国的制造业的现状和不足之处,即产业大而不强,存在着自主创新能力不强、基础薄弱、核心部件对外依存度高(高端装备的关键基础零部件依赖进口)、产业结构不合理、质量控制等问题,与美、日、德等发达工业国家存在较大差距。

由于我国制造业的生产力水平跨度覆盖 20 世纪 50 年代到 21 世纪初,我国制造企业生产力水平参差不齐、差异极大,大量中小企业处于机械化阶段,因此还需要正确认识我国制造业所处阶段和现状,我国尚处于工业化的中后期,但总体上还是一个发展中国家。这些问题,都在制约着我国的制造业发展。

我国制造业的发展基础受到资源和环境等多重约束。工业的基础原料如石油、铁矿石、水等能源资源约束趋紧。同时粗放式的经济发展牺牲环境的代价越来越大。而国际环境方面,现在发达国家高端制造业回归本土。美国为首的发达国家鼓励制造业回迁,期望巩固制造强国地位与固有优势,抢占新工业革命先机。另一方面,发展中国家低端制造业低成本竞争优势。印度、越南、印尼等发展中国家以更低的劳动力成本吸引着越来越多的跨国企业布局,成为低端制造新的转移方向。

除了硬指标,还有软实力。就发达工业国家的历史经验来看,"世界工厂"的国家工业不仅仅是工业品出口额必须占到世界总额的较大比例,还应该在研发、技术创新和管理方面位于世界同类企业和行业的前列,可以为世界分享自己的发展经验,即具备相当的影响力。所以说,我国虽然已是制造大国但还不是制造强国,但与昔日"泰勒制"、"福特流水生产线"和"丰田模式"等相比,当今中国的制造业,无论从质还是量的方面衡量都仍有相当大的差距,还没有真正属于我国特征的工业文化的输出与世界范围内共享。据工信部网站消息,工业和信息化部部长在第十七届中国质量高层论坛指出,中国"工业大而不强,最集中表现在工业增加值率太低",要提高工业产品的附加值,对品种质量进行提升。工业发展的质量和效益体现在工业增加值上,尽管我国目前工业产品种类有500多种,但高档次、高技术含量、高附加值的产品占的比重不大,导致工业增加值不高,在国际市场的竞争中处于不利地位。提高工业增加值,一方面需降低能耗物耗和其他非固定资产的投资成本,另一方面则要提高工业产品的附加值,对品种质量进行提升,提高优质产品和优质服务的比重。中国的工业产品要在国际市场上扩大占有率,除了出口份额的增加外,加快培育以技术、品牌、质量、服务为核心竞争力的竞争优势更是重中之重。

5.5.2 我国机械制造业的新使命

1. 国际范围内各国工业的发展

国际范围内工业的发展和世界历史上三次"世界制造中心"的转移都给出一个有力印证——制造业强则国家强,制造业对促进国家经济繁荣的巨大作用无可替代。近年,工业强国日本,其财务省发布的统计数据显示,日本出现产业转移造成的制造业空心化是日本出现近年贸易赤字的趋势性因素。日本政府出台措施,着力扭转制造业流失局面。欧洲方面,德国、英国、法国等国家已经积极投入调整产业结构,重振制造业,以德国为例,德国政府提出"工业4.0"战略,并在2013年4月的汉诺威工业博览会上正式推出,其目的是为了提高德国工业的竞争力,在新一轮工业革命中占领先机,该研究项目由德国联邦教研部与联邦经济技术部联手资助,在德国工程院、弗劳恩霍夫协会、西门子公司等德国学术界和产业界的建议和推动下形成,并已上升为国家级战略。该战略已经得到德国科研机构和产业界的广泛认同,例如弗劳恩霍夫协会将在其下属6至7个生产领域的研究所引入工业4.0概念,西门子公司已经开始将这一概念引入其工业软件开发和生产控制系统。即使是工业强大的美国,早在2012年,其总统奥巴马就发表国情咨文,强调为了让美国经济"基业长青",美国需要重振制造业,并表示将调整税收政策,鼓励企业家把制造业工作岗位重新带回美国。国际各国提出"再工业化"战略,提出制造业的回归,其实是一种现实的考量。

2. 我国制造业发展的新机遇

第三次工业革命给我国制造业带来难得的"机会窗口期"。以数字化制造为标志的第三次工业革命已显端倪,这为我国制造业的超越发展带来机遇。我国将成为第三次工业革命的主要参与者,而不再是前两次工业革命的"看客"。中国的城镇化及消费结构升级提供了巨大的市场需求空间。一个快速增长的10多亿人口的消费市场,是任何一个国家在工业化、现代化过程中都未曾拥有的,这是我国制造业拥有的最大优势也是中国制造也转型的重要基础。我国结构升级后的消费市场巨大,能够容纳这些产品,促进这些产品很快地形成规模经济。通常,一个国家的产品首先要在国内销售,取得了一定的经验,达到一定的产量规模以后,再走向国际市场。中国这么大的国内消费市场为产品的开发、发展创造了基本条件;经济体制机制改革将加速制造业转型升级。打造中国经济升级版,依靠改革释放制度红利,将有助于破除制造业发展的体制机制障碍,激发市场活力,经济结构深层次调整。

随着中国制造业的蓬勃发展,以价格为核心竞争力的中国装备制造业发展空间将会日渐收窄,以质取胜是中国制造业发展的未来方向,我们必须意识到,中国制造的长远出路,还是在于推动战略转型。国家提出"中国制造2025"战略目标,使得制造业肩负了新的使命。

5.5.3 我国走向制造强国的战略举措[①~⑪]

中国走向制造强国的战略举措基于制造业面临新的发展机遇,立足我国转变经济发展方式实际需要,适应新一轮科技革命和产业变革,提出了加快制造业转型升级、提升增效的重大战略任务和重大政策举措,推动产业结构迈向中高端,加快从制造大国转向制造强国。制造业是我们的优势产业,打造新的"中国制造",实现制造业由大到强的转变,创新是关键,质量是根基,坚持以质取胜战略是打造"中国制造"的核心要素。因此,我国由制造大国向制造强国转变需要强调创新为新常态,同时从强化基础入手,打造出规模与效益优化、极具发展潜力、位居世界前列的制造业。

2015年5月18日,国务院正式发布了《中国制造2025》规划,也是我国实施制造强国战略第一个十年行动纲领。通过成立专业队伍统筹协调制造强国建设全局性工作,审议重大规划、重大政策、重大工程专项、重大问题和重要工作安排,加强战略谋划,以及指导部门、地方开展工作。作为我国实施制造强国战略第一个10年的行动纲领,指导思想是创新发展,主线是信息技术和制造业的融合,"中国制造2025"围绕"创新驱动、质量为先、绿色发展、结构优化、人才为本"基本方针提出了战略举措和行动计划,并明确提到将通过政府引导、整合资源,实施"国家制造业创新中心建设、智能制造、工业强基、绿色制造、高端装备创新"等五项重大工程,为国家走制造强国之路,奠定了基础。

1. 国家制造业创新中心建设

建设国家制造业创新中心主要是指,面向未来的重点领域的基础研究和产业化的工程,建设一批产学研用相结合的制造业创新中心。技术创新战略决定着技术创新的具体行为。能否选择并贯彻实施正确的技术创新战略,对于企业能否顺利地推进技术创新并赢得创新收益具有重要影响。

国家的核心竞争力在一定程度上,体现在企业核心竞争力上,企业的核心产品/核心技术的伴随在发展过程和积累过程中。产品/技术平台是需要通过长期的学习和积累才能建

---

① 摘自:国家CIMS工程技术研究中心主任、清华大学自动化系教授、博士生导师、清华大学吴澄院士在工业和信息化部2012年6月的信息化与工业化融合高层研讨会上的主题讲话。
② 摘自:中国工程院院士尤政在2015年8月25日出版的《宁波日报》上发表的文章"强化工业基础能力"。
③ 摘自:中国工程院院士尤政于2015年11月6日提出的南京自动化及仪表协会-中国制造2025工业强基机械/仪表工程科技专业资料(南京自动化及仪表协会提供)。
④ 摘自:中国商情网:http://news.hsw.cn/,"中国制造2025"专题。
⑤ 摘自:中国工业强基信息网:http://www.gyqj.com.cn/。
⑥ 摘自:中国制造2025网:http://www.miit.gov.cn/。
⑦ 摘自:中国信息产业网:http://www.cnii.com.cn/。
⑧ 摘自:中国机械工业联合会机经网:http://www.mei.net.cn/。
⑨ 摘自:中国新闻网:http://www.chinanews.com。
⑩ 摘自:中国机械网:http://www.jx.cn/index.asp。
⑪ 摘自:中华人民共和国商务部网站:http://www.mofcom.gov.cn/。

立的,核心竞争力是企业以往的投资和学习行为所积累的具有企业特定性的专长。因而,国家的持续发展是与核心竞争力紧密联系的,技术与产品创新为国家的核心竞争力的重要源泉。这里的核心竞争力,可以包括产业的核心竞争力、企业的核心竞争力和产品的核心竞争力,使我们战略性新兴产业真正体现它的战略性、前瞻性和竞争性。

科学是技术之源,技术是产业之源。技术创新在制造业转型升级当中起着重要作用,其意义体现在以下三个方面。

第一,技术创新是我们改造提升传统产业的基本方法。我们通过技术创新来提高我们传统产业的附加值,提高它的产业层次,同时使它能够在我们整个工业转型升级当中更好地发挥作用,加大科技进步对传统工业发展的贡献度,提升传统产业的竞争力。

第二,技术创新是加快培育战略性新兴产业的基本方法。战略性新兴产业是未来引导我们产业层次提升的重要方面,如何优化产业层次,使我们的战略性新兴产业在竞争当中处于价值链和产业链的中高端,以至于今后发展到高端,需要我们通过技术创新的有效手段,来提升我们的核心竞争力。

第三,技术创新也是提高我们国家综合竞争力的有效途径。我们现在制造业门类是最齐全、规模也是全球最大。我们经常讲一个比例,就是我们在全球产品门类当中,按照大类是39个大类,191个中类,525个小类,我们已经有223个产品品种的产量居世界第一,门类应该说是很全。但是,我们也看到,这些产品基本上处于价值链的中低端,所以我们要尽快提高它的竞争力,通过技术创新来提高在国际上、在产业链当中、在价值链当中的核心竞争力,使我们的制造业尤其是装备制造业,真正体现又大又强。

中国的制造业必须从模仿组装全面转向自主创新阶段。我国跟发达国家已经越来越接近,所以靠发达国家技术溢出推动发展的路越来越走不通。重构关键共性技术研究体系是关键,是成为制造业强国的必经之路。所以说,在2015—2025这十年里,就是要努力发挥社会主义制度具备"集中力量办大事"的优点,多方协调,齐心协力,扎实打基础。中国制造距离制造强国有多远,就看我们怎么样努力,如何做到自主创新。通过建立以企业为主体、产学研紧密结合的技术创新体系,围绕重点行业转型升级和重点领域创新发展的重大共性需求,形成一批制造业创新中心,重点开展行业基础和共性关键技术研发、成果产业化、人才培训等工作。

总的来说,企业"转型升级"是我国经济发展的一个重要课题。如何转型?一般认为有以下几点:一是从产业链的低端向高端转型、从模仿到创新转型。信息技术如嵌入式系统、支持创新设计的数字化技术、虚拟制造技术、多学科协同仿真技术等都是有力推手。二是从提供产品到提供产品和服务,或多或少向服务转型。三是从粗放生产模式向精细化的生产模式转型。四是从传统管理模式向现代管理模式转型,如创新的中国管理模式、基于云计算的管理模式等等。五是要关注国家的战略新兴产业,关注"颠覆性技术"。"颠覆性技术"(disruptive technology)是指其出现能对原有产业产生颠覆性影响的技术。颠覆性技术只能预测,如果成长为产业,对原有产业会产生颠覆性的影响。"预则立,不预则废"。因此,需要重视,但更需要分析。

"颠覆性技术"可以重构产业格局,如柯达公司1975年最早掌握数码相机技术,但为保护其胶卷市场,而放弃数码相机商业化,而日本富士、东芝1988年将数码相机投放市场,同年,我国政府注资8亿元为乐凯扩大胶卷生产。现在乐凯的胶卷收入仅为乐凯公司总收入的2‰（乐凯几年前已经转型），而柯达面临破产。1994年我国大连市与松下公司合资组建"中国华录·松下电子信息有限公司"开始从事传统音像录制技术，但很快被VCD/DVD取代；2004年LCD彩屏已问世，河南安彩集团仍收购美国康宁公司CRT生产线，没有开工CRT市场已萎缩。同年TCL收购法国汤姆森公司CRT生产线，导致连续两年亏损。手机巨头诺基亚满足于功能手机的业绩，对智能手机的转型反映迟钝，在移动应用的商业模式缺乏创新，被评为2012年将消失的品牌，而苹果公司通过iPhone实现微处理器、操作系统、移动应用软件的整合，加上商业模式创新，引领了移动互联网的到来。现在，有各种对颠覆性技术的预测（如《华盛顿邮报》、Gartner等）。《华盛顿邮报》网站（2013.5.24）驱动未来经济的12种颠覆性技术：移动互联网；知识性工作的自动化；物联网；云计算；高级机器人；全自动和几乎全自动的车辆；下一代基因组学；能源存储；3D打印；高级材料；高级油气勘探及采集技术；可再生能源。前四个（移动互联网、知识性工作的自动化、物联网、云计算）在2025年每一个会给世界经济带来1万亿美元以上的收益。其中：移动互联网在2025年创造3.7万亿～10.08万亿美元的收益；知识性工作的自动化将创造5.2万亿～6.7万亿美元的收益。而某些最具吸引力的创新领域，如无人驾驶汽车、3D打印、可再生能源不会造成非常大的经济影响。至少在近期内技术创新所带来的实际经济收益不会源自那些炫目的想法，实际经济收益源自正在趋于成熟的新兴技术与存在了数十年的传统技术的巧妙的结合。

对知识性工作自动化要给予足够的重视。随着人工智能、机器学习和自然语言用户接口（如语音识别）的不断进步，知识性工作正在逐步实现自动化，运用电脑来进行复杂分析、精确判断，创造性地解决问题。比如，计算机能够回答"非结构性"的问题（如未被准确写入软件查询的日常用语），如此一来即便没有经过专业的训练，员工或客户也能自行获取信息。随着越来越多的知识性工作由机器完成，某些类型的工作可能实现完全自动化。预估该技术在2025年可带来5.2万亿～6.7万亿美元的经济效益。

如何应对科技、经济的变革？"道理"并不难，成功不容易。因为内部情况、环境等因素不同，需要有新的内涵的解。因此，"创新之树常绿"。

2. 智能制造工程

所谓智能制造，实质上是信息化与工业化深度融合的结果，基于传感器技术、互联网络技术、自动化技术、人工智能技术等技术的基础上，通过智能化的感知、人机交互、装备智能、决策和执行技术，实现设计和制造过程的信息化和智能化。

智能制造应当包含智能制造技术和智能制造系统，智能制造系统不仅能够在实践中不断地充实知识库，具有自学习功能，还有搜集与理解环境信息和自身的信息，并进行分析判断和规划自身行为的能力。智能制造包括智能化的产品、装备、生产、管理和服务，主要载体是智能工厂。信息物理系统（cyber physical systems，CPS）是实现智能制造的重要手段，这一系统通过集成计算、通信与控制于一体，实现大型物理系统与信息交互系统的实时感知和动态控制，使得产品、装备机器、测量等真正融合在一起，更是形成人与物联网的融合。利用这一系统可以实现传统制造业无法实现的目标，最典型的就是批量化定制生产，主要是在每一个制造环节嵌入多个生产模块，即在产品的全生命周期内，从下单开始，每一道加工和生产工序都通过数字化管理、大数据智能归纳等，与对应的生产模块的要求进行匹配，在以大批量生产的成本和模式下，实现了多样化订制的个性化生产。例如德国横置发动机模块化平台（modular querbaukasten，MQB）是大众集团最新在汽车生产中使用的主要工序，与传统的汽车平台概念相比,MQB 平台已不再局限于多款车型共享相同的物理底盘结构,而是以衍生性更强的核心模块为基础,允许对前悬、后悬、轴距甚至悬架等进行不同组合。因此,大众 MQB 平台可以生产涵盖 A 级到 C 级的众多车型。据悉,未来大众会基于 MQB 平台推出超过 60 款车型,其中必定会有很大部分车型将来到国内消费者面前。MQB 平台的应用也将改变传统的汽车生产线概念。在新平台的帮助下,大众和奥迪未来只需要区分 MQB 和 MLB(全称为 Modular L Ngsbaukasten,译为纵向发动机标准化平台)两个不同产品线即可,这将极大地增强大众在整车生产方面的灵活性和生产线柔性。可以看到的结果就是,像奥迪 TT、奥迪 A3、高尔夫以及斯柯达全新明锐这几款外观、性能差异明显的车型,也可以在模块化平台技术的帮助下,轻易地实现共线生产。

智能制造是新一轮工业革命的核心,只有通过智能制造,才能带动各个产业的数字化水平和智能化水平的提升。加快推动新一代信息技术与制造技术融合发展,把智能制造作为主攻方向:着力发展智能产品和智能装备,推进生产过程数字化网络化智能化,培育新型生产方式和产业模式,全面提升企业研发、生产、管理和服务的智能化水平。制造模式和业态的改变正在我们身边发生,如图 5-7 所示,制造业必须应顺应并促进这些变化。

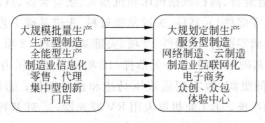

图 5-7 制造业顺应并促进的变化

智能制造的重要基础之一是工业与信息技术的有效融合。信息技术已经给全球带来了翻天覆地的变化,生活、社会、军事、经济等方面,甚至也改变了"游戏规则",未来 20 年,还是信息技术将广泛且更加深刻的影响全球。导致社会进步、经济发展,更高的生活质量。但另一方面,也可能导致信息鸿沟、"南北差异"和世界的不稳定。这对我们都是机遇和挑战,例如其中的互联网发展,互联网对现有制造业产生了重大的影响和改变,百度、阿里巴巴、腾讯引领了中国的互联网经济,但如果只局限在消费层面,就不会与多大后劲必须深入到越来越多的制造行业或工业领域,可以感到这是在实实在在地对制造业的生产、消费和相关国家政策产生着巨大的影响,甚至可以改变传统的许多模式、习惯和文化等。

正如李克强总理在 2015 年 8 月 23 日主持国务院专题讲座中指出的那样,以信息技术与制造技术深度融合为特征的智能制造模式,正在引发整个制造业的深刻变革,促进中国制造上水平,既要在改造传统制造上"补课",变"中国制造"为"中国智造",同时还要瞄准世界产业技术发展前沿,加快如高档数控机床、工业机器人等新技术新装备的运用和制造,以个性化定制对接海量用户,以智能制造满足更广阔市场需求,使中国装备价格优势叠加性能、质量优势,为国际产能合作拓展更大空间,在优进优出中实现中国制造水平跃升。据工信部装备工业司副司长李东介绍,工信部 2015 年已向全国发布了智能制造试点示范实施方案,先确定 30 个以上试点示范项目,预计将连续实施三年智能制造试点示范,具体的安排是 2016 年继续扩大试点,2017 年准备中国智能制造的全面推广。

3. 工业强基工程[①~③]

由制造大国向制造强国转变需要从强化基础入手。为了走向全世界,中国制造业正式将"Made in China"更名为"Manufacturing in China",因为这才反映了未来中国制造的内涵。"四基"等工业基础能力薄弱是制约我国制造业质量提升和创新发展的症结所在。德国在工业2.0的时候就解决了质量问题,中国要实施制造强国战略,必须下决心解决质量问题,必须过质量这一关。质量是中国制造的基础和生命,必须把它基础地位、优先地位。同时,新的技术革命提供了新的物质技术基础,依靠创新的方式、运用工业的数字化网络化智能化的新理念、新技术、新方法,可以更好地解决质量问题,从而为推进品牌建设打好一定的基础,形成中国制造品牌良好形象。因此,中国要坚持问题导向、产需结合、协同创新、重点突破的原则,着力破解制约重点产业发展的瓶颈。

1)突破一批标志性核心基础零部件(元器件)

选择制造业有望率先进入强国行列的优势行业和事关国民经济和国防安全的战略必争行业,即航天装备、通信装备、轨道交通装备、发电和输变电装备、船舶和海洋工程装备、工程机械、集成电路专用制造装备、高档数据机床和机器人、航空装备、汽车。分阶段地研究开发这些产业所需核心基础零部件/元器件、关键基础材料、先进基础工艺,提供"一揽子"解决方案。重点突破的核心基础零部件/元器件12项、关键基础材料12项、先进基础工艺等多项。具体包括:重点突破的基础零部件/核心元器件(12项):①额定压力大于35兆帕的超大排量液压泵、高频响电液伺服阀、数字配流液压马达和密封元件;②轨道交通装备用轴承;③轨道交通用齿轮传动系统;④工业机器人用RV减速器;⑤硅基智能MEMS传感器及专用芯片;⑥智能型光电传感器;⑦高性能服务器/桌面CPU;⑧手机应用处理器(AP);⑨超低损耗通信光纤预制棒及光纤;⑩新一代移动通信终端用声表面波滤波器/双工器;⑪发动机电控喷油系统;⑫轨道交通用动力型超级电容器。

重点突破的关键基础材料(12项)包括:①集成电路12英寸硅片;②电子信息材料石墨烯;③海工船舶及能源重大装备焊接材料;④新型显示材料;⑤高强度高塑性汽车用钢;⑥先进制造基础部件用钢(轴承钢、齿轮钢、模具钢);⑦大规格高性能铝合金材料;⑧碳纤维复合材料;⑨航空用高温结构材料;⑩新能源汽车用电池关键基础材料;⑪航空航天用高品质、复杂铸造轻金属(铝镁钛)材料;⑫新型传感器(物理量、化学量、生物量)用功能材料。

重点突破的基础工艺:①航空发动机重型燃机高温合金熔模铸造及定向和单晶铸造工艺;②铝及镁合金压力下铸造成形工艺(低压、半固态、高真空压铸);③复杂结构零件性能及变形控制热处理工艺;④高能束流增材制造工艺;⑤传感器等元器件超精密加工工艺;⑥碳纤维等复合材料成形加工及连接工艺;⑦超大型铸锻件成形制造工艺;⑧集成电路16/14nm制造工艺;⑨先进成形及加工制造过程多学科、多尺度建模与仿真;⑩低品位复杂成分铁矿深部无废采选成套工艺;⑪重劣质原油资源最大化利用技术;⑫食品生物工程绿色制造工艺等多项。

---

① 摘自:《关于加快推进工业强基的指导意见》。
② 摘自:《2014年工业强基专项行动实施方案》。
③ 摘自:《2015年工业强基专项行动实施方案》。

2) 加大技术改造力度,加快产业化的步伐

加大技术改造,解决大批量生产的性能质量差、质量一致性差的问题。技术改造与科技创新密切相关,科技创新为技术改造提供技术支撑,通过科技创新创造了新产品、工艺、市场、材料,为技术改造提供了技术来源,促进企业采用这些新技术、新工艺、新材料等进行技术改造。反过来,技术改造是科技成果产业化的基础,技术改造包括从研究开发、中试、到产业化,再到市场开拓成功,企业技术改造可通过采用新产品、新工艺、新材料和新设备的投资,实现科技成果和引进技术的产业化,再将科技转变为生产力,按专业化、大批量的原则组织生产。积极稳妥地推行数字化智能化制造和绿色制造。

3) 产需对接,示范应用

坚持产需结合,着重解决已突破并实现产业化的"四基"产品和技术的市场推广难的问题,解决终端用户的使用问题,主要针对首台套或跨领域应用,与重点突破方向形成对照衔接。具体措施:一是,研制阶段,建立基础零部件(元器件)、基础材料、制造商与整机用户的协同创新机制,列入《工业强基重大工程(专项)》的项目,必须制造商和整机用户联合申报。二是,建立基础零部件(元器件)的统一标准体系,降低企业成本,加快企业生产速度,提高产品质量的可靠性和匹配性。三是,在重大工程、重大项目的主机、整机和系统政府采购中,鼓励企业优先使用国内自主化的基础零部件(元器件)、基础材料、基础工艺。四是,实施应用示范行动计划,国家财政给予支持。

4) 建设平台,形成持续创新能力

围绕"三基"建立一批创新平台、培养创新团队,形成可持续发展的能力。汇集制造企业、高校、科研院所、国家实验室和非营利性组织共同参与,围绕制造强国重点领域,统筹建立一批国家级产业技术基础创新中心、公共服务平台、产业技术基础数据中心,形成完善的制造业共性技术和公共服务供给体系。

平台建设:搭建国家级跨行业的共性技术实体研发平台(参考"德国弗劳恩霍夫应用科学研究促进会"运行模式)

5) 培育专精特企业群体

培养百强"专、精、特"企业。这些企业不以产量规模制胜,而是专注于产品细分市场上的某一产品,满足专门的客户群;具有很强的创新活力和研发能力,掌握核心技术,拥有自主知识产权;采用独特的工艺、技术、配方或特殊原料进行生产,使产品拥有区别于其他同类产品的特性,以"专、精、特"构筑企业的竞争优势。

6) 培育一批具有国际竞争力的产业集群

产业集群是促进产业发展的有效方式、是推动区域经济发展的有效载体。目前,我国基础零部件/元器件、基础材料,在长江三角洲、珠江三角洲及环渤海地区,已形成众多的产业集群,呈现出良好发展势头,如武汉"中国光谷",但这些集群有待进一步提升。主要方向:培育具有国际竞争力的产业集群;打造产业集群品牌;建立集群公共服务平台(体系);提高产业集群配套能力;建立集聚区产业联盟。

在推进"四基"发展过程中,要强调以下几点。

(1) 聚焦重点　聚焦到制造业优势行业和战略必争行业,即航天装备、通信装备、轨道交通装备、航空装备、汽车、工程机械,重点发展智能制造用传感器、高铁轴承、工程机械用高压液压件等。

（2）提升能力　特别要掌握为"四基"发展带来深刻影响的数字化智能化技术。加强公共创新平台支撑，提升持续发展、自主发展更高水平的能力，建立一支创新人才队伍。

（3）协同发展　既注重数字化智能化技术在"四基"中的应用，发展数字化核心基础零部件和元器件；又要注重发展数字化智能化产品与智能制造所需要的"四基"，特别是智能制造所需关键元器件和零部件，如传感器、测量仪表、检测系统、机器人、伺服电机、精密传动装置。

4. 绿色制造工程

实施绿色制造工程则是要努力解决我国经济发展的环境和资源的制约问题。例如：我国现在炼制 1t 原油平均综合能耗为 87.1kg 标油，发达国家炼制 1t 原油的综合能耗为 53.2kg 标油；我国乙烯综合能耗为 720kg 标油，而国外先进水平为 500kg 标油；我国水泥工业电耗指标为 100kW·h/t，而发达国家为 85kW·h/t。减排的任务更为严重，SO_2、CO_2 等的污染居高不下。即使是中小企业，节能减排的潜力也大，某印染企业按国际产品对环保的不同标准的要求，采用 QFD（质量功能配置）分解到各个生产环节的不同工艺要求及其参数，用 MES（制造执行系统）实施生产过程的控制，取得明显的节能减排效果：以上仅 4 个月生产印染布 $3\times10^7 m^2$，节能减排效果显著。坚持把绿色发展作为建设制造强国的重要着力点，走生态文明的发展道路，实现由资源消耗大、污染物排放多的粗放制造向资源节约型、环境友好型的绿色制造转变，中国单位 GDP 能耗是世界平均水平的 2.14 倍（2012 年），如果我们通过提高能效，将单位 GDP 能耗降到世界平均水平，在不增加能源消耗条件下，中国 GDP 可以再翻一番。

基于绿色制造对全球制造业及中国制造业的重要性，加大先进节能环保技术、工艺和装备的研发和推广，加快制造业绿色改造升级；积极推行低碳化、循环化和集约化，提高制造业资源利用效率；强化产品全生命周期绿色管理，努力构建高效、清洁、低碳、循环的绿色制造体系。清洁能源的比例已占到 17% 以上，完成"十二五"减排的任务，规划到 2020 年清洁能源比例要占 15%。工信部节能与综合利用司司长高云虎表示，根据《中国制造 2025》的相关部署，工信部组织编制《绿色制造工程实施方案》，要组织实施传统制造业专项技术改造，开展绿色低碳产业化的示范，实施重点区域流域行业清洁水平的行动计划，扎实推进大气、水、土壤、污染源防治专项。到 2020 年将建成千家绿色示范工厂和百家绿色示范园区，力争实现部分重化工行业能源消耗实现拐点。中国机械工程学会监事长、"绿色联盟"专家委员会主任宋天虎在做 2014 年绿色制造国际论坛大会总结性发言时强调："随着资源、能源、环境约束的加剧，对流程工业的资源循环和替代技术，以及对装备制造业的清洁生产等绿色制造关键技术的'培育计划'已经上升为世界诸多国家的重要战略。"绿色制造是制造业发展永恒的主题，也是人类共同的责任。

5. 高端装备创新工程

装备制造业是为国民经济和国防建设提供生产技术装备的制造业，是制造业的核心组成部分，是国民经济发展特别是工业发展的基础。装备制造业主要包含三个方面：首先包括重大先进的基础机械，即制造装备的装备，包括数控机床（numerical control，NC）、柔性制造单元（FMC）、柔性制造系统（FMS）、计算机集成制造系统（CIMS）、工业机器人、大规模集成电路及电子制造设备等；其次也包括重要的机械、电子基础件，主要是先进的液压、气动、轴承、密封、模具、刀具、低压电器、微电子和电力电子器件、仪器仪表及自动化控制系统等；还包括国民经济各部门（包括农业、能源、交通、原材料、医疗卫生、环保）的科学技术、军工生产所需的重大成套技术装备,如矿产资源的井采及露天开采设备,大型火电、水电、核电的成套设备,超高压交、直流输变电成套设备,石油、化工、煤化工、盐化工的成套设备,黑色和有色金属冶炼轧制成套设备,航空、铁路、公路及航运等所需的先进交通运输设备,污水、垃圾及大型烟道气净化处理等大型环保设备,大江大河治理、隧道挖掘和盾构、大型输水输气等大型工程所需的重要成套设备,先进适用的农业机械及现代设施农业成套设备,大型科学仪器和医疗设备,先进大型的军事装备,通信、航管及航空航天装备,先进的印刷设备、工程机械成套设备等。

在高端装备创新方面,技术密度高,因此,高端装备制造业的生产过程对技术和智力要素的依赖大大超过其他行业,推动制造业由大到强的关键在于高端装备,装备制造业发展水平是一个国家综合国力的重要体现,以中国如此庞大的制造业为例,要用上中国自己的高端机床、模具、生产线和关键零部件,就要集中优势力量,推进优势领域和战略必争领域的装备创新,实现新一代信息技术产业、高档数控机床和机器人、航空航天装备、海洋工程装备及高技术船舶、先进轨道交通装备、节能与新能源汽车、电力装备、农机装备、新材料、生物医药及高性能医疗器械等十大领域的重点突破。

国家重大装备制造事关国家经济安全、国防安全的战略性产业。因此,在实施互联网、数控机床等专项的基础上,推进新的高端装备创新专项,建立起强大的高端装备制造业,是提高中国综合国力、实现工业化的根本保证。

总之,推进"中国制造2025"要坚持整体推进,重点突破,实行制造业发展全国和局部相结合,统筹规划,合理布局。坚持把结构优化作为建设制造强国的主要方向,大力发展战略性新兴产业,推动传统产业向中高端迈进,推动生产型制造向服务型制造转变。优化产业空间布局,加强现代企业建设,培育一批具有核心竞争力的产业集群和企业群体。企业强则制造业强,制造业强则国家强。企业是经济发展的主体,是市场竞争的主体,当然是创新驱动、转型升级的主体。要全力支持企业、服务企业,为企业发展创造最好的环境,培育具有全球竞争力的企业群体。一方面要大力培育一批在国际竞争中处于前列的大企业;另一方面要着力培养一大批高成长性中小企业,特别是激励广大科技创新型制造企业茁壮成长。坚持把人才作为建设制造强国的根本,走人才为本的发展道路,加快培养制造业发展急需的专业技术人才、经营管理人才、技能人才,建设制造业的人才队伍。

审时度势,3000年前,人类社会在经历了农业革命后进入农业时代;300年前,经历了工业革命后进入工业时代;30年前,经历了信息革命后进入信息时代,一言以蔽之,人类社会发生了翻天覆地的变化,而最大的变化,当数时空观的变化。所谓时,为信息传递、资源汇集、决策处理问题速度空前加快;所谓空,为世界已连成一个整体,综合已成为主流。细观近几十年制造业的演变,在信息时代波澜壮阔的大背景下,每一种新的生产模式,都只在其刚刚形成时表现出较强的核心竞争力。随着技术的普及,差异性迅速减弱,市场力拉动着技术进一步延伸整合,于是更新的生产模式出现了,再领风骚若干年。现在,这个周期越来越短,综合的广度越来越大。时代变化,人必须随之变化,才能赶上变化的形势。变化的形式很多,有否定的修正,但更多的是综合的、建设性的修正。人类不断探索尝试,此方面的实践启发彼方面的认识,后来的实践修正前面的认识,自己的实践借鉴他人的认识,局部的实践合成整体的认识,个体的实践丰富群体的认识,认识就是这样滚动着向前发展的,永无止境(图5-8)。

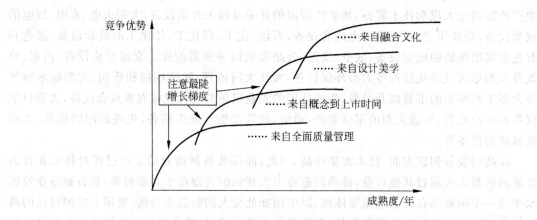

图 5-8　近几十年制造业增长组织层次演变

第 6 章

制造：从机器到机器

机器时代,是大生产改变世界的时代,是大生产方式影响社会文化的时代。本章以汽车工业为主题,从典型产业发展的过程来介绍大规模生产作为工业经济的一个重要特征,以及为了达成这一规模经济所需的技术、管理方式和制度设计。

大生产的技术逻辑,正如马克思所说:"只有机器开始用机器生产时,大工业才有它适当的技术基础,才有它自身的立足点。"大生产的技术基础,来自生产方法和工具的持续改进。大生产的技术体制,来自科学技术与商业模式的协同创新。大生产的技术方向,不仅在空间上,而且在时间上越来越体现出世界分布式的本质特征。因此,分布式的供给必定要通过分布式的融合创新满足分布式的需求。这些,都将从汽车产业的发展实践中生动地演绎出来。

6.1 概述

汽车无疑是人类历史上最伟大的发明之一,它直接改变了人类的行动方式,成为了现代城市中不可或缺的交通工具之一。汽车的发展经历了蒸汽机汽车的诞生,内燃机汽车的发明,汽车量产化,汽车产品多样化,汽车产品低价格以及汽车向发展中国家转移等几个阶段。一百多年的汽车发展史表明:汽车诞生于德国,成长于法国,成熟于美国,兴旺于欧洲,挑战于日本,机遇于中国。

汽车诞生于德国。1886年,德国人卡尔·奔驰制造出世界上第一辆以汽油为动力的三轮汽车,并于1886年1月29日获得发明专利,因此1月29日被认为是世界汽车诞生日,1886年为世界汽车诞生年。该三轮汽车装有卧置单缸二冲程汽油发动机,785cm³容积,0.89hp(1hp=745.70W),每小时行走15km。该车前轮小,后轮大,发动机置于后桥上方,动力通过链和齿轮驱动后轮前进。该车已具备了现代汽车的一些基本特点,如电点火、水冷循环、钢管车架、钢板弹簧悬挂、后轮驱动、前轮转向和掣动手把等。其齿轮齿条转向器是现代汽车转向器的鼻祖。

汽车成长于法国。德国人发明了汽车,但促进汽车初期发展的却是法国人。汽车出现以后,各国政府纷纷立法管理。当时在欧洲立法基本上是对汽车发展不利的,只有在法国汽车才能自由发展,初期汽车技术的发展都是在法国。1889年法国的别儒研制成功齿轮变速器、差速器;1891年法国首次采用前置发动机后轮驱动,开发出摩擦片式离合器;1895年法国开发出充气式橡胶轮胎；1898年法国的雷诺一号车采用了箱式变速器、万向节传动轴和齿轮主减速器；1902年法国的狄第安采用了流传至今的狄第安后桥半独立悬架；1882年，法国一个五金匠的儿子阿尔芒·标致设计制造了他的第一辆汽车，1896年阿尔芒·标致创造了以狮子为标志的标致汽车公司，这就是标致雪铁龙公司的前身；1896年，法国路易斯·雷诺在法国创立了雷诺汽车公司。

汽车成熟于美国。汽车文明从欧洲传到美国后，这个年轻而富有创造性的国家对它表示了极大的兴趣。1893年，弗兰克·迪利亚制造出美国第一辆汽油汽车，这辆车至今还保存在华盛顿的史密逊博物馆里。紧随其后，亨利·利兰得成立了凯迪拉克公司。1903年，大卫·别克创立了别克汽车公司。1896年，欧尔茨创建欧尔茨汽车公司，成为世界上第一家批量生产汽车的工厂，它就是当今世界第一大企业——通用汽车公司的前身。1903年，亨利·福特创立福特汽车公司。1908年，威廉·杜兰特创建通用汽车公司，同时兼并别克和奥兹莫比尔汽车公司，次年又将凯迪拉克、欧克兰、雪佛兰等汽车公司收于门下，为日后成为全球头号企业积累了资本力量。1913年，福特汽车公司采用流水作业法，首先实施大量生产方式，开汽车工业之先河，为全球汽车工业的生产模式开辟了一条具有决定性意义的生产经营之路。1925年，当时在通用汽车公司任职的沃尔特·克莱斯勒买下马克斯威尔汽车公司，创立了克莱斯勒公司。为此，美国的三大汽车集团相继成立。直至今日，这三大集团仍占据美国50%的市场份额。并且对世界汽车行业的发展起着举足轻重的作用。

汽车兴旺于欧洲。20世纪50年代，美国汽车业界已形成"通用"、"福特"、"克莱斯勒"三大公司鼎立局面，并且以压倒的优势雄居世界汽车市场。它们凭借霸占世界市场的既得利益，却疏忽了继续开发新技术的创造力。20世纪50年代早期，当欧洲经济开始恢复的时候，由各式小型汽车厂家组成的汽车工业，只占世界汽车生产的13.8%。而北美却占85.1%。后来，欧洲汽车厂商改进国内生产的产品，以适应各国大不相同的市场情况。如意大利，国民收入低，燃料税率高，人们集中在街道狭窄、停车条件受限制的古老城市。这些条件结合起来导致消费者需求集中在小型汽车。在瑞典，燃料税低，国民收入高，城市人口密度小，冬天的驾驶条件恶劣，消费者要求大而耐寒的车辆，耗费更多的燃料也在所不惜。当时的许多欧洲制造商也在寻求对不同设计要求的多样化技术答案。有的偏爱功率大的发动机，有的中意设计别出心裁的气缸，有的使用后置式发动机，也有的集中研究前悬挂式发动机和后轮驱动。竞争的领域不仅表现在组合车身的设计上，连柴油发动机和汽油发动机也在里面。多样化产品有德国的"甲壳虫"，法国的"丑小鸭"，英国的"迷你"，意大利的"米老鼠"等。与此相反，北美的汽车生产已经标准化，它们的产品有6~8个气缸，前置发动机后轮驱动，烧汽油，采用车架上安装底盘的汽车，目的在于扩大汽车的生产批量，求得更大的经济利益。美国人甚至认为，欧洲的多样化产品是一种挣扎，大量的小型生产厂家出现在市场上是根本不可能获得批量生产的优越性。然而，到20世纪50年代和60年代，欧洲的关税崩溃后，汽车业的多样化却一下子转变成最大的优势。当每一个汽车制造商都能在市场上出售各具特色的产品时，规模经济的优势一下子显示出来。从此，欧洲汽车步入世界前列。

汽车挑战于日本。"二战"结束后，日本作为战败国，轿车生产被美国占领军司令部禁止，载货汽车生产也只限于使用配给的原材料。1948年美占领军对轿车生产限制的解除和1950年朝鲜战争的爆发为日本汽车工业的复苏注入了强心剂，美军向日本汽车制造公司的大量订货，给日本汽车工业带来高额利润，同时也逐渐完备了日本国产汽车年产量。

1973年,举世震惊的第一次石油危机爆发后,在美国,由于用户对汽车需求型式的转换,日本生产者准备的小型、省油、价廉的汽车受到青睐。20世纪60年代初期,日本车刚打入美国市场时,售价相当低(甚至到了保不住成本的地步),但是后来,日本汽车制造商独自创造出了欧美汽车厂商所没有的生产系统,孕育出了举世闻名的日本汽车生产体系。这种被称为"品管运动"、"及时化"、"总体品管活动"的生产方法,在极短的时间里生产出了质量好、性能高、价格低廉的小型汽车。于是,1968—1970年间,日本的小型汽车在竞争压力颇大的美国市场脱颖而出,顺利实现了快速增长的目标。由于日本实现了汽车国内销售量和出口量双高速增长,迎来了日本汽车工业高速发展,创造了世界汽车工业发展的奇迹。1960年,日本汽车产量仅16万辆,远远低于当时美国及西欧各主要汽车生产国的水平。但到1967年,日本汽车产量即达到300万辆,超过欧洲各主要汽车生产国的产量,居世界第二位;到1980年,汽车产量达到1100万辆,超过美国的汽车产量,跃居世界第一位。日本成了继美国和欧洲之后,世界上第三个汽车工业发展中心。

汽车机遇于中国。20世纪50年代,中国才开始建立自己的汽车工业,经历了从无到有、从小到大,特别是改革开放后,中国汽车工业抓住机遇,取得了举世瞩目的成就。1953年7月15日,第一汽车制造厂在吉林长春破土动工,国产第一辆解放牌载货汽车于1956年7月13日驶下总装配生产线,从此结束了中国人不能批量制造汽车的历史。1957年5月,一汽开始仿照国外样车自行设计轿车;1958年先后试制成功CA71型东风牌小轿车和CA72型红旗牌高级轿车。1966—1980年,是中国汽车工业的成长阶段。1981—1998年,是中国汽车工业全面发展阶段,中国汽车抓住机遇,1994年国家及时颁布《汽车工业产业政策》。1999年至今,是中国汽车工业高速增长阶段。2009年,我国汽车工业产销量首次双双突破1000万辆大关,分别达到1379.1万辆和1364.5万辆,以48%和46%的增速跃居世界第一位;2010年,中国汽车产销量再创新高,分别达到了1826.5万辆和1806.2万辆,再次蝉联全球第一。2011年,全年汽车销售超过1850万辆,再次刷新全球历史纪录。2013年,国内汽车产销量突破2000万辆。2017年,中国汽车的产销量分别达到历史最高的2901.5万辆和2887.9万辆,之后进入了产销下降的阶段;2019年,中国汽车产量2572.1万辆,销量2576.9万辆。我国主要的特大城市对个人家庭汽车的购买数量和出行进行了一定的限制,改变交通模式的探索、对重型卡车的货运体系进行调整等,都反映了时代和社会对汽车需求的新要求。中国汽车产业的关注重点转向新能源、环境友好、品牌品质提升等方面,逐渐走出数量规模不断扩大为主的方向,迈入更加关注质量和性能的新阶段。

但中国汽车工业虽大但并不强,即大而不强。差异协同律认为只有差异,才会产生活力;但如果差异过大,失去对结构整体的控制,就会破坏系统整体的稳定性。世间任一美好事物,无不是差异协同的和谐体。要振兴中国的汽车工业,使汽车工业既大又强,加强自主开发、自主创新,才是中国汽车真正强大的唯一出路。

6.2 汽车的基本生产过程

6.2.1 汽车的结构和设计

汽车是由1万至3万个零件组成的复杂整体,涉及几百种材料和几十个加工行业。近年来对汽车品种多样化的要求,更增加了汽车生产组织的复杂性。为了方便组织生产,设计时都是将整车分成若干部分,每一部分都包含若干系统,系统又分为若干总成,总成又可拆成许多部件,部件则又由不同零件组成。

1. 汽车设计的内容

汽车设计的内容包括整车总体设计、总成设计和零件设计。

整车总体设计的任务是使所设计的产品达到预期的整车参数和性能指标要求,并将其分解为有关总成的参数和功能。汽车是一种复杂的机电一体化产品,在整车总体设计工作中,既有汽车各总成间的联系问题,又有人(驾驶员和乘客)与汽车之间的联系问题,还要考虑汽车与道路之间的联系问题。因此,整车总体设计既需要综合运用各学科的知识,又要从系统工程的角度研究汽车各总成、零部件之间的相互联系、相互制约和相互影响,从整体性、相关性解决设计中的问题。

汽车总成设计的任务主要是满足整车设计对总成功能和布置的要求,也存在是否易于维修、保养的"人-机"关系问题。零件设计的任务主要是满足总成的设计要求并解决强度、寿命和生产技术问题。为了满足总成的设计要求,还应取得整车的有关性能之间、相关总成参数之间的理想匹配。

汽车是一种以数十万辆为经济生产规模的大批量、专业化、高水平生产的机电一体化产品。由于汽车产量大、品种及型号多,在设计中必须贯彻零件标准化、零部件通用化和产品系列化原则,从较少的基本型衍生出较多的系列产品,从而提高产品质量、降低生产成本以及方便维修。

为了使所设计的汽车产品在市场上具有竞争力,设计中就要充分考虑提高其适应性,以满足复杂多变的使用条件。汽车设计还要保证使用中的安全性、可靠性、经济性与环保要求。汽车的使用性能是多方面的,而且在某些性能之间有时是相互矛盾的。因此,要在给定的使用条件下,协调各种使用性能的要求,优选各使用性能指标,使汽车在该使用条件下的综合使用性能达到最优。

汽车设计应在保证可靠性的前提下尽量减小汽车的自身质量。合理的轻量化可以给汽车工业和汽车运输业带来巨大的经济效益。与固定的机械设备不同,作为交通运输工具的汽车,其自身质量直接影响其燃油经济性。大批量生产的汽车与单件生产、小批量生产的产品不同,减小其自身质量可节约大量的制造材料,降低生产成本。

外观造型的艺术性是人们评价汽车最直观的因素。车身造型既是工程设计,又是美工设计。从工程设计来看,它既要满足结构的强度要求、整车布置的匹配要求和生产的工艺要求,又要满足车身空气动力学的要求;从美工设计来看,它应当适应时代的特点和人们的爱好,要像对待工艺品那样进行美工设计,体现出产品的魅力。

汽车设计还应遵守与汽车有关的各种标准与法规,包括:整车尺寸限制标准、汽车安全性标准、油耗限制标准、汽车排放物限制标准及噪声标准。为使中国汽车产品进入世界市场,设计时也应考虑到国际标准化组织和进口国所制定的汽车法规。

总之,汽车设计应综合考虑人机工程、交通工程、制造工程、运营工程、管理工程的系统工程。

2. 汽车设计过程

汽车设计的目标是为汽车市场提供适销对路的商品,因此要考虑企业的市场总体目标、整体效益目标以及汽车性能总体目标。其设计过程大致如下。

(1) 调查研究与初始决策:老产品的表现及用户意见;当前本行业与相关行业的技术

发展,特别是竞争对手的新产品与新技术,材料、零部件、设备和工具等行业可能提供的条件;本企业取得的新成果等等,并选定设计目标,制定产品设计工作方针及设计原则。

(2) 总体方案设计:根据决策所选定的目标及对开发目标制定的工作方针、设计原则等主导思想提出整车方案设想,因此又称为概念设计或构思设计,包括从创意、构思、草图到概念样车的全过程,并经过方案论证,选出其中最佳者。

(3) 绘制总布置草图:较准确地画出各总成及部件的外形和尺寸并进行仔细的布置,进行性能计算及参数匹配等。

(4) 进行车身造型设计及绘制车身布置图:绘制车身外形图、制作整车模型、征求意见、工艺分析评审及风洞试验后作进一步修改,审定后用三坐标测量仪测量车身模型坐标点,并用与之联机的 CAD 系统绘制车身图以及相应的车身布置图。

(5) 编写设计任务书:后续的设计、试验及工艺准备的指导和依据,其内容常包括任务来源、设计原则和设计依据;产品的用途及使用条件;汽车型号及主要技术指标;各总成及部件的结构形式和特性参数;标准化、通用化、系列化水平及变型方案;拟采用的新技术、新结构、新装备、新材料和新工艺;维修、保养及其方便性的要求;生产规划、设备条件及预期制造成本和技术经济预测等。

(6) 汽车的总布置设计:根据汽车的总体方案及整车性能提出对各总成及部件的布置要求和特性参数等设计要求;协调整车与总成之间、相关总成之间、总成与有关部件之间的布置关系和参数匹配关系,使之组成一个在给定使用条件下的使用性能达到最优并满足设计任务书所要求的整车参数和性能指标的汽车。

(7) 技术设计:绘制汽车总布置图:根据整车参数和性能指标提出对各总成和部件的设计要求;对相对运动的零部件进行运动校核,以避免发生运动干涉;确定有关总成和部件支承的形式、结构参数与特性等;制作 1:1 的模型进行布置空间的校核;汽车总成、部件及零件的选型与设计;设计图样的工艺审查及必要的修改;绘制汽车总装配图。

(8) 试制、试验、修改与定型。

3. 汽车设计理论与设计技术的发展

面对日益激烈的竞争,各汽车厂商不断提高产品的设计水平,不断地创新。汽车设计实践经验的长期积累和汽车生产技术的发展与进步,使汽车设计理论方法和手段得到不断的发展与提高。引进新的测试技术和各种专用的试验设备进行科学试验,从各方面对产品的结构、性能和零部件的强度、寿命进行测试,同时应用近代数学物理分析方法,对汽车产品及其总成、零部件进行全面的技术分析、研究,这样就使汽车设计由经验设计发展到以科学试验和技术分析为基础的阶段。

在设计过程中,可由电子计算机对有关产品的大量数据、资料进行检索,对有关设计问题进行高速的设计计算,通过计算机屏幕显示其设计图形和计算结果;设计人员还可用光笔和人机对话语言直接对图形进行修改,取得最佳设计方案后,再由与计算机联机的绘图设备绘图出产品图样。这种利用计算机及其外部设备进行产品设计的方法,统称为计算机辅助设计(computer aided design,CAD)。在 20 世纪 60 年代中期以来,汽车设计采用 CAD 等新方法,使设计逐步实现半自动化和自动化。汽车结构参数及性能参数等的优化选择与匹配、零部件的强度核算与寿命预测、产品有关方面的模拟计算或仿真分析、车身的美工造型等设计方案的选择及定型、设计图样的绘制,均可在计算机上进行。由于电子计算机计算速度很快且数据容量很大,就可采用较准确的多自由度的数学模型来描述汽车在各种工况下的运动;采用现代先进的数学方法进行分析,可获得较准确的结果,因而为设计人员进行创造性的工作提供了强有力的手段。由于计算机的外部设备及人机联系方面的成就,已可将计算机的快速计算和逻辑判断能力、大容量的数据储存及高效的数据处理能力、计算结果的动态图像显示功能等,与人的创造性思维能力及经验结合起来,实现人机对话式的半自动化设计;或与产品设计的专家系统相结合,实现自动化设计。

CAD 与计算机辅助制造(computer aided manufacture,CAM)、计算机辅助测试(computer aided test,CAT)结合成 CADMAT 系统。更进一步将近代的数学物理方法和基础理论方面的新成就引入现代汽车设计,如最优化设计、可靠性设计、有限元分析、计算机模拟计算或仿真分析、模态分析等,通常称为计算机辅助工程(computer aided engineering,CAE);甚至还引进了雷达防撞、卫星导航、智能化电子仪表及显示系统等高新技术。这是百余年来特别是近 30 年来基础科学、应用技术、材料与制造工艺不断发展、进步的结果,也是设计、生产与使用经验长期积累的结果。它立足于规模宏大的生产实践。

进入 21 世纪,汽车工业在世界范围内展开了新的竞争。产品的开发速度和先天质量取决于设计,因此在产品开发的整个过程中,设计是关键。统计表明,产品在包括原材料、制造、使用、维修等各方面的花费即广义成本的 70% 是由设计阶段决定的。并行工程(concurrent engineering,CE)作为现代的、先进的产品设计开发模式,已为各国汽车制造业所采用。所谓并行工程,是集成、并行产品设计及相关过程(包括制造、维修等)的系统工程。它考虑到产品从概念设计、设计定型、制造、使用、维修直至报废这一全过程中的所有相关因素,能解决因设计与制造工艺脱节而引起的设计改动频繁、开发时间长、成本高等矛盾,可最大限度地提高设计质量和开发效率,提高产品的市场竞争力。并行工程的关键是对产品及其相关过程进行集成。例如,面向制造与装配的设计(design for manufacturing and assembly,DFMA)就是并行工程的一项重要内容。DFMA 的目标就是在设计阶段就引入制造与装配等工艺(如材料的选择、制造工艺性、装配性等)的约束,使设计方案的修改尽可能在产品开发的前期进行,减少在制造和装配时发生不利的情况,避免在产品开发后期因设备条件改变设计或造成巨大浪费,使产品设计一次成功。应用虚拟制造(virtual manufacturing,VM)技术进行汽车设计,将进一步缩短开发周期、节省大量人力物力,是最新、最有效的手段。

模块化设计正在成为汽车设计与制造技术的重要发展方向。其基本思想是在全面分析和研究客户(包括潜在客户)需求的基础上,开发一些具有独立功能的模块,由这些模块组成完整的产品族。模块化设计综合考虑了系统(产品)对象,把系统(产品)按功能分解成不同用途和性能的模块,并使模块的接口(结合要素、形状和尺寸)标准化,选择不同的模块(必要时涉及部分专用模块)可以迅速组成各种要求的系统(产品)。

1996 年,福特汽车公司率先在汽车工业历史上实现了发动机的模块化设计。福特汽车公司对 6 缸、8 缸、10 缸和 12 缸等不同规格发动机的结构进行了重组,使绝大部分组件都能通用,以尽量少的组件实现最多种类的组合。这不但使发动机本身的生产工艺得到简化,而且也引起了生产线结构的革命,不同规格的发动机可以在同一条生产线上加工。

20 世纪 90 年代,西方国家大型汽车零部件制造企业推行了模块化技术,以简化汽车零部件的构成,便于国际化采购。全球最大的汽车零部件供应商——美国德尔福系统公司在 1997 年宣布,该公司将开发 7 个高度集成化的模块系统,即车用媒体网络、车用集成化电气电子系统、汽车能源系统、智能化防撞系统、电子伺服系统、车内装饰系统和发动机控制系统。福特汽车公司所属的 visteon 汽车系统公司也宣布将在环境控制、电子产品、电气及燃料处理、塑料与装饰产品、汽车安全玻璃等 5 个方面进行大规模的模块化改造。

德国大众汽车公司通过推行底盘平台,将目前的底盘种类由 8 种缩减为 4 种,即 A 级、AO 级、B 级和 DC 级。底盘平台包括前桥、转向装置、后桥、发动机、纵梁、车身底板、座椅骨架和油箱等,是随着组成它的标准部件的不同而变化的。因此,只要在底盘上装上不同的外罩,就可以迅速而又低成本地制造出一个全新的车型。这样大众汽车公司就能向客户提供各种各样的汽车,同时又节省了生产费用、提高了竞争力。

汽车模块化设计方法采用成组技术和模块化设计方法,可以极大地丰富汽车品种、提高汽车质量和增强对客户需求的响应能力,很好地解决汽车设计周期长、生产成本高等问题,使企业的市场竞争力显著增强。模块化技术的发展,将进一步推进汽车工业的分工与改组,汽车零部件制造厂掌握专业化产品的核心技术,有能力实现与汽车整机的同步开发和超前开发,从而改变了汽车零部件制造厂从属于整车厂的情况,从幕后走向前台;有利于整车厂开发高水平的平台,形成以汽车为主导,以零部件为基础的合作新格局。

6.2.2 汽车制造的基本生产过程

汽车制造工艺过程的组织通常以总装为核心。现代汽车制造是大规模生产,为了提高效率,尽量采用流水作业方式,按节拍同时加工、制造(或外购)各种零部件,逐级装配成部件、总成,最后汇集到总装配线装配成整车出厂。汽车制造厂普遍按专业化划分生产单位。毛坯生产集中进行,然后按总成封闭组织加工,即把某总成的各个部件的机加工、热处理、装配集中在一个车间或一个工段中进行,如发动机总成放在发动机车间组织生产。

汽车制造业是在许多相关联的工业和技术的基础上发展起来的综合性工业。汽车制造厂既自己制造零部件,还要外协加工及外购零部件。各条流水线之间以至整个供应链必须互相协调,其中任何环节出问题都可能影响整个汽车厂的生产。但不同的工艺,流水作业的程度又有一定差异。如铸造、锻造、冲压等工艺,其设备系统大、造价高,而需要在其上加工的毛坯品种多、每批次生产周期短,为适应多品种生产,采用容易变换程序进行批量生产的通用生产线更为有利;机械加工与焊接工艺过程,宜采用专用生产线进行流水作业;涂装与装配工艺根据车型、批量而确定等等。随着科学技术的进步,新技术、新工艺层出不穷,加工设备、生产工艺以及社会配套组织方式随之不断改进。汽车生产中零部件、毛坯以至冲压件,由专业厂家供应,甚至由原材料生产厂家直接供应,已成为现代汽车工业发展的趋势。

在汽车生产方面,各国的做法一般是大厂出小(轿)车,小厂出大(货、客)车。大多数轿车以大量流水生产为主;货车及客车以系列化和大批量生产为主;重型汽车和某些专用车型则成批甚至单件生产。图 6-1 表示了大批量生产汽车的主要生产工序流程。

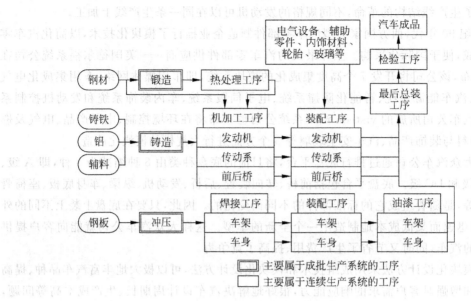

图 6-1 汽车生产工序流程图

6.2.3 汽车生产的特点

汽车零件的加工与其他机械零件的加工在原理上没有什么两样,但汽车工业的确有自己独特的专门技术。区别汽车工业和其他工业的,正是制造复杂总成的高效率。为了这一目的,汽车工业中首先提出批量这一概念,确立了必须以标准的零部件为基础制造各种标准车型的原则。以后,又发展成为以装配线为基础的大量生产,将机械化、精确化、标准化、可互换性、同时化和连续性系统地结合在一起,从根本上降低了生产成本。

现今的汽车制造业已进入了高度自动化时期,广泛采用各种自动生产线。机加工采用综合自动生产线,零件的全部工艺过程都在一条自动线上完成。有些地方还综合采用了计算机控制,自动调整机床和自动更换刀具,进行储料计算等等。目前为了适应多品种生产,又发展了高度灵活的柔性自动生产线。当一种产品加工完后,设备稍加调整,就可以加工另一种规格的同类产品。

为了适应这类机床的生产,普遍采用易切削钢材和新材料刀具,使切削效率大为提高。例如,气缸体平面加工采用拉削法,拉刀由 1800 多块高度递增的刀片组成。拉削加工时,拉刀由工件上拉过,每个刀片负责切去一薄层金属。刀具调整好后,实际上工件的最后尺寸即已确定。上下两平面一次拉过完成加工,仅用几十秒,且零件的一致性很好。

在毛坯生产上,现在的铸造生产自动化已经包括造型、制芯、下芯、浇注、清理和生产过程中的检验,用自动分析和质量控制设备,每年自动试验并确定几千个金属样品的性能和组织,从而确保毛坯材质的可靠与尺寸的稳定。

锻造生产在广泛采用模型锻造的基础上,近年又发展了冷锻、温锻、粉末烧结锻造,以及锻件的无损检测方法。用模锻压力机组成生产线,用计算机控制,机械手辅助工作。普通锻锤在汽车生产中已逐渐被淘汰。锻造在采用新工艺和自动化生产技术后,不仅节约金属、提高质量,而且大大改善了劳动条件,减轻了劳动强度。

目前,汽车制造厂的自动化水平不断提高,加工工艺也有新的发展,冷挤压、冷锻等高生产率、高材料利用率和少切削加工方法得以应用,使得精锻精铸毛坯精度大大提高,不仅减少了能耗,而且大大简化了加工工艺过程。如曲轴和凸轮轴的加工,不再经车削而直接磨削成形,活塞销挤压成形后可直接装配,材料利用率高达 90%～97%。计算机控制的齿轮生产线可完全免去切削加工,由多工位冷锻机生产毛坯,以粗轧成形代替滚齿,以精轧代替剃齿,不仅达到很高的精度,而且提高了齿轮的强度。

汽车(特别是轿车)车身绝大部分是冲压件装焊而成,冲压件品种繁多、生产批量大,因此必须采用机械化、半自动化或全自动化流水生产。焊接、涂漆自动化程度也不断提高,自动焊接生产线能以每小时近百辆的速度焊完每辆车的近万个焊点,而且可在不同系列车型上作不同部位的焊接。涂漆工作发展机械手操作,而且随时可改变漆的品种和颜色。

汽车的装配也是很有特点的,汽车厂普遍采用装配流水线。汽车的大量生产性质决定了其装配工艺主要是互换法装配。装配时只允许有少量简单的调整。装配工艺过程划分很细,以达到高均匀性和严格的节奏性。目前,装配工艺又在发展自动化装配机,并将部分机械紧固连接过渡到粘接剂连接。

6.3 汽车工业的规模生产

各国正反两个方面的经验都证明,汽车工业中,没有批量就没有质量和效益。因为只有建成上述水平的工厂,才能达到高质量、低成本的统一;但是,这种工厂的投资,只有在达到一定产量时才能收回。单位成本低是以产量高为前提的,所以生产规模的经济性问题,就成了汽车工业中组织生产的原则之一。这个原则具体化为三点:规模经济、集中生产和专业化协作,合起来就是规模生产。

1. 规模经济

所谓规模经济,是指由于产出水平的扩大而带来长期平均成本的降低。当然,这个收益递增现象并非是无限的,且还有更深层次的市场问题。但由于汽车工业是一个资金密集型的产业,在汽车生产中固定资本加上外购件的费用通常要占生产成本的绝大部分,因此规模经济给汽车工业带来的经济效益是十分明显的。衡量规模经济的一个标准,是长期平均成本处于最低值时的最小生产规模。有人作过统计,一种车型的生产批量同成本有着如图 6-2 所示的关系:当产量由 1 万辆增到 5 万辆时,成本降低 40%;由 5 万增到 10 万,成本又降 15%;由 10 万增到 20 万,成本再降 10%;由 20 万增到 40 万,成本降幅还有 5%,直到增为 100 万辆,成本降低才变得不明显。当然这些数字并不绝对,会随车种和车型有所变化,但规律是明显的,并且还有扩大的趋势。现在世界汽车界人士大都接受这样一种说法,即轿车每年生产 20 万辆是最小的综合标准。

2. 集中生产

为了达到经济规模,世界汽车工业在 100 年历程中走了一条集中生产之路。目前全世界汽车生产已被为数不多的几个汽车生产大国所垄断,它们的汽车产量约占世界总产量的 80%。在汽车生产大国中,整车制造又集中在少数几个汽车公司之中。这些公司的产量又占它们本国汽车产量的 80%～90%。这个结果直接取决于制造的经济性和市场容量。

中国汽车制造业的集中度还不够,但近年发展很快。1997 年前全国有汽车厂 600 多

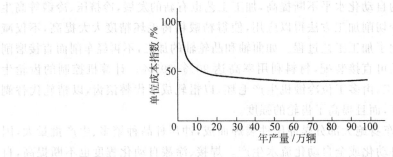

图 6-2　汽车产量与成本的关系

个,分布在26个省市,其中年产十万辆以上的只有几个厂,年产万辆的十几个厂,其余的厂平均年产只有几千辆,几百个厂的总生产能力还不到工业发达国家一个汽车厂的产量,品种少而重复,同一车型还要分散在多家生产。这样分散重复搞,造成很大浪费。由于汽车已转向买方市场,销售条件进一步严峻,这就为调整产业组织结构创造了条件。近年,国家对大集团从投资方面给予了更大支持,汽车工业的大企业集团直接在证券市场上市融资,使大企业集团的生产、开发能力有了迅速提高,产业内兼并、联合、重组步伐加快,汽车工业产业组织结构产生了很大变化。通过资产重组、资本运作,中国汽车工业加速了集中化的过程,2003年,全国前3家企业(一汽集团、上汽集团、东风集团)市场占有率为47.95%,前5家企业市场占有率为64.98%,前10家企业市场占有率为80.08%。2013年,全国前3家企业(一汽集团、上汽集团、东风集团)市场占有率52.39%,前5家企业市场占有率为72.01%,前10家企业市场占有率为88.4%。

3. 专业化协作

经济规模和集中生产并不等于"大而全"。如前所述,一部汽车分解开来,有上万个零件,涉及数百种材料、几十个行业,要使每个零件都在同一个工厂中同时达到经济规模,这个工厂将庞大得无法管理。这样,就出现了一个尖锐的矛盾:为了获得经济的生产规模,工厂要大;为了便于管理,工厂规模则要适当。世界上各汽车制造公司从20世纪50年代起就竭力想在这二者之间求得平衡。通行的做法是在掌握关键总成及部件的前提下逐步缩小自制率(目前国际上通行的自制率为30%~40%)。实践表明,通过零件的互换性和标准化,实行严格的同时化和专业化协作,是汽车生产最合理的组织形式。这也进一步说明,专业化是社会劳动分工发展的必然进程,是加速生产力发展的一种有力手段。

制造汽车用的材料(如钢铁、橡胶、木材等)必须外购是不言而喻的。轮胎、挡风玻璃、蓄电池、喇叭、车灯等等诸如此类的量大面广的产品,在社会上都有专门的行业生产,汽车厂只需根据设计提出订货,就可以很方便地得到这些配套产品。

必须协作的零部件中,还有一类专业性很强的产品,如燃油喷射装置、制动器、离合器、化油器、电气设备、减震器、轴承、传动轴、活塞及活塞环等。由于生产这类零部件需要有很高的专门技术和相应设备,必须进行深入的研究和开发,很难设想一个汽车厂的总工程师能够专门去研究油泵油嘴。这些零部件需要的生产条件耗资巨大,一旦具备,其产量又不是一个汽车厂所能容纳的。所以汽车厂自行生产就很不经济。这样,这些零部件的生产慢慢从整车厂分离出来,成立专业厂,服务于整个汽车行业,有的还专门成立有研究所。

此外,汽车上万个零件中,各个零件达到经济规模时的数量差别很大。某些零件,例如齿轮、螺栓、座椅、随车工具等,由汽车厂自己生产很难达到经济规模。而这些低值的、可以由一个协作厂向若干个用户提供基本上相同的零件,转为协作生产,就能赢得生产规模的经济性。这也是这些协作厂能在竞争中生存下来的原因之一。

实际上,现在经营比较好的汽车厂一般都是自己制造发动机和变速器(由于占成本比重较大),自己生产钢板车身(由于不便运输),其他零部件则根据情况,采取不同形式向协作厂采购(当然也有些零件还是自制的),再由汽车厂组织装配。

按照工艺专业化、零件专业化以及产品专业化的类别,汽车生产中有关的工厂可分为如下几类:一是中间阶段厂,如铸造厂、锻造厂和冲压厂等,其产品均要进一步加工;二是零部件厂,生产齿轮、活塞、活塞环、化油器、传动轴及变速器等;三是成品专业化厂,生产最终产品,如大客车厂、载重车厂、轿车厂,这些厂只进行部件装配和总成装配;四是职能专业化厂,即辅助部门专业化生产,如量具刃具厂、模具厂、机修厂。

零、部件专业化与协作体制形成以后,生产就比较容易扩大批量,采用高效自动半自动设备,采用新工艺提高产品质量与数量,生产成本也可以大大降低,汽车换型生产的准备时间就可以大大缩短,这也是国外汽车制造可以频频换型的原因之一。现在生产一种商品,跨越几个国家的情况很普遍,每个国家完成其具有比较优势的任务。

专业化协作已经成为现代生产的一大特点是毋庸置疑的。但具体的协作形式、范围大小、固定性如何,要看具体情况而定,受到产品本身特点、工业布局、交通运输、贸易及市场发育情况以及社会协作传统的影响和制约。就汽车工业而言,由于各国汽车工业早期的发展道路很不相同,所以实现专业化协作的途径和最终形成的汽车工业的结构也是很不一致的。尽管形式上各有不同,但有一点是相同的,即它们都非常重视推动专业化与协作,重视与之相关的基础性工作,如标准化、系列化、通用化等。为推动汽车标准化工作,各国都建立有汽车标准的制订和发布机构,美、日都在学术机构内设立技术标准化组织,法国则建立有汽车标准局。

完善的零部件市场是发展专业化生产的重要条件。随着产品及其零部件标准化、规格化工作的深入和专业化规模的扩大,协作在很大程度上转变为通常的市场供应。零部件市场协调了整车生产和零部件生产的利益和风险结构。市场对产品的选择,产品在市场上的竞争,进一步促进了零部件的技术改进,成本降低,质量提高。因此,专业化协作能保证汽车产品持续的技术先进性和经济合理性。

6.4 汽车产业的生产管理

管理和科学技术被称为现代企业的两大支柱,而管理又是二者中最活跃、最富潜力的因素。现代管理理论和方法的发展是以生产管理为起点的。随着工业生产从工场手工业到现代化大生产的发展,生产管理也在适应生产力发展的过程中经历了巨大的变化,二者的日益结合更成为现代生产的显著特征。在企业中,充分利用人力、物力资源,保证生产出社会需要的适销对路的产品,全面完成产品品种、产量、质量、成本、资金、产值、利润等重要指标,是生产管理的主要任务。没有好的生产管理,产品就不可能有优良的质量和合适的成本而有可能被挤出市场,企业也将失去生存和发展的条件。汽车工业是管理工程发展最积极的实践者,很多管理的概念和技法都是首先在汽车工业中提出、实施,然后再推广到其他行业的。

6.4.1 大规模生产与科学管理

如前所述,为汽车大规模生产开辟道路的,是一个宏大而简单的组织概念——互换性;但使其成长为大工业的,却应归功于随后发展起来的另一翼——"科学管理"。

文献记载,19世纪与20世纪之交在欧美诸国工业虽有长足进步,但工厂的产量普遍远低于其额定生产能力,能达到60%的都不多——管理薄弱制约社会生产力发展的问题,至此到了非解决不可的时候。此前人类文明史中虽不乏辉煌的管理范例,散见于史籍的管理名篇也不少,但把管理作为一个独立的研究对象,一门自成体系的学问,才于此时在工业生产力发展的推动和要求下,开始发端。

在美国,工人出身的工程师泰勒(1856—1915年)是第一个清晰地表述效率概念的人。他不仅宣传,而且不知疲倦地进行试验。他耐心地寻求更经济地制造自行车滚珠轴承的方法;与助手一起仔细研究"铲料的科学",并在他工作的工厂推广;他甚至在个人的日常生活中也处处考虑效率,测量自己的步幅和速度,用最省力的办法步行上班。泰勒的潜心研究和实践逐渐形成一种适用于所有工厂的新的"科学管理"原则。在这种制度下,以时间分析将作业分解为节拍,测定所需时间并设计出最佳方案,使生产节奏更加明快协调;用动作研究去除操作方法中的多余部分使之更加精练简约。效率成为一种观念并与经济待遇挂钩,有力地促进劳动生产率的提高。泰勒也因此被后人尊为"科学管理之父",这个称谓还被铭刻在他的墓碑上。当然,这一成果在美国出现有它的基础,泰勒正是把19世纪发展起来的"美国制造体系"中对物质生产过程精确定量的做法用于企业管理。

至于连续流动的作业方式,其实在谷物加工、牲畜屠宰和肉类加工以及机械行业的铸件生产中都已有个别的应用,只是没有整合为一个统一体系。要实现这个整合,不仅需要天才的思想,而且需要有一种消费需求来孕育其发展,并找到一种合适的商品作载体。这种商品要有一定的复杂性,从而制造过程要求有大量零件的组合,并且若能低成本生产,它将有可观的大众市场。时代的宠儿——汽车正好满足这些条件。天才的机械师伊文思因势利导,将这一思想引入工程实践。当然,还有一个不可缺少的条件是必须有一个人肯于在他的工厂中采用,福特就是这样一个有眼光的人。他的雄心壮志是通过提高公司的效率和实现汽车的普及化来推动社会进步。福特看到了大众用车的市场前景。但他不是以牺牲质量来追求低价,而是以保证质量为前提,设计耐用、实用、易于操作和维修保养的大众车,再设法降低成本和价格。这样的出发点使他与伊文思一拍即合,始终不懈地致力于改进生产方式以降低生产成本。其实,促使福特这样做也是有其内在原因的。由于工厂规模急剧扩大,熟练的技工奇缺,按传统的师带徒方法来培训工人是远不能满足需要的,且廉价招来的工人多为来自四面八方的新移民,不仅技术水平参差不齐,而且语言不通,习惯各异。由他们生产出复杂精密的汽车只能有一个办法,就是实行精细的专业化分工。每个工人只需在流水线的固定地点,在固定的时间节拍中,按照规定的动作完成一项或几项简单的操作。而且不需要调整所用设备,不需要检查品质(这些另外安排专人服务到位),甚至不需要了解他两旁的工人在干什么。这样的工人极易培训,所有的技术都物化在流水线和装配工艺、工具的设计和制备中了。汽车由潇洒浪漫的法国人设计出模型(蒸汽三轮车),由勤劳严谨的德国人把实验室的模型变成实用的交通工具,由精明灵动的美国人实现了大批量生产(自动流水线)。

6.4.2 科层制的有效控制

尽管有了专业化分工,但要将成千上万人统一在一个意志和步调之下,仍然要求有一种有效的组织形式。这种组织形式在技术上要可行,经济上要有效。美国工业发展上酝酿已久的科层制恰能满足这种要求。它通过专业职能的分工和明确的权限而形成金字塔式层次地位结构。例如,生产技术方面,专设工艺工程师对复杂精细的汽车装配过程进行设计,将其分解为合理的装配单元,并与领班一起组织管理流动、分散的工人在生产线上加以实现;线上关键设备由设备工程师具体分工设计、调整和管理;再由产品工程师将工艺工程师和设备工程师结合起来,负责产品的总体设计和工程设计;而这几种工程师的工作又专设总工程师进行协调;总工程师直接对总经理负责。这种将各职务之间制度化的工作关系不照顾私人情面,而是通过组织对职务的责任和应做的事进行详尽的说明和规定,形成了按职工的业绩和能力进行人员调配、选拔和补充的流动机制。流动与报酬挂钩,就形成了有力的激励机制。理想的科层制力求使生产避免家族式的统治和个人情绪、感情及社会关系的干扰,从而使组织高效率,决策理性化,实现专家治理。

如果说市场作为一只"看不见的手"对供求关系起调控作用的话,那么科层制则是另一只"看得见的手"对公司内部进行着周密的组织。它使供应到位,时序合理,生产协调,成本最低。这是生产力发展促使社会关系变革的一个很好例证。但这也不能一蹴而就。福特倾力建立起一个分工精细的等级权威王国,它作为这个王国的最高统治者,成就了汽车及其产业一个时代无与伦比的辉煌。但又由于它的局限,对包括工厂、工程部门和销售在内的一整套系统应有的组织和管理体系还未能作到合理的安排。由此而产生的官僚主义必然使其缺乏灵活应变的能力。因此,在随后到来的经济危机中,便受到沉重的打击。其不足之处必然引起后继者的警觉,它所留下的遗憾,也要由后继者通过实践加以解决。

6.4.3 现代管理体制的诞生

福特通过专业化分工解决了大规模生产技术,却忽视了专业化的组织管理。担任通用汽车公司总裁40多年的斯隆最初改组该公司的思路,及其以后逐渐形成的现代管理体制都说明,后者对于企业在竞争中始终保持长盛不衰同样是绝对必要的。斯隆对管理人员进行分工,将政策制定和执行分开,建立"领导部门"担负决策任务,企业由技术专家进行管理,建立"直线指挥部门"来指挥各级的业务经营活动,各级建立必要的职能部门在职能范围内执行日常管理和后勤服务。他还对控制和经营的实施方式加以区别,确立了分散经营和协调控制的原则,解决了控制的力度和经营的灵活性之间的矛盾。公司经营方针政策的制定和控制是集中的,而方针政策的执行应用是分散的。公司的每个经营部门是公司的基层执行单位,是利润负责中心,独立性很强。整个公司的生产经营活动实际上是在各经营部门的分工协作下分散完成的,但这些分散的活动又是在公司总经理、部门的执行经理以及各职能部门这样一个权威等级结构的管理组织——"看得见的手"——的协调控制和支持下完成的。因而他们能按照公司的总目标进行协调一致的活动。斯隆还建立了报表制度和计划制度,并对公司的组织系统、产供销管理、科技管理、人事和财务管理进行了重大改革,通过价值形态对实物形态实行有效的控制而又不把下面管死。这样一种管理制度对发挥各方面积极性和解决产品多样化的问题是十分有利的。当时,大量生产创造出的社会财富已逐渐孕育出多样化的消费需求。面对这一市场机遇,斯隆提出了与福特不同的策略——产品结构多样化。以不同档次的产品适应不同购买力阶层的需要,不断提高新产品的等级,每年推出新型号汽车,有计划地使产品过时,以此不断刺激消费者购买新车的欲望,打破汽车是耐用消费品的观念障碍,培育出经久不衰的市场。斯隆的组织管理思想和营销战略克服了僵化,顺应了那个时代社会生产和消费的需求,所以得到了成功。后来的实践也证明,这种管理模式是符合现代化大企业的管理需要的,故而在管理理论发展史上被誉为"现代管理体制"。当然,这个"现代"也是有一定时限的,大体指"二战"前后一段时间。尽管后来又有更新颖、更有效的管理体制出现,但斯隆的理论和实践仍有他的地位。斯隆的管理思想不仅影响美国通用汽车公司,使其超过福特公司而成为汽车王国的巨头,而且也通过以他的名字命名的管理学院以及他的著作影响着现代企业界。

6.4.4　精益生产方式与日本的崛起

斯隆的做法在汽车工业的经营管理和销售方面是一场革命,并且逐渐影响到其他工业部门。但是,他对福特机械论的自然观并没有作出实质性的改变。在这种生产方式下,不仅工具和设备完全是固定的、专门化的,因此没有灵活性;而且人和人之间、人和机器之间也只服从一种固定的外在关系。这种关系靠规章制度上的条文和机器运转的节奏来维持,没有一点人情味。公司只能用提高工资来留住工人忍受快节奏机械动作的枯燥乏味,这不仅扼制创新,而且经常由此引发劳资纠纷,影响效率。显然这种生产方式是有其局限性的。

大规模生产方式传到日本后发生了很大的变化。日本汽车振兴的先驱者们在对美国经过审慎细致的考察对比后发现,美国以高报酬换取下层工人忍受机械式分工下低劣的工作条件的做法,与强调整体、崇尚和谐的东方文化相悖。汽车工业大规模生产方式必须坚持,但美国式的组织不适用于日本。经过长期的摸索和不断的技术改造,批判地吸收大规模生产的精髓并结合日本的国情和文化,终于形成了一套以人为中心的精益生产方式(lean production),并以此推动日本汽车工业在20世纪80年代超过了美国。

精益生产指的是运用多种现代管理思想、方法和手段,以社会需求为依据,以充分发挥人的作用为根本,最佳地配置和合理利用企业的各种资源,最大限度地为企业谋取经济效益的一种新型生产方式。其核心是"供应链"。它建立在适时生产、全面质量保证体系和小组生产方式基础上,对市场变化有较强的适应能力。

精益的英文是"lean",原意是"瘦的",在精益生产中转意为"简化的"、"精良的"、"精益的"等。精益生产的基本原理是:简化一切不必要的工作内容;同时强调在任何时候对任何事情都必须精益求精;企业始终只是保持满足产品质量需求的良好状态,而不追求会使成本增加的最佳状态;还要充分调动员工积极性对必要环节不断加以改进和完善。即在企业"减肥"的同时还要进行"活血",赋予企业基层组织以高度的自治权,使其承担起主要责任,提高企业活力。其特点可归纳为:以"人"为中心,以"简化"为手段,以"尽善尽美"为最终目标。

最合理地配置资源原本是"科学管理"中"工作研究"的经典内容。后来美国麻省理工学院研究小组的调查进一步证明,一般制造企业中约有一半员工、一半生产场地、一半新产品开发工作、一半库存量和一半设备投资都与增加产品的附加值无关。在美国,长期不能很好地解决这一问题,其内在原因与员工多来自移民、崇尚自由主义、对企业利益缺乏关心等方面有关。东方文化关注整体、崇尚和谐的理念则解决了这一问题,但也需依靠大量工作进行磨合,逐步改进,渐渐成形。日本企业家们采用很多亲民政策,其实是在缓和冲突、化解矛盾,为科学管理在日本推行寻找契机、改善气氛。经过很多具体方法的试行,思路逐渐清晰,精益生产执其牛耳,从简化着手,从而彻底改变了企业的面貌。精益生产中的简化包括四个方面的内容:简化企业的组织机构,简化产品的开发过程,简化零部件的制造过程,简化产品结构。

(1) 简化企业的组织机构　企业组织机构的效率与企业的经营状况直接相关。利用先进的计算机技术和通信技术可将传统的递阶控制结构的管理层次进一步"压缩",管理幅度也可大大增加。新的制度安排充分授权发挥"项目组"和项目组长的主观能动作用。在重视依靠生产体系的控制、制度、纪律和奖惩等,迫使项目组的成员符合组织规范的同时,更重视将组织的利益、目标和规范渗透到项目组成员的价值观和行为准则等人格体系中,使项目组成员自觉地按照组织的共同目标来修正自己的行为。

(2) 简化产品的开发过程　麻省理工学院的研究小组调查后发现,美国的轿车制造厂的新车型从构想设计到商业生产一般需要 5 年时间,而日本人只需要 3 年半。同样,美国公司的设计成本要比日本公司高出一倍,而产品使用半年后的故障率却比日本同行高出一倍。日本人取得优势的主要原因可归结为以下几个方面:①在产品开发过程中采用并行工程方法。②成立高效率的开发小组并配备强有力的项目组领导。③总装厂充分放权,仅仅通知协作厂所要生产部件的性能规格,具体的设计和制造皆由协作厂负责。这样不仅简化了总装厂的产品设计工作,也使协作厂具有更大的自主性。④采用项目组形式,把设计、工艺和生产人员集中在一起,简化信息传递过程;采用并行工程方法,简化开发和设计过程;采用协同控制方式,简化了协作厂之间的关系。

(3) 简化零部件的制造过程　统计表明,一般情况下,零件从毛坯转变为成品的过程中仅有 5% 的时间真正产生附加值。在难以对制造过程进行管理和控制的情况下,常利用增加各种库存量作为过程中各环节之间的缓冲器。这可以起到提高机床利用率、均衡加工过程的作用;但是反过来,在制品的大量存储既延长了制造周期和流动资金周转周期,又长期掩盖了零件制造中的质量问题。精益生产将生产诸要素和制造过程中的不同阶段、环节、工序等在时间和空间上进行优化组合,用最少的人力、最小的消耗、最省的时间、最短的路径、最简练的动作、最容易掌握的方法来完成必要的工作量。为简化加工过程进行了以下几项工作:①在生产管理中引进动作分析,开展作业管理,把创造附加值所必需的动作按工艺流程进行最经济的组合;消除等待浪费,实施一人多机管理、集体协调配合;减少如寻找工具、搬运堆垛过量的在制品、返修不良品等不创造附加值的动作。②排除因在制品过剩而造成的浪费;排除因供应不及时而造成浪费;排除因数据不准确、信息传递不及时、计划和调度失误等造成的损失;排除因信息交流不充分而造成的损失。③在生产现场减少非直接生产工人,使每位工人都享真正实现对产品的增值。④采用准时制造(just in time)方式,不安排库存,没有缓冲。这样既可减少因大量库存而引起的资金积压,又能及早发现产品中的质量问题。⑤授予生产现场基层组织很大的独立自主性,大量信息的处理和决策在组内完成,系统反应灵活。

(4) 简化产品结构　产品是企业的龙头。产品结构的简化是其他简化工作的基础。只有简化了产品结构,才能更加有效地简化生产技术准备过程和制造过程,进而简化企业的组织机构。简化产品结构从以下几方面入手：①减少产品的层次。②采用模块化产品设计方法。③恰当的品质（just in quality）。

精益生产方式把以人为中心、人与人的协作、人与机器的优化组合看作是提高效益的最佳途径，认为对老设备赋予人的智慧，其效益不一定低于新设备，而发挥人的智慧的最好办法就是把企业建设成"学习型组织"，采取种种手段教育和鼓励职工加强互相联系，培育整体价值观和荣誉感，使员工协调一致，积极工作。在此基础上推行一系列具体措施，例如"杜绝浪费运动"、"五个为什么活动"、"5S 管理"、"全面质量管理"、"适时生产"、"机器智能化"，以及均衡化、标准化和数量化管理等等。合成起来便是完整的企业文化。

"五个为什么"是处理现场问题和查找问题真因的一种方法，要求每位职工对每一个现场问题都要提 5 次为什么。

"5S 管理"是针对生产现场提出的要求：整理（sort）——对现场东西严格区分有用和无用，发现无用的东西立即处理掉；整顿（straighten）——对整理后的东西要定位放置，以便使用时能准确拿到；清扫（sweep）——班前班后清扫现场，保持车间和每个岗位都清洁干净；清洁（sanitize）——保持以上 3 项成果，创造清洁优美的环境；修养（self-cultivation）——以提高员工自身修养作为保证以上工作顺利和深入进行的前提。

"适时生产"一反福特创造大规模生产时由前一道工序向后一道工序供应工件、推进加工的做法，而是要求后一道工序在需要的时刻去前一工序领取刚好需要的那部分工件，各工序之间就靠"某种东西此时需要多少"来衔接，以此将库存降至最低，并堵死残次品的后路，及早暴露生产中的问题。这一着"险棋"的成功，自然是以先期推行的全面质量保证体系为基础的。

值得强调的是，精益生产方式始终把机械化、自动化作为提高生产效率的重要手段，而且极为重视标准化作业，要求准时、精确。其重要手段是"标准作业表"，它记载着生产一件工件所需的时间、操作人员加工工件时运送和承担的时间顺序以及标准手头存活（工件）量。这种标准化作业是管理人员通过总结最优秀的技术并进行精确计算而制定的，但又不是单纯通过机器和外在规章制度，而是通过人与机器，人与人的最佳配合来实现的。这种方式鼓励工人不断把自己单纯的"动作"变成"工作"，与机器设备联系起来。人是机器的主人，一旦发生异常，生产线上的每一位工人都有权停止整个生产线。这种做法促使工作人员及时采取措施改进生产。长此下来，停线却是极少发生的。

精益生产方式成功地结合了日本企业的实际情况和美国大规模生产中成功的经营管理经验，融合了东西方文化价值观之精华。推行这种生产方式不仅要有先进的机器设备，一整套规章制度、工作程式和管理机构，而且要从民族文化中吸取力量，营造一种企业文化。因此在引进学习别国的先进生产方式、管理经验时一定要深入研究其中的文化思路，发掘其精华，并与本民族的文化价值观协调起来。只有这样，才能使先进的生产方式生根、开花，收到实效。

6.4.5 美国汽车工业的反思和赶超措施

汽车工业是美国最大的产业部门，占全美国生产总值的 9%，每七个美国工作人员中就有一个直接就业于汽车工业。美国汽车市场的年销售额达三千多亿美元。而另一方面的事实是美国 50% 以上的贸易赤字是与汽车有关联的。在 20 世纪 80 年代至 90 年代初这一段时间里,美国汽车工业失去了近30%的国内市场,仅1992年就创下了366亿美元的赤字。究其原因,除石油危机等外部因素外,主要是在质量上被日本拉开了差距,这造成了对美国汽车制造业的巨大冲击,并在相当程度上影响了美国整个国家的经济发展。

人们认识到问题的严重性是要有一个过程的。认识到以后,如何解决更是一个较艰苦的过程。自20世纪80年代末期以来,美国在失误面前进行了认真的反思,认识到在发展高科技的同时不能放松当前基本部门,确立了"要想生活好,先要生产好"的返璞归真的认识,并奋起直追。此间美国政府也给予了很大的重视和支持,主要是从产品设计和制造两个方面对质量管理进行了较彻底的改革。至今已初见成效,美国汽车市场的变化说明了这一点。

在产品设计上,美国开始将航空航天等尖端领域积累的技术成果应用于汽车的改进,除解决可靠性、节能和环境友好等传统问题外,更使汽车智能化、高技术化向前推进一大步。

在制造技术领域,一个时期以来,从上到下各方面都在狠抓质量问题。以质量管理理论唤醒领导阶层对质量的重视;以实验设计方法找出稳健的参数以改进设计质量;但最有特色、最见效果的途径是美国密歇根大学世界著名制造研究大师吴贤铭教授(华裔)提出并领导实施的命名为"2mm工程"的计划。当时,汽车车体制造质量以日本丰田为领先,其车体制造综合误差在1mm之内,欧洲次之,而美国则远远落后于二者,最严重者可达6mm。分析其原因,日本之所以能达到如此高的制造质量水平,其重要原因之一是人员素质非常好,服从命令,有责任心。而美国在这些方面都远远不如日本。这起因于两国的社会与文化背景的差异。根据这种情况,必须找到一种科学的方法来弥补之,而科学则是美国的强项。具体的办法是于1992年促成了产(汽车公司及制造厂)、官(政府)、学(大学)、研(研究机构)的合作,组成了汽车车体协会,筹资近1300万美元(其中政府资助480万美元),立即进行一项为期三年的研究发展计划。参加计划的公司还免费指派工程技术人员参与,提供生产现场环境与设备。在这个计划下,工厂工程师与学校的研究人员互相交流,原本是竞争对手的公司也走到一起来合作攻关。研究、开发与推广并列进行,成果能及时得到推广。推广不是空洞的理论或简单的系统仿真,而是较符合实际的深入研究。以此找出了一整套行之有效的提高制造过程中质量的科学方法。这套方法依托完善的计算机实时检测控制系统,以生产线上客观测量到的数据反馈调整。从车体设计,模具制造,冲压件尺寸控制、装焊工艺及胎卡具设计,直到装配过程的误差分配和车体总装配过程的优化等所有环节,来推动整体偏差量的减小。生产过程诊断不靠人员的主观臆想,而是以科学的过程测量数据为依据,将先进的统计方法与工程科学相结合,并层层落实,从操作工人、工程师、车间主任、厂长、公司经理,直到最高层的管理人员都转变观念,重视质量。

由于各方面的投入,所研究开发的方法科学有效,厂校配合协调,很快就取得了良好的效果,并在汽车制造业产生了直接的影响。它从观念上改变了各部门对制造过程中质量的重视程度。这种以客观实测数据为依据的质量控制方法也推广到其他部门。这一过程还增强了自信心,使美国汽车工业在很短的时间内已经基本赶上了世界先进的制造水平,并开始了"超"的进程。如已有数十家冲压与模具供应厂商与大学合作又向政府提出了一个定名为"误差接近于零的冲压技术"的研究与开发新计划。美国的行动引起了世界各国的关注。在此基础上,一些更新的制造方式又在酝酿和形成之中,其中最引人注目的是"敏捷制造技术" (agile manufacturing technology)。在解决智能工作单元、敏捷装夹、实时误差补偿等一系列关键技术后,生产系统能很快地重新组合用来生产新机型,柔性更强,加工更可靠,精度更高,便可更好地适应产品多样化和进一步缩短更新周期的要求,在市场上提高竞争力。同时,由于美国40%的机床工具是用于汽车制造业的,这一变化必将为机床业带来更好的发展机遇。这个概念进一步拓展,成为一种全新的生产组织方式,其核心是"动态联盟"。

21世纪企业竞争的焦点将转变为如何抓住机遇,响应市场,迅速组织全球范围的生产体系,快速开发出新产品。美国本着充分发挥自己的高科技优势,根据美国企业文化等特点而提出的不同于传统大批量生产的新的敏捷制造生产方式,在企业、产品、组织管理和生产等方面都有其全新的概念。

(1) 全新的企业概念——虚拟企业

通过信息高速公路,将制造系统空间扩展,建立全新的企业——"虚拟企业"或"虚拟公司",凭借专业竞争能力和信誉选择组成虚拟企业的合作伙伴,进行企业大联合,风险同担、利益共享。虚拟企业不追求企业的全能,也不强调产品从头到尾都由自己开发和制造。各企业采用模块化生产设施,通过企业间的通力合作,对总的生产能力作出各自的贡献。

(2) 全新的产品概念

以往产品一旦进入市场,其功能和性能就已固定不变。而敏捷制造中客户可以根据需要得到不同性能的产品,甚至在整个产品生命周期内的不同时段得到不同功能的服务。

① 采用柔性化和模块化的产品设计方法,方便地得到不同的功能组合。

② 利用丰富的通信资源和软件资源,使客户能够自行设计产品,并进行产品性能和制造过程的仿真,快速确定所需的产品。

③ 生产"高质量"的产品。以确保客户全程满意为目标,将产品质量跟踪和服务,一直持续到产品报废为止,甚至延续到产品的更新换代。

(3) 全新的组织管理观念

敏捷制造的基层组织是"多学科群体",是以任务为中心的动态组合。敏捷制造提倡以"人"为中心,强调技术与管理的结合,简化和不断改进过程。

① 用分散决策代替集中控制,用协调机制代替递阶控制。

② 提高经营管理目标,精益求精、尽善尽美地满足客户的特殊需求,达到与大批量生产同样的低成本。

③ 雇员和雇主之间建立一种新型的"社会合同",大家都能为了长远的利益而和睦相处。

④ 在柔性制造技术的基础上,通过企业内部的多功能项目组与企业间的多功能项目组所组成的虚拟企业,把包括人力资源在内的全球各种资源集成在一起,实现技术、管理和人员的集成。

⑤ 敏捷制造强调权力分散,把职权下放到项目组,提倡"基于全局的管理"模式,要求各个项目组都能了解全局和远景,胸怀企业,放眼未来,只需明确工作目标和任务期限,而中间环节完全可以自主。

(4) 全新的生产概念

强调企业无论在价格、资源利用,还是环境生态上,必须完全服务于社会。

① 做到产品成本与批量无关。从最终产品来看是单件生产,而从具体零部件的设计和制造来看,却是大批量生产。

② 采用高度柔性化、模块化和可伸缩的制造系统。通过规模有限的制造系统的动态组合，可以生产出各种不同品种的产品。

③ 提倡清洁生产，采取消除污染等措施，全面消除企业生产给社会和环境带来的负面影响。

敏捷制造顺应人们在信息时代的需求，很可能成为 21 世纪制造业的主导生产方式之一。建立在全球计算机网络基础上的敏捷化的"无墙工厂"(wall-less factory)将成为新一代动态生产组织的发展方向。这自然对汽车的生产方式也会产生很大的影响。

6.4.6　汽车大规模定制生产

大规模定制(mass customization, MC)是以近似大规模生产的效率生产商品和提供服务以满足客户的个性化需求。

1970 年美国未来学家阿尔文·托夫勒(Alvin Toffler)在《Future Shock》一书中提出了一种全新的生产方式的设想：以类似于标准化和大规模生产的成本和时间，提供客户特定需求的产品和服务。1987 年，斯坦·戴维斯(Start Davis)在《Future Perfect》一书中首次将这种生产方式称为"mass customization"，即大规模定制(MC)。1993 年 B. 约瑟夫·派恩(B. Joseph Pine II)在《大规模定制：企业竞争的新前沿》一书中写道："大规模定制的核心是产品品种的多样化和定制化急剧增加，而不相应增加成本；范畴足个性化定制产品的大规模生产；其最大优点是提供战略优势和经济价值。"

我国学者祈国宁教授认为，大规模定制是一种集企业、客户、供应商、员工和环境于一体，在系统思想指导下，用整体优化的观点。充分利用企业已有的各种资源，在标准技术、现代设计方法、信息技术和先进制造技术的支持下，根据客户的个性化需求，以大批量生产的低成本、高质量和效率提供定制产品和服务的生产方式。MC 的基本思路是基于产品族零部件和产品结构的相似性、通用性，利用标准化模块化等方法降低产品的内部多样性。增加顾客可感知的外部多样性，通过产品和过程重组将产品定制生产转化或部分转化为零部件的批量生产，从而迅速向顾客提供低成本、高质量的定制产品。

大规模定制生产方式包括了诸如时间的竞争、精益生产和微观销售等管理思想的精华。其方法模式得到了现代生产、管理、组织、信息、营销等技术平台的支持，因而就有超过以往生产模式的优势，更能适应网络经济和经济技术国际一体化的竞争局面。

大批量定制要求汽车工业优化供应链，进行全球采购。在整个汽车工业中，各种原材料价值约占总价值的 15%，零部件价值占 50%，整车制造价值占 15%，剩下 20% 的价值，则要通过销售和服务来实现。例如，美国通用汽车公司需要 37000 家小企业为其提供零部件。该公司生产的"朋雪克-莱曼"牌汽车每辆售价 20000 美元，其中 6000 美元装配费流向韩国，发动机和车轴 3500 美元流向日本，设计和造型 1500 美元流向德国，零部件 800 美元流向中国台湾和新加坡，另有劳务费 600 美元归英国等所有。全球采购已经成为世界汽车巨头迅速提高竞争力的一条捷径，使企业之间能够利用优势互补而获得共同发展的空间，能够以更少的资金采购质量最好、技术最先进、交货期最短的零部件。

大批量定制要求企业重组，支持产品模块化和通用化。产品的模块化和通用化不只是一个技术问题，还是一个管理问题。例如，由于各企业之间存在着激烈的竞争，要使不同汽车制造厂的零部件做到可以通用，是相当不容易的。一些汽车制造厂通过兼并、协作和全球采购等方法,在更大范围内实现产品的模块化和通用化。德国戴姆勒-奔驰公司与美国第三大汽车公司克莱斯勒公司合并,将两家公司的零部件做到可以通用,从而可以节省数十亿美元的成本。为了共同的利益,日本的丰田、尼桑、本田和马自达等公司通过协会进行交流,以便尽可能提高零部件的标准化程度和互换性。美国的主要整车制造商由传统的纵向经营、追求"大而全"的生产方式(即整车厂除了设计、开发、制造和销售整车外,还担负着管理下属零部件制造厂的繁重任务)逐步转向机构精简、以开发整车项目为主的专业化协作生产方式。同时,整车厂对零部件生产所负的责任也随之转向配套厂。对于配套厂而言,其主要工作不再停留在传统的来样或来图加工,而是承担起配套零部件的从开发设计到市场服务的全部任务。

汽车生产方式的进化基于获得竞争性成本和满足多样化、个性化需求的市场拉动,也基于网络技术、电子商务、菜单式选购、个性化服务、计算机生产管理系统等技术整合形成的推动力。目前,大规模定制生产汽车的概念已经形成,将努力为每个顾客提供满足自己意愿的个性化产品,并力争接近大规模生产的价格,最终实现在顾客提出订单的第二天即送货上门,大规模定制生产不但使生产方式发生深刻变化,也使汽车的销售和维修方式发生重大变化。完成大规模定制交易的基础是电子商务,大量快捷交货靠物流技术,维护修理依靠远程诊断,汽车生产全过程中可靠性技术的应用和汽车质量的进一步提高将使修理业务逐渐淡化。

6.4.7 中国汽车工业发展的历程

德国人制成第一辆汽车的时间是 1886 年;法国制成第一辆汽车的时间是 1890 年;美国是 1893 年;英国是 1896 年;日本是 1907 年;俄罗斯是 1910 年;中国是 1931 年。

我国的第一辆汽车于 1931 年 5 月在沈阳问世,由张学良将军掌管的辽宁迫击炮厂制造。1929 年,张学良让民生工厂厂长李宜春从美国购进瑞雪号整车一辆,作为样车。李宜春将整车拆卸,然后除发动机后轴、电气装置和轮胎等用原车零件外,对其他零件重新设计制造,到 1931 年 5 月历时两年,终于试制成功我国第一辆汽车,命名为民生牌 75 型汽车,开辟了中国自制汽车的先河。

中国汽车工业却是在新中国成立后开始的,经历了创建、成长、全面发展和高速增长四个阶段。

1. 创建阶段(1949—1965 年)

1953 年 7 月 15 日,第一汽车制造厂在长春动工兴建,1956 年 7 月 13 日国产第一辆解放牌载货汽车驶下总装配生产线,结束了中国不能自己批量制造汽车的历史。1966 年以前,汽车工业共投资 11 亿元,形成了一大四小 5 个汽车制造厂,年生产能力近 6 万辆、9 个车型品种。1965 年底,全国民用汽车保有量近 29 万辆,其中国产汽车 17 万辆(一汽累计生产 15 万辆)。

2. 成长阶段(1966—1980 年)

在这个历史阶段,主要是贯彻中央的精神文明建设三线汽车厂,以中、重型载货汽车和越野汽车为主,同时发展矿用自卸车。在此期间,一汽、南汽、上汽和济汽,5 个老厂投入技术改造扩大生产能力,并承担包建和支援三线汽车厂的任务;地方发展汽车工业,几乎全部仿制国产车型;改装车生产向多品种、专业化生产,生产厂点近 200 家。1966—1980 年,生产各类汽车累计 163.9 万辆。1980 年,生产汽车 22.2 万辆,全国民用汽车保有量 169 万辆,其中载货汽车 148 万辆。

3. 全面发展阶段(1981 年至今)

改革开放政策,拉开了汽车工业大规模引进外资的历史。1987 年,汽车工业实行战略性转变,从以生产载货汽车为主转向以生产轿车为主。在此期间,中国汽车工业有重点、有选择地引进国外先进技术 100 多项,其中整车项目 10 多项。为了发展轿车生产,中国确定了一汽、二汽、上海为三大基地以及天津、北京、广州三个较小的基地。中国汽车产量连年大幅度增加,从 1978 年的 14.9 万辆与 1983 年的 23.99 万辆增至 1988 年的 64.7 万辆,于 1993 年达到了 129.7 万辆而跃居世界第 12 位。

1994 年,中国政府颁布了汽车工业产业政策,确定汽车工业为支柱产业。中国汽车工业进入快速发展期,汽车工业建设投资达到了历史最高水平,形成了 113 家规模不等的汽车总装厂、5000 多家汽车改装厂和 3000 多家零部件生产厂。汽车工业经过多年艰难的产业结构调整,现已形成 15 家重点企业集团(公司)。2003 年,全国共生产汽车 444 万辆,销售 437 万辆。其中,生产轿车 201 万辆,销售轿车 197 万辆,中国已排在美国、日本、德国之后成为世界第四大汽车生产国。2002 年末,中国民用汽车保有量已达 2053.17 万辆,其中私人汽车保有量为 968.98 万辆。2009 年中国首次成为世界汽车产销第一大国,到 2015 年中国汽车产销量已连续 7 年蝉联世界第一。2015 年,中国汽车市场销量达 2459.76 万辆,汽车产量达 2450.33 万辆。2004 年 6 月 1 日,国家发展和改革委员会正式颁布实施新的《汽车产业发展政策》,强调中国要实现在 2010 年之前把汽车产业发展成为国民经济支柱产业的目标。在"十二五"、"十三五"中分别不断落实着汽车的产业规划。

在此期间,我国的汽车工业尤其是轿车工业技术进步的步伐大大加快,新车型层出不穷;科技新步伐加快,整车技术特别是环保指标大幅度提高,电动汽车开发初见进展;与国外汽车巨头的生产与营销合作步伐明显加快,引进国外企业的资金,技术和管理的力度不断加深;企业组织结构调整稳步前进。经过十几年的发展演变,如今初步形成了"3+X"的格局,"3"是指一汽、东风、上汽 3 家企业为骨干,"X"是指广汽、北汽、长安、南汽、哈飞、奇瑞、吉利、昌河、华晨等一批企业。中国汽车工业已经从原来那个各自独立的散、乱、差局面改变成现在的以大集团为主的规模化、集约化的产业新格局。中国汽车工业已经成为世界汽车工业的重要组成部分。

德国人以严谨发明了汽车,美国人以灵动发展了汽车,法国人以高科技推动了汽车,英国人以精心制作了汽车,日本人以雄心创新了汽车,中国人以壮志追赶着汽车。

6.5 汽车工业与交通运输业

汽车问世至今已有百年,当今的汽车已成为随时都能利用的高度自由的交通工具,在社会上已占据相当重要的地位。正如唯物辩证法所昭示的那样,物质世界是由无数相互联系、相互依赖、相互制约、相互作用的事物和过程所形成的统一整体,并受其周围环境的影响。汽车发展的历史是和人类社会的文明进程密切结合的。当世界正向着成熟化的汽车社会发展时,把中国汽车工业发展放入更大系统中进行研究,是十分必要的。

6.5.1 汽车工业与运输结构的关系

交通运输是国民经济发展的重要环节。但是,从长期看,中国的交通运输一直处于严重的紧张状态,而且这种局面还有逐渐加剧的趋势,其主要表现为铁路运输负担过重,而其他运输方式的优势又未能充分发挥出来,其中汽车运输尤其落后,总的运输能力低下,滞后于国民经济的发展。迅速扭转这种局面,加快交通运输产业的发展,调整不合理的运输结构,使之适应经济改革的需要,已成为目前国民经济发展中亟待解决的重大课题。

交通运输结构的客观基础,是在一定技术经济条件下利用每种运输方式各自的优势,将它们有机地组成一个运输网络。汽车运输具有五大优势:第一,与铁路、水运和航空只适宜线上运输相比,汽车可方便地实现面上运输;第二,汽车运输的直达性,可有效地缩短运输的时间,减少货损;第三,汽车客运载重利用系数高(铁路每运一名旅客,相当于运输 3.5t 的货物),按人千米计,汽车客运成本与火车相当;第四,汽车可方便地同各种作业机具结合起来或改装成专用车辆,完成特定运输任务和作业;第五,汽车运输建设投资少,周期短,发挥效用和回收资金快,边远地区和新资源基地更明显。

纵观发达国家交通运输发展的历程,不难看出,运输结构向高度化的方向发展,意味着汽车运输比重的不断提高,同时也意味着汽车工业必须适应运输结构的发展。没有强大的汽车工业作后盾,汽车运输就无从谈起。反过来,汽车工业的发展又会刺激公路建设,二者相辅相成,为国民经济提供新的增长点。

6.5.2 公路运输系统的组成和优化

公路运输系统由公路、汽车、运输企业三个要素组成,其效果是三者的综合。若仅仅使每个单元最优,往往并不能获得整个系统的最佳效益。只有这些单元协调配套,同步发展,并与其他运输方式有机配合,取长补短,才能优化公路运输系统。

1. 公路

经过三十多年发展,我国公路交通运输网络的规模和能力迅速扩大,结构不断优化,服务水平不断提升,已经建立了较为完善的公路运输系统。目前,我国高速公路覆盖了全国 90% 以上的中等城市,普通干线公路基本实现了对县级及以上行政区的连接和覆盖,农村公路通达几乎所有的乡镇和建制村。我国公路总里程、全社会完成的公路客货运量等多项指标均居世界第一。

据统计,到 2012 年底,我国公路总里程达 4.24×10^6 km,高速公路从无到有、通车里程达 9.6×10^4 km,公路桥梁达 71.3 万座、3.663×10^4 km,公路隧道达 1 万余处、8050km;公路的覆盖面和通达深度对经济发展,尤其是贫困地区脱贫致富起了积极的推动作用。

但与实际需要相比,中国的公路建设存在着数量少、质量低、规划差的问题。2012 年,全国国道网年平均交通拥挤度为 0.47。北京、天津、河北、山西、上海、浙江、湖北、广东的国道年平均拥挤度均超过 0.6。2012 年,全国高速公路年平均交通拥挤度为 0.35。近 1/3 路程实际承担的交通量超过通行能力的 1 倍以上,沿海一些地区尤甚。由于道路建造标准低,承载能力和平整度均较差,不仅通过性不好,而且降低汽车寿命,增加油耗和货损。由于规划差,九成以上公路上汽车与人、畜、自行车、拖拉机混行,致使车速低、油耗大、运输能力不能有效发挥。为解决上述问题,我国已着手建设中国"公路干线主骨架"和"场站主枢纽",现已初见成效,今后还要进一步完善。

2. 汽车

　　汽车工业的进步与运输业的发展休戚相关,公路运输的发展使汽车保有量迅速增长,为汽车工业提供了广阔的市场,这正是汽车工业赖以生存的条件。中国汽车工业同时也肩负着装备和改造公路运输业的重任。中国公路运输业车辆老旧情况严重,运营成本高;车辆结构也不合理,缺乏大吨位、专用化的特种车、半挂车、集装箱车以及适用于高速公路客运的高速、舒适、安全的中高档客车。国产汽车由于车速偏低,不适应高等级公路运输的需要。提高车速不单是一个加大发动机功率的问题,它要求汽车制造部门的整体水平提高到一个新的高度,也需要对道路交通安全管理能力的系统性提高作为保障。

3. 运输企业和运输管理部门

　　中国公路运输体制很不合理,车辆使用极度分散,而且此情况日趋严重。有关统计资料表明,新中国成立初期,交通系统专业货运汽车占民用车保有量的70%,但到2002年降低到8%。大量车辆分散于各行业、各部门,只作工具使用,而不是运营的资源。结果,中国公路运输的整体效果极差,配载无法组织,欠载空载十分普通;加之税费繁多,交通管理混乱,不仅经济效益差,而且严重伤亡事故多。因此,要提高运输效率,必须着力培育运输企业,并从根本上转变运营管理体制和改善交通管理。

　　综上所述,中国公路运输业的发展,应该从发展专用车、优化高速公路运输系统和改善交通管理入手,切实地做好培植基础的工作,抓住机遇,促进汽车产业的发展。

6.5.3 城市交通系统的改善和优化

　　目前世界各国都不同程度地存在着城市交通拥挤阻塞的现象,不仅使城市功能和人民生活质量下降,而且大大限制了汽车市场尤其是轿车市场的发育。

1. 按系统论规划城市交通系统的必要性

　　美国拥有世界上最好的高速公路系统,但在城市交通方面却几乎是西方国家中最差的。汽车工业首先在美国发祥,当汽车成为大众消费时,人们在如何对其进行管理这个更高一层的认知上思想准备并不足。当时还不知系统工程为何物,按照"缺啥建啥"的思路向前走。靠家庭汽车解决城市交通的想法,使有轨电车线路被拆除了,汽车数量随之猛增。这的确带动了一大片工业,又刺激了服务业,并促成了高速公路计划,但是,隐藏在繁荣后面的深层问题渐渐暴露出来。由于城市道路建设受到各方面局限,其速度永远赶不上轿车数量的增加。交通拥堵出现了,平均车速越来越低,大气污染越来越严重,能源消费越来越大,职工、市民每天花在路上的时间越来越长,以致发生了震惊世界的1943年洛杉矶汽车废气惨案:即一日之内,竟因汽车排放有毒废气使几千人受害,其中400人死亡。这个从各组成方面看来都很先进,但整体却是随机发展起来的城市交通系统,成了不可持续发展的例证。这种模式也使许多效仿发达国家发展起来的第三世界国家的城市,背上了沉重的包袱。

2. 城市交通系统的综合治理和优化

　　为提高城市交通的通畅性,各国都进行了大量的补救工作,包括改造交叉路口,消除瓶颈;加强管制,改善交通运行状况;采用高科技手段建立指挥控制中心和资讯系统,疏导车流;扩建地下铁路和城市轻轨运输提高公共交通能力和质量,并采用经济的和行政的手段对交通需求进行调控,鼓励多用公交手段,等等。从长远看,治本的办法则要建立"新的城市交通系统",科学地配置城市交通、道路、土地资源。城市交通的通畅性取决于城市人口的移动量、移动距离和时间分布、个人轿车的使用以及公共交通的作用。市中心区土地资源缺乏,不可能修建大量的停车场地(有条件的地区可建设立体车库),因此宜以包括地铁和轻轨列车在内的公共交通及出租汽车为主;在城乡交界处建立大型私人轿车停车场,作为上班族换乘公交车(或计程出租车)的枢纽;郊区则尽可以发挥轿车的优势。更长远地,通过对城市布局的调整,使城市分散化,把居民区逐步向郊区转移。同时在城市建成区中适当平衡产业、居住的用地强度和密度,保留道路交通设施的充分和景观环境用地。

6.5.4 人-汽车-环境的协调发展

根据系统差异协同性的思想,在汽车工业发展的过程中,我们要正确处理好差异竞争与协调发展的关系。发展制造业的关键点是处理好发展与环境资源的协调和谐的关系,其核心目的是实现制造业的全面、协调、可持续的发展。

当前,环境与发展问题受到国际社会的普遍关注。人们越来越深刻地认识到,日趋严重的全球性环境恶化,已经威胁到人类生存和社会发展。环境问题已被认为是当代社会所面临的最严峻的挑战。同时,它也是汽车工业必须面对的重大问题。

在新世纪的全球经济发展中,汽车工业仍将是生产活动最活跃、市场竞争最激烈的领域。但汽车的大量生产和大量消费金属材料与矿物燃料导致地球的温室效应、酸雨等诸多环境问题,许多国家都在紧急制订法规,限制汽车的有害排放,开发"对地球环境友好的汽车"的呼声日趋高涨。人们正在采用各种技术来抑制和减少环境污染,低油耗、清洁燃料与零排放汽车已成为现代汽车工程发展的重要方向。21世纪汽车工业能否继续保持其支柱产业和新技术带头产业的地位,关键就在于它的社会接受性,即不仅要提高汽车经济性、安全性和有效性,而且还要解决汽车与环境间的诸项问题。

解决这类问题十分复杂。汽车的生产过程、使用过程和报废过程都会对环境造成污染,汽车赖以生存的石油燃料在21世纪中叶将面临枯竭;汽车事故造成的死亡人数已超过第二次世界大战……面对这些挑战,人们做了大量工作,但效果很有限,并且还会引发意想不到的新问题。例如,用电动汽车转换能源减少排放,却又会造成因蓄电池而产生的铅污染;改善车辆和道路质量使驾驶员更具安全感,但有恃无恐和麻痹大意的心理状态就会随之萌发,这些都说明,不能片面草率地采取对策,而应将人-汽车-环境考虑为一个综合系统。为了减少能耗、污染和事故,需要做大量深入细致的调查、统计、分析和研究,制订周密的规划,认真实施,并根据实施情况的反馈不断调整,不断改进,才能获得较好的效果。在取得圆满解决以前,人类则应克制自己的欲望,提倡简单生活,将自己的行为约束在生态、环境允许的范围内,以求得可持续发展。

对废旧汽车的处理也应是一件十分慎重的事情。20世纪90年代以来,汽车制造业每年大致消耗钢铁 $6.1×10^7$ t,有色金属 $7×10^6$ t。此外,还有全世界6亿多辆汽车维修用零件的报废。据统计,钢材的1/4、橡胶的一半以上用于汽车生产。对报废车辆如果不及时进行分类、处置和回收,就会占用很大的堆积场地。在风吹雨打作用下,很快会失去循环利用的价值,不仅浪费资源,而且还会形成严重的污染。

进入21世纪,人类将告别上个世纪以来"大量生产、大量废弃"的开放式产业结构,要节约资源、保护环境,使之朝着循环型社会的方向发展,汽车工业尤其如此。欧盟成员国、日本和美国等汽车生产和消费大国,在历经多年的汽车工业发展道路之后已充分意识到,报废汽车的处理问题已不容忽视,做好回收利用工作势在必行。为此,这些国家已陆续出台报废汽车处理的相关法规。先进工业国家纷纷立法,促使包括汽车工业在内的全社会承担起报废汽车回收利用的责任和义务;另一方面,汽车工业和相关行业积极开展车用非金属材料的回收利用研究以适应本国相关法规的要求。

6.5.5 汽车文化

没有文化的商业没有前途,没有文化的商人缺少品位,没有文化的商品则不会有市场,没有文化的汽车跑不远。

汽车,这个由上万个零件组合的机电产品,凝结了人类智慧的结晶,和谐地将科学技术与艺术相统一,绽放出绚丽的文化光芒。汽车文化是人类在社会历史实践过程中所创造的精神财富和物质财富,是人类行为的精神内涵。

在制造和使用汽车的实践活动中,形成了一套行为方式、习俗、法规、价值观念等构成了汽车文化。汽车文化以汽车产品为载体并与之结合,影响着人们的思想观点和行为。在汽车的设计、生产和使用中,从汽车外表到内饰,从风格到品质,都深深打下了文化的烙印。

历经百年的汽车形成了丰富的文化内涵。汽车历史是一面文明之镜,它反映了人类社会变迁兴衰、人们对生存环境的追求和人们改造环境的情况。刚刚诞生时期的汽车,是权利、地位和富有的象征,到了流水线方式进行大规模生产的时代,汽车才成为平民大众能够接受的消费品。平民的思想意识、生活方式也融入到汽车之中,这为汽车文化的形成奠定了基础。

汽车技术是构建和发展汽车文化的物质基础,汽车技术的发展体现了人们对生活品质的要求。如对生态平衡、可持续发展的要求,就希望汽车生产厂家能够生产节能环保型的汽车。

世界著名汽车生产厂家和著名人物对形成汽车文化起直接作用,他们赋予汽车性能、品质和内涵。汽车厂家的企业文化和产品品牌文化是汽车文化的重要内容。可以说,在众多产品中,汽车品牌商标是最具文化内涵。汽车厂家对其产品品牌名称以及车标极具匠心的设计,体现了企业文化和精神。汽车与社会有着密切关系,汽车文化是社会文化的重要组成部分。

"以人为本"的设计理念,让人们对人类赖以生存的社会环境给予了充分的关注。汽车在给人类带来便利的同时,也给社会带来环保、能源、道路安全等社会问题,与此同时,人们正不断地探索和进取,发明新的技术,开发新的能源来解决这些问题。

汽车是流动的风景,带给人们多姿多彩的文化生活,汽车文化也将以其丰富的内容和独有的魅力不断地影响着人们的生活。

走出汽车看汽车,汽车作为20世纪人类最伟大的创造物之一,既是百年来工业智慧的结晶,也是人类自始以来为扩展自己的活动能力、改善生活质量不懈追求顺乎自然的结果。在21世纪,社会将进入知识经济时代,人们的工作方式、生活方式和活动方式都会有很大的变化,相信汽车也必定会由新的生产力改造成更适合人类发展的交通工具。让我们设想这样一种情景,在未来世界里,在人类发展了的生活方式里,仍有这样一种交通工具使人心仪:

它使用完全清洁的能源,有舒适的乘驾空间,自动驾驶和导航系统可使你所至随心,各种遥感、遥测、遥控系统和相应的道路设施完全消除了交通隐患和阻塞,通过它携带的通信手段,你在出行时也可进行工作、交往、休憩、娱乐……毋庸置疑,这依然是汽车。

6.5.6 汽车工业中蕴涵的哲学思想

真正的哲学是时代精神的精华;真正的哲学是社会变革的先导。它可以通过对社会弊端、旧制度、旧思想的批判,更新人的观念,解放人的思想。它可以预见和指明社会的前进方向,提出社会发展的理想目标,指引人们追求美好的未来。动员和掌握群众,从而转化为变革社会的巨大的物质力量。

汽车成熟于美国。1913 年,福特汽车公司采用流水作业法,首先实施大量生产方式,开汽车工业之先河,为全球汽车工业的生产模式开辟了一条具有决定性意义的生产经营之路。1914 年 1 月 5 日,亨利·福特宣布福特汽车公司的最低日薪为 5 美元——几乎两倍于当时的最低日薪,震惊了全世界。福特先生认为,既然已经能够大批量生产价格低廉的汽车,如果员工们能够买得起的话,就可以卖出更多的车。他相信一个 8 小时工作日 5 美元的报酬是他所做的削减成本的最佳举措。他说:"我可以找到创造高工资的生产方法。如果降低薪水,就是降低顾客的数量。"福特的 T 型车引起了一场农村变革。5 美元的日薪及其蕴涵的哲学引发了一场社会变革。而流动的装配线则引起了一场工业变革。

福特的"哲学"是低价格和高工资能带来更高的利润,也就是给别人的越多,自己得到的就更多。福特的这个信念推动着福特要找到一种别人没有使用过的方法,把"蛋糕"做得更大,使每个参与这项交易的人都能分得更大的一块。人们把这个过程称为"创新"。预见到一种别人认识不到或别人认为根本不可能的前景,把它作为坚定不移的信念,推动自己去创造一种别人没有使用过的方法,实现它。这就是福特的"哲学",也是一切创新的哲学。几乎所有研究福特经营哲学的人都特别关注他创造的"方法"——流水生产线,认为是这个"方法"开创了工业化的新纪元。当他们提到福特的"信念"时,都是顺便提及和一带而过。然而,"方法"是福特创造的结果,而"信念"——为大众造更好更便宜的汽车和与职工分享利润——是福特创新的起因和动力。强调"方法"只能产生对"方法"的学习或抄袭;强调"信念"才能启发出更多的福特式的创新。

6.5.7 汽车工业的未来

以信息技术为核心的工业革命浪潮,汽车在生产和营销的价值链建构方面将有更多变化,未来将由大企业建立技术平台、提供技术支持和生产服务,由小企业从事具体生产活动,即"大服务、小生产",形成新的行业分工格局。此外,在能源动力方面也是汽车行业未来发生巨变的重要方向。

1. 汽车产品将向"电动化、智能化、轻量化"转型

(1) 电动化　电动汽车的发展最早可追溯到 1830 年代,早于内燃机汽车的发展历史。随着内燃机技术的快速发展以及石油资源的大规模开发利用,电动汽车在竞争中处于明显劣势而发展落后。近年来,受全球能源、环境、技术等条件变化的影响,电动汽车的优势正在不断显现,汽车电动化明显加快。据统计,2011 年全球电动汽车(包括纯电动汽车、插电式混合动力汽车和增程式电动汽车)保有量超过 5 万辆,2012 年超过 18 万辆,预计 2020 年全球电动汽车年销售量将达到720万辆,上路行驶的电动汽车总量将达到2400万辆。其中,美国、日本和法国保有量居前三位,分别占目前全球总保有量的38%、24%和11%。

(2) 智能化　汽车智能化发展是先进信息通信技术在汽车生产制造、路上行驶等诸多环节深度应用的产物,体现了一种更为便捷、简单的人车交互方式。自动驾驶受到了广泛关注,全球主要跨国汽车企业对自动驾驶技术的研发和示范投入力度明显加快,并且随着一些互联网企业的加入而呈现加速发展的趋势。据统计,全球汽车企业2010年在自动驾驶汽车上的投入约为100亿美元,到2016年预计会增加到1600亿美元。事实上,经过对先进机器视觉系统、人工智能、传感器等核心技术长达20多年的持续研发,目前支撑自动驾驶的技术已经局部成熟,不再是发展的瓶颈。例如,谷歌公司在2012年8月宣布,其研发的无人驾驶汽车在各种不同交通和天气状况下已经实现了3×10^5km无事故运行。2015年5月5日,美国内华达州州长向戴姆勒公司的卡车品牌福莱纳颁发了首张自动驾驶商业卡车执照,因此它可以合法在内华达州享有测试权利。据《福布斯》和美国电气电子工程师协会(IEEE)预测,自动驾驶汽车时代将在2040年前后到来,届时自动驾驶汽车占全球汽车的比例将在70%以上。

(3) 轻量化　材料技术、信息技术、制造技术的发展为轻量化发展提供了技术可能性。例如:新材料应用方面,碳纤维复合材料(carbon fiber reinforced plastic,CFRP)是一种高强度复合材料,主要由作为增强材料的碳纤维和作为基本材料的热固性树脂组成,具有低密度、高强度、高模量、耐高温、抗化学腐蚀、低电阻、高热导、低热膨胀、耐化学辐射等优良特性。CFRP主要应用在汽车车身、底盘及传动系统等部件上,其抗拉强度是同等截面钢材的7~10倍,用CFRP制造的车身和底盘可以减重40%~60%。

新工艺的应用,以零件热成形技术为例。热成形时零件回弹小,零件轻量化效果显著,还可以因强度高改善被动安全性能。目前,大众、沃尔沃等品牌产品的热成形零件与车身质量之比已经超过10%。

信息技术的应用,以车身结构参数化轻量化设计方法为例。近年来,如SFE-Concept和DEP-Mopher等专用结构参数化设计软件,可以根据车身结构的三位数模或者详细的有限元模型提取参数,进而建立整个车身结构的参数化模型,并通过网格划分进行结构性能的分析计算,显著提高结构轻量化优化设计的效率,目前已经应用于新车型车身结构的先期开发研究。

2. 汽车的生产方式将向"大规模定制化"转型

大规模定制(mass customization,MC)是大规模生产和个性化需求的深度结合,是对生产者和消费者之间互动的强化,也是对以标准化大规模生产这一现代工业核心特征的升级要求。大规模定制既保留规模经济的基本工业组织思想,又要强调产品多样化,而二者的统一体现在对生产模块、产品零部件模块的细分和标准化。其思想的本质在于将多样化的产品需求细分为更小的单元从而实现从整体产品的特殊性到组成部件的一般性的转化,就像乐高积木一样。这种求同存异的方式,需要对产品的基本要素进行更多更大范围的标准化,而工业标准的统一和广泛应用是困难的。从产业角度看,现代工业在通过规模经济的方式不断降低生产的单位成本,这个核心思想一直在不断拓展应用的范围,从一个工厂的生产线到一个大型工业集团内部的全部生产线,大规模定制则是在进行各个生产线之间的升级协同,从终端产品的标准化到零部件的标准化,这是介于零件的一般工业标准和产品标准之间的部品标准。就民用的乘用汽车行业而言,对不同级别的车型,各个汽车制造集团已经有了各自的统一底盘结构,但是各个级别之间还无法通用、各个集团的产品体系之间因为长久以来技术积累的路线差异、还无法实现通用。

在工业界的探索中,举例如德国大众汽车集团的横置发动机模块化平台(德文 modular querbaukasten,简称 MQB,英文译为 modular transverse matrix)。MQB 模块化平台已不再局限于多款车型共享相同的物理底盘结构,而是以衍生性更强的核心模块为基础,允许对前悬、后悬、轴距甚至悬架等进行不同组合。因此,大众 MQB 模块化平台可以生产涵盖 A 级到 C 级的众多车型,未来大众会基于 MQB 平台推出超过 60 款车型。MQB 将大量的汽车零部件实现标准化,令它们可以在不同品牌和不同级别的车型中实现共享。MQB 平台提供了可变的轴距、前后悬、宽度等设计尺寸,使得车辆造型拥有较大的灵活性,同时车身形式具有较强的衍伸性。图 6-3 所示为同 MQB 平台生产出的汽车。

图 6-3　MQB

由于所需零部件被模块化、通用化,汽车总装线上需要装配的零部件数量可以从以前的 20000 多个降低到 2000 多个,除了采购的平均成本下降外、生产装配的自动化程度也进一步提高。大众汽车集团通过 MQB 能够使生产小型车和中型车成本降低 20%、组装时间减少 30%。

生产的基础模块化之后首先支持汽车厂商的参数化设计,大量拓展新的个性化车型和产品的出现;未来,随着互联网技术的介入,设计和生产可以分布式达成,当一定的分布式网络接入/接出标准和交易达成后,随着单位成本的下降、市场将开始替代集中企业,分布式个性生产将成为汽车行业乃至整个制造工业的发展方向。

3. 两化融合与汽车的发展

信息化和工业化的融合,是新型工业化的重要战略方向。汽车产业的两化融合体现在自身产业的数据整合分析、移动网络的应用等方面。

汽车行业本身蕴藏着大量的数据,需求数据、设计数据、生产数据、部品零件数据、销售数据、客户数据、售后数据,等等,无论从单体产品的生命周期、总体客群的动态变化、还是设计生产的企业内管理数据等角度,都可以组成一个独立的数据系统。同时,移动通信技术的广泛应用,互联网的社会化应用,都使得汽车作为一种综合性的应用机械,开始具有平台作用。不同的技术、不同的营销方式，都可以综合在汽车这样一类产品上。

车联网是以车内网、车际网和车载移动互联网为基础，按照约定的通信协议和数据交互标准，在车辆与人、路等其他要素之间进行无线通信和信息交换的大系统网络，是能实现智能交通管理、智能动态信息服务和车辆智能化控制的一体化网络。

车内网是指通过应用成熟的总线技术建立一个标准化的整车网络，实现电器间控制信号及状态信息在整车网络上的传递，实现车载电器的控制、状态监控以及故障诊断等功能，是实现车联网的基础。车际网是指基于 DSRC 技术和 IEEE 802.11 系列无线局域网协议的动态网络。车载移动互联网是指车载终端通过 3G/4G 等广域无线通信技术与互联网进行无线连接，实现车辆与互联网的远程应用服务平台及与之相联的各种服务设施的连通。

车联网的主要应用领域包括汽车、交通与金融保险三个方面，涉及的共性关键技术主要为体系架构、通信与网络、终端及平台四个方面，从而形成了"三纵四横"的关键技术体系。车联网将汽车的产品属性和服务发生重大变化，不仅可以提供导航、安防、通信等服务，还可以提供节油环保、汽车保险、汽车销售等综合服务。车联网是两化融合的重要结合点，推动产业柔化，将汽车产业的开发周期从 3 至 4 年缩短，向 IT 产业 6 至 9 个月的开发周期靠拢。车联网是电动汽车的重要支持，用互联网思维来组织能源、传动、安全等车辆系统，在整车之外，还可以把车况、路况、电池状态、充电设施、电网供应等数据综合、实时分析，提供便捷的服务和管理，实现电动汽车的"资产管理集约化、仓储管理简易化、物流调度智能化、充电计费多样化、运营服务互动化"，形成一个与"燃油车-加油站网络"不同的"电动车-充电网络"商业模式。

车联网的产业实践已经开始，通用汽车推出的 OnStar(安吉星)在美国应用发展多年、不断完善；福特汽车联合微软推出的第一代 SYNC 系统；谷歌、苹果与宝马、奔驰、通用等公司合作建立了"开放汽车联盟"；宝马汽车的 I Drive 系统自 2000 年推出以来集中的中央控制台设计非常简约；日本的丰田公司 G-BOOK 是日本汽车企业车联网系统最出色的代表。中国的自主品牌也开始了对车联网产品和系统的开发应用，包括物流车辆/长途客运/出租车监控管理平台，油耗分析与节油建议，行人及非机动车预警系统，节能驾驶系统(基于道路实时状态的经济车速建议优化等)。

制造：从机器到人

工业的制造，机器的发明和应用，旨在为人的服务。从古代时期，各种机械工具为了生产、生活而被发明，到近现代机器大生产工业的出现。机器的应用是在改变生产与工作的方式，归根结底是人的发明，是人的行动力的延伸。各种生产设备（机床、高炉等等）是在从事专门的制造工艺，往往被称为重工业，它们的产品一般是材料或者机器，比如精选矿石、硫酸、汽车、轮船、发电机。而还有一些以制造生活用品为目标的机器，它们相关的产业被相对的称为轻工业，这些产品则是皮鞋、啤酒、电视机、台灯、筷子等。

本章将继续按照工业的逻辑，介绍与当代社会的日常生活更加相关的产业部类，按照传统的分类，这一部分可以称为轻工业。但随着科技产品不断民用化和进入日常生活，以居民消费为终端的"轻工业"的范畴也有所扩大。在20世纪初电话等在当时还是奢侈产品，到了20世纪中叶，收音机、电视机已进入欧美社会的日常生活，到20世纪末叶，移动电话、个人计算机等开始普及，21世纪初的十余年间，数字化技术、触摸屏技术、移动互联网技术不但在催生着新一代的手机、个人计算机，也在改革着电视机、照相机、电影等"老一辈"电子产品，而电信类日常产品的始祖——电报已经几乎进入了博物馆。

从"轻工业"这一历史范畴对消费型工业等工业产业部类进行考察，可以了解工业技术、工业生产给人们的日常生活带来的改变。面向社会需求，这是工业文明演化的动力。

7.1 传统轻工业

7.1.1 概述

轻工业是我国消费品生产的主体，承担着改善人民生活，繁荣城乡市场，支持工业发展，扩大出口创汇和为国家建设积累资金的重要任务。轻工业不是一门学科，而是以消费品生产为主的加工工业的一种群体，如纺织缝纫、食品加工、家用电器、日用化工、造纸制革及文化体育用品等，其中很多商办工业还穿插在流通环节中。由于管理体制的变迁，各种产品与各个部门之间的关系并不固定。

轻工业在发展国民经济中有很大的作用。

1. 轻工业对改善人民生活、巩固工农联盟的重要作用

轻工业主要是生产消费品。马克思在《资本论》中论述消费资料生产时指出："简单再生产实质上是以消费为目的的。"列宁在《俄国资本主义的发展》中指出:"生产消费归根到底总是同个人消费相关联的。"消费资料的生产是为了满足人民生活的需要,是人类得以生存和不断发展的最重要的条件,这是马克思主义的一个基本观点。而在新古典经济学的框架里,消费和投资、进出口共同作为拉动一国经济的社会总需求的组成部分。2014年中国统计局公布的社会消费品零售总额26万亿元(具体的消费分类结构参见表7-1),约占当年中国国内生产总值63万亿元的40%。

表7-1 2014年12月份社会消费品零售总额主要数据

指标	12月		1—12月	
	绝对量/亿元	同比增长/%	绝对量/亿元	同比增长/%
社会消费品零售总额	25801	11.9	262394	12.0
其中:限额以上单位消费品零售额	14274	9.4	133179	9.3
按经营地分				
城镇	22166	11.8	226368	11.8
乡村	3635	12.4	36027	12.9
按消费形态分				
餐饮收入	2728	10.1	27860	9.7
其中:限额以上单位餐饮收入	845	3.8	8208	2.2
商品零售	23074	12.1	234534	12.2
其中:限额以上单位商品零售	13429	9.7	124971	9.8
其中:粮油食品、饮料烟酒	1810	13.0	17111	11.1
服装鞋帽、针纺织品	1467	10.6	12563	10.9
化妆品	182	7.2	1825	10.0
金银珠宝	284	7.3	2973	0.0
日用品	445	12.2	4390	11.6
家用电器和音像器材	808	12.6	7603	9.1
中西药品	719	15.2	6960	15.0
文化办公用品	299	15.0	2577	11.6
家具	256	13.2	2273	13.9
通信器材	338	58.1	2685	32.7
石油及制品	1759	1.0	19975	6.6
汽车	3746	6.1	33397	7.7
建筑及装潢材料	345	15.7	2815	13.9

注:1. 此表速度均为未扣除价格因素的名义增速;
2. 此表中部分数据因四舍五入的原因,存在总计与分项合计不等的情况。

轻工业生产同人民衣、食、住、行、用各方面息息相关,许多轻工产品是人人所需,日日必用的。在消费品零售总额中,扣除部分没有加工的农副产品之外,绝大多数都是轻工业产品。发展轻工业,首先要保证城乡人民日益增长的物质文化生活的需要。新中国成立以来社会消费品的零售总额年平均增长率为8%左右,它反映了我国人民生活水平的不断提高。这些消费品除供应城镇人口需要外,还有很大一部分是国家用来和农民交换农、副产品的工业品,其数量、品种、质量、价格对于改善农民的生活、巩固和加强工农联盟都有着现实的意义。如今,农村消费商品化,农民对农村市场提出越来越高的要求,于是这个问题就更加突出,并出现了一些亟待解决的新问题。如果城乡交换失去平衡,就会给农村增加不安定因素,也会引来农民对农副产品的惜售情绪。显然,工农业产品交换不协调还会使农民和政府的关系趋于紧张,工业生产以致整个国民经济也都要受到影响。近年来,城乡人均收入的比例约为3:1,农村人均买到的商品也仅为城市居民的1/3。若扣除购买生产资料的部分,每个农民能买到的生活资料仅相当于城市居民的1/4。这应该给予高度重视。

2. 轻工业是国家财政收入和积累资金的重要来源

轻工业的资金流通和周转是比较快的。建设轻工业企业需要的投资比较少,资金回收比较快,一定资金产生的效益也比较大。在20世纪50年代,建一个棉纺织厂,1.5年可以建成,投产后再1.5年可以收回投资,曾被誉为国家财政的摇钱树。我国正处于社会主义初级阶段,急需大量资金促进社会与经济的发展,从这一点上讲,轻工业在整个国民经济中的地位同样是举足轻重的。

3. 发展轻工业有利于解决就业问题

轻工业大多属于劳动密集型工业部门,所需投资较少,容纳的劳动力较多。按目前水平,每100亿元固定资产(原值)轻工业合计可以比重工业多容纳约五十万人。因此,充分利用我国丰富的劳动力资源投入轻工业,对加快工业的发展速度无疑会起较大的促进作用。

4. 轻工业是发展出口贸易的重要部门,对外贸收支平衡起着关键的作用

改革开放以来,我国轻工业在邓小平建设有中国特色社会主义理论的指导下,在党中央领导下,扩大开放,采取"市场化、国际化"的发展战略,紧紧依靠科技进步,大力调整经济结构,积极开拓国内外市场,努力提高整体经济效益,取得了丰硕的成果。

7.1.2 纺织和缝纫生产

1. 中国纺织工业的发展

穿衣是人们日常生活中的一件大事,而且穿比吃对工业的依赖性更大。农业仅能提供棉、麻、毛、丝等纺织纤维。要制成衣物,供人们穿用,还需要经过纺纱、织布、印染等许多工序制成面料,再加工缝制成衣。这一过程相当复杂,需要很多专门的技艺。

人们的衣着服饰,随着社会进步及经济、政治、文化、意识形态的发展而不断变化。我国的纺织技艺和衣着服饰,伴随着中华民族的发展,成为我国文化的重要组成部分。它以历史悠久、工艺精湛而驰名于世界。在经济上,发展纺织工业和服装工业,不仅是丰富人民生活的一件大事,而且从近代各国经济发展的经验和我国的实际情况来看,它们在实现工业化的过程中,也同样占有很重要的地位。纺织品除制衣外,有近一半用于制作工业产品,称作产业用纺织品,其中化学纤维制品约占90%。各种高科技化学纤维的开发成功,对各行各业的技术进步起到了不可忽视的促进作用,也推动了纺织业自身不断向前发展。

中国的纺织业历史悠久,在旧中国的工业中,与其他部门相比,相对是比较发达的。但由于封建势力和官僚资本的统治,以及外国垄断资本的限制,其发展速度缓慢。全国解放时,生产规模仍然有限,其中棉纺织行业的规模相对大一些,但棉布的最高年产量也只有27.8亿米。至于毛纺织、麻纺织、丝绸和针织等行业,基础都很薄弱,且规模很小。新中国成立以后,中国在重点发展棉纺织行业的同时,积极发展了毛、麻、丝纺织行业,从无到有建立了纺织原料工业,健全了纺织工业体系。在棉、毛、麻、丝加工产品发展的同时,于20世纪

50年代中期开始发展人造纤维生产。

1960年时我国化纤产量仅10000t,1978年达$3×10^6$t,2000年接近700万吨,2003年已达$1.386×10^7$t,居世界首位。在品种上,20世纪60代前期开始发展以煤和石灰石为基础原料的维尼纶生产,70年代开始发展以石油、天然气为基础原料的合成纤维生产,从而新增了包括人造纤维和合成纤维的化学纤维产品,扩大了纺织业的生产规模。现在已能生产产业用和装饰用纺织品的几乎所有品种。

目前,中国的纺织工业已经形成了一个门类齐全的完整的工业体系。虽然随着工业化的深入,纺织工业产值在工业总产值中所占比重逐步降低。但是,行业的绝对规模仍在不断扩大,主要产品产量还在继续增加,中国的布产量已居世界首位。不过,如果按人均纤维消费水平来作国际间的比较,中国仍低于世界平均水平。再考虑到拥有十多亿人口的庞大市场和世界产业的调整,中国纺织工业发展的推动力仍然是巨大的。今后,中国的纺织工业应该加速科技进步,努力调整产业结构,逐步从劳动密集型的传统产业转向技术密集型的新兴产业。

2. 纺织生产

1) 纺织原料

作为纺织原料的纤维可以分作天然纤维和化学纤维两大类。在自然界生长形成的棉、麻、毛、丝等都属天然纤维。化学纤维分人造纤维和合成纤维:人造纤维由木材、竹子、芦苇等纤维素加工成,合成纤维由石油、天然气等合成。

合成纤维有许多优点:强度高、弹性大、耐磨性好,对化学药品及蛀虫的抵抗力强,原料丰富、品种繁多,各有特性,可以满足不同部门的需要。因此,世界合成纤维生产增长很快,已占全部纤维生产总量的1/2以上。但是,在人们的消费观念上,仍推崇天然纤维。在我国,目前化学纤维产量尚不多,主要的纺织原料仍以棉、麻、毛、丝等天然纤维为主。天然纤维纺织原料的发展和农业的发展密切相关,纺织品的产量也以此为基础。纺织业是以农业产品为基础原料的工业,这是一个十分值得注意的特点。

2) 棉纺织生产

棉纺织的生产过程很具有典型性,本节以它为例介绍纺织生产过程。

棉纺织包括纺纱工艺过程、织布工艺过程和印染工艺过程,与此相对应,全能的棉纺织厂一般分为纺部、织部和染部。

(1) 棉纺织生产过程

① 纺纱工艺过程

棉花是棉纺织的原料,是由棉纤维组成的。纺纱就是将许多搅在一起的棉纤维,通过不断的牵伸、加捻、使之彼此理顺,互相抱合,增加强度,成为纱线。纺纱是棉织的前提。棉纺过程很复杂,其基本流程是:原棉入厂检验→选配棉→开棉→混棉→清棉→梳棉→并条→精梳→粗纱→细纱→纱线后加工→成品。

选配:利用选配技术,把各种不同质量的原棉适当配合和混合,以达到纺纱运转状态的稳定及成纱品种相对稳定的目的。在保证各种成品质量的条件下,最经济地选用棉种或与其他纺织纤维(如化纤等)相配合,还可以降低成本,发展品种。配棉是一项综合性和具有很强经验性的工作。目前虽然利用计算机辅助配棉,但人工配棉尚难完全废除。

开棉、混棉、清棉:这三个工序在现代生产中是由一套开清棉联合机组(统称清花机)完成的。开棉是把棉包开松,把大块的棉花扯开。混棉是在清花机内将配比规定的几种棉花经输棉帘子上上下下来回翻滚使之在棉箱中得到混合。清棉是在开棉、混棉过程中,用吸出器把杂物、尘土等吸到尘室,然后将开棉、混棉、清棉后的棉屑通过成卷机制成均匀清洁的棉卷。

梳棉:将棉卷在梳棉机上经过梳理,进一步清除杂质和短绒,把棉块梳理成单纤维状态的棉束,称为生条。梳棉是纺纱工序中一个很重要的环节,只有把纤维梳理好,才能纺出好纱。

并条:生条粗细不匀,混合也是初步的,必须经过几次并合、牵伸,以提高条干均匀度、纤维伸直度和分离度。

精梳:精梳是进一步分离纤维,使纤维更好地伸直平行,充分除去条卷中的短纤维、棉结和杂质疵点,并纺制成精梳棉条。

粗纱:粗纱工序是将棉条纺制成一定支数的粗纱(支是棉纱粗细的计量单位),这是精纺前的最后一道准备工序。

细纱:细纱也称精纺,是纺纱的最后工序。它是将粗纱继续拉细、抽长到规定的细纱号数,进行加捻,卷绕成管纱(纱管上约绕1000m细纱)。牵伸的滚子在纺织业称为"罗拉",一系列罗拉由于转速不同就完成了牵伸动作。加捻动作主要是由环状钢领、钢丝圈和锭子完成的,所以把这种机器叫做环锭细纱机。目前国内细纱机的锭速一般为20000r/min,国外则一般为25000r/min。

除了锭纺以外,近几十年又研究了一些新型的纺纱方法,比较成功并且部分推广的一种是气流纺织,国外也称"转子纺"。它利用一个高速转杯所产生的气流和离心力(国内的转速最高可达10^5r/min,而国外最高可达1.5×10^5r/min),把梳散的纤维凝聚在转杯的内壁,经引出时加捻成纱。气流纺可以省去细纱前的粗纱工序和织布前的络筒工序,卷装容量加大,在纺中、低支纱时,产量可比锭纺成倍增加,经济效益显著。但此法成纱能力偏低,纺不了高支纱,还有很多问题有待于进一步研究解决。至于其他的新型纺纱方法,还有自拈纺纱、涡流纺纱、无捻纺纱、静电纺纱和集聚纺纱(由长丝、粘剂、短纤维粘结集聚成纱)等。

② 织布工艺过程

已有千年历史的有梭织机现在仍是织布的主要设备,不过设备的精良早已今非昔比。除织布机上的工作外,织布的工艺过程还应包括织布前的准备和织布后的整理。

织布的纱分经纱和纬纱。织布机的二张综框将经纱单双相间地分成两层,两片综框分别向上、下运动,经纱便开成一个"织口"(技术上称为提综),装着纬纱的梭子相应在打梭棒冲击下由织口内通过并留下一根纬纱(技术上称为投梭),再由筘网将纬纱打紧(技术上称为打纬或打筘),随后,综框反向运动,旧的织口消失,纬纱被封闭,同时,新的织口形成,下一个循环便开始。这样,通过提综、引纬、打筘三个基本动作的往复循环,使经、纬纱互相交织起来,从而织成布。为完成上述动作,经纱准备应包括络纱、整经、穿扣等。络纱是将纺部来纱连长做成筒子纱,并清除纱面上的杂质。整经是把筒子纱均匀、平行地按布幅宽度要求排列成纱片绕到经轴上。穿扣是把经轴上的纱分组穿过二片综框和筘网,以便简便地安装到织机上。由于经纱所受到的机械张力较大,并且在由经轴出来到织成布的这一路程中要上下摩擦数千次,所以,经纱还要经过浆纱处理。浆纱是使纱的表面光滑,提高纱的耐磨性和强度。纬纱由于所处工作状态和经纱不同,所以准备工作亦不同。纬纱准备包括卷纬和纬纱加湿,纬纱加湿是为了增加纱线的强度和韧性,并且在引纬时不会扭结。

有梭织机结构比较简单，造价便宜，且能适应广泛的织物范围，便于翻改品种，至今仍是织造生产的主要设备。但有梭织机致命的弱点是引纬用的梭子太重，其质量与每次引过纬线的质量之比相差过分悬殊。一般梭子重400g，纬纱以20支计在布幅为1.2m时质量为0.03g，相差14000倍。也就是说，动能的实际利用率只有1/14000。这样，除造成能量的浪费外，还使得噪声高，机件易损，生产效率也难以提高。据一个工厂的实际统计，千台织机年消耗梭子14000个，打梭棒12000根，可见其工作条件恶劣。所以，织机改进的思路都集中于在引纬方式上作文章。

近年来无梭织机以其产量高、噪声小等突出优点，正得到迅速发展。片梭织机和箭杆织机虽仍是机械引纬，但动能消耗已大大减少，喷气织机和喷水织机则干脆去掉了梭子，直接用高速气流或水流引送纬纱。喷气织机入纬率（引纬速度）目前可达每分钟2340m，转速达到1400r/min，幅宽达5.4m。而喷水织机的车速、最大织幅以及入纬率分别可达到2000r/min，2.3m和3200m/min。新研制的多相织机的引纬速度可以高达每分钟5500m。但这些方法都还有些不完善之处，如布边不够齐、断头率和纬纱消耗量较高等，其设备和工艺正在改进中。目前全世界喷气、喷水、片梭、箭杆等无梭织机的总数约占织机总数的30%以上，这一增长趋势还将持续下去。

③ 印染工艺过程

印染是纺织品的后加工，它将原色织物（坯布），按照需要分别进行漂白、染色、印花、整理，制成成品。

坯布进入印染厂首先要经过练漂工段，此工段又分为准备、烧毛、退浆、煮练、漂白、丝光等工序。烧毛是将坯布迅速通过灼热的金属板或火焰，以去除坯布表面的纤毛。退浆是去除织物上的浆料、可溶性杂质和机械杂质等。煮练是在加温加压条件下，在碱液中煮练、水洗以去除退浆后织物上残余的蜡状物、果胶、含氮物质等。漂白一般使用氧化剂、次氯酸钠、漂白粉等，印染之前必须漂白，才能保证染色后色调准确。漂白后的织物经过轧水、烘干，即可送去染色、印花。

染色是将染料均匀地吸附在织物上，得到的是单一的色泽布。染色操作和煮练相仿，印花则要复杂得多。印花前要按照设计好的花样雕刻花筒（或制成网板），染料也要事先调煮成印浆，然后上印花机印制。染制和印花后，布要经过汽蒸、皂洗、水洗、烘燥、拉褶、轧光、树脂处理（为达到防缩、防皱、免烫等性能）等工序整理，然后折布、打包，准备出厂。整理对提高织物档次、提高经济效益非常重要，要给予充分重视，做到染整配套。

印染工业用水量较大，排出的水中含有多种化学物质，因此应注意废水治理和节约用水。

(2) 生产率提高与技术进步的辩证关系

以上是棉布生产过程的简单介绍。织物的品种规格极多，生产过程千变万化，实际情况要复杂得多。因此，要进行技术改造、提高生产率，必须深入到生产的具体环节中去，分析实际情况、找出症结所在，才能制定出切实可行的技术政策。下面以纺纱生产为例加以说明。

① 纺纱生产率的提高与技术进步存在着复杂的辩证关系

纺纱的生产率是比较低的。在古代，每人日产一般为5～8两（每两31.25g）。古书记载，有一位张氏能日纺纱12两（合375g），这可能是当时的最高纪录了。在近代100年中，纺织技术的进步有多大呢？19世纪末，每锭每小时产中支纱6.15g，但一个世纪后的今天仅达12～15g。由此看来，纺纱生产的进步并不像想象的那么大，可见问题的解决是有很大难度的。

为提高生产效率,首先想到的必然是提高锭速,其次是加大管纱卷装,节省更换管纱的时间。但这两种做法都有一个共同的问题,即必然引起纱线张力增大,加上转速提高后,机件振动冲击增加,在其他条件都不变的情况下,断头数必然增加。由此将引出一系列问题,例如每个工人看锭数下降,纱的质量和产量下降,原棉消耗增加等,这些又都会使生产率下降,其结果将事与愿违。据统计,千锭时断头数由30增加到180时,每个工人的看锭数将下降57%。可见纺纱生产中,数量与质量,是充满矛盾的过程。另一方面,纺纱过程中生产环节多、辅助装置多、中间容器多、运输工作量很大,这都会耗用大量的辅助工作时间,按目前水平,纺纱生产中,30%以上的人力是从事辅助劳动的,这也使得平均劳动生产率下降。

既然问题是在断头上,那就要分析断头的原因。经测量,纱线气圈离心力在纱线上产生的张力,仅约为纱线强度的1/10。但是,由于线不均匀及机件振动、冲击而加大张力,当超过纱线的强度时,就会引起断头。所以,要想减少断头,一方面是设法减少振动和冲击,这就不仅要改进机器质量、提高精度,而且要加强机器的维修保养;另一方面就是要改善原棉质量,改进配棉、清棉、调均工艺,使纱线均匀;在开机操作时,也要及时清除毛絮杂物,做好清洁工作。

进入20世纪70年代以后,纺织技术有了较大的变化,除研制出一些新的纺纱方法外,在环锭细纱机上做的工作主要是精化纺机、提高锭速。目前国外细纱机的锭速一般为20000~25000r/min,千锭时断头在15根以下。为适应细纱机高速生产,还采用了自动化清洁装置。目前国外新型细纱机,一般都装有自动落纱装置、自动巡回清洁器,有的还配备有自动接头机,扩大了计算机在纺织单机上的应用,使细纱接近自动化生产。

② 应从国情出发,确定改造纺织生产的技术路线

新中国成立以来,在纺织工作者与机械工作者的共同努力下,我国的纺织工业发生了根本性的变化。棉纺工业在解放以前,虽然与其他工业相比是规模最大、基础最好的一个工业部门,但多数企业技术落后、设备陈旧、生产水平低、劳动条件差。500万锭棉纺设备,全部是从英、美、日等国进口的,型号多达二十余种,根本无法组织备件供应。

20世纪五六十年代,中国纺织工业部门两次组织科研力量设计生产出两个系列的棉纺织印染成套设备,技术水平有了明显的提高。旧中国遗留下来的设备,细纱机被淘汰了100多万锭,留下的也通过改造和更新核心部件,达到了与新设备相近的效能。80年代初,又开始研制新一代的设备,加上技术引进,纺织技术装备水平又有较大程度的提高,在"九五"期间棉纺压锭改造淘汰了大约1000万纺锭,使落后纺锭的比例大幅度下降,约有1/3的纺锭达到了90年代的先进水平;无梭织机的数量已超过11万台,绝对数量居世界之首。

加入WTO后,中国纺织服装业仍继续演绎"纺织大国"的辉煌历史。但是,这种辉煌目前只是体现在量的方面。而在质的方面,我们应该意识到,技术创新的危机已悄悄袭来,中国纺织服装业正面临着一场严峻的挑战。面对这样的挑战,中国纺织服装业不能置之不理,更不能退避三舍,而应知难而上,勇于创新,开拓出富于竞争力的新领域。

纺织服装业的技术是整体性的,体现在纺织服装业的五大技术环节,即在纤维、纱线、织造、染整和设计等方面。我国在这几个方面同国际先进水平相比都存在着明显的差距。这就造成中国纺织服装业总量不小,利润不多的局面。

以纺纱为例,通过新建和扩建,中国到1990年底共有3882万锭,比1949年增加了5.8

倍,使中国成为世界第一纺织大国。2011年全国的棉纺锭已经达到7568万锭,规划产能超过1.2亿锭。尽管规模很大,但总的技术装备水平还不高,在现有的棉纺纱锭中,80年代以前的设备占到2/3。目前中国纺织工业的技术结构,与50年代相比,已经发生了很大变化。但由于国外近年大量采取自动化手段,我国的吨纱用工量(考核纺织业劳动生产率的一个重要参数)与国外的差距依然很大,为日本的2～3倍、美国的5～6倍。

在这种情况下,我国棉纺业进一步改造的技术政策应该如何确定? 一种做法是效仿先进工业国家,大量更新设备、提高车速、采用自动机,这种单兵突进的做法可以提高劳动生产率、减少用工。另一种办法是在现有设备的基础上,进一步改进产品设计、工艺,加强生产管理和设备维护,这样虽然用工多,但产品质量并不差,同样有竞争力。走什么样的技术道路,不仅要考虑国外科学技术发展的水平和动向,更重要的是要结合中国经济发展的实际需要。权衡利弊,近期仍应以后者为主。

3. 化纤生产

1) 化学纤维的分类和原料

通过化学方法制造出来的纤维,统称化学纤维。它是近几十年开发出来的可用工业方法生产的新纺织原料,可以在很多地方代替天然纤维,某些性能甚至比天然纤维更优良。化学纤维不仅能用来弥补天然纤维的不足,而且已成为纺织工业不可缺少的重要原材料,因而成为日益重要的工业部门。

2004年全世界化学纤维总产量3.456×10^7t,其中中国产量达1.386×10^7t,约占全世界产量的40%。2013年全世界化学纤维总产量8.449×10^7t,其中中国产量4.134×10^7t,约占49%。

化学纤维分为人造纤维和合成纤维。人造纤维是利用自然界中的纤维或蛋白质作原料,经过化学处理和加工制得的纤维。它比合成纤维发展早。其中用纤维素(如木头、棉短绒、芦苇等)为原料的,叫纤维素纤维;用蛋白质(牛奶、大豆、花生等)为原料的,叫蛋白质纤维;其中粘胶纤维由于其性能与棉花相近,应用最为广泛。但人造纤维所用的材料多为农、副产品,在一定条件下受到自然因素的限制,所以要寻找自然界中蕴藏量更为丰富的资源为基本原料来合成新的纤维。

合成纤维就是以煤、石油等为原料经过化学合成制得的纤维。合成纤维品种很多,但从性能、应用范围和技术成熟程度来看,得到重点发展的是聚酰胺合成纤维(锦纶)、聚酯合成纤维(涤纶)和聚丙烯腈合成纤维(腈纶)三大类。锦纶形似真丝,但更强韧,制成弹力袜坚实耐穿,工业用途广;涤纶的强力高、弹性好,做成衣服具有免烫、易洗、快干等特点;腈纶的性能接近羊毛,具有柔软、保暖、染色鲜艳等优点。在这三大品种的基础上,还可以在抽丝以前搞变性、共聚等处理,在抽丝过程中搞异型丝、复合丝等。有了这些发展变化,纺织品的花色品种会更加丰富多彩。

合成纤维的原料过去是以煤为基础的焦油化工和电石化工为主。煤焦油是炼焦工业的副产品,产量小,发展规模受到限制;电石化工的发展也受到耗电量大的限制。两类产品都不能满足合成纤维大量发展的需要,因而世界各国都先后将合成纤维的基本原料由炼焦工业转到石油化工工业。

用石油和天然气作为原料的特点是开采和运输方便、工艺和设备相对简单、投资较少、产品品种也较煤化工多,生产规模可向大型综合性联合企业发展。如经营得当,用天然气制造乙炔比用煤电石法成本降低 1/2,劳动生产率高 1~2 倍,并可大量节省电力。但也应清醒地看到其发展受到资源的严重制约,除非我们削减对石油燃料的使用,否则合成材料的远景前途是不乐观的。

2) 化学纤维生产工艺举例

这里以合成纤维的生产为例简介化学纤维生产工艺过程。首先,将原料煤、石油等进行处理加工,得到苯、苯酚、二甲苯、丙烯、乙炔等有机化工原料,然后再将它们合成为己内酰胺、丙烯腈、醋酸乙烯、对苯二甲酸等单体材料。化纤厂利用这些单体材料,在一定条件下,通过聚合、制丝、后处理加工等工序得到化学纤维,再提供给纺织厂制成各种纺织品。

其中关键的一步是制丝,将高聚物粘稠状溶液或熔融成的流体,用齿轮泵定量供料,通过喷丝头小孔,凝固或冷凝成为纤维,再经拉伸、水洗、上油、干燥定型等后处理加工,使纤维具有各种特定的性能。

化纤生产与化工生产相类似,对防尘、防爆、防腐蚀等要求较高。废渣、废气、废水的污染也较严重。另外,化纤生产要耗用大量的水,生产 1kg 粘胶纤维约消耗 1t 水,所以在选点时要予以充分考虑。

4. 缝纫加工

纺织工业生产的主要是布、呢绒、绸缎等面料,要通过缝纫工业(包括服装工业)制成服装,才能供人们消费。服装、纺织装饰用品和产业用纺织品称为纺织工业的三大支柱。在我国,衣着用占 80%,室内装饰用占 12%,产业用占 8%,可见缝纫的工作量是极大的。

长期以来,中国人的服装是以家庭缝制为主的,有时则购买衣料请裁缝量体裁衣加工缝制,购买服装厂生产成衣的比较少。因此,我国的服装行业发展比较慢。其实,这是一件非常耗费社会劳动的工作。随着社会化生产的展开,"做衣穿"的人逐渐变成了"买衣穿",对服装行业压力很大。1975 年,在轻工业部和商业部联合发出"关于发展成衣生产的通知"以后,服装行业有了较快的发展。国务院 1986 年发布的技术政策要点中更明确提出,要大力发展工业化服装生产,要努力改进服装设计,不断创新,增加规格、型号、花色、款式,以适应男女老少不同季节和特殊需要。

其实,服装工业不仅是满足人民生活需要的一个服务行业,而且是一个经济效益很好的生产部门。世界服装市场容量很大,发展服装出口的潜力也大,出口服装比出口面料创汇可以提高 1 倍以上,是加快纺织品贸易的重要途径。当然,要打开国际市场的销路,对产品的要求都比较高。目前服装正向"时令化"和"高质化"发展,对于花型、款式、质量以及交货期的要求越来越高。2005 年取消配额限制后,竞争其实变得更加激烈。要发展服装出口,还需要作很大的努力。

国外服装行业的主要设备,经历过家用脚踏缝纫机、工业缝纫机、电动缝纫机、电子缝纫机四个发展阶段。目前国际上多数采用电动和电子缝纫设备,以及相辅发展的裁剪机、锁眼机、钉扣机、打结机、熨烫机、定型机、粘合机、褶裙机等,正处于机械化和半自动化阶段。我国在 1978 年以后,服装工业开始大量引进国外先进技术设备,并依仗我们自己的科技基础,制成了光电控制半自动烫裤机、光电控制单色绣花机、程序控制自动锁眼机、全自动钉扣机、胶条热压机、液压围领机、平板压烫机、烫袖义机、棉服生产流水线等,在生产中发挥了积极作用。同时,结合我国劳动力充足和乡镇企业经营灵活的特点,采取了多种形式的联合以及各种行之有效的经营方式,使生产有了较大的发展。

发展服装行业，不仅应着眼于生产能力，更应做大量的基础工作。例如服装标准化工作，对全国以及世界主要市场的各种人的体型、尺寸、穿衣习惯、审美观点、情趣爱好等进行大量的采样调查，用科学的统计方法进行归纳整理，制定出服装的基本型谱，以这些基础数据为指导，再辅以计算机，就可使以成批生产方法生产出的服装更加接近于定作，既穿着舒适，又成本低廉，花色品种也可及时更换。同时，还可指导面料布幅、花样的设计和产量的安排，使面料利用最充分、浪费最小。

7.1.3　食品加工

民以食为天。在以自然经济为主的社会里，人们主要依靠自己生产的食品来维持生活。随着城市的发展和社会化水平的提高，食品加工业也随之发展起来了。这不仅因为城市传统的消费方式已经发生了深刻的变化，而且由于交通和储存条件的限制，用未经加工的食品去供应城市众多的人口在技术上也有很多的困难。食品加工业以先进的工业化生产方式，把农副产品加工成比较精细的、营养卫生的、便于贮藏和调剂余缺的各种食品。食品工业还可与商业、餐饮业、快餐业相结合，构成后者支撑体系的一部分，互相促进，共同发展。食品加工业的发展与人民生活和社会生产是息息相关的。

由于现在世界上很多发达的工业国所消费的食品很大一部分要从发展中国家进口，而食品加工业又只需要比较简单的工艺和熟练的劳动力。因此，许多发展中国家的食品加工业占国民经济很大比重，以此作为初级产品生产部门和发达国家食品市场之间的中间环节，也作为创汇的重要手段。

由于食品直接影响到人的身体健康，各个国家都制定有相应的法律和规章对食品质量进行监控，这对食品加工业的生产有着重大的影响，所以应该有更严格的管理规范和工作制度，以法律形式出台食品卫生标准，并严格监督执行。如属出口产品，还应和进口国的食品标准相统一。这是食品加工业和其他工业生产的一个很大的不同之处。

食品加工业的部门构成是随着工业化程度和人民的消费水平而变化的。我国在解放初期，虽然食品加工业当时是仅次于纺织工业的第二大工业部门（1952 年占工业总产值的 24.1%），但是除了几个主要的生产部门如粮油加工、制糖、卷烟、罐头食品有一些工厂外，绝大多数都属于作坊式的手工业生产。

经过六十多年的发展，中国的食品加工业已经发展成为一个门类齐全的工业部门。主要门类有粮食加工、食用植物油、制盐制糖、烟草、酿酒、制革、饲料、罐头食品、肉类屠宰加工、水产品加工、蔬菜加工、乳品加工、代乳品、蛋制品加工、肉食制品、糕点、糖果蜜饯、调味品、豆制品、蜂产品加工、淀粉、香精香料和食品添加剂等 24 个行业。产值居第三位（仅次于机械工业和纺织工业）。以上分类中，粮油、制盐、屠宰及肉类加工、水产加工、制糖、烤烟等工业，属于食品加工业的基础原材料工业，在食品工业中占有很重要的地位。

食品加工业是农副产品的加工工业。衡量一个国家的食品加工业的发展水平，主要看食品加工业对农副产品的加工深度，通常用食品加工业占农业生产产值的比例来加以反映。我国只有 1/3 左右，而日本在 1980 年就已达 2.4 倍。这个算法受各国初级产品与加工品比价不同的影响，可比性不很大，但亦可看出一个趋势。食品加工将成为第一大产业，即使与农业产值按 1∶1 计算，就会有 3 万亿元的规模。2004 年我国食品工业总产值已达 1.6 万亿元，到 2014 年食品工业总产值已达到约 12 万亿元，10 年间、扣除价格因素，产值增长 4.6

倍。随着我国现代化的进程，食品加工业还会有一个较大的发展。中国的食品资源丰富，可开发的新资源潜力很大。例如，全国野生植物资源多达三万多种，其中绝大部分可以提取食料，但是现在利用率很低，其中经过工业加工者更是寥寥无几；此外，可供食用的昆虫基本上尚未加工利用；人工菌的生产还刚刚起步。所以，在保护生态的前提下，提高加工深度，加强现有资源的利用，努力开发新资源，是中国食品加工业的一个重要研究课题。

在开发资源的同时，一定要注意资源和生态环境的保护，"杀鸡取卵"的做法是不负责任的。有些人为取沙棘果实做饮料而将整棵植株砍下；为取甘草根入药而将整株甘草连根挖起；为采发菜"发财"不惜动用铁耙（甚至拖拉机）将整个地面刮一遍。这种做法致使干旱地区视为生命之源的植被大面积死亡，甚至根本不可能恢复，结果造成沙灾肆虐，沙漠化蔓延。这种毁灭性的灾难损失，绝非开发所得可以补偿的。应采取切实措施予以制止，以保障原料产地人民的正当权益和整体的长远利益。

1. 粮油加工、屠宰及肉类加工生产

粮油加工、屠宰及肉类加工基本上是属于简单的初加工生产。总产值中原料价值所占的比重很大，工业生产中新创造的价值比较小，但对保证基本供给和食品加工业的发展是十分重要的。

我国的食品结构并不适应人民生活改善的需要，人民群众对每天要花4小时以上用于买菜和做饭感到是一种负担，要求饮食生活社会化、多样化、方便化和吃得卫生、讲究营养。随着社会的变化，互联网的加入和职业的分工变化，越来越多的在外就餐比例，网络点餐送餐业务在各大城市全面展开。食品的工业化在加快，主餐的商品化也在加快。

同时它又是"从田间到餐桌"的中间产业，直接关系着农业产业化。因此，我国各地由行政领导亲自抓"菜篮子工程"，明确以发展食品加工业基础原料和方便食品为重点，带动整个种植、养殖业和食品加工业发展。这个方针无疑是正确的。

本类工业部门的生产过程相对比较简单。我国经过几十年的技术改造，已基本实现了机械化或半机械化。目前主要应在提高质量、改善品种结构上下功夫。如粮食加工，从前以碾米磨面为主，现在大力发展等级米、不淘洗米和多种用途的等级面粉，开发米、面、杂粮制成品的加工技术，使主食制成品的比例高于半成品。

肉类加工生产中一个很重要的问题是畜源。为了发展饲养业，还应重视饲料加工业的发展。饲料加工业也是轻工业的一个重要部门。

饲料加工业是近些年发展起来的一个为农业服务的新兴轻工业部门。它是实现畜牧饲养现代化的物质基础。随着科学的发展，人们逐渐认识到，根据各种畜禽对营养的需要，制成营养全面的饲料进行哺养，不仅可以缩短饲养周期，还能节约粮食和能源，降低成本，增加收入。根据我国一些畜牧饲养单位试验，在其他条件相同的情况下，养猪增重1kg，一般要饲料4kg，而科学配方的配合饲料只要3kg，猪的饲养周期缩短1/3以上。2003年，中国的工业饲料产量达到8.781×10^7t，其中配合饲料产量为6.406×10^7t，绝大部分还是有啥喂啥。这种情况是不能适应饲养业发展需要的。尤其是农村经济体制改革以后，饲养专业户、重点户蓬勃兴起，他们饲养的数量多，饲料供应靠一家一户解决不了。能不能为他们提供量足质优的配合、混合饲料，是饲养专业户和重点户能否继续发展的关键。到2014年，中国饲料产量已达1.83×10^8t（其中配合饲料产量1.5287×10^8t），是2003年的两倍以上。饲料供应已经基本满足市场需求，且2014年已出现了饲料企业数量的减少，年度企业淘汰

率 30%。

现代化的饲料生产机械化程度很高,绝大部分原料散装进厂,饲料粉碎、搅拌、包装都是机械化连续化生产,并且在科研上下功夫,广泛使用高效添加剂,作到最优配比。我国目前畜禽饲养比较分散,饲料资源也比较分散,因此要采用适合我国国情的做法,坚持以集体和群众办厂为主的方针,同时完善检验手段和监管体制,加强宏观上的合理规划和科学指导,广开门路,合理收集和利用饲料资源,逐步建立服务网络,满足广大农民的需要,进而满足全国人民对肉食品的需求。

2. 制糖生产

食糖既可直接食用,又可作为食品、医药等工业的原料,因此是食品加工业重要的生产部门之一。

制糖是一个很特殊的工业部门。首先,原料生产的地域性很强。其次,原料消耗量大,不宜长途运输,糖厂选地具有很强的原料地指向性。另外,制糖生产的季节性也很强,其原料不能长时间储存,尤其是甘蔗,成熟了就得收割,割下来就得加工,否则除了糖分损失大外,还有霉变的危险。所以制糖厂的生产一般都是季节性的,在甘蔗收获的季节开工,原料加工完后停产,这段时间称为"榨季",每个榨季最多不超过 180 天。其余时间设备闲置,工人窝工,两次生产期间的间距较大。有计划地调整甘蔗的品种和收获季节,榨季可拉长一些,但不同品种的出糖率又有差别,所以,在原料供应半径、种植品种比例、糖厂加工能力、榨季长短、糖的收率之间有一个最优组合。制糖生产以基地化形式集中组织为宜。在具体组织上,可以以糖厂为龙头,与农民确立固定的种植关系,进而结成共生共荣的商工农一体化伙伴关系,有计划地规划、指导、经营,甚至直接拨资金进行科研和基本建设,雇用飞机为蔗田大面积播施微量元素肥料,帮助蔗农提高生产水平。若分散经营,多方都强调自己小集团的利益,就会造成极大的浪费。

目前,国际上的糖厂日益向大型化发展,很多国家都采取了合并小厂、改造老厂、兴建大型厂等措施。我国糖厂甘蔗平均日榨能力为 1300t,其中日处理量超过 4000t 以上的糖厂不到 30 家。国外糖厂生产规模一般在 3000~6000t,大的上万吨。

由于扩大了加工能力,采用了新技术,糖厂的生产效率都有所提高,糖分损失减小,同时可以节约用电。新糖厂一般都建在原料产区中心,并按最优化原则确定原料供应半径,建立配套的运输网,以便按生产进度将原料用自卸卡车直接运进糖厂,无须二次倒运。这些都是降低运输费用、减少糖分损失的经济合理的措施。为了延长"榨季",很多国家还采取了储存甜菜糖浆的措施。这种方法比储存甜菜费用小,糖分损失小,并可相应缩小由结晶至包装的生产能力,因而可节约建厂投资。

3. 罐头、饮料生产

随着食品保藏加工的工业化生产,罐头加工得到很大发展,罐头食品的用途正在逐渐扩大,种类也不断增多。除家庭用的小包装罐头外,还发展了饭店、列车、学校和医院用的大包装公共膳食罐头,以及开启方便的旅行罐头和治疗各种疾病的疗效罐头,有的国家还研制了高空、高山、宇航罐头。

2002 年,世界上共有罐头品种 2500 多种,年产量超过 5×10^7t,我国的罐头产量也达到 3.75×10^6t,消费量越来越大。2014 年我国的罐头产量已经巨幅增长到 1.172×10^7t,12 年间增长 2.1 倍。

罐头食品工厂有的以生产蔬菜、水果罐头为主,有的以肉类加工为主,还有的两者兼营。罐头食品生产的发展,在很大程度上取决于原料的供应,因此一般应有比较稳定的原料基地。在加工技术方面,现代化罐头厂的生产作业线都比较完善,从原料采收、运输、预处理、清洗、热处理、装罐、封口到杀菌,各工序均实现了机械化和连续化,并且按品种设置固定的作业线,实现生产工艺的专业化。

镀锡薄板、无毒塑料和玻璃制成的瓶、罐是罐头和饮料食品包装的主要容器。制罐原料如深拉超薄镀锡、镀铬钢板等,技术要求很严,其产量和质量对罐头食品生产的发展有很大影响。我国食品加工业目前每年需要的镀锡薄板仍主要依赖进口。

我国一度是世界上少有的罐头生产、出口大国,罐头消费小国。我国的很多优良品牌都名扬海外,但在国内,消费者却知之甚少。为了开拓国内市场,我们的企业需要在国内创造名牌产品,走产业化发展道路,逐步建立种植(养殖)、加工和销售一条龙体系,让国内消费者都了解我们自己的罐头食品。经过21世纪初的十余年快速发展,在WTO带来的扩大贸易影响下,中国的罐头食品也迎来了内销的快速发展期。

4. 卷烟、酿酒生产

烟草对人身体有害,酒也不宜多饮。二者均属于嗜好性食品,故其利税特别高。从这一点看,经济效益是好的。也正是这一点,拉动了它们过快地发展,占工业总产值比例比国外很多国家都高,结构上很不合理。不仅如此,在管理体制一度实行地方财政包干的情况下,更促成了地方卷烟、酿酒中小企业的疯狂发展。地方税收直接与地方利益挂钩,税收越多,地方越富。倾斜的经济杠杆驱使地方不顾国家计划,截留本应供应骨干厂的原料,致使国家财政蒙受重大损失。今后仍要通过利税调整严格加以控制。

酿酒是高耗粮的生产,据生产部门介绍:酿造1t高度数白酒平均要耗粮2.5t。这样,每年全国三百多万吨白酒的产量就使成千万吨粮食被喝掉了,而我国一年为非农业人口安排的口粮才5000万t,比例严重失调。况且现在我国粮食生产形势严峻,每年还要花费大量外汇从国外进口粮食。

在这个问题上,当务之急是要调整好国家对控制烟酒类生产的宏观产业政策。烟酒必须实行专卖,高额利税应归国家财政。优质烟草统一调拨,保证总体效益好的大厂生产,以强化出口创汇。国家从国民健康出发,对于烟草的生产和消费应适当控制,并积极研制低焦油和尼古丁含量的品种。酿酒生产则应把限制白酒生产作为首要任务,降低白酒度数,加快黄酒、葡萄酒、果露酒、啤酒等低度酒的生产。这样,既丰富了人民的生活,又可降低粮食消耗。

7.1.4 家用机械、电子及轻化工生产

本节所讲的这几个行业,是解决人们生活中"用"的问题的生产部门。

1. 家用机械电子产品生产

此行业主要生产耐用消费品,在提高人民生活质量和货币回笼方面发挥着重要作用。

新中国成立初期,面临建成自己独立、完整的工业体系的艰巨任务,是不可能拿出很大的力量去发展高档耐用消费品生产的。而且在人民生活水平较低时,也没有很大的市场需求,所以,新中国成立以来很长一段时间内一直以"老三件"——自行车、缝纫机和手表为主。十一届三中全会以后,人民收入水平有了较大提高,购买力增强,同时也由于超前消费浪潮

的拉动,家用电器生产大幅度增长,取得了高速发展,形成了完整的工业体系。我国家用电器工业从无到有、从小到大,从单一国内市场到进入国际市场,已形成一个门类齐全、产品多样、规格众多、由生产经营到科研、设计、检测的完整的工业体系,一跃成为国民经济重要部门。与此同时,家电工业的发展历程是一个市场化的过程,处于中国由计划经济转向市场经济过程的前列。它的发展为国民经济其他部门的发展提供了许多借鉴,锻炼了一批适应市场经济要求的经营管理人才和职业经理人,形成了一批知名骨干企业和知名品牌。我国家电工业产量已占全球总产量的1/4,以其价格低廉的优势和相对可靠的质量,在丰富和提高人民生活水平的同时,也成为我国出口迅速增长的有利因素。短短十多年,家电出口额成倍增长,在国际市场上的份额越来越大,并在国外建立了自己的营销体系,有的还开始在国外建厂生产家电产品。可以说,家用电器工业是中国现阶段发展最成熟的产业之一。

中国家用电器工业用10年就走过了相当于发达国家半个世纪的发展历程。但在这令人炫目的成就背后,却不能不看到我们正面临一个严峻的现实。虽然中国正成为世界家电的制造基地,但中国家电业从一开始就是靠引进国外技术进行生产。可以说,中国家用电器工业发展的历史,就是一部技术引进的历史,反映着我国技术引进的共性问题。尽管一些优势家电企业已经具备了一定的技术创新能力,在个别领域达到甚至超过了国际水平,但距离真正意义上的自主开发还很远。中国家电的制造能力还基本限于中低端产品,技术含量高、利润率高的家电产品的生产还基本上掌握在跨国公司手中;在关键零部件生产方面,我国企业缺乏拥有自主知识产权的核心技术,还不能摆脱依赖他人的局面。这样就避免不了受制于人。知识产权已成为跨国公司结成技术联盟打击我国企业的"拿手武器"。例如,在DVD产品的200多项专利中,我国企业拥有的自主知识产权不过20项。这样,在我们向国外公司高价购买核心部件的同时,还得被双重地索要高额的专利使用费。在DVD市场上,虽然我国企业已经占据大部分市场份额,但外贸品牌才是真正的高利润得主,我们得到的只是极少的加工费。

惨痛的教训使我们更深刻、更清醒地认识了世界市场西强东弱的历史格局和弱肉强食的本质特性。当我们的企业以初级的自由市场的姿态,分散地面对经过了几百年血腥的资本积累和规则整合,已经发展到高级阶段的主流市场时,不得不接受先发展起来的利益集团在资本、技术和规则上的压制和不公平竞争,仍摆脱不了"人为刀俎,我为鱼肉"的宿命。直面于斯,我们别无他途,只能运用社会主义制度可以集中资源办大事的优越性来加以面对。需知我们寻找这条发展道路也是付出了百年流血抗争,以及新中国成立后六十多年节衣缩食进行资本积累的艰苦历程的。社会主义是一场运动,是被压迫民族和被压迫人民争取更合理生存的一场运动,包括政治的、经济的各方面。认清形势就可有所作为。我国在EVD播放机研发上实施以下几个知识产权战略获得成效。

第一,确定战略要站得高。EVD从研发伊始,锁定的目标就是专利的最高层面——国际标准。恰是这种高位远视,决定了EVD带来的不是一厂一品的局部利润,而是整个行业的翻身。高新技术产业往往是标准先行,后有产品。谁标准在手,谁就能"号令诸侯"。我国的EVD标准体系已被国际标准组织受理,有望成为国际标准。EVD播放机率先由中国研发成功并产业化,给中国家电业带来的将不仅仅是数以亿计的市场规模,还可能摆脱国外厂商DVD专利的"围追堵截",在全球影碟机产业的重新洗牌和整合中,化被动为主动。

第二,制订战术要看得远。EVD研发机构在技术体系诞生后,没有急于抛出去破纪录,直到原理验证样机、全功能样机完成,才着手申请国际标准。这是因为,国外企业研发能力强,如果先申请国际标准,国外企业获得标准文本后,极可能后发先至,不出半年就推出全功能成熟的产品,并蜂拥入市。它们要缴纳的专利费与其挖到的市场"第一桶金"相比,可忽略不计。但中国企业就会陷入悲惨境地,虽标准在手,但产品开发却跟不上,即使后来跟进,市场份额已被瓜分,只能再走低价竞争的老路。

组织资源时优势须叠加。网络化、IT化是家电产品未来发展的重要方向。在信息产业部的组织和支持下,国内跨行业的骨干企业,各携技术"秘籍",实行技术战略联盟。EVD联合研发体以资产为纽带,组成股份公司,参加研发的单位均成为股东,研究成果最后归股份制公司所有。这种创新机制的成效已初步显现。各家单位施自己所长攻关,最后产业化的EVD型号达11种,9家企业都获得了利益和市场保障。

但最终,在21世纪初互联网技术和智能移动设备技术的冲击下,传统影碟机产业和大量传统电子产品产业面临消费端断崖式衰退,未能及时转型的企业面临全面生死危机。竞争之初棋错一步,开始追及之时,环境改变,追无可追。

2. 轻化工产品生产

轻、重化学工业部门的主要区别是前者以生产消费资料为主,后者以提供生产资料为主。从生产过程上看,重化学工业以生产化工基础原料为主,属上游工业;而轻化学工业则以各种化工制品的再加工为主,属下游工业。

在轻化学工业中,化学药品工业的产值最高,其次是生活用塑料制品,第三是日用化学工业,第四是染料、染媒、油漆、颜料等有机化工产品,第五是生活用橡胶制品。

轻工化学产品种类繁多,涉及面广,情况比较复杂。其中既包括化妆品、高级日用品等高级消费品,也包括洗涤用品、药品、干电池等日常生活必需品。这些产品从不同角度上看都应该发展,但在资金不富裕的时候,一定要首先保证国内市场的基本供给。在一些年份里,曾出现过某些人民生活必需品的生产遇到困难的现象。由于原材料价格大幅度上涨,而产品又不能提价,加上资金缺乏,使不少生产这类产品的厂家处于"多头抽紧"的困境。由于多生产多亏损,不少厂家减少了产量,有的干脆另谋出路。

这种情况在市场经济条件下,仍有可能由另外的原因变相出现,造成市场,尤其是农村市场紧张,要予以充分重视。

下面着重介绍一下制药工业的情况。

改革开放以来,医药工业成为我国国民经济中发展最快的产业之一,其年均增长速度远高于GDP的增长。2000年全国医药工业生产共完成工业总产值2332亿元,完成工业增加值1133.18亿元;生产中成药6.029×10^5t,生产化学原料药8.035×10^5t。我国医药工业正呈现出"发展中"的产业往往具备的一些共同特点:增长速度快、未来发展空间巨大;目前的发展水平较低;产业格局处于迅速的分化变动之中。到2014年,全国医药工业产值达到25798亿元,按可比价格计算产值已达2000年产值水平的7.9倍。

在国际医药领域,将"技术开发实力"及"市场控制能力"作为企业核心竞争力已成为共识。世界主要制药公司在改进工艺、降低成本的同时,越来越深地陷入对原创性新成分药品的追求之中,不断推出新药已经成为企业保持领先地位的制胜法宝。我国医药工业尽管近二十年来取得了快速的发展,但与世界先进水平的差距巨大,仍然存在着规模小、集中度不高,国内外市场占有率低等问题,在国际分工中处于较低的分工地位。技术创新能力的不足,正成为我国医药企业提高竞争力所面临的最大瓶颈。

世界制药业经过几十年的发展,目前已经形成了"巨额研发投入→原创性新药→超额利润→巨额研发投入"的技术创新路径依赖,各个环节互为支撑,缺一不可。医药工业研制全新成分新药的高昂投入是一般制造业所无法比拟的。几十年来,世界制药业的新药研发都沿着"药物靶标确定——先导化合物筛选——安全性/毒理(临床前评价)——疗效验证(临床Ⅰ、Ⅱ、Ⅲ、Ⅳ期)"的基本流程。一个新药产品从立项研制到问世,通常需要十年以上的时间,投资总额高达数亿美元。新药研发还隐含着巨大的风险,在投入巨额研发费用后以失败告终的项目数不胜数。以我国企业目前的规模、利润水平,在这种模式中根本无法找到切入点。巨额的研发投入需要足够的销售收入和利润水平来支撑,是以资本实力为基础的。以我国医药制造业销售收入最高的国药控股股份有限公司为例,2014年国药控股的收入2001亿元,若按15%的国际药企研发投入比例,则其研发投入将超过300亿元人民币,这是企业所无法承担的。数据显示,在公布的2014年研发费用支出的67家医药上市公司中,研发费用占营业收入比例超过5%的公司有26家,国药股份、太极集团、国药一致、广誉远、同仁堂、西南药业等公司的研发投入比例不到1%。

中草药是我国宝贵的医药资源,也是我国唯一可能冲破西方国家技术优势发展起来的医药品种。欧洲内科在二三百年前还只有发汗、泻泄、放血三大法宝,而我国在二千年前就已经有了完整的中医理论和丰富的诊疗实践积累。中药复方医理精奥,妙法无穷。平民百姓都可受到个性化的呵护。中国人口众多,或许就是中医科学性的有力证明。我们对中医应该有信心。但是由于传统落后的生产方式和技术创新不足,目前中药产品越来越受到日、韩等国"汉方药"的巨大威胁。中药产品的创新,必须走出传统剂型的限制,提高产品的安全性和有效性,使中药获得深受西药思想浸淫的世界医药市场的认可。由于中药以传统中医药学理论为基础,不管单方还是复方,其化学成分大多非常复杂,与具有明晰的分子式结构和明确的作用靶标、作用机理的西药完全不同,因此,中药现代化需要综合多领域新科学、新概念、新技术的应用,是艰巨而复杂的工程,需要大量的研发投入和企业、研究院所的协同努力。同时,中医界也应抓住科学界、工程界、医学界中扬弃还原论思维方式,向整体论发展的契机,宣传中医成就,提高中医理论表述的科学性,与西医建立共同语言;加强组织,在重大疫情防治上展现作为,使大家认识其真谛,加强理解与信任,摒弃门户之见,这或许不失为中医药打开局面的一种努力。

3. 其他轻工业部门生产

在轻工业中,食品、纺织、缝纫、轻工机械电子、轻化工等工业部门合计,占轻工业总产值的80%以上。其他轻工业部门因门类过于细碎,不好一一进行划分,统归于这一部门。在这些工业部门中,产值最高的是文教艺术用品工业(包括工艺美术品工业,文教体育用品工业和印刷工业),其次是造纸工业,第三是皮革工业,第四是木材加工,此外还有日用玻璃、日用陶瓷等,自来水和饲料加工等也在其列。这一类生产与人民生活的关系十分密切。同时,造纸工业和皮革工业的产品也是工业生产不可缺少的原材料。一些工艺品还是出口创汇的重要品种。所以,应给予足够的重视,有些还要给予特殊的照顾和扶持。

下面重点介绍造纸工业的生产状况。

造纸是我国古代四大发明之一,早在1800多年前就已发明了造纸技术,后来传到世界各地,极大地推动了人类文明的进程。现代的造纸技术,已经有了很大的提高,可以制造出具有多种性能、适合多种用途的纸张。除日常文化生活用纸以外,还可以经过一定的物理或化学处理,改变纸的性质或外观,成为国民经济很多部门不可缺少的原材料和配套产品。如制造电器用的绝缘纸,化学分析用的滤纸、试纸,农业生产用的育苗纸等。一个国家造纸工业的发展水平和消费水平,是衡量其物质文化生活水平和现代化程度的一个重要标志。我国虽然最早掌握了造纸技术,但在解放以前造纸工业并未能发展起来,1949年机制纸产量仅有 1.08×10^5 t。新中国成立后,我国造纸工业有了很大的发展,2002年,我国纸张生产量和消费量总和已达 8×10^7 t,分别占全世界总量的10%和14%,居世界第二,仅次于美国。但是也要看到我国年人均纸消费量仅为33kg,约为世界平均消费水平的一半,仍有很大的发展空间。2002年,我国进口纸产品 1.87×10^7 t,其中供需缺口较大的品种有书刊印刷纸、涂布印刷书写纸,以及包装用纸等等,在将来一段时间内,仍然需要进口大量的纸产品,以适应国民经济的发展。

目前造纸工业常用的原料,有木材、芦苇、甘蔗渣、稻麦秸、高粱秆、玉米秆、龙须草等。此外,还需要使用一部分棉、旧麻、破布、树皮、回收的废纸、印刷纸边等。木材是造纸的主要原料之一。阔叶材木浆适合于抄制各种高级印刷纸和工业用纸等。草类纤维原料资源丰富多样,分布相当广泛,是我国主要的造纸原料,占造纸各类原料的一半以上。稻麦草浆适于生产有光纸、包装纸、招贴纸、黄板纸等。这些原料虽可再生,但在生态日趋脆弱的情况下,使用过多会造成生态破坏。目前发达国家已纷纷将造纸原料生产转移到发展中国家,以转移生态矛盾。我们不能这样做,只能加紧开发其他的造纸原料。

芦苇盛产于湖、汊、池、沼等处,密集簇生,是造纸的优质原料,但是目前我国造纸原料中芦苇占的比例还比较低,应进一步加强开发。

甘蔗渣是制糖工业的副产品。蔗渣的纤维短而粗,虽不及木材和竹子,但比一般草类纤维要长。用蔗渣浆可抄造凸版纸、招贴纸、有光纸等,在国际上也被认为是今后最有前途的造纸原料之一。一个日处理1000t甘蔗的糖厂,其蔗渣可供一个年产10000t纸的纸厂作原料。如果先将蔗渣用作生产糠醛的原料,然后再用其渣造纸,利用就更充分。但是,现在很多厂都将蔗渣直接用作制糖生产所需的燃料,这不仅浪费了宝贵的原材料,而且造成了大气污染。当然,综合利用是有条件的,不光要解决设备问题,还要解决糖厂燃料的代用问题,因为以甘蔗为原料的糖厂所在地一般都处缺煤地区。

废纸也是造纸原料中极其重要的一部分。据造纸行家们测算,生产1t木浆要耗掉 $5m^3$ 的木材,相当于1~2公顷森林一年的生长量;可是回收1t用木浆造的废纸,经加工后可得到850kg的纸浆,可节省 $3m^3$ 的木材,而且每吨用废纸换取的纸浆比纤维原料制浆可节省 $300kW \cdot h$ 电、500kg煤、100t水,还可大大减轻环境污染。我国是缺纸的国家,森林覆盖率又低,每年进口纸和纸浆用汇几十亿美元。然而我国的废纸回收率却远远低于世界产纸大国。目前,全世界废纸回收率大约为48%,德国和日本的废纸回收率高达70%和65%,美国的废纸回收率也达到50%左右,而我国的废纸回收率还不到30%。

一般的造纸生产过程,分制浆和抄纸两部分。制浆有机械法制浆和化学法制浆两种,现代多采用化学制浆。先将原料切碎(备料),加化学药液并用蒸汽进行处理(蒸煮),把原料煮成纸浆,然后用大量的清水冲洗纸浆(洗涤),通过筛选把浆中的粗片、"浆疙瘩"除去,根据纸种的要求,用漂白剂把纸浆漂到一定白度(漂白),接着利用打浆设备加以叩解(打浆),最后送上造纸机经过网部滤水、压榨脱水、烘缸干燥、压光卷取后即成为纸张。抄纸过程中还根据不同需要有"加填""施胶""染色"等工序,以提高纸张性能,增加纸张的花色品种和美观,满足使用要求。

造纸生产中有几个问题必须重视。造纸企业需要有相应数量的原料资源作为生产保证。特别是大型企业,年产量大,消耗原料多,必须考虑有可靠的原料供应量,或为此建立相应的原料基地。另外,造纸原料又往往与其他工业综合经营利用有关,如在一些大的木材加工中心附近布置造纸厂,充分利用木材加工后的边角废料、锯末刨花;又如利用糖厂的蔗渣作原料时,造纸厂与制糖厂可一起规划、减少运输。造纸厂是用酸大户,由于硫酸不便运输,所以要考虑在毗邻建制酸工厂或自设制酸车间。此外,运输和水源也是重要因素。一般造纸原料的特点是价廉且体积大,不宜远距离运输。造纸过程需耗用大量的水。这些都要充分考虑。最后,造纸厂对环境的污染较严重,特别是废水排放量大,每生产1t硫酸盐纸浆,约排放污水300t,还有大量含硫和粉尘的恶臭气体。因此要重视治理并积极寻找减少用水、减少污染的工艺。

从长远计,解决这些问题还是要从根本上找到原因,以发展来寻求出路。20世纪90年代,我国有造纸企业一万余家,其中90%以上是一万吨甚至几千吨的小厂,这是中国"以草为主"原料政策的直接产物,也是造成中国纸业污染环境难以治理的重要根源。2002年纸业的排水量为$3.53\times10^9 m^3$,占全国总排水量的18.2%;COD排放量$2.877\times10^6 t$,占全国总排放量的40.8%。这一方面是由于非木浆造纸的工艺路线本身就水资源消耗大,草浆黑液的处理技术在世界范围内至今仍未完全解决;另一方面,原料结构也限制了产业规模,分散的污染难以控制,治理也不经济。我国达标排放废水仅占造纸排水总量的53.8%,就是因为还有相当一部分企业特别是中小企业没有很好地、甚至没有进行污染治理。实际上,目前我国纸和纸板总量中一半以上的纸种是以草浆为主制成的中低档产品。20世纪90年代后期,国家开始整治造纸工业的污染问题,关闭了大量万吨以下的小厂,至2003年企业数已降到3500余家,但仍然是世界造纸企业数最多的国家,平均规模仅有12000t。截至2002年,中国纸业达到$10^6 t$以上规模的企业只有两家,$3\times10^5 t$以上的只有14家,10t以上有60余家,与世界纸和纸板企业的平均规模相差甚远。可见中国纸业的集中度还相当低,结构调整任务十分艰巨。原料结构决定着产业的集中度,为了解决造纸业发展与森林资源稀缺的矛盾,发达国家很早就开始在造纸业推行"林浆纸一体化"的营运模式;而早在20年前中国政府就开始倡导"林浆纸一体化",但是时至近日真正付诸实践的企业却很少。我国有丰富的荒山资源和大量的剩余劳动力,解决问题的条件是存在的。关键是要进行集约的产业化组织:以造纸企业为龙头,为农民提供优质树苗及先进技术,大规模开发荒山种植速生原料林,并按合同保护价收购木材,从而使农民获得生产技术保障和利益保障,不仅为当地农民增加收入,还营造与周边社区和谐发展的气氛。

2012年开始,造纸行业开始出现明显的产能过剩,行业利润虽然仍可以保持一定增长,但产值、产量都开始出现零增长甚至下降。据估算,现在全国造纸行业产能利用率在80%左右,也就是说,20%的产能属于过剩产能。全国范围内排名前10位的造纸企业产能占到全国总产能的30%左右,前100位的能占到全国总产能的60%。未来全国近2500家规模以上造纸企业还要死掉1500家左右,造纸企业控制在1000家之内是比较合适的。投资过热,土地、劳动力成本不断提高,原料紧张,涉及污染行业融资困难,这些原因使得造纸行业面临了整体的危机。

7.1.5 综合平衡建立轻工业的原材料基础

轻工业主要是加工工业。因此,原料及材料的来源和供应自然成为发展轻工业的关键。轻工业的原料和材料主要来自两个方面:一方面来自农业,另一方面来自工业。

1. 轻工业的农产原料来源及其与农业的关系

在轻工业的两个材料来源中,农业是更主要的。农产品加工工业(纺织在一定意义上也是农产品加工)历来是构成整个轻工业的主体。几十年来,尽管由于工业原材料的不断加入使得农产原料在轻工业中的比重有所下降,但基本情况并未改变,农产原材料仍占到一半以上。因此,农业的发展速度和农产原料的供应水平对整个轻工业生产的发展起着决定性的作用。要保证轻工业的健康发展,必须注意如下几个问题。

1) 轻工业的发展必须与农业的发展统筹规划

我国轻工业的市场,主要在国内。因此,原材料来源必须立足国内。出口创汇部分,也应尽可能多地利用国内原料,加大初级产品的加工深度,提高总体效益。这样,在研究轻工业加速发展可能性的时候,首先就要考虑农业生产情况,特别要看农业能够为轻工业提供多少数量的原材料。

以棉花生产和棉纺工业发展为例。在目前一般生产水平条件下,种植业和棉纺业大约存在着如下的比例关系:棉纺业一个纱锭的生产能力,每年需要 200kg 皮棉作原料。200kg 皮棉需由 600kg 籽棉轧出,而 600kg 籽棉是 0.6~0.8 公顷棉田的产量。在我国目前人口日增,耕地锐减,农业技术在近期内又不可能有很大突破的情况下,为了保证有起码的粮食吃,就一定要严格控制粮食作物和经济作物在播种面积上的一定比例,不可能大幅度扩大经济作物的播种面积。因此,发展这类加工工业时一定要非常慎重。加工能力的发展必须以原材料的发展为基础,作到有计划、按比例。

2) 因地制宜、适当集中、建立稳定的农产原料基地

如上所述,我国人多地少,粮食紧张,很难再扩大经济作物的播种面积。这固然对发展轻工业是一个很不利的制约因素。但是,如果组织得当,仍有很大潜力可挖。在同样播种面积下,是不问条件、分散种植,还是因地制宜、适当集中,经济效果是截然不同的。以蔗糖生产为例,在广东珠江三角洲地区,一般不到 0.1 公顷耕地的甘蔗产量即可供糖厂生产出 1t 糖。而同样的糖产量在湖南北部一般就要占用 0.5 公顷耕地。因为气候、土壤条件不同,甘蔗单位面积产量是很悬殊的,含糖量亦不同。相比之下,水稻及其他粮食作物产量的地区差别却没有这样悬殊。因此,在一定播种面积下,应当对经济作物的种植实行因地制宜,适当集中。当然,工业的布局和原有的基础,包括耕作经验、农田设施、运输条件等,也都应该考虑进去。作到充分发挥地区优势并逐步提高专业化、社会化和商品化的生产水平。

建立稳定的农产原料基地,一定要注意对农业(广义的大农业应包括农、林、牧、渔等项)的投入。种植对地力消耗较大的经济作物自不待言,即使是以天然放牧为主要生产手段的羊毛和肉奶生产,也同样要注意对草原的养护。要实行集约经营,增加物质投入,保证物资供应,理顺销售渠道,不断改善生产经营条件,建立良性循环的农田生态系统,提高投入产出比。发展农产工业原料的生产,还要注意发挥科学技术的作用,并努力做到和工业加工的要求相适应。例如棉花的生产,应培育和推广优良品种,改进品质,提高纤维强度,同时提高单产。不同纤维长度的棉花,应有合理的比例,要与纺织厂纺粗、中、细各种不同纱支和产品的

要求相适应。要科学修订质量标准,并建立健全有关研究机构和审定制度,负责良种原棉的推广。

3) 积极开展农产原料的合理利用和综合利用

我国耕地紧张,农、林、牧业生产水平也还比较低,这对轻工业的生产是一个很大的制约。但是,也应该看到,我国也同时存在着许多农产资源得不到充分利用或合理利用的情况。例如,我国林业资源较少,造纸原料紧张。但是,在全国很多林区,迄今还有大量的木材被作为生活生产燃料而烧掉。大量适合于造纸的枝丫材和加工剩余物资当作废料抛弃。据有关部门调查,一些造纸工业发达的国家,木材利用率都在80%左右,而我国只有50%,每年有上千万立方米的林区剩余物白白浪费。又如前面提到过的一个日处理1000t甘蔗的糖厂,其蔗渣可供一个年产10000t纸的造纸厂原料,如作为糖厂的燃料烧掉,那就太可惜了。类似的情况还很多,水果资源、草类资源、野生资源以及工业副产品的利用,都有很多潜力可挖。应该千方百计地扩大这些资源的使用范围,广开生产门路,作到物有其用,物尽其用。

4) 提高农产工业原料利用的经济效益

同样数量和质量的农产原料,由不同水平的工厂进行加工,其总体经济效益相差很大。近年来,地方工业和乡镇企业蓬勃发展,繁荣了农村经济,这是好事,但也要注意另一种倾向。一些农产原料产区由于局部利益的驱使,不顾国家利益,截留原料,自行土法加工,致使许多设备先进、技术条件好、产品畅销的糖厂、卷烟厂、酒厂、肥皂厂、皮毛加工厂原材料严重不足。这样做的结果会给国家整体利益造成重大的损失。

这里还涉及宏观调控要解决的一个重要问题,即如何以正确的产业政策提高国民经济的整体效益。我国已制订了当前的产业发展序列目录,根据各产业的技术经济特点、供求格局及产业关联程度,按产业发展序列制定企业组织结构政策和重点产品的经济规模标准,并相应制定推进规模经济的规划和调整措施。凡是适应大批量生产、规模效益显著的产品,都要按照规模经济和专业化协作的原则进行生产和建设,避免低水平的重复和地区趋同化的倾向。

此外,对产业政策中重点支持的部门和企业,要改变过去粗放经营的局面。不能主要靠扩大规模和过多地消耗资源来求得工业的迅速增长。而应当坚决实现从粗放经营向集约经营的转变,从速度型向效益型、科技型、节约型转变。这是我国工业发展的战略性转变,也是保证我国经济长期稳定协调发展的重要前提。

2. 轻工业的工矿原料及其与重工业的关系

随着科技的进步和经济的发展,逐步用工业的方法制造一部分轻工业原料,促进轻工业的飞速发展,再反过来为重工业和高科技产业积累资金,这是很多国家经济发展中的一条成功经验。轻工业中工业原料所占比重迅速增加,是当前世界轻工业发展的明显趋势。为了发展生产,增加花色品种和提高产品质量,中国轻工业也必须有自己的化学纤维、塑料树脂、烷基苯、合成脂肪酸等的工业原料基础。

工业品原料的生产对土地、气候、水利等自然条件的依赖比较小,生产容易稳定。针对我国耕地紧张的情况,更具有特殊意义。例如,利用化学合成的方法,可将3t轻油制成1t聚乙烯,以其为中间原料制成聚酯纤维(涤纶),可织成6000m布,可顶替出3公顷棉田种植粮食。这是在耕地不足情况下解决我国人民吃饭穿衣问题的一条切实可行的道路。

但是,发展这些工业原料的生产,需要的投资比较大。我国在很长一段时间内对轻工业投资不足。这种做法的后果是使轻工业发展严重缺乏后劲。以化纤为例,由于化纤生产赶不上化纤消费的需要,化纤原料的供应又赶不上化纤抽丝的发展,故为进口化纤原料需花费大量外汇。

为了解决轻工业的工业原料问题,我们应该着重加强以下几方面的工作。

(1) 要全面认识发展重工业的目的。轻工业用的工业原材料主要来自冶金、化工、电力和某些非金属矿采掘等重工业部门。因此,轻工业的工业品原料来源问题,实质上是重工业如何更好地为轻工业服务的问题。列宁早就指出:"生产资料的制造不是为了生产资料本身,而是由于制造消费品的工业部门对生产资料的需要日益增加。"这个论断是列宁研究了整个社会生产和经济生活以后得出的,认识是很深刻的。我们应该遵从这一认识,使重工业首先向自己的农业和轻工业开放。把农业和轻工业当作重工业的重要市场,切实加强重工业对农业和轻工业的支援,让重工业更好地为农业和轻工业服务,为改善人民生活服务。从长远的观点看,也只有农业和轻工业真的上去了,才会如毛主席所说的"使重工业发展得多些快些,并且由于保障了人民生活的需要,会使它发展的基础更加稳固"。

(2) 采用先进技术和先进工艺,积极进行技术改造。大力发展合成工业,增加工业品原材料的数量,提高质量,扩大品种,借以尽可能多地替代农副产品原材料,为轻工业开辟新的原材料来源,改善原料供应结构。

(3) 加强基础原料的深度加工和综合利用,合理利用资源,对储量有限的石油资源尤其要十分珍惜,尽量少烧,少出口。

(4) 积极为轻工业提供大量制造日用电子机械产品的电子元件、电器、轴承、仪表等元器件以及适用的钢材和有色金属等原材料,为轻工业部门配套生产整机创造条件。

(5) 积极协助轻工业实现设备更新和技术改造。

3. 完善轻工业原材料供应体系

我国轻工业原材料的来源,应当以国内原材料为主,进口为辅。要根据我国各类轻工业品生产的需要,大力提高原材料的质量,搞好原材料的开发,进一步完善供应渠道,逐步做到原材料的生产基地化、品质优良化、规格标准化、品种系列化。对某些国内短缺的原材料,也可考虑在国外开辟某些稳定的原料供应渠道。农业原料,要选育和推广适于加工的优良品种,同时制定适应工业生产要求的技术标准和相应的经济政策,特别是按质论价政策。工矿原料,要扩大冶金、化工产品和新材料的开发应用,大力发展轻工业专用工业原材料和元器件生产。

从辩证的观点看问题,农、轻、重之间依然是一个互促互补的关系,调整好三者的关系,可以相得益彰。加强重工业对农业和轻工业的支援,可以促进农业和轻工业的发展,保证国内市场的有效供给,同时也为重工业积累资金,开辟市场,为其加速发展创造条件。只有这样,才能逐步形成以农业为基础、以工业为主导的,内外结合、工农结合、城乡渗透、东西对话、布局合理、开放式的经济,我们就能较快地建成自己完整独立并具有活力的经济体系。

4. 建立循环经济的新观念

20世纪90年代之后,发展知识经济和循环经济成为国际社会的两大趋势。我国从20世纪90年代起引入了关于循环经济的思想。此后对于循环经济的理论研究和实践不断深入。例如地处西部欠发达地区的广西壮族自治区,身置老工业基地的沈阳市,用循环经济理论指导建设实践,在短时期内都取得了显著成效。

1) 循环经济的概念

循环经济就是在可持续发展的思想指导下,按照清洁生产的方式,对能源及其废弃物实行综合利用的生产活动过程。它要求经济活动由"资源—产品—污染排放"所构成的物质单向流动转变成"资源—产品—再生资源"的反馈式流程,循环经济倡导的是一种建立在物质不断循环利用基础上的经济发展模式,认为只有放错了地方的资源,而没有真正的废弃物,其特征是低开采,高利用,低排放。其本质是一种生态经济,它要求运用生态学规律来指导人类社会的经济活动。而不是通过把资源持续不断地变成废物来实现经济的数量型增长,从而根本上消解长期以来环境与发展之间的尖锐冲突。循环经济观,是在全球人口剧增、资源短缺、环境污染和生态蜕变的严峻形势下,人类重新认识自然界、尊重客观规律、探索经济规律的产物。简言之,循环经济是按照生态规律利用自然资源和环境容量,实现经济活动的生态化转向。它是实施可持续发展战略必然的选择和重要保证,与我国的科学发展观在本质上是一致的。

2) 循环经济的基本原则

在生产过程中,循环经济观要求遵循"3R"原则:资源利用的减量化(reduce)原则,即在生产的投入端尽可能少地输入自然资源;产品的再使用(reuse)原则,即尽可能延长产品的使用周期,并在多种场合使用;废弃物的再循环(recycle)原则,即最大限度地减少废弃物排放,力争做到排放无害化,实现资源再循环。同时,在生产中还要求尽可能地利用可循环再生的资源替代不可再生资源,如利用太阳能、风能和农家肥等,使生产合理地依托在自然生态循环之上;尽可能地利用高科技,尽可能地以知识投入来替代物质投入,以达到经济、社会与生态的和谐统一,使人类在良好的环境中生产生活,真正全面提高人民的生活质量。

3) 循环经济的新理念

一是新的系统观。循环是指在一定系统内的运动过程。循环经济观要求人在考虑生产和消费时把自己作为由人、自然资源和科学技术等要素构成的大系统的一部分来研究符合客观规律的经济原则。

二是新的经济观。循环经济观要求运用生态学规律,而不是仅仅沿用19世纪以来机械工程学的规律来指导经济活动。不仅要考虑工程承载能力,还要考虑生态承载能力,避免生态系统退化。

三是新的价值观。循环经济观在考虑自然时,是将其作为人类赖以生存的基础,是需要维持良性循环的生态系统;要充分考虑到科学技术对生态系统的修复能力,重视人与自然和谐相处的能力,促进人的全面发展。

四是新的生产观。循环经济的生产观念是要充分考虑自然生态系统的承载能力,尽可能地节约自然资源,不断提高自然资源的利用效率,循环使用资源,创造良性的社会财富。

五是新的消费观。循环经济观要求走出传统工业经济"拼命生产、拼命消费"的误区,提倡物质的适度消费、层次消费,在消费的同时就考虑到废弃物的资源化,建立循环生产和消费的观念。同时,循环经济观要求通过税收和行政等手段,限制以不可再生资源为原料的一次性产品的生产与消费。

循环经济的思想萌芽可以追溯到环境保护兴起的20世纪60年代,我国1998年引入循环经济概念,确立"3R"原理的中心地位;1999年从可持续生产的角度对循环经济发展模式进行整合;2002年从新兴工业化的角度认识循环经济的发展意义;2003年将循环经济纳入科学发展观,确立物质减量化的发展战略;2004年,提出从不同的空间规模:城市、区域、国家层面大力发展循环经济。2005年召开的十届人大三次会议的《政府工作报告》中明确指出:"要大力发展循环经济。从资源开采、生产消耗、废弃物利用和社会消费等环节,加快推进资源综合利用和循环利用。积极开发新能源和可再生能源。"

我国是发展中国家,为保障人民生产生活的基本供给,保证社会的长远持续发展,循环经济是我们必须长期坚持的一项重要原则,自然也为建立轻工业的原料基础提供了新的思路。也是解决巨大内需、迎接国际竞争挑战的环境友好发展思路。

7.1.6 以市场促进轻工业发展

1. 市场开拓的重要性和方向

市场对于生产起着生死攸关的作用,在轻工业中反映最为突出。很多搞市场研究的人都注重于解释市场、描述市场,这固然重要,但最关键的还是开拓市场,即调查市场,能动地开发市场,扩大市场,稳定地占有市场。这是因为市场存在着潜在的需求,不经过工作,就不能变成现实的购买力;而且竞争激烈,鹿死谁手难以预测。市场需全面把握,包括国内市场和国外市场。我国轻工业工厂主要设在大、中城市,货源也主要供给商业,现在的市场基本上是城市市场。要完成轻工业在国民经济中的使命,也为了自身的生存和发展,就一定要转变观念,开辟新门路,开拓国内农村市场和国际市场。

近年来,中国的城市化率不断提高。国家统计局公布的数据显示,2015年中国城镇常住人口77116万人,城镇人口占总人口比重为56.1%,其中流动人口2.53亿人。2015年全年社会消费品零售总额300931亿元,按经营单位所在地分,城镇消费品零售额258999亿元,比2014年增长10.5%,乡村消费品零售额41932亿元,增长11.8%,乡村消费额约占全国的13.9%。这一方面说明了仍在扩大之中的城市化将带来更强的集中消费需求,另一方面也说明了农村消费在绝对数量上的规模也在持续增加,农村市场潜力也较为巨大。消费品市场的本源是收入,农民的收入直接牵动着农村的消费。资料表明,20世纪80年代改革之初,农民收入、储蓄、消费的增长快于城市居民,农村市场极为红火;80年代中期开始下降,到90年代初期,城市各项指标的增长均高于农村,城乡差距拉大,农村需求份额下降,农村市场陷入疲软状态。近年来,农民收入增长虽快于城市居民收入增长,但由于人均收入的数量小,致使农村市场启动仍然乏力。要扩大内需,发掘农村市场潜力,当务之急是帮助农民增加收入,使其增产又增收,从而提高消费的水平和能力。

影响农民收入增长的大环境方面的原因主要有:农产品价格不理想;随着竞争的不断加剧,乡镇企业实行以"减员增效"的全面改制,吸收农村剩余劳动力的能力明显下降;农民外出劳务收入减少;农民缺乏新的收入增长源。要发挥农村市场潜力,就应明辨形势,对症下药,加强对农业的支持和引导。致力于对农业结构的调整,稳定农产品产量,提高质量,兼顾稳定和发展,两条腿走路来为农民开源。发展高效农业、节水农业,同时还要通过农业产业化,带动农产品加工业、储运业的发展来优化农村产业结构。同时,加快城市化使得大量中青年农村人口流向城市,这虽然一定程度上解决了城市经济的发展持续动力和大量人口的就业收入问题,但是,农村劳动力缺乏也引发了大量经济、社会问题,需要系统地看待。

在结构调整的过程中,需要政府的引导和帮助,需要工业的支持,还要靠基层农业科技推广队伍的广泛宣传、组织和指导,即依靠科技进步来为农民开源、增收。

农民多年面临的某些农产品难卖的问题,其实并不是总供给超过总需求,而是结构和地域所造成:如一般品种过剩而好品种则供不应求,粮食产区粮食过剩而贫困地区则粮食不足。而且由于我国农业受自然条件影响较大,农业生产带有明显的周期性,所以过剩只是暂时的、相对的,一旦遇上大灾,农产品就会短缺,我们绝不能盲目乐观,掉以轻心。因而要通过改革流通体制和交通状况使货畅其流,同时调整农业结构,优化品种,提高农民收入,保持农民生产积极性。

开拓农村市场不仅包括农村消费品市场,更应包括农村生产资料市场和农村投资品市场,以帮助农业上档次。农业生产资料零售额,过去几年中只占全社会商品零售总额的15%左右,这远未满足发展农村经济的客观需求。增加农村基础设施投资不仅可以启动农村投资品市场,而且可以带动农村消费品市场。比如,农田水利基本建设需要钢材、水泥、管道等,于是形成了投资品购买力;同时基本建设投资中的30%至40%是作为支付给农民的劳务费,由此可形成农民的生产资料和消费品购买力。目前我国全社会固定资产投资中,农业的比重只占2%~3%,为保证农业发展,此比例必须提高,因此农村投资品市场具有广阔的空间。比如,水库及农田水利设施普遍陈旧落后,病库险库较多,抗御自然灾害的能力较差;农村电网普遍供电能力较弱,亟待改善。抓好这些项目均可为国民经济提供新的增长点。通过开拓农村投资品市场和农业生产资料市场,不仅可解决农业的难题,还为促进国民经济全面发展提供了可能。

为农民开源增收要依靠科技推广,如改变传统的粮食观念,根据口粮、工业粮、饲料粮的不同需要和用途因地制宜地进行开发、生产和经营,利用科技手段提高土地利用率和经济效益。除抓紧粮食生产以外,还要花大力气寻求新的增长源,使每个地区都形成自己的特色。可以结合实际选择开发项目,如强化非农业产品的开发力度,有的地方可以拍卖荒山荒坡给农民植林开发,有的地方可以发展庄园农业、农业旅游,以实现一业多收。此外,要改变只在生产环节开源的传统做法,应延伸到产前、产后的农业生产全过程去开源。这些都需要工业提供相应的配套,因此也就为工业品开拓出广阔的市场,关键是工业要主动地去扶植、开发和适应这个市场。只有经过开源,提高农民收入,同时扩大适销对路的农村生产资料和消费品的供应,加强农村商业网络建设,建立固定的农村生产资料和消费品购销渠道,才能把农村市场的潜力变成刺激经济发展的动力。

2. 调整结构是开拓轻工业市场的必由之路

如何开拓市场呢?有三个途径:一是调整产业结构;二是加强企业管理;三是加速技术进步。这三者是相辅相成的。这里着重谈一下调整产业结构的问题。

调整产业结构包括四部分内容:调整地区结构、调整行业结构、调整企业结构和调整产品结构。

根据国外经验,地区结构调整就是资源配置合理化。比如,美国工业化过程中也经历过东部和西部、南方和北方的结构调整。我国的工业是从沿海开始的,以后扩散到内地,一度为备战又人为地部分移进山区。现在需从资源优化配置考虑进行调整,如按总的原则应把原材料工业转到资源、能源丰富的西部地区。但具体问题还应具体分析,如宝钢建在上海也是合理的,因为上海工业基础好,建一个宝钢就地供应钢材,很快就能把投资收回来。尽管开发西部地区困难较大,且需要较长时间,但仍要引起重视,抓紧进行。

行业结构调整,国外的做法是集团化。我国现在处于工业化中期,还是以数量型扩张为主。国外此阶段发展是逐渐使行业结构趋于集中,提高产业集中度,所谓产业集中度就是最大的几家企业在全国产量中所占的份额。我国工业的一个致命弱点是小而散。从统计报表上看,一度还在分散化,集中度下降。联合不起来的原因是有些地方画地为牢,搞地方保护主义,本省销本省产品,投资又有限,结果是低水平重复。现在要着手解决这个问题。

企业结构调整的具体做法很多,国外都在转向生产要素的优化。例如有人研究认为,一个人只能管好 12 个人左右,低于此数则说明效率太低,高于此数则不好管理。建议根据这样一个结构设计一套模式。国外现在的做法是缩小管理单元,加强单元之间联系,扩大系统规模。这当然需要条件,采用自动化生产不要很多人。而我们因工厂自动化水平较低,大部分靠人干,车间主任要管上百个人,加上体制不顺,正是工厂搞不好的重要原因之一。

产品结构调整主要是提高产品技术含量,走产品高附加值之路,日本本土没有什么资源,都靠从外国运来,其发展的核心就是提高产品附加值。产品特别小、轻、薄,但价值很高,1kg 半导体的价格是等重钢铁的上千倍。当然,这也要有条件。20 世纪五六十年代日本完成了电力、钢铁、造船等基础工业的发展,60 年代发现要提高产品附加值,及时转向,取得成功。我们若不会做贸易,就会继续出口资源,再进口制成品,让人家赚走大钱。

所谓"调整"说起来容易,做起来不简单。企业要维持员工生活,就需要稳定;而面临调整,要有上有下,这就得讲辩证法。"下"就是要压过剩的总量,但名优产品还可以继续上。要取缔伪劣假冒商品,减少质量差的商品。更重要的是依靠产品开发,积极调整产品结构,在调整中贯彻技术进步和科学管理,三者互相作势,相辅相成。

3. 高附加值产品的开发

当前,全球经济竞争日趋激烈,各国为加强国力和在国际市场上处于主动地位,纷纷改变战略,加紧进行经济结构调整,逐步形成了以"高附加值化"为趋势又各具特色的新产业格局。

附加价值(简称附加值)就是企业通过生产经营活动新创造的那部分价值。在我国,这个概念表现为企业在生产经营活动中所增加的工业净产值。与总产值相比,它剔除了生产过程中消耗的原材料、燃料、动力、中间产品和劳动的价值,可更好地与经济效益挂钩。提高产品附加值,就要强调提高劳动效率和劳动质量,也就是强调提高经济效益。它还可以反映一定时期内不再进一步加工的最终产品的市场价值,有利于真实反映企业的经济效益和对国民生产总值的换算。用附加值来衡量企业生产经营好坏、经济效益好坏比较清楚,可以避免采用"产值"衡量中的"水分",以求得实实在在的经济效益,还可避免企业追求产值,攀比速度,利用重复计算制造虚假繁荣的弊端。

要提高经济效益,一是投入要少而产出要多,二是要生产社会需要的产品而不是社会不需要或卖不动的商品。因此国外有用附加值率(附加价值与商品价值之比)或称附加系数来衡量产品附加值的高低。提高附加值率就是提高产出与投入(包括生产中需要依靠外单位协作加工的费用)之比。产出需在市场上实现。如果产品滞销,不仅投入的资金不能周转,产出的价值还会因时间的推移而"无形磨损"。附加值的高低标准在不同国家、不同价格体系、不同行业有不同的区分,大体以附加值率在 $0.3\sim0.4$ 为界。

高附加值产品高在何处呢?主要高在知识与智力上。产品的附加值就是劳动价值。劳动包括作为基础的体力劳动和作为核心的脑力劳动。前者较为简单,创造的价值低,这种低价值可称为体力价值,只能主要维持简单再生产和部分扩大再生产,属于劳动密集型。后者劳动复杂度高,创造价值亦高,充分体现了科技这个第一生产力的作用,可称为智力价值,属于技术密集、知识密集型。两个大致相同的原材料消耗和体力消耗的产品会呈现出不同价值,根本差别就在智力消耗不同,造成两个产品智力价值不同。

提高智力价值的核心是依靠技术进步,提高产品的技术含量、知识含量。这不但要靠科技,还要依靠设计魅力和营销技巧,这可用下式表达。

$$智力＝科技创造力＋工业设计魅力＋市场经营竞争力$$

科技创造力不仅包括技术诀窍和现代的各种新技术、新工艺、新材料,更表现在各学科的交叉、叠加、杂交和综合。当代科技发展有两种形式:一是突破,二是融合。突破是以研究开发的新一代科技成果取代原有的一代科技成果;融合则是组合已有的科技成果发展成新技术,它们互补配合,并混合许多原先不同领域的科技,化合出不同的功能,进而发展出新产品,造成新的市场需求。科学创造力在突破与融合的时代,更注重应用的综合性,跨学科的技术协作、多种专业背景的碰撞是思维开拓的关键。例如,电动车特斯拉,将智能电子产品的理念应用于车辆设计开发。又如,美国太空探索技术公司(SpaceX)产品从整合回收角度研究火箭发射后的定向回收。2013年10月7日,SpaceX公司将全新的垂直起飞垂直降落(VTVL)技术应用于新研发的"蚱蜢"火箭上,该火箭在成功升空744m后准确降落到发射台上,标志着人类首次制造出可重复利用的火箭。这些充满想象力的设计给科学技术带来了又一批令人激情澎湃的兴奋点。

工业设计不仅仅是工业品的设计,更不仅限于工业品的外观设计,而是工业时代的设计,是如何应用工业化的成就改善人民生活。它是现代科技和现代文明的结晶,也是一种智力。有些产品的附加值不是高在科技含量上,而是高在工业设计上,体现出科技与艺术的统一,形式美与功能好的统一。工业设计家通过科学思维和想象,把握时代的脉搏,设计现代文明的"生活方式",然后工艺师按设计解决工艺和生产问题,技术人员解决材料、技术问题,这样使新思维、新技术迅速变为商品。工业设计的核心是增加产品魅力,提高其感觉价值和观赏价值,投用户所好,促进销售,也就提高了附加值。许多适销对路产品,都注意了工业设计,考虑了人与物的关系,不但满足人们对物质的要求,而且满足人们精神的需要。这就要研究各种消费者的消费心理,消费习惯和消费文化,满足和开发消费者更高的要求。

营销技术对附加值的实现十分重要。尤其以国际市场为目标开发的高附加值产品,必须依靠制订科学的市场营销策略。一个高附加值产品开发出来,不等于就能占领市场,还要研究适合进入市场的策略和手段。所谓营销技术,指的是怎样进行包装和广告宣传,如何建立流通渠道,如何定价,如何确定合适的促销手段等等。再加上产品有高的知名度、知名品牌,质量有高的可靠性、通过国际权威机构认证,还有企业的实力,合起来才是产品赢得市场的基础。我们的企业分散、实力小,形不成气势,做不起广告,很多企业其实也并不真正理解花钱做广告的真正意义和技巧。

储运渠道也很关键。产品需要储存和运输,这是营销技术中很重要的环节。21世纪以来,随着互联网带动经济的新增长点出现,物流行业从之前的交通运输配送发展到直接面向消费客户的包裹信件快递,以及送餐、上门服务等各种衍生业务;另一方面,宏观上,物流业从工业供应链管理向供应链金融、产业基金发展。京东网、天猫网等以网购、小件物流配送为基础的互联网巨头在十年间迅速崛起。现代城市物流快递行业以服务及时等特征迅速赶超传统的邮政局业务,除了因为业务网络还不能遍及全国所有乡镇外,在大城市里已经完全占据主导,且物流快递业内部已经经历了几轮的竞争、并购,集中度正在不断提高。

市场里还有货币流动,叫货币流。另外商品所有权和使用权的转移,即商品买卖或租赁,叫商流。市场有物流、货币流和商流,三者缺一不可。企业间三角债问题若不解决,货币便流通不畅,物流和商流就更不畅,不畅就是问题。

总之,要开发高附加值产品,可从三方面入手:一是尽量采用新技术;二是尽量搞好工业设计;三是尽量用好营销技术。在具体实施过程中,还要注意三个方面:一是规模,搞好企业集团,到世界去竞争;二是要搞出优质名牌,商誉也有附加值;三是要有优质的产品,量大、面广、附加值高。这可从生产的深度发展,依靠科技进步,使产品具有更多的科技含量;也可从生产的广度发展,使一种产品形成不同的型号,有多种功能和用途。现代企业还必须搞多样化产品,多角化、全方位经营。中小企业可以采取仿制、购买专利等短平快手段;大企业一定要抓自主创新,拥有自主知识产权。

7.2 电子产业

电子工业是在无线电电子学的基础上发展起来的。20世纪40年代末期,晶体管和电子计算机两大发明引起了电子科学技术的突破。二者相互促进,拉动着电子技术以人们意想不到的速度向前发展,并逐渐从传统的制造业中分离出来,形成一个独立的新型电子工业部门。电子工业所涉及的对象包括计算机、雷达、导航、电视、广播、微波、半导体、激光、红外、电声、声呐、电子测量、自动控制、遥感遥测、电波传播、材料、器材、系统工程等几十个门类。这些电子产品(硬件)与程序系统(软件)相互依存、相互支撑与促进,又演变为更加综合的信息技术,改造了传统的邮电服务,整合成新型的电子信息产业。我国电子信息产业主要由通信与信息服务业、电子信息产品制造业两大部分组成。

信息技术是当代科技和经济发展中最活跃的生产力。前几章已介绍了它在生产上引起的变化,但其影响远非如此而已。在信息技术的支撑下,科学技术的各个学科开始演变成一种新的结构。例如,在物理学科和化学学科,不仅有我们现在讲的理论物理、理论化学和实验物理、实验化学,也出现了计算物理、计算化学,用大型计算机模拟各种反应变化过程,进入更加理性的研究。在工程学科,从20世纪初,工程设计开始重视理论计算分析,产生了应用力学,探索新设计、新结构。但当时主要因为计算手段落后,至多只有电动机械式计算器,所以应用力学只能探索发展的新途径,而具体设计还要靠实验验证。直到20世纪60年代,计算机的发展引起了计算能力的革命,才使力学理论(流体力学,弹性力学等)解决设计问题得以迅速发展。工程科学现在才有可能真正具备实验、理论和计算完整的三极构成。今后工程研究可先用虚拟的方法进行,便捷、形象而周到,待无问题时再转入实物生产。不仅如此,信息技术促进了全球市场的形成,这是我们这个时代经济上的最大变化。一个国家的国力不能再单纯用钢铁、石油的产量来衡量,信息已成为材料、能源之外的第三大资源。在这种情况下,人们必须具有更高的素质,不断调整自己的知识结构,于是对传统教育提出了挑战,而信息技术支撑下的远程教育,又给人们的终身学习提供了有利的条件,信息技术是向一切领域渗透性极强的技术,是一种战略技术。由此而形成的产业更具时代的特色。了解这一产业发展、成熟的过程和渗透扩展的途径,可以加深对生产发展规律的理解,从而更好地掌握科学的方法论。

7.2.1 当代产业升级的物质基础——电子工业的发展和成熟

综观人类社会发展的文明史,一切生产方式和生活方式的重大变革都是由新的科学发现和新技术的产生而引发的。科学技术作为革命的力量,推动着人类社会向前发展。电子工业和信息产业就是"科学技术是第一生产力"很好的一例。

电子工业的发展基于一项关键性技术——微电子技术。简而言之,微电子技术把成千上万甚至上亿个元器件的复杂线路,都制作在一块小小的半导体硅片上,在很小的体积内,能实现令人难以想象的复杂功能,使人们的生活和生产发生根本性变化。非常有趣的是,半导体的基础材料——单晶硅,虽需经高技术炼就,但本质上却仍是石头。人类始祖曾用石头制造工具告别荒蛮。今天,当人们以百万年孕育的文明重新拾起这块石头的时候,一个新时代的曙光出现在地平线上了。

但是,电子工业和信息产业是广义机械化技术高度发展时分化出来,兴旺起来的科学技术和事业,成为一个单独的专业和学科。根据后发效应,它比起机械、电机电器等,就拥有更多的层次,就更需要我们把局部和总体更紧密地联系在一起,才能更好地认识它。

1. 电子工业的物质构成和发展环境

电子工业自发端之初至今,始终是以组成它的物质手段,也包括软件,应用于社会,服务于社会,从而发展起来的。因此,物质部分是它的本体;但为了飞翔,就不能没有两翼,其一是电子科学以及其他有关的应用基础科学;其二是和电子有关的基本技术。飞翔还要有大气浮托,起飞也要有大地立足,其发展断不能缺少社会的物质基础和文化基础的支持。

电子工业的物质主体构成是多层次的。电子功能材料是构成一切电子成品的最基本的物质,它们的形态和功能与传统材料相比有很多独特的要求,从原材料制造出元件和器件(例如真空器件、离子器件、微波器件、集成电路、继电器、机械元件等)把元件和器件组合起来,形成功能组合体(完成信息摄取、传输、存储、再现、信息转换、信息处理、推理作业、数值计算、过程仿真、自控遥控等信息作业和产能变能、输能、用能、节能、电能易态、控制等能作业),各功能组合之间还有交叉、合并,也包括电子计算机的外部设备。正是这些复杂多样的功能,电子技术才具有强大的生命力。功能层是整个结构中具有重大意义的层次。由功能组合体又组成更上一层的单机和较简单的机组(例如发射机、接收机、电话机、中心处理机、计算机主机、交互终端、信息接口、无线系统、摄像机、录像机组、遥感探测器、电子仪器、系统软件等)。再上一层是用单机和机组组成的电子系统(例如通信、传输、终端网络、雷达、导航系统、计算系统、输入输出设备、存储设备、测量设施、非电测量设施、太阳能电池电站、发电控制器、电网控制、机器人控制、各种应用软件等)。最高一个层次是宏系统和应用,它是与外界的一个界面,体现其社会效益,是跨在电子技术与外界之间的桥梁。社会信息化是极为广泛的,包括政府、企业、事业等大系统,例如教育、文化、娱乐、出版、工程设计施工、综合通信网络、航天系统、国际系统、大型和复合科研设备等,经济信息化更导致了全球市场的形成。

2. 科学技术的积累与支撑

电子工业的发展,是科学与技术相互促进,技术发展与生产应用相互促进的典型范例。这实际上就是一个不断创新的过程,包括原理创新、技术创新和应用创新。科学技术方面的发现与应用之间肯定会有相互促进的关系。晶体管乃至其后的大规模集成电路等关键技术的发明,都不是一个个孤立的精心设计的实验,而是一系列固体物理、半导体物理、材料科学以及工艺学等取得重大突破后的必然结果。而后又与无线电会师,演进成信息技术。无线电的应用当然又是借助于电磁学的发展。这些突破,不管是由基本科学的发现导致技术发展,或是由实践、实施导致科学发现,或是从指引实践的需要有目的地延伸基本科学到可以应用于技术发展,基础科学、技术科学和工程技术,互为背景、互相帮衬、互相提携、滚动着向前发展,这或许就是现代科学技术发展的一个规律。

人们在基本科学即纯科学中认识了电子、电磁。为了发展电子与网络技术,它们分别延伸下来。量子物理对发展元件、器件以及材料最有意义,应用光学、光电子学对电子、信息运作起了巨大的促进和提高作用。为了发展电子系统,需要有系统科学,包括如系统工程、运筹分析、信息论等。用电子计算机处理信息、发展人工智能,就必须研究机与人、与外界相互联系,如模式识别与思维科学等,仿生信息技术还离不开生物信息学、神经机理学。再往下深入,应用数学和数理逻辑用于系统设计。涉及电子物质手段与外界的关系,甚至需要可靠性、环境科学甚至伦理学、法学的加盟。

科学的认识需要一定形式的物化才能服务于社会,因此广义科学分为基本科学和应用科学,应用科学又包含应用基础科学和工程技术,工程技术再分为基本技术和现场技术,基本技术又包括产品原型和新工艺的发展,现场技术又可分为与投产工程相关的投产技术和与日常维持生产作业相关的生产技术。因此,电子工业起飞除认识上的科学发明外,还必须有将其制造出来的基本技术。工艺是生产、制造和实验中决不可少的技术,它随制备对象、所用材料以及生产批量而异。为了达到同一目的,有许多不同的工艺可以选择;但在一定的条件下,必须根据不同的具体情况选择优适的工艺、装置和设备。测量是一种专门的技术。在制备和试验的过程中,各种测量仪器是不可少的手段。测量仪器种类繁多,有的还代表了一个学科或专业分支的最高水平。技术后勤部分不是硬件,但也需要硬件支持。其重要性是不言而喻的。在电子技术的发展过程中,可以更清楚地说明科学与技术的这一关系。

电子在真空中的运动比较简单,人们首先在此突破掌握了电子运动规律并实现了对其控制,但又很长时间未能解决电真空技术与之俱来的体积大、能耗高的问题。晶体管的发明和半导体理论的深入奏响了微电子科学的前奏曲,信号放大器的制造从电真空转到电子在固体(半导体)中的运动,理论上可以将器件体积从毫米数量级降为微米数量级,使众多的晶体管微缩到一个器件里成为可能。但是,这种可能性的实现却受到工艺上的限制。开始的合金型晶体管靠一个合金球工作,而合金球大小又受到石墨模具的限制,不可能做得很小。经多年努力,平面型晶体管的发明实现了这一突破,用光刻技术像印相片一样将所需图形刻到半导体上,这才拉开了微电子技术的序幕。集成电路的问世引起了电子技术革命性的变化,器件和线路分开这个天经地义的界限被打破了。在一小块基片上既做出放大器等器件,又做出电阻、电容等元件,并在同一表面上做上连线将它们连成电路。这一新途径使电子线路从此走上了体积小、密度高、成本低的方向。但是,好事多磨,此刻的双极型晶体管,即使工作电流用到最小(例如1mA),在大规模集成时,功耗也有几千瓦,已与电炉无异了。这说明,要实现大规模集成,还必须解决功耗问题。突破这一难关的是场效应管,它是电压控制的元件,不靠电流控制,功耗很小很小。至此发展的路径被打开,于是集成度以每三年提高四倍的速度发展。这一速度长期看来就十分惊人,以存储器为例,20世纪70年代初期刚刚出现千位的存储器,到80年代中就达到兆位,21世纪初个人电脑一般达到数十千兆;而到2014年普通笔记本电脑所用的存储器一般在160~500G,一部手机的存储空间都有16~

64G,而且还有迅速增大的趋势。以这种速度发展下去,再过一些年即可将百万册图书的所有信息集中到一个硅片上。推广开来,这在人们生产和生活上所引起的变化将是意想不到的。另一方面,网络的应用推广,网速的提高,使得人们开始逐步应用网络云盘存储,数据存储方式的转变,对本地个人电脑的储存要求的边际要求开始降低,而云存储供应商的设备存储量开始快速提高。

  人的努力在技术发展中的作用是巨大的。人类始祖最初只有石锤这样的工具,经过几千年的进展,到中世纪,能工巧匠用粗糙的工具竟能制造出很精密的东西。由此可知,每一代精密产品都是由低一级的工具制造出来的,人的智慧和能动性是其中的关键。技术的发展不能与人的参与分离。再高的技术系统也永远取代不了人发展的能动性和人的发明创造,取代不了人的组织与综合,包括政府的支撑,行业的协调,不同领域科学家的协作,相关行业的铺垫配合,一次次技术攻关折射出人的巨大努力和作用。众所周知,在发展微电子技术的进程中,微细加工技术是一个老问题。集成度越高,体积必须越小。尺寸缩小1倍,集成度可提高4倍。当初集成电路问世时,线条宽度大约是$10\mu m$。随着存储器的集成度提高,由$256K \to 1M \to 4M \to 16M \to 64M$,图形的线条宽度也必须相应地细化,从$2\mu m \to 1.2 \sim 1.5\mu m \to 0.8 \sim 1.2\mu m \to 0.5 \sim 0.7\mu m \to 0.35\mu m$,现在,$0.13\mu m$的技术已经普及,Intel公司最先进的处理器线条宽度约为90nm。而测量技术所需达到的精度比这至少还得高上一个数量级。这无疑会给集成电路的制造带来很多难题。集成电路的工艺类似彩色印刷。为保证$0.1\mu m$的线条宽度,其套准精度必须比$0.1\mu m$更准确才能使其不错开。集成电路关键的一道工艺就是光刻。采用的光刻波长为248nm时,线宽可达到$0.35\mu m$;线宽降到$0.13\mu m$,就要用193nm的光刻;做$0.07\mu m$的线条就要用157nm的光刻。要研究用什么样纯度的光源和光刻设备,用什么样的光刻胶,用什么样的方法来微细加工这样的一些线条。这就要靠精密的机械,靠限制曝光的波长。高分辨率的电子束曝光方式应用已比较成熟,现在又集中在高速、高精度电子束光刻的研究。一边是电子束在画,一边是机械台面的精细微动,用电子计算机修正运动误差。随着人们的努力,曝光精度还可提高,但难度也越来越大。很多经验都表明,任何技术都不能沿着一条老路无止境地走下去。除实现目标的难度以外,到一定限度,还会出现新的问题。提高集成度除了线条宽度以外,还有其他限制。举例来说,半导体集成电路是建立在半导体器件理论基础上的,而半导体器件里电子的迁移率是从电子运动中碰撞的平均自由程概念出发的,如果器件尺寸小于这个平均自由程,那么传统的半导体器件理论就不适用了。现在线宽已达到$0.1\mu m$,估计现用的器件理论也就快要接近极限了。再向下发展,就要有新的理论来取代。微电子科学的发展其实还有一条路,那就是让电子跑得更快,使器件向超高速发展。这需要从材料和器件结构上下功夫。近代的材料科学和薄膜工艺已使其工业化成为可能。但是,当晶体管本身的速度上去了,晶体管之间的引线就会引起有效速度的改变。速度越高,这个矛盾越突出。目前的对策是采用多层布线减少线间电容,但成本还太贵。现在还在研究集成电路向三维发展,做成多层电路。

  纳米科技是20世纪末才逐步发展起来的新兴科学领域,它的迅猛发展将在21世纪促使几乎所有工业领域产生一场革命性的变化。中国通过几个重大国家科技攻关计划,纳米材料和纳米技术已取得较为突出的成果,并引起国际上的关注。运用纳米技术,可以解决微电子学及微电子器件进入深亚微米、纳米领域后遇到的技术问题、材料问题以及理论问题,并致力于发展基于全新物理原理的新一代纳米电子器件。但是,纳米技术应用也不会来得像人们想象得那样快。它现在还处于基础研究和技术科学研究阶段，还需多方面的技术综合发展，积累到相应的高度，并随之构造出一个平台，才能实现技术上的突破。21世纪上半叶仍将以硅基CMOS电路为主流工艺。根据科学技术的发展规律，一种新技术从诞生到成为主流技术一般需要二三十年的时间。另外，全世界数以万亿美元计的设备和技术投入，已使硅基工艺形成非常强大的产业能力和知识积累，在其潜力设备发挥殆尽之前，人们是不会轻易放弃的。这种经济的惯性也是一种规律，它在不同侧面，不同程度上还会成为新技术登上历史舞台的一种反力量。

21世纪上半叶的微电子技术也不会是无所作为的。系统芯片(system on a Chip, SOC)将是21世纪微电子技术发展的重点。在集成电路(integrated circuit, IC)发展初期，电路设计都从器件的物理版图设计入手，后来出现了集成电路单元库(cell-lib)，使得集成电路设计从器件级进入逻辑级，应用大批成熟的电路设计成果直接进行合成。国际上还成立了IP核联盟，协调其间的商业交易，极大地推动了IC产业的发展。但集成电路仅仅是一种半成品，只有装入整机系统才能发挥它的作用。IC芯片是通过印刷电路板(printed circuit board, PCB)等技术实现整机系统的。尽管IC的速度可以很高、功耗可以很小，但由于PCB板中IC芯片之间的连线延时、PCB板可靠性以及质量等因素的限制，整机系统的性能受到了很大的限制。随着系统向高速度、低功耗、低电压和多媒体、网络化、移动化的发展，系统对电路的要求越来越高，传统集成电路设计技术已无法满足性能日益提高的整机系统的要求。同时，由于IC设计与工艺技术水平、集成规模和复杂程度越来越高，已经可以将整个系统集成于一个芯片。目前已经可以在一个芯片上集成 $10^8 \sim 10^9$ 个晶体管，电子及通信技术将从目前的3G时代逐步发展到3T时代(即存储容量、集成电路器件的速度、数据传输速率由G级发展到T级；$1G=10^9$，$1T=10^{12}$)。正是在需求牵引和技术推动的双重作用下，出现了将整个系统集成在一个微电子芯片上的系统芯片概念。SOC是从整个系统的角度出发，把处理机制、模型算法、芯片结构、各层次电路直至器件的设计紧密结合起来，在单个(或少数几个)芯片上完成整个系统的功能。由于SOC设计能够综合并全盘考虑整个系统的各种情况，可以在同样的工艺技术条件下实现更高性能的系统指标。

电子工业的结构，还可以形象地比喻成一条河，其上游是半导体设备工业，提供制造电子元器件的设备条件；中游是半导体工业，制造大规模集成电路芯片等电子元器件；下游是电子系统工业，用元器件开发计算机、通信设备等应用系统。

依靠微电子技术的最新成就建立和发展起来的计算机、通信、控制、测量、遥感设备等下游产品工业，其生产过程与机械产品(尤其是精密仪器)的制造非常相近。这个部门大多数产品也都是由许多基本零件或材料，经过小部件、组件、单机、装置、分系统、总系统等一系列装配工作而制成的，在最终产品上实现工业化社会所需要的分析、检测、控制、加工、传递、显示等最终功能。这类产品尽管最终形式千差万别，但在生产上有很多基本点是共同的，并且更显示出现代生产的特点。例如装配质量的控制，由于大多数电子产品装配工作具有复杂性，加上高度可靠性和长期使用的要求，要想控制最终产品的质量，必须从总体方案的设计到具体元件的选用；从购进元器件的检测、中间环节的装配到总装配的各个层次、各个阶段、各个环节都设立相应的标准和技术要求。将整个装配工作分为若干工作点，在各工作点上设质量控制点，通过这些工作点将部件装配逐步集中到最后总装，并通过各质量控制点对装配生产过程中产生的许多半成品的质量特性加以控制，从而使整机达到最终质量要求。

现代产品比传统产品更不能容忍管理混乱。那种在生产过程中对劣质的零件、粗放的操作采取敷衍宽容的态度，等待在最后整机检验调试中算总账的作法是致命的，那时产品有可能已经成批地变成无可救药的废次品。再比如材料和元器件的供应链，装配产品的质量在很大程度上取决于所用材料、元器件的质量；而元器件的生产又很少是全部，至少可以说大部分不是由本企业制造的。故而产品愈复杂、愈现代化，就愈需要元件厂像整机厂内部的一个部门一样对它提供技术上的帮助，二者在经济效益上也是互相联系的，在管理上则要求更加默契和协调。这种彼此依赖的关系，在电子工业中比其他任何部门都更为突出，往往演变出更新形式的贸易关系、工作关系和组织关系。这是在发展电子工业时要十分注意的一点。

电子与信息技术涉及很宽的技术基础和很广的最新技术成就，从现代固体物理到计算机科学，从精密机械光学到超纯化学制剂以及超净的工作环境和超纯的水质，从计算机、通信设备软硬件的开发到信息网络的建设等，处处汇集了现代科学技术领域各行业智慧的结晶。可以说，电子与信息技术的发展是建筑在各行各业最尖端的高技术基础之上，这些高技术构成了微电子技术实现突破的基础平台；而这一突破又为各学科、各领域的发展创造了条件。微电子技术一旦与其他学科相结合，便会诞生出一系列崭新的学科和重大的技术增长面，这方面的典型例子便是微机电系统(micro-electro-mechanical system，MEMS)和DNA生物芯片技术。前者是微电子技术与机械、光学等领域结合而诞生的，实现了微电子与机械融为一体的系统，不仅可以降低机电系统的成本，而且可以完成许多大尺寸机电系统所不能完成的任务。而后者，则是与生物工程技术结合的产物，采用微电子加工技术，可以在指甲盖大小的硅片上制作出含有上万种DNA基因片断的芯片，极快速地检测遗传基因的变化，对疾病诊疗和预防具有极其重要的作用。这些技术及其产品的增长速度非常之高，迅速普及，逐渐形成平台，分布式的特征渗透进来，开放、聚集、跨界、交互、融合，取代单一学科纵向发展解决问题的传统模式，生产力进一步得到解放，从而拉动整体科学、技术、经济、社会跃上新的高度。产业的新的升级便出现在地平线上了。这正是技术发展的规律。但要看清这个规律，还需从人类历史发展的逻辑扩展到产业、经济和社会层面上去。

7.2.2 我国电子信息产业概况

根据中国工信部的公布资料分类，工业部门分为原材料工业、装备工业、消费品工业、通信业、电子信息产业和软件业。相对应按照本书的叙述逻辑，原材料工业包括钢铁工业、有色金属、石油化工、化学工业、建筑材料；装备工业包括机械制造、汽车、船舶；消费品工业包括轻工业(日化、电池、钟表、自行车等)、纺织、食品、医药、家用电器；电子信息产业包括集成电路、计算机、彩色电视、手机。本书的分类中，电子工业包括了电子品制造业和通信业、软件业，是广义上的电子信息产业。

1. 电子信息产业概况

我国电子信息产业在近年来进入了增速下降的平稳增长期，但电子信息产业仍然在国民经济中占有重要地位。根据中国工业与信息化产业部公布的统计信息，2014年我国规模以上电子信息产业企业个数超过5万家，其中电子信息制造业企业1.87万家，软件和信息技术服务业企业3.8万家。全年完成销售收入总规模达到14万亿元，同比增长13%；其中，电子信息制造业实现主营业务收入10.3万亿元，同比增长9.8%；软件和信息技术服务业实现软件业务收入3.7万亿元，同比增长20.2%。

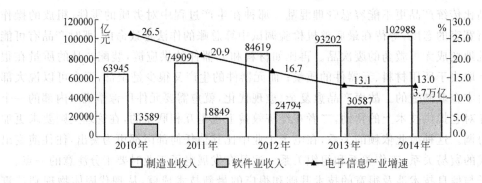

图 7-1　2010—2014 年我国电子信息产业增长情况

2014年，我国规模以上电子信息制造业实现销售产值103902亿元，其中内销产值51883亿元，同比增长14.9%，高于出口交货值8.9个百分点；内销产值占销售产值比重（49.9%）接近一半，比上年提高1.6个百分点；内销产值对电子信息制造业的贡献率达到69.5%。2014年，我国规模以上电子信息制造业中，内资企业实现销售产值38078亿元，同比增长20.7%，高出全行业平均水平10.4个百分点，在全行业中占比提高至36.6%，对全行业贡献率达67.5%，比上年高15.6个百分点。三资企业实现销售产值65824，同比增长5.1%，增速低于平均水平4.7个百分点。

按照工信部的统计数据，我国2014年的电子信息产业指标情况如表7-1所示。

表 7-1　2014 年电子信息产业主要指标完成情况

分类	单位	全年完成额	增速/%
一、规模以上电子信息制造业			
主营业务收入	亿元	102988	9.8
利润总额	亿元	5052	20.9
税金总额	亿元	2021	9.2
固定资产投资额	亿元	12065	11.4
电子信息产品进出口总额	亿美元	13237	−0.5
其中：出口额	亿美元	7897	1.2
进口额	亿美元	5340	−2.8
二、软件和信息技术服务业			
软件业务收入（快报数据）	亿元	37235	20.2
三、主要产品产量			
手机	万部	162719.8	6.8
微型计算机	万台	35079.6	−0.8
彩色电视机	万台	14128.9	10.9
其中：液晶电视机	万台	13865.9	13.3
集成电路	亿块	1015.5	12.4

软件和信息技术服务业的情况来看，2014年呈现出的产业发展包括如下几个特点。

（1）数据处理和存储服务较快增长，嵌入式系统软件增速明显放缓。

（2）软件出口增速放缓，外包服务和嵌入式软件出口均下调。

（3）中部地区软件产业发展加快，东北地区明显放缓：2014年1—9月，湖北、安徽的增长超过35%,湖南、河南的增幅也较上一年有所提高。

(4) 中心城市软件业稳步增长,新兴信息技术服务发展迅速。

(5) 效益稳中有落,从业人员工资增速有所回落。

(6) 软件国产化逐步推进,信息安全战略初见成效:国产的操作系统、数据库、用友、金蝶等财务软件、大型信息化系统、国家网络信息安全的"可信云"建设。

(7) 智慧城市的发展建设,长期来看,智慧城市的投资规模将超过10万亿元。

但在以下一些方面,国内软件和信息技术产业还存在以下几个需要解决的问题。

(1) 软件企业面临较大经营压力:一是2014年中国正在进行经济结构转型,市场的投资和消费需求受到一定削弱;二是微软、IBM、亚马逊、SAP等外资企业云服务加速在我国落地,加剧了企业间竞争;三是本土企业的成长和竞争力准备仍需要一定的时间和机会。

(2) 国产操作系统应用推广形势困难加大:国产基础软件特别是操作系统一直以来都是国家重点培育和支撑的软件领域。2014年,中科红旗易主、Windows XP停止服务等事件的影响下,国产操作系统受到了社会各界的广泛关注。中国智能终端操作系统产业联盟应运而生,发起成立。但该方面的核心技术水平、市场份额竞争和产业生态等方面的困难仍然很大。

(3) 工业软件发展缓慢拖累工业智能化进程:工业软件是提升一国智能化水平的关键。目前,制造业企业作为工业软件应用的主体,存在内在投资动力不足的现象,主要原因在于制造业企业普遍的盈利状况不佳,以及观念上对工业软件的积极性不强。工业软件市场目前主要依靠政府投资和政策推动,企业的需求没有激活,导致行业的整体发展不健康。

(4) 国内企业在核心开源项目中的参与度和贡献度不足。未来信息产业发展中开源软件的地位将愈发突出,Linux、Android等开源软件已经获得了操作系统领域的大部分份额,在云计算、大数据、人工智能领域开源软件正在或即将占据主导地位。传统开源软件企业外,微软、脸书(Facebook)等IT巨头均加大了对开源项目的投入,微软开源了NET框架,引起了业界极大关注。尽管华为、腾讯等国内部分企业积极为开源项目提供赞助,但我国软件企业在国际核心的开源项目中的参与热情仍然较低,贡献度不足,无法跟踪项目的演进、更难以形成影响力。

(5) 信息安全形势依然严峻。2014年,Windows XP停止更新服务使得我国六成以上私人信息无法得到有效保护。但系统漏洞、国产技术水平较低等问题仍然使得我国的信息安全形势较为严峻。

2. 互联网产业与电子产业的演化逻辑

20世纪末互联网观念的传播和深入社会大众的心理,随着信息化的快速深入和推广,互联网的经济社会重要性越来越高,发展速度和影响力已经完全不容忽视。甚至可以说,起源于以半导体工业为主的电子信息产业,在20世纪末衍生出来了计算机和软件行业,21世纪初又从计算机和软件行业中孕育出了相对独立的互联网产业,而其产业内涵的逻辑,既是依赖于技术的基础,又不断融入其他内容,不仅仅是某一类技术的应用规模增加。同时,对最早期电子通信设备——电话——的革新进步,从有线到无线,从模拟到数字,便携式移动电话(手机)的普遍应用,终于和计算机方向的电子技术路径再度融汇,形成了移动互联网的新一代浪潮。不但使得收取电子邮件、阅读电子文档这样的典型计算机行为和接听语音实时对话这样的典型电话行为合并在一类设备终端(机器)上,更进一步融入了订餐、买票、问路、招出租车等传统的线下应用行为。而正在不断把对巨量数据和及时性、安全性最为关注的金融领域纳入互联网的时候,物联网(internet of things)作为另外一种完全广义化的互联网行为也彻底出现了——对每个产品进行追踪、对每个位置进行更新。

而与此同时,最底层的电子产业,正在接受着升级产业的不断"反哺":计算机时代的单片机带来了自动家用电器;软件产业时代的各种应用程序的工业化,即工业软件的出现提升了大设备系统自动化的程度,使得机床等机械设备的电子化水平从"程控"到"数控"到信息化;到了互联网时代,更多元互动的因素已经开始启发电子行业的发展,"智能制造"将是互联网技术推动电子产业与更古老的机械产业的融合升级。

在未来,互联网产业正在快速显现出脱离电子信息产业的趋势,正如同在中国房地产业与1998年住房体制改革后全面脱离建筑业一样。

从电子产业到电子信息产业到多个产业的升级演化过程中,我们可以看到:产业升级的动力不再仅以新的技术发明为基础,互联网产业化则是观念改变在先、技术匹配跟进的过程;升级的产业不是替代而是新生,原有的相对基础的产业仍据有其经济社会地位,但在新生产业和技术的推动下也在不断改善,甚至有着"从上到下""从新到旧"的倒逼态势,互联网推动更基础的计算机和通信产业,计算机产业在推动电子产业,电子产业则在推动更为传统的一般加工产业,乃至最基础的机械制造产业。产业演化的逻辑不是线性上升那样机械,但也不是什么螺旋上升那样有方向,而是多元的,既有不断更新,也有推动改善传统,而且我们能够观察到的更多是能够落实前行的路径,另外一些发明的盲端已经不断的退出了产业的演化。例如,广播电视行业,正在面临互联网信息内容海量的挑战,除了加强内容建设吸引观众外,三网(广播电视网、电信网、互联网)融合也在推动这一进程。目前技术上的融合是第一阶段,例如,2015年4月挪威文化部宣布2017年将关闭调频广播、全面转为数字音频广播;再如中国的乐视电视(其他国家也有同类的产品),利用互联网信号播放大量电视频道节目和自主内容播放,使得看电视不再需要有线线路。

在互联网观念全面影响社会经济的时代,21世纪以来,不但是传统的相关行业和产业,包括新闻、教育、工程技术等等都开始接入了互联网,不仅仅是在技术和应用上,也大大开始了互联网观念的引入。

而在狭义的互联网产业本身,其微观层面也在不断地演化,我国互联网产业在2014年展现出以下几种趋势。

(1) 移动通信网络将进入共建共享的4G发展时代,由中国移动、中国联通、中国电信等三大通讯运营商共同出资设立中国铁塔股份有限公司,加强4G基站建设,减少各个运营商的重复建设、提高投资效率。2014年10月,中国移动4G用户超过5000万,建成57万个基站,超过3G网络6年的建设总量,覆盖超过300个城市、实现了全国75%人口覆盖率。

(2) 中共中央网络安全和信息化领导小组成立,国务院正式授权国家互联网信息办公室负责全国互联网信息内容管理工作和负责监督管理执法,结束了多部门管理乱象,也逐步呈现出网络空间更加清朗的局面。

(3) 互联网应用和商业模式创新将涌现更多新模式。余额宝、滴滴打车、人人快递等创新应用撼动了各个传统行业的内部生态,互联网思维全面深入。截至2014年9月,余额宝用户数已达1.49亿,资金规模达5349亿元;截至2014年6月,P2P(peer-to-peer,伙伴对伙伴)网络平台数量达到1263家,有效投资人超过29万人;2014年9月29日,银监会批复同意由阿里巴巴体系的小微金服集团发起筹建的浙江网商银行,标志着互联网金融发展逐渐获得国家认可和支持。众筹、众包等新型投资模式;京东商城联合快客、好邻居等品牌拓展了线下店面合作,O2O(online to offline,在线到离线/线上到线下)商业模式广泛拓展。

第7章 制造：从机器到人

7.3 工业化和信息化的融合

7.3.1 再启蒙的含义与概念

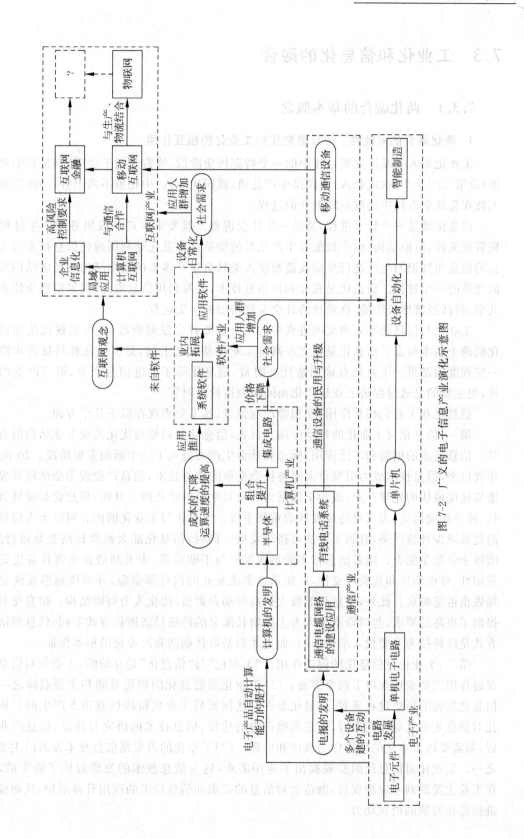

图 7-2 广义的电子信息产业演化示意图

7.3 工业化和信息化的融合

7.3.1 两化融合的基本概念

1. 两化融合的可能性：源自信息化和工业化的相互作用

工业化是人类经济发展过程中的一个特定历史阶段，通常是指工业（特别是其中的制造业）或第二产业产值（或收入）在国民生产总值（或国民收入）中比重不断上升，一级工业就业人数在总就业人数中比重不断上升的过程。

信息化既是一个技术进程，又是一个社会进程。其要求在产品或服务的产生过程中实现管理流程、组织结构、生产技能及生产工具的变革。信息化是利用现代信息技术对人类社会的信息和知识的生产进行全面改造而使人类社会生产体系的组织结构和经济结构发生全面变革的一个过程。信息化是充分利用信息技术，开发利用信息资源，促进信息交流和知识共享，提高经济增长质量，推动经济社会发展转型的历史进程。

工业化与信息化是人类文明进程中的两个重要社会发展阶段，是人类现代化和后现代化的两个基本标志。信息化是建立在高度工业化基础之上的，是工业化和科技进步发展到一定程度的结果。工业化直接创造社会财富，信息化除了促进信息产业、第三产业的发展外，更主要的是通过促进工业现代化而间接创造社会财富。

信息化和工业化相互作用，互相带动与促进，其主要表现在以下几个方面。

第一，信息化对工业化的带动作用。首先，信息化是调整与优化传统工业结构的有效途径。信息技术的创新和广泛应用，标志着社会生产力进入了一个新的发展阶段。20世纪90年代以来，信息技术成为引发重大经济社会变革的核心技术，信息产业成为全球经济发展中增长速度最快的先导产业，成为全球最大和最具生机的产业群。其次，信息化是降低资源消耗、减少环境污染、实现可持续发展的重要手段。信息化与工业化的融合可以大大降低资源消耗和减少环境污染，有利于经济可持续发展。同时，信息化能大幅度提高企业运行效率、增强企业竞争能力。随着信息技术的迅速发展与不断完善，未来制造企业将具备更好地可重用性、可重构性和规模可变性，以便迅速集成企业的内外部资源，并对快速多变的全球市场做出迅速响应。此外，信息化能极大提高劳动者素质，优化人力资源结构。信息化对人才提出了更高的要求，与以资本投入为主要增长源泉的传统经济增长方式不同，信息经济增长方式是以科技为主要投入增长源的，而人才则是科技创新和产业化的根本保证。

第二，工业化对信息化的促进作用。"工业化"与"信息化"是互动的，工业化对信息化的促进作用主要表现在以下两个方面：(1)工业化是信息化的物质基础和主要载体之一。从信息化发展的历史过程来看，信息化是在发达国家后工业化阶段的基础上产生的。从工业化对信息化的基础作用来看，信息基础设施的建设、信息技术的研究与开发、信息产业的发展，都需要以工业化的发展作为载体和后盾。(2)工业化的需求是信息技术发展的主要动力之一。工业化对信息化的发展提出了应用需求，这为信息技术的发展提供了强大的动力。在工业化发展到一定程度后，制造业对信息的需求和信息技术的应用日益增加，从而成为推进信息化发展的内在动力。

2. 两化融合的内涵：着眼于信息化与工业化多层面多角度跨学科的大融合

两化融合是指电子信息技术广泛应用到工业生产的各个环节，信息化成为工业企业经营管理的常规手段。信息化进程和工业化进程不再相互独立进行，不再是单方的带动和促进关系，而是两者在技术、产品、管理等各个层面相互交融，彼此不可分割，并催生了工业电子产业、工业软件产业、工业信息化服务业等新产业。两化融合是工业化和信息化发展到一定阶段的必然产物。

信息化与工业化融合是人类社会两个重要发展历史进程的交汇，其所引发的生产方式变革与生活方式调整正在构建信息社会发展的新蓝图，其所推动的资源配置方式优化与发展方式转变正在构建现代产业体系的新格局，其所形成的协同化创新体系、智能化工业装备、柔性化生产方式、集约化资源利用、精准化管理模式正在重塑全球化时代国家竞争的新优势。

信息化与工业化的融合发展，是时代发展的必然趋势，是社会发展的内生需求。对信息化与工业化融合的内涵的界定，不同学者有不同的表述，比较典型的有以下几种。

《中国制造业信息化》杂志主编杨海成认为，"信息化与工业化的融合，是指在一个工业化的进程中，利用信息和信息技术，使之渗透到工业领域的相关要素中，这些要素包括工业技术、工业装备、工业环节、工业产品，使之能够形成支撑工业能力的新型工业装备，提升工业素质和工业能力的过程。"

邹生认为："信息化与工业化的融合就是充分利用信息技术和信息资源，将其与工业化的生产方式结合起来，加快工业化发展升级，促进工业经济向信息经济转变的过程。既包括工业生产的信息化，也包括支撑工业生产的农业和服务业的信息化。"

日本的植草益认为信息通信业的产业融合具体包括了电信（电话）和邮政的融合、电信及信息处理的融合、电信和广播等传媒的融合、互联网带来的信息通信业的融合、全体信息通信业的融合及IT革命的影响。

工信部总经济师周子学提出：互联网时代，最核心的资源是信息，任何高新技术都离不开信息的参与，而计算机信息网络则是信息传递、加工、处理的最好载体。而互联网具有去中心化和信息复制成本趋于零这两大特点，这是"互联网基因"与工业文明时代的"工业基因"的本质区别。两个时代的差别还在生产要素、生产方式、生产主体工具等方面有所不同，"工业基因"与"互联网基因"的对比参见表7-2。互联网精神的内涵是平等、开放、共享和免费，而这种精神在工业行业和金融行业中已经开始了结合与应用。

表7-2 工业基因和互联网基因比较

主要区别	工业基因	互联网基因
本质特征	中心化、制造有成本	去中心化，信息复制成本趋零
生产要素	资本和劳动力	信息、知识、人才等
主要生产方式	标准化基础上的供给方规模经济	个性化定制，需求方规模经济
生产工具主体	机器	计算机信息网络

我们认为"两化融合"是一个多层次、多侧面、多内容的综合过程，其内涵可以从狭义和广义上来进行区分。从狭义的角度看，我们可以将"两化融合"归纳为以下四大方面。（1）产品层面的融合，工业产品既含有物质部分，又含有信息部分。信息成分使产品的附加值得以

提升。(2)工业装备上的融合,信息化提升工业装备的技术水平。(3)工业生产、经营、管理过程中的融合,包括产品设计、产品生产与控制、产品销售、经营、管理上,信息化技术的应用使得生产力大幅提升,生产方式得以改变等。(4)产业上两者的在经济供需等全方位的充分融合。从广义上看,"两化融合"除了狭义所包含的四大方面外,还应包含:服务业与信息化的融合,农业与信息化的融合。

  信息化与工业化融合的特点:(1)信息化与工业化密不可分。信息化与工业化本身就是密不可分的。两者中,工业化是母体、环境、源泉和基础,是信息化的应用领域和重要载体,同时也为信息化发展提供物质、能源、资金、市场等方面的基础条件;信息化是工具和手段,是工业化的得力助手,是提升工业化的重要动力。(2)信息化与工业化没有先后顺序关系。主要发达国家由于技术发展的先后,先发展了工业化相关的主要技术,随后,由于信息技术的兴起,又进一步信息化,这是自然而然发展形成的,并没有规定必须先工业化后信息化。(3)"两化融合"的融合点。两化融合的融合点主要包括以下方面:在产品上,物质成分与信息成分的融合;在工业装备上,信息技术与传统工业装备技术相融合;信息技术与企业经营、管理的融合;在融合型产业中的深度融合;信息技术与服务业的融合;信息化与资源、能源供给体系的融合;信息化与人民生活的融合。

  3. 两化融合的必要性:是技术创新、深度发展、国际竞争的必然结果

  "两化融合"是世界形势发展的需要。当前,我国一方面面临着资源、环境的制约,以及国际日益激烈的经济、科技竞争;另一方面,也面临着全球经济一体化等一系列机遇。在此形势下,提出"两化融合",实现工业化、信息化跨越式发展具有重要意义。"两化融合"面临着挑战和机遇,西方发达国家是在完成工业化之后,再开始推进信息化、迈向信息社会的,具有雄厚的先发优势。与此同时,全球经济一体化,国际经济、科技竞争日益激烈,信息技术成为新科技的制高点,发达国家和后发国家竞相制订信息化和工业化发展战略,以期抢占未来世界发展的制高点。此外,实施"两化融合",对信息产业本身也提出了更高的要求,它不仅要承担自身发展、壮大,以及一个产业所要承担的任务,如为社会经济发展贡献GDP、吸纳劳动力就业等,还承担着改造传统产业、升级产业结构、提高传统产业国际市场竞争能力的历史重任。

  新型工业化道路迫切需要"两化融合"。(1)"两化融合"发展是信息化与工业化的内在需求。"两化融合"让"工业化"和"信息化"两架马车结伴而行,是因为它们都是驱动经济社会发展的核心内生变量。信息化与工业化融合石经济社会发展的内生需求。信息技术具有渗透性好、倍增性好、带动性好、知识和技术密集度高、创新性强、附加值高、关联度高、对环境污染少、资源消耗少等优点。信息化与工业化是密不可分的。现代化过程既要实现工业化,又要实现信息化。工业化是具备了信息化能力的工业化;信息化是装备了工业化的信息化,工业化是母体、环境、源泉和基础,是信息化的应用领域和重要载体,同时也为信息化发展提供物质、能源、资金、市场等方面的基础条件;信息化是工具和手段,是工业化的得力助手,是提升工业化的重要动力。两者是相互需求、相互促进、相互提升、相互趋近的螺旋式上升的关系。此外,实施"两化融合"也为我国信息产业本身发展提供了巨大的内需市场。目前,我国IT市场规模世界第二,在推进"两化融合"后,我国IT市场规模将进一步扩大,这对信息产业的发展、壮大有很强的积极意义。基于两者之间的密切关系,我们必须将信息化发展与工业化发展的步伐有机协调起来,融为一体,使两者的发展战略协调一致,两者的发展模式高度匹配,两者的发展计划、计划密切配合。这也是国家实行大部制,合并组建工业与信息化部的重要原因。(2)"两化融合"发展是走新型工业化道路的客观要求。第一,"两化融合"是一条科技含量高、经济效益好的道路;第二,"两化融合"有助于科技创新;第三,"两化融合"发展有助于节能减排;第四,"两化融合"发展有助于发挥人力资源优势;第五,"两化融合"有利于改造升级传统产业,促进产业结构优化升级,加快形成现代产业体系。信息技术的发展历程,不仅体现在信息技术自身水平的提升上,更体现在以信息技术推动工业、服务业等其他相关产业迅速成长上。信息化是工业化发展方式的"转换器",工业生产的"倍增器"、"催化剂"。因此,需要通过信息技术改造传统行业,信息化带动工业化,工业化促进信息化,提高信息化对经济发展的贡献率。"两化融合"可以有效解决经济与社会发展中的瓶颈问题,促进产业结构优化升级,加快形成现代化产业体系,推动经济、社会持续、快速、健康发展。

7.3.2 两化融合技术层面:涉及的新技术新领域

1. 物联网技术

物联网被称为继计算机、互联网之后,世界信息产业的第三次浪潮。目前多个国家都在花巨资进行深入研究,物联网是由多项信息技术融合而成的新型技术体系。

"物联网"的概念于1999年由麻省理工学院的Auto-ID实验室提出,将书籍、鞋、汽车部件等物体装上微小的识别装置,就可以时刻知道物体的位置、状态等信息,实现智能管理。Auto-ID的概念以无线传感器网络和射频识别技术为支撑。1999年在美国召开的移动计算和网络国际会议(Mobicom1999)上提出了传感网(智能尘埃)是下一个世纪人类面临的又一个发展机遇。同年,麻省理工学院的Gershenfeld Neil教授撰写了*When Things Start to Think*一书,标志着物联网开始发展。

2005年11月17日,在突尼斯举行的信息社会世界峰会(WSIS)上,国际电信联盟(ITU)发布了《ITU互联网报告2005:物联网》,正式提出了"物联网"的概念。报告指出:无所不在的"物联网"通信时代即将来临,世界上所有的物体都可以通过无线传感器网络技术(WSN)、纳米技术、智能嵌入技术将得到更加广泛的应用。2006年3月,欧盟召开主题为"From RFID to the Internet of Things"的会议,对物联网做了进一步的描述,并于2009年制定了物联网研究策略的路线图。2008年起,世界范围内多个研究机构组成了Auto-ID联合实验室,同时每年举办"Internet of Things"的国际年会。2009年,IBM首席执行官Samuel J. Palmisano提出了"智慧地球"(smart planet)的概念,把传感器嵌入和装备到电网、铁路、桥梁、隧道、公路、建筑、供水系统、大坝、油气管道等各种应用中,并且通过智能处理,达到智慧状态。

可以认为,"物联网"(internet of things)是指将各种信息传感设备及系统,如传感器网络、射频标签阅读装置、条码与二维码设备、全球定位系统和其他基于物-物通信模式(M2M)的短距无线自组织网络,通过各种接入网与互联网结合起来而形成的一个巨大的智能网络。如果说互联网实现了人与人之间的交流,那么物联网可以实现人与物体的沟通和对话,也可以实现物体与物体互相间的连接和交互。

2010年3月召开的全国"两会"上,政府工作报告中明确指出利用物联网技术推动经济发展方式的转变,物联网成为国家经济技术发展的战略支柱之一。

从以上我们对物联网的理解可以看出，物联网是互联网向屋里世界的延伸和拓展，互联网可以作为传输物联网信息的重要途径之一，而传感网络基于自组织网络方式，属于物联网中一类重要的感知技术。

物联网具有其基本属性，实现了任何物体、任何人在任何时间、任何地点，使用任何路径/网络以及任何设备的连接。因此，物联网的相关属性包括集中、内容、收集、计算、通信以及场景的连通性。这些属性表现的是人们与物体之间或者物体与物体之间的无缝连接。

2．云计算技术

大数据（big data）是在信息互联网化之后的一个重要结果，众多的行为都可以被记录而形成庞大的数据资料。大数据应具备的四个基本特征（4V）：容量（volumes）、多样性（variety）、数据处理速度（velocity）、应用价值（value）。而大数据的利用，需要通信能力、存储能力、计算能力、业务发掘能力等方面能力的综合，云计算技术就是解决大数据应用的一个重要方向和路线。

互联网资源和计算能力的分布式共享，是近年来国内外互联网界具有重要意义的研究课题。在互联网上，计算资源的利用率一直处于一种不平衡的状态。某些应用需要大量的计算和存储资源，而同时互联网上也存在大量处于闲置状态的计算设备和存储资源。另外，随着数字技术和互联网的急速发展，特别是随着Web2.0的发展，互联网上数据量高速增长，也导致了互联网数据处理能力的相对不足。

目前，如何实现资源和计算能力的分布式共享以及应对当前互联网数据量高速增长的势头，是目前互联网界亟待解决的问题。正是在这样一个发展背景下，云计算应运而生。

到目前为止，云计算还没有一个统一的定义。Wikipedia，Google，Microsoft，Gartner和Forrester以及瑞星等若干研究组织和相关厂家，依据各自的利益和各自不同的研究视角都给出了对云计算的定义和理解。目前关于云计算的定义已有25种之多。在分析和综合各方面对云计算定义的基础上，本书对云计算作如下理解和阐述。

云计算是分布式处理、并行处理、网格计算、网络储存盒大型数据中心的进一步发展和商业实现。其基本原理是，用户所需的应用程序并不需要运行在用户的个人电脑、手机等终端设备上，而是运行在互联网的大规模服务器集群中。用户所处理的数据也并不存储在本地，而是保存在互联网的数据中心里面。这些数据中心正常运转的管理和维护则由提供云计算服务的企业负责，并由他们来保证足够强的计算能力和足够大的存储空间来供用户使用。在任何时间和任何地点，用户都可以任意连接至互联网的终端设备。因此，无论是企业还是个人，都能在云上实现随需随用。同时，用户终端的功能将会被大大简化，而诸多复杂的功能都将转移到终端背后的网络上去完成。

在云计算的应用蓝图中，用户只需要一个终端设备，如一台电脑或一部手机，就可以通过网络所提供的服务来实现用户所需的一切功能和操作。对用户而言，云计算即是把所有可能的力量和资源联合起来，提供给云计算中的每一个用户来使用。

从技术层面上讲，云计算基本功能的实现取决于两个关键的因素，一个是数据的存储能力，另一个是分布式的计算能力。因此云计算中的"云"可以再细分为"存储云"和"计算云"，也即"云计算＝存储云＋计算云"。

"存储云"是一个大规模的分布式存储系统。"存储云"对第三方用户公开存储接口，用户可以根据自己的需要来购买相应的容量和宽带。"计算云"包括并行计算和资源虚拟化。

并行计算的作用是首先将大型的计算任务拆分,然后再派发到云中节点进行分布式并行计算,最终将结果收集后统一整理,如排序、合并等。虚拟化最主要的意义是用更少的资源做更多的事。在计算云中引入虚拟化的技术,就是力求能够在较少的服务器上运行更多的并行计算,对云计算中所应用到的资源进行快速而优化的配置等。

3. 增材制造

增材制造,也称三维打印(3D printing)技术,作为快速成形领域的一种新兴技术,目前正成为一种迅猛发展的潮流。近一段时间,3D打印技术吸引了国内外新闻媒体和社会公众的热切关注。英国《经济学人》杂志2011年2月刊载封面文章,对3D打印技术的发展作了介绍和展望,文章认为:3D打印技术未来的发展将使大规模的个性化生产成为可能,这将会带来全球制造业经济的重大变革。很多新闻媒体乐观地认为:3D打印产业将成为下一个具有广阔前景的朝阳产业。

3D打印技术是指通过连续的物理层叠加,逐层增加材料来生成三维实体的技术,与传统的去除材料加工技术不同,因此又称为增材制造(additive manufacturing,AM)。作为一种综合性应用技术,3D打印综合了数字建模技术、机电控制技术、信息技术、材料科学与化学等诸多方面的前沿技术知识,具有很高的科技含量。3D打印机是3D打印的核心装备。它是集机械、控制及计算机技术等为一体的复杂机电一体化系统,主要由高精度机械系统、数控系统、喷射系统和成形环境等子系统组成。此外,新型打印材料、打印工艺、设计与控制软件等也是3D打印技术体系的重要组成部分。

目前,3D打印技术主要被应用于产品原型、模具制造以及艺术创作、珠宝制作等领域,替代这些领域传统依赖的精细加工工艺。3D打印可以在很大程度上提升制作的效率和精密程度。除此之外,在生物工程与医学、建筑、服装等领域,3D打印技术的引入也为创新开拓了广阔的空间。如2010年澳大利亚Invetech公司和美国Organovo公司合作,尝试以活体细胞为"墨水"打印人体的组织和器官,是医学领域具有重大意义的创新。

从中长期看来3D打印产业具有较为广阔的发展前景,但目前产业距离成熟阶段尚有较大距离,对于3D打印市场规模的短期发展不宜过分高估。因此,现阶段产业界对3D打印领域的投入应以加强创新研发、技术引进和储备为主,尤其要重视自主知识产权的建设和维护,争取在未来的市场竞争中占据有利地位。如受到概念炒作影响,在技术尚未充分完善的现阶段大规模投入产能扩张,则投资回报将面临较大的风险。

随着智能制造的进一步发展成熟,新的信息技术、控制技术、材料技术等不断被广泛应用到制造领域,3D打印技术也将被推向更高的层面。未来,3D打印技术的发展将体现出精密化、智能化、通用化以及便捷化等主要趋势。提升3D打印的速度、效率和精度,开拓并行打印、连续打印、大件打印、多材料打印的工艺方法,提高成品的表面质量、力学和物理性能,以实现直接面向产品的制造;开发更为多样的3D打印材料,如智能材料、功能梯度材料、纳米材料、非均质材料及复合材料等,特别是金属材料直接成形技术有可能成为今后研究与应用的又一个热点;3D打印机的体积小型化、桌面化,成本更低廉,操作更简便,更加适应分布化生产、设计与制造一体化的需求以及家庭日常应用的需求;软件集成化,实现CAD/CAPP/RP的一体化,使设计软件和生产控制软件能够无缝对接,实现设计者直接联网控制的远程在线制造;拓展3D打印技术在生物医学、建筑、车辆、服装等更多行业领域的创造性应用。

4. 通信技术

随着第一代蜂窝移动通信系统的问世,移动通信技术得到快速的更新,2G 移动通信系统已经在大多数国家实行了较多年,得到良好的发展。目前,3G 移动通信技术也已经投入到了商用之中,4G 移动通信系统正处于研制的环节。3G 移动通信系统随着全世界的不断完善,已进入到了实际应用的环节,当今通信行业研究的重要内容是 4G 移动通信系统的发展和将会在发展中遇到的问题。当今,多个国家组织都在进行 4G 系统技术的研发,如无线世界研究论坛、MWIF、IETF、SDR 论坛等。同时,部分移动通信设备厂商也在对 4G 系统进行研发,如 HP 实验室正在进行 4G 网络传输多媒体内容的研究、NORTEL 正在对软件无线电功率放大器技术进行研究等。我国已于 2001 年开始了对 4G 移动通信技术的探究。因为 4G 技术前瞻性较强,企业用于研究的资金投入较少,主要的研究仍需要依靠政府的支持来进行。

4G 网络系统具有兼容性强,智能化高的特点。4G 网络系统是一种具有高度自适应、自治特点的网络系统,拥有良好的自组织性、可伸缩性、重构性等优点,可以对不同用户、不同环境的通信需求进行满足。同时,4G 通信系统还需要具有能够由 3G 平稳过渡、终端多样化和多种网络互联、接口开放、全球漫游等优点。

4G 网络系统是全 IP 核心网络,全 IP 是指 4G 系统网络所使用的 IP 可以和实际使用的各种无线接入协议、接入方式兼容使用。4G 网络系统在进行核心网络设计时,要具有较大的灵活性,用户可以不用对无线接入所使用的协议和方式不用进行考虑。

4G 网络系统实现无缝连接。覆盖的无缝性是指 4G 系统可以在全球进行业务的提供;业务无缝性是指图像、数据、语音的无缝性;系统的无缝性是指用户不仅可以在蜂窝系统中使用,也可以在 WLAN 中使用。4G 系统是一个综合系统,WLAN 可以对热点地区的高速业务进行提供,蜂窝可以对广域移动性进行提供。

4G 网络系统具有容量高,速率快的特点。为了满足多媒体业务和数据业务日益增加的需要,4G 系统需要的容量要比之前更高。但是因为 4G 系统的频谱较少,因此,4G 系统的频谱效率只相当于高出 5 至 10 倍左右的 3G 系统。4G 通信系统的下行信道最高速率会达到 100Mbps,使用移动终端对文件进行下载的速度会比使用 3G 系统较快。4G 系统还可以对移动终端的用户进行快速实时的高清视频图像传输。也就是说,4G 系统的速率为:对低速移动用户的数据速率可以达到 100Mbps;中速移动用户的数据速率可以达到 20Mbps;高速移动用户的数据速率可以达到 2Mbps。

5. 可穿戴式计算机技术

近年来在国际计算机学术界及工业界悄然兴起了对可穿戴式计算机(WearComp,wearable computer)的研究热潮,可穿戴式计算机的初级产品已经问世并推向市场,其发展势头迅猛,形势逼人。可穿戴式计算机是未来新概念的移动计算系统,应用潜力巨大,它是随着计算机及相关元、器件不断向超微型化发展应运而生的,也是人们追求"计算机应以人为本"这一理念的必然产物,可穿戴式计算机将使人-机关系及使用计算机的方式发生重大变革。可穿戴式计算机将在工业、军事、情报、新闻、医疗、商业、农业、抢险与救灾乃至日常生活等领域发挥非常重要而特殊的作用,可穿戴式计算机作为新一代的计算机系统及数字化电子产品将会带来巨大的经济效益。

可穿戴式计算机是一类新概念的个人移动计算系统,目前尚无规范和明确的定义。加拿大 U of T 的史蒂夫·曼恩(Steven Mann)教授认为可穿戴式计算机是这样一类计算机系统："它属于用户的个人空间(personal space)，被穿戴者控制，同时具有操作和互动的持续性(constancy)，即 always on and always accessible。"可穿戴式计算机的持续性特征是它与传统 PC 计算机和便携式计算机最根本的区别之一。持续性不是简单地指计算机连续地(continuously)工作，这是一种人-机共生(symbiosis)的形式，体现了人-机紧密结合(inextricably intertwined)与协同(synergy)的新型关系。曼恩教授还指出："可穿戴式计算机促成了一种新的人-机交互形式，这种交互形式由一个微型的、穿在身上的计算机系统实现。该系统总是处在工作、待用和可存取状态。"就此而言，这个新的计算框架不同于手持装置、便携式电脑和 PDA(personal digital assistant)。无时无刻与用户互动(always ready to interact with user)这一能力促成了一种新型的人-机协同，它通过使用者长久的适应而表现出来。这就如同初戴眼镜者要有一个适应过程才能与眼镜"协同"一样。曼恩教授还用下述 3 个操作模式和 6 个属性定义可穿戴式计算。

可穿戴式计算机的操作模式：持续(constancy)、增强(augmentation)、介入(mediation)。

可穿戴式计算机的属性：非限制性(unrestrictive to the user)、非独占型(unmonopolizing)、可观性(observable by user)、可控性(controllable by user)、环境感知性(attentive to the environment)、交流性(communicative to others)。Bass L. 在 CHI'97 可穿戴式计算机专题讨论会的会议招集人报告中建议可穿戴式计算机应具备以下五个特征：

(1) 可穿戴式计算机可在运动状态下使用(It may be used while the wearer is in motion)。

(2) 使用可穿戴式计算机的同时可腾出双手或用手做其他的事(It may be used while one or both hands are free or occupied with tasks)。

(3) 可穿戴式计算机不应只是穿在身上，而应该成为衣物的一部分(It exists within the corporeal envelope of the user, i. e., it should be not merely attached to the body but becomes an integral part of the person's clothing)。

(4) 穿戴者可进行控制(It must allow the user to maintain control)。

(5) 具有可持续性(It must exhibit constancy, in the sense that it should be constantly available)。

以上特征是可穿戴式计算机与传统计算机的主要不同之处。这些特征并不完全，还需进一步地补充与完善，有个别特征不是必要的，如第三个特征，可穿戴并不一定意味着必须和衣物成一体。

由于可穿戴式计算机的人-机紧密结合，使人的智能得以更"直接"和有效的扩充与延伸，从而使得电脑具有了更名副其实的"副脑"意义。如果可穿戴式计算机采用新的人-机交互技术，就可使人的感知能力得以增强，使人-机关系更加和谐。可穿戴式计算机突破了传统计算机以"计算"为主的概念，它追求在"计算"的同时起到"代理"(agent)的作用。

可穿戴式计算机的发展将对人-机关系的两个方面都给出变革的机遇：一是设备便携中心控制和计算即"机对人"的反馈；二是人的既有行为和协同设备而发生的行为，主动或被动地对设备输入要求和输出结果使用的适应，即"人对机"的反馈。

可穿戴式计算机是一种新概念的便携移动式个人计算机，它在体系结构、功能、形态及使用方式上都可能与现在流行的移动计算装置迥然不同，如笔记本电脑和掌上电脑，在许多功能上也远胜一筹,以更自然的方式携带和使用电脑。可穿戴式计算机不仅将使人-机关系及使用计算机的方式发生变革,而且将对人们的生活及工作方式产生重大的影响。可穿戴式计算机的影响程度可能会像互联网那样重要和迅猛。

可穿戴式计算机技术的不断发展与成熟还将促进具有震撼力的"电子人"(Cyborg)的实现,而不再只是科幻产物。这预示着未来计算机不仅要穿到身上而且可嵌入和糅合到人体中,这将对人类产生非常深远而重大的影响。

目前可穿戴式计算机已走出了实验室,各种可穿戴式计算机初级产品已经问世,并在逐步推广应用。可以肯定,在21世纪初,实用的高性能可穿戴式计算机产品将不断推出,应用领域将不断扩大,并将带来非常可观的经济效益和社会效益。由此可见,可穿戴式计算机是计算机及相关元、器件不断向超微型化发展的必然趋势,也是人们追求"计算机应以人为本"这一理念的自然产物。

7.3.3 两化融合的应用层面

1. 物联网技术在工业领域的融合应用

在产品信息化领域,例如汽车、家电、工程机械、船舶等行业通过应用物联网技术,提高了产品的智能化水平。在汽车行业,物联网汽车、车联网、智慧汽车等逐渐兴起,为汽车工业发展注入新动力。2010年6月,针对物联网在汽车行业中的应用,国际标准化组织提出了全网车(the fully networked car, FNC)的概念,其目标是使汽车驾驶更安全、更舒适、更人性化。通用汽车推出了电动联网概念车EN-V,通过整合GPS导航技术、car-to-car通信技术、无线通信及远程感应技术,实现了自动驾驶。车主可以通过物联网对汽车进行远程控制。在家电行业,物联网家电的概念已经出现,物联网技术的发展将促进智能家电的发展。例如,美的集团在上海世博会上展示了物联网家电解决方案。在工程机械行业,徐工集团、三一重工等都已在工程机械产品中应用物联网技术。通过工程机械运行参数实时监控及智能分析平台,客服中心可以通过电话、短信等纠正客户的不规范操作,提醒进行必要的养护,预防故障的发生。

在生产制造领域,物联网技术应用于生产线过程检测、实时参数采集、生产设备与产品监控管理、材料消耗监测等,可以大幅度提高生产智能化水平。在钢铁行业,利用物联网技术,企业可以在生产过程中实时监控加工产品的宽度、厚度、温度等参数提高产品质量,优化生产流程。

在经营管理领域,物联网技术主要应用于运输、仓储等物流管理领域。将物联网技术应用于车辆监控、立体仓库等,可以显著提高工业物流效率,降低库存成本。例如,海尔集团通过采用RFID技术提高了库存管理水平和货物周转效率,减少了配送不准确或不及时的情况,每年减少经济损失达900万元。

在节能减排领域,物联网技术已经在钢铁、有色金属、电力、化工、纺织、造纸等"高能耗,高污染"行业得到应用,有效地促进了这些行业的节能减排。例如,江西电网公司给分布在全省范围内的两万台配电变压器安装了传感装置,对运行状态进行实时监测,实现用电检查、电能质量监测、负荷管理、线损管理、需求侧管理等高效一体化管理,一年来降低电损$1.2 \times 10^8 \mathrm{kW \cdot h}$。

在安全生产领域,物联网已成为煤炭、钢铁、有色等行业保障安全生产的重要技术手段。

通过建立基于物联网技术的矿山井下人、机、环监控及调度指挥综合信息系统,可以对采掘、提升、运输、通风、排水、供电等关键生产设备进行状态监测和故障诊断,可以监测温度、湿度、瓦斯浓度等。

2. 云计算技术在工业领域的融合应用

在研发设计领域,由于工业设计涉及大量的图形图像数据处理,特别是 3D 图形渲染,需要超强的计算能力。而云计算具有超大规模的计算能力,可以为工业设计提供计算力支持。原先工业设计依赖图形工作站,涉及效率受图形工作站性能的限制。应用云计算技术,可以使得产品三维设计周期大大缩短。例如,2010 年 10 月,Autodesk 公司推出了基于云计算的网络版 CAD 软件——AutoCAD WS,能够让 AutoCAD 用户通过网络浏览器和移动设备(如 iPhone、iPad)查看、编辑和共享 AutoCAD 设计及 DWG 格式文件,还可以利用 Google 地图的集成服务,帮助用户在实际环境中更好地展示设计效果。

在在线软件领域,通过将各类工业软件和管理软件部署在云服务平台,以 SaaS 模式为中小企业提供软件应用服务,可以显著降低中小企业的信息化门槛。利用云服务平台,中小企业无须购买各类昂贵的应用软件,只需要向云服务平台运营商支付一定的服务费,就可以在线应用企业资源计划(enterprise resource planning,ERP)、CAD 等软件。例如,苏州靖峰能源科技有限公司是一家提供太阳能和风能发电的新能源企业,如果采用传统信息化建设方式,软硬件投资需要 15 万元。而采用风云网络的 SaaS 平台之后,一年只需缴纳 7000 多元服务费,大大降低了企业信息化成本。

在企业数据中心领域,波音、通用等跨国公司都在建设基于云计算的下一代数据中心。我国大型工业企业在几十年的信息化过程中,积累了一大批硬件设备和软件,相继建立了企业数据中心,成为企业信息化的枢纽。随着云计算技术的发展,国内一些大型工业企业的数据中心逐渐向私有云方向转型,如将 ERP 系统等部署在云计算平台。

3. 信息化与产品本身的融合应用

产品信息化是信息化与工业化在产品层面的深度融合。目前,对产品信息化有两种理解,狭义的"产品信息化"是指产品本身的信息化,也就是把电子信息技术嵌入产品中,提高产品的技术含量,使产品数字化、网络化、智能化,增强产品的性能和功能,提高产品附加值。例如,在汽车、船舶、机械装备、家电、家具等产品中集成由电子元器件、集成电路、嵌入式软件等构成的信息系统。广义的"产品信息化"除了产品自身的信息化,还包括从产品设计到产品使用整个产品生命周期采用信息化手段。

机械装备的产品信息化起步较早,例如数控机床。机床是装备制造业的工作母机。实现装备制造业的现代化,取决于我国的机床发展水平。而其中作为机电一体化装备的数控机床,集高效、柔性、精密、复合、集成诸多优点于一身,已经成为当前装备制造业的主力加工设备和机床市场的主流产品。数控机床是指按照规定的数字或编码方式,把各种机械的位移量、运转参数、辅助功能用数字或者文字符号表示出来,通过能识别或处理这些符号的微电子系统转换成电信号,利用相关的电器元件将电能转化为机械能,实现所要求的机械动作,从而完成加工任务的技术密集型、自动化程度高的机电一体化设备。机械产品应用嵌入式软件后,就成为数控机械。

交通装备的产品信息化发展得也很迅速,例如汽车电子技术的应用。汽车电子技术目前已广泛应用于汽车发动机控制、汽车底盘控制、车身控制、故障诊断以及音响、视频、通信、信息娱乐、导航等领域。有数据表明,国外平均每辆汽车的电子装置占整车成本的比例为20%~25%,在高档车上的比例更高达40%。此外,新能源汽车技术的实现也与汽车电子产业的技术发展密不可分。汽车电子技术的应用大大提高了汽车的安全性能、排放性能、经济性能和舒适性能,也使汽车更加智能化。汽车电子技术被认为是汽车技术发展进程中的一次革命,是用来开发新车型、改进汽车性能最重要的技术措施。未来汽车电子技术将向集中综合控制、智能化、信息化方向发展。

家居产品也逐渐实现了信息化,例如智能家电。智能家电就是微处理器和计算机技术引入家电设备后形成的家电产品,具有自动监测自动故障、自动测量、自动控制、自动调节与远方控制中心通信功能的家电设备。家电的进步,关键在于采用了先进控制技术,从而使家电从一种机械式的用具变成一种具有智能的设备。例如,加入了"模糊运算"功能的电饭煲,能自动根据米饭量、软硬度要求调节运行时间和运行功率,1人米饭量的工作时间与3人米饭量的不同,而米饭和粥的工作效率也不一样。随着物联网、3G、三网融合等一系列技术的成熟,家电的个体化智能将向整体化智能转变。物联网家电是指能够与互联网连接,并且通过互联网可对其进行控制、管理的家电产品。2010年1月,海尔发布了世界上首台"物联网冰箱"。这款冰箱带有网络可视电话以及浏览资讯、播放视频等多项功能。

在产品管理信息化方面,例如产品数据管理。产品数据管理是一门用来管理所有与产品相关的信息(包括零件信息、配置、文档、CAD文件、结构、权限信息等)和所有与产品相关的过程(包括过程定义和管理)的技术。目前,PDM已被广大的制造企业所接收,并越来越显示其重要性。一个能够满足企业各方面应用的PDM系统应具有的九大功能,包括文档管理、工作流程管理、产品结构与配置管理、查看和批注、扫描和图像服务、设计检索和零件库、项目管理、电子协作、工具与"集成件"功能。从产品来看,PDM系统可帮助组织产品设计、完善产品结构修改、跟踪进展中的设计概念,及时方便地找出存档数据以及相关产品信息。从过程来看,PDM系统可协调组织整个产品生命周期内诸如设计审查、批准、变更、工作流程优化以及产品发布等过程事件。

7.3.4 国外信息化与工业化发展状况

西方资本主义发达国家由于工业化起步早,因此,经过两三百年的工业化发展,已基本完成工业化任务。随着信息化浪潮的涌现和兴起,西方发达国家在工业化基础上,又开始进行新一轮信息化的大发展。

西方发达国家实在基本完成工业化后,开始推进信息化的,其信息化是在成熟工业化的基础上发展起来的,因此在总体上呈现出先工业化、后信息化的梯度发展格局。信息与通信技术已经并且还将继续成为促进发达国家经济增长强大的驱动器,因此,作为已经实现了工业化的国家,其信息技术应用和信息化所追逐的目标仍然包括传统产业的改造升级、新兴产业的发展,以及推动信息和知识的生产,否则就不可能保持它们在全球竞争中的"发达国家"地位。

纵观美欧日韩各国的发展战略,可以看出,各国在实施整体信息化进程中,均注重先进制造技术与信息科学技术的融合,提升传统产业竞争力。总体而言,存在着两大推动力量:一是传统制造业借助信息化技术实施现代化的管理、设计和制造,从而提高生产、管理效率;另一个是将大量的信息化技术融入传统制造业产品流程,改进原有的产品制造过程,服务密集型导向的制造趋势日益明显。

1. **美国**

1) 美国工业信息化历程

（1）美国工业信息化起步阶段

在 1952 年，即商用电子计算机问世的第二年，美国柏森斯公司就以电子管元件为基础，设计了数控装置，试制了第一台三坐标数控铣床。虽然它体积庞大、价格昂贵，却开辟了一个数字控制的新时代。从 20 世纪 50 年代中期开始，美国企业将大量投资用于以信息技术改造传统制造产业，实现企业生产和管理的计算机化。在信息化方面，相比其他发达国家，美国是全面实施信息化战略的倡导者和先行者。1974 年，也就是 Intel 公司第一个微处理芯片问世的第三年，第五代使用微处理芯片和半导体存储器的计算机数控装置研制成功。20 世纪 80 年代初，IBM 公司率先将计算机辅助设计（CAD）技术应用于产品设计。随后，计算技术的迅猛发展使得传统的自动化技术得到了全面的数字化改造，信息化与工业化的融合进入了一个全新的发展时期。

（2）美国工业信息化中期发展阶段

从 20 世纪 80 年代中期开始，美国大力提倡信息技术在制造业中的应用，目的是改变 80 年代因轻视制造业而造成的美国产品地位落后的状况，夺回生产优势。CIM 最初是英文 Computer Integrated Manufacturing 的缩写，即计算机集成制造。CIM 是一种组织、管理与运行企业的理念，它将传统的制造技术与现代信息技术、管理技术、自动化技术、系统工程技术等有机结合，借助计算机（硬、软件），实现企业制造活动的信息化、智能化、集成优化，以达到产品上市快、高质、低耗、服务好、环境清洁，进而提高企业的柔性、健壮性、敏捷性，使企业赢得市场竞争。CIMS 是一种基于 CIM 理念构成的信息化、智能化、集成优化的制造系统。

（3）美国工业信息化成熟阶段

20 世纪 90 年代，美国根据本国制造业面临的挑战和机遇，为增强制造业的竞争能力和促进国家经济增长，美国提出了一系列的先进制造技术计划。

1993 年，美国政府批准了由联邦科学、工程与技术协调委员会（Federal Coordinating Council for Science, Engineering and Technology, FCCSET）主持实施的先进制造技术（advanced manufacturing technology, AMT）计划。

1994 年，美国国家科学技术委员会（National Science and Technology Council, NSTC）又组织制定了美国 AMT 发展战略。

1995 年 11 月，美国正式发布了敏捷制造技术战略规划（Technologies Enabling Agile Manufacturing Strategic Plan）。

2004 年 4 月，美国国防部发布了"下一代制造技术倡议"（Next-Generation Manufacturing Technology Initiative, NGMTI）。

2014 年 4 月，美国产业巨头美国电报电话公司（AT&T）、思科（Cisco）、通用电气（GE）、国际商业机器公司（IBM）和英特尔（intel）在美国波士顿宣布成立工业互联网联盟（IIC），以期打破技术壁垒，通过促进物理世界和数字世界的融合。提出了美国下一代制造业的自有概念——"工业互联网"。

2) 美国工业信息化特色

相对于其他国家，美国是原发式信息化与工业化发展模式。

美国政府通过制定政策,加大投入,引导信息化发展。美国把新形势下信息化发展作为国家发展战略来实施,通过制定相关政策,支持和引导新时期下信息化与工业化的发展。相关政策有突出信息化基础设施建设;消除限制,鼓励竞争,实施全面信息化;采用"市场主导"模式,运用财政、货币等手段和相关政策,促进信息化发展;此外,为减少高新技术的市场风险,对于尚未形成市场的新技术、新产品,美国政府通过政府采购对其进行支持。

美国信息技术标准国际化,参与国际合作,占据优势地位。一方面,美国努力使自己的信息技术标准国际化,以占据标准优势。另一方面,美国也积极参与信息化方面的国际合作,促进美国在国际上的影响力。在电子商务领域,美国与多个国家签署电子商务双边合作协议。对发展中国家,实施"网络促进经济发展国际计划",援助11个发展中国家发展电子商务。

美国的产、学、研服务,推动信息化发展。美国鼓励企业进行技术研发,推动科技成果转化,成立"国家科技委员会""半导体技术委员会""国防技术转化委员会"等,推动信息化与工业化方面科技成果的产业化。同时,美国还加强信息核心技术研究与开发,提升核心竞争能力。目前,美国在计算机核心部件、操作系统等核心软件等方面占据了绝对优势。最后,美国重视培养信息化人才。美国政府一向重视信息化人才的培养,通过多种方式和途经,提高国民的信息化能力,以及吸引国外优秀IT人才为美国服务。

2. 韩国

1) 韩国工业信息化历程

韩国是典型的后进国家的赶超式信息化与工业化发展模式。

韩国信息化与工业化的融合发展,主要经历了起步期、发展期和成熟期。

(1) 韩国信息化与工业化融合的起步期

自20世纪60年代初开始,韩国确立了以引进技术为主的科技路线,主要是对外来技术的引进、消化和吸收,通过技术的应用,促进传统产业的发展。20世纪70年代,为了发展重型工业,韩国政府选择钢铁、机械、造船、电子、非金属、石油化学工业为战略性行业,集中投资并给以税收、金融等优惠政策。为培养自己的核心技术,韩国政府推出了《振兴科技发展5年计划》《技术开发促进法》等政策法规。这一时期,韩国通过对科学技术的研发和应用,以重工业为代表的传统产业取得了飞速发展,汽车、船舶、钢铁业等产业部门初步具备了世界竞争力,使韩国跻身新兴工业国的行列。

(2) 韩国信息化与工业化融合的发展期

随着经济的发展,韩国的劳动力成本优势逐渐丧失,开始发展技术密集型高科技产业,调整产业结构。韩国政府提出"科技立国"的口号,重点发展以信息技术为核心的尖端产业。韩国政府将半导体产业作为优势产业,以之带动其他产业的发展。这一时期,IT自动化、柔性化生产设备开始加速进入韩国传统产业部门。韩国的目标是,通过IT对产业的带动,使韩国在进入21世纪时,技术实力提高到世界第一流的工业发达国家的水平。

(3) 韩国信息化与工业化融合的成熟期

从20世纪90年代开始,韩国信息化与工业化融合步伐加快。随着韩国高级先进技术国家计划(G-7计划)的出台,韩国陆续出台了相关的信息化促进计划,推动传统产业与IT技术的融合,提高产品附加值。1996年,韩国发布了《信息化促进主要规划》;1999年,发布了《网络韩国21世纪》;2002年—2003年间,发布了《2006电子韩国展望》和《2007宽带IT

韩国展望》；2008年，发布了《IT韩国未来战略》。

从韩国出台的一系列规划可以看出，韩国政府发展信息化的重点是从行业的信息化应用，到信息化基础环境的配备，再到IT与产业的融合，再到整个国民经济的信息化，其融合度是一个不断提升的过程。

2）韩国工业信息化特色

政府主导的产业信息化发展。韩国的信息化模式具有很强的政府主导性。政府通过建立过个信息化管理、协调和支持机构，多部门有效配合，并出台多个信息化发展规划和政策，从而成功地推动了韩国的信息化建设。

全民生活信息化。韩国大力推行全民信息化，真正普及信息化。目前，韩国的信息化普及程度已到达很高的程度：每百人互联网使用率居世界首位；信息化社会程度居世界第八位；一些偏僻的农村、渔村等地区，宽带普及率到2006年，已达到98.9%。

城市基础设施信息化。城市基础设施的建设包括城市的安全管理系统、智能交通系统及能够最详尽反映城市情况的城市规划信息系统。城市安全管理系统可以通过对道路、地下设施及排水管道的系统管理，最大限度上确保城市的有效运转；智能交通系统可以改善城市交通状况；城市规划信息系统则成为城市未来发展规划的最好依据。

3. 日本

1）日本工业信息化历程

20年代60年代以来，微电子半导体技术以及集成电路的发展，促成了日本电子与信息产业乃至整个工业信息化的发展。日本自1963年引进集成电路（IC）生产技术后，20世纪70年代开发出大规模集成电路（LSI），20世纪80年代进入超大规模集成电路（VLSI）时代。1970—1982年VLSI以年均50%的速度发展，使得整个电子产业的增长速度达到了17%。同时，由于微电子半导体技术的迅速发展，集成电路的生产成本直线下降，带动整个制造产业的升级更新，引发了一场深刻的社会变革，变革有日本计算机产业的迅速崛起和壮大、日本产业机器人的应用普及、日本汽车产业的发展和日本整个社会的信息化程度的提升等等。

在发展信息技术方面，日本政府做出了巨大努力。2001年日本政府制定了其第一个以"建设超高速网络基础设施""电子商务""电子政府"和"人才教育"4个重点领域为中心的"e-Japan"战略；2004年3月，日本政府制定了通过建设无所不在的网络社会来创建一个新的信息社会的"u-Japan"战略；2009年日本政府制定了战略侧重于数字化技术开发与应用的为日本国民服务的数字化社会的"i-Japan"战略。

2）日本工业信息化特色

日本政府通过制定政策，引导信息化发展。日本政府通过制订信息化发展中长期指导计划、相关产业政策和具体实践措施，来引导信息产业和信息化发展方向、规模和速度，具体包括信息化发展重点设置、信息化推进方式方法确定、产业目标确定、产业组织协调、产业布局设置、产业保护策略实施等。日本政府的相关计划、政策、措施可以有效引导日本的信息化建设与时俱进，使日本信息化水平能接近和赶超世界一流的信息化强国。

日本通过其独特的中小企业支援中心网络体系，强化职能部门功能，与商工会等中小企业组织合作，统一协调和管理信息化建设。日本国家、都道府县、地方三级"中小企业支援中心"，形成各司其职、密切配合的支援体系和支援网络，并与地方相关团体、单位、机构合作，共同推进中小企业信息化。具体实施方式包括：①信息化相关服务（如开展研讨会和培训，培训相关人才,派遣专家,窗口咨询,实施信息化指导、咨询和技术支援等);②信息化基础设施建设(如宽带网等信息化基础设施建设,建立中小企业信息共享服务平台,中小企业共享基础软件平台建设等);③在金融和税收等方面扶持中小企业信息化(如"创业支援""知识产权担保"等方面的政策措施)等。

日本高度重视信息化人才培养。在信息化变革过程中,高水平信息技术人才培养是首当其冲的关键所在。由于日本社会高龄化、少子化现象严重,信息化人才对社会的需要来说相对匮乏,因此,日本政府把信息化人才培养作为实现国家信息化的战略性举措来实施。日本的信息化人才培养主要通过以下途径实现:通过各种渠道实现信息化相关知识的普及和信息技能的应用;打造先进的信息技术学习环境;放宽引进国外信息化技术人才政策,来引进高水平国外信息技术人才;产、学、研合作培养高水平信息化人才。

4. 德国

1)德国工业信息化历程

德国是高度发达的工业化国家,经济实力居欧洲首位,世界第三大经济强国和第二贸易大国,其主导产业包括机械制造、电器、化工、钢铁加工、精密仪器等。德国的信息化进程以近二十年来的发展势头较为迅猛。尤其是欧盟成立以后,德国的信息化政策与欧盟的信息化政策一致,相互互动、共同协调、配合实施德国信息化建设。1999年德国政府制定了《21世纪信息色和会的创新与工作机遇》,该纲要明确提出德国进入信息社会的发展战略,确定了三大目标:高速互联网基础设施建设;"全民享有互联网"(Internet for All)计划;信息社会成果惠及弱势群体。该纲要率先在欧洲启动信息社会建设,其后得到了欧盟的响应,提出"电子欧洲计划"。之后,德国政府又相继出台了《2006年德国信息社会行动纲领》《2006—2010信息化行动计划》,进一步制订了德国进入信息社会之后的行动计划,引领欧洲信息化建设。在信息立法方面,德国制定了《数字签名法》《电子通信法》《远程销售法》等相关政策法规。这些政策与欧盟的相关法律一致,两者相互接轨,共同管理和规范信息化过程中出现的相关问题。通过上述努力,德国的信息化建设取得了长足的发展。

2)德国工业信息化特色

德国积极参与欧盟信息化政策制订和实施,本国政策与欧盟政策一致、同步实施。欧盟是当今世界经济实力最强、一体化程度最高的国家联合体。加盟的多个国家在政治、经济、外交等采取全方位的深入合作和一体化行动。在信息化方面也不例外,欧盟的信息化政策对其成员国德国来说,意义重大。德国作为欧盟中的大国,其信息政策与欧盟的信息政策一脉相承,并以积极的姿态参与欧盟信息政策的制订和实施。

德国政府与经济界合作,共同促进中小企业信息化建设。德国走的是以政府为主导、企业为主体、社会共同参与、市场化运作的模式来实施中小企业信息化建设的。

德国电子政务建设颇有特色。德国电子政务建设采取统一规划、分头实施的方式,推进联邦电子政务建设。同时,各个部门之间存在竞争关系,如果该部门不能较好地实施电子政务,不仅经费将被削减或者取消,甚至有可能被其他部门所取代。

德国老工业基地、传统企业信息化改造有声有色。德国老工业基地,以鲁尔工业区为例,通过实施1968年"鲁尔发展规划"、1980年"鲁尔行动纲领",1989年和2000年两个十年振兴计划,使得鲁尔地区经济结构逐步发生调整和转换。例如,鲁尔工业区中500多家煤矿、钢铁厂的遗址,经过改造,已成为德国著名的产业文化区。

7.3.5 工业的未来

在 2008 年的全球金融危机之后,世界各主要经济体都在反思由美国次贷危机引发的这一轮全球经济衰退。各国认识到自由主义强调的金融安全和建构庞大的资本市场,是对经济结构虚拟化的一种理想安排。一个健康的经济体必须有良好的物质和服务提供部门作为基础,实体经济直接关系到每一个社会成员的生活和就业,是国家政府和企业界都必须重视的。于是,从工业化时代自认为已经金融化、互联网化甚至"去工业化"的经济政策思路开始转向,"再工业化"的概念迅速兴起。

新一代信息技术与制造业深度融合,正在引发影响深远的产业变革,形成新的生产方式、产业形态、商业模式和经济增长点。互联网时代生产方式系统变革与工业化时代的差异是全方位的,具体方面的比较如表 7-3 所示。各国都在加大科技创新力度,推动三维(3D)打印、移动互联网、云计算、大数据、生物工程、新能源、新材料等领域取得新突破。基于信息物理系统的智能装备、智能工厂等智能制造正在引领制造方式变革;网络众包、协同设计、大规模个性化定制、精准供应链管理、全生命周期管理、电子商务等正在重塑产业价值链体系;可穿戴智能产品、智能家电、智能汽车等智能终端产品不断拓展制造业新领域。我国制造业转型升级、创新发展迎来重大机遇。

表 7-3 工业化时代与互联网时代生产方式比较

	工业化时代生产方式	互联网时代生产方式
生产过程	同类产品大批量生产 统一性和标准化 大量缓冲库存	同类产品小批量生产,敏捷开发,快速迭代 差异性和弹性自动化 无库存或很少库存
与供应商关系	功能和地理上都是远距离关系	非常密切的功能上的联系,即时生产要素
产品种类	产品差异小,设计标准化	产品差异大,按客户要求定制
创新模式	创新与生产相分离 较少的过程创新 忽视客户需求 高成本,长周期	创新与生产相结合 频繁的过程创新 满足客户需求,追求极致用户体验 低成本,短周期
企业组织形式	大企业组织,垂直一体化	网络化组织,扁平化、轻资产
竞争战略	价格竞争、规模竞争、垄断	以产品和过程创新为基础的竞争,通过分散化来降低市场风险,不断进行核心业务的创新,服务即营销

1. 工业智能化

2012 年 10 月,德国产业经济研究联盟提交了《确保德国未来的工业基地地位——未来计划"工业 4.0"实施建议》,"工业 4.0"的概念开始在社会提出。其后,德国政府宣布将工业 4.0 作为国家战略,在 2013 年 4 月的汉诺威工业博览会上正式推出,其目的是为了提高德国工业的竞争力,在新一轮工业革命中占领先机。

第四代工业(Industry 4.0)是在以蒸汽机为动力的机械生产工业(第一代)、基于劳动分工的以电力为动力的大规模生产工业(第二代)、利用电子和信息技术大幅提高自动化程度的工业(第三代)之后的新一代制造业。

工业 4.0 的概念源自"信息物理融合系统"的概念,该概念最早在 2006 年美国国家科学基金会的核心课题中被提出。信息物理融合系统被定义为具备物理输入输出且可互相作用的元件组成的网络。这一概念大致起源自机电一体化①,随着无线网络的普及,接近于"智能技术系统"。

这一系列概念的推演,体现工业制造业的互联网化、信息化,同时,也像之前的历史时代一样把制造业的发展作为一种战略,在改变着商业模式、国家经济结构和社会中人们的观念与行为。

工业 4.0 概念中最突出的理念是工业制造的智能化,利用互联网技术、通信技术应对系统性工程的复杂性问题,将制造业问题从设计生产拓展到产品服务的终端跟踪,包括以下三大领域。

(1) 智能工厂,重点研究智能化生产系统及过程,以及网络化分布式生产设施的实现。

(2) 智能生产,主要涉及整个企业的生产物流管理、人机互动、机器对机器(M2M)通信以及 3D 技术在工业生产过程中的应用等。引入分布式概念到生产当中,注重吸引中小企业参与,力图使中小企业成为新一代智能化生产技术的使用者和受益者,同时也成为先进工业生产技术的创造者和供应者。

(3) 智能物流,主要通过互联网、物联网、物流网,整合物流资源,充分发挥现有物流资源供应方的效率,而需求方,则能够快速获得服务匹配,得到物流支持,高效的连接生产端与消费端。

2. 中国制造 2025

2015 年 5 月,中国国务院发布《中国制造 2025》规划,体现制造能力提升,要求系统性的提升,包括材料、电子、自动化等方面的协整提升。这一过程也就是信息化和工业化的趋同前进,也就是两化融合作为一种现代制造业在中国发展的产业需求,而不仅仅是政府的规划。在《中国制造 2025》的开篇就写道:"制造业是国民经济的主体,是立国之本、兴国之器、强国之基。18 世纪中叶开启工业文明以来,世界强国的兴衰史和中华民族的奋斗史一再证明,没有强大的制造业,就没有国家和民族的强盛。打造具有国际竞争力的制造业,是我国提升综合国力、保障国家安全、建设世界强国的必由之路。"

"中国制造"本身是对中国加工业的一个升级化的提法,本身是对 20 世纪 80 年代以来的国家制造形象的强化。中国在"改革开放"中,从东南沿海的粤闽地区到东部沿海地区再到中部地区,中国厂商大量承接产品加工、提供相对廉价而充足劳动力,从东部沿海厂商和人口,到以东部为基础出口基地,吸引中西部农村劳动力,逐步以工业加工出口形成国家制造业和国家经济的一个重要特征。中国制造(made in China)很快超越东南亚成为 20 世纪末的世界产品主流,廉价劳动力成为主要特征,而产品质量一般,只有加工能力没有设计能力也成为这一概念的内容。这些特征让"中国制造"甚至"中国经济"带上了只靠人口数量优势、创新能力不足、经济增长方式粗放、经济结构简单等负面印象,也使得中国的确需要反思以上的问题。

随着中国经济的持续快速发展,中国工人的工资水平在快速提高、人民币也在开放接轨

---

① 机电一体化,这一概念最早由日本学者柯菊池在 1969 年提出,最初指机械元件和器具中的电气和电器电子元件的扩展功能,后来引入了软件在这一体系中。

国际汇率后快速升值,这两大原因给以廉价劳动力为第一特征的"中国制造"带来了极大的压力。越南、墨西哥为代表的其他人口密集的发展中国家开始在国际经济中以廉价劳动力为特征快速崛起。

中国制造不但遇到了国内经济和人口发展的压力,也遭遇了国际竞争中的要求和挑战,设计和创新能力必须提高、经济结构必须调整,否则国家的经济发展将不可持续,在外部货币压力下陷入国家经济滞涨的困境。

在世界经济再实体化的趋势、中国经济结构需要反思和提升,这两个重大背景是"中国制造2025"提出的基础。

"中国制造2025"作为国家战略,其指导思想包括创新驱动、质量为先、绿色发展、结构优化、人才为本,坚持走中国特色新型工业化道路,以促进制造业创新发展为主题,以提质增效为中心,以加快新一代信息技术与制造业深度融合为主线,以推进智能制造为主攻方向,以满足经济社会发展和国防建设对重大技术装备的需求为目标,强化工业基础能力,提高综合集成水平,完善多层次多类型人才培养体系,促进产业转型升级,培育有中国特色的制造文化,实现制造业由大变强的历史跨越。2020年、2025年制造业主要指标与历史指标对比如表7-4所示。

表 7-4　2020 年、2025 年制造业主要指标与历史指标对比

类别	指标	2013 年	2015 年	2020 年	2025 年
创新能力	规模以上制造业研发经费内部支出占主营业务收入比重/%	0.88	0.95	1.26	1.68
	规模以上制造业每亿元主营业务收入有效发明专利数1/件	0.36	0.44	0.70	1.10
质量效益	制造业质量竞争力指数2	83.1	83.5	84.5	85.5
	制造业增加值率提高	—	—	比 2015 年提高 2 个百分点	比 2015 年提高 4 个百分点
	制造业全员劳动生产率增速/%	—	—	7.5 左右("十三五"期间年均增速)	6.5 左右("十四五"期间年均增速)
两化融合	宽带普及率3/%	37	50	70	82
	数字化研发设计工具普及率4/%	52	58	72	84
	关键工序数控化率5/%	27	33	50	64
绿色发展	规模以上单位工业增加值能耗下降幅度			比 2015 年下降 18%	比 2015 年下降 34%
	单位工业增加值二氧化碳排放量下降幅度	—	—	比 2015 年下降 22%	比 2015 年下降 40%
	单位工业增加值用水量下降幅度			比 2015 年下降 23%	比 2015 年下降 41%
	工业固体废物综合利用率/%	62	65	73	79

规划提出了"市场主导,政府引导;立足当前,着眼长远;整体推进,重点突破;自主发展,开放合作"的基本原则,具体的阶段目标设定为以下几个方面。

(1) 规模以上制造业每亿元主营业务收入有效发明专利数=规模以上制造企业有效发明专利数/规模以上制造企业主营业务收入。

(2) 制造业质量竞争力指数是反映我国制造业质量整体水平的经济技术综合指标,由质量水平和发展能力两个方面共计12项具体指标计算得出。

(3) 宽带普及率用固定宽带家庭普及率代表,固定宽带家庭普及率＝固定宽带家庭用户数/家庭户数。

(4) 数字化研发设计工具普及率＝应用数字化研发设计工具的规模以上企业数量/规模以上企业总数量(相关数据来源于3万家样本企业,下同)。

(5) 关键工序数控化率为规模以上工业企业关键工序数控化率的平均值。

在具体的战略布局中,对工业研究基地的建设、智能制造、工业基础制造能力等提出了具体的规划,同时,兼顾了经济地理和经济结构的布局问题和金融系统、人才建设、法治环境等方面的战略支持,将制造强国作为国家战略来全面的规划。

规划提出的重点方向包括以下几方面。

(1) 新一代信息技术产业

集成电路及专用装备　着力提升集成电路设计水平,不断丰富知识产权(IP)核和设计工具,突破关系国家信息与网络安全及电子整机产业发展的核心通用芯片,提升国产芯片的应用适配能力。掌握高密度封装及三维(3D)微组装技术,提升封装产业和测试的自主发展能力。形成关键制造装备供货能力。

信息通信设备　掌握新型计算、高速互联、先进存储、体系化安全保障等核心技术,全面突破第五代移动通信(5G)技术、核心路由交换技术、超高速大容量智能光传输技术、"未来网络"核心技术和体系架构,积极推动量子计算、神经网络等发展。研发高端服务器、大容量存储、新型路由交换、新型智能终端、新一代基站、网络安全等设备,推动核心信息通信设备体系化发展与规模化应用。

操作系统及工业软件　开发安全领域操作系统等工业基础软件。突破智能设计与仿真及其工具、制造物联与服务、工业大数据处理等高端工业软件核心技术,开发自主可控的高端工业平台软件和重点领域应用软件,建立完善工业软件集成标准与安全测评体系。推进自主工业软件体系化发展和产业化应用。

(2) 高档数控机床和机器人

高档数控机床　开发一批精密、高速、高效、柔性数控机床与基础制造装备及集成制造系统。加快高档数控机床、增材制造等前沿技术和装备的研发。以提升可靠性、精度保持性为重点,开发高档数控系统、伺服电机、轴承、光栅等主要功能部件及关键应用软件,加快实现产业化。加强用户工艺验证能力建设。

机器人　围绕汽车、机械、电子、危险品制造、国防军工、化工、轻工等工业机器人、特种机器人,以及医疗健康、家庭服务、教育娱乐等服务机器人应用需求,积极研发新产品,促进机器人标准化、模块化发展,扩大市场应用。突破机器人本体、减速器、伺服电机、控制器、传感器与驱动器等关键零部件及系统集成设计制造等技术瓶颈。

(3) 航空航天装备

航空装备　加快大型飞机研制,适时启动宽体客机研制,鼓励国际合作研制重型直升机;推进干支线飞机、直升机、无人机和通用飞机产业化。突破高推重比、先进涡桨(轴)发动机及大涵道比涡扇发动机技术,建立发动机自主发展工业体系。开发先进机载设备及系统,形成自主完整的航空产业链。

航天装备　　发展新一代运载火箭、重型运载器,提升进入空间能力。加快推进国家民用空间基础设施建设,发展新型卫星等空间平台与有效载荷、空天地宽带互联网系统,形成长期持续稳定的卫星遥感、通信、导航等空间信息服务能力。推动载人航天、月球探测工程,适度发展深空探测。推进航天技术转化与空间技术应用。

(4) 海洋工程装备及高技术船舶

大力发展深海探测、资源开发利用、海上作业保障装备及其关键系统和专用设备。推动深海空间站、大型浮式结构物的开发和工程化。形成海洋工程装备综合试验、检测与鉴定能力,提高海洋开发利用水平。突破豪华邮轮设计建造技术,全面提升液化天然气船等高技术船舶国际竞争力,掌握重点配套设备集成化、智能化、模块化设计制造核心技术。

(5) 先进轨道交通装备

加快新材料、新技术和新工艺的应用,重点突破体系化安全保障、节能环保、数字化智能化网络化技术,研制先进可靠适用的产品和轻量化、模块化、谱系化产品。研发新一代绿色智能、高速重载轨道交通装备系统,围绕系统全寿命周期,向用户提供整体解决方案,建立世界领先的现代轨道交通产业体系。

(6) 节能与新能源汽车

继续支持电动汽车、燃料电池汽车发展,掌握汽车低碳化、信息化、智能化核心技术,提升动力电池、驱动电机、高效内燃机、先进变速器、轻量化材料、智能控制等核心技术的工程化和产业化能力,形成从关键零部件到整车的完整工业体系和创新体系,推动自主品牌节能与新能源汽车同国际先进水平接轨。

(7) 电力装备

推动大型高效超净排放煤电机组产业化和示范应用,进一步提高超大容量水电机组、核电机组、重型燃气轮机制造水平。推进新能源和可再生能源装备、先进储能装置、智能电网用输变电及用户端设备发展。突破大功率电力电子器件、高温超导材料等关键元器件和材料的制造及应用技术,形成产业化能力。

(8) 农机装备

重点发展粮、棉、油、糖等大宗粮食和战略性经济作物育、耕、种、管、收、运、贮等主要生产过程使用的先进农机装备,加快发展大型拖拉机及其复式作业机具、大型高效联合收割机等高端农业装备及关键核心零部件。提高农机装备信息收集、智能决策和精准作业能力,推进形成面向农业生产的信息化整体解决方案。

(9) 新材料

以特种金属功能材料、高性能结构材料、功能性高分子材料、特种无机非金属材料和先进复合材料为发展重点,加快研发先进熔炼、凝固成形、气相沉积、型材加工、高效合成等新材料制备关键技术和装备,加强基础研究和体系建设,突破产业化制备瓶颈。积极发展军民共用特种新材料,加快技术双向转移转化,促进新材料产业军民融合发展。高度关注颠覆性新材料对传统材料的影响,做好超导材料、纳米材料、石墨烯、生物基材料等战略前沿材料提前布局和研制。加快基础材料升级换代。

(10) 生物医药及高性能医疗器械

发展针对重大疾病的化学药、中药、生物技术药物新产品,重点包括新机制和新靶点化学药、抗体药物、抗体偶联药物、全新结构蛋白及多肽药物、新型疫苗、临床优势突出的创新中药及个性化治疗药物。提高医疗器械的创新能力和产业化水平,重点发展影像设备、医用机器人等高性能诊疗设备,全降解血管支架等高值医用耗材,可穿戴、远程诊疗等移动医疗产品。实现生物3D打印、诱导多能干细胞等新技术的突破和应用。

大力推动重点领域突破发展,瞄准新一代信息技术、高端装备、新材料、生物医药等战略重点,引导社会各类资源集聚,推动优势和战略产业快速发展。

深入推进制造业结构调整,推动传统产业向中高端迈进,逐步化解过剩产能,促进大企业与中小企业协调发展,进一步优化制造业布局。

持续推进企业技术改造。明确支持战略性重大项目和高端装备实施技术改造的政策方向,稳定中央技术改造引导资金规模,通过贴息等方式,建立支持企业技术改造的长效机制。推动技术改造相关立法,强化激励约束机制,完善促进企业技术改造的政策体系。支持重点行业、高端产品、关键环节进行技术改造,引导企业采用先进适用技术,优化产品结构,全面提升设计、制造、工艺、管理水平,促进钢铁、石化、工程机械、轻工、纺织等产业向价值链高端发展。研究制定重点产业技术改造投资指南和重点项目导向计划,吸引社会资金参与,优化工业投资结构。围绕两化融合、节能降耗、质量提升、安全生产等传统领域改造,推广应用新技术、新工艺、新装备、新材料,提高企业生产技术水平和效益。

稳步化解产能过剩矛盾。加强和改善宏观调控,按照"消化一批、转移一批、整合一批、淘汰一批"的原则,分业分类施策,有效化解产能过剩矛盾。加强行业规范和准入管理,推动企业提升技术装备水平,优化存量产能。加强对产能严重过剩行业的动态监测分析,建立完善预警机制,引导企业主动退出过剩行业。切实发挥市场机制作用,综合运用法律、经济、技术及必要的行政手段,加快淘汰落后产能。

促进大中小企业协调发展。强化企业市场主体地位,支持企业间战略合作和跨行业、跨区域兼并重组,提高规模化、集约化经营水平,培育一批核心竞争力强的企业集团。激发中小企业创业创新活力,发展一批主营业务突出、竞争力强、成长性好、专注于细分市场的专业化"小巨人"企业。发挥中外中小企业合作园区示范作用,利用双边、多边中小企业合作机制,支持中小企业走出去和引进来。引导大企业与中小企业通过专业分工、服务外包、订单生产等多种方式,建立协同创新、合作共赢的协作关系。推动建设一批高水平的中小企业集群。

优化制造业发展布局。落实国家区域发展总体战略和主体功能区规划,综合考虑资源能源、环境容量、市场空间等因素,制定和实施重点行业布局规划,调整优化重大生产力布局。完善产业转移指导目录,建设国家产业转移信息服务平台,创建一批承接产业转移示范园区,引导产业合理有序转移,推动东中西部制造业协调发展。积极推动京津冀和长江经济带产业协同发展。按照新型工业化的要求,改造提升现有制造业集聚区,推动产业集聚向产业集群转型升级。建设一批特色和优势突出、产业链协同高效、核心竞争力强、公共服务体系健全的新型工业化示范基地。

积极发展服务型制造和生产性服务业,加快制造与服务的协同发展,推动商业模式创新和业态创新,促进生产型制造向服务型制造转变。大力发展与制造业紧密相关的生产性服务业,推动服务功能区和服务平台建设。

推动发展服务型制造。研究制定促进服务型制造发展的指导意见,实施服务型制造行动计划。开展试点示范,引导和支持制造业企业延伸服务链条,从主要提供产品制造向提供产品和服务转变。鼓励制造业企业增加服务环节投入,发展个性化定制服务、全生命周期管理、网络精准营销和在线支持服务等。支持有条件的企业由提供设备向提供系统集成总承包服务转变,由提供产品向提供整体解决方案转变。鼓励优势制造业企业"裂变"专业优势,通过业务流程再造,面向行业提供社会化、专业化服务。支持符合条件的制造业企业建立企业财务公司、金融租赁公司等金融机构,推广大型制造设备、生产线等融资租赁服务。

加快生产性服务业发展。大力发展面向制造业的信息技术服务,提高重点行业信息应用系统的方案设计、开发、综合集成能力。鼓励互联网等企业发展移动电子商务、在线定制、线上到线下等创新模式,积极发展对产品、市场的动态监控和预测预警等业务,实现与制造业企业的无缝对接,创新业务协作流程和价值创造模式。加快发展研发设计、技术转移、创业孵化、知识产权、科技咨询等科技服务业,发展壮大第三方物流、节能环保、检验检测认证、电子商务、服务外包、融资租赁、人力资源服务、售后服务、品牌建设等生产性服务业,提高对制造业转型升级的支撑能力。

强化服务功能区和公共服务平台建设。建设和提升生产性服务业功能区,重点发展研发设计、信息、物流、商务、金融等现代服务业,增强辐射能力。依托制造业集聚区,建设一批生产性服务业公共服务平台。鼓励东部地区企业加快制造业服务化转型,建立生产服务基地。支持中西部地区发展具有特色和竞争力的生产性服务业,加快产业转移承接地服务配套设施和能力建设,实现制造业和服务业协同发展。

提高制造业国际化发展水平,统筹利用两种资源、两个市场,实行更加积极的开放战略,将引进来与走出去更好结合,拓展新的开放领域和空间,提升国际合作的水平和层次,推动重点产业国际化布局,引导企业提高国际竞争力。

提高利用外资与国际合作水平。进一步放开一般制造业,优化开放结构,提高开放水平。引导外资投向新一代信息技术、高端装备、新材料、生物医药等高端制造领域,鼓励境外企业和科研机构在我国设立全球研发机构。支持符合条件的企业在境外发行股票、债券,鼓励与境外企业开展多种形式的技术合作。

提升跨国经营能力和国际竞争力。支持发展一批跨国公司,通过全球资源利用、业务流程再造、产业链整合、资本市场运作等方式,加快提升核心竞争力。支持企业在境外开展并购和股权投资、创业投资,建立研发中心、实验基地和全球营销及服务体系;依托互联网开展网络协同设计、精准营销、增值服务创新、媒体品牌推广等,建立全球产业链体系,提高国际化经营能力和服务水平。鼓励优势企业加快发展国际总承包、总集成。引导企业融入当地文化,增强社会责任意识,加强投资和经营风险管理,提高企业境外本土化能力。

深化产业国际合作,加快企业走出去。加强顶层设计,制定制造业走出去发展总体战略,建立完善统筹协调机制。积极参与和推动国际产业合作,贯彻落实丝绸之路经济带和21世纪海上丝绸之路等重大战略部署,加快推进与周边国家互联互通基础设施建设,深化产业合作。发挥沿边开放优势,在有条件的国家和地区建设一批境外制造业合作园区。坚持政府推动、企业主导,创新商业模式,鼓励高端装备、先进技术、优势产能向境外转移。加强政策引导,推动产业合作由加工制造环节为主向合作研发、联合设计、市场营销、品牌培育等高端环节延伸,提高国际合作水平。创新加工贸易模式,延长加工贸易国内增值链条,推动加工贸易转型升级。

战略目标:立足国情,立足现实,力争通过"三步走"实现制造强国的战略目标。

第一步:力争用十年时间,迈入制造强国行列。

到2020年,基本实现工业化,制造业大国地位进一步巩固,制造业信息化水平大幅提升。掌握一批重点领域关键核心技术,优势领域竞争力进一步增强,产品质量有较大提高。制造业数字化、网络化、智能化取得明显进展。重点行业单位工业增加值能耗、物耗及污染物排放明显下降。

到2025年,制造业整体素质大幅提升,创新能力显著增强,全员劳动生产率明显提高,两化(工业化和信息化)融合迈上新台阶。重点行业单位工业增加值能耗、物耗及污染物排放达到世界先进水平。形成一批具有较强国际竞争力的跨国公司和产业集群,在全球产业分工和价值链中的地位明显提升。

第二步:到2035年,我国制造业整体达到世界制造强国阵营中等水平。创新能力大幅提升,重点领域发展取得重大突破,整体竞争力明显增强,优势行业形成全球创新引领能力,全面实现工业化。

第三步:新中国成立一百年时,制造业大国地位更加巩固,综合实力进入世界制造强国前列。制造业主要领域具有创新引领能力和明显竞争优势,建成全球领先的技术体系和产业体系。

工业的未来是制造业的智能化为核心,将信息技术纳入融合,将各类传统制造领域进行整合。重视实体经济、重视制造业,创新与升级,工业的未来大有可为。

建造：从人到社会

建筑业与其他第二产业的部类一样，是面向自然资源和能源来生产制造产品，但其产出的房屋产品由于需求的多元化，产业工业化的过程在所有生产制造部门中最为缓慢。本章将展示两个主题，一是分类系统对实体经济的意义，二是建筑业面向城市的建造之路。同时，本章也将呼应本书关于工业化的主题。

本章的叙事逻辑相对漫谈化，因此，先给出如图 8-1 所示的思维导图以供参考阅读。

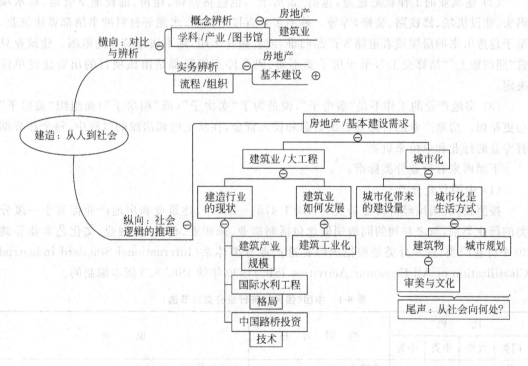

图 8-1 建造的社会逻辑示意图

8.1 建筑业与房地产业

在大部分非专业人士的日常生活中,建筑行业和房地产行业似乎差不多,乍一想过去,好像都是盖房子,不太容易说清其间的不同。本节就先来辨析一下这两个行业的概念。

8.1.1 行业标准的分类

建筑业指的是通过改变建筑材料形态的各类施工工作,建设各种建筑物、构筑物的行业。其特征是第二产业的范畴,包括房屋建设、道路建设、装修工程等。在建筑业内,狭义的建筑工程仅指房屋的建造,与其并列的范畴为市政工程、路桥工程、水利工程等。

房地产业指的是通过组织资金和各种专业力量(包括设计、施工、营销等)对一定的土地进行综合开发,形成房屋、社区或街区等单一或综合的固定资产产品,并通过经营和运营(包括出售、出租、抵押等)该产品获取收入。一些固定资产的建设开发并不以经营营利为目的,例如工厂的厂房,严格意义上属于自用房屋的基本建设,不在房地产业范围内。此外,路桥的建设中有些也收费营利,如高速路收费等,但也并不属于房地产范围。

根据以上定义,我们可以从以下几个方面辨析建筑业和房地产业。

(1) 建筑业是通过施工"赚钱"的,房地产是通过租/售房产"赚钱"的。

(2) 建筑业的工作就是建造,包括"盖房子",也包括修路、建桥、铺设地下管道、修水坝码头、建设机场、修铁路、装修,等等。差不多要直接用钢筋、水泥等材料的事情都算建筑业。至于建造出来的房屋或者道路等产品归谁,或者做什么用,则不属建筑业的范围。建筑业只管"照图施工""结算交工",至于房子卖不卖、码头停不停船都是由该项目的出资建设单位决定。

(3) 房地产业的工作不是"盖房子",说是为了"卖房子"(或"租房子")而组织"盖房子"会更贴切。房地产业的特征是组织资源和投入资金,在从土地到房屋的过程中,每个环节都有专业的行业和单位来负责。

下面再来看行业分类标准。

(1) 中国行业分类

按照我国《国民经济行业分类》(GB/T 4754—2002),建筑业和房地产业都属于一级分类的行业类别,与之并列的同级别概念包括制造业、采矿业、林业、金融业、文化艺术业等共20个行业门类,这一分类是根据国际标准产业分类体系(International Standard Industrial Classification of All Economic Activities,ISIC)1990 年的 ISIC 3.0 版本编制的。

表 8-1 中国《国民经济行业分类》(节选)

代码				类别名称	说明
门类	大类	中类	小类		
E				建筑业	本类包括 47—50 大类
	47			房屋和土木工程建筑业	指建筑工程从破土动工到工程主体结构竣工(或封顶)的活动过程。不包括工程的内部安装和装饰活动

续表

代码				类别名称	说明
门类	大类	中类	小类		
		471	4710	房屋工程建筑	指房屋主体工程的施工活动。不包括主体工程施工前的工程准备活动
		472		土木工程建筑	指土木工程主体的施工活动。不包括施工前的工程准备活动
			4721	铁路、道路、隧道和桥梁工程建筑	
			4722	水利和港口工程建筑	
			4723	工矿工程建筑	指除厂房外的矿山和工厂生产设施、设备的施工和安装,以及海洋石油平台的施工
			4724	架线和管道工程建筑	指建筑物外的架线、管道和设备的施工
			4729	其他土木工程建筑	
	48			建筑安装业	
		480	4800	建筑安装业	指建筑物主体工程竣工后,建筑物内各种设备的安装活动,以及施工中的线路敷设和管道安装。不包括工程收尾的装饰,如对墙面、地板、天花板、门窗等处理活动
	49			建筑装饰业	
		490	4900	建筑装饰业	指对建筑工程后期的装饰、装修和清理活动,以及对居室的装修活动
	50			其他建筑业	
		501	5010	工程准备	指房屋、土木工程建筑施工前的准备活动
		502	5020	提供施工设备服务	指为建筑工程提供配有操作人员的施工设备的服务
		509	5090	其他未列明的建筑活动	指上述未列明的其他工程建筑活动
K				房地产业	
	72			房地产业	
		721	7210	房地产开发经营	指房地产开发企业进行的基础设施建设、房屋建设,并转让房地产开发项目或者销售、出租商品房的活动
		722	7220	物业管理	指物业管理企业依照合同约定,对物业进行专业化维修、养护、管理,以及对相关区域内的环境、公共秩序等进行管理,并提供相关服务的活动
		723	7230	房地产中介服务	指房地产咨询、房地产价格评估、房地产经纪等活动
		729	7290	其他房地产活动	

建筑业的相关行业还包括建筑材料工业,如水泥、钢筋、线缆的生产等,还有建筑工程机械的制造,如起重设备、混凝土搅拌设备等。房地产业的相关行业还包括各种固定资产经营服务业,如物业管理、房产估价与经纪、酒店经营与管理等。

(2) 美国的行业分类

美国的行业分类体系与国际标准体系有所不同,在美国的标准行业分类(standard industrial classification,SIC)中,建筑业归属于工矿业门类的几个二级分类。包括如下几类。

房屋建造:总承包和建筑运营商(15-BUILDING CONSTRUCTION-GENERAL CONTRACTORS AND OPERATIVE BUILDERS)。

房屋建造之外的大型施工工程(16-HEAVY CONSTRUCTION OTHER THAN BUILDING CONSTRUCTION-CONTRACTORS)。

专项承包施工工程(17-CONSTRUCTION-SPECIAL TRADE CONTRACTORS)。

而房地产行业属于金融大类中的一个二级分类,与其并列的二级分类包括保险、证券等,具体包括如下项目。

储蓄类金融机构(60-DEPOSITORY INSTITUTIONS)。

非储蓄类金融机构(61-NONDEPOSITORY CREDIT INSTITUTIONS)。

证券、期货业(62-SECURITY AND COMMODITY BROKERS, DEALERS, EXCHANGES, AND SERVICES)。

保险公司(63-INSURANCE CARRIERS)。

保险经纪与保险代理(64-INSURANCE AGENTS, BROKERS, AND SERVICE)。

房地产(65-REAL ESTATE)。

投资业(67-HOLDING AND OTHER INVESTMENT OFFICES)。

8.1.2 知识分类

以上分类是中国大陆地区的分类,应该说这种分类是把房地产作为建筑业的一个衍生分支来看待的。但在欧美国家却有所不同,房地产是作为金融的一个分支。

1. 中图分类法

按照我国的知识分类,参考《中国图书馆分类法》(简称"中图分类"或CLC),建筑学的归类如下。

- 门类:T 工业技术
  - 大类:TU 建筑科学
    - 各子类:TU-0 建筑理论,TU-8 建筑艺术,TU-9 建筑经济,TU1 建筑基础科学,TU19 建筑勘测,TU2 建筑设计,TU3 建筑结构,TU4 土力学、地基基础工程,TU5 建筑材料,TU6 建筑施工机械和设备,TU7 建筑施工,TU8 房屋建筑设备,TU9 地下建筑,TU97 高层建筑,TU98 区域规划、城乡规划,TU99 市政工程

而一些在行业分类中被归入建筑业的内容,在我国的知识分类中也有单独分类的,比如水利工程(TV)是与建筑科学(TU)并列的大类;同样,一些在行业分类中被归入制造业的建筑工程机械制造、建筑材料加工制造,在知识分类中也归结到了建筑科学门类之下。

按中图分类,房地产的归类并未进入同一个类别,除了上述在建筑科学大类中的"TU-9 建筑经济"子类外,还有如下一部分项目收入到了经济门类。

- 门类:F 经济

- 大类：F2　经济计划与管理
  - 子类：F28　基本经济建设，F29　城市与市政经济

2. 杜威分类法

杜威分类法是美国图书馆学专家麦尔威·杜威（Melvil Dewey，1851—1931年）发明的图书分类法，采用每层十进制的方式进行分类。该分类法广泛应用于英语国家的图书情报系统，在美国，几乎所有的图书馆均采用该方式。

按照该分类，建筑被分别作为工程技术和艺术进行不同角度的分类，房地产则属于金融学的一个分支，在应用管理学的一个下属子类中。

- 600-技术（应用科学）
  - 620 工程及关联作业
    - 621 应用物理学
    - 622 采矿业及相关作业
    - 623 军事工程及船舶工程
    - <u>624 土木工程</u>
    - 625 铁道工程、道路工程
    - 627 水利工程
    - 628 公共卫生及都市工程
  - 650 管理及辅助服务
    - 658 普通管理
      - 658.1 组织学与金融学
  - 690 建筑
    - 691 建筑材料
    - 692 辅助建造工作
    - 693 特殊材料及目的
    - 694 木材建造；木匠业
    - 695 屋顶覆盖
    - 696 公共设施
    - 697 暖气、通风、空调
    - 698 细部最终修整
    - 699 未使用或已失效
- 700-艺术与休闲
  - <u>720 建筑</u>
    - 721 建筑物
    - 722 公元 300 年以前的建筑
    - 723 自公元 300 年至 1399 年的建筑
    - 724 公元 1400 年以后的建筑
    - 725 公共建筑
    - 726 宗教建筑
    - 727 教育及研究用建筑物

- ◆ 728 住宅
- ◆ 729 设计及装潢

8.1.3 学科分类

1. 中国教育部学科分类

按照2011年版中国教育部的学科分类,建筑学属于工学门类的一级学科,包括建筑历史与理论、建筑设计及其理论、城市规划与设计、建筑技术科学四个二级学科;有关建造技术的是工学门类的土木工程一级学科;房地产则从属于管理学门类,管理科学与工程一级学科下属的房地产经营与管理方向。

2. 美国教育部学科分类

按照2000版美国教育部国家教育统计中心的学科分类目录(CIP-2000),建筑学属于独立的门类,即:建筑学与相关内容(04. ARCHITECTURE AND RELATED SERVICES)。这一门类下属的大类包括如下几个方面。

04.02 Architecture(建筑学)

04.0201 Architecture (BArch, BA/BS, MArch, MA/MS, PhD)

04.03 City/Urban, Community and Regional Planning(城市规划和区域规划)

04.0301 City/Urban, Community and Regional Planning

04.04 Environmental Design(环境设计)

04.0401 Environmental Design/Architecture

04.05 Interior Architecture(室内设计)

04.0501 Interior Architecture

04.06 Landscape Architecture(景观设计)

04.0601 Landscape Architecture (BS, BSLA, BLA, MSLA, MLA, PhD)

04.08 Architectural History and Criticism (建筑史和建筑评论)

04.0801 Architectural History and Criticism, General

04.09 Architectural Technology/Technician (建筑技术)

04.0901 Architectural Technology/Technician

04.99 Architecture and Related Services, Other

04.9999 Architecture and Related Services, Other

在CIP-2000中房地产被列入商业和管理学门类的一个大类,具体划分如下。

52. BUSINESS, MANAGEMENT, MARKETING, AND RELATED SUPPORT SERVICES(商业,管理学,市场营销和相关内容)

52.01 Business/Commerce, General(商业总论)

52.02 Business Administration, Management and Operations(工商管理)

52.03 Accounting and Related Services(会计学)

52.04 Business Operations Support and Assistant Services(商务运营)

52.05 Business/Corporate Communications(商务沟通)

52.06 Business/Managerial Economics(管理经济学)

52.07 Entrepreneurial and Small Business Operations(企业经营)

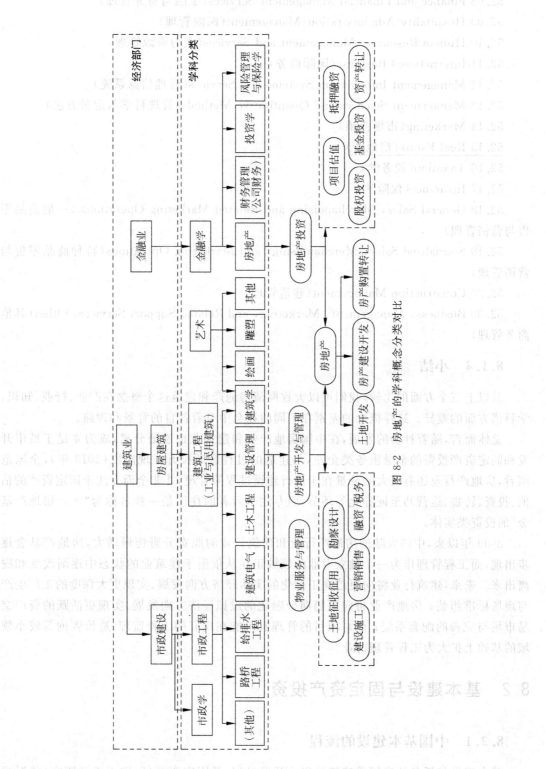

图 8-2 房地产的学科概念分类对比

52.08 Finance and Financial Management Services(金融与财务管理)

52.09 Hospitality Administration/Management(医院管理)

52.10 Human Resources Management and Services(人力资源管理)

52.11 International Business(国际商务)

52.12 Management Information Systems and Services(管理信息系统)

52.13 Management Sciences and Quantitative Methods(管理科学与定量方法)

52.14 Marketing(市场营销)

<u>52.15 Real Estate(房地产)</u>

52.16 Taxation(税务学)

52.17 Insurance(保险学)

52.18 General Sales, Merchandising and Related Marketing Operations（一般商品零售与营销管理）

52.19 Specialized Sales, Merchandising, and Marketing Operations(特种商品零售与营销管理)

52.20 Construction Management(建造管理)

52.99 Business, Management, Marketing, and Related Support Services, Other(其他商务管理)

8.1.4 小结

从以上三个方面的比较，我们可以大致厘清房地产和建筑这个概念在产业、行业、知识、学科诸方面的差异。这样概念的差别在不同的社会中有着各自的背景和理路。

总体而言，随着社会的发展，在中国房地产业和建筑业也逐渐分离，成为立足于城市开发和固定资产投资的金融服务类企业，与建造的过程逐渐拉开。现阶段(2013年)，全国范围看，房地产行业还有较大的分量在于进行建设过程的管理，并非全面专注于固定资产的估值、投资、转售、运营乃至证券化等环节，而专注于后者的往往是一些名称为"××房地产基金"的投资类实体。

2009年以来，中国大陆的房地产行业和建筑行业的职责分野慢慢增大，房地产基金逐步出现，而工程管理作为一个独立专业的领域正在从依附于建筑业的状态中逐渐改变和脱离出来。未来，建筑行业将向更趋向工业化的实体经济方向发展、实现更大深度的工厂生产与现场标准组装；房地产业将向更趋向金融化的虚拟经济方向发展、实现更活跃的资产交易市场与完善的配套系统；而对项目的管理有可能在现有的工程监理、造价咨询等较小领域的基础上扩大为工程管理行业。

8.2 基本建设与固定资产投资

8.2.1 中国基本建设的流程

基本建设包括各种房屋等建筑工程的开发过程，是固定资产(区别于流动资产)的形成过程，包括建筑物、构筑物的建造。基本建设按建设性质分，包括新建、扩建、改建、复建等类型；按用途可分为生产性建设和非生产性建设，生产性的一般指工业厂房仓库的建造和设备的安装，非生产的一般包括城市公共建筑（学校、体育场、医院、办公楼等）和住宅用房的建设；按建设内容可分为建筑物和构筑物的建造，建筑物包括各种房屋，构筑物包括各种房屋附属设施、道路桥梁、水利工程等。

房地产开发是基本建设的一个子类型，一般是新建的、非生产性建筑物的建设，因此，房地产开发流程和基本建设流程基本相似，对于不同的工程类型会有差异。

按照中国大陆地区的法律法规体系，基本建设的流程如下。

（1）项目可行性研究。包括对项目建设选址的评价、经济社会效益的预测、建设中和建成后对周边环境影响的评价。具体的内容包括环境、水利防洪、地震、地质、水文等建设选址条件的专业评审，投入产出测算，以及本项目的消防、给排水、能源、"三废"处理等方面的供需指标规划。

（2）建设用地使用权的取得。基于中国用地制度，明确建设目的土地的权属，按照需要进行土地征收征用、用地指标的批复、用地规划意见书，属于自有用地的也要履行关键规划指标的批复、符合所在城市的城乡规划要求。一般地，城市国有土地的取得要通过公开的土地市场进行交易。

（3）规划设计方案的审定。根据行政批复的规划建设要点，建设单位组织具有设计资质的单位进行规划设计工作，并报备有关的规划、建设、消防、气象（主要是防雷）、市政等行政主管部门审定批准。此外，审定的规划设计方案还需要对社会进行公示。

（4）建设资金组织。一般而言，资金组织不属于通常的建设程序，但属于基本建设的重要组成部分。资金的规划在可行性研究阶段就要一并制定，随着用地和设计的完成，在施工开始前，要落实建设资金的组织。利用国家财政资金的要取得财政预算的拨款，利用自筹资金的要安排好企业现金流计划，通过金融机构融资借款的要及时办理用款批复、办理好抵押等融资担保条件。

（5）施工单位、监理单位和建筑材料的确定。勘察、设计、施工单位对建筑的质量和安全都要终身负责，因此，各个实施环节承办单位的选择都需要依据招投标法规的程序来确定。一般来说，施工总承包单位和工程监理单位需要通过公开招标评审来确定，要在一定数量的备选单位中综合选择（根据工程规模和施工难度不同，对施工企业的资质和施工方案有基本的要求）。建筑材料的选择，原则上由设计单位根据国家有关规范和建设单位的功能要求进行综合考虑，但材料的采购、质检（包括进场时和施工操作后）也需要政府主管单位、第三方机构的共同监督。

（6）工程施工。工程施工由具备相应资质的建筑施工企业负责组织人员、材料、设备，按照设计图纸资料，根据计划的时间和完成进度来实施。除了完成建造工作本身，施工现场的安全管理（避免出现人员死伤和财产损失）和文明施工（保持施工现场及工作临时生活区的秩序、卫生、噪声等在规定范围内）也是工程施工过程的组成部分。

（7）工程验收和交付使用。工程验收指按照一定的技术标准（符合图纸设计和国家有关规范）来检验建造的结果是否合格，在分部、分项施工的过程中和全部单位工程或单项工程完工后进行。合格的工程在经过质量监督站的综合验收（以及前置的规划、消防等各专项验收）后，取得核发的合格文件，可以进行工程竣工资料的备档并交付建设单位投入使用。

（8）权属证明的登记。在建造完成后，基本建设应进入不动产登记阶段，通过具备资质的测量测绘机构进行房屋面积测量（此项工作也可在竣工报备之前完成）等工作后，行政主管部门进行不动产登记并核发权属证明文件。以生产不动产为目的的基本建设主要过程至此完备。

由于房地产开发是一种房屋固定资产的经营活动，所以在基本建设流程之外，还包括以下的流程。

（9）营销策划和销售组织。房地产开发，以经营房地产本身而获利为目的，不同于仅仅为了其他工商业活动或生活而进行的基本建设。

营销策划是贯穿房地产开发活动从始至终的经营性活动，狭义的房地产营销策划也仅指为销售而组织的广告、推销活动、营销物料设计和市场价格调研等销售辅助工作。广义的房地产营销策划从早期的房地产开发项目选址及评估介入，从产品和市场角度出发，在项目既定地段和规划条件下对项目的规划方案和营销策略进行初步建议，从而使得建设方可以评定项目的经济效益。其次，营销策划在项目土地取得后、销售开始前的阶段，进行公司品牌、项目品牌等形象推广，并通过不断深入的市场调研得出最佳的产品设计要点。营销人员还需要再将这些产品设计要点与规划设计单位进行沟通，协调设计单位将产品落实形成设计图纸。进入销售阶段，营销策划工作主要是给出每一期推出产品的分户价格表，组织促销活动、持续广告宣传。销售期之后，直到业主（购房人）接受房产，营销策划工作要注重组织将业主对产品的意见和建议进行收集和反馈，以积累第一手的市场需求信息。

销售组织是营销活动中偏重于个体沟通的部分，策划工作更偏重于外部的社会沟通。销售工作不仅包括组织业务人员接待社会咨询、介绍项目产品信息和营销政策等，还包括接洽购房人办理签约、交款、交付等手续工作。

（10）招商租赁组织。以上是基于商品房销售的经营，基于商品房租赁的经营则以招商组织代替销售组织。用于租赁获得收入的经营型房产一般包括办公用房（写字楼）、商业用房（商场、超市、餐厅）、文化娱乐用房（电影院、洗浴、歌舞厅）、酒店等类型。居住类住房一般较少为开发建设、单位持有租赁的形式，但房地产经纪业务会包括房屋中介租赁业务。房地产租赁组织通常分为开发建设单位自持物业的招商、服务性的售后返租和中介租赁三大类型。自持物业是开发建设单位建设完成后将不动产登记在自己名下，直接出租，收入归自己所有；售后返租是指开发建设单位在销售房产（一般为商业用房或办公用房）的同时与购房人签订代理租赁或者包租协议，购房人一次性支付购房款，开发单位（同时也是承租或包租单位）分期向购房人（同时也是出租人）支付租赁收益，这种售租联合的商业模式有很强的金融投资性质；房地产经纪企业通过向出租人、承租人提供居间服务，匹配信息、撮合交易并承担中间信用保障，收取佣金，随着业务规模的扩大，其中一些也向房屋托管经营方向发展——即房产所有人将房屋委托给经纪企业并定期收取固定收益，经纪企业自负盈亏。

（11）物业管理与服务。物业管理与服务行业和房产经纪一样是作为房地产开发行业的配套行业。物业管理与服务单位，对新建社区而言，一般由开发建设单位委托确定，之后按期由小区业主大会决议物业单位的选聘——但在实务中由于业主大会的组织依赖全体住户的意愿组成，一般较难有效组织和形成有效决议。物业管理与服务工作大致包括卫生保洁（楼宇公共部位的清洁、垃圾清运、化粪池清运）、设备设施（楼宇部件、电梯、市政部门负责的水电气暖与分户之间的公共部分、外墙、屋面、景观构筑物）维修维护、安全保卫、园林绿化、消防以及停车位管理等。

物业管理与服务的业主大会委托模式,由于权力虚置,缺乏有效的平衡,这是日常城市生活中的一个常见问题。有关物业工作责任归入开发商,或者对高端产品金融化为资产管理服务,都是值得探索的模式。

在基本建设完成后,非房地产开发的固定资产进入使用阶段,生产性的建设完成后,还包括机械设备设施的安装和调试过程,例如工业厂房、变电站、换热站;博物馆、学校、医院等公共设施用房一般还包括室内装修工程。

8.2.2 项目管理

房地产开发的实现要将上述的各个专业环节(包括基本建设常规环节和房地产经营环节)组织完成,这就依赖于专门的组织结构。理论上,解决资源配置的组织问题,无非通过组织内化或市场外化两种方式。内化的方式意味着将各个专业环节落实为开发企业的内部部门,通过企业内部的工作流程来协调完成。外化的方式意味着将各个专业环节的工作通过合同关系落实给不同专业的企业分别完成。

中国大陆地区的房地产开发行业脱胎于居民住房基本建设,全面商品化始自1998年的住房改革,到21世纪初,行业内通行的是通过组织而非市场来实现专业分工。在这种历史背景的延续下,基本建设环节中除建筑施工和规划设计与房地产开发进行了全面分离外,其他环节(如营销策划)仍保留在房地产行业内部或者处于半分离状态。同时,房地产开发企业的组织结构虽然不安排大量的设计师和施工劳务组织岗位,但是一般也会安排专门的部门来监督、协调设计、施工单位的大量工作细节,以保证贯彻产品的全面管理。这种介入式的管理,是与设计师和施工企业的生产过程同步进行的,并参与其中的大量细节(例如,电梯间防火门的设计位置,地下室外墙防水的施工做法),这样的"专业分工"与工业企业取得外购中间产品或零部件的"专业分工"在深度上还是有很大差异的。这种现状,一方面是来自于基本建设全能化的历史传统,另一方面也是由于建筑设计、施工、材料部品的标准化程度不足,所以为了保证设计意图和质量,开发企业需要组织自身直属力量来进行深入的监督和沟通。本质上,正是设计生产的行业标准仍然不足使得人力投入比例高,机械化程度低。

本书对一般的国内房地产开发企业的组织结构做一概括介绍,参照的还是21世纪初最多的销售型房地产开发企业(即所谓的"买地卖房"),而未专论房地产资产管理("买房出租""买房卖房")、房地产基金("买地卖地""买公司卖公司")等占比较少的类型。

在房地产开发企业的战略层面和公司治理结构层面,一般采用有限公司或股份有限公司形式,公司最高权力机构为股东会或股东大会,根据治理结构的需要下设董事会行使经营管理决策权。按照公司法规,企业还需设立监事或监事会;上市公司会按照证券监督管理行业的治理结构要求设置监事会、薪酬委员会等,在此不对治理结构作深入讨论,而侧重于经营业务组织的讨论。

在日常经营方面,房地产企业一般施行总经理负责制,按照业务设立副总经理分管,按照大类分设五个管理中心对各专业副总经理负责——单项目公司一般不再设立这一级而直接由部门对副总经理或总经理负责。各管理中心由总监(或称部门总经理)负责,下设业务部门,部门由部门经理负责,部门内部根据业务流程或者项目组设立主管和基层专员。各企业会根据业务量需要来调整架构,营销特色较为突出可能只设立营销管理中心而不设立其他。工程管理较为突出的,也有设立总工程师负责技术、分管生产的副总经理负责工程进

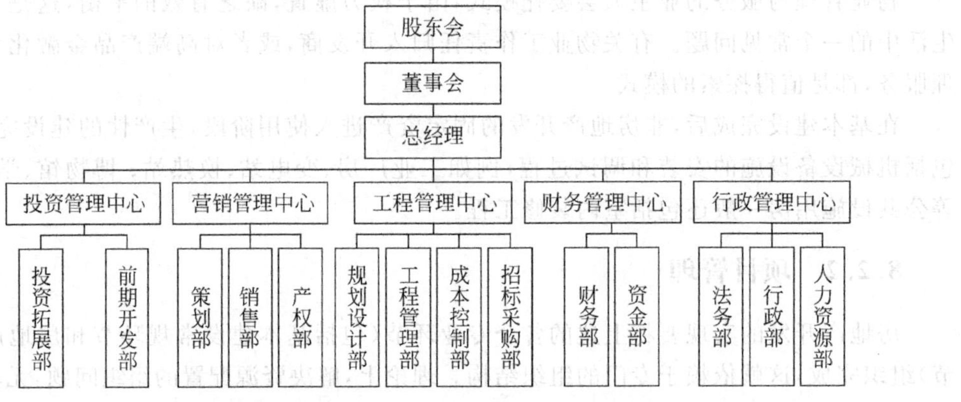

```
                    股东会
                     │
                    董事会
                     │
                    总经理
    ┌────────┬────────┼────────┬────────┐
投资管理中心 营销管理中心 工程管理中心 财务管理中心 行政管理中心
  ┌─┴─┐   ┌─┬─┬─┐   ┌─┬─┬─┐   ┌─┴─┐   ┌─┬─┬─┐
  投 前   策 销 产   规 工 成 招   财 资   法 行 人
  资 期   划 售 权   划 程 本 标   务 金   务 政 力
  拓 开   部 部 部   设 管 控 采   部 部   部 部 资
  展 发               计 理 制 购               源
  部 部               部 部 部 部               部
```

图 8-3 中国房地产公司组织架构示意图

度。财务系统因为垂直管理、减少层级，也有分管副总经理身兼财务总监，或总经理直管财务总监。行政人事系统因为属于支持型部门，一般行政总监以上不重复设立分管副总经理或仅由总经理助理代管。

各部门的职责概括如下。

（1）投资拓展部，负责寻找新的项目开发机会，进行项目经济效益和综合可行性的评价，包括参与公开市场土地项目竞价竞买，或者通过受让项目取得开发机会。

（2）前期开发部，负责办理项目开工前期的各种行政审批手续，包括《国有土地使用证》《建设用地规划许可证》《建设工程规划许可证》《建筑工程施工许可证》等。前期开发部一般也负责后期综合验收和权属登记的工作。

（3）策划部，负责参与前期产品策划，提出产品设计要点；负责营销推广活动的组织；负责市场调研和项目价格模型。

（4）销售部，负责实施营销策略，与客户沟通和签约服务等公关型工作。

（5）产权部，负责具体办理销售合同的签订、分户产权的登记发放等操作性工作。也有负责牵涉房产管理部门的全部工作，如《预售许可证》的办理、《拆迁许可证》的办理（2011年之后开发企业已经一般不再直接进行拆迁征收工作）等。

（6）规划设计部，负责协调规划设计单位进行规划方案的编制和施工图纸设计，也有的并入前期开发部。

（7）工程管理部，负责协调施工单位、监理单位保证施工现场的进度、质量、安全工作。

（8）成本控制部（或称合同预算部/造价管理部），负责依据图纸和现场实施情况编制工程预决算等经济技术文件。

（9）招标采购部，负责组织施工、监理、设计等重大合作单位的招标遴选，以及（如有）钢材、混凝土、电缆、电梯等重大开发单位直接选购的建筑材料或部品的选择。这一部门（或者岗位）的独立，主要是为了实行工程管理和成本部门与被管理单位的选择权相分离，体现全面的企业利益。

（10）财务部，负责记账和现金等日常财务工作，负责税务筹划和核缴工作。

（11）资金部，负责企业融资和资金调配工作，是房地产企业的三大核心之一（其他为"拿地"和销售）。一些企业将此职责并入财务部，不单独设立。

(12) 法务部,负责法律文件的审核,以及协调外部律师解决法务纠纷或者诉讼问题。也有并入行政部而不单独设立的。

(13) 行政部,负责日常企业运营、企业宣传、企业制度、公司活动等事务工作。

(14) 人力资源部,负责人力资源规划及制度、招聘、培训、劳动合同及档案管理、工资及社会保险,也有并入行政部而不单独设立的。

(15) 其他,有招商租赁或其他持有物业经营工作的,一般单设部门或者分子公司来负责响应工作。持有物业经营业务,一般可分设资产经营部和资产管理部。资产经营部负责招商工作,签订房屋租赁或合营等协议;资产管理部关注房屋等资产的状态。

本节介绍了中国大陆地区当前(2015年前后)的固定资产基本建设、房地产开发流程和房地产开发企业的组织架构,给读者一个实务性的参考。同时,由于固定资基本建设的流程由政府行政法规所规定,存在不同省份、不同城市的差异,但笔者在实践中看到这些差异在近年来(2003—2015年)有不断规范化和统一化的趋势,差异越来越小。

例如,有关房地产开发办理所谓"五证"(即《建设用地规划许可证》《国有土地使用证》《建设工程规划许可证》《建筑工程施工许可证》和《商品房预售许可证》)的顺序,按照一般法规应是建设用地审批在先,根据规划方案确认建设规模后批准用地(批准用地在建设规划部门和国土部门分别办理后申报同级人民政府取得用地批准书),再核发"土地证",即"先办用地证、后办土地证"。但也有些省份依据土地出让时规划部门核发的规划设计条件要点或规划意见书,即可签订《国有建设用地出让合同》(曾称《国有土地出让合同》)并办理用地批准和"土地证",即"并行办理用地证和土地证"。这两种方式都具有法规的合理性,前者的优势在于规划指标相对确定,也可避免一些项目的审批中出现问题(例如办理土地证后不进行设计开发而抵押融资或倒卖土地),具有代表性的是北京、山东、河南、河北、辽宁等多数省市;后者的优势在于规划申报和土地手续可以并行,效率相对高,具有代表性的是四川、内蒙古等。

另外,2014年在全国普遍建立起不动产局,将土地、房屋、林权等不动产进行统一登记。这一数据登记系统的改革,在解决不动产和土地类权属跨部门交叉管理等问题方面将逐渐发挥作用、理顺关系,未来可能会呈现更加集中和简化的基本建设流程;同时,环境保护部门的审查和监督也将逐步具体化,未来可能更多地参与到基本建设的流程当中。

8.3 工程行业与产业分工

8.3.1 大工程行业概述

本书所谓的"大工程"并不是一个准确的标准行业概念或者学科概念,而泛指建造工程,主要包括建筑工程、路桥工程、水利工程等,区别于过程工程(化工、冶金等)、制造工程(汽车、机械等)和信息工程(软件、计算机、电子等),也可以进一步涵盖电力工程和矿业工程等需要大量基础设施建设工作的工程、工业类别。

以建筑行业为例,先来看一些整理自《中国统计年鉴》的产业数据。

2011年,建筑业总产值超过10万亿元人民币,约占中国国内生产总值的四分之一,无论是产值的总量还是在经济体系中所占比例,巨大的固定资产投资都已经成为中国国民经济的重要支柱。尤其是 1998 年中国住房制度改革、全面推行商品房改革以来大量建设住宅为主的房屋,和 2004 年中央政府正式批准《中长期铁路网规划》以来 8 年建设的超过 1 万公里高速铁路,建筑业由此受到下游房地产业、交通运输业的需求拉动,作为"大工程"的实施者,建筑业表现了巨大的产业规模。

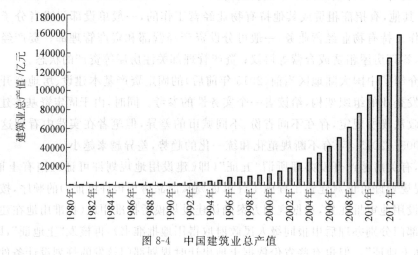

图 8-4　中国建筑业总产值

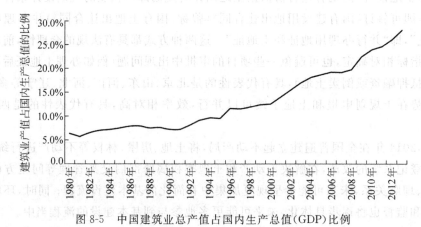

图 8-5　中国建筑业总产值占国内生产总值(GDP)比例

在宏观经济结构中,房地产占全社会固定资产投资总额的比例自 1992 年以来总体上升,近年来占比接近 20%;而房地产投资占国内生产总值的比例基本呈上升趋势,2013 年超过 15%。

在这些巨大的数据中,可以看到"大工程"意味着巨大的经济活动数量,相应的劳动力、企业、合同、利润也都是巨量的,这也是我们在关注当代社会经济的时候,不得不重视建筑产业的一个重要原因。建筑工程行业为代表的大工程行业在中国的城市化、城镇化和公共基础设施投资的时代,贡献了巨大的力量去改变社会生活。巨量的工程建设,意味着巨量的财富配置变化,意味着巨量利益的分配秩序,意味着人们生活方式被改变(工作或者家庭生活)。本质上这些变化来自城市化的社会逻辑,这也正是本章试图介绍的核心内容。

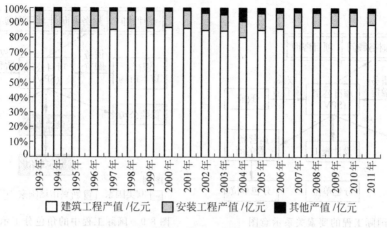

图 8-6　中国建筑业产值构成

图 8-7　中国房地产业投资的经济贡献度

8.3.2　大工程的国际分工

建设大型公共工程是固定资产投资量最大的经济项目,一般由政府财政出资建设。据中国商务部合作司介绍,从 2013 年到 2020 年,全球基础设施建设规模将达 12.7 万亿美元,即每年平均投资规模 1.8 万亿美元;到 2030 年,全球基础设施需求量是 55 万亿美元。2017 年,亚洲中东、拉美以及新兴市场的基础设施投资额将增加至 2.3 万亿美元。①

自 20 世纪中叶以来,世界范围的大型公共工程、尤其是大型水利工程,逐步呈现了一种国际分工模式的格局,即"非洲拉美国家政府投资项目＋世界银行贷款＋欧洲项目咨询设计＋新兴市场国家建设施工＋本国劳动力"。其中,欧美国家占据了项目中利润率最高的资本部分和咨询部分,中国等新兴市场国家占有了建设管理部分,而非洲拉美国家只提供了利润率最低的劳动力,并成为最终的"买单人"。

---

① 2013 年 5 月商务部合作司商务参赞陈润云在第四届国际基础设施投资与建设高峰论坛新闻发布会上的介绍.中华建筑报.2013-5-13

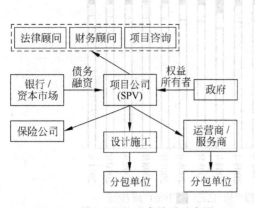
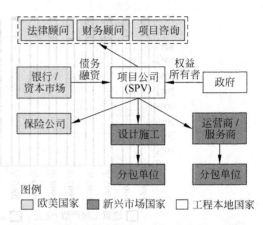

图 8-8　国际工程的要素关系示意图　　　图 8-9　国际工程中的角色分工示意图(20 世纪)

21 世纪以来,随着中国国力的提升,中国在对外工程承揽中也开始介入设计咨询领域,并以出口信用银行等金融机构参与资本输出。中国已经成为 2001—2008 年期间撒哈拉以南非洲基础设施的最大援助者和融资者(financier)。在前十大投资者中有三个来自南方,分别为中国、印度和伊斯兰开发银行。在撒哈拉以南非洲的基础设施官方融资总额中,仅中国一国就占了 34%,高于任何北方伙伴国所占比重。[①]

中国等新兴市场国家进入国际工程及其衍生市场的生态圈参与竞争,最开始利用的是人力资本优势参与分包商,即训练有素的施工人员和管理人员,之后开始进入设计领域获得相对完整的施工利润(即设计-采购-施工),目前已经进入资本层面,参与银行贷款等业务。但由于整体的建造技术和工艺技术水平仍相对低于欧洲传统强国,新兴市场国家参与总承包的项目还主要集中在非洲、拉美、东南亚等地区,较少进入发达国家市场。

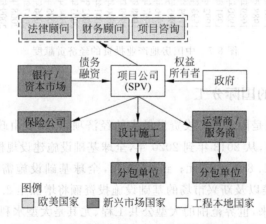

图 8-10　国际工程中的角色分工示意图(21 世纪)

下面以几个著名的国际工程案例来分析不同的分工和流程。

(1) 中国水电

中国水利水电建设股份有限公司(简称"中国水电")是中央直属国有企业中国水利水电

---

① 摘自:林毅夫,王燕.呼吁全球结构转型基金,财经时报中文网,2013-09-18,网址:http://www.ftchinese.com/story/001052558。

建设集团公司（简称"中国电建"）下属的上市公司，沪市股票代码601669。中国水电是中央管理的中国水利水电建设集团公司整体改制并控股创立的股份公司，是跨国经营的综合性大型企业，是中国规模最大、科技水平领先、最具实力、行业品牌影响力最强的水利水电建设企业。中国水电的主营业务包括工程承包、电力投资与运营、设备制造与租赁、房地产开发等。公司核心主业是水利水电建设，长期以来一直是国内水利水电工程的龙头施工企业，引领着水利水电施工技术的发展，同时向其他建筑领域延伸，已经成为我国乃至全球特大型综合建设集团之一。公司2007年被评为首批"对外承包工程和劳务合作信用等级评价"AAA级信用企业，2010年位列"中国企业500强"第78位，2010年中国对外承包工程企业中以营业额排名第3位，以新签合同额排名第2位。① 中国水电2013年度营业额1448.37亿元，其中近90%的收入来自工程承包。

中国水电2013年度1—11月的公告显示新签订工程合同共41件，其中中国大陆境内项目22件，合同总额402亿元，境外项目19件，合同总额296亿元。境外项目全部集中在东南亚、南亚、非洲和拉丁美洲。

表8-2 中国水电2013年1—11月公布的新增合同（中国境内部分）

序号	项 目 名 称	合同金额/亿元
1	贵州凯胜砂石骨料生产线建设及运营项目	18.48
2	宝鸡至兰州铁路客运专线甘肃段(DK683+620～DK986+324.33)站前工程和陕西段无砟轨道轨枕预制及铺轨施工工程BLTJ-10标段	18.20
3	吉林丰满水电站全面治理（重建）工程砂石加工系统建设及砂石料供应工程	5.25
4	云南向家坝水电站南岸至佛滩公路工程	5.65
5	福建省平潭综合试验区金井湾海堤（如意湖围堰及护岸）工程投资建造BT项目合同	6.50
6	贵州汉泰福泉房地产项目（一号）及开发区基础设施建设工程	10.00
7	江西省南昌市幸福水系综合整治工程BT项目②	9.00
8	贵州省清镇市站街镇沙井村洛海冲玄武岩矿山生产线建设及运营	10.00
9	贵州省贵阳市红星美凯龙城市商业综合体工程	15.20
10	广西梧州至柳州高速公路土建工程№A01-3标段	7.76
11	重庆市永川区胜利路萱花转盘城市节点片区施工总承包工程	15.00
12	国道318线林芝至拉萨公路改造工程林芝至工布江达段施工第三标段	12.36
13	四川省乐山市清江新区基础设施建设BT项目	29.44
14	福建省福州市电力线路缆化土建工程BT项目	13.17
15	梁平至黔江高速公路梁平至忠县项目土建工程第二分部施工项目	8.37
16	青海省汉能海南州共和县三期50MWp并网光伏电站工程	5.28
17	郑州市陇海路快速通道工程	76.10
18	云南省晋宁至红塔高速公路BOT项目③	59.80

---

① 引自中国上市公司公告信息。

② 笔者注：BT(build transfer)即建设移交，是基础设施项目建设领域中采用的一种投资建设模式，是指一个项目的运作通过项目管理公司总承包后，由承包方垫资进行建设，建设验收完毕再移交给项目业主。

③ 笔者注：BOT是英文build-operate-transfer的缩写，通常直译为"建设-经营-转让"，一般是政府给予垫资建设的承包方一定的特许经营权，使得承包方通过经营期回收资金投入。

续表

序号	项 目 名 称	合同金额/亿元
19	改建铁路南平至龙岩扩能改造工程施工总价承包六标	34.46
20	成渝高铁站前广场及周边市场道路建设工程	5.00
21	国道 310 西安过境公路 BT 项目	21.00
22	新建石家庄至济南铁路客运专线站前工程 SJZ-2 标段	16.11
	合计	402.13

数据来源：中国水电公告(2013年)。

表8-3　中国水电 2013 年 1—11 月公布的新增合同（中国境外部分）

序号	项 目 名 称	合同金额/亿元	区域
1	赞比亚卡邦波 40MW 水电站项目	7.37	非洲
2	老挝南欧江五级水电站项目	9.35	东南亚
3	安哥拉索约-卡帕瑞输变电建设项目	24.80	非洲
4	老挝南坎 3 水电站项目	8.06	东南亚
5	厄瓜多尔可尼尔防洪工程项目	6.28	拉丁美洲
6	厄瓜多尔可尼尔防洪工程分包合同	7.26	拉丁美洲
7	马来西亚铁合金冶炼厂 EPC 项目①	18.30	东南亚
8	科特迪瓦苏布雷水电站 EPC 项目	34.89	非洲
9	刚果(布)奥林匹克运动员村建设项目	7.38	非洲
10	苏丹罗塞雷斯灌区项目	57.04	非洲
11	老挝南湃水电站施工项目	5.43	东南亚
12	印尼庞卡兰苏苏 2×200MW 火电站项目	29.52	东南亚
13	马来西亚康诺桥 380MW 联合循环燃气电站工程	14.76	东南亚
14	喀麦隆一号国道修复项目	5.67	非洲
15	尼日尔尼亚美 GOROUBANDA100MW 柴油火力发电厂建设项目	7.82	非洲
16	巴基斯坦塔贝拉水电站四期扩建项目	16.63	南亚
17	马来西亚 500kV 架空输变电干线工程	6.27	东南亚
18	印尼佳蒂格德大坝工程新增合同额	8.17	东南亚
19	赤道几内亚巴塔城市电网二期供电入户改扩建工程	20.74	非洲
	合计	295.74	

数据来源：中国水电公告(2012—2013年)。

中国水电是中国参与国际工程承包的一个组成部分，从宏观数据来看，中国对外工程承包额在 21 世纪以来一直快速增长，在国际工程界的地位与日俱增。

中国国际工程承包企业在 2009 年度 ENR225 强企业 3900 亿美元海外收入总额中的份额达到 9% 以上，位居美国、法国、德国之后，首次上升到第四位。我国 50 家上榜企业共完成海外工程营业额 357.14 亿美元，比去年的 226.78 亿美元增加了 57.4%。② 而建筑工程之外的整体境外工程完成总额在 2008 年就已经达到 566 亿美元，在 2008 年金融危机中未

---

① 笔者注：EPC 是英文 engineering procurement construction（工程设计-采购-施工）的缩写。
② 见国资委网站：http://www.sasac.gov.cn/n1180/n1226/n2410/n314244/6737794.html。

受到任何影响继续增长,到 2012 年的新增合同总额超过 1500 亿美元,年度完成额 1166 亿美元。

而在 2012 年境外工程总承包合同完成额中位居前列的中国石油工程建设公司完成额达到 148.8 亿元,中国中材国际工程股份有限公司完成额达到 95.45 亿元,和这些基础设施的工程巨头相比,中国水电算不上中国最大的境外施工企业。据商务部统计,2013 年 1—6 月,我国对外承包工程业务完成营业额 578 亿美元,同比增长 15%;新签合同额 767 亿美元,同比增长 15%。① 2013 年全年新签订合同预计超过 1500 亿美元。

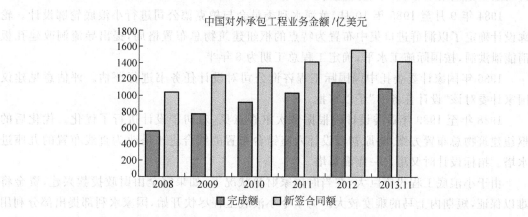

图 8-11　中国对外承包工程业务总额

数据来源:中国统计局

(2) 小浪底水利工程②

小浪底水利工程位于河南省洛阳市孟津县与济源市之间,距离三门峡水利枢纽下游 130km、河南省洛阳市以北 40km 的黄河主干流上。坝址所在地南岸为孟津县小浪底村,北岸为济源市蓼坞村,是黄河中游最后一段峡谷的出口。

1955 年 7 月,第一届全国人大二次会议通过《关于根治黄河水害和开发黄河水利的综合规划》的决议(以下简称"决议"),预计在黄河主干流由上而下布置 46 座水电站,小浪底水利工程为第 40 个梯级,最初并非设计成大型水库式水电站,而是以发电为主的径流式水电站。

1975 年 8 月上旬,淮河发生特大暴雨。经气象分析,这场暴雨有可能发生在传统的黄河泛滥区——三门峡至花园口一段,从而使黄河产生每秒 40000~55000 m^3 的特大洪水,即使经过三门峡、陆浑、故县等水库拦蓄后,花园口站的洪峰流量仍可达到每秒 42000 m^3,但是黄河下游防洪工程的设防标准仅为每秒 22000 m^3(花园口站),不能抵受百年一遇的洪水。

因此,水利专家建议在三门峡水库的下游另设水坝,而小浪底则是三门峡以下唯一能够取得较大库容的坝址,小浪底水库亦因此成为防御黄河下游特大洪水的重要工程。

1975 年 8 月,山东省、河南省、水利部联合报告国务院,提出修建小浪底或桃花峪工程。

---

① 见中国对外承包工程商会网站: http://www.chinca.org/cms/html/main/col144/2013-07/18/20130718090357082503592_1.html。

② 本段主要引自中国网: http://www.china.com.cn/aboutchina/data/zmslgc/2008-05/08/content_15122872_2.htm,黄河小浪底水利枢纽工程。

经论证，最终选址确定小浪底水利枢纽，并与已建的三门峡、陆浑、故县水库联合运用，并利用下游的东平湖分洪，可使黄河下游能抵御千年一遇的洪水。千年一遇以下洪水不再使用北金堤滞洪区，减轻常遇洪水的防洪负担。小浪底与三门峡水库联合运用，共同调蓄凌汛期水量，可基本解除黄河下游凌汛威胁。

为解决工程泥沙及工程地质问题，1979年中国水利部聘请法国的柯因·贝利埃咨询公司对小浪底工程的设计进行咨询。柯因公司认为小浪底工程的泄洪、排沙和引水发电建筑物的进口必须集中布置，才能防止泥沙淤堵。

1984年9月至1985年10月，黄河水利委员会与柏克德公司进行小浪底轮廓设计。轮廓设计确定了以洞群进口集中布置为特点的枢纽建筑物总布置格局，提出导流洞改建孔板消能泄洪洞，按国际施工水平，确定工程总工期为8年半。

1986年国家计委委托中国国际工程咨询公司对设计任务书进行评估。评估意见建议国家计委对该"设计任务书"予以审批。

1988年至1989年黄委设计院根据多次审查意见，对初步设计进行了优化。优化后的枢纽建筑物总布置方案，将原初步设计六座错台布置的综合进水塔改为直线布置的九座进水塔。招标设计时又增加一座灌溉塔。

由于小浪底工程投资巨大，在当时国家财政状况下，如果完全由财政拨款兴建，资金将难以保证，短期内上马的难度较大。为了令小浪底工程尽快开始，国家水利部提出部分利用世界银行贷款，责成黄河水利委员会设计院编制了"部分利用世界银行贷款的可行性报告"。

1988年7月，世界银行中蒙局专案官员丹尼尔·古纳拉特南先生（D. Gunaratnan）（简称古纳）一行4人到小浪底工程坝址调查小浪底工程情况。1989年5月，古纳第三次考察小浪底工程时，建议利用世界银行技术合作信贷（TCC）聘请国际咨询公司，协助黄委会设计院编制招标档及工程概算，成立特别咨询专家组，审查枢纽设计方案、评估枢纽的安全性。水利部采纳了世界银行的建议，在1989年9月成立了黄河水利水电开发总公司（YRWHDC），以开发小浪底水利枢纽工程。

1994年2月17日，中国与世界银行在华盛顿就贷款协议和专案进行谈判。该年2月23日，中国与国际开发协会在华盛顿就小浪底工程移民项目贷款进行谈判，在其后2月28日签署会谈纪要。根据协定，世界银行为小浪底工程提供10亿美元贷款，第一期为4.6亿美元，国际开发协会为专案提供0.799亿特别提款权信贷（合1.1亿美元）。1997年9月11日，世界银行为小浪底工程提供第二期4.3亿美元贷款。

根据世界银行的要求，小浪底水利枢纽主体工程建设和设备采购均采用国际招标。最终签约确定，以意大利英波吉罗公司为责任方的黄河承包商中大坝标，以德国旭普林公司为责任方的中德意联营体中进水口泄洪洞和溢洪道群标，以法国杜美兹公司为责任方的小浪底联营体中发电系统标。

在国内施工报批中备案的参与单位包括如下几家。

建设单位：水利部小浪底水利枢纽建设管理局；设计单位：黄河勘测规划设计有限公司；监理单位：小浪底工程咨询有限公司；施工单位：中国水利水电第七工程局有限公司、中国水利水电第十一工程局有限公司、中国水利水电第十四工程局有限公司。

1991年9月12日进行前期准备工程施工，1994年9月1日主体工程正式开工，1997年10月28日截流，2000年初第一台机组投产发电，2001年底主体工程全部完工，主要功能为治沙防洪,辅助功能为发电。

小浪底枢纽工程作为世界银行的样板案例,在整个工程建设过程中,可以看到20世纪末已经形成的国际工程"秩序":中国作为发展中国家,首先聘请欧洲咨询公司指导进行项目的整体设计方案和运营方案设计,再将可行性研究报告和方案提请世界银行申请贷款,最后由欧洲企业承担总承包资格,中国国内企业承担分包合同的实施责任。

(3) 世界银行西非项目

世界银行(WBG)是世界银行集团的俗称,世界银行集团包括国际复兴开发银行(IBRD)、国际开发协会(IDA)、国际金融公司(IFC)、多变投资担保机构(MIGA)、国际投资争端解决中心(ISCID),世界银行的定位是世界最大的教育资助机构、世界最大的艾滋病防治国际资助机构、全世界反腐败工作的领袖、减债工作强有力的支持者、生物多样性项目最大的国际资助机构及供水和环境卫生项目最大的国际资助机构。[①]

在提到援助性低息贷款时,一般"世界银行"这个名称是用于指国际复兴开发银行(IBRD)和国际开发协会(IDA)。这些机构联合向发展中国家提供低息贷款、无息信贷和赠款。在2012年,世界银行为发展中国家或转型国家提供了大约300亿美元的贷款或帮助。

世界银行对发展中国家的援助性贷款需要进行国际评审,一般其咨询报告和整体方案阶段由欧美机构承担。随着世界经济的发展,一些非欧美国家也逐渐参与到项目的核心部分,例如,2011年12月的一份关于西非电网(the West African Power Pool, WAPP)项目的环境社会影响评价报告即由韩国电力公司(KEPCO)[②]负责编制,但该项目的资金仍由欧非信托基金通过欧洲投资银行(European Investment Bank, EIB)和德国再建设银行(the Kreditanstalt für Wiederaufbau, KfW)提供[③]。

(4) 科特迪瓦苏布雷水电站项目

2013年1月9日15时,由中国进出口银行贷款融资的苏布雷水电站项目贷款协议签字仪式在科特迪瓦总理府会议室隆重举行。中国驻科特迪瓦大使张国庆与科特迪瓦总理敦坎在协议上签字。至此,中国电建集团与科特迪瓦矿产石油能源部签署的合同金额达5.72亿美元的苏布雷水电站EPC项目总承包合同进入实施阶段。苏布雷水电站位于科特迪瓦西部,项目采用EPC总承包管理模式。建成后将成为科特迪瓦最大的水电站。电站最大坝高约20m,大坝全长4.5km,水库总库容约$8\times10^7 m^3$,有效库容$2\times10^7 m^3$。电站总装机容量达$2.7\times10^5 kW$,年发电量$1.038\times10^9 kW\cdot h$,总工期56个月。敦坎总理说,苏布雷项目将会创造近5000个工作机会,包括数百个长期性岗位,这也实现了总统先生大选时的承诺。同时,随着项目合同内的医院、学校等基础设施的兴建,将极大地造福当地百姓,并促进旅游业的发展。苏布雷项目建成后将极大地改善科特迪瓦以火电为主的电力能源结构,提供更

---

① 摘自:世界银行官方网站:http://web.worldbank.org/WBSITE/EXTERNAL/EXTCHINESEHOME/EXTABOUTUSCHINESE/0,contentMDK:23201956~menuPK:8737496~pagePK:50004410~piPK:36602~theSitePK:3141487,00.html。

② 韩国电力公司(Korea Electric Power Corporation, KEPCO)是一家国营电力公司,韩国目前唯一的电力公司,成立于1898年1月26日,该公司致力于各种开发电力资源的项目的建设。

③ 摘自:世界银行项目编号P113266,报告第9页:http://www-wds.worldbank.org/external/default/WDSContentServer/WDSP/IB/2012/04/27/000356161_20120427003036/Rendered/PDF/683690BR0P11320Official0Use0Only090.pdf。

多的清洁能源。①

从这条案例可以看到，中国作为新兴市场国家的代表，在国际大工程领域的参与度已经不仅限于中标非洲国家的大型水利电力工程项目，而且中国的金融机构（虽然是政策性银行而不是一般的商业银行）也开始参与国际工程领域的格局划分，这也标志着中国在国际经济活动中的地位提高。

8.3.3　路桥工程的产业成就

建造的工程项目，除了房屋、各类水利工程（水库、水坝、码头、防波堤、引水渠）外，最常见的就是交通设施工程，包括道路、桥梁、铁路、航空场站，而码头渡口水运设施既属于交通设施，又属于水工建筑。图8-12为中国香港青马大桥。

图8-12　中国香港青马大桥（Tsing Ma Bridge）②

中国大陆地区自20世纪80年代以来在交通设施方面的投资一直较大，这是政府投资的重要组成部分，也是直接和间接带动经济发展的方式。其中，铁路和公路投入使用的里程数量不断增加，2013年的铁路营业里程规模比1984年增加88%，如图8-13所示；2013年的公路里程是1984年的4.7倍，等级公路则达到6.5倍，如图8-14所示。

桥梁工程就随着人类社会的发展在各个文明社会先后出现，成为渡河过江的重要交通设施，又在逐渐成为穿山越壑、城市立体交通等多种交通形式的载体。桥梁的建造技术在传统时代有着快速的发展，桥梁的审美元素也不断提升，而一些经久耐用的桥梁的使用寿命甚至超过房屋建筑物，能够保留至今。

桥梁作为一种生活中的建造物，以跨越的方式联系交通，也因为其形态的独特性，形成了桥梁的美学，如同建筑的美学。但建造物的美学有别于雕塑、绘画等"纯艺术"类别，建造物强调实用功能，不仅仅用于形式的欣赏。从艺术的角度来看，建筑、桥梁的设计艺术比雕塑更接近于配饰、器具的工艺美术设计。

---

① 摘自：中国电力企业联合会网站：http://www.cec.org.cn/zdlhuiyuandongtai/qita/2013-01-15/96158.html。
② 摘自：ENGR网：https://www.engrwebh.com/engrrec/2009/0224/engrrec_19.html。

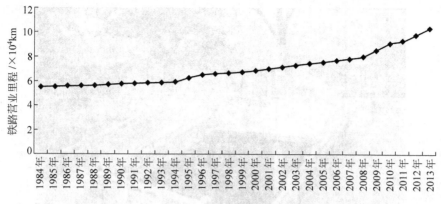

图 8-13　中国大陆铁路营业里程示意图①

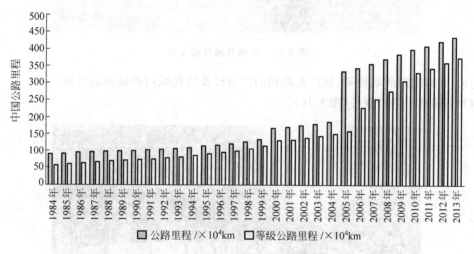

图 8-14　中国大陆公路里程示意图②

桥梁按照结构分类：先后出现了木、石梁桥，浮桥，索桥和拱桥。

桥梁按照功能分类，除了通行跨越的功能外，中国古代桥梁还有以下 15 种桥梁的结合类型。

（1）桥与水闸结合，如福建莆田木兰陂的回澜桥。

（2）桥作为承重结构，如福建永安市清水乡的古戏台，桥上建屋开店，梯桥，桥上长城，水城门。

（3）十字形、丫形桥梁，如图 8-15 所示。

（4）栈道，一种桥式的山区道路，如战国秦蜀之间的故道、褒斜、傥骆、子午四条古栈道。

（5）纤道桥，如浙江绍兴纤道桥。

（6）阁道与复道，如山西大同华严寺的天宫楼阁。

（7）渡桥或水桥，如金代的山西洪洞县惠远桥。

（8）立体交叉桥，如河北满城县南关外的古通济桥。

---

①② 数据来源：国家统计局。

图 8-15　山西晋祠鱼沼飞梁

(9) 可启闭的活动桥梁，如广东潮州的广济桥及历代城门护城河的吊桥。

(10) 园林中的景观桥(图 8-16)。

图 8-16　苏州拙政园景观廊桥

(11) 桥与水利设施的结合，如江苏吴江的垂虹桥，元代桥墩喜爱左右墙上设有两块水测牌，长期记录太湖全流域洪水的变化情况。

(12) 私家桥梁的暖桥。

(13) 礼仪、理念性的桥梁，如北京天桥、北京紫禁城金水桥、孔庙门前的泮桥(状元桥)、苗侗族寨前的风雨桥(图 8-17)。

(14) 海中栈桥，如青岛栈桥。

图 8-17　贵州西江风雨桥

(15) 供民众节日娱乐、赶集用的桥梁，如西南少数民族聚居区的花桥。

中国的文化历史上出现过许多著名的桥梁杰作，中国古代的"四大名桥"有河北赵州桥、福建泉州洛阳桥、广东潮州广济桥、北京丰台卢沟桥，以下简单介绍一下卢沟桥和赵州桥。

(1) 卢沟桥在北京城西南10余千米的永定河上。因为永定河在唐代称为卢沟，故名卢沟桥(图8-18)，而现存石桥的最早兴建大约在金代，此前唐代所设为浮桥。卢沟桥的桥长265m，除两端桥堍53外，桥身212m，分11孔，每孔净空约16m。桥宽约8m，桥高10余米。桥面用石板铺砌，两旁有扶手石栏，各用石柱140个，高1.4m，内嵌石板为栏。桥下为石墩，靠上游一面(图8-19)，筑成尖嘴形，以便分水破冰。卢沟桥的每个桥孔，均成圆拱型，拱上为桥面，桥上载重，通过圆拱而传递至拱脚的桥墩。每个桥墩，左右各有一拱，这一拱的脚就是下一拱的起点，因而全桥11拱，联成一线，每一拱上的载重，就通过桥墩，而由全桥各拱所

图 8-18　卢沟桥(下游，背水一侧)

共同负担。这就把这十一个拱,联成一个整体,充分发挥了彼此互助的作用。清代康熙、乾隆时代曾在两岸筑堤束水、以防洪水对两岸的威胁,就因为这个连续的桥墩设计的缘故,卢沟桥才未发生事故。这就是"连续桥"形式的一个优点。由于多拱组成,卢沟桥的形式就叫做"连拱桥"。在造桥艺术方面,除了整体形式美观、卢沟桥上的石狮子形态各异,栩栩如生,也是传为佳话的(如图 8-20)。

图 8-19　卢沟桥(上游,迎水一侧)

图 8-20　卢沟桥石狮子

(2) 赵州桥位于河北省赵县南门外五里的洨河上,本名为安济桥,建成于隋代开皇末年至大业初年间(如图 8-21 所示)。安济桥在石拱桥的设计上有两大特点,一是"平拱",一是"敞肩拱"。

安济桥只用一孔石拱,跨过洨河,跨度 37.02m,连南北桥堍,共长 50.82m。我国石拱,一般都是半圆形,如卢沟桥,但安济桥的拱形却不是半个圆,而只是不足半圆的圆弧一段(所对圆心角小于 180°,即劣弧),因而拱顶在拱脚水平线上的高度不是半圆的半径,而大大小于其半径,这个高度叫做"弧矢"。如按照安济桥拱形的圆弧说,圆的半径应当是 27.7m,但因只用了一个劣弧,拱的弧矢就只有 7.23m,和拱的跨度相比,约为 1/5。这样的拱,叫做"平拱",以别于像卢沟桥的"穹隆拱"。拱圈的厚度为 1.03m,全拱一律。每道拱圈,用约为 43 块石块组成,每块约厚 30cm,重约 1t。因为桥厚约 9m,故拱圈有 28 道,每道自成一独立拱。板面亦由石块铺成,分为 3 股,中间走车,两旁行人。单跨过河,如果采用穹隆拱而不是平拱,则路面太陡、不便上桥,如果做成台阶式又不便车马通行,采用了平拱的坡度只有 7%,近代公路的坡度最大 4%,所以已经十分平缓了。其次,穹隆拱在南方多用于桥下走船,能容桅杆通行。而安济桥在北方,船只不多、船也不高,相对而言就可以采用用料更省的平拱设计。

在桥面和拱圈之间,拱顶两旁都有三角地带,这地带叫"拱肩"。一般拱桥的拱肩都是实心的,即用石块填得满满的,但安济桥不同,在拱肩里还开了小的拱洞,拱顶每边有 2 个,全桥有 4 个小拱,伏在下面大拱的肩上。这就把拱肩敞开了,所以这种拱叫做"敞肩拱",安济桥是世界上最早的敞肩拱桥。安济桥两肩上的小拱是对称的,大的跨度约 3.81m,小的 2.85m;拱圈都是圆弧型,也用石块砌成,在全桥宽度内,也是 28 道。这种敞肩拱的设计有三大好处:首先,是为了在洨河发水时减少对水流的阻遏,比起实肩拱,敞肩拱可增加过水面积 16.5%。其次,单跨过河,全桥的质量都集中在两个拱脚,4 个拱洞可以减少大拱圈上 500 多吨的质量,相当于桥身自重的 1/5。再次,安济桥全部石料都是青白色石灰岩,从外地各县石场采运而来,4 个拱洞可节约石料 200 多立方米,节省工料费也是可观的。以安济桥为代表,设计师李春相当于开创了一个敞肩拱学派,其后宋金元时期、明清两代,在河南河北各地都有不少案例。

图 8-21　赵州桥(安济桥)

20 世纪以来,随着中国社会逐步开放和参与到世界工业化进程中,火车、汽车都在引入使用,铁路、公路也在快速发展、不断修建。一大批跨越江河的桥梁建成通行,为改善交通起到了重要作用。上海、天津等城市内部的河流之上兴建了大量桥梁,方便了城市通行、扩大了城市化的范围,甚至一些大江大河之上也兴建了桥梁,如黄河、长江等,这些都加快了沿江河城市的发展繁荣。近现代较为著名的桥梁有京张铁路桥、钱塘江桥、武汉长江大桥、南京长江大桥、重庆长江大桥等等。以钱塘江桥为例做一简介[1]。

清光绪三十一年(1905年)，清政府批准浙江省自办铁路，此后，浙路公司在钱塘江两岸进行了多次桥位勘测。其后进行了多次勘选研究，直到1933年7月，浙江省建设厅组织成立了"钱塘江桥工委员会"，拟成建桥计划书。1934年4月，改组成立钱塘江桥工程处(简称"桥工处")，直属省建设厅领导，并邀请茅以升任桥工处处长、罗英任总工程师、主持工程建造(图8-22)，梅旸春任正工程师、具体负责桥梁设计工作。当时，此前由英国人主持的设计、造价总费用约为758万元、估计概算1200万元，经茅以升等中国设计师重新设计，建桥预算510万元、决算费用531.64万元(法币)，而浙江省府向各银行财团洽商，只筹得200万元。再经与全国经济委员会、铁道部等机构协调，1936年最后确定为：浙江省承担的约160多万元由浙江兴业银行、中国银行、交通银行、四明银行和浙江实业银行等共同贷款解决，铁道部承担的约370多万元则借自中英银公司和中国建设银公司。

图8-22　茅以升(左)与罗英(中)在钱塘江桥工地上[2]

大桥长1453m、正桥1072m、北岸公路引桥288m、南岸公路引桥93m，桥墩间距67m，采用平行分层设计，上层为双车道公路、宽6.1m，两侧人行道各宽1.52m，下层为单线铁路。大桥的基础施工采用了气压沉箱法、木桩沉箱法等。大桥的设计面临钱塘江流沙量大、潮水冲击等较为严峻的基础自然条件。

大桥于1934年11月11日开工兴建，1936年3月开始钢梁拼铆浮运架设，1937年9月26日铁路通车、10月公路通车。但由于1937年7月日本侵华战争全面爆发，8月日军侵入上海、展开了对长江三角洲的军事行动，国民政府向后方撤退物资和民众，12月23日钱塘江桥被下令炸毁(图8-23)，茅以升在书桌前写下"抗战必胜，此桥必复"。大桥通车总计89天，虽然此前计划以过桥费偿还贷款的种种方案因战事无法实现，但在杭州沦陷前3天仍有十余万难民通过大桥疏散，也起到了重要的作用。

---

[1] 整理自：项海帆，等.中国桥梁史纲[M].上海：同济大学出版社，2009，及中国桥梁网：http://www.cnbridge.cn/2011/0106/23563.html；茅以升回忆筹建钱塘江大桥。

[2] 图片来自茅以升先生捐赠的《钱塘江桥工程档案》，转引自中国桥梁网：http://www.cnbridge.cn/2012/0914/64301.html。

图 8-23　钱塘江桥 1937 年被炸毁当日（侵华日军士兵友永河夫摄）

日军占领杭州后，因为炸桥爆破点都被茅以升选在了要害部位，使得修桥的技术难度太大，经历了 3 年多的准备，在 1943 年底开始修理，1944 年 10 月竣工通车，但仅能满足临时军用功能。抗战胜利后，1946 年钱塘江桥开工继续修复，1947 年 3 月公路部分得以修复通车，但在 1949 年 5 月 3 日，国共内战最后阶段，国民政府军撤离杭州前再次被炸、遭到破坏。大桥工处总工程师罗英曾写下对联的上联"钱塘江桥，五行缺火"，是说钱塘江桥四个字的偏旁部首包括了金、土、水、木，没有火，也是引来了多次战火荼毒。

其后，由茅以升主持钱塘江桥修复工程，1953 年 9 月大桥再度全面修复通车。钱塘江桥从建成至今一直未进行过技术上的大修，2000 年曾进行过一次规模最大的维修，也仅是更换了公路桥的桥面板。虽然 20 世纪末以来，政府已逐步通过限制货车、火车新线等方式降低了大桥的负荷。但该桥设计寿命 50 年，已经超期服役近 30 年，仍坚固耐用。除了坚固，钱塘江桥也是杭州观赏六和塔和钱塘江潮的优良观景点，达到艺术性与工程应用性的结合（图 8-24）。

图 8-24　今日钱塘江桥

21 世纪兴建或建成的具有代表性的大桥也有不少。随着国力的不断增强，中国开始投资兴建大量的交通基础设施大工程，最著名的是在短短 4 年时间初步建成的高速铁路网系统，在公路和桥梁方面，大型工程也非常多。

截至 2014 年,中国的青岛胶州湾大桥、宁波杭州湾大桥和在建的港珠澳大桥在跨度上成为世界上位居前列的大桥,按长度分别是世界第二、第三、第四大桥。

表 8-4　中国主要跨海大桥简况汇总①

名称	杭州湾跨海大桥	青岛海湾大桥（胶州湾跨海大桥）	港珠澳大桥
坐落	浙江宁波慈溪—浙江嘉兴海盐	山东青岛市主城区海尔路,经红岛到黄岛红石崖	香港大屿山、澳门半岛和广东省珠海市
全长	36km	36.48km	全长为 49.968km,主体工程"海中桥隧"长 35.578km,大桥主体工程全长约 29.6km
设计时速	100km/h	80km/h	100km/h
总投资	118 亿元	100 亿元	720 亿元
投资回收期	14.2 年	15 年	36 年
初步论证	1993 年	1993 年	1983 年
开工时间	2003 年 6 月 8 日	2006 年 12 月 26 日	2009 年 12 月 15 日
竣工时间	2007 年 6 月 26 日	2010 年 12 月 22 日	计划 2017 年
启用时间	2008 年 5 月 1 日	2011 年 6 月 30 日	
设计单位	中交公路规划设计院、中铁大桥勘测设计院和交通部三航院联合体	中交公路规划设计院	初步设计:中交公路规划设计院有限公司、丹麦科威国际咨询公司、香港奥雅纳工程顾问、上海市隧道工程轨道交通设计研究院和中交第一航务工程勘察设计院有限公司组成的联合体中标
主承建单位	中国中铁股份有限公司	国有独资企业山东高速集团有限公司,31 亿元,特许	设计施工总承包:中国交通建设股份有限公司等
投资人	宁波市杭州湾大桥发展有限公司于 2001 年 10 月 17 日注册成立,由宁波市交通投资控股有限公司、上海上实(集团)有限公司、嘉兴杭州湾大桥投资开发有限责任公司、宁波方太、上海海通环宇、中国中钢、环驰轴承、宁波舜大房地产等 17 家企业出资组建。注册资本为 49.35 亿元,其中中国有资本占 85.19%,民营资本占 14.81%	经营方式,与胶州湾高速捆绑经营;经营 25 年期满后移交青岛市政府	港珠澳大桥管理局,是由香港特别行政区政府、广东省人民政府和澳门特别行政区政府举办的事业单位

---

① 资料来源:杭州湾大桥官网:http://www.hzwkhdq.com/,港珠澳管理局官网:http://www.hzmb.org/cn/default.asp,百度百科词条:http://baike.baidu.com/view/754373.htm?fromtitle=青岛胶州湾大桥&type=syn。

港珠澳大桥是世界最大的桥隧结合工程，工程投资总额720亿元，香港、珠海和澳门分别承担各自的口岸设施部分投资，再通过联合投资兴建主桥及隧道工程部分投资（其中42％投资由三地出资，58％通过贷款解决、收费还贷）。

根据《港珠澳大桥工程可行性报告》，项目路线东岸起点位于香港大屿山石散石湾，跨海到达分离设置的珠海及澳门口岸区，往珠海方向则通过隧道穿越拱北建成区域，与预规划的京港澳高速公路连接。大桥建设内容主要有：海中桥隧工程（包括海中桥隧主体工程、香港口岸与大桥的连接立交桥；澳门口岸与大桥的连接桥；珠海口岸与大桥的连接桥）、香港口岸人工岛填海及口岸设施、澳门口岸人工岛填海及口岸设施、珠海口岸人工岛填海及口岸设施、珠海侧接线。

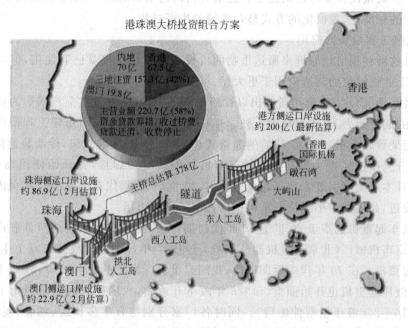

图 8-25　港珠澳大桥投资方案示意图

港珠澳大桥的建设经历了漫长的时期，从最早1983年香港企业家胡应湘提议修建"伶仃洋大桥"至2009年项目开工，历时26年，到大桥计划通车则历经约34年。这期间，作为一项大型工程项目，在经济社会方面和工程技术方面都有各种巨大的问题先后出现。经济社会方面，大桥联通粤港澳三地，不同时期三地的经济实力、社会需求不同，各方的经济诉求不相吻合，只是任何一方"一头热"都难以达成一致，最终还是中央政府国务院的协调促成了项目的启动实施。工程技术方面，设计路线方案、环境影响评价、施工工艺和方案都先后论证并解决了一个个难题——其中2010年1月，香港居民就大桥工程的环境影响评估报告提出司法复核，历经1年多的审理香港高等法院判决环境保护署败诉，工程的环境许可证被撤销，直到2011年9月，工程重新评估并调整方案后复工，但造价增加了约65亿港币。

8.4 建筑工业化

建筑工业化是指用标准化工业生产的成套技术完成建筑部品的生产,在施工现场用标准安装、连接各组件完成建筑物的建造。建筑工业化,将传统的现场制作的建筑建造方式转变为工业化的新建筑生产方式。

8.4.1 建筑与工业化的进程

传统的建筑过程,在19世纪工业时代之后有了一定的进步,可以说工业进入了建筑业,但仅限于一些机械设备参与建筑施工和建筑材料的运输,以及一些工业品运用于建筑物,还没有用工业的标准化、规模化的方式整合建筑的生产过程。

(1) 机械工程设备的应用

起重机这种利用滑轮原理来搬运重物的机械在古罗马时期就已有使用,但进入工业化时代以来,工业机械化的制造应用于更大型、可移动的起重机。

英国科尔斯(COLES)公司研制出以铁路板车为底盘,用垂直式蒸汽锅炉为动力的起重机,有数吨的起重能力,可依靠轨道行驶。1945年"二战"结束,战后重建工程使汽车起重机和履带式桁架臂起重机,取代了战前的缆式起重机。此时的起重机,传动装置仍以机械传动为主,部分采用液压助力装置;结构部分已由铆接变为焊接,并开始使用高强度钢材。"二战"后,日本从美国引进了汽车起重机技术,20世纪70年代在与欧美技术交流的基础上做了较大改进,此后在中小吨位起重机市场占据了部分市场。

中国汽车起重机起步于20世纪50年代初期,主要是引进或测绘进口苏联产品。在此基础上,北京市机械厂(北京起重机器厂前身)于1957年首次在解放牌底盘上生产了3t机械式汽车起重机。在70年代中后期以前,我国起重机厂家基本以生产5~8t以下的汽车起重机为主,液压起重机也开始面世。1978年改革开放后,我国轮式起重机经历了一段自行研制阶段(16~20t液压箱型伸缩臂)。同时各厂家分别与日本多田野、加藤,美国格鲁夫,德国利勃海尔等,采用引进合作的方式,相继生产出了20、25、35、40、45、50、80、125t汽车起重机和25t越野轮胎起重机,以及32、50、70、160t全地面汽车起重机。汽车起重机销量从1999年开始成倍增长,2003年突破1万台。继美国上世纪70年代中期年产7500台,日本1980年8000台的产量纪录后,中国成为世界第一大起重机生产国。2010年上半年,中国起重机企业(13家),累计销售汽车起重机20037台,同比增长48.7%。销量前四名被徐工、中联重科、柳工起重机、三一重工包揽。[①]

20世纪50年代初,我国塔式起重机由仿制开始起步,1954年仿制东德建筑师Ⅰ型塔机;60年代自行设计制造了25t·m、40t·m、60t·m几种机型,多以动臂式为主;70年代,随着高层建筑的增多,对施工机械提出了新的要求,于是,160t·m附着式、45t·m内爬式、120t·m自升式等塔机相继问世;80年代以来,我国塔机行业得到快速发展,尤其21世纪以来,塔机销量持续攀高,2001年行业统计销量9738台,2002年成为世界上首个起重机塔

---

① 摘自:起重机百科:世界轮式起重机发展历史,第一工程机械网:http://news.dlcm.com/2011/01/01/010116442915605.shtml.

图 8-26 塔式起重机施工[①]

机年产量突破 10000 台的国家。2004 年,由于宏观调控作用以及起重机行业的结构调整,塔机的产销量有所回落,2005、2006 年,在经济高速增长的强力拉动下,我国塔机(图 8-26)的产销恢复高速增长,2006 年销量已超过 20000 台。据初步统计,目前我国取得生产许可证的塔机生产厂达 400 余家,而 80 年代还不足 100 家。[②]

汽车起重机的应用,使得建筑、路桥施工中的现场材料运输效率大大提高,塔式起重机的快速发展和广泛应用使得普遍建设高层住宅成为可能。同时,也是高层建筑的普及大大扩充了塔式起重机的市场,使得其行业的单位固定成本下降,在价格上也具备了国际竞争力。

(2) 建筑材料的工业化生产

20 世纪,世界建筑兴起了现代主义,简洁的直线风格、以钢筋混凝土结构为主的建筑物迅速遍布全世界。建筑材料不再是艰难开采、缓慢运输、费工费时制作的石料和木材,现代工业大工厂、流水线生产的钢材、水泥、玻璃、涂料、铝合金等等一代代的大宗产品快速应用到数亿平方米的建筑物之中。

(3) 工业品用于建筑物

除了建筑材料的工业化,20 世纪以来,建筑部品也越来越多的大量采用了新兴的工业品,包括电灯以及电力照明系统,电梯,建筑物中统一的暖气供热系统(分户散热片、供热管道及阀门),中央空调系统,建筑消防系统(包括烟雾感应、喷淋、备用电路、防火门等),建筑智能化系统(如安保监视系统、紧急求救按钮等等)。这些工业品作为建筑部件的安装使用,使得建筑物的功能得到了巨大的丰富。也让人们感受到了"工业"带给人们的是更多的便捷和多样化,而不是呆板的千人一面。

中国的建筑工业化始于 1950 年代第一个五年计划时期。国务院在 1956 年 5 月做出的

[①] 图片来源:昵图网:http://www.nipic.com/show/1/20/67d28d825317525a.html。
[②] 浙江浙起机械有限公司网站:http://www.zqqz.cc/News/newsinfo/id/454,中国塔式起重机行业的发展。

《关于加强和发展建筑工业的决定》中明确提出:"为了从根本上改善我国的建筑工业,必须积极地有步骤地实行工厂化、机械化施工,逐步完成对建筑工业的技术改造,逐步完成向建筑工业化的过渡。"随后,即迅速建立起建筑生产工厂化和机械化的初步基础,对完成当时的国家建设任务起了显著的作用。经过二十多年的实践,1978年国家基本建设委员会正式提出,建筑工业化以建筑设计标准化、构件生产工业化、施工机械化以及墙体材料改革为重点。这些规划也是指出了在建筑材料、施工设备等方面的要求。

8.4.2 建筑工业化的概念拓展

建筑,其建造的过程比较贴切的词是"施工",而不像制造业那样是"生产"。这正是对建筑业生产活动特点的一个反映:建筑产品由于其材料和位置的个体差异,存在设计、施工方式等等方面的个体差异。一栋房子的选址确定后,设计的外形会考虑周边的环境,外形的不同对内部格局产生影响,水文地质条件的差异会对建筑基础和结构的设计产生不同的影响,这么多根本性的不同已经使得每一栋建筑十分"有个性",标准化很难实现。

建筑工业化,这个概念本身似乎有着逻辑的矛盾,一方面是个性化的"建筑";另一方面却是标准化的"工业"。但是,工业的理念和思想在很多层面一直逐步影响着建筑的方式,例如电子化的设计、参数化的设计。此外,实际操作中,相对标准的成套图纸在很多场地条件相当的情况下也在近似标准化的"重复",最典型的是标准厂房,一些普通住宅小区也存在类似的情况。建筑,作为审美的对象,其整体设计的个性化的要求的确是突出的,但其组成的系统却可以有着不同程度的标准化和工业化。而随着建筑工业化的程度提高,可供多样选择的基本类型也会不断增加,从建材、零件,到系统、部品,再到结构、外观。在建筑工业化的发展中,并非建筑美学沦为工业标准的奴隶,而会是工业生产多样化之后以其质量稳定、节省人工的优势来支撑建筑设计的创造性和建筑文化的实现。

8.4.3 建筑工业化的逐步推广

大部分建筑物由水泥砌筑而成,虽然在我国已经普遍使用预制搅拌的商品混凝土,有了一定程度的标准化、工业化,但为了钢筋连接的整体性,大量的混凝土构件都是在工程现场浇筑成形的。而建筑工业化在普遍实现了建筑材料、建筑部品和建筑施工设备的工业化之后,将进入建筑结构工厂化生产与现场装配化施工的阶段。

现阶段比较常见的标准化构配件,是预制外墙板、地基、预制混凝土和商品钢筋等,但是实际上还是很难做到在工地仅仅"组装"的程度。理想中的基于标准化构配件的装配式钢筋混凝土建筑体系,包括主体结构的柱、梁、板均在工厂加工完成,现场只需拼接起来即可,这样在工厂加工的构配件可以严格控制质量,现场拼接需要的工人数量也可大大减少,由于标准化的缘故,拼接质量也可以保证。

同时,工业化达到这种程度的建筑施工,现场的施工周期极短、垃圾和噪声也少得多。以下给出远大可持续建筑、万科的几个参考案例,供读者体验建筑工业化。

1. 长沙远大可持续建筑

2012年底,长沙远大科技集团下属的远大可建科技有限公司宣布了在长沙市望城区建设高 838 米世界第一高楼的建设计划,而这个计划的现场工期仅为 90 天。而高度 828 米的现世界第一高楼阿联酋迪拜的哈里发塔(Burj Khalifa Tower)的总工期长达 1931 天,该楼是由韩国三星公司负责营造。

这栋被称为"天空城市"的大楼(图 8-27),规划建筑面积 $1.05 \times 10^6 m^2$,融合了酒店、公寓、普通住宅、办公、商业、学校、医院、公园、农场等各种功能,通过 93 部电梯解决人、车的垂直交通。最重要的是,这个项目将按照由 2 万名工人参与的 4 个月工厂生产和 3000 名工人参与的 90 天现场装配来实现建造。但截至 2013 年底,这一项目虽然取得了建设用地,并举行了奠基仪式,但其规划建设方案仍然没有通过政府审批,其施工方式仍需要得到进一步的论证。

图 8-27　远大可建的天空城市效果图①

虽然,世界第一高楼的案例还没有成为现实,但远大可建的确以极短的工期完成了多个建筑案例。如远大可建负责建设的山东烟台的招金有色公司大楼(图 8-28),该楼地上 11 层,地下 1 层,共 12 层,总建筑面积 $13512m^2$。2011 年 10 月 17 日,这座运用了远大可持续建筑技术的招金有色矿业研发楼建设项目正式动工,地基基础施工用了三个月,与普通建筑没有区别。2012 年 5 月 28 日建筑主体动工,仅用了 3 天即完工(图 8-29)。

---

① 图片来源:远大可建网站:http://www.broad.com/bsb.html。

图 8-28 招金有色办公楼南立面　　　　图 8-29 招金有色办公楼内部楼梯

2015年3月，远大集团发布了另一座高层建筑施工的网络视频，据施工方介绍，这栋位于湖南长沙县一中附近的"小天城"的高楼于2015年2月17日封顶，楼高200多米，共57层，建筑面积 $1.8 \times 10^5 \, m^2$（图 8-30）。

图 8-30　长沙可建施工的"小天城"项目

2．万科工业化建筑

万科企业股份有限公司成立于1984年，1988年进入房地产行业，1991年成为深圳证券交易所第二家上市公司。经过二十多年的发展，成为国内最大的住宅开发企业，目前业务覆盖珠三角、长三角、环渤海三大城市经济圈以及中西部地区,共计53个大中城市。2010年以来,年均住宅销售规模在6万套以上,2011年公司实现销售面积$1.075×10^7 m^2$,销售金额1215亿元,2012年销售额超过1400亿。销售规模持续居全球同行业首位。[①]

1999年7月,为了加快住宅建造方式转变,推进住宅产业现代化,提高住宅质量,建设部等八部委发布《关于推进住宅产业现代化提高住宅质量的若干意见》,万科第一个响应这一号召,当年12月,万科集团即成立了建筑研究中心,进行居住区理论和住宅品质提升研究,拉开了万科住宅产业化序幕。随后,"万科客户体验中心""万科住宅产业化企业联盟"等机构相继成立,为万科实施住宅产业化提供保障。

2004年,万科成立工厂化中心,开始了工厂化住宅的研究工作。次年,万科在深圳建筑研究中心试验基地建设工业化生产试验楼。在这栋住宅楼上试验了预制混凝土结构和预制钢结构建筑,包括外墙以及整体式厨房和卫生间等,对各种工业化建筑体系完成了一次全面的检验。

2006年7月,建筑研究中心下属万科住宅产业化研究基地项目取得政府批复及用地规划条件,同年破土动工。

2007年,"万科住宅产业化研究基地"落成,是目前国内最为先进、齐全的住宅产业化研究中心。同年11月,建设部批准同意万科为"国家住宅产业化基地",住房和城乡建设部副部长齐骥代表建设部,授予万科为企业联盟型"国家住宅产业化基地",万科成获得此资格的第一家房地产开发企业。

2008年,万科修订中长期发展战略,明确将卓越绿色企业作为万科的发展愿景。从2008—2014年,万科将历经三个阶段的努力,根据成本和客户价值选择绿色技术,打造绿色产品系列,通过低碳、微碳、中碳和三个阶段性目标的实现,逐步实现将万科打造为世界级的绿色企业。2012年,万科预计实现产业化住宅面积$5×10^6 m^2$,到2015年,产业化住宅面积将达$1.4×10^7 m^2$,实现万科企业绿皮书对社会的承诺。

2013年,万科的工业化住宅供应面积已经达到$7×10^6 m^2$,2014年北京万科新开工的约$8×10^5 m^2$新建住宅中普遍使用工业化技术。万科董事局主席王石提出的"像造汽车一样造房子"正在逐步实现。

万科的案例表明:中国住宅开发的领军企业已经将建筑工业化作为了重要的发展战略,万科通过住宅产业化的概念思路,来解决住宅产品品质保证问题,可以说是中国房地产和建筑行业发展方向的实践者。

3. 深圳龙华扩展区0008地块保障性住房

1) 项目概况

深圳龙华扩展区0008地块保障性住房地块位于深圳市龙华扩展区,距离梅林关约2公里,地块编号为0008。地块大致呈长方形,南面是八宝街,西侧是玉龙路,北侧是白龙路,东侧是金龙路。场地为未开发用地,现状为天然丘陵。项目用地面积50134.3平方米,总建筑面积为$208780.5 m^2$,容积率为3.5,提供4002户公共租赁房,并配套商业、邮局、社康中心、社区文化站、社区服务站、社区警务室等配套,由8栋25层和4栋24层高层住宅组成,结构主体为剪力墙结构。

[①] 摘自:万科主页:http://www.vanke.com/newstext.aspx? id=97&u=AboutVankeNav。

2) 工业化技术

本工程采用预制混凝土外墙(PC外墙)、预制混凝土楼梯(PC楼梯)、预制混凝土叠合阳台(PC阳台)、预制轻质内隔墙工业化技术,并辅以大钢模的施工工艺建造,同时项目全部精装修交房;项目在设计之初就充分考虑工业化全过程设计理念,设计全过程遵循以下原则:

装配使用安全性、构件设计标准化、模具数量最少化、连接节点简单化、生产制作易控性、施工制作同步性、运输方便高效性、安装施工简单化、维护保养经济型。

规划设计采用12栋塔楼周边式布局,布局规整、集中,可实现施工塔吊服务半径满足两栋安装一台的需求,塔吊利用率达到30000m^2/台,有效的降低了设备能耗,提高了建筑设备使用效率;规划场地内消防环路可利用作为施工临时通道,既满足构件等的运输车辆的荷载要求,同时减少了地下室整体结构成本的过多投入;规划还给每栋塔楼附近预留构件堆场,构件堆场避开主体地下室,避免了意外堆放对地下室结构产生破坏的风险,同时可更好的发挥吊装的效率。

项目建筑设计充分考虑工业化因素,建筑平面规整,外墙无凹凸,立面开洞统一,避免了外墙构件的复杂;标准开间采用模数化设计,户型在满足配比要求的前提下尽量统一,整个项目由三种户型构成,通过简单的复制、镜像组合方式达到重复率95%的标准层组合方式,实现了外墙种类的最少化;立面面层采用涂料,基于预制外墙的平整,最好的发挥涂料的效果,也避免了因常规外墙基层开裂带来的效果上的破坏,此外也发挥了涂料在立面形体及色彩划分的灵活性。

预制外墙板采用上端与结构主体框架梁连接固定的方式,结构抗震设计时,预制外墙按非结构构件考虑,整体分析计入预制外墙板及连接对结构整体刚度的影响。在多遇地震作用和设防烈度地震作用下,按弹性方法进行结构整体分析;罕遇地震作用下,按弹塑性方法进行结构整体分析。预制外墙板及其连接的抗震性能目标为:多遇地震下保持弹性;设防烈度地震下预制外墙不屈服,外墙连接钢筋弹性;罕遇地震下预制外墙顶缝剪力键不破坏,连接钢筋不屈服。

外墙拼接防水采用构造与材料防水相结合,为避免材料年久失效需更换的隐患,采用以构造防水为主(防排结合)的方式——竖直缝空腔构造排水,现浇混凝土构造防水;水平缝排水槽构造排水,反坎构造防水的措施。

叠合阳台是预制和现浇混凝土相结合的一种较好结构形式,完成后具有与现浇阳台同等的结构受力性能,同时可节约模板,且底面光滑平整,可以不再抹灰,减少施工工序。叠合阳台与预制外墙在建筑外周围的运用,不仅提高了建筑外立面的品质,同时二者的结合协调了建筑外立面装饰工程的统一进行。

本项目预制楼梯采用梯段预制的方式,达到结构受力明确;模具加工简单,构件易生产;构件自重轻,利于现场施工;安装节点便捷,节点后期处理简单;安装灵活,对主体施工工期影响小;运输效率高等优点。

3) 先进施工工艺

项目除采用工业化的生产方式建造,同时在施工工艺方面采用了大钢模、附着升降脚手架(爬架)体系先进施工工艺：大钢模施工工艺是国家推广的"建筑十项新技术"内容，是一套自成体系的成套技术，适应建筑工业化、机械化、高效、快捷、文明、节能、节材的现代化建设要求；爬架具有构造简单、操作方便、经济耐用、适用范围广等优点，尤其具有非常明显的经济性，其材料用量与建筑高度无关，仅与建筑周长有关，与传统外脚手架相比，爬架用料少，使用成本低、耗用人工少、提高功效的优势。

4) 效益分析

本项目采用工业化生产方式建设，根据同类型工业化建成项目的数据统计显示，本项目与传统项目在建造阶段能耗对比估算：依据本项目工业化建造规模(按 $1.6 \times 10^5 m^2$)，在建造阶段预计本项目将为节能/节水/节材/环保方面做出如下贡献：

节约标准煤约 320t；节约木材约 160m³；节约施工用水约 54000t；减少施工垃圾约 1600t。

4. 北京住总万科昌平项目

位于北京市昌平回龙观的住总万科项目为为剪力墙板式住宅楼，地下 2 层、地上 27 层，6 层以下部分为现浇结构，楼板为叠合办，楼梯及楼梯隔板为预制构件，七层以上大部分主题结构采用钢筋混凝土预制构件拼装(图 8-31～图 8-35)，预制率达到 70% 以上，是目前全国在建最高的全装配式住宅(现场预制构件包括预制内墙板(图 8-31)、预制外墙板、预制楼板、预制阳台板、预制楼梯及楼梯隔墙、预制分户板、预制女儿墙)。据 2014 年 6 月，中国混凝土与水泥制品网有关项目现场参观的报道，我们可以看到一些相对较新的工业化施工过程[①]。

图 8-31 预制内墙

---

① 摘自：中国混凝土与水泥制品网：http://www.concrete365.com/news/content/7485160225390.html#Top。

图 8-32 现浇节点钢筋

图 8-33 等待装配的预制墙体

图 8-34 "三明治板"

图 8-35　预制构件生产线

8.5　建筑与城市

8.5.1　建筑与文化

建筑给人的审美意象,首先来自形态,与其他小型的手工艺品一样来自对人工物的观察和对生活使用的体验。所以,建筑首先是一件"大号"的工艺品。

不同的生产过程创造了不同类型的建筑类型,例如,中国古代传统建筑(图 8-36)多用木构、欧洲传统建筑多用石料、当代建筑则一般为钢筋混凝土结构。

图 8-36　江苏无锡惠山古镇街道和牌楼

从不同的建筑物中不难感受到各种文化风格,方正简洁的现代建筑(图 8-37～图 8-40)体现了功能至上的现代文化,所以留下来的古代建筑文化痕迹在逐步减少,欧式的廊柱、线脚(图 8-41),中式的屋顶、斗拱已经失去了结构的功能,只能作为装饰甚或干脆消失。

图 8-37　广东惠东县街景

图 8-38　香港城市景观

图 8-39　四川成都商贸城

图 8-40　北京通州某低密度住宅小区

图 8-41　上海市沙美大楼

笔直的钢筋混凝土是最容易建造的功能特性所致,横平竖直,复杂一些的可以加上大量的玻璃幕墙。卷材和涂料防水的应用使得屋面也可以做成最简洁的上人平台、通过简单的坡度集中排水,避雷针也可以缩减为有等电位连接的小钢柱,屋面除了为顶楼提供天花板、其他的一切功能似乎都在现代建筑中失去了需求。偶尔有人在建筑外墙上贴饰一点廊柱的样式、拱圈的模样,甚至小飞檐,无论手法高低,也是觉得太过功能化的线条不够丰富,需要造型的装饰了。

所以,建筑文化的变迁既来自社会文化的整体审美变迁,也来自社会技术改变的功能需求。然后,变得简单的还是那些住宅、小型办公的功能型建筑,寺庙依然保持它们的古韵和文化特质,一些花费重金的公共建筑(如大剧院、体育场、大型单位的办公楼,见图 8-42)仍然愿意延请思维跳跃的设计师来主持建筑方案并不惜投资予以建造。一些异型的建筑物的确也彰显了现代工程技术的力量,并渗透出了与众不同的审美情趣。

而除了建筑造型的扭曲化追求,很多设计师也都在利用现代建造技术探索一些特别的需求,例如:小型的水下酒店建筑,让旅客的房间如同一艘潜艇;利用建筑表皮的垂直绿

图 8-42　江苏南京总统府正门

化,让阳光与绿色植物共同生长;参数化设计,把一些建筑指标参数化,在计算机里输入全套参数后可直接运算完成整套图纸和三维效果,节约了设计师们勾画大量技术图纸的时间。

建筑是城市的成员,它的外观和功能都十分重要,而建筑群的综合效果,需要针对交通量、功能性质、建筑体量和高度等一系列问题进行统一的技术化考虑,这是城市规划的重要性。如同制造业行业产能的布局,城市聚集了人口,人口需要建筑物,城市也应该合理利用能源、土地来布局建筑物。而建筑物的相互关系之外,美观的效果,特别的风格也会成为不知不觉间时代的印记。

北京西便门外的天宁寺(图 8-43),旁边矗立了一座比天宁寺塔高一倍多的巨大烟囱,塔的另一侧就是二环路,那不过是众多高楼间的一堆老砖头,但八角形的样式直接告诉了我们这是隋唐遗风的辽代建筑,这就是文化韵味带给我们的值得玩味的历史感。

图 8-43　北京天宁寺塔[①]

---

① 图片来源:中国寺庙网:http://www.simiao.net/simxw/2012/02/24420.html。

8.5.2 城市生活与城市化

城市经济与社会的发展为建筑行业的发展提供了巨大的需求,在"现代化"概念的浪潮下,城市化也是十分"流行"。城市发展带来了居住建筑、公共建筑、市政设施(水、电、道路等)等一系列的建设需求,是20世纪建筑行业发展的最重大需求动力。而现代城市建设所需要的建筑材料、供水、供电、燃料、食品都需要相应的产业支持,而相应的工业系统的建立不但和其他第二产业的制造业部门、能源部门相联系,还在工业企业和项目的基本建设中带来了大量的工业厂房、仓库、电力设施的基本建设项目。

"城市"本身是一种生活方式和人类社会的形态,其文化内涵中包括了相应的各种城市建筑文化,以及由建筑群构成的交通网络和城市规划文化。但城市本身只是建设的成果而并不意味着大量的建设需求——常规性的修缮、改建的工程量要小得多。20世纪以来全世界从发达国家到发展中国家的建设量来自"城市化"/"城镇化",这个过程是在进行巨大人口的生活模式的转变,相当于在建造一个个的新城市。因而,从整个历史的视角来看这是一个建设量巨大的时代。

在整个地球的各个区域都被主要文明国家全面认识后,"探索"不再是主题。随着各个种族和社会的人们认识到国际化的政治秩序的意义,各种国家政权在全球无所不在的建立起来,无论是现代民族国家、穆斯林国家、社会主义国家或者其他意识形态组织起来的政权,权利已经基本清晰,国家的"领土"也不再是主题。于是,人类社会的拓张模式,尤其是发展中国家的新增人口的拓张,从寻找未知的土地、到争夺别人的土地,现在主要则已经是:改变既有土地上的人口和物质资源的配置模式来寻求更多空间。这个过程就是"城市化"。

城市意味着高密度居住人群的生活。无论是单位土地面积计算的人口密度、还是单位聚落(有边界的空间范围,比如一座城市和一个村庄)的人口数量,城市都是"密得多"的。这不仅仅在于楼房与平房——因为很多中小城市的楼房也并不多,经济发达的很多村庄也是家家盖楼房。而是在于人口的集聚程度。在这样的条件下,职业的细分会成为比较重要的城乡差别表现。高密度的城市生活中,人口的增加保证了供需的规模化,任何一种需求都可以促成一个具有经济可行性的职业,职业的分工不再基于技术的壁垒、规模效应可以产生低门槛的职业。例如,厨师,在乡村里,做饭的工作基本是家务劳动,一个村庄可支持的就餐人数不足以让一家或者多家餐馆盈利;但在城市里,人口基数增大后,同样的距离半径内居住或工作的就餐需求就可能支撑一家或多家餐厅的生存。更典型的比如综合型医院、高等院校、法院、超市(图8-44)等人口服务半径较大的机构。这就是城市的经济生活模式,供需共同繁荣,也使得在城市中生活的可消费、可购买的商品,服务大大增加,个人的生活品质得到改善。

人口的稠密,可以使得人们享有到更多服务,但也同样存在很多城市问题,诸如交通拥堵、消防、商品物价、环境卫生、治安、就业、大气污染、传染病防治。人口众多,交通工具不同,但由于日常作息时间的相对一致,会形成自然的交通集中通行高峰(图8-45),而城市道路一般不可能全都按照最大交通量来整体规划设计;一些城市的用于交通设施(道路、停车场地)的土地所占比例较低,或者说城市的道路数量与城市经济生活的需求(以及由此产生的车辆数、出行需求)不相适应,这些问题都可能有历史沿革的原因,有城市发展机遇的变化原因,有国家、世界经济、自然环境的变迁原因。但时至今日,无论是发达的纽约、巴黎、东

图 8-44　城市里大型超级市场购物[1]

京、伦敦,还是北京、上海、香港、墨西哥城、里约热内卢,城市问题仍有待改善,更不必说那些城市财力更弱的城市。

图 8-45　北京市的道路拥堵[2]

2008 年,城市居民人数首次在历史上超过农村居民。世界城市化进程预计将在许多发展中国家继续快速进行,至 2050 年世界人口的 70% 可能是城市居民。2007—2050 年期间,城市居民人数预计将增加 31 亿,从 33 亿增至 64 亿,而世界人口将增加 25 亿。这一差额代

---

[1] 图片来源:新浪网新闻,http://news.sina.com.cn/s/p/2009-07-08/233818181454.shtml。
[2] 图片来源:车网中国,http://www.carnets.cn/n/y/11103.htm。

表着由于迁移和农村地区改造为城市中心从农村向城市的净迁移人口。[①]

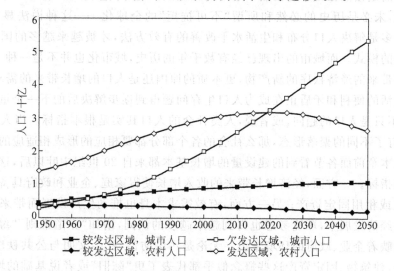

图 8-46 按发展集团分城市、农村人口
来源：世界城市化前景：2007 年修订版，摘要

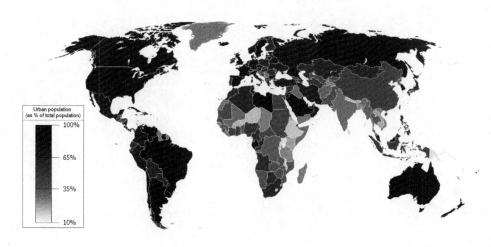

图 8-47 世界城市化示意图
来源：联合国人类发展报告（2007 年）

2011 年统计数据显示，中国人口中的城市人口比例首次超过农村人口，标志着城市化水平达到较高阶段。2011 年末，中国大陆总人口（包括 31 个省、自治区、直辖市和中国人民解放军现役军人，不包括香港、澳门特别行政区和台湾省以及海外华侨人数）134735 万人，从城乡结构看，城镇人口 69079 万人，比上年末增加 2100 万人；乡村人口 65656 万人，减少 1456 万人；城镇人口占总人口比重达到 51.27%，比上年末提高 1.32 个百分点。[②] 当然，这个统计数字受到一定的争议，因为从 2000 年第五次人口普查开始，城市人口不再按城镇非

---

① 摘自：联合国人口议题，E/CN. 9/2009/6《世界人口趋势》：http://www.un.org/zh/development/population/urbanization.shtml。

② 摘自：国家统计局网站：www.stats.gov.cn。

农户籍人口而是按照在城市居住满6个月的常住人口统计。

城市化,未必是历史的必然和所谓"不可抗拒"的全球化——这种说法显得先验而宿命——而更多是解决人口分布和生活水平改善的有效方法,才被越来越多的国家和地区选择作为发展的模式。而城市的出现已经有数千年的历史,城市化也并不是一种20世纪国际政治新秩序带来的经济秩序的新产物,更本质的原因还是人口的增长带来的需求。

城市生活的便利和矛盾正在成为人口生存问题得到逐步解决后的下一个重要问题。城市化,本身不只是人口的趋向,或者说,人类社会的人口其实是根本指标。当人的群体行为发生改变,有了不同的聚落形态,那么社会的各个部分都要相应的形成相适应的系统。

我们在本章前面各节看到的建设量的增长基本都来自20世纪中叶以后,这是世界经济快速发展的指标。一方面,经济增长带来的收入增长使得家庭、企业和政府具备了更好的投资能力购买或租用固定资产;另一方面,有效需求本身也推动生产发展而带来新一步的经济增长。在经济发展中,环境考虑也得到越来越多的认同,诸如"赤道准则""绿色GDP"等概念都在反映着企业、政府的环境意识。无论是污染防治、社会文明与公共秩序,都在得到不断的关注,建筑物、固定资产这些概念似乎都代表了更"陈旧"或者说基础的城市概念,而随着人类文明的发展和对"更加"城市化的适应,一些新的社会规则代表的城市文明将继续出现。

尾声：工业文明的逻辑

工业的系统生产是当代社会的一个重要组成部分。工业，以及包含采矿业、建筑业在内的第二产业部门是现代社会物质形态的直接生产部门。而工业制造业的行业影响力在19世纪以来使其迅速成为全世界最重要的产业文明，在其推动下，工业、工厂的工作节奏推动了集中居住为代表的城市生活，城镇化在世界各国加速，农业/农村人口比例下降。直到21世纪初，无论互联网的影响力多么巨大，社会是否已经进入或完成了又一次产业结构的转型，第三产业的快速发展仍然是在制造业基础之上的。

以中国的情况来看，新中国成立初期的1957年，全国工人和职工2400万人，其中生产工人1300万，机关职工（包括国家机关）1100万人[①]。到1995年，全国第二产业就业人员15655万人，2005年为17766万人，2014年为23099万人[②]。另据统计，从户籍情况看，2014年的就业人口中有8400万制造业从业者和约6000万建筑业从业者是"农民工"[③]，这大约占到了62%。可以看到新中国成立以来第二产业的从业人数大幅增加，而按比例来看更是如此，相比于1957年64653万人的全国人口，2014年已超过13.7亿人。那么，中国的第二产业在数量上相比新中国成立初期大幅增加、在人口和就业中的比例也大幅增加、并且在从农村转移劳动力方面发挥了重要作用。因此，第二产业（广义的工业）在60年来的发展，不但是产业体系的建立和经济职能的提升到位，也是对社会结构产生巨大影响的一种要素。这种背后的文化逻辑，正是所谓"工业文明"。

工业文明，一般指起源自欧洲17、18世纪工业革命的一种文明社会形态，从最开始基于工厂生产，基于现代力学、电学、化学等知识和技术的机械、冶金、化工、电力等产业，进一步包括由此带来的现代城市生活方式、社会政治和组织形式，以及由此兴起的文艺类型和思想文化理论等等。

在地理空间上，工业文明从发源地的欧洲、快速来到了北美洲，进而在19世纪末传播到了亚洲和南美洲的大部分地区以及非洲的部分地区。但随着与地方文化的冲突与融合，工业文明在欧美的典型形态发生了不同程度的演化与变迁，产生了各个社会当今形态各异的样子。以至于某种意义上看，在一些自身文化影响力很强的社会里，工业文明只带去了物质上的内容而未能将把全部内容推广开。在本书行将结束之时，我们在此对工业文明做一重新的总结与回顾，算作承上启下。

本书我们从自然向社会文化不断的推进，这个过程中以工业生产的视角在环环相联的看待，表达了工业文明、工程文化的很多思维范式。然而，工程、工业本身是连续理解世界与思考的一套思维方法，能够分部类的完成生产过程、也是系统性的整合。在本书的姊妹篇中笔者将试图以更加整体的角度来描述工业文明与工程文化。本章作为一点概念的导入，算是本书尾声。

概念的辨析与讨论是本书的目的所在。但我们可能会着重提出问题，期望通过本书对

[①] 中俄外交档案中，1958年薄一波介绍的数据，转引自：沈志华．冷战的再转型[M]．北京：九州出版社，2012．
[②] 摘自：国家统计局公报．
[③] 摘自：澎湃新闻．

各个工业部类的分析能够激发读者进一步的思考,去理解文化、去看待历史。而在一个宏大的历史性思考中,概念是重要的基石。工业文明的问题,虽然不是最新、最热门的问题,但恐怕是一个结论并不统一的课题,很多常用概念之间有着模糊的界限甚至互相的混用、误用。因此,以下试图提出一些重要的概念问题稍稍讨论,为有兴趣的读者做专业领域的进一步研究给出一点提示。

1. 工业文明与工业革命

18世纪中期左右,英国开始出现了越来越多的机器生产技术的发明和应用,包括1733年凯伊发明的飞梭织布机,1764年哈格里夫斯发明的珍妮纺纱机,1769年取得专利的瓦特蒸汽机,1779年塞文河上的第一座铸铁铁桥,1828年尼尔森发明的热风炉炼铁法,以及莫兹利等发明家在18世纪末至19世纪初先后发明的镗床、水压机、切割螺纹的车床、标准量规、刨床、蒸汽锤等等设备和机械生产标准。并且在阿克赖特等一批实业家的推动下,集中工作的工厂制出现,成为与家庭作坊竞争的生产形态。这样不断创新和变革的年代,被历史学家们称为"工业革命"。而身在这一时代的亚当·斯密等经济学家们却并未感到这一时代在技术方面的特殊(虽然在他们的著作中都用到了诸如制针业效率的提高、国际贸易的增强等大大小小的案例),只是在关注财富分配、经济组织、劳动分工等课题。因此,工业革命,从概念的提出本身就是一个后世对此前时代的历史概括,而绝非一个天然的概念——这是一个历史范畴而不是一个政治化的朝代。

"工业革命"的概念,最早来自阿诺德·汤因比(Arnold Toynbee,1852—1883年)在1884年出版的《工业革命演讲集》,这一概念才扩展开来。虽然据一些学者的研究,"工业革命"这个语词或者概念的最早提出者并非汤因比,甚至马克思等人也用及这个词,但是从概念的影响程度和有意识分析应用而言,的确是汤因比起到了重要作用。就像达尔文并不是第一个想到进化论的人,进化的概念最早可以追溯到古希腊,但系统提出自然选择进化论思想将归功于达尔文(甚至几乎同时提出的华莱士在思想史都很难说是并列的学说创立者)。

研究工业革命的学者们一般可分为社会变革学派、工业组织学派、宏观经济学派、技术学派、能源消耗学派和消费学派。社会变革学派认为,工业革命就是人类历史上一次人与人之间经济交易方式的大变革,其理由是这一时期出现了正式的、竞争的、非个人的商品和生产资料市场。工业组织学派认为工业革命的实质是用竞争取代中世纪控制财富生产和销售的行规,由于机器的发明,工厂代替家庭手工业制度成为工业发展最重要的现象。工业组织学派强调工厂结构和规模的变化,或者说工厂制度的兴起是一种新制度对旧制度的更替(即便不是全面替代也是兼容并行的)。宏观经济学派以国民经济产值、投资回报率、大城市和人口的增加等经济指标的快速提高来界定工业革命时代,可以解释斯密、李嘉图等置身工业革命时代的古典经济学家竟然无人发觉和提出过"工业革命"的概念,但缺点是只重经济类指标忽视社会政治背景。技术学派则是把工业时代的科学和技术突破作为引发社会变革的根本要素,例如,不仅是机器而是仪器(钟表、望远镜、眼镜等)的出现。能源消耗学派则把工业革命的时代因素归于煤、蒸汽动力对人力畜力的替代。消费学派的理论起点是消费作为一切生产的目的,1780年代后英国的海内外需求大幅增长刺激了市场的快速发展。

所以,应该说,工业文明作为一个以现代工业的普及为特征的时代,是一个长达三四百年的全球性时代(当然最初只是欧洲的部分地区开始);工业革命正是其开端的部分,不能简化为一两个里程碑事件,也是一个少则几十年、长则一百来年的时代,实现了现代工业在少数国家的经济中占有重要地位的作用。

2. 工业文明与近现代社会

近现代社会，严格的语义上来说应该是一个动态的概念，是指相比于使用这一词汇的时点而言的一个时间跨度相对较短的时代。据德国解释学家姚斯（Hans Robert Jauss，1921— ）在《美学标准及对古代与现代之争的历史反思》的权威考证，"现代"一词于公元10世纪末期首次被使用，意指向古罗马帝国向基督教世界过渡时期，目的在于把古代与现代区别。不过今天普遍公认的"现代"是指18世纪启蒙主义运动兴起以后的历史时期。原北京大学现代化研究中心主任罗荣渠先生指出："从历史的角度来透视，广义而言，现代化作为一个世界性的历史过程，是指人类社会从工业革命以来所经历的一场急剧变革，这一变革以工业化为推动力，导致传统的农业社会向现代工业社会的全球性大转变过程，它使工业主义渗透到经济、政治、文化、思想各个领域，引起深刻的变化。"也是当前国内常用的关于现代化的认识的定义。

这样的定义反映了当代（最近30年或稍长的时期）学者对现代概念的反应，但由于把工业革命以来的时代或欧洲文艺复兴以来的时代称为"现代"的说法已经从20世纪初开始，这个概念的所指的确相对稳定，所以，某种意义上已经不再是一个语义上的动态词汇而开始具备了相当的特指性。而这一特指概念融入的正是工业文明的含义，使得"现代"具备了概念的独立性而不只是时间的相对性。相比而言，倒是语义上显得更宽泛的"近代"在履行着时间相对的动态概念，在不同的国家和时代都各不相同。19世纪末欧洲的"近代"泛指工业革命以来的时间，法国的近代从18世纪末的大革命开始，中国当前常用的近代从1840年鸦片战争开始至1919年五四运动（或至1949年中华人民共和国成立），或者有1640年英国资产阶级革命开始至1917年俄国社会主义十月革命的定义……相比而言，近代的概念更多的是在以某一特定角度（通常是政治时代，亦可按经济社会）来划分历史时期，而现代则是通常带有资本主义或者工业文明等少数几个近似的特殊概念的时期划分。

因此，"工业文明"与"现代社会"是较为接近的概念，而"近代社会"的概念因为并无统一的概念而更加宽泛。在几个概念的辨析中，工业革命作为一个标志的事件序列，都是开端的标志。

3. 工业文明与资本主义

马克思主义的历史观，通常把工业文明作为资本主义时代、资本主义社会的类似概念，这个框架来认识具有同时性的"工业文明"和"资本主义"是有历史意义的。

社会进化论的角度，认为工业文明是通过资本主义生产关系的发展而优于之前的农耕文明、封建社会的一种社会形态。这样的概念类比和使用，在解释历史逻辑的时候一旦放入相对具体的语境或者时间、地理跨度较大的背景下就出现问题。最基本的是社会进化论的逻辑的问题：人类的各个文明是各自在不同的历史渊源、文化传统和地理空间中发展的，无法证明存在一种先验的，甚至超验的发展规律来支配每一个社会，各个社会（无论是巨大的中国，还是分散的吉普赛人）难以排列出一个单一的线性发展顺序。这类似生物学界在达尔文进化论之前普遍的事物大链条（the Great Chain）逻辑，而事实上这样粗略的顺序无法解释具体而微的世界。社会的发展如是，以欧洲局部文明的过程无法推知全世界、全部人类的历史；何况仅就欧洲的历史而言，也很难说后罗马时期就比希腊时期"先进"，或者中世界就一定比文艺复兴时期"落后"。

于是，在不否定"工业文明"和"资本主义"这两个常用概念本身的前提下，希望读者也能够历史地看待这两个概念。工业文明，仅作为以现代工业现象普遍出现为标志的时代名称，泛指17、18世纪以来至20世纪，或者至今仍未结束的时代；资本主义，作为一种意识形态名称，指以自由市场为社会特征，通过资本自由组织生产、承认私有产权、资本所有者并由此获得独立社会政治权力的一类社会组织形态。

二者的关系如同地质学上，地质年代单位与地层单位是息息相关但并不能混同是一个道理：时间上的总体性，不代表着普适的强规律，一定时期出现的社会类型不是完全普适，但当其具有一定的竞争力和发展性时也的确会在不同的地理空间和较长的时间范围内向外部拓展。

笔者认为，坚持演化论的思想来看待工业文明时代的资本主义会是相对清晰的一种思路，不必把二者作为终极规律来看。在漫长的三四百年内，欧洲现代工业也在不断的从经济、政治等角度在自造欧洲各个社会的形态，英国和法国也并不相同；工业文明在以巨大的力量冲向全世界，但资本主义也不是唯一的正确答案，社会主义苏联、大断裂大重组的中国、曾经积极的种族制度成为社会之诟病的南非都进入了工业文明时代，却很难说它们都是资本主义或者不是，更不用说经济政治形态上至今最为彻底的朝鲜。

4. 工业文明是否"终结"？

"工业文明时期"对应产生了"后工业时代"，"现代社会"对应产生了"后工业社会"。这些概念的提出自第二次世界大战结束以后陆续出现。早期如1961年丹尼尔·贝尔的"意识形态的终结"，到20世纪70年代欧美社会各个领域出现的后现代主义潮流，直到1989年苏联解体、冷战时代结束，弗朗西斯·福山提出"历史的终结"，认为资本主义与社会主义的意识形态之争结束、现代世界的历史翻到了新的一页。而21世纪初，中国的经济崛起、成为世界第二大经济体、进而在国际事务中的地位不断提高，这些"终结"理论又开始重提、修正。

这里需要做一些与本书有关的辨析。

首先，从描述这些概念的主体和视角来看，对工业时代的反思更多指向的是资本主义意识形态在经济帝国主义下的问题，资本力量在虚拟世界的运转，似乎真的如马克思所言脱开人性而异化。使得资本主义世界的公共知识分子开始有所怀疑，民主、平等、自由等一系列正面概念的实质和存续性。于是各种叛逆的思潮涌来，包括知识分子的怀疑、解构主义的风行、破坏和反经典的后现代文学艺术、学生运动、性解放运动等等。到了这股不羁的潮流降温后，欧美世界的新保守主义先后登台重振经济，这些相对负面的内容也自然不再活跃、不再受到社会的追捧。但随着苏欧剧变，意识形态对立的冷战问题成为知识分子的又一个关注焦点。

由此，可以大致看到：后工业社会、后现代社会，这些概念是把工业文明等同于现代主义，是指以工业标准化的资本主义经济方式来组织的文明社会，是在反对其忽视人本人文、过于重视商业利益的算计等问题。这些思潮是对工业文明的一种反思，而其实可以认为是工业文明在经过了经济、政治的高速发展期和向全世界传播的拓展期之后的冷静期，对政治制度、社会结构的自我优化，在经济、政治、社会的子系统重新耦合后继续前行。笔者认为，工业文明在政治、文化、经济的意义上都远没有终结，"后工业社会"之后还是"工业社会"，至多可以称为"新工业社会"或者"第二工业社会"。

而"历史的终结"则更多是国际政治的角度的论题，是一种通过比较分析寻求更优政治制度或者政治制度要素的研究理路。这是一个相对抽象的制度学派所关心的理论主题的概念,与工业文明社会的历史现象并不构成直接关联,不是本书讨论范畴内所需要关注的要点。

其次,工业文明恐怕更多的是经济子体系的一类特征,因此才可以说具有扩展性。其扩展也正是在与不同的政治制度形态、文化历史背景的结合中演化实现的。因而,工业文明的经济形态也是在广泛的适应之中调整与变化。伊朗的经济是不是工业文明,中国的是不是,罗马尼亚的是不是,卢旺达的是不是?不容易回答,往往在于"文明"这个词在不断的使用中令人认为应该是一个完整的社会体系概念而非仅指一个经济子系统。所以,从文明文化比较来看,各不相同;但如果可以从一个子系统来看待,恐怕也就释然得多了。这个意义上来看,至少到2015年的时点来看"工业文明"还没有终结,还在寻求更多发展。

最后,工业文明的概念,如果恰指一种完整的社会体系形态,那么这将是把工业文明的历史性局限在某一个特殊时空中的定义。而如果做出这种特定的历史定义本身,历史就已经终结了。因为,既然是在对已经过去的状态做完整的描述,又不会"当代著史",自然所有的历史从可描述的那一天就已经终结了,何况于工业文明。更不必说将"文明"的概念狭义到考古学的学术概念中,那样的话可能歧义更甚。因此,笔者认为在工业文明的讨论中并不必要纠缠于"文明"的整体要求,也同样不必模糊的混入历史文化的融合等概念,才有利于厘清一个范围相对确定的概念。在这个基础上再来看,工业生产方式所带来的,与社会生活、历史文化的影响与互动,这个方式恐怕才更容易形成有条理的结论,也就无所谓工业文明是否"终结"了。

5. 工业文明的逻辑何在?

工业文明的发展逻辑,其实是在回答"工业文明是什么"这个概念问题。这里有必要再次说明,笔者的历史观:历史是一系列过去时间发生的事件,它们有着客观上无法完全复制重现和主观上无法完全被当代所理解的独特性和偶然性,历史的写作与阅读都是重新的建构,无论是为了证明当下的某些结构或事件的合理性还是为了发现某些存在于历史事件之间的逻辑。

因此,工业文明的逻辑正是本书所试图展现的一种对于经济发展的观点——即在当代社会经济中应当重视第二产业、重视实体经济基础地位——而并不是一个所谓正确的历史规律甚至定律。

在本书中展现了这一逻辑的实体部分,而在另一作品中笔者将开始从历史的角度来稍作描述,并在教育领域的一些应用力争整合进入本书的整体框架以飨读者。

参 考 文 献

[1] 中国制造 2025[M]. 北京：人民出版社，2015.
[2] 中国电子信息产业发展研究院. 2014—2015 年中国工业发展蓝皮书[M]. 北京：人民出版社，2015.
[3] 中国信息通信研究院. 2015 年中国工业发展报告[M]. 北京：人民邮电出版社，2015.
[4] 王喜文. 工业 4.0[M]. 北京：电子工业出版社，2015.
[5] 李悦，等. 产业经济学[M]. 北京：中国人民大学出版社，2008.
[6] 金碚. 新编工业经济学[M]. 北京：经济管理出版社，2005.
[7] 王金照，等. 典型国家工业化历程比较与启示[M]. 北京：中国发展出版社，2010.
[8] 李杰. 工业大数据：工业 4.0 时代的工业转型与价值创造[M]. 邱伯华，等，译. 北京：机械工业出版社，2015.
[9] 瓦科拉夫·斯米尔. 美国制造——国家繁荣为什么离不开制造业[M]. 李凤海，刘寅龙，译. 北京：机械工业出版社，2014.
[10] 陈佳贵，黄群慧，钟宏武，等. 中国工业化进程报告[M]. 北京：中国社会科学出版社，2007.
[11] 许国栋，余元冠，敖宏. 关于我国工业化完成时间的预测与探讨[J]. 经济问题探索，2012(6)：25-31.
[12] 彼得·马什. 新工业革命[M]. 北京：中信出版社，2013.
[13] 木村文彦. 製造システム[M]. 東京：岩波書店，2002.
[14] 長尾高明. 産業システム経済学[M]. 東京：東京大学出版会，1993.
[15] 人見勝人. 生産システム工学.[M]. 東京：共立出版，1995.
[16] 赵新军. 优势设计思想及其技术手段[J]. 科技进步与对策，2001(1)：53-54.
[17] 曾富洪，徐宗俊. PLM 和 BOM 核心技术的研究[J]. 制造业信息化，2004(3)：50-53.
[18] 路甬祥. 工业强基需上升为国家发展战略.[J] CHINA EQUIPMENT，2014(6)：48-49.
[19] 汪应洛，刘子晗. 中国从制造大国迈向制造强国的战略思考[J]. 西安交通大学学报(社会科学版)，2013,33(6)：1-6.
[20] 邹十践. 以信息化带动中国装备制造业的发展[J]. 建筑机械化. 2002.
[21] 张紫辰，董恺琛，张益源，等. 基于 MEMS 技术的智能传感器系统("智能灰尘")[J]. 2015(10)：2095-2019.
[22] "绿皮书""1+X""工业强基"中国制造 2025 后续政策陆续落地[J]. 中国机电工业. 2015(7).
[23] 宾鸿赞. 机械制造强国及其技术内涵[J]. 黄石理工学院学报. 2005,21(3).
[24] "制造强国战略研究"综合组. 实现从制造大国到制造强国的跨越[J]. 中国工程科学. 2015,17(7).
[25] 我国机械基础件行业取得重大进展[J]. 科技促进发展. 2015,11(2).
[26] 赵芸芸，王厚芹，黄玉洁，等. 装备强国须工业强基[J]. 装备制造，2014(11).
[27] 沈鸿. 沈鸿论机械科技[M]. 北京：机械工业出版社，1986.
[28] [美]Paul Kenneth Wright. 21 世纪制造[M]. 冯常学，等，译. 北京：清华大学出版社，2004.
[29] 国务院发展研究中心产业经济研究部，中国汽车工程学会，大众汽车集团(中国). 2014 中国汽车产业发展报告[M]. 北京：社会科学文献出版社，2014.
[30] 周子学. 2015 年中国电子信息产业发展蓝皮书[M]. 北京：电子工业出版社，2015.
[31] 项海帆，等. 中国桥梁史纲[M]. 上海：同济大学出版社，2009.
[32] 茅以升. 桥梁史话[M]. 北京：北京出版社，2012.
[33] 刘长发，等. 日本建筑工业化考察报告(节选一)[J]. 21 世纪建筑材料，2011(1)：68.
[34] 楚先锋. 万科"标准化"：走住宅产业化之路[J]. 城市开发，2007(9)：32-33.

[35] 深圳市华阳国际工程设计有限公司. 深圳·龙华0008扩展区地块保障房项目[J]. 中国住宅设施,2012(5).

[36] 贺雪峰. 地权的逻辑——中国农村土地制度向何处去[M]. 北京：中国政法大学出版社,2010.

[37] 王章辉. 工业化历程[M]. 南昌：江西人民出版社,2011.

[38] 切克兰,约翰·伊特维尔,等. 新帕尔格雷夫经济学大辞典(第二卷：E-J)[M]. 北京：经济科学出版社,1996.

[39] 舒小昀. 工业革命定义之争[J]. 史学理论研究,2006(3)：114-123.

[40] 罗荣渠. 现代化新论(增订本)[M]. 北京：商务印书馆,2004.

[41] 海尔布·伦纳,约翰·伊特维尔,等. 新帕尔格雷夫经济学大辞典(第一卷：A-D)[M]. 北京：经济科学出版社,1996.

[42] 张守信. 理论地层学与应用地层学[M]. 北京：高等教育出版社,2006.

推荐参考书

刘又午. 数字控制机床[M]. 北京：机械工业出版社，1983.
沈鸿. 沈鸿论机械科技[M]. 北京：机械工业出版社，1986.
[美] Paul Kenneth Wright. 21 世纪制造[M]. 冯常学，等，译. 北京：清华大学出版社，2004.
[美]B. 约瑟夫·派恩. 大规模定制——企业竞争的新前沿[M]. 操云甫，等，译. 北京：中国人民大学出版社，2000.
祁国宁，顾新建，谭建荣，等. 大批量定制技术及其应用[M]. 北京：机械工业出版社，2003.
国务院发展研究中心产业经济研究部，中国汽车工程学会，大众汽车集团（中国）. 中国汽车产业发展报告2014[M]. 北京：社会科学文献出版社，2014.
金涌，[荷]阿伦斯. 资源·能源·环境·社会：循环经济科学工程原理[M]. 北京：化工出版社，2009.
叶桐，卢达溶. 实体经济导论[M]. 北京：清华大学出版社，2012.